Thema Politik 7-10

Politische Bildung
in der Sekundarstufe I
(7.–10. Schuljahr)

Paul Ackermann
Horst Becker
Jürgen Feick
Gerhard Hufnagel
Herbert Uhl

Visuelle Gestaltung
Harald und Inga Stetzer

Ernst Klett Schulbuchverlag

Inhaltsverzeichnis

Unsere Bedürfnisse — 5
1. Menschen gestalten ihre Welt – mit anderen Menschen — 6
2. Lernen, wie wir unsere Umwelt erforschen können — 10
3. Bedürfnisse: die eigenen – und die der anderen — 12
4. Was haben Bedürfnisse mit Politik zu tun? — 13
5. Welche Problembereiche sind wichtig? — 14

Leben in Gruppen — 15
1. Gruppen prägen unser Verhalten — 15
   - 1.1 Rollen – oder: Warum wir uns nach den anderen richten — 16
   - 1.2 Gruppen – Voraussetzung und Bedrohung für die Selbstentfaltung — 17
2. Die Familie — 18
   - 2.1 Die Familie erzieht — 18
   - 2.2 Die Familie wandelt sich — 21
   - 2.3 Kinder ohne Familie — 23
   - 2.4 Die Wohnung – Lebensraum der Familie — 24
   - 2.5 Familien-Politik — 25
3. Frauen – nur für die Familie da? — 27
4. Vorbilder oder Verführer? — 28
   - 4.1 Probleme bei der Suche nach dem eigenen Lebensstil — 28
   - 4.2 Konflikte aus unterschiedlichen Erwartungen — 29
   - 4.3 Ansprüche des Staates an das Verhalten der Bürger — 31
5. Vorurteile – gefährliche Gewißheiten — 32
   - 5.1 Wie Vorurteile aussehen und was sie bewirken — 32
   - 5.2 Randgruppen und Außenseiter – Opfer der Vorurteile — 34
   - 5.3 Vorurteile im Alltag – was kann man dagegen tun? — 36

2 Lernen und Berufswahl — 37
1. Warum wir lernen — 38
   - 1.1 Den Menschen fehlen Instinkte — 38
   - 1.2 Lernen, um selbständig zu werden — 40
2. Die Schule – zusammen mit anderen lernen — 41
   - 2.1 Die Klasse — 41
   - 2.2 Lehrer und Schüler – unterschiedliche Erwartungen — 42
   - 2.3 Angst in der Schule — 44
3. Was hat die Schule mit Politik zu tun? — 45
   - 3.1 Die Schule steht unter der Aufsicht des Staates — 45
   - 3.2 In der Schule gibt es verschiedene Aufgaben — 47
   - 3.3 Schüler und Eltern wirken mit — 48
   - 3.4 Schule in der Demokratie — 49
4. Berufswahl zwischen Wunsch und Wirklichkeit — 51
   - 4.1 Berufswünsche — 52
   - 4.2 Berufs-Chancen — 53
   - 4.3 Berufe und Anforderungen wandeln sich — 54
5. Berufsentscheidung – langfristig planen — 56
   - 5.1 Berufswahl soll kein Glücksspiel sein — 56
   - 5.2 Schritte zur Berufsentscheidung — 58
   - 5.3 Der Ausbildungsvertrag — 60
   - 5.4 Probleme und Schwierigkeiten — 62

3 Freizeit und Konsum — 63
1. Was tun mit der Freizeit? — 64
   - 1.1 Unterschiede in der Freizeitnutzung — 64
   - 1.2 Was Jugendlichen in der Freizeit wichtig ist — 66
2. Freizeit und Arbeit — 68
   - 2.1 Freizeit – Fortsetzung der Arbeit? — 68
   - 2.2 Mehr Freizeit – andere Freizeit — 69
3. Freizeit-Politik — 70
4. Konsum – nicht alle können sich gleich viel leisten — 71
   - 4.1 Unterschiedliche Einkommen — 71
   - 4.2 In Hülle und Fülle – für alle? — 72
5. Kehrseiten der Konsumfreiheit — 73
   - 5.1 Zum Beispiel Rauchen — 73
   - 5.2 Werbung – Information oder Manipulation? — 74
   - 5.3 Konsumentenfallen im Kaufhaus — 75
6. Verbraucher müssen ihre Interessen selbst wahren — 76

4 Arbeit und Produktion — 77
1. Arbeiten und produzieren — 78
   - 1.1 Erfahrungen mit der Arbeit — 78
   - 1.2 Produzieren – wozu und womit? — 79
   - 1.3 Lohnarbeit und selbständige Arbeit — 80

1.4 Produzieren – konsumieren: der wirtschaftliche Kreislauf … 84
2. Die Arbeit – nur ein Kostenfaktor? … 84
  2.1 Rationalisieren und automatisieren – mit weniger Kosten produzieren? … 84
  2.2 Die Arbeit menschlicher gestalten … 87
3. Interessen und Konflikte in der Arbeitswelt … 89
  3.1 Arbeitgeberverbände und Gewerkschaften regeln die Arbeitsbeziehungen … 89
  3.2 Arbeitskampf: Streik und Aussperrung … 91
  3.3 Arbeit und Einkommen: Wie soll der Erlös verteilt werden? … 93
  3.4 Ein strittiges Thema: Neue Arbeitsplätze durch Arbeitszeitverkürzung? … 95
  3.5 Mitbestimmung: Demokratie in der Wirtschaft? … 96
4. Konzentration in der Wirtschaft … 99
  4.1 Immer weniger – immer mehr! … 99
  4.2 Wirtschaftliche Macht = politische Macht? … 101
  4.3 Politik zur Sicherung des Wettbewerbs … 101
5. Soziale Marktwirtschaft in der Bundesrepublik … 103
  5.1 Freie Marktwirtschaft … 103
  5.2 Soziale Marktwirtschaft … 104
6. Wirtschaftswachstum und Preisentwicklung … 106
  6.1 Die Leistung der Volkswirtschaft … 106
  6.2 Steigende Preise – abnehmender Geldwert … 108
  6.3 Konjunktur- und Preisentwicklung beeinflussen … 111
7. Arbeit für alle? … 112
  7.1 Arbeitslosigkeit – dürre Fakten und menschliche Probleme … 112
  7.2 Ursachen der Arbeitslosigkeit … 114
  7.3 Was kann getan werden? … 115

5 Mitteilen – Verstehen – Beeinflussen … 119
1. Nicht verstehen – nicht verstanden werden … 120
2. Unterschiedliche Arten, etwas mitzuteilen … 121
3. Kommunikationsmittel … 122
  3.1 Zum Leben und Überleben … 122
  3.2 Computer, Satelliten und neue Kabel … 123
4. Daten werden gebraucht – und mißbraucht … 124
  4.1 Wer soll was wissen? … 124
  4.2 Datenschutz – ein Grundrecht … 125
5. Macht und Einfluß durch Informationskontrolle … 127
6. Lücken und Lawinen … 129
7. Meldungen: woher – wohin? … 131
8. Meldungen beeinflussen Meinungen … 133
9. Informations- und Meinungsvielfalt – gefährdet? … 134
10. Die elektronischen Massenmedien … 136
  10.1 Wem „gehören" Rundfunk und Fernsehen? … 136
  10.2 Radio und Fernsehen … 139
  10.3 Neue Techniken – neue Medien … 140
11. Wirkung der Medien … 141
12. Freiheit der Information und Meinungsäußerung … 144
  12.1 Ein Grundrecht – unterschiedlich ausgelegt … 144
  12.2 Freiheit mit Grenzen … 145
13. Informieren und kommunizieren, um zu handeln … 146

6 Entscheiden – Regieren – Kontrollieren … 147
1. Wozu Politik? … 148
2. Verfassungsordnung und Politik in der Bundesrepublik Deutschland … 151
  2.1 Repräsentative Demokratie: Wer herrscht über wen? … 151
  2.2 Rechtsstaat – gleiche Rechte für alle? … 153
  2.3 Sozialstaat – gleiche Chancen für alle? … 156
  2.4 Bundesstaat – die Länder sollen in Bonn mitreden … 159
3. Politische Mitbestimmung durch Wahlen … 161
  3.1 Wer wählt welche Partei? … 161
  3.2 Wahlverfahren … 162
4. Parteien als wichtige politische Entscheidungsträger … 167
  4.1 Die Entwicklung der Parteien … 167
  4.2 Aufgaben und Organisation der Parteien heute … 171
5. Wenn Bürger sich für ihre Anliegen einsetzen … 173
6. Verbände – organisierte Interessen … 176
  6.1 Welche Verbände gibt es? … 176
  6.2 Einfluß – wie und wo? … 177
7. Parlament und Regierung … 180
  7.1 Aufgaben des Parlaments … 180
  7.2 Die Bundesregierung als ausführende Gewalt … 185
8. Verfassungsordnung und Politik in der Deutschen Demokratischen Republik … 187
  8.1 Wenn man politische Ordnungen miteinander vergleichen will … 187
  8.2 Sozialistische Demokratie und sozialistische Eigentumsordnung … 189
  8.3 Sozialistisches Recht … 193
  8.4 Staatliche Organe und politischer Entscheidungsprozeß … 195
  8.5 Zentrale Wirtschaftsplanung und -lenkung … 198
  8.6 Jugendliche und Politik in der DDR … 199

7 Recht achten und recht bekommen 201

1. Das Recht – Normen, die für alle gelten 202
2. Das Fundament: Menschenrechte und Grundrechte 204
   - 2.1 Die Würde des Menschen ist unantastbar 204
   - 2.2 Das Grundgesetz der Bundesrepublik Deutschland 205
   - 2.3 Grundrechte müssen verwirklicht werden 208
3. Vom Kind zum Erwachsenen im Spiegel des Rechts 209
   - 3.1 Kinder haben mehr Rechte als Pflichten 209
   - 3.2 Mit den Rechten wachsen die Pflichten 210
   - 3.3 Rechtsbeschränkungen für Jugendliche – Bevormundung oder Begünstigung? 211
4. Wie kommt man zu seinem Recht? 214
   - 4.1 Der Strafprozeß – Sicherung der allgemeinen Ordnung 215
   - 4.2 Der Zivilprozeß – Sicherung der Ansprüche von Bürgern gegeneinander 218
5. Der Jugendliche als Straftäter 221
   - 5.1 Warum werden Jugendliche straffällig? 221
   - 5.2 Vor dem Jugendgericht 224
   - 5.3 Strafvollzug – Hilfen zur Umkehr 226

8 Umwelt nützen – Umwelt schützen 229

1. Umwelt – Gefährdeter Lebensraum: Denkanstöße 230
2. Energie und Rohstoffe – notwendig zum Überleben 232
   - 2.1 Steigende Produktion – begrenzte Rohstoffe 232
   - 2.2 Energie – das Schlüsselproblem 233
   - 2.3 Energie- und Rohstoffpolitik: Sicherung der Lebensbedingungen 236
   - 2.4 Überleben – um welchen Preis? 240
3. Die Umwelt – nicht grenzenlos belastbar 241
   - 3.1 Alarmsignale: Können wir so weitermachen? 241
   - 3.2 Konsum und Umwelt: Das Müllproblem 244
4. Umweltschutz – Eine politische Aufgabe 247

9 Frieden halten und sichern 249

1. Gewalt im Alltag – Probleme im Umgang mit anderen 250
2. Gewalt und Kriege – zwei Beispiele von vielen 252
   - 2.1 Seit mehr als 40 Jahren: Kriege in Indochina 252
   - 2.2 Kriege im Nahen Osten: Israel und die arabischen Nachbarn 256
3. Sicherheit und Frieden in Europa nach 1945 264
   - 3.1 Spannungen und Konflikte zwischen Ost und West: der Kalte Krieg 264
   - 3.2 Militärische Blöcke: die NATO und der Warschauer Pakt 268
   - 3.3 Die militärische Strategie der NATO und der Auftrag der Bundeswehr 270
   - 3.4 Abschreckung – auf dem Weg zu immer neuen Waffen? 272
4. Den Frieden durch Verhandlungen sichern 275
   - 4.1 Von der Konfrontation zur Entspannung: Abrüsten, damit der Friede sicherer wird? 275
   - 4.2 Die Deutschland- und Ostpolitik als Teil der Entspannungspolitik 279
5. Friedensdienst mit oder ohne Waffen? 281
   - 5.1 Wehrpflicht und Kriegsdienstverweigerung 281
   - 5.2 Auf Gewalt verzichten – die Friedensbewegungen 283
6. Zusammenarbeit in Europa in Wirtschaft und Politik 285
7. Die Vereinten Nationen 290

10 Die eine Welt – geteilt in arm und reich 293

1. Armut und Reichtum in der Welt – der Nord-Süd-Konflikt 294
2. Armut und Unterentwicklung – Merkmale und Folgen 296
   - 2.1 Hunger, Unterernährung und unzureichende medizinische Versorgung 296
   - 2.2 Die „Bevölkerungsexplosion" 298
   - 2.3 Zu wenig Schulen, zu wenig Arbeit 299
   - 2.4 Durch Schulden in neue Abhängigkeit 301
   - 2.5 Soziale Ungleichheit im Inneren – ungleiche Verteilung von Einkommen und Vermögen 303
   - 2.6 Im Kreislauf der Armut: Ein Problem kommt zum anderen 305
3. Entwicklung – wie und wodurch? 307
   - 3.1 Eine neue Ordnung der Weltwirtschaft – von der Abhängigkeit zur Gleichberechtigung? 307
   - 3.2 Entwicklung durch Industrialisierung? 309
   - 3.3 Entwicklung von unten – die Strategie der Grundbedürfnisse 312
4. Entwicklungshilfe und Entwicklungspolitik 316
   - 4.1 Entwicklungshilfe – „tödliche Hilfe" oder „letzte Rettung"? 316
   - 4.2 Entwicklungspolitik der Bundesrepublik Deutschland 318

Stichwortverzeichnis 322

Unsere Bedürfnisse

1. Menschen gestalten ihre Welt – mit anderen Menschen

An dieser Stelle steht in Büchern meistens das *Vorwort*. In ihm erklärt der Verfasser, warum er ein Buch geschrieben hat, welche Absicht er mit seinem Buch verfolgt, wie man mit dem Buch umgehen soll.

Die Verfasser von Thema Politik haben sich lange überlegt, wie sie ihre Gedanken über die Gestaltung eines Arbeits- und Lernbuches für den politischen Unterricht darlegen wollen. Sie entschieden sich für ein kurzes Übersichtskapitel, in dem vorgestellt wird, wie Politik die verschiedenen Lebenssituationen der Menschen beeinflußt. Danach sind die *Inhalte* des Buches entsprechend gegliedert. Die Methode dieses Buches besteht darin, bestimmte Probleme an Beispielen aufzuzeigen und sie mit Hilfe verschiedener Lern- und Arbeitsschritte zu erklären.

Wir meinen, daß Politik nicht nur eine Sache für wenige Politiker oder gar eine Sache nur der Regierung ist. Was Politik bedeutet, erfahren wir in unserer eigenen Umgebung, in der engeren und weiteren Umwelt, in allem, was Menschen tun, um ein Zusammenleben zu ermöglichen.

Die Luftaufnahmen der vorangehenden Seite zeigen an Beispielen, daß Menschen ihre Umgebung, ihre *Lebenswelt,* ständig gestalten und verändern. Der Grund hierfür liegt darin, daß wir Menschen immer wieder neue Bedürfnisse entwickeln und diese dann befriedigen wollen.

Daß Menschen zahlreiche *Bedürfnisse* haben, die sich oft von denen anderer Menschen unterscheiden, kann man an ihrem alltäglichen Verhalten beobachten und ihren Äußerungen entnehmen.

▪ Schaut euch deshalb die Bildausschnitte S. 8 und S. 9 in aller Ruhe an. Auf diesen beiden Seiten gibt es eigentlich nichts zu „lernen". Es genügt, wenn ihr beobachtet und beschreibt, was auf diesen Bildern alles geschieht und was die Menschen dort reden. Wir haben ganz alltägliche Situationen, gewöhnliche Handlungen abgebildet. Die Gespräche, die die Menschen dabei führen, können wir auch jederzeit an anderen Orten hören. Und trotzdem

Grundbedürfnisse des Menschen					
Grundbedürfnisse	1. Körperliche Bedürfnisse	2. Bedürfnisse nach Sicherheit	3. Bedürfnisse nach Zugehörigkeit und Zuneigung	4. Bedürfnisse nach Ansehen und Anerkennung	5. Bedürfnisse nach Selbstverwirklichung und Freiheit
Beispiele	Ernährung, Schlaf, Wärme Bewegung, Gesundheit...	Wohnung und Schutz, Wohlergehen, Vermeidung von Gefahren, frei sein von gewaltsamer Bedrohung...	Kontakt mit anderen, Gruppenzugehörigkeit, Austausch von Meinungen, Freundschaft, Liebe, Hilfe leisten, Hilfe bekommen...	Erfolg haben, Zustimmung finden, Aufmerksamkeit finden, Wertschätzung bei anderen finden, Einfluß und Macht haben...	Informationen bekommen, über Wissen verfügen, handeln können, eigene Vorstellungen verwirklichen, unabhängig sein...

meinen wir, daß dies etwas mit der Überschrift dieser Einheit zu tun hat. Wissenschaftler haben versucht, die Vielzahl menschlicher Bedürfnisse nach gemeinsamen Merkmalen zu ordnen. Sie betonen, daß alle Menschen – trotz ihrer Verschiedenartigkeit – eine Reihe von *Grundbedürfnissen* haben (vgl. Auflistung, S. 6).

Darüber hinaus können wir täglich feststellen, daß viele Menschen noch andere Bedürfnisse haben, wie zum Beispiel das Bedürfnis, nicht nur den Hunger zu stillen, sondern besonders gut zu essen; oder nicht nur in einem Zimmer zu wohnen, sondern eine große Wohnung oder ein Haus zu besitzen. Zur Befriedigung all dieser Bedürfnisse können wir uns nicht einfach in der Natur bedienen. Vielmehr *benutzen* wir die natürliche Umwelt, indem wir sie nach unseren Wünschen und Zielen *gestalten*.

2 Die Luftaufnahmen auf Seite 5 zeigen Einrichtungen, mit denen verschiedene Bedürfnisse befriedigt werden können. Dabei wurde die natürliche Umwelt durch menschliches Handeln verändert. Nennt die Einrichtungen und die Bedürfnisse, die damit jeweils befriedigt werden sollen.

Bei den meisten Bildern der S. 5 fällt es nicht schwer, den Bedürfnissen, die durch diese Einrichtungen befriedigt werden sollen, andere gegenüberzustellen, deren Verwirklichung dadurch beeinträchtigt oder gar verhindert wird. Ein Beispiel: Große und breite Autobahnen ermöglichen es den Autofahrern, schnell voranzukommen, z.B. von der Arbeit nach Hause. Für diejenigen, die in der Nähe dieser Straßen wohnen, bringen sie Lärm und Abgase.

In den Auseinandersetzungen um die Gestaltung der menschlichen Lebenswelt treten die verschiedenen Bedürfnisse als unterschiedliche und oft auch gegensätzliche *Interessen* auf. Diese Gegensätze können nicht selten zu *Konflikten* führen, wie z.B. bei der Frage, ob Atomkraftwerke gebaut werden sollen oder nicht.

3 Lest den Bericht auf dieser Seite: Welche Bedürfnisse sind für die Befürworter, welche für die Gegner des Atomkraftwerkes wichtig? Inwiefern seid auch ihr von dem Problem „Atomkraftwerk" betroffen?

Die Lebenswelt gestalten – ein Beispiel:
Kaiseraugst liegt am Rhein, östlich von Basel. Die Schweizer Regierung plant, dort ein Atomkraftwerk zu bauen. Die Lage wäre für den Betrieb des Werkes günstig, denn wenn elektrischer Strom erzeugt wird, entsteht zugleich große Hitze. Zur Kühlung könnte das Rheinwasser dienen. Die Gegner dieses Planes befürchten Klimaveränderungen. Das Reaktorunglück in Tschernobyl (Sowjetunion) im April 1986 verstärkte auch die Furcht, daß das dichtbesiedelte Gebiet um Basel bei Austritt von Radioaktivität unbewohnbar werden könnte. Aber es gibt auch Gruppen, die fürchten, daß ohne Atomstrom die Industrieproduktion nicht mehr weiterwachsen und dadurch Arbeitsplätze verloren gingen.

„Im Atomdorf am Rhein geht es stürmischer zu denn je: ‚Man darf', so sagt der Posthalter, ‚aus Existenzgründen nicht einmal mehr öffentlich seine Meinung sagen' ... Ungemütliche Wochen erlebt ..., wer bei örtlichen Firmen, die am A-Werk-Bau interessiert sind, sein Brot verdient; mit seiner Meinung hinterm Berg halten muß aber auch, wer ein Restaurant führt und Lebensmittel verkaufen will. Die einen stützen sich auf die alteingesessene Oberschicht im Dorf und wissen ein gutes Drittel der Bevölkerung hinter sich, die anderen finden ihren Rückhalt vor allem bei den zahlreichen Neuzugezogenen und der traditionellen Dorfopposition ... Das erklärte Ziel des Umweltschutzvereines ist die Zerstörung der Vormachtstellung einzelner Familien, die, wie es auf einem Flugblatt heißt, ‚Wiedereinführung des Mitspracherechtes des Kaiseraugster Volkes' ..."
Badische Zeitung, 4. 6. 1975

2. Lernen, wie wir unsere Umwelt erforschen können

Wir haben oben gesagt: Politik begegnet uns in unserer Umwelt fast überall. Das Buch will Hilfen anbieten, *politische Probleme* in eurem Lebensumkreis zu erkennen und zu verstehen. Informationen dazu könnt ihr hier in unterschiedlichster Form finden:

Wie jedes Buch enthält *Thema Politik* eine Menge *Texte*. Mit Hilfe von *Fragen* und *Anregungen* könnt ihr das, was die Texte aussagen, genauer durchdenken. – Dies habt ihr bereits auf S. 6 und S. 7 geübt.

Daneben fallen euch sicher die zahlreichen Abbildungen auf: *Photos, Zeichnungen, Comics, Karikaturen, Schaubilder,* aber auch *Tabellen.* Diese sind genauso wichtig wie die Texte, denn auch sie enthalten Informationen. Außerdem bringen sie Abwechslung in das Buch. Wir meinen, daß man das Lernen damit leichter und interessanter machen kann. Zusammen mit den Texten sollen sie den Leser anregen, selbständig zu lernen und zu denken. Wissenschaftler erarbeiten ihre Erkenntnisse meistens schrittweise:

Schritt 1: fragen
❶ Zuerst machen sie sich klar, *welches Problem* sie erforschen wollen. Sie stellen Fragen. Bei den Bildern dieser beiden Seiten könnte z. B. eine Frage lauten: Was wollen die Menschen? Oder genauer: Welche Wünsche äußern sie? Welche Bedürfnisse haben sie? Warum gerade diese Wünsche?

Schritt 2: beobachten, beschreiben
❷ Um Antworten zu finden, muß man zunächst *beobachten* und *beschreiben*: Übt dies gemeinsam. Schreibt alle Bedürfnisse auf, die ihr aus den Gesprächen und Handlungen der Menschen in den Bildern 1 bis 4 feststellen könnt. Entsprechend könnt ihr dann nochmals die Bildausschnitte auf den Seiten 8 und 9 beschreiben. Bildet dazu Gruppen und teilt die einzelnen Ausschnitte auf die Gruppen auf.

Schritt 3: ordnen
❸ Um eine Übersicht zu erhalten, müßt ihr die zahlreichen Informationen,

die ihr den Bildern entnommen habt, *ordnen*. Überlegt, nach welchen Gesichtspunkten ihr die einzelnen Bilder in Gruppen einteilen könnt. Man kann z. B. unterscheiden zwischen lebensnotwendigen und nicht so wichtigen Bedürfnissen, solchen von Kindern – Erwachsenen – Jugendlichen – alten Menschen . . .; oder Unterschiede feststellen wie körperlich – geistig, natürlich – künstlich; oder Bedürfnisse nennen, die leichter oder schwieriger zu erfüllen sind, die ihr für unvernünftig, falsch, gefährlich haltet . . .

4 Einzelne Ergebnisse oder Informationen sagen noch nicht viel aus. Wir müssen sie mit anderen Informationen oder mit eigenen Erfahrungen *vergleichen* und sie *erklären*. Zum Beispiel, indem wir fragen: Welche Bedeutung hat der Vorgang für die Betroffenen? Für uns? Für das Zusammenleben in der Gesellschaft? – Warum ist dies so?

Schritt 4: vergleichen und erklären

5 Am Ende eines solchen Erforschungsvorgangs ergeben sich oft wieder *neue Fragen*, besonders dann, wenn sich herausstellt, daß sich an den untersuchten Zuständen etwas ändern sollte. Hierbei kommt es dann darauf an, daß möglichst mehrere gemeinsam über *Handlungsmöglichkeiten nachdenken* und *diskutieren*. Gruppen, die nach Lösungswegen suchen, sammeln dazu zuerst alle (auch scheinbar unsinnige) Einfälle zu Fragen wie: „Was könnte man tun? Wie könnte man es tun?". Erst wenn man eine Liste von Vorschlägen hat, werden diese überprüft und *bewertet*. Daraus läßt sich dann entscheiden, welches Verhalten die eigenen Ziele am wirkungsvollsten unterstützt.

Schritt 5: diskutieren und bewerten

6 *Ergebnisse* der Arbeit werden *festgehalten*. Beim politischen Lernen könnte dies die Form haben: „Mir scheint es richtig (oder notwendig), dies (oder jenes) zu tun." Anhand der obigen Bildausschnitte könnt ihr das ausprobieren: Nach Bedürfnissen fragen, sie beschreiben, ordnen und vergleichen, darüber diskutieren. Vielleicht kommt ihr dabei schon zu Ergebnissen, die ihr aufschreiben und beim Weiterlesen anwenden könnt.

Schritt 6: Ergebnis festhalten

3. Bedürfnisse: die eigenen – und die der anderen

Wo viele Menschen zusammenleben, gibt es auch Schwierigkeiten. Ein Beispiel: Kinder brauchen viel Bewegung; sie wollen lärmen und sich austoben können. Spielen mit anderen Kindern ist für sie wichtig. – Dagegen brauchen Erwachsene, besonders ältere Menschen, Ruhe und Entspannung, denn Lärm macht sie nach einem meist anstrengenden Arbeitstag nervös. In manchen Wohngegenden ist es deshalb verboten, daß Kinder auf den Rasenflächen zwischen den Wohnhäusern spielen.

Wenn also gegensätzliche Bedürfnisse aufeinandertreffen, muß man *regeln*, wer was tun darf und was nicht. Bei einer Hausordnung kann der Eigentümer solche Regeln z.B. vorschreiben, ohne dabei besondere Bedürfnisse einzelner Bewohner zu berücksichtigen. – Wer diese Regeln ändern will, muß mit dem Hauseigentümer *verhandeln*. Das kann auch zum Streit führen. Der Hauseigentümer kann dabei auf seinem Eigentümerrecht auch gegen die Bedürfnisse einzelner Hausbewohner beharren. Sind diese sich jedoch untereinander einig und machen ihre Forderungen *gemeinsam* geltend, dann wird es wahrscheinlicher, daß der Hauseigentümer die vorgeschlagenen Regelungen als vernünftig anerkennt. Gegen die gemeinsam vorgetragenen Wünsche kann er sich auf Dauer kaum durchsetzen.

❶ Die Bilder 1 bis 4 zeigen Wohn- und Lebensverhältnisse. Schreibt auf, welche Kinder nach ihren Bedürfnissen leben können und warum.

❷ Auf welchen Bildern geraten die Bedürfnisse von Erwachsenen und Kindern in Widerspruch?

❸ Ihr könnt ausprobieren, wie man zu Lösungen kommt. Bildet dazu drei Gruppen: Eine Gruppe entwirft eine Hausordnung, wie sie Kinder und Jugendliche gerne hätten, die zweite vertritt die Interessen, wie sie Erwachsene haben, die dritte versucht zu vermitteln.

4. Was haben Bedürfnisse mit Politik zu tun?

Eine Auseinandersetzung um die Hausordnung enthält bereits viele Merkmale politischen Handelns: Es geht dabei in fast allen Fällen darum, Regeln für das Zusammenleben von Menschen aufzustellen oder zu verändern. In früheren Jahrhunderten galt dies als eine Aufgabe und als das Recht der Könige, Fürsten oder auch der Priester.

Dies ist bei uns heute nicht mehr so. In einer *Demokratie* sollen *Gesellschaft* und *Staat* so geordnet sein, daß jeder Mensch gleichberechtigt mitbestimmen und sein Leben möglichst frei selbst gestalten kann. So gibt Artikel 2 unseres Grundgesetzes einen Maßstab: *„Jeder hat das Recht auf die freie Entfaltung seiner Persönlichkeit, soweit er nicht die Rechte anderer verletzt und nicht gegen die verfassungsmäßige Ordnung oder das Sittengesetz verstößt."*

Nach Meinung der Verfasser ist dieser Grundsatz immer dort gefährdet, wo ungleiche Entfaltungsmöglichkeiten bestehen. Jedoch kann nicht davon ausgegangen werden, daß die gewählten Politiker von sich aus immer erkennen, wo und in welchem Sinne gesellschaftliche Verhältnisse geändert werden sollen. Deshalb ist die Beteiligung aller Betroffenen an den politischen Auseinandersetzungen notwendig. Voraussetzung dafür ist, daß wir lernen,
– die eigenen Bedürfnisse zu erkennen, sie auszudrücken und mit den Ansprüchen der anderen zu vergleichen,
– ihre Rechtmäßigkeit zu prüfen und ihre Berechtigung zu begründen,
– anzuerkennen, daß die anderen in gleicher Weise berechtigt sind, ihre Bedürfnisse zu befriedigen,
– die eigenen Chancen zu erkennen und die vorhandenen Mittel zu nutzen,
– uns gegen Benachteiligung und gegen Ungerechtigkeit in der Gesellschaft zu wehren,
– Ziele mit anderen durch gemeinsames politisches Handeln durchzusetzen.

5. Welche Problembereiche sind wichtig?

Bei ihren Überlegungen, wie das Buch aufzubauen und zu gliedern sei, sind die Verfasser davon ausgegangen, daß das Lebensschicksal jedes einzelnen wie auch der ganzen Gesellschaft mit den Problembereichen zusammenhängt
– wie die Menschen in den verschiedenen Gruppen leben (UE 1),
– wie sie erzogen und ausgebildet werden (UE 2),
– wie sie das Güterangebot und ihre Freizeit nützen (UE 3),
– wie sie arbeiten und produzieren (UE 4),
– wie sie sich miteinander verständigen (UE 5),
– wie sie regiert und verwaltet werden (UE 6),
– wie sie das Recht achten und ihr Recht bekommen (UE 7),
– wie sie ihre Umwelt gestalten und erhalten (UE 8),
– wie es gelingt, Sicherheit und Frieden zu erhalten (UE 9),
– ob es möglich sein wird, Armut zu beseitigen und den Reichtum auf der Erde gerechter zu verteilen (UE 10; UE ≙ Unterrichtseinheit).

Hierbei soll euch das Buch möglichst wenig fertige und keine besserwisserischen Lösungen vorgeben. Statt dessen wurde versucht, abschnittweise die Informationen so darzustellen, daß ihr möglichst selbständig zu Lösungen und Bewertungen findet. Die Verfasser gingen dazu folgendermaßen vor:

Wie gehen wir vor?

Zu Beginn jeder Unterrichtseinheit sollen euch *Abbildungen* und *Texte* darauf hinweisen, daß unser alltägliches Leben mit seinen Problemen immer auch eine politische Seite hat. Die *Aufgaben* sollen euch veranlassen, diese Probleme zu untersuchen und herauszufinden, wie sie mit Bedürfnissen und Interessen zusammenhängen. Um unbefriedigende Verhältnisse zu verbessern, muß man – oft unterschiedliche – Lösungsmöglichkeiten überdenken. Dazu enthält jeder Abschnitt *Materialien*: Texte mit unterschiedlichen Meinungen, Bilddokumente, Tabellen und Graphiken mit Zahlenangaben. Den Umgang damit muß man systematisch lernen. Solche Informationen sind die Voraussetzung für politisches Handeln und Entscheiden. Doch man sollte auch wissen: Eine Statistik kann zumeist die zahlenmäßige Entwicklung von Problemen aufzeigen, aber nur selten die Ursachen erklären.

In den Arbeitsmaterialien und in den Autorentexten können manchmal Fachbegriffe (aus den Bereichen der Politik, der Wirtschaft oder des Rechts oder einer anderen Wissenschaft) vorkommen, die euch neu oder unklar sein könnten. Für solche Fälle solltet ihr möglichst einige Nachschlagewerke oder Wörterbücher im Klassenzimmer bereit haben. Einige leicht zu beschaffende Büchertitel findet ihr auf der letzten Umschlagseite.

Kritische Stellungnahmen von euch – was ihr vermißt oder was euch gut gefällt – könnten das Buch in der nächsten Ausgabe verbessern helfen. Bitte schreibt an:

Ernst Klett Schulbuchverlag, Redaktion Ie, Postfach 10 60 16, 7000 Stuttgart 10.

Leben in Gruppen

1. Gruppen prägen unser Verhalten

Menschen unterscheiden sich: in ihrem Aussehen, ihren Ansichten, ihren Wünschen und Bedürfnissen – und in ihrem Verhalten. Jeder versucht, seine Wünsche und Bedürfnisse möglichst gut zu erfüllen. Immer aber leben Menschen mit *anderen* zusammen. Dadurch wird die Handlungsfreiheit des einzelnen eingeschränkt. Die Familie, die Nachbarn, Mitschüler und Lehrer, die Arbeitskollegen und selbst völlig unbekannte Menschen auf der Straße *erwarten,* daß sich jeder, je nach Situation, richtig verhält.

❶ Seht euch die Bilder an. Was erwarten die anderen von dem hellhaarigen Jungen? Wie soll er sich verhalten?

❷ Welches Verhalten erwartet ihr von euren Mitschülern im Unterricht – in der Pause – beim Klassenausflug?

❸ Was geschieht, wenn jeder nur nach seinen Vorstellungen handelt?

Muß ich tun, was andere wollen?

1.1 Rollen – oder: Warum wir uns nach den anderen richten

Jeder einzelne geht in seinem Verhalten von den eigenen Bedürfnissen aus. Weil aber kein einzelner (= Individuum) alle Bedürfnisse allein befriedigen kann, sind die Menschen aufeinander angewiesen. Sie bilden *Gruppen*.

Eine Gruppe ist „*eine Mehrzahl von Menschen, die durch gemeinsame Interessen, Ziele und ähnliches ... miteinander verbunden sind ... Die Gruppe erwartet, daß sich jedes Mitglied seiner Stellung entsprechend verhält (soziale Rolle). Diese Erwartungen sind in Verhaltensregeln (Normen) festgelegt ...*"
Auszug aus: Der große Brockhaus, Bd. 5, Wiesbaden 1979, S. 69f.

Beispiel Sportgruppe

In Sportmannschaften werden diejenigen, die sich im Wettkampf nicht voll einsetzen oder oft regelwidrig spielen, mit Vorwürfen und Spott behandelt und oft schnell aus der Gruppe ausgeschlossen. Wer dagegen beim Training immer mitmacht, im Spiel alle Kräfte einsetzt, den Ball rechtzeitig weitergibt und so zum Mannschaftssieg beiträgt, wird von den anderen gelobt und anerkannt. So *lernen* Gruppenmitglieder auch in anderen Gruppen ihre *Rolle*: das an die Gruppenerwartungen angepaßte Verhalten wird mit Lob, Anerkennung oder Prämien belohnt *(positive Sanktionen)*, von den Normen abweichendes Verhalten wird mit Tadel, Strafen oder Ausschluß aus der Gruppe belegt *(negative Sanktionen)*. Diesen Vorgang, durch den sich einzelne in ihre Gruppen und in die Gesellschaft einpassen, nennt man *Sozialisation*.

4 Vergleicht die Bilder oben: Welche Bedürfnisse veranlassen diese Menschen zur Gruppenbildung? Welche Ziele verfolgen die Gruppen?

5 Nennt für jede abgebildete Gruppe eindeutige und wichtige Normen.

Beispiel Schulklasse

6 Diskutiert: Ein Schüler läßt andere bei der Klassenarbeit nicht abschreiben. Gegen welche Normen verstößt er, welche erfüllt er? Welche Sanktionen hat er vom Lehrer, welche von den Mitschülern zu erwarten? Warum?

7 Rollenerwartungen sind unterschiedlich streng. Überlegt: Welche Normen *muß* man (bei Strafe!) in der Klasse einhalten, welche *soll* man (nach gutem Brauch) beachten, welche *kann* man ohne negative Sanktionen auch verletzen?

1.2 Gruppen – Voraussetzung und Bedrohung für die Selbstentfaltung

Das Grundgesetz der Bundesrepublik Deutschland garantiert jedem „*das Recht auf die freie Entfaltung seiner Persönlichkeit*" (Art. 2). Wie aber soll man seine Persönlichkeit frei und unabhängig entfalten, wenn unser Verhalten beständig von den Gruppen, in denen wir leben, bestimmt wird? Müssen wir uns dazu nicht gegen den Rollenzwang der Gruppen wehren?

8 Dazu kann man die Bilder neu befragen: Stellt euch vor: ihr wollt als Musiker oder Fußballer erfolgreich sein, Kraftfahrzeugmechaniker werden oder als Operationsschwester anderen helfen. Wie hängt dabei jeweils euer Einzelerfolg, eure Entfaltung, mit der Gruppe zusammen?

Die Selbsteinschätzung und das Selbstwertgefühl jedes einzelnen hängen davon ab, welchen Platz er in der einen oder anderen Gruppe hat. In jeder Schulklasse gibt es erfolgreiche und „schwache" Schüler, es gibt Wortführer, Spaßmacher, Organisierer, stille Helfer; sie tragen alle etwas zu den Zielen der Gruppe bei. Wer die wichtigen Gruppenziele am besten verwirklicht, hat den höchsten Rang. Wer dagegen von der Norm der Gruppe abweicht oder sie nicht erfüllen kann, hat meist nur eine niedrige Stellung (Status). Oft stempelt die Gruppe sogar einen oder mehrere zu „Sündenböcken". Man drängt sie in eine Außenseiter-Rolle und schiebt ihnen die Eigenschaften zu, die man selbst nicht haben möchte. Von ihnen wird also eine „negative" Rolle erwartet: sie sollen schwach sein oder ungeschickt oder dumm. Gegen sie arten die Gruppennormen zu Vorurteilen aus. (Über Vorurteile mehr auf S. 32 bis 36.)

9 Sprecht über solche Rangunterschiede in eurer Klasse.

10 Schreibt auf – zuerst jeder für sich, dann alle an der Tafel: Welche Eigenschaften sollte der (oder die) mit dem höchsten Status haben? Welches Verhalten würdet ihr dagegen ablehnen?

11 Diskutiert über die Gründe eurer Erwartungen: Sind ungerechte Vorurteile gegen einzelne Gruppenmitglieder dabei? Was sollte man dagegen tun?

12 Auf welche Ungerechtigkeit macht das Gedicht von Brecht aufmerksam?

Wer baute
das siebentorige Theben?
In den Büchern
stehen die Namen
von Königen.
Haben die Könige
die Felsbrocken
herbeigeschleppt?

Der junge Alexander
eroberte Indien.
Er allein?

Philipp von Spanien
weinte,
als seine Flotte
untergegangen war.
Weinte sonst niemand?

Aus Bertolt Brecht:
Fragen eines
lesenden Arbeiters.

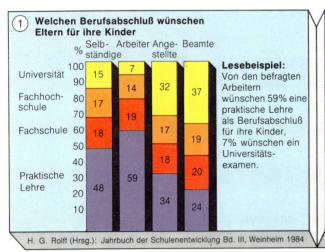

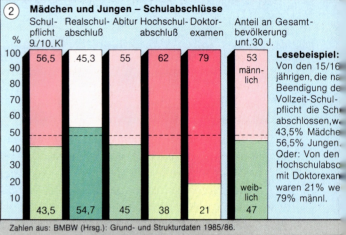

2. Die Familie

2.1 Die Familie erzieht

Knut und Silvia wohnen im selben Stadtviertel und besuchen die 4. Klasse. Silvia – ihr Vater ist Baggerführer und die Mutter verdient im Lager eines Kaufhauses noch hinzu – muß zu Hause mithelfen und manches selbst erledigen: Kleine Einkäufe, das Essen selbst wärmen, Geschirr aufräumen ... Öfters versäumt sie ihre Hausaufgaben, ihr Schulzeugnis ist gerade durchschnittlich. Ihre Eltern sind mit ihr zufrieden. Vater findet es gut, daß seine Tochter im Haus zupackt; die Schule sei für das Mädchen nicht so wichtig. Knut dagegen soll im Herbst aufs Gymnasium. Seine Eltern – der Vater ist Stadtinspektor – haben ihn seit der ersten Klasse darauf vorbereitet, ihn angespornt und seine Leistungen überwacht. Im Haushalt muß er nicht helfen.

Unterschiedliche Lebensziele

1 Überlegt und diskutiert miteinander: Woher kann es kommen, daß die Eltern von Silvia und die Eltern von Knut so unterschiedliche Ziele für ihre Kinder haben? Könnten die Eltern sich auch anders verhalten?

2 Schreibt je einen kurzen Lebenslauf für Silvia und Knut, wie ihr Bildungs- und damit ihr Lebensweg wahrscheinlich verlaufen wird.

Die Schul- und Berufsausbildung entscheidet in hohem Maße darüber, welche Möglichkeiten der einzelne hat, sich im Beruf und im Alltag zu entfalten, und welche Stellung er in der Gesellschaft einnehmen wird. Hierbei fällt auf, daß Eltern aus unterschiedlichen gesellschaftlichen Gruppen für ihre Kinder überwiegend Bildungsabschlüsse anstreben, die den Kindern eine ähnliche gesellschaftliche Stellung zuweisen wie die, in der sie selbst sind.

3 Überprüft das an Statistik 1: Welche vier gesellschaftlichen Gruppen werden dort unterschieden? Überlegt euch und sprecht darüber, welche Gründe es für diese unterschiedlichen Berufswünsche der Eltern gibt.

4 Betrachtet Statistik 2: Beschreibt kurz, was sie über Unterschiede in der Ausbildung (z. B. Dauer) von Jungen und Mädchen aussagt. Kann Silvias

Bildungsweg auch damit zusammenhängen, daß sie ein Mädchen ist?

5 Was haltet ihr von einer gleichen Schulbildung aller?

Ungleiche Chancen im Leben hängen nicht nur von unterschiedlichen Bildungswegen ab. Die Lebensläufe von Knut und Silvia werden auch durch verschiedenartige Erziehungsweisen (Erziehungs-Stile) im Elternhaus mitbestimmt. Hierbei geht es nicht so sehr darum, daß manche Eltern strenger sind und andere ihre Kinder eher verwöhnen.

Unterschiedliche Erziehungsformen

Wichtiger ist, ob die Kinder lernen, daß sie für ihre Handlungen auch selbst verantwortlich sind, oder ob ihnen eigene Verantwortungsspielräume vorenthalten werden. Solange Kindern nicht erklärt wird, warum sie etwas tun oder nicht tun sollen, solange sie nicht wissen können, welche Folgen verschiedene Verhaltensweisen haben können, bleibt ihnen meistens nur übrig, blind zu gehorchen. Selbstverantwortung können sie übernehmen, wenn sie einsehen, *warum* ihre Eltern bestimmte Verhaltensweisen von ihnen verlangen.

6 Die unten abgedruckten Beispiele schildern Situationen, in denen sich Erzieher unterschiedlich verhalten. Beschreibt nochmals mit eigenen Worten, wie die Eltern jeweils auf das unerwünschte Verhalten ihres Kindes reagieren. Was sagen oder tun sie?

7 Diskutiert darüber, welche Gefühle das jeweilige Erziehungsverhalten gegenüber Silvia oder Knut in euch hervorruft.

8 Welche Erziehungsweise von Erwachsenen stärkt bei den Kindern eher die Selbständigkeit?

Der Chef, der brüllt den Krause an
Der Krause brüllt den Vati an
Der Vati brüllt die Mutti an
und Mutti brüllt mit uns.

Mannomann,
Theaterstück für Kinder

9 Überlegt, wie der Erziehungsstil von Silvias Eltern mit deren täglichen Erfahrungen an ihrem Arbeitsplatz zusammenhängen könnte. Der Vers auf dem Blattrand gibt Hinweise. Wie könnt ihr euch diesen Zusammenhang anhand der Beispiele von Knut und Silvia vorstellen und erklären?

So wie bei Silvia und Knut hängen auch die Lebenschancen eines jeden von

---

3 Vier unterschiedliche Erziehungssituationen

Beispiel 1
Als Knut aus der Schule nach Hause kommt, ist seine Mutter ausgegangen. Seine Mahlzeit findet er in der Küche vorbereitet. Um seiner Mutter eine Freude zu machen, spült er anschließend das Geschirr. Dabei zerbricht er Mutters liebste Glasschüssel. Seine Mutter ist darüber zwar ärgerlich, dennoch tröstet sie Knut über sein Mißgeschick. Sie weiß, daß er ihr eigentlich eine Arbeit hatte abnehmen wollen.

Beispiel 2
Auch Silvia zerbricht beim Geschirrabwaschen eine gute Schüssel. Als die Mutter nach Hause kommt, läßt sie vor Ärger Silvia gar nicht zu Wort kommen. Sie schimpft und kürzt ihr das Taschengeld.

Beispiel 3
Am Sonntag durfte Silvia vom Vater eine halbe Zigarette rauchen. Es war ihr erster Versuch. Danach hat sie es heimlich nochmals probiert, und zwar mit Vaters Zigaretten. Als dieser abends dahinterkommt, gibt er Silvia eine Ohrfeige. Er schimpft: „Fang nur nicht an, deine Eltern zu bestehlen!"

Beispiel 4
Knut bekam vom Vater eine Zigarette zum Probieren. Allerdings hat ihm der Vater auch erklärt, wie sehr Rauchen Kindern schadet. Er hatte ihn dabei ermahnt, deswegen und vor allem wegen der Feuergefahr nicht etwa mit anderen in Gartenlauben oder sonstwo heimlich zu rauchen. Als der Vater nun erfährt, daß Knut mit Bernd hinter der Tankstelle geraucht hat, ist er böse: „Auf dich kann man sich wohl nicht verlassen? Wie soll ich dir helfen, wenn du mal in Schwierigkeiten bist? Geh, ich bin enttäuscht von dir!"

Unterschiedliche Erziehungsziele

uns eng mit der Familie zusammen. Denn die Familie sorgt in unserer Gesellschaft mehr als andere Gruppen dafür, daß Kinder körperlich gedeihen, sprechen lernen, sich in Umgang und Auseinandersetzung mit anderen Menschen üben und selbständig werden. Wie die Familien diese Aufgabe lösen, wird jedoch von ihren Lebensumständen weitgehend vorgeprägt. Bei Silvia und Knut zum Beispiel wird die gesellschaftlich ungleiche Stellung ihrer Eltern durch unterschiedliche Erziehungsziele und Erziehungspraktiken an die Kinder weitergegeben. Wir fragen deshalb:
– In welcher Weise hängen die Sozialisationsbedingungen in der Familie mit allgemeinen Lebensbedingungen in der Gesellschaft zusammen?
– Warum ist die Familie für die Entwicklung der Kinder so wichtig?
– Warum ist „Familie" ein politisches Thema?

Die erste Frage wurde schon angesprochen: Gesellschaftliche Ungleichheit wird unter anderem auch durch die Familienerziehung weitergegeben. Die unteren Texte machen auf ein weiteres Problem aufmerksam. Die vorherrschenden Erziehungsziele in den Familien stehen teilweise in Konkurrenz zu Anforderungen, die an das Verhalten eines demokratischen Bürgers gestellt werden: Kritikfähigkeit, Selbstverantwortung, Zivilcourage... Die Familie ist also nicht, wie manche behaupten, ein „unpolitischer" Lebensraum.

10 Welche Eigenschaften sind nach Text 4 für Menschen in einer Demokratie erforderlich?

11 Vergleicht diese Textaussage aus dem Jahr 1966 mit der Graphik 5. Wie haben sich seither die Erziehungsziele gewandelt?

12 Ob diese Ziele heute noch verwirklicht werden, könnt ihr versuchsweise selbst nachprüfen. Jeder schreibt aus den Erziehungszielen Höflichkeit, Ordnungsliebe, Ehrlichkeit, Fleiß, Gehorsam, Überzeugungsfähigkeit, Selbständigkeit, Unterordnung, Sauberkeit, Zivilcourage, Verantwortung, Kritikfähigkeit – die fünf heraus, die für seine Familie am wichtigsten sind. Sammelt sie dann an der Tafel und diskutiert, ob die drei am häufigsten vorkommenden Ziele eher die Selbstentfaltung oder die Anpassung an andere fördern.

4 Erziehungsziel: Kritik- und Widerstandsfähigkeit

In den Jahren nach 1960 kamen Zweifel darüber auf, ob Kinder in den Familien auch zur Demokratie erzogen würden. Eine Sozialwissenschaftlerin schrieb: „Die Demokratie braucht Menschen, die sich nicht bewußtlos einfügen oder gleichgültig mitmachen oder einfach beiseite stehen. Langfristig setzen Erhaltung und Festigung der demokratischen Ordnung voraus, daß die Individuen ihre Rechte kennen und wahrnehmen, daß sie kritisch über die Zwecke der von ihnen geforderten Tätigkeit nachdenken und gegebenenfalls Sand in das Getriebe streuen. Das ist heute ein vitaleres Bedürfnis als das nach Ordnung und reibungslosem Funktionieren.... Diese Erziehung leistet die Familie normalerweise nicht."

H. Pross, in: Blätter für deutsche und internationale Politik, Köln 1966, S. 133

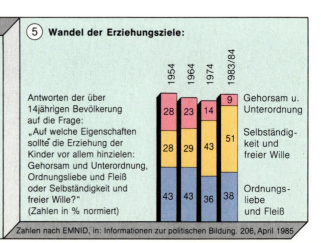

5 Wandel der Erziehungsziele:

Antworten der über 14jährigen Bevölkerung auf die Frage: „Auf welche Eigenschaften sollte die Erziehung der Kinder vor allem hinzielen: Gehorsam und Unterordnung, Ordnungsliebe und Fleiß oder Selbständigkeit und freier Wille?" (Zahlen in % normiert)

	1954	1964	1974	1983/84	
Gehorsam u. Unterordnung	28	23	14	9	
Selbständigkeit und freier Wille	28	29	43	51	
Ordnungsliebe und Fleiß	43	43	36	38	

Zahlen nach EMNID, in: Informationen zur politischen Bildung. 206, April 1985

2.2 Die Familie wandelt sich

In der Geschichte läßt sich am besten beobachten, wie die Familie von Entwicklungen in der Gesellschaft beeinflußt wird. Obwohl noch im 18. Jahrhundert, vor der industriellen Revolution, nur etwa 50% der Menschen heirateten (heute rund 95%), war das Leben jedes einzelnen mit dem seiner Familie eng verbunden. Über 80% aller Menschen lebten auf dem Lande. Unter der unbestrittenen Herrschaft des Hausvaters lebten und arbeiteten hier Verwandte aus mehreren Generationen (Großeltern, Eltern, Kinder, ledige Onkel, Tanten und Großtanten) und Dienstleute (Knechte, Mägde) zusammen als bäuerliche *Großfamilie*. Das „Haus" erfüllte die Bedürfnisse. Die Kinder wurden je nach ihrem Anrecht auf das Erbe erzogen; sie lernten die Rollen des zukünftigen Bauern, des mithelfenden Verwandten, des zukünftigen Knechts oder der Magd. Alte und Kranke wurden mitversorgt.

Großfamilie

Mit der Entwicklung des Handwerks zu industriellen Arbeitstechniken bildete sich daneben in den Städten auch eine andere Familienstruktur heraus. Die Bediensteten des Betriebseigentümers lebten dort außerhalb des Hauses in getrennten kleinen Wohnungen. Die Familie blieb dadurch auf die sogenannte *Kernfamilie* beschränkt: Eltern, Großeltern, Kinder. Der Vater verlor seine umfassende Autorität, da auch die Frau, die Großeltern und die Kinder durch Heimarbeit ihr Brot mitverdienten und der Vater kaum Eigentum zu verwalten und zu vererben hatte. Die Familie war zwar noch eine Erwerbsgemeinschaft, ihre Versorgung mit Gütern, Gesundheit und Ausbildung wurde jedoch zunehmend abhängig von Leistungen anderer außerhalb des Hauses.

Die Industrialisierung beschleunigte die weitere Veränderung zur heutigen *Kleinfamilie*. Die starke Berufsspezialisierung heute bewirkt, daß Kinder, wenn sie berufstätig werden, dann ihre Familie bald verlassen. Gesellschaftliche Einrichtungen übernehmen weitgehend die Sorge für Junge und Alte: Ausbildung und Lebensunterhalt, Versorgung bei Krankheit, bei Arbeitslosigkeit und im Alter. Die Liebe der Ehegatten zueinander und die Bindung an die Kinder halten die moderne Familie zusammen. Diese Bindungen sind leichter aufzulösen als die früheren wirtschaftlichen Abhängigkeiten.

Kleinfamilie

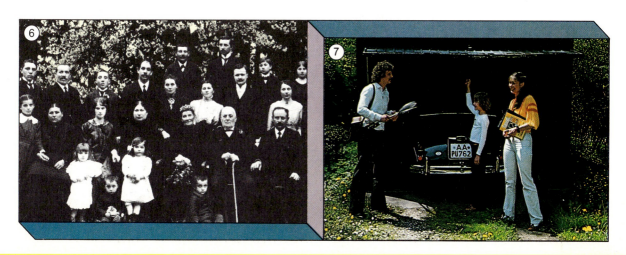

Zukunftsfamilie?

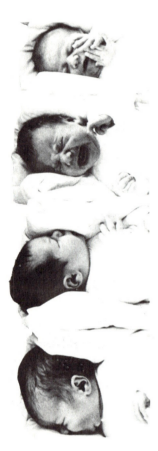

Immer wieder spricht man deshalb von einer „Krise" der Familie:
- In der heutigen Kleinfamilie seien die Kinder (und zum Teil die Mütter) zu stark von der Vorstellung bedroht, die Familie könne sich auflösen. Dies führe zu übersteigerter Anpassung aus unbewußter Angst.
- Diese Angst führe zu Isolierung der Kleinfamilien nach außen.

Entscheidend für ein Weiterbestehen familiärer Lebensformen ist:
- Die Familie sichert das Bedürfnis nach engen Gefühlsbeziehungen. Sie kann damit der Gefahr begegnen, daß Menschen in der Massengesellschaft vereinsamen.

Heranwachsende und junge Erwachsene scheinen unter der Isolation, die mit der Entwicklung zur Kleinfamilie verbunden ist, besonders zu leiden. Einige versuchen deshalb seit Jahren, in Wohngemeinschaften neue Formen des Zusammenlebens zu finden. Nach den derzeitigen Erfahrungen sind Wohngemeinschaften zwar kein voller Ersatz für die bisherige Familienform. Sie eignen sich aber als Übergang zwischen der Ablösung von der Elternfamilie und der Gründung einer eigenen Familie. Nur etwa 3% aller Wohngemeinschaftsmitglieder lebten z. B. länger als 4 Jahre in derselben Wohngemeinschaft. Dennoch könnten ihre Erfahrungen eine Grundlage dafür bilden, daß die einzelnen Familien wieder lernen, mehr Dinge gemeinsam zu organisieren und so aus ihrer Isolation herauszukommen.

13 Anhand des Textes 8 könnt ihr vergleichen, mit welchen Erwartungen Menschen in Wohngemeinschaften gezogen sind und wieweit sich ihre Erwartungen erfüllt haben.

14 Beschreibt und zeichnet (Zeichenstunde) notwendige Einrichtungen in einem Wohnblock, die es erlauben, daß z. B. mehrere Familien die Kinderaufsicht, Schulaufgabenbetreuung, Freizeitaktivitäten gemeinsam organisieren und dabei auch private und berufliche Probleme miteinander besprechen. Ihr könnt daraus auch ein Plakat anfertigen.

---

⑧ Leben in Wohngemeinschaften – Erwartungen und Erfahrungen

Zu Beginn der 80er Jahre lebten etwa 150000 Menschen in Wohngemeinschaften. In einer Befragung von 415 Wohngemeinschaftsmitgliedern äußerten diese:

a) Wichtigste Erwartungen vor Eintritt in Wohngemeinschaft:
1. Individuelle persönliche Entfaltung
2. Suche nach gefühlsmäßiger („emotionaler") Sicherheit, Schutz und Rückhalt
3. Ablehnung bürgerlichen Lebens
4. Überwindung von Isolation durch vermehrte und angstfreie Kontakte
5. Veränderung der bestehenden gesellschaftlichen Lebensformen
6. Veränderungen der Beziehungen zwischen Mann und Frau durch Angleichung der Rollen
7. Vorteile hinsichtlich wirtschaftlicher Haushaltsführung, besserer Arbeitsteilung und für die Kindererziehung

b) Veränderungen der Erwartungen seit dem Eintritt in die Wohngemeinschaft:

Ich habe meine Vorstellungen in ein paar nicht sehr wichtigen Punkten geändert	31%
Meine Erwartungen haben sich nicht geändert	17%
Meine Erwartungen waren viel zu anspruchslos, heute stelle ich größere Anforderungen an eine WG	17%
Meine Vorstellungen waren schon richtig, nur werden sie in dieser Wohngemeinschaft nicht erfüllt	17%
Ich hatte ziemlich falsche Vorstellungen; vieles, was ich mir erwartet hatte, läßt sich wahrscheinlich in keiner Wohngemeinschaft erreichen	13%

Befragung nach: G. Cyprian: Sozialisation in Wohngemeinschaften, Stuttgart 1978

2.3 Kinder ohne Familie

In Säuglings- und Kinderheimen hat man beobachtet: Heimkinder entwickeln ihre Intelligenz, Sprachfähigkeit und körperliche Geschicklichkeit im Durchschnitt langsamer als Kinder, die in Familien aufwachsen. Die Ursache für diese Entwicklungsstörungen liegt darin, daß Heimkinder keine „feste Bezugsperson" haben, sondern täglich von zwei bis drei verschiedenen Personen betreut werden. Jede Pflegeperson spricht und reagiert auf Äußerungen der Kinder (wie Lachen oder Weinen) anders. Diese häufigen Veränderungen im Verhalten der Menschen, von denen sie betreut werden, machen die Kinder unsicher. Sie können nicht zuverlässig lernen, ob eine Bewegung und ein Gesichtsausdruck Lob oder Tadel, Freude oder Ablehnung bedeutet.

Weil sie so im Anfang ihrer Entwicklung keine Sicherheit und kein „Urvertrauen" für den Umgang mit anderen Menschen entwickeln können, werden sie immer kontaktärmer, ängstlich und scheu. So verlieren schon die Babys häufig jedes Interesse, ihre Umwelt zu erkunden. Später haben sie es viel schwerer, diese Versäumnisse von sich aus auszugleichen; oft scheitern sie an dieser erlernten Unsicherheit. Ähnlich schwierig wird es für Familienkinder dort,
– wo Eltern sich ständig zanken und ihren Ärger auf das Kleinkind abladen,
– wo Kinder von den Eltern unerwünscht geboren werden,
– wo der Säugling tagsüber in die Kinderkrippe kommt, weil die alleinstehende Mutter oder beide Elternteile berufstätig sind.

15 Sprecht darüber, warum es solche Kinder in der Schule und in anderen Lebensbereichen dann meist auch schwerer haben als andere.

16 Text 10 hebt einige Ursachen für Beziehungs- und Verhaltensprobleme bei Kindern hervor. Schreibt diese Ursachen heraus. Sprecht darüber, ob ihr die hier erwähnten Schwierigkeiten kennt.

17 Vergleicht in diesem Zusammenhang die Situation in einer Wohngemeinschaft, in einer Kleinfamilie und in einer SOS-Kinderdorffamilie.

---

⑨ SOS-Kinderdörfer
Im Jahre 1949 begann in Österreich eine private Initiative elternlose Kinder in „SOS-Kinderdörfern" unterzubringen. Heute gibt es in 85 Ländern über 200 solche Kinderdörfer, in der Bundesrepublik 14. Rund 30 000 Kinder und Jugendliche leben dort in familienähnlichen Gruppen mit einer „Mutter" und meist 5–7 Kindern. Wie eine Familie wirtschaften sie mit dem ihnen zugeteilten Geld selbständig. Die Familienerziehung erfolgt durch die „Mutter" und die „Geschwister".

⑩ Beziehungsprobleme bei Kindern – Schüchternheit und Angst
Die soziale Entwicklung der bundesdeutschen Gesellschaft macht Kindern Probleme. Immer mehr Teilfamilien aus (zumeist) Mutter und Kind(ern), immer mehr Einzelkinder – das beschert dem Nachwuchs Schwierigkeiten und Kontaktangst, mangelhafte Fähigkeiten zum Kontakt mit anderen und zur Selbstwahrnehmung. Mehr und mehr … signalisieren Kinder ihre Probleme durch schüchternes, ängstliches, gehemmtes Auftreten … Jungen wurden … allgemein schwieriger als Mädchen angesehen – „weil Väter nicht (mehr) vorhanden sind oder als Erzieher nicht in Erscheinung treten". Immer wieder wurde beklagt, daß „diese männerlose Sozialisation in den Kindergärten und in der Grundschule nahtlos fortgesetzt" werde. Erst danach kommen viele Kinder mit Männern (als Lehrer) in Kontakt. Immer kleinere und oft unvollständige Familien, die dazu noch oftmals sehr isoliert leben, und immer mehr Kinder, die ohne Geschwister aufwachsen: Die Bindung zwischen Eltern und Kind … ist hier „meist sehr viel enger, das Kind wird zum Mittelpunkt und hat oft in den ersten Lebensjahren keine anderen Partner als die Eltern". Nicht nur „das psychologische Überleben der Kinder ist abhängiger von der Familie geworden, sondern auch das vieler Eltern von der erhofften Entwicklung ihres Kindes".
Badische Zeitung, 3. 3. 1984

⑪ **Eine Mutter in einem Berliner Neubauviertel:**

„Ich stell mir ja ne familiengerechte Wohnung ganz anders vor: einen großen zentralen Raum, den du den Bedürfnissen entsprechend immer ändern kannst: ... dann kannste mit den Kindern toben und dann kannste mal mit den Blagen spielen. Hier in sone Bude kannste das nich, da schreiste dauernd bloß: hau den Tisch nich um, schmeiß die Lampe nich weg, geh nich an die Blumen und paß auf dies auf und kuck auf das ..."

Kein Platz für Kinder?

2,5 m² Spiel- und Tummelfläche pro Wohnung

30 m² Park- und Zufahrtsfläche pro Wohnung

(laut Bauordnung für Berlin)

⑫ **Wohnen und Schichtarbeit**

In jeder siebten Familie in der Bundesrepublik müssen die Väter Schicht-, Nacht- oder Feiertagsarbeit leisten. „In diesen Familien müssen sich Mutter und Kinder dem von der Arbeit diktierten Lebensrhythmus des Vaters anpassen und zum Beispiel tagsüber in besonderer Weise auf das Schlaf- und Ruhebedürfnis des Vaters Rücksicht nehmen. Dies schränkt vor allem die Kinder innerhalb der Wohnung in ihrer Bewegungsfreiheit ein ..."

Protokoll aus dem Märkischen Viertel Berlin. Zit. nach: Das Parlament, 19. 8. 1978

2.4 Die Wohnung – Lebensraum der Familie

Erst bauen Menschen Häuser, dann bauen Häuser Menschen!
Albert Schweizer

Damit Kinder sich körperlich richtig entwickeln können, müssen sie von den ersten Lebensjahren an viele Gelegenheiten zum Spielen, Klettern und Laufen haben. Aber auch die seelische und geistige Entwicklung von Kindern kann durch einengende Wohnverhältnisse entscheidend gefährdet werden. Lest dazu die Texte und findet durch gemeinsame Überlegungen heraus:

⑱ Was wird aus der für die Entwicklung wichtigen Neugierde von Kindern,
– wenn sie nicht laut schreien, nicht von Stühlen oder Spielkisten springen und grundsätzlich keine Geräusche ausprobieren dürfen?
– wenn sie aus dem 8. Stock nicht allein zum Spielen hinunter können, weil die Mutter sie von der Wohnung aus nicht beaufsichtigen kann?
– wenn sie häufig bestraft werden, wenn sie etwas Neues, aber nicht Erlaubtes, ausprobieren?

⑲ Wie wirkt es sich auf die Denkfähigkeit und die Konzentration von Kindern aus, wenn sie keinen Raum zum ungestörten Spielen und Basteln haben?

⑳ Welche Familien sind von diesen Situationen besonders betroffen?

㉑ Welche Erziehungsziele müssen Eltern in engen Wohnungen durchsetzen?

15 Forderungen: Wie Kinder aufwachsen sollen

a) Grundgesetz: Art. 6 (1) Ehe und Familie stehen unter dem besonderen Schutze der staatlichen Ordnung.
(2) Pflege und Erziehung der Kinder sind das natürliche Recht der Eltern und die zuvörderst ihnen obliegende Pflicht.

b) Erklärung der Rechte des Kindes

Grundsatz 6: Das Kind bedarf zur vollen und harmonischen Entwicklung seiner Person der Liebe und des Verständnisses. Es wächst, soweit irgend möglich, in der Obhut und der Verantwortung seiner Eltern, immer aber in einer Umgebung der Zuneigung und moralischer und materieller Sicherheit auf; in zartem Alter wird das Kind nicht von seiner Mutter getrennt, außer durch ungewöhnliche Umstände.
Internat. Charta der UN vom 20. 11. 1959

c) Bürgerliches Gesetzbuch (BGB)

§ 1631 (1) Die Personensorge umfaßt insbesondere das Recht und die Pflicht, das Kind zu pflegen, zu erziehen, zu beaufsichtigen und seinen Aufenthalt zu bestimmen.
§ 1626 (2) Bei der Pflege und Erziehung berücksichtigen die Eltern die wachsende Fähigkeit und das wachsende Bedürfnis des Kindes zu selbständigem, verantwortungsbewußtem Handeln. Sie besprechen mit dem Kind, soweit es nach dessen Entwicklungsstand angezeigt ist, Fragen der elterlichen Sorge und streben Einvernehmen an.

2.5 Familien-Politik

Nach dem Grundgesetz Art. 6 stehen *„Ehe und Familie unter dem besonderen Schutz der staatlichen Ordnung"*. Zwar soll danach die Erziehung der Kinder (Personensorge) den Eltern überlassen bleiben (vgl. Text 15). Der Staat muß aber überall dort eingreifen, wo die Eltern ihren Kindern nicht jene Voraussetzungen bieten können, die diese zur Entwicklung benötigen. So sollte nach Möglichkeit jedes deutsche Kind annähernd gleiche Chancen erhalten, seinen Platz in der Gesellschaft nach seinen Bedürfnissen und Fähigkeiten zu finden. Benachteiligungen ergeben sich überwiegend aus wirtschaftlichen Unterschieden: Beruf, Einkommen, Wohnbedingungen, Bildungsmöglichkeiten entscheiden in hohem Maße über die Entfaltung der Kinder. Staatliche Familienpolitik erstreckt sich u. a. darauf, Familien mit Kindern finanziell zu entlasten und zu unterstützen.

22 Welche Bedürfnisse der Kinder werden in den Texten 15a bis c von staatlicher Seite berücksichtigt? Welche Rolle wird den Eltern zugewiesen?

23 Sucht aus den Texten 16 bis 19 heraus, in welchen Fällen der Staat die Familien finanziell unterstützt und welche anderen Hilfen er anbietet.

16 Finanzielle Hilfen:

- Familien mit Kindern zahlen weniger Lohn- oder Einkommenssteuer als Alleinstehende und kinderlose Ehepaare.
- Kindergeld: Für das erste Kind erhält die Familie 50,– DM, für das zweite 100,– DM, für das dritte 220,– DM und für jedes weitere Kind 240,– DM pro Monat. Bei höherem Einkommen wird das Kindergeld ab dem 2. Kind allerdings gekürzt.
- Familien mit niedrigem Einkommen erhalten auf Antrag bei Bedarf: Wohngeld (Mietbeihilfe), Beihilfen nach dem Arbeitsförderungsgesetz (für Berufsausbildung) oder nach dem Bundesausbildungsförderungsgesetz BAFÖG (für das Studium).

17 Erziehungsurlaub:
Nach dem seit 1. 1. 1986 geltenden Gesetz können erwerbstätige Mütter oder Väter in den ersten 10 Lebensmonaten des Kindes (ab 1988 = 12 Mon.) einen Erziehungsurlaub beantragen, falls beide berufstätig sind. Während der 8wöchigen Schutzfrist nach dem Mutterschutzgesetz kann dieser Urlaub nur von der Mutter beansprucht werden; sie erhält dabei ihren Nettoverdienst (mind. jedoch 600,– DM) weiterhin. Danach gibt es für die Zeit des Erziehungsurlaubs ein Erziehungsgeld von 600,– DM pro Monat. Während des Erziehungsurlaubs kann dem/r Arbeitnehmer/in nicht gekündigt werden.

18 Erziehungsgeld
in Höhe von monatlich 600,– DM erhalten ab 1986 alle Eltern für 10 Monate (ab 1988 für 12 Mon.), wenn mindestens ein Elternteil in dieser Zeit das Kind zu Hause betreut. Ab dem 7. Monat wird dieses Erziehungsgeld jedoch nur bezahlt, wenn das Familieneinkommen eine bestimmte Höhe nicht überschreitet.

19 Erziehungsberatung:
Nach dem Jugendwohlfahrtsgesetz (JWG) haben größere Städte sowie Kreis- und Bezirksämter Erziehungs- und Sozialberatungsstellen eingerichtet.

⑳ Was ein Kind kostet

Fall 1: Ein Arbeitnehmer mit mittlerem Einkommen und 2 Kindern. Monatslohn brutto DM 2900 davon ab etwa DM 250 Lohnsteuer, DM 174 Kranken-, DM 278 Renten-, DM 58 Arbeitslosenversicherung, dazu DM 150 Kindergeld, ergibt ein Haushaltseinkommen von DM 2290, also DM 572 pro Person.

Fall 2: Der gleiche Arbeitnehmer ohne Kinder; er konnte mehr für seine Karriere tun, die Frau kann mindestens halbtags dazuverdienen. Monatslohn des Mannes DM 3500, der Frau DM 1200, davon ab ca. DM 780 Lohnsteuer, DM 252 Kranken-, DM 446 Renten-, DM 94 Arbeitslosenversicherung, ergibt DM 3128 = DM 1564 pro Person.

Das Pro-Kopf-Einkommen der Kinderlosen beträgt also fast das Dreifache. Bei drei und mehr Kindern ist das Verhältnis noch ungünstiger. Es ist klar, daß das Paar mit Kindern sich mit dem kleineren Auto, dem kürzeren Urlaub, weniger zeitsparenden Haushaltsgeräten, vor allem aber mit der schlechteren Wohnung begnügen muß. Ein geeignetes Haus zu kaufen oder zu bauen, ist für Familie 1 fast unmöglich, für Paar 2 dagegen ein leichtes. Familien mit Kindern werden eher mit einer engen Wohnung an verkehrsreicher Straße vorlieb nehmen müssen. Sicher verunglücken auch deshalb so viele Kinder auf unseren Straßen.

Vergleichen wir nun die Leistungen und Ansprüche im sogenannten „Generationenvertrag" unserer Altersversorgung: Paar 1 zahlt DM 278 Rentenversicherungsbeitrag, bringt etwa DM 1080 monatlich für die Aufzucht der nächsten Generation von Beitragszahlern auf und bekommt DM 150 vom Staat erstattet, leistet also etwa DM 1200 monatlich, wobei der Einkommensverzicht vor allem der Frau noch gar nicht berücksichtigt ist. Paar 2 zahlt DM 446 Beitrag und sonst nichts. Das heißt: Paar 1 leistet, solange die Kinder unterhalten werden müssen, also 15 bis 25 Jahre lang, mindestens das Dreifache für unser System der Altersversorgung, bekommt aber später eine weit niedrigere Rente als Paar 2. Das ist, gelinde gesagt, ein Skandal.

Leserbrief in: DIE ZEIT, 26. 1. 1979, Zahlen aktualisiert Stand 1986

…und ihre Probleme

Die bestehenden Einrichtungen zur Verwirklichung der familienpolitischen Ziele reichen vielfach noch nicht aus, und sie sind in ihren Auswirkungen auf die Familien umstritten. Die Erwartungen der Politiker gehen dahin, daß durch die finanziellen Ausgleichsmaßnahmen und den z. T. bezahlten Erziehungsurlaub nicht nur die Mängel in der Kleinkinderziehung behoben werden könnten, sondern daß dadurch auch wieder mehr Kinder geboren würden.

24 Vergleicht die auf S. 25 aufgezählten finanziellen Hilfen mit dem Beispiel im oben abgedruckten Leserbrief (Text 20). Warum sind kinderreiche Familien trotz der familienpolitischen Unterstützungen wirtschaftlich benachteiligt? – Worin sieht der Schreiber des Leserbriefes einen „Skandal"?

25 Versucht die Karikatur zu deuten. Was ist an dem Ausspruch des kinderlosen Ehepaares „witzig", worin liegt die Wahrheit ihrer Sichtweise?

26 Text 21 macht verständlich, warum Kinder nach der „UN-Erklärung der Rechte des Kindes" (Text 15 b, S. 25) davon ausgeht, daß Kinder ein Recht auf Zuneigung haben sollen.

㉑ **Heimkinder:** Sozialwissenschaftler haben herausgefunden, daß z. B. zweieinhalbjährige Heimkinder in ihrer Lernfähigkeit und Intelligenz durchschnittlich um ein Jahr zurückliegen, fast die Hälfte aller Dreijährigen kaum gehen oder sprechen können. Die meisten dieser Kinder bleiben in ihrem Verhalten unsicher und sind in schwierigen Situationen körperlich und seelisch wenig belastbar.

㉒ **Adoption:** Durch ein neues Adoptionsrecht (1976) wurde die Annahme elternloser Kinder durch andere Eltern erleichtert, seither leben weniger Kinder unter zwei Jahren in Heimen.

„Was ich immer sage: Die Ärmsten erlauben sich den größten Luxus."

3. Frauen – nur für die Familie da?

In den letzten Jahrzehnten hat die Zahl der Frauen, die nicht mehr länger bereit sind, ihre beruflichen und gesellschaftlichen Fähigkeiten zugunsten der Kindererziehung und der Haushaltsführung einzuschränken, zugenommen. Viele Frauen fordern also die gleichen Chancen in allen Bereichen des gesellschaftlichen Lebens, die bislang Männern vorbehalten blieben.
Die Materialien zeigen, daß das Problem der gleichen Lebensmöglichkeiten von Mann und Frau jedoch schon viel früher anfängt.

1 Blättert nochmals auf S. 18/19 zurück. An welchen Vorstellungen über Silvias Zukunft orientierten Silvias Eltern ihr Erziehungsverhalten?

2 Im Jahr 1977 beschrieben junge Leser, wie sie die Rollen von Mann und Frau in der Familie erlebten. Welche Ursachen für die Rollenteilung werden in den Leserbriefen 2a und b genannt? Wie sind eure Erfahrungen dazu?

3 Die Karikatur zeigt, wie solche „Vorurteile" über die Rolle von Mann und Frau zu Benachteiligungen führen können.

4 Überprüft eure eigenen Rollenvorstellungen. Dazu könnt ihr die Eigenschaften zu „Mann oder Frau?" ordnen. Überlegt danach, was Jungen und was Mädchen besonders gut können. Sammelt und vergleicht die Ergebnisse. Haben die Jungen und die Mädchen verschiedene Antworten gegeben?

Mann oder Frau?
schön
aktiv
charmant
zärtlich
schöpferisch
helfend
eitel
produktiv
liebevoll
logisch
anmutig
körperbezogen
sachorientiert
fühlend
denkend
Mann und Frau?

①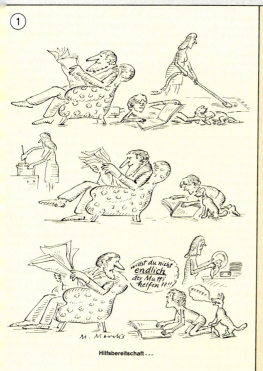

Hilfsbereitschaft ...

② **Die richtige Rolle?**

a) Die frühere Erziehung sieht man noch heute an den Ehen: Die berufstätige Ehefrau kommt von der Arbeit nach Hause und fängt sofort an zu kochen oder andere Haushaltstätigkeiten auszuführen, während der Mann sich in den Sessel fallen läßt und Zeitung liest. Wenn er richtig erzogen wäre, würde er im Haushalt mithelfen. Wahrscheinlich brauchte er früher für seine Mutter nichts zu tun ... Das ist ein typisches Merkmal von falscher Erziehung. Es fängt bei den Spielsachen an, das Mädchen bekommt Puppen und der Junge Autos.
Maria Thiel, 13 Jahre

b) Das übliche Rollenverhalten in der Familie führt dazu, daß die Jungen es unter ihrer Würde finden, bei der Hausarbeit zu helfen, und später als Ehepartner halten sie es für selbstverständlich, daß die Frau neben ihrem Beruf auch noch die gesamte Hausarbeit übernimmt. Mädchen erhalten meist eine schlechtere Ausbildung als Jungen, dies wird mit dem Argument, Mädchen heiraten sowieso bald, begründet. Dadurch, daß den Mädchen ihre Rolle, später als Ehegattin und Mutter zu wirken, schon von Geburt anerzogen wird, halten sie es selbst auch für sinnlos, etwas Richtiges zu lernen.
Gabriele Rohner, 18 Jahre
Beide in: DIE ZEIT, 22. 7. 1977

③ **Mädchen in Männerberufen**
Der 1978 angelaufene Modellversuch des Bundesministers für Bildung und Wissenschaft zur Erschließung gewerblich-technischer Männerberufe für Mädchen wurde Anfang 1985 abgeschlossen. Ergebnis: Die Mädchen haben in keiner Weise schlechter abgeschnitten als die Jungen. Die Vorgesetzten lobten besonders die Zuverlässigkeit, das hohe Maß an Verantwortung sowie das fachliche Können der in insgesamt 75 verschiedenen Berufen ausgebildeten 1232 jungen Frauen. Dennoch gäbe es noch immer „erschreckend große Vorbehalte" in den Firmen, in den Familien, im Freundeskreis.
nach dpa in: Deutsche Handwerkszeitung, 9. 3. 1985

4. Vorbilder oder Verführer?

4.1 Probleme bei der Suche nach dem eigenen Lebensstil

Kinder und Jugendliche wollen alle gerne „für voll" genommen werden – wie Erwachsene; denn aus ihrer Sicht sind Erwachsene selbständig und frei. So beginnen Jugendliche, ihr Verhalten selbst zu bestimmen – auch gegen den Einfluß ihrer Familie. Dabei tauchen neue Probleme auf:

– Wenn Kinder anfangen, ihre Ziele und Wege selbst zu bestimmen – woran erkennen sie dann, daß sie auch das für sie Richtige tun? Kann man sich selbst bestimmen, ohne sich an anderen als Vorbilder zu orientieren?

– Unterschiedliche Erwartungen und unterschiedliche Vorbilder führen zu Widersprüchen und Konflikten; woran soll man sich halten?

1 Das Bild veranschaulicht den Sachverhalt. Die Mädchen haben sich von Vorschriften der Eltern, der Schule und der Gesetze gelöst. Das Gefühl der „Selbstbestimmung" tut ihnen gut. Wer liefert aber tatsächlich dieses neue Verhaltensmuster? Was versprechen ihnen die „geheimen Verführer"?

2 Ähnliches erlebt man täglich im Fernsehen, in Illustrierten ... Stellt einmal Bilder und Werbetexte zu einer Collage zusammen: wodurch wird man erwachsen – erfolgreich – beliebt – angesehen – weiblich – männlich – ...?

3 Einzelne Jugend- oder Frauenzeitschriften verpacken in ihre Informationen oft „Leitbilder", die Wünsche und Verhalten der Leser unbewußt formen. Untersucht: Was ist, was tut der typische „Bravo"- oder „Rocky"-Jugendliche oder die „Brigitte"-Frau? Klebt eure Einzelcollagen auf ein großes Packpapier und diskutiert: Welche Wünsche und Bedürfnisse wollen diese Leitbilder in euch ansprechen? Wem nützt es, wenn ihr sie nachahmt?

4 Am Beispiel „Rauchen" läßt sich ähnliches zeigen. Die Handlung „Rauchen" löst Gefühle aus. Nehmt – nur einmal zum Spiel – eine Zigarette in die Hand, beschreibt euer Gefühl dabei und achtet auf typische Bewegungen und

Verhaltensweisen. Fallen euch Sprüche dazu ein? Über die tatsächlichen Wirkungen des Rauchens informiert S. 73. Wem nützt es vor allem?

4.2 Konflikte aus unterschiedlichen Erwartungen

5 Spielt die Szene: Eines der Mädchen auf dem Bild will nicht rauchen, denn Zigaretten schmecken ihm nicht. Wenn es aber nicht mitraucht, gilt es als Feigling und muß den Ausschluß aus der Gruppe fürchten. Welche Argumente führt die Gruppe gegen den „Spielverderber" ins Feld? Welche Verteidigung führt zum Erfolg? Müssen „Notlügen" erfunden werden?

Konflikte zwischen Erwartungen, die der einzelne nicht alle erfüllen kann, muß jeder fast täglich bewältigen. Man nennt solche Konflikte auch „Rollenkonflikte". Das Mädchen zum Beispiel sieht sich im Widerstreit; einerseits will sie ihre Vorstellungen durchhalten, andererseits soll sie sich den Erwartungen der Gruppe beugen. Am besten wird man mit solchen Konflikten fertig, wenn man sich fragt: Was will ich? Was nützt mir? Worauf kommt es mir hauptsächlich an? – und dann mit den anderen darüber spricht. Das Rollenspiel ist eine Übung für solche Gespräche.

Rollenkonflikte und Bedürfnisse

Da Gruppen immer bestimmte Ziele und Interessen verfolgen, sind Konflikte unvermeidlich. Jede Gruppe versucht, ihre Interessen und Ziele durchzusetzen. Dies gelingt um so besser, je mehr Einfluß und Macht eine Gruppe hat. Deshalb versuchen Gruppen durch Werbung und Propaganda möglichst viele für ihre Interessen zu gewinnen. Einflußreiche Interessengruppen sind zum Beispiel die Gewerkschaften – die Unternehmerverbände – die Verbraucherverbände – die Landwirte – ADAC – Deutscher Fußballbund und viele andere.

Gruppenkonflikte

6 Überlegt: Zwischen welchen dieser Gruppen bestehen Interessen- und Machtkonflikte? Welche Gruppen vertreten eher eure Interessen?

Im Kastentext wird zwischen „manipulierender" und „informierender" Beeinflussung unterschieden. Warum ist es wichtig, bei Werbung immer nach dem Interesse zu fragen, das dahintersteht? Stellt diese Fragen an die euch begegnenden Werbeinformationen. Mehr über Werbung lest ihr auf S. 74.

---

② **Wie uns Interessen begegnen:**

„manipulierend"	„informierend"
Sie versuchen, Dich mit schönen Worten zu überreden.	Sie versuchen, Dich mit Argumenten zu überzeugen.
Sie reden nur von Deinem Vorteil, nie von Deinen Kosten.	Sie diskutieren vergleichbare Möglichkeiten und stellen sich einem Kosten-Nutzen-Vergleich.
Sie verschweigen, daß sie nur an Deinem Geld oder Deiner Wählerstimme interessiert sind.	Sie sagen offen, welche Vorteile sie für sich erwarten.
Sie versprechen oft Unmögliches: Glück, Ansehen, Zufriedenheit.	Sie versprechen nur, was sachlich erfüllbar ist.
Sie behandeln Wunschvorstellungen als Wirklichkeit.	Glück kann man nicht kaufen. Sie beschränken sich auf das wirklich Machbare.
Sie sprechen Deine Gefühle an und manipulieren Deine Bedürfnisse.	Sie sprechen Deinen Verstand an und lassen Dich selbst entscheiden.
Sie weichen Fragen nach Gründen für ihre Aktivität und nach Nachteilen oder Kosten aus.	Sie beantworten kritische Fragen sachlich und legen die Gründe für ihre Aktivitäten offen.

Frage deshalb: – Woher kommen diese Informationen? Welche Gruppen stecken dahinter?
– Welches Interesse verfolgt die Gruppe mit ihrer Information?
– Welche Leistung wird von mir erwartet?
– Wer hat den größten Nutzen, wer verdient bei der Sache?

Auch Staaten verfolgen – wie die kleineren Gruppen – bestimmte Ziele: Sicherheit – Zusammenhalt – wirtschaftliche Versorgung ihrer Mitglieder – Ordnung des Zusammenlebens – Gerechtigkeit ... Welche Ziele jeweils als wichtig gelten und auf welche Weise diese Ziele erreicht werden, hängt vor allem davon ab, wie die Entscheidungsgewalt im Staat verteilt ist. Gibt es z. B. in einem Staat eine Kluft zwischen mächtigen und reichen Gruppen einerseits und der unterdrückten, ausgebeuteten Masse der Bevölkerung andererseits, so zeigen diese Gruppen andere politische Verhaltensweisen als Gruppen in Staaten mit größerer wirtschaftlicher und gesellschaftlicher Gleichheit. Die Bilder und Texte lassen beispielhaft erkennen, wie zum Teil früher, zum Teil heute, verschiedene Staaten unterschiedliche politische Verhaltensweisen von ihren Bürgern erwarten.

4.3 Ansprüche des Staates an das Verhalten der Bürger

7 Beschreibt zunächst das Verhalten der Menschen auf den Bildern. Was tun sie? Versucht die Bilder zu ordnen: Bei welchen kommen ähnliche Erwartungen vor, welche unterscheiden sich deutlich?

8 Staaten, in denen nur eine oder wenige Personen über die anderen herrschen, verlangen vor allem Gehorsam und Unterordnung. Sie sind undemokratisch. Welche der Bilder stammen wohl aus solchen Staaten?

9 Die unten abgedruckten Texte sind Dokumente solcher unterschiedlichen Verhaltensansprüche. Überprüft auch hier:
– Welche Texte erwarten eher Verhaltensweisen, die den Bürger unterordnen, welche verlangen eher Mitbestimmung und Kritik?
– Welche Erziehungsziele würdet ihr ablehnen? Warum?

10 Vergleicht diese staatlichen Erziehungsziele mit Erziehungszielen in den Familien auf S. 20. Welche Zusammenhänge zeigen sich?

9 Die Aufgabe des ... Erziehungswesens ist es, den Aufbau einer kommunistischen Gesellschaft zu unterstützen, indem es die materialistische Weltanschauung der Lernenden formt, diesen gute Grundlagen auf den verschiedenen Wissensgebieten vermittelt und sie auf die Ausübung einer gesellschaftlich nützlichen Arbeit vorbereitet.

W. P. Eljutin: Hochschulbildung in der UdSSR

10 Die gesamte ... Jugend ist ... körperlich, geistig und sittlich ... zum Dienst am Volk und zur Volksgemeinschaft zu erziehen ... Unser ganzes Volk müssen wir erziehen, daß immer, wenn irgendwo einer bestimmt ist zu befehlen, die anderen ihre Bestimmung erkennen, ihm blindlings zu gehorchen.

Gesetz über die Hitlerjugend vom 1. 12. 1936

11 Sich um das Kollektiv kümmern, das öffentliche Eigentum schützen, hart arbeiten, sparsam sein und die sozialistische Moral beachten. Ehrlich und bescheiden sein, Lehrer respektieren, Arbeiter schätzen, Kritik und Selbstkritik entfalten.

Regeln 5 und 6 für Berufsschüler. China aktuell 1982, S. 117

12 Die politische Bildungsarbeit hat ... das politische Problembewußtsein, die politische Urteilsfähigkeit und Urteilsbereitschaft auszubilden; die Erkenntnis des eigenen Standorts im Rahmen der Gesamtgesellschaft zu fördern; zur Bejahung der Grundwerte der freiheitlichen Demokratie zu führen, demokratische Verhaltensweisen einzuüben.

Aus der Regierungsantwort in der Bundestagsdebatte vom 15. Nov. 1968

5. Vorurteile – gefährliche Gewißheiten

5.1 Wie Vorurteile aussehen und was sie bewirken

1 In einer Untersuchung aus dem Jahre 1963 behaupteten die meisten von 400 befragten Schülern: Schotten sind geizig, Russen sind stur, grausam und gutmütig. Polen sind faul, falsch und schmutzig, Ungarn sind freiheitsstrebend, tapfer, temperamentvoll und musikalisch. Viele Franzosen stellen sich die Deutschen vorwiegend als arbeitsam, diszipliniert, energisch, mit Ordnungssinn und Organisationstalent ausgestattet und andererseits als grausam, zu militärisch und machtlüstern vor. Was meint ihr heute dazu?

2 Was wißt ihr über Mitglieder anderer Bevölkerungsteile, z. B. über Kinder aus anderen Stadtteilen, über Kommunisten, Neger, Zigeuner …? Macht dazu ein kleines Experiment. Jeder schreibt – ohne lange zu überlegen – drei Eigenheiten auf, die ihm hierzu einfallen: Gastarbeiter – Stadtstreicher – Zigeuner – geistig Behinderter – Obdachloser – Fremder. Sammelt alle Wörter an der Tafel. Zu welcher Beurteilung dieser Menschen kommt ihr?

3 Vergleicht die Texte 3 und 4: – Welche Aussagen werden über andere gemacht? – Wie werden diese Menschengruppen im Verhältnis zur eigenen Gruppe gesehen? – Welchen Nutzen haben Gruppen davon, daß sie über andere abwertende Urteile verbreiten? Solche falschen und halbwahren Urteile, die innerhalb einer Gruppe (Eigengruppe) über andere Gruppen (Fremdgruppen) und ihre Mitglieder gelten, nennt man Vorurteile. Sie stammen meist nicht aus eigener Erfahrung, sondern werden als fertige Urteile von anderen übernommen, also gelernt. Dabei schreibt man der Fremdgruppe fast immer schlechte Eigenschaften zu. Dadurch wird die eigene Gruppe deutlicher gegen andere unterscheidbar und so der Zusammenhalt in der Gruppe gestärkt. Die anderen, meist kleineren oder schwächeren Gruppen werden dadurch jedoch oft gekränkt, benachteiligt und schuldlos schlecht behandelt.

③ Eine Schöpfungsgeschichte

Die Irokesen (nordamerikanischer Indianerstamm) erzählen ihren Kindern die Schöpfungsgeschichte so: „Als Gott sein Werk mit der Schaffung des Menschen krönte, formte er drei Figuren aus Teig. Er stellte diese sodann in einen Backofen und ließ eine gewisse Zeit verstreichen. Etwas ungeduldig entnahm er dem Ofen die erste Figur. Ihre Oberfläche war blaß und nicht sonderlich anziehend, das Innere noch nicht völlig durchgebacken. Nach einer Weile nahm er die zweite Figur aus dem Ofen; diese war höchst trefflich geraten, kräftig braun an der Oberfläche und gar im Inneren. In seiner Freude machte der Gott diese Figur zum Stammvater der Indianer. Die dritte Figur aber war mittlerweile kläglich angebrannt; ganz schwarz war ihre Oberfläche. Die erste Figur wurde zum Stammvater der Weißen, von der dritten leiten sich die Neger ab."

P. R. Hofstätter: Einführung in die Sozial-Psychologie, Stuttgart 1968, S. 381.

④ Rassenvorurteile

Im Jahre 1933 stand in einer nationalsozialistischen Zeitschrift: „Zu diesen ‚Kuli- oder Fellachenrassen' gehört die Überzahl der Bevölkerung des Erdballs, das Gros der farbigen Menschen Asiens und Afrikas und das ostbaltisch-ostisch-innerasiatische Volkstum Rußlands. Ein kleiner, aber mächtiger Teil der Erdbevölkerung wählte den Weg der Parasiten. Er sucht sich durch die intelligente und heuchlerische Einfühlung und Überlistung in bodenständigen Volkstümern einzunisten, diese mit händlerischer Schlauheit um den Ertrag ihrer Arbeit zu bringen und durch raffinierte geistige Zersetzung der Selbstführung zu berauben. Die bekannteste und gefährlichste Art dieser Rasse ist das Judentum.
Die dritte Gruppe endlich führt den Kampf offen . . . Die ausgesprochenen Herren- und Kriegsrassen . . . ringen mit der Natur, um ihr Nahrung und Schätze des Bodens abzugewinnen . . . Aber sie greifen auch zum Schwerte . . . Nur diese Rassen haben sich als kulturschöpferisch und staatenbildend erwiesen. Die bedeutendste unter ihnen ist die nordische geblieben, die sich mit ihrer Arbeit- und Wehrkraft über die Hälfte des Erdballes erobert und mit ihrer Technik und Wissenschaft ihn heute fast ganz unterworfen hat, das Vorvolk dieser Rasse aber ist das deutsche . . ."

K. Zimmermann: Die geistigen Grundlagen des Nationalsozialismus, Leipzig 1933, in: M. Hofer (Hrsg.): Der Nationalsozialismus, Frankfurt 1962, S. 33.

4 Diskutiert über die Karikatur. Überlegt zunächst zum Inhalt der Wandbilder: Mit welchen „Argumenten" hetzt die eine Gruppe gegen die andere? Wer von euch ißt lieber Makkaroni als Kartoffeln? – Welche häufige Eigenschaft der Vorurteile zeigt sich im Verhalten der beiden Beobachter auf der Karikatur (Bildunterschrift)?

5 Zu welchem unmenschlichen Verbrechen haben die nationalsozialistischen Rassenvorurteile in Text 4 geführt?

6 Was haltet ihr von dem Campingplatz-Verbot für „Landfahrer"? Würdet ihr (oder eure Eltern) neben einer Zigeunersippe zelten?

7 Überlegt, welche Vorurteile in eurer Klasse oder eurer Nachbarschaft öfters vorkommen. Wer ist davon betroffen? Welche Folgen haben die gegenseitigen Vorurteile für das Zusammenleben? Was sollte man ändern?

⑤ ACHTUNG!
Im Interesse einer ungestörten Urlaubsgestaltung und nach einer dem Deutschen Camping-Club gegenüber übernommenen Verpflichtung ist
1. allen Landfahrern
2. allen Schaustellern und
3. allen Personen und Personengruppen, die von Haus zu Haus Waren anbieten, verkaufen oder reparieren,
der Zutritt zu diesem Campingplatz nicht gestattet.
Bei Nichtbeachtung dieses Hinweises erfolgt Platzverweis, erforderlichenfalls durch die Polizei.

⑥ MAKAROHNI-FRESSER   CARRTOFEL-VRESSER!

„Gastarbeiterkinder sind doof; die können nicht mal richtig Kartoffel schreiben!"

5.2 Randgruppen und Außenseiter – Opfer der Vorurteile

Vorurteile gehen fast immer mit Gefühlen der Ablehnung einher. Sie richten sich gegen Menschen, die anders sind, und treffen besonders jene Gruppen, die zahlenmäßig in der Minderheit sind. Weil sie anders sind, „gehören sie nicht dazu" werden sie „nach außen" an „den Rand" der Gesellschaft gedrängt, also zu Außenseitern und Randgruppen gemacht. Daß solche Vorgänge sogar mit Hilfe der Rechtsordnung möglich sind, zeigt ein Gerichtsurteil, das 1976 gesprochen und 1980 vom höchsten Gericht bestätigt wurde. Eine Urlauberin hatte ein Reisebüro auf Rückerstattung ihrer Reisekosten verklagt, weil in dem Ferienhotel, in dem sie wohnte, gleichzeitig eine Gruppe von 25 jugendlichen Behinderten Urlaub machte. Die Urlauberin argumentierte, daß durch die Anwesenheit der Behinderten ihr Urlaubsziel – nämlich Erholung – nicht erreichbar gewesen sei. Sie wollte „während der wenigen kostbaren Urlaubswochen frei von seelischem Streß sein". Das Gericht hielt die Forderung der Urlauberin für berechtigt; das Reiseunternehmen mußte die Hälfte der Reisekosten zurückerstatten.

8 Versucht, beide Seiten in diesem Fall zu verstehen. Warum hat das Gericht der Klägerin wohl recht gegeben? Welche Folgen ergeben sich aus diesem Urteil für Behinderte, die Urlaub machen wollen?

9 Ähnliche Probleme beschreibt die Zeitungsnotiz in Text 7. Vergleicht die Angst dieser Bürger mit dem Bericht 11, S. 35, und dem Bild 8.

10 Denkt darüber nach, warum viele Menschen mit Angst und Unsicherheit auf behinderte Menschen reagieren. Habt ihr selbst schon ähnliche Erfahrungen gemacht? Sammelt Ideen, was dagegen unternommen werden kann.

11 Lest das Gespräch S. 35, Text 9. Überlegt – jeder für sich – in welchen Lebenssituationen ihr manchmal auch das Gefühl habt, „behindert" zu sein oder von anderen Menschen behindert zu werden.

---

⑦ „Geistig Behinderte unerwünscht"

Trotz „Aktion Sorgenkind" und vielfältiger Bemühungen um Eingliederung – wer geistig behindert ist, wird schnell zur „ungewünschten Person". Diese bittere Erfahrung mußte jetzt eine Familie in der hessischen Kleinstadt machen. Mit einer Unterschriften-Aktion setzte sich eine Hausgemeinschaft erfolgreich gegen den bevorstehenden Einzug der insgesamt vierköpfigen Familie M. zur Wehr. Der Grund: Mit dem von Geburt an geistig behinderten 20jährigen Sohn mochten die Bewohner nicht unter einem Dach leben. Die Neue Heimat (Hauseigentümer), der zwölf Parteien geschlossen ihren Auszug androhten, mochte solch massivem Druck nicht Paroli bieten. Obwohl die Verhandlungen mit Familie M. nahezu abgeschlossen waren, erteilte die „Gemeinnützige Wohnungs- und Siedlungsgesellschaft" eine Absage und warb in ihrem Schreiben im Juni um „Verständnis für den Rücktritt". Familie M., die bei den bisherigen Anfragen stets auf ihren geistig behinderten Sohn hinwies und ausnahmslos Absagen erhielt, muß somit ihre knapp ein Jahr dauernde Wohnungssuche fortsetzen.

Was die Neue Heimat förmlich als dem „Interesse der Mitbewohner entsprechend" bezeichnet, ist für den Geschäftsführer der „Lebenshilfe für geistig Behinderte", Eugen Enseroth, ein „Rückfall ins finsterste Mittelalter" ...

„Erste Berührungen mit geistig Behinderten", versucht sich der Leiter der Behinderten-Werkstatt, Bernd Scheftlein, mit einer Erklärung, „sind immer problematisch." Dies habe sich bereits 1974 gezeigt, als die Bevölkerung mit dem Argument, es handele sich um einen Eingriff in das Naherholungsgebiet, gegen den Bau der Einrichtung Sturm gelaufen sei. Heute, sagt er, „haben wir ein Bombenverhältnis". Zu den jährlichen Sommerfesten kämen regelmäßig mehr als tausend Besucher.

Badische Zeitung, 14./15. 7. 1984

⑧ „Wer einmal im Knast war, auf den ist doch kein Verlaß!"

Auch mit Vorurteilen züchtet man Verbrecher. Was der Haftentlassene braucht, ist eine Chance, am Arbeitsplatz, zu Hause, überall. Der neue Anfang ist unendlich schwer. Wenn wir nicht helfen, wird aus einer Strafe ein „Lebenslänglich".

⑨ Wir alle sind behindert

Aus einem Gespräch:

"Manchmal denke ich, daß es die richtigen Behinderten fast besser haben als wir beide... Wenn einer auf Krücken geht, dann sieht man ihm doch gleich an, wie es um ihn steht... Du hingegen, Du tust alles, damit ja keiner merkt, welche Probleme Du täglich mit Deinem Zwetschgenwasser herunterschluckst, am wenigsten Du selber. Klar, daß Dir dann auch keiner helfen mag. Du fändest das ja demütigend." "Ja, und sowas findet sich überall: Gefühlsarme, Arrogante, Depressive, Ängstliche... Wenn einer furchtbar schüchtern ist, sich nicht traut, mit anderen Menschen zu reden, ist das vielleicht keine Behinderung? Was unterscheidet uns „Normale" von den Suchtkranken, wenn man weiß, daß 39 Prozent der Erwachsenen – fast 19 Millionen – Schlafmittel, 51 Prozent der Frauen und 36 Prozent der Männer ständig Medikamente brauchen?"

"Wenn ich so darüber nachdenke – vielleicht könnten wir von den sichtbar Behinderten lernen, mit uns selber besser umzugehen. Wir müßten nur unsere Angst überwinden können."

⑩ Nach einer Befragung

- wissen 90 Prozent der sogenannten Normalen nicht, wie sie sich einem Behinderten gegenüber verhalten sollen,
- haben 70 Prozent Ekelgefühle gegenüber Schwerbehinderten,
- meinen 63 Prozent, Behinderte gehörten ins Heim,
- möchten 56 Prozent nicht mit einem Behinderten in einem Haus wohnen.

PZ Nr. 25/Februar 1981, S. 18 u. S. 20.

Das Beispiel mit den Behinderten zeigt, worin das Hauptproblem für die Randgruppen liegt. Ihre Andersartigkeit erzeugt bei den meisten Menschen Gefühle der Unsicherheit und Angst. Damit wir für unsere Ängste eine Erklärung haben, bilden wir Vorurteile. Wenn wir anderen Eigenschaften zuschreiben, die diese verächtlich und minderwertig machen, dann brauchen wir sie nicht mehr so zu achten. Wer andere aber verachtet und ablehnt, behindert diese: durch Benachteiligung bei der Arbeits- und Wohnungssuche, beim Umgang mit den Behörden, durch Verweigerung von Auskünften und Hilfe. Wenn wir den anderen Menschen ein Etikett aufkleben und sie nicht so akzeptieren können, wie sie sind, dann verstärken wir ihre Andersartigkeit und ihre *gesellschaftliche* Behinderung. Denn wir nehmen ihnen die Chance, auf uns zuzugehen und ihr Leben, so wie sie es möchten, zu gestalten.

⑫ Überlegt, wodurch einzelne Gruppen erst zu gesellschaftlich Behinderten gemacht werden, z.B. Strafentlassene, ausländische Kinder, Suchtkranke, Arbeits- oder Obdachlose.

⑬ Wenn euch Antworten auf das Plakat unten einfallen: Erstellt einen Plan, wie ihr eure Ideen im einzelnen verwirklichen könnt.

⑪ Ein Dorf hilft

„Hohenroth ist ein „helfendes Dorf". Eines von dreizehn, die es in der Bundesrepublik gibt. In jeder Familie hier leben geistig oder seelisch behinderte Menschen. Wenn z.B. Herr Czerny von seiner Familie spricht, dann meint er damit nicht nur seine Frau und seine Kinder, sondern auch Beate und Eberhard. Beide erwachsen, beide von Geburt an geistig behindert. Ihre Familie und die Dorfgemeinschaft geben ihnen Geborgenheit. Jeder im Dorf hat seine Pflichten. Die meiste Arbeit fällt in der Landwirtschaft an. Obst, Gemüse und Getreide werden in den eigenen Werkstätten weiterverarbeitet. Eine Weberei gibt es schon; die Wollieferanten werden demnächst angeschafft. Was nicht zum eigenen Bedarf gebraucht wird, wird verkauft.

Neben diesen eigenen Einnahmen werden die Hohenrother finanziell vom Verein „SOS Kinderdorf" und von staatlichen Stellen unterstützt. Seit dreieinhalb Jahren besteht die Dorfgemeinschaft. Sie entstand, ebenso wie die zwölf anderen „helfenden Dörfer", aus privater Initiative."

PZ Nr. 25/Februar 1981, S. 12.

⑫ »Nix Deutsch! Nix Schule! Nix Lehre! Nix Arbeit! Aber schönes deutsches Sprichwort: Wo ein Wille ist, ist auch ein Weg.«

5.3 Vorurteile im Alltag – was kann man dagegen tun?

„Volksweisheiten": Lange Haare – kurzer Verstand

Bleib im Lande und nähre dich redlich!

Wer lügt, der stiehlt.

Vorurteile erschweren unser Zusammenleben. So werden die Opfer von Vorurteilen in ihrer Menschenwürde verletzt. Deshalb sollten wir versuchen, Vorurteilen auf die Spur zu kommen. Beachtet folgende Merkmale:
– Vorurteile „scheren alles über einen Kamm". Statt jeden als eine eigenständige Person zu betrachten, teilt man sie nach fertigen „Klischees" (Abziehbildern) ein: die Jugend von heute, die Fußballrowdies, die Intellektuellen ..., und verallgemeinert einzelne Eigenschaften.
– Nicht jedes falsche Urteil ist ein Vorurteil. Zu einer falschen oder unvollständigen Ansicht muß noch eine gefühlsmäßige Einstellung hinzukommen. Man kann sich selbst beobachten: Wenn wir andere Menschen oder Verhältnisse verachten, verabscheuen oder begeistert bewundern, dann hören oder lesen oder bemerken wir nur die Tatsachen, die unser Vorurteil bestätigen; Tatsachen, die unsere Voreingenommenheiten beseitigen könnten, werden dagegen häufig übersehen. Zwei Beispiele aus der Schule:

Im Jahre 1928 fand eine Erziehungswissenschaftlerin heraus, daß Lehrer bei der Diktat- und Aufsatzkorrektur bei den „schlechten" Schülern nur 12%, bei den „guten" Schülern aber 39% der Fehler übersehen hatten.

330 Schüler im Alter von 10–14 Jahren mußten ein Gedicht als Hausaufgabe auswendig lernen. Ohne Wissen der anderen wurde in jeder Klasse das Gedicht mit 15 absichtlich eingebauten Fehlern mit einem sehr guten und mit einem sehr schwachen Schüler sicher eingeübt. Beim Abhören meldeten sich die zwei. Die zuhörenden Klassen wurden beauftragt, die Fehler der Aufsagenden zu zählen: Bei den „schlechten" Schülern fielen den Mitschülern durchschnittlich 14 Fehler auf, bei den „guten" nur 9 Fehler.

Vorurteile erzeugen einen Kreislauf, in dem sich das Vorurteil oft selbst bestätigt. Versucht nach dem Beispiel unten, denselben Kreislauf für das Vorurteil „Mädchen haben keine technische Begabung" oder für das Vorurteil einer Schulklasse „Georg und Ali suchen immer Streit" darzustellen. Wie könnten solche Kreisläufe durchbrochen werden?

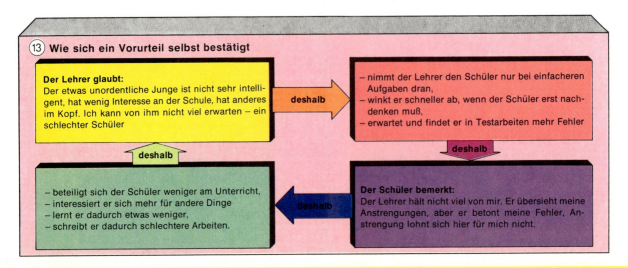

⑬ **Wie sich ein Vorurteil selbst bestätigt**

Der Lehrer glaubt: Der etwas unordentliche Junge ist nicht sehr intelligent, hat wenig Interesse an der Schule, hat anderes im Kopf. Ich kann von ihm nicht viel erwarten – ein schlechter Schüler

deshalb

– nimmt der Lehrer den Schüler nur bei einfacheren Aufgaben dran,
– winkt er schneller ab, wenn der Schüler erst nachdenken muß,
– erwartet und findet er in Testarbeiten mehr Fehler

deshalb

Der Schüler bemerkt: Der Lehrer hält nicht viel von mir. Er übersieht meine Anstrengungen, aber er betont meine Fehler, Anstrengung lohnt sich hier für mich nicht.

deshalb

– beteiligt sich der Schüler weniger am Unterricht,
– interessiert er sich mehr für andere Dinge
– lernt er dadurch etwas weniger,
– schreibt er dadurch schlechtere Arbeiten.

Lernen und Berufswahl 2

1. Warum wir lernen

1.1 Den Menschen fehlen Instinkte

Wer das Wort „lernen" hört, denkt meist zuerst an Schule und Bücher. Doch den größten Teil dessen, was wir wissen und können, haben wir außerhalb der Schule gelernt: Sprechen, denken, fühlen, lieben, spielen, fluchen, politisieren, arbeiten ... das meiste davon können die Menschen, ohne daß sich ein Lehrer darum kümmert.

In der Natur kann man z. B. beobachten, daß eine Pflanze, die man vom Sonnenlicht wegdreht, nach kurzer Zeit wieder dem Licht entgegenwächst. Das Licht wirkt als Anreiz für das Wachstum, die Pflanze paßt sich der veränderten Umgebung an. Bei vielen Tieren – z. B. Hunden, Katzen, Hühnern – kann man ähnliche Anpassungen beobachten. Sie wechseln jeweils zum Winter und zum Sommer ihr Haar- oder Federkleid. Zugvögel sammeln sich im Herbst und finden den Weg oft über Tausende von Kilometern in wärmere Regionen; dabei halten viele Arten bestimmte Flugordnungen ein, die Kraft sparen und gegen Feinde sichern helfen. Alle diese für das Überleben notwendigen Verhaltensweisen vollbringen die Tiere weitgehend instinktiv, d. h. nach ererbten inneren Programmierungen. Instinktiv schützen und verbergen sie sich vor ihren Feinden, finden Nistplätze für sich und ihre Jungen und unterscheiden zwischen verträglicher und unverträglicher Nahrung.

Menschen dagegen reagieren nur in wenigen Situationen instinktiv – bei unbekannten Geräuschen ziehen wir z. B. den Kopf ein, bedecken ihn mit den Händen ... Welche Nahrung bekömmlich ist oder wie wir uns gegen starke Kälte schützen, müssen wir Menschen jeweils erst lernen. Hier können wir uns nicht auf angeborene Instinkte verlassen. Dies ist jedoch nicht nur ein Nachteil. Weil Menschen dadurch erst ihr Verhalten lernen müssen, können sie sich auf gänzlich neue Lebensbedingungen einstellen. So reagieren wir auch nicht nur auf die vorgegebene Umwelt, sondern suchen nach Wegen, diese nach unseren Bedürfnissen zu verändern.

▌ Die Bilder auf S. 37 zeigen Situationen und Gegenstände, die unser Verhalten beeinflussen und unser Wissen erweitern können. Welche der dargestellten Situationen fördern besonders das *Wissen* und *Denken,* welche

2 Zugvögel

Reizreaktionen bei Pflanzen

sprechen mehr das *Gefühl* und welche die *körperliche Geschicklichkeit* an?

2 Vergleicht die Bilder oben. Wovon hängt es ab, daß Zugvögel ihr Ziel sicher erreichen, obwohl sie den Weg noch nie geflogen sind, und wovon, daß Alf und Ute in Abb. 1 heil in die Schule gelangen?

3 Text 4 veranschaulicht, wie Tiere lernen, aber auch Menschen lernen können. Hierbei läßt sich folgendes beobachten: Verhalten, das zu *Erfolg* führt, das *belohnt* oder *„bekräftigt"* wird, wird wiederholt, also gelernt. Wodurch wurde das Verhalten des Hundes bekräftigt? Worin bestand für das Tier, worin für den Menschen der Erfolg des Lernens?

4 Überlegt: Wie wirkt dieses Lerngesetz, wonach erfolgreiches oder bekräftigtes Verhalten wiederholt wird, auch im Unterricht – etwa bei gelungenen Aufgabenlösungen oder wenn euch der Lehrer lobt?

5 Wie und wodurch lernen Menschen außerdem noch? Lest dazu Text 5.

---

④ Wer dressiert wen? – ein Beispiel für Lernen

Diesen Text sollte man so lesen, daß die folgende Zeile jeweils mit einem Blatt Papier abgedeckt wird. Immer erst nach Beantwortung der Zwischenfragen weiterlesen. Ab hier also ein Blatt auflegen:
Stellt euch vor: Ein Junge sitzt im Restaurant beim Essen. Neben ihm am Boden sitzt ein Hund und wedelt mit dem Schwanz. Das Kind nimmt von seinem Teller ein Stück Wurst, hält es hoch und sagt zu dem Hund: „Mach bitte-bitte." Erst als sich der Hund aufrichtet und einen Augenblick auf den Hinterläufen sitzenbleibt, läßt der Junge die Wurst fallen.
Was wird der Junge nach diesem ersten Erfolg tun?
Er probiert nochmals dasselbe, vier- bis fünfmal, bis sein Teller leer ist. Und jedesmal freut er sich, wenn der Hund sich auf die Hinterpfoten setzt.
Dann geht der Junge weg. Der Hund kommt jetzt zu dir und bettelt, weil du noch an deinem Wurstbrot kaust. Wie wirst du dich jetzt wohl verhalten?
Sicher versuchst du dasselbe. Du hebst einen Brocken hoch, sagst „Mach bitte-bitte", und erst wenn der Hund ‚Männchen macht', gibst du ihm das Futter.
Danach kommt der Junge mit seinem Vater zurück und sagt: „Papi, ich habe dem Hund Männchenmachen beigebracht." Er lockt den Hund an, hebt eine Hand hoch und sagt: „Mach bitte-bitte." Wie verhält sich darauf der Hund?
Richtig! Der Hund hat *gelernt*. Auf ein Zeichen und die Worte „Mach bitte-bitte" reagiert er mit einem *bestimmten Verhalten*. Er macht Männchen. Ein anderer Hund kommt dazu. Der erste sagt zu ihm: „Du, paß auf, ich habe dem Menschen etwas beigebracht. Ich zeige es dir!" Der Hund läuft zu dir, weil du immer noch ißt, und macht ‚Männchen'. Was wirst du tun? Vermutlich wirst du über den Hund lachen und ihm noch einen Brocken geben. Wer hat wen dressiert?

⑤ Menschen lernen voneinander

Das Kind wächst in einer Welt heran, in der es von Menschen umgeben ist, die ihm als Vorbild für seine Fertigkeiten und Vorstellungen dienen können. Es findet Altersgenossen, die zur Diskussion, zum Wettbewerb, zu Zusammenarbeit und zum Verstehen herausfordern; wenn das Kind Glück hat, wird es zudem von einem erfahrenen Älteren, der sich wirklich darum kümmert, durch Beispiele und durch Kritik angeregt, seine Fertigkeiten und seine Gedanken zu entwickeln.

I. Illich: Entschulung der Gesellschaft, Reinbek 1984, S. 84

1.2 Lernen, um selbständig zu werden

Wenn Eltern oder auch Lehrer besonders die noch jüngeren Kinder zum Lernen veranlassen, dann tun sie dies häufig ähnlich wie bei einer Dressur. Sie geben Anweisungen, belohnen Folgsamkeit und bestrafen manchmal Ungehorsam und Eigenwilligkeit. In vielen Fällen wird es gut sein, Erfahrungen der Älteren, die mehr wissen und sich auskennen, zu übernehmen. Wichtig ist aber auch, selbständig denken zu lernen, nach eigenen Einsichten zu handeln und dabei eigenen Bedürfnissen Geltung zu verschaffen.

Weil Menschen denken können, lernen sie nicht nur das, was durch äußere Einflüsse vorgelebt, vorgesagt und ‚belohnt' wird. Menschen lernen auch, indem sie ihre eigenen Erfahrungen mit denen anderer vergleichen und dabei zu Urteilen darüber kommen, was eher richtig oder eher falsch, was gut oder schädlich oder böse ist. Aber auch die Urteilsfähigkeit entwickelt sich erst mit Üben und Lernen. So kann man z. B. die Erfahrung machen, daß Höflichkeit und gegenseitige Rücksichtnahme für das Zusammenleben nützlich sind, und daß es gerechtfertigt ist, wenn besonders jüngere auf ältere Menschen Rücksicht nehmen. Im Einzelfall können jedoch auch Höflichkeit, Rücksicht und andere Verhaltensgebote unangebracht sein, z. B. wenn die anderen Menschen diese Werte für sich selbst nicht beachten. Lösungen für solche Fragen finden wir meist erst aus eigenen Erfahrungen und im eigenen Nachdenken.

6 Die Szene in Text 6 berichtet von solchen Entscheidungssituationen. Was hat Ingrid gelernt? Wie wird sie sich weiter verhalten? Schreibt jeder kurz die Szene weiter. Vergleicht dann die Texte und spielt einige in der Klasse.

7 Text 7 berichtet vom Versuch einer Lehrerin, Schülern mehr Erfahrung mit selbständigem Lernen zu ermöglichen. Welche Erfolge werden erreicht? Welche Schwierigkeiten zeigen sich? Wenn ihr selbst einen Versuch machen möchtet: Sprecht mit eurem Lehrer/eurer Lehrerin darüber, welche Voraussetzungen nötig wären und wie sie geschaffen werden können.

---

6 Die Großen und die Kleinen

Im Supermarkt sind viele Leute. Ingrid schiebt ihren Wagen langsam vor. Hier ist die Margarine. Ingrid weiß genau, welche die Mutter immer kauft. Vor dem Regal mit dem Backpulver stehen zwei Frauen. Sie unterhalten sich ... Ingrid schiebt ein bißchen bei dem einen Wagen an. ‚Na, du wirst es noch erwarten können', schimpft die eine Frau. Ingrid sucht im Regal. ‚Nun mach schon!' brummt ein Mann hinter ihr. Das hätte er vorhin sagen sollen! denkt Ingrid ... An den Zucker kann Ingrid im Gedränge nicht heran. Da platzt ein Sack, und der Zucker rinnt auf den Boden. Für einen Augenblick weichen die Leute zurück. Ingrid nimmt schnell einen Kilosack und fährt den Wagen zur Kasse. ‚Du läßt mich doch vor, Kleine', sagt eine Frau. Zweimal wird Ingrid zurückgeschoben. Am liebsten würde sie weinen vor Wut ... Aber wartet nur! ...

K. Wölfflin: Die Großen und die Kleinen. Wien 1974, S. 15

7 Selbständigkeit lernen – ein Versuch

Eine Lehrerin berichtet: „Vor einer Woche beschloß ich, eine neue Methode in meiner 6. Klasse einzuführen ... Als erstes sagte ich in der Klasse ... daß ich sie einen Tag lang machen lassen würde, was sie wollte ...

Viele begannen mit musischen Tätigkeiten; einige zeichneten oder malten den größten Teil des Tages. Andere lasen oder beschäftigten sich sogar mit Mathematik und anderen Fächern. Den ganzen Tag lag Aufregung in der Luft; viele interessierte das, was sie taten, so sehr, daß sie zur Pause und mittags nicht hinausgehen wollten. Am Ende des Tages forderte ich die Klasse auf, den Versuch zu beurteilen. Die Meinungen waren sehr interessant. Einige waren ‚verwirrt', bekümmert darüber, daß der Lehrer ihnen nicht sagte, was sie tun sollten und daß sie keine klar umschriebenen Anweisungen zu erfüllen hätten. Die Mehrheit der Klasse fand den Tag ‚toll', aber einige störte der Lärm und die Tatsache, daß ein paar den ganzen Tag ‚verblödigt' hatten. Die meisten hatten das Gefühl, daß sie genausoviel Arbeit leisteten wie gewöhnlich, und sie freuten sich darüber ... Ein Vater meinte, ich sei verrückt, es mit so vielen auf einmal zu versuchen ..."

Nach C. R. Rogers: Lernen in Freiheit. München 1974, S. 19f.

2. Die Schule – zusammen mit anderen lernen

2.1 Die Klasse

Meist lernen wir nicht allein, sondern zusammen mit anderen. Dabei spielen z.B. die Klasse, der Lehrer, die Schulbücher, die Freunde eine Rolle. Seht euch einmal in eurer Klasse um: Ihr unterscheidet euch durch euer Aussehen, euer Temperament, euer Elternhaus. Der eine bastelt gerne, der andere ist viel auf dem Sportplatz; einige sind katholisch oder evangelisch oder mohammedanisch oder konfessionslos; die eine ist musikalisch, die andere malt gern. Und doch bildet ihr eine Gruppe, meistens sogar mehrere Teilgruppen.

1 Die Bilder zeigen verschiedene Sitzordnungen in Schulklassen. Diskutiert: Wie wirken sich diese auf die Beziehungen der Schüler untereinander aus? Welche Sitzordnung ist jeweils günstiger für die Aufmerksamkeit, die Konzentration, die Selbständigkeit, die Zusammenarbeit beim Lernen? In welcher Klasse möchtet ihr am liebsten arbeiten? Warum?

2 Text 4 sagt einiges über die Beziehungen zwischen Lehrern und Schülern. Welche Erfahrungen, welche Ratschläge teilt der Schriftsteller mit?

4 Ansprache zum Schulbeginn – Eine Rede über das Lernen

Liebe Kinder, ... *Haltet das Katheder weder für einen Thron, noch für eine Kanzel!* Der Lehrer sitzt nicht etwa deshalb höher, damit ihr ihn anbetet, sondern damit ihr einander besser sehen könnt. Der Lehrer ist kein Schulwebel und kein lieber Gott. Er weiß nicht alles, und er kann nicht alles wissen. ...

Nehmt auf diejenigen Rücksicht, die auf euch Rücksicht nehmen! Das klingt selbstverständlicher, als es ist. Und zuweilen ist es furchtbar schwer. In meine Klasse ging ein Junge, dessen Vater ein Fischgeschäft hatte. Der arme Kerl, Breuer hieß er, stank so sehr nach Fisch, daß uns anderen schon übel wurde, wenn er um die Ecke bog. Der Fischgeruch hing in seinen Haaren und Kleidern, da half kein Waschen und Bürsten. Alles rückte von ihm weg. Es war nicht seine Schuld. Aber er saß, gehänselt und gemieden, ganz für sich allein, als habe er die Beulenpest. Er schämte sich in Grund und Boden, doch auch das half nichts. Noch heute, fünfundvierzig Jahre danach, wird mir flau, wenn ich den Namen Breuer höre. ...

Seid nicht zu fleißig! Bei diesem Ratschlag müssen die Faulen weghören. Er gilt nur für die Fleißigen, aber für sie ist er sehr wichtig. Das Leben besteht nicht nur aus Schularbeiten. Der Mensch soll lernen, nur die Ochsen büffeln. Ich spreche aus Erfahrung. Ich war als kleiner Junge auf dem besten Wege, ein Ochse zu werden. ... Der Kopf ist nicht der einzige Körperteil. ... Man muß nämlich auch springen, turnen, tanzen und singen können, sonst ist man, mit seinem Wasserkopf voller Wissen, ein Krüppel und nichts weiter. ... *Und prügelt keinen, der kleiner und schwächer ist als ihr!* Wem das ohne nähere Erklärung nicht einleuchtet, mit dem möchte ich nichts zu tun haben. Nur ein wenig warnen will ich ihn. Niemand ist so gescheit oder so stark, daß es nicht noch Gescheitere und Stärkere als ihn gäbe. Er mag sich hüten. Auch er ist, vergleichsweise, schwach und ein rechter Dummkopf.

Mißtraut gelegentlich euren Schulbüchern! Sie sind nicht auf dem Berge Sinai entstanden.

Erich Kästner: Die kleine Freiheit. Zürich 1952, S. 9–12

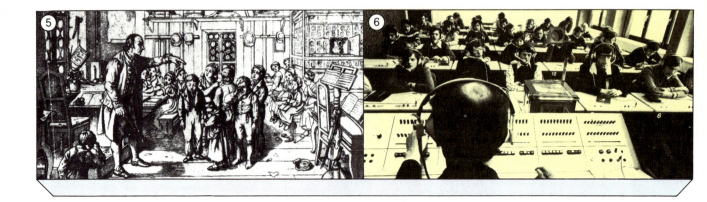

2.2 Lehrer und Schüler – unterschiedliche Erwartungen

Die Klasse – das sind nicht nur die Schülerinnen und Schüler. Zu ihr gehören auch Lehrerinnen und Lehrer. Die Art und Weise, wie sie zusammenarbeiten, kann sehr verschieden sein. Vieles hängt dabei vom Lehrer ab. An ihn werden viele unterschiedliche, manchmal gegensätzliche Erwartungen gerichtet. So verlangen die meisten Schulgesetze, daß der Lehrer/die Lehrerin ganz allgemein die „pädagogische Verantwortung für die Erziehung und Bildung der Schüler" übernimmt. Lehrer müssen also dafür sorgen, daß in der Unterrichtszeit ernsthaft gearbeitet wird und die vorgeschriebenen Lernziele erreicht werden.

Schüler brauchen dazu eine Atmosphäre, die ihnen das Lernen erleichtert, brauchen Hilfe und Unterstützung bei Lernschwierigkeiten, wollen mitreden, Spaß haben – und daß der Lehrer sie versteht. Was also Lehrer von ihren Schülern erwarten und Schüler von ihren Lehrern – davon sprechen die Materialien dieser Seiten.

⑦ Der ideale Lehrer – Die ideale Lehrerin?

Ohr für alle und alles

schluckt fast alles

langer Atem

trägt gern Verantwortung

Fährt nicht so schnell aus der Haut

Bekommt keine weichen Knie

Taktvoll, tritt niemals ins Fettnäpfchen

Superhirn

guter Riecher

kein Großmaul

fleißig

Fingerspitzengefühl

Herz am rechten Fleck

Dickes Fell

Mit beiden Beinen auf dem Boden

⑧ Warum man sich manchmal nicht versteht

Woher soll Annette denn wissen,
– daß Herr Alf nachts lange wach liegt,
– daß Frau Krell anonyme Anrufe bekommt,
– daß Frau Roth nach vier Stunden in der 9b immer ganz erschöpft ist,
– daß Herr Zapf Magengeschwüre hat,
– daß Frau Thieles Mann eine jüngere Freundin hat,
wenn man darüber nicht spricht!

Woher soll Frau Busch denn wissen,
– daß Monika verliebt ist,
– daß Klaus sich um seine todkranke Mutter sorgt,
– daß Chris sich in Mathe nichts zutraut und deshalb abschreibt,
– daß Lillis Eltern sich scheiden,
– daß Andi kein Taschengeld hat, weil der Vater arbeitslos ist,
wenn man darüber nicht spricht!

⑨ Was Elena an ihrer Lehrerin gefällt

- wenn sie nett ist und nicht so viele Hausaufgaben aufgibt
- daß sie meistens gerecht ist
- wenn ich gute Noten bekomme
- wenn sie ab und zu etwas Falsches sagt
- wenn sie sich Zeit nimmt, um schwierige Aufgaben zu erklären
- wenn sie auf den Unterricht gut vorbereitet ist
- daß sie uns öfters mitentscheiden läßt, was wir im Unterricht machen sollen
- daß sie eine Entschuldigung auch annimmt
- daß sie sich auch widersprechen läßt

... und nicht gefällt

- daß wir jeden Tag Schularbeiten aufkriegen
- wenn sie die Tür immer zuschlägt
- wenn sie der ganzen Klasse Strafarbeiten aufgibt, weil einer etwas angestellt hat und der sich nicht meldet
- wenn sie immer so schreit
- wenn sie immer meckert, weil die Tafel nicht sauber ist
- wenn der Unterricht langweilig ist
- wenn wir Stillarbeit machen müssen
- wenn sie mit einigen Schülern mehr Geduld hat als mit mir
- daß sie manchmal schlecht gelaunt ist

3 Abb. 7 und Text 9 enthalten Erwartungen an Lehrer. Erprobt das in eurer Klasse. Jeder schreibt sich wie Elena je fünf Lob- und Kritikpunkte für Lehrer auf. In Kleingruppen könnt ihr dann vergleichen: Worin seid ihr euch einig, wo gibt es Unterschiede?

4 Text 10 stellt vier Beispiele von Lehrern vor, die sich unterschiedlich verhalten. Diskutiert kurz jedes Beispiel: Welcher Lehrer hilft den Schülern jeweils am besten? Warum?

5 Text 8 macht darauf aufmerksam, warum Lehrer ihre Schüler und Schüler ihre Lehrer manchmal nicht richtig verstehen. Stellt einige Gründe dafür zusammen, warum Lehrer und Schüler oft so wenig voneinander wissen. Diskutiert, ob man sich in der Schule solche Ereignisse mitteilen sollte.

6 Welchen Unterschied im Verhältnis von Lehrern und Schülern zeigen die Abbildungen 5 und 6? Worin sind sie ähnlich, worin unterschiedlich? Welche Situation würdet ihr bevorzugen?

⑩ Lehrer und Schüler – 4 Beispiele

a) Beispiel 1: Diktate zurückgeben
Der Lehrer hat das Diktat korrigiert. Klaus bekommt die zweite Fünf in diesem Schuljahr.
Lehrer A schreibt in das Heft: „Du kannst es besser, Klaus! Gib Dir Mühe und übe zu Hause für die nächste Arbeit."
Lehrer B sagt beim Ausgeben der Hefte zur Klasse: „Klaus hat wieder eine Fünf geschrieben. Wenn er so weitermacht, bleibt er sitzen."
Lehrer C gibt die Hefte ohne Bemerkung zurück.

b) Beispiel 2: Hausaufgaben aufgeben
Der Lehrer gibt englische Vokabeln auf.
Lehrer A: „Bis Dienstag die Vokabeln auf Seite 57"!
Lehrer B: „Lernt gründlich, wir wollen morgen in einem Gruppenwettbewerb die Vokabeln abfragen!"
Lehrer C: „Lernt eure Vokabeln gründlich; heutzutage braucht man Englisch in fast jedem Beruf."

c) Beispiel 3: Schüler drannehmen
Klaus ist ein schwacher Schüler. Er bleibt beim Gedichtaufsagen hängen. Der Lehrer wartet einen Augenblick, sagt dann: „Das war nichts", und ruft einen anderen Schüler auf.
Hans ist ein guter Schüler. Auch er kommt bei dem Gedicht ins Stocken. Der Lehrer wartet und sagt: „Laß dir Zeit, Hans, du kannst es gewiß!" Als Hans der Anschluß eingefallen ist, meint der Lehrer: „Nun, ich wußte, daß du es gelernt hast."

d) Beispiel 4: Neue Klasse übernehmen
Der Lehrer übernimmt eine neue Klasse.
Lehrer A läßt sich von seinem Vorgänger über die Abneigungen und Vorlieben der Schüler, ihre häuslichen Verhältnisse und ihre Freundschaften berichten.
Lehrer B verzichtet darauf.

11 Schulangst plagt Schüler heute noch mehr als früher

1974: Angst in der Schule zeigt sich z. B. in der Furcht vor Prüfungen und Klassenarbeiten. Schüler haben aber auch schon Angst, wenn sie vom Lehrer im Unterricht aufgerufen werden. Rund 50% der Haupt- und Realschüler berichten, sie könnten am Anfang einer Prüfung keinen klaren Gedanken fassen. 20% der Hauptschüler behaupten, daß sie vor einer wichtigen Klassenarbeit Bauchschmerzen haben. Viele geben an, sie könnten vor einer Prüfung nicht essen, und ein Drittel bekommt ‚Das Zittern', wenn sie vom Lehrer an die Tafel gerufen werden.

1986: Nach Aussagen des Jugendpsychiaters R. Lempp haben Schüler heute mehr Angst als früher: Die Eltern fürchten, daß ihre Kinder eine erstrebte Berufslaufbahn nur mit guten Noten erreichen könnten. Sie übertragen diese Angst auf ihre Kinder, so daß diesen dann jede nur mäßige Note Angst bereitet.

Als Hilfe von seiten der Schule schlägt Lempp vor, die Zusammenarbeit der Schüler untereinander zu fördern z. B. dadurch, daß dem Klassenprimus die Note 1 erst dann gegeben werden sollte, wenn er dem Schwächsten zu einer 4 verholfen hat.

Nach: Schülerbericht, Universität Konstanz, 1974, Badische Zeitung, 29. 9. 1986

12 Schulangst plagt auch Lehrer – ein Bericht

Also die ersten zwei Stunden, da geht es immer noch. Aber spätestens nach der vierten bin ich ziemlich am Ende. Wenn die Schüler immer unruhiger werden, dann beginnt meine Angst, daß ich mit dem Stoff nicht durchkomme – was ich heute nicht schaffe, das nimmt mir ja dann morgen schon wieder Zeit weg. Die Klasse als ganzes ermahnen hilft nicht. Greife ich mir aber einzelne heraus, dann befürchte ich, genau den falschen zu erwischen und zu bestrafen. Ich möchte ja auch nicht ungerecht sein.

Und wenn ich mir dann vorstelle, der Schulrat käme plötzlich in so eine Stunde ... Ja, wenn ich die so im Griff hätte wie der Schober – der hat nichts zu befürchten. Da kuschen die alle; die zittern schon, wenn er sie nur anschaut.

Vielleicht sollte ich einfach mehr unvorbereitete Arbeiten schreiben und strengere Noten geben. Dann würden die sicher besser aufpassen und auch die Hausaufgaben machen. Manchmal spüre ich schon auf dem Weg zum Klassenzimmer ein Herzklopfen ...

Tonbandprotokoll 1986

2.3 Angst in der Schule

„Angst ist ein schlechter Ratgeber", sagt ein altes Sprichwort „... und ein schlechter Lehrer." Auf alten Abbildungen wie z. B. S. 42 sieht man, daß die Lehrer damals noch mit dem Stock „regierten". Kaum vorstellbar, daß Schüler ihnen zu widersprechen gewagt hätten.

Schüler (und Lehrer) sprechen – wie die meisten Menschen – nicht gerne über ihre Ängste. Oft meinen sie, sie allein hätten Angst und müßten sich dafür schämen. Besonders Schüler, die mehr getadelt als gelobt werden und schlechte Noten bekommen, geraten in die Gefahr, sich selbst für unfähig zu halten. Auch wenn diese Schüler nicht weniger intelligent sind als andere, kann ihre Angst vor dem Versagen, vor den schlechten Noten, den enttäuschten Eltern oder vor der Herabsetzung durch Lehrer oder Mitschüler so lähmend sein, daß sie schon bei geringen Schwierigkeiten aufgeben. Sie sind dann besonders darauf angewiesen, daß die Lehrer ihre Leistungen und ihre Fähigkeiten loben und sie bei Schwierigkeiten ermutigen und unterstützen.

7 Welche Anlässe und Ursachen für Schulängste sehen Wissenschaftler nach Text 11? Welche Erfahrungen habt ihr damit?

8 Wovor können – nach Text 12 – auch Lehrer Angst haben? Was überlegt sich dieser Lehrer, wie er seine Angst abbauen könnte? Wie würden dann wohl die Schüler auf sein Verhalten reagieren?

9 Ängste, über die man spricht, lassen sich eher eingrenzen. Schreibt einmal jeder auf, wovor ihr in der Schule Angst habt und versucht, über die Gründe zu reden. Vielleicht lassen sich zusammen mit dem Lehrer einige Ursachen für eure Schulängste verändern.

10 Falls ihr Angst habt, anderen eure Ängste mitzuteilen: Sprecht zuerst über diese Angst. Warum habt ihr sie? Hat auch der Lehrer Angst, mit euch von seinen Ängsten zu reden?

3. Was hat die Schule mit Politik zu tun?

3.1 Die Schule steht unter der Aufsicht des Staates

Mit dem Spruch „Nicht für die Schule, sondern für das Leben lernen wir" ist auch eine Aufgabe der Schule umrissen: Sie soll Jugendliche befähigen, in der Gesellschaft ihren Platz zu finden, indem die heranwachsende Generation überlieferte Werte, Regeln und Verhaltensweisen übernimmt, sich so in die Gesellschaft einordnet, aber auch für künftige, veränderte Lebensverhältnisse vorbereitet wird.

Nun liegt darin eine große Schwierigkeit: Wie kann man Jugendliche auf eine Zukunft vorbereiten, die man selbst noch nicht erfahren hat? Erwachsene neigen dazu, nur Dinge zu lehren, die sie selbst kennen, sie so zu lehren, wie sie ihnen begegnet sind oder wie sie sie für gut halten. So versuchten schon früher die Herrschenden, für sie günstige Verhältnisse durch Einflüsse auf die Erziehung zu bewahren. Aber auch wer politische Verhältnisse ändern will, versucht dies über die Erziehung. Ende des 19. Jahrhunderts z. B. kämpfte die Arbeiterbewegung für die politische und gesellschaftliche Gleichberechtigung der Arbeiter. Wilhelm Liebknecht, einer ihrer Führer, ging davon aus, daß diese Gleichberechtigung auch vom Zugang zu Bildung und Wissen abhinge und prägte den Satz: „Wissen ist Macht – Macht ist Wissen!"

1. Was erwartete bereits 1779 der Preußenkönig Friedrich II. von der Schule?
2. Was sollte 1889 die Schule für Kaiser Wilhelm II. leisten?
3. Diskutiert über den Satz Liebknechts aus Text 3: „Ohne Macht für das Volk kein Wissen". Wie läßt sich das – aus Text 1 und 2 – begründen?
4. Zu den Zeiten, in denen diese Texte verfaßt wurden, diente die Schule nichtdemokratischen Staaten. Wo liegen Eurer Meinung nach die Aufgaben der Schule in einer demokratischen Gesellschaft heute?

---

1 Kabinettsordre Friedrichs II. (1779)

Daß die Schuhlmeister aufm Lande die religion und die moral, den jungen Leuten lernen, ist recht gut, und müssen sie sich Mühe geben, daß sie nicht Stehlen und nicht morden; sonsten ist es auf dem platten Lande genung, wen sie ein bisgen lesen und schreiben lernen, wißen sie aber zu viel, so laufen sie in die Städte und wollen Secretairs und so was werden; deshalb muß man aufm platten Lande, den Unterricht der jungen Leute so einrichten, daß sie das nothwendige, was zu ihrem Wißen nöthig ist, lernen, aber auch in der Arth, daß die Leute nicht aus den Dörffern weglaufen, sondern hübsch da bleiben.

---

2 Ordre Wilhelms II. (1889)

Schon längere Zeit hat Mich der Gedanke beschäftigt, die Schule nutzbar zu machen, um der Ausbreitung sozialistischer und kommunistischer Ideen entgegenzutreten. In erster Linie wird die Schule durch Pflege der Gottesfurcht und der Liebe zum Vaterland die Grundlage für eine gesunde Auffassung auch der staatlichen und gesellschaftlichen Verhältnisse zu legen haben. Sie muß bestrebt sein, schon der Jugend die Überzeugung zu verschaffen, daß die Lehren der Sozialdemokratie nicht nur den göttlichen Geboten und der christlichen Sittenlehre widersprechen, sondern in Wirklichkeit unausführbar und in ihren Konsequenzen dem Einzelnen und dem Ganzen gleich verderblich sind.

---

3 Aus einer Rede Wilhelm Liebknechts (1872)

Verzichten wir auf den Kampf, auf den politischen Kampf, so verzichten wir auf die Bildung, auf das Wissen. ‚Durch Bildung zur Freiheit', das ist die falsche Losung, die Losung der falschen Freunde. Wir antworten: Durch Freiheit zur Bildung! Nur im freien Volksstaat kann das Volk Bildung erlangen. Nur wenn das Volk sich politische Macht erkämpft, öffnen sich ihm die Pforten des Wissens. Ohne Macht für das Volk kein Wissen! Wissen ist Macht – Macht ist Wissen!

④ Mit der Schulpflicht gegen die Kinderhändler

„Der vielumstrittene Kindermarkt hat wegen der Schulpflicht ein Ende gefunden. Die oberschwäbischen Bauern haben an Schulkindern kein Interesse." So alt, wie der Inhalt vermuten läßt, ist diese Zeitungsnotiz nicht. Die Meldung stand erst am 6. März 1922 im Friedrichshafener ‚Seeblatt'. Damit hatte endlich der ‚Sklavenhandel' mit Kindern aus Vorarlberg und Tirol ein Ende gefunden. Alljährlich waren bis dahin Kinder aus den armen Gebieten Vorderösterreichs zur Feld- und Hofarbeit nach Oberschwaben vermittelt worden.
Die Schulpflicht durchgesetzt hatte der damalige Kultusminister Berthold Heymann. Schon 1913 war er als Landtagsabgeordneter der SPD gegen den oberschwäbischen ‚Kindermarkt' zu Felde gezogen. Während des Kaiserreichs behielten aber auch in dieser Frage die Eigentümer der großen Ländereien die Oberhand.

SPD Wahlzeitung Am Sonntag, 23. 9. 1980

⑤ Rechtsgrundlagen der Schulpflicht
a) Grundgesetz für die Bundesrepublik Deutschland
Art. 7: (1) Das gesamte Schulwesen steht unter der Aufsicht des Staates. (2) ... (3) ...
(4) Das Recht zur Errichtung von privaten Schulen wird gewährleistet. Private Schulen als Ersatz für öffentliche Schulen bedürfen der Genehmigung des Staates und unterstehen den Landesgesetzen ...

b) Aus der Verfassung des Landes Nordrhein-Westfalen
Art. 8.2: Es besteht allgemeine Schulpflicht; ihrer Erfüllung dienen grundsätzlich die Volksschule und die Berufsschule.
Art. 8.3: Land und Gemeinden haben die Pflicht, Schulen zu errichten und zu fördern. Das gesamte Schulwesen steht unter der Aufsicht des Landes. Die Schulaufsicht wird durch hauptamtlich tätige, fachlich vorgebildete Beamte ausgeübt.
Art. 9.1: Der Unterricht in den Volks- und Berufsschulen ist unentgeltlich.
Art. 10.1: ... Für die Aufnahme in eine Schule sind Anlage und Neigung des Kindes maßgebend, nicht die wirtschaftliche Lage und die gesellschaftliche Stellung der Eltern.
Art. 11: In allen Schulen ist Staatsbürgerkunde Lehrgegenstand und staatsbürgerliche Erziehung verpflichtende Aufgabe.

Allgemeine Schulpflicht

Kinder und Jugendliche sind heute gesetzlich verpflichtet, die Schule zu besuchen. Dies wurde in Deutschland erst nach 1919 mit der Einführung demokratischer Verfassungen erreicht. Damit entsprach der Staat der Zielsetzung, ein Mindestmaß an Gleichheit unter den Bürgern durch gleiche Bildung zu ermöglichen, wie dies z. B. auch Liebknecht gefordert hatte.
In der Bundesrepublik ist die staatliche Verantwortung für das gesamte Schulwesen im Grundgesetz verankert. Für die inhaltliche Gestaltung und die Finanzierung sind allerdings die einzelnen Bundesländer zuständig. Sie legen durch Gesetze und Verordnungen fest, welche Fächer mit wieviel Stunden an den einzelnen Schularten unterrichtet werden; fast alle Landesverfassungen schreiben Staatsbürgerkunde* als Pflichtfach vor. Damit möglichst alle Schüler einer Schulart am Schuljahresende den gleichen Bildungsstand haben, gibt es

Lehrpläne für fast alle Schulfächer Lehrpläne, nach denen die Lehrer ihren Unterricht gestalten müssen. Auch private Schulen, die zu staatlich anerkannten Abschlüssen führen, werden von den Kultusbehörden beaufsichtigt. Dem Kultus-

Schulaufsicht minister – in den Stadtstaaten dem Kultussenator – unterstehen in den Regierungsbezirken staatliche Schulämter (z. T. auch Oberschulämter, Bezirksschulämter), die die Arbeit an den Schulen überwachen, Schulleiter und Lehrer beraten. Schüler, die in ein anderes Bundesland umziehen, müssen sich oft auf neue Lehrpläne, Fächer und Schulbücher umstellen.

5 Ermittelt aus Text 4: Wann wurde z. B. in Oberschwaben die allgemeine Schulpflicht eingeführt und wie wirkte sich dies aus?

6 Für welche Schularten besteht nach Text 5 die allgemeine Schulpflicht? Welche Grundsätze gelten für den Zugang zu einzelnen Schulen?

7 Überlegt vor dem Hintergrund des Art. 10.1 der Verfassung (Text 5b), warum der Schulbesuch an den öffentlichen Schulen heute unentgeltlich ist?

---

* Politikunterricht wird auch Sozialkunde oder Gesellschaftslehre genannt.

3.2 In der Schule gibt es verschiedene Aufgaben

Was Lehrer und Schüler im Unterricht tun, ist nicht allein durch die staatlichen Stundentafeln und Lehrpläne bestimmt. Die Lehrer müssen darüber hinaus noch weitere Erwartungen und Vorschriften berücksichtigen, wenn sie ihre Arbeit in der Schule gut erfüllen wollen. In Lehrerkonferenzen kann es z. B. zu Auseinandersetzungen darüber kommen, wie die Tische in den Klassenzimmern „normal" angeordnet werden. Lohnt es sich für Lehrer C, wegen einer Stunde die Tische umzuräumen und wieder zurückzustellen? Manchmal verbietet schon der Hausmeister ein Umstellen der Möbel, weil dies auf den Kunststoffböden Streifen hinterläßt. Die Abb. 8 stellt die wichtigsten Personen, Gruppen und Einrichtungen zusammen, die den Lehrer in seinem Handeln beeinflussen.

8 Besprecht dieses Schaubild mit eurem Lehrer/eurer Lehrerin. Laßt sie oder ihn über die verschiedenen Aufgaben und Einflüsse berichten.

9 Untersucht eure Schulordnung. Gibt es Regelungen, die ihr nicht gut findet? Stellt fest, welche Personen in der Schule angesprochen werden müssen, wenn ihr hier nach Änderungen sucht.

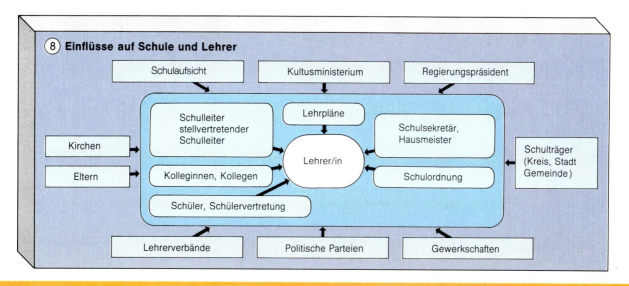

3.3 Schüler und Eltern wirken mit

Staatliche Schulaufsicht darf in der Demokratie nicht alles regeln. Denn das Grundgesetz will: „Pflege und Erziehung der Kinder sind das natürliche Recht der Eltern und die zuvörderst ihnen obliegende Pflicht" (Art. 6.2). Dieser Verfassungsgrundsatz wird im Bürgerlichen Gesetzbuch ergänzt, wo es in § 1626 Abs. 2 heißt: „Bei der Pflege und Erziehung berücksichtigen die Eltern die wachsende Fähigkeit und das wachsende Bedürfnis des Kindes zu selbständigem verantwortungsbewußtem Handeln."

Deshalb sehen die Schulgesetze der einzelnen Bundesländer vor, daß Eltern und Schüler das Schulleben mitgestalten sollen. Gewählte Eltern- und Schülervertreter haben danach das Recht, in Schul- und Lehrerkonferenzen und in Gesprächen mit der Schulleitung besonders bei Fragen der Schulorganisation, aber auch bei Ordnungs- und Erziehungsfragen, bei Entscheidungen über neue Unterrichtsformen, über neue Schulbücher und andere Probleme mitzuentscheiden. Sie können Kritik und Anregungen vorbringen sowie Anträge stellen, über die dann beraten und abgestimmt werden muß. Im Schulalltag nützen Eltern und Schüler diese Rechte meist nur wenig aus. Bei Konflikten mit Lehrern oder der Schulleitung fehlt den Schülern oft die Fähigkeit, sich die richtigen Verbündeten zu verschaffen. Dies könnten einzelne Lehrer sein, die Elternvertreter, Schülervertretungen anderer Schulen, aber auch Jugendorganisationen der Parteien oder Gewerkschaften, Kirchen, Gemeinderäte.

10 In anderen Bundesländern gilt sinngemäß das oben gesagte. Welche erzieherischen Ziele verfolgt z. B. das Schulmitwirkungsgesetz in Text 9? Welche Rechte hat danach die Schülervertretung?

11 Projektaufgabe: Besorgt eine Übersicht über alle bestehenden Mitwirkungsorgane an eurer Schule!

---

⑨ Schülervertretung – Mitwirkung der Schüler in der Schule

1. Grundsätze
1.1 Die SV (Schülervertretung) vertritt im Rahmen des Bildungs- und Erziehungsauftrags der Schule die Rechte der Schüler, fördert und nimmt deren Interessen wahr und wirkt dadurch bei der Gestaltung des schulischen Lebens mit …
1.2 Der Mitwirkungsbereich der SV ergibt sich aus dem Auftrag der Schule. Zu diesem gehört neben der Vermittlung von Fachwissen auch, Schüler zu selbständigem, kritischem Urteil, zu eigenverantwortlichem Handeln und zur Wahrnehmung von Rechten und Pflichten im politischen und gesellschaftlichen Leben zu befähigen. Seine Verwirklichung erfordert … partnerschaftliches Zusammenwirken …

2. Aufgaben der SV
2.1 Im Rahmen des Schulmitwirkungsgesetzes wirkt die SV durch ihre Organe an Entscheidungen der Schule mit.
2.2 Außer der Mitwirkung am Entscheidungsverfahren und der Teilnahme an Konferenzen gehört zur Mitwirkung der Schüler bei der Verwirklichung des Bildungs- und Erziehungsauftrags der Schule insbesondere:

○ Die Förderung von fachlichen, kulturellen, sportlichen, politischen und sozialen Interessen der Schüler. Hierzu gehören insbesondere:
– Arbeitskreise über selbstgewählte Themen einschließlich solcher über politische Fragen.
– Forumsgespräche und Vortragsveranstaltungen, bei denen Vertretern unterschiedlicher Richtungen die Möglichkeit zur Diskussion eines bestimmten Themas gegeben wird,
– Arbeitsgemeinschaften, Fach- und Neigungsgruppen.
○ Das Recht, Probleme des schulischen Lebens sowie Beschwerden allgemeiner Art aufzugreifen, sie mit den am Schulleben Beteiligten zu diskutieren und sie über die Schule den Schulaufsichtsbehörden vorzutragen.
○ Das Recht, im Einzelfall einen Schüler ihrer Schule auf dessen Wunsch bei der Wahrnehmung seiner Rechte gegenüber Schulleiter und Lehrern, insbesondere bei Ordnungsmaßnahmen und Beschwerdefällen, zu beraten und zu unterstützen.
○ Das Recht zur Abgabe von Erklärungen an die Öffentlichkeit im Rahmen des schulpolitischen Mandats …

Auszug aus einem Erlaß des Kultusministers von NRW, 22. 11. 1979

⑩ Politische Parteien – unterschiedliche Vorstellungen über das Schulsystem

CDU: Das Schulwesen muß die unterschiedlichen Begabungen und Fähigkeiten und das unterschiedliche Leistungsvermögen der Menschen berücksichtigen. Nur ein vielfältig gegliedertes Schulwesen wird dieser Aufgabe gerecht, indem es unterschiedliche, aber gleichwertige Bildungswege anbietet. Hauptschule, Realschule, Gymnasium, Sonderschule und berufliche Schulen haben einen jeweils besonderen pädagogischen Auftrag und deshalb ein eigenständiges Profil. Nivellierende (d. h. gleichmachende) Integrationssysteme lehnt die CDU auch weiterhin entschieden ab. Gesamtschulen müssen – dort wo sie bestehen – in ihrem fachlichen Angebot, in ihren Leistungsanforderungen und in der Vermittlung qualifizierter Abschlüsse dem gegliederten Schulwesen gleichwertig sein. Die Gesamtschule ist für uns keine Regelschule ... Bereitschaft zur Leistung setzt voraus, daß überzeugende und gerechte Leistungsmaßstäbe angewandt werden. Die CDU setzt sich daher für eine grundlegende Reform des Zulassungsverfahrens zum Hochschulstudium ein, um einer Pervertierung (Verkehrung) der Leistungsmessung zu begegnen und die negativen Rückwirkungen auf die Schule abzubauen.
Beschluß des 30. Bundesparteitages der CDU vom 4. 11. 1981

SPD: Sozialdemokratische Bildungspolitik wollte immer fördern statt auslesen. Im Blick auf die neuen Aufgaben der Schule ist dies noch wichtiger geworden. Die dafür am besten geeignete Schulform ist die Gesamtschule. Gesamtschule will den verschiedensten Begabungen und Neigungen der Kinder und Jugendlichen nachgehen und sie differenziert fördern. Begabungsförderung und Gesamtschule sind keine Gegensätze. Gesamtschule ist auch am besten geeignet, der Chancengleichheit näherzukommen. Wir sind daher für die Einführung einer Gesamtschule, die eine Vielfalt der Bildungsangebote sichert. Unser Ziel bleibt, im ganzen Bildungswesen gleiche Chancen herzustellen für Mädchen und Jungen ebenso wie für Kinder verschiedener sozialer Herkunft ... In der beruflichen Bildung müssen die beträchtlichen Qualitätsunterschiede abgebaut werden, weil sie zu ungleichen Berufschancen führen. Dazu ist es notwendig, die berufliche Grundbildung zu verbreitern ... Die Öffnung der Hochschulen ist bisher nur teilweise erreicht. Sie bleibt unser Ziel. Wissenschaftliche Ausbildung darf nicht wieder Privileg einer Minderheit werden. Der Zugang zu den Hochschulen aus der Berufspraxis muß erweitert werden.
Entwurf für ein neues Grundsatzprogramm der SPD, Juni 1986

DIE GRÜNEN: Wir GRÜNEN setzen uns für folgende Ziele ein:
– Überschaubare Schule, die Eltern, Lehrer und Schüler gleichermaßen verantwortlich gestalten.
– Gleichberechtigung aller Schulen in freier Trägerschaft bzw. Alternativschulen (Waldorfschule, Glocksee-Schule, Tvind usw.*), um die positiven Erfahrungen dieser Schulen auch in staatlichen Schulen zu nutzen. Die Gesetze und behördlichen Auflagen müssen für die Errichtung von Alternativschulen vereinfacht werden.
– Ein einheitliches, integriertes Schulwesen, d. h. alle Jugendlichen werden bis zur 10. Klasse ausgebildet, alle erhalten einen einheitlichen Abschluß, zu dem hin sie individuell gefördert werden ...
Bundesprogramm der GRÜNEN, o. J.
* Privatschulen mit z. T. anderen Erziehungskonzepten

FDP: Die Freie Entfaltung der Persönlichkeit muß durch Vielfalt in der Bildung und die gerechte Chance zur Entwicklung individueller Neigung und Begabung unterstützt werden. Bildung ist ein Wert an sich. Sie ist Bürgerrecht und Aufstiegschance zugleich. Nicht nur formale Wissensvermittlung und Ausbildung, sondern ebenso Erziehung zur Freiheit, Toleranz und Selbstverantwortung, zu Kreativität und demokratischem Verhalten ist das liberale Bildungsziel. Die Reform des Bildungswesens ist inhaltlich und organisatorisch erstarrt, sie braucht den freien Wettbewerb der Ideen. Wir wollen mehr Chancen für freie Bildungsträger ... Der Zugang zu allen Bildungseinrichtungen muß gewährleistet bleiben. Für die Liberalen sind Breiten- und Hochbegabtenförderung unerläßlich. Chancengleichheit heißt gleiche Chancen am Start, nicht Garantie der Erfolgsgleichheit am Ziel ...
Das liberale Manifest vom 24. 2. 1985

3.4 Schule in der Demokratie

Noch vor 30 Jahren überwog die Meinung, daß die Lernfähigkeiten der Menschen so unterschiedlich seien, daß man für die jeweiligen Begabungen auch verschiedene Schularten einrichten müsse. Dann stellte sich offenbar heraus, daß nicht so sehr die Begabung, sondern die soziale Herkunft über den Schulbesuch entschied: Arbeiterkinder besuchten überwiegend die Hauptschule, Kinder von Selbständigen und mittleren Angestellten die Realschule und Kinder höherer Angestellter und Beamter das Gymnasium. Das dreigliedrige Schulsystem erschien vielen als eine Einrichtung, die gesellschaftliche Ungleichheit aufrechterhielt: Arbeiterkinder wurden in der Regel wieder Arbeiter, Kinder von Ärzten und Rechtsanwälten machten Abitur und studierten an Hochschulen. Das Bildungssystem galt als wenig sozial, weil es Kinder aus einfacheren Berufs- und Einkommensgruppen eher in ihren Entfaltungs- und Lebenschancen benachteiligte (s. dazu auch S. 18, Abb. 1).

Aus diesem Grund – aber auch, um vorhandene „Begabungsreserven" für den wirtschaftlich-technischen Bedarf besser auszuschöpfen – wurden auch in kleineren Städten mehr Realschulen und Gymnasien errichtet. Als neuen Schultyp führte man Gesamtschulen ein, in denen die herkömmliche Trennung der Schularten ersetzt wurde durch ein vielfältiges Angebot unterschiedlicher Ausbildungsgänge. In „Laborschulen" forschte man danach, wie Kinder mit unterschiedlichen Lernvoraussetzungen und Begabungen am besten gefördert werden können. Diese „Bildungsreformen" führten dazu, daß heute fast 30% aller Heranwachsenden eine Hoch- oder Fachhochschulreife erwerben.

Die damit verbundene „Bildungsexpansion" (Expansion = Ausdehnung) wird jedoch nicht von allen gesellschaftlichen Gruppen gutgeheißen. Besonders die Gesamtschulen sind politisch immer noch umstritten. In den Bundesländern Hessen und Nordrhein-Westfalen z. B. gelten sie neben den anderen Schularten als Regelschulen. Andere Bundesländer haben Gesamtschulen als Zusatzangebote in Ballungsgebieten, jedoch nicht als Regelschule. Einige Landesregierungen lehnen sie ganz ab. Dahinter stecken unterschiedliche politische Auffassungen darüber, welche gesellschaftlichen Ziele durch die Schulbildung erreicht werden sollen.

12 Lest die Texte 10. Erarbeitet die verschiedenen politischen Positionen der Parteien zum Bildungssystem.

13 Vergleicht die Abb. 11 und 13. Inwiefern zeigt sich eine Angleichung der Bildungschancen? Woran läßt sich auch bei Tabelle 13 eine gewisse Angleichung erkennen, worin zeigt sich jedoch deutliche Ungleichheit in der Wahrnehmung der Bildungsmöglichkeiten?

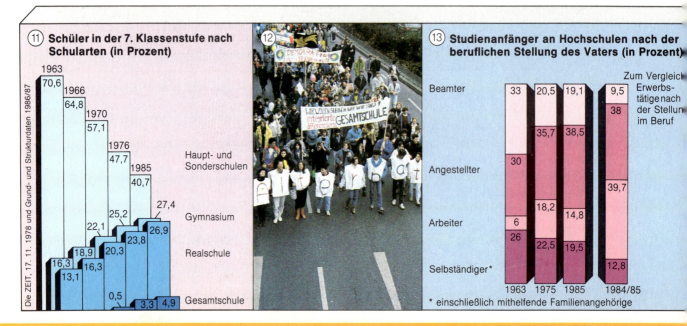

4. Berufswahl zwischen Wunsch und Wirklichkeit

Altenpfleger? – Arzthelferin? – Automateneinrichter? – Bäcker? – Bundeswehr? – Betriebsschlosser? – Bildhauer? – Bürokaufmann? – Chirurg? – Dachdecker? – Diätassistentin? – Druckformenhersteller? – Erzieher? – Flugingenieur? – Funkelektroniker? – Gebäudereiniger? – Gold- und Silberschmied? – Hebamme? – Herrenschneider? – Ingenieur für Kartographie? – Journalist? – Kellner? – Kriminalbeamtin? – Landbautechniker? – Logopädin? – Meß- und Regelmechaniker? – Notar? – Offizier? – Oecotrophologe? – Patentanwaltsgehilfin? – Reprograph? – Rohrnetzbauer? – Sänger? – Schiffahrtskaufmann? – Sportlehrer? – Teilzeichnerin? – Tierpfleger? – Uhrmacher? – Walzendreher? – Weinbautechniker? – Werbekaufmann? – Zahntechniker? – Ziseleur?

4.1 Berufswünsche

Wenn Jugendliche sich ihre Zukunft vorstellen, dann überlegen sie dabei, was sie als Erwachsene gerne tun, welchen Beruf und welchen damit verbundenen Lebensstil sie anstreben möchten. Und wo immer Frauen und Männer zusammentreffen und im Gespräch etwas voneinander erfahren wollen, taucht meist rasch die Frage auf: „Was machen Sie denn beruflich?" Kennen wir den Beruf eines Menschen, dann versuchen wir u. a. einzuschätzen:
– wofür er sich besonders interessiert,
– welches Einkommen er hat und wie er damit leben kann,
– in welche Schulen seine Kinder gehen mögen,
– was er in seiner Freizeit tut und mit welchen Menschen er Kontakt hat.
Denn der Beruf bestimmt ganz wesentlich, welche Stellung eine Person in unserer Gesellschaft hat und wie sie ihr Leben gestalten kann. Die Suche nach dem Beruf ist deshalb ein zentraler Punkt unserer Lebensplanung.

1 Untersucht zunächst eure eigene Situation. Jeder schreibt seinen Berufswunsch (evtl. auch zwei bis drei) auf einen Zettel. In der Klasse werten dann einige die Zettel aus. Welche Berufe werden am häufigsten genannt?

2 Auf S. 51 sind Erwartungen an Berufe wiedergegeben. Schreibt diese Ziele für die Berufswahl in einer Liste untereinander. Welche erscheinen euch wichtig und erfüllbar, welche eher unvernünftig? Warum?

3 Vergleicht alle diese Vorstellungen mit den Erfahrungsberichten 1 a bis e. Welche Gründe haben hier jeweils zur Berufswahl geführt? Welche Probleme kommen damit zum Vorschein?

---

① Ausbildungswunsch und Ausbildungswirklichkeit – Jugendliche berichten

a) Sibylle F.: „Ich möchte kaufmännische Angestellte werden. Ich schreibe gern, also Rechnen und Schreiben sind meine Lieblingsfächer. Ich habe schon eine Arbeitsstelle bei einer Bank gehabt, aber da hab ich keinen Lehrvertrag bekommen. Und draußen beim Sportverein, da ist eine Ältere, ... die hat zu mir gesagt: ‚Ja, komm doch zu uns.' Die ist in so einer Papierfabrik ... ich möchte schon lieber in die Papierfabrik, erstens einmal weil dort die Freundin ist, und zweitens, weil ich da einen Lehrvertrag hab."

b) Helga S., Büroangestellte: „Als ich ins 7. oder 8. Schuljahr kam, als dann das Bewußtsein erst richtig da war, wie wichtig die Schule ist und eine richtige Ausbildung usw., da wollte ich zur Schule gehen. Aber mein Vater stand auf dem Standpunkt, daß ein Mädchen doch nicht zur Schule zu gehen braucht, sie heiratet ja sowieso mit 19 oder 20.
Ich hab in Dortmund eine 3jährige kaufmännische Lehre gemacht, obwohl meine Eltern sich am Anfang dagegen sträubten. Aber ich hab mich dann durchgesetzt."

c) Chemiefacharbeiter, 17 J., 1. Lehrjahr, Großbetrieb: „Mein Beruf, ja, das beruht auf einem Schreibfehler. Ich wollte Laborwerker werden und hab hingeschrieben Chemiefacharbeiter. Auf einmal war ich Chemiefacharbeiter. Ich mein, im Grund ist mir das egal. Ich hatt' die Schule satt, so, wollte ich endlich was machen und so. Da hab ich mal Chemie gehört. Chemie find ich eben gut. Ich hab mir so'n paar Prospekte geholt ... Ich denk, gehste mal hin, mal sehen, wie das da ist ... Ich mein, am liebsten hätt' ich gar nichts getan ..."

d) Installateur, 17 J., 2. Lehrjahr, Dorf: „Zu meinem Beruf bin ich über'n Kollegen gekommen ... dem gefiel das gut, und der hat mir so erzählt, und da bin ich auch so drauf gekommen, nicht? Die suchten auch gerade 'n Lehrling ... Zur Berufsberatung war ich überhaupt nicht ... Als ich in der Volksschule war, war das bei uns nicht ... Ich würde gern zur Bundesbahn gehen ... Wenn man da in Beamtenlaufbahn ist, kriegt man nachher seine Pension und so; und da kommt nicht jeden Morgen so ein Vorgesetzter und sagt: hier so und so und dies und das. Da hat man mehr Freiheit."

e) Kfz-Schlosser, 18 J., 3. Lehrjahr, Kleinstadt: „Mein Bruder der ist öfter zum Chef mit'm Wagen, und da fragten sie schon, ob er noch'n Bruder hätte. Ja, da bin ich da mal hingegangen, nachmittags, so zu arbeiten. Hat mir Spaß gemacht, über ein Jahr vorher schon gearbeitet, bevor ich in die Lehre kam ... Ich find die Arbeit interessant, abwechslungsreich ... Ich werde nach der Gesellenprüfung die Meisterprüfung machen. Dann ist man ja erstmal gesichert ... Aber dann muß man ja wieder weg von hier. Ich wohn hier jetzt 18 Jahre, irgendwie hält einen das doch hier."

BmfBW. Weiterbildungsverhalten und Weiterbildungseinstellung von Industriearbeitern 1976/ R. Schorken: Entscheidungsfeld Berufswahl. Politische Bildung Materialien 1985/1 S. 18ff.

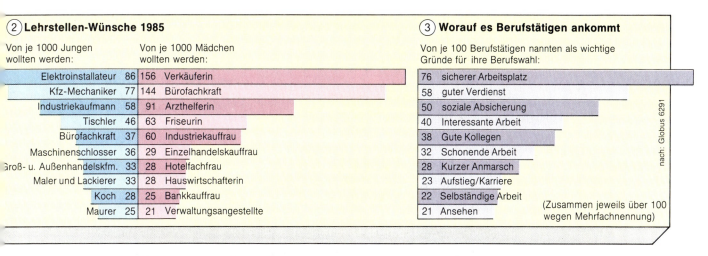

Aus den Erfahrungsberichten der Jugendlichen wird deutlich: Nicht jeder ergreift später wirklich den Beruf, den er sich ursprünglich vorgestellt oder gewünscht hatte. Hierfür gibt es viele Gründe. Oft finden Jugendliche deshalb keinen Ausbildungsplatz, weil sie ihren Wunsch auf einen Modeberuf beschränken, obwohl es rund 430 anerkannte Ausbildungsberufe gibt.

4.2 Berufs-Chancen

4 Darüber informiert Abb. 2. Wieviel Prozent aller Wünsche konzentrieren sich auf die 10 angeführten Berufe? Welche Gründe für die Berufswahl erschienen nach Abb. 3 den Berufstätigen besonders wichtig?

5 Wie ist gemäß Abb. 4 und 5 noch 1986 das Verhältnis zwischen Ausbildungsplatz-Angebot und der Nachfrage? Welche Entwicklung könnte nach der Anzahl von 15- bis 16jährigen bis zum Jahr 2000 eintreten?

6 Für welche nach Abb. 2 bevorzugten Berufe sagt Abb. 5 eher günstige, für welche eher ungünstige Zukunftschancen voraus?

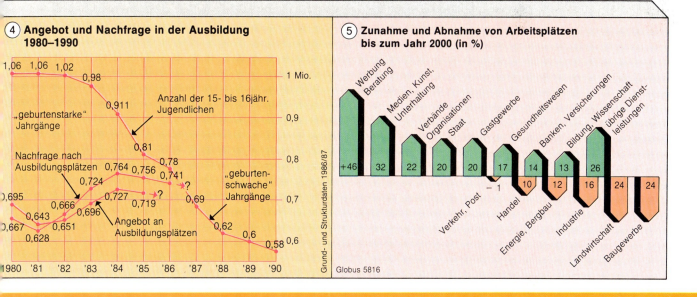

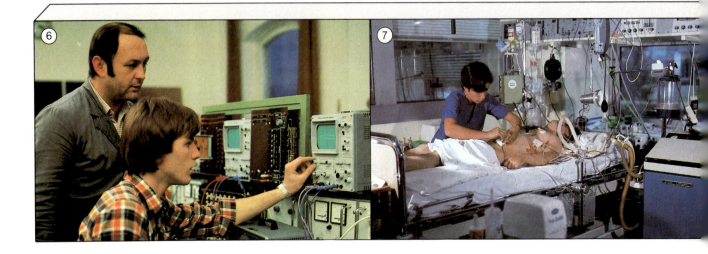

4.3 Berufe und Anforderungen wandeln sich

In den letzten zehn Jahren ist es zunehmend schwieriger geworden, sich für einen „Beruf fürs Leben" zu entscheiden, denn die sogenannte „dritte technische Revolution" verändert die Welt der Berufe heute rasch. Mit der Entwicklung kleiner elektronischer Schaltelemente hat sich diese Revolution zuerst im Bereich der industriellen Serienfertigung ausgewirkt. Arbeiten, die bisher menschliche Arbeitskraft erforderten, wurden so automatisiert, daß Menschen weitgehend überflüssig wurden, so z. B. beim Zusammenbau von Uhren, von Radio- und Fernsehgeräten, beim Zusammenschweißen von Autokarosserien am Fließband oder bei der Herstellung einer Zeitung. Ob im Industiebetrieb, im Kohlebergwerk unter Tage oder in der Landwirtschaft – Maschinen werden zunehmend von Automaten gesteuert statt von Menschen. Erlernte Berufsfertigkeiten werden wertlos, Arbeitsplätze durch die Automaten „wegrationalisiert".

Diese technische Revolution setzt sich gegenwärtig bei den Büro- und Verwaltungstätigkeiten fort: So benötigte früher z. B. der Sachbearbeiter in der Schadensabteilung einer Versicherung eine Hilfskraft, die den Schriftverkehr abwickelte, die Akten ordnete und Unterlagen früherer Schadensfälle heraussuchte. Dazu kam mindestens noch eine weitere Person im Archiv. Heute kann er sich ohne diese Hilfskräfte alle notwendigen Informationen rascher mit Hilfe des Computers beschaffen. Alle einmal gespeicherten Informationen erscheinen durch Knopfdruck auf dem Bildschirm. Geschäftsbriefe, die immer wieder vorkommen, – z. B. Mahnungen, Lieferscheine, Bestellungen, Werbetexte – kann ein Schreibcomputer aufgrund weniger Befehlseingaben sekundenschnell selbst zusammenstellen und ausdrucken. Der Dreher in einer Maschinenfabrik muß heute eher wissen, wie er die Computersteuerung der Drehmaschine programmieren muß, und seine bisher eingeübten Handfertigkeiten werden immer entbehrlicher. In einigen Jahren kann vermutlich eine einzige Person eine ganze Dreherei allein überwachen und bedienen.

Andererseits – das zeigt dieses Beispiel – müssen die Automaten entwickelt, hergestellt, gewartet, repariert und modernisiert werden. Automatisch gesteuerte Abläufe müssen kontrolliert und bei Abweichungen korrigiert werden können. Hierzu werden Fachkräfte mit neuen Fähigkeiten benötigt.

7 Die Photos zeigen an Beispielen, wie sich der technologische Wandel auf die Arbeit auswirkt. Diskutiert, welche Fähigkeiten an Bedeutung verlieren und welche dafür wichtiger werden.

8 Welche Gründe vermutet ihr für die in Abb. 10 angegebene Bewertung der neuen Techniken? Fragt dazu eure Eltern über ihre Erfahrungen.

9 Abb. 11 zeigt, wie sich die Anteile der Berufsgruppen in der Gesellschaft seit Beginn dieses Jahrhunderts verändert haben. Wie erklärt ihr euch diese Entwicklung? Wie wird sie weitergehen? Welche Folgerungen könnte man daraus für die Berufsorientierung ziehen?

10 In Kap. 4 findet ihr weitere Informationen zum Wandel der Berufswelt.

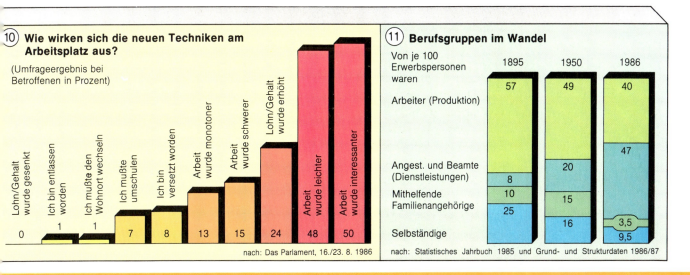

a organisieren, verwalten
b ordnen und sichern
c Material verarbeiten
d züchten und bebauen

5. Berufsentscheidung – langfristig planen

5.1 Berufswahl soll kein Glücksspiel sein

Weil sich die Anforderungen an berufliche Fertigkeiten rascher als früher verändern, wird es heute immer wichtiger, daß vor allem solche Fertigkeiten erlernt werden, die in einer Vielzahl unterschiedlicher Berufe gebraucht werden. Zwar werden überall Spezialisten benötigt – ob für Wärme- und Klimaregelung in Gebäuden oder für Altenbetreuung. Jeder Spezialist muß aber rasch auf andere Spezialgebiete umstellen können, wenn neue Techniken seinen Arbeitsplatz verändern oder gar überflüssig machen. Diese berufliche Beweglichkeit – man spricht von beruflicher „Flexibilität" – verlangt zunehmend auch in den praktischen Berufen eine breite und allgemeine Grundausbildung als Basis zu vielfältigen Weiterbildungen.

Deshalb wird seit Jahren daran gearbeitet, die heute noch rund 430 Ausbildungsberufe so zu ordnen, daß erstens Berufe mit ähnlichen oder verwandten Anforderungen einander zugeordnet werden können und somit zweitens den

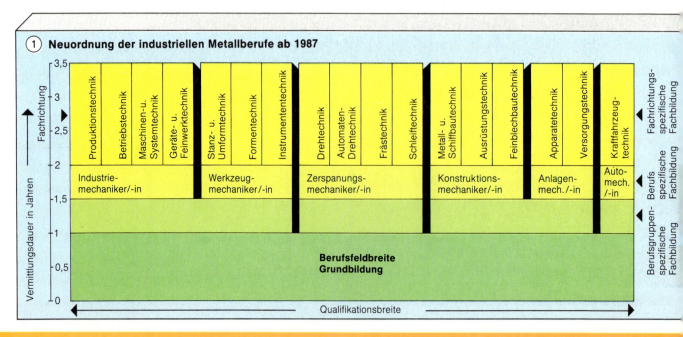

| e montieren und zusammenbauen | f wirtschaften | g bedienen und beraten | h untersuchen und messen |

jungen Menschen die Wahl leichter und durchsichtiger gemacht wird. So wurden die Ausbildungsberufe zunächst in 12 große und unterscheidbare Tätigkeitsbereiche zusammengefaßt. Wer z. B. besonders gerne organisiert und verwaltet, der wird sich besonders über die Berufe informieren, die zu diesem Tätigkeitsbereich gehören.

In den industriellen Metallberufen (und ebenso in den Elektroberufen) sollen ab 1987 im ersten Ausbildungsjahr alle Auszubildenden einheitlich ausgebildet werden. Mit diesen Neuregelungen, die auch für andere Berufsbereiche eingeführt werden sollen, wurde auch ein Ziel der Gewerkschaften erreicht: Einheitliche Vorschriften über die Ausbildungsziele sollen verhindern, daß die Ausbildungsbetriebe schon zu früh nur für ihre eigenen speziellen Interessen ausbilden. Eine breite Grundausbildung dagegen erhöht die Chancen der Auszubildenden, wenn sie sich unterschiedlichen Berufsanforderungen flexibler stellen können.

1 Betrachtet die Bilder zu den 12 Tätigkeitsbereichen genau und entscheidet euch für zwei, die euch besonders zusagen. Sammelt die einzelnen Entscheidungen an der Tafel. Welche Tätigkeitsbereiche werden in eurer Klasse besonders bevorzugt, welche vernachlässigt?

2 Überlegt: Welche der Tätigkeitsbereiche sind vorwiegend produktiv, welche gehören eher zu den Dienstleistungen? Welche verlangen eher theoretisches Wissen, welche eher praktische Handlungsfähigkeiten?

3 In welche Fachgruppen werden die industriellen Metallberufe in Abb. 1 eingeteilt! Wieviele Berufe mit welchen Fachrichtungen gibt es?

| i künstlerisch gestalten | k zeichnen und reproduzieren | l überwachen und bedienen von Maschinen | m versorgen und betreuen |

② Leitplan: Wege zur richtigen Berufsausbildung

Was tun?	Wie?	Womit – wodurch?
1. Sich über Berufe informieren	Berufsbeschreibungen lesen	Broschüre „Mach's richtig" des Arbeitsamts (Berufsberatung)
2. Berufsmöglichkeiten mit eigenen Erwartungen (Neigungen – Abneigungen) vergleichen	Fragen: Bevorzuge ich z.B. eher – Handarbeit, Kopfarbeit, Bewegung – Umgang mit Menschen oder mit Sachen? – gestaltende oder verwaltende Tätigkeit? – Arbeit im Freien oder in Räumen	Selbstbeobachtung Gespräch mit Eltern, Verwandten, Freunden, Lehrer Broschüre STEP 1 der Berufsberatung durcharbeiten
3. Eigene Fähigkeiten einschätzen und evtl. prüfen	– Was gelingt mir im allgemeinen gut, wobei fühle ich mich sicher? – Wobei fühle ich mich besonders unsicher, habe ich Schwierigkeiten?	Arbeitsamt – Berufsberatung Broschüre STEP 2 durcharbeiten, Fähigkeitstest, Interessentest
4. Ausbildungsbedingungen und Zukunftsaussichten der ausgewählten Berufe prüfen	Fragen nach – der verlangten Vorbildung – der Ausbildungsdauer und besonderen Anforderungen der Finanzierung bei Schulausbildung	Berufsberatung „Blätter zur Berufskunde" besorgen Betriebserkundungen
5. Angebot an vorhandenen Ausbildungsmöglichkeiten prüfen	Fragen nach – Art und Ort, (Betrieb, Schule, Lehrgang) – Wahlmöglichkeiten (überlaufen) – Aufnahmebedingungen	Tageszeitungen lesen, Auskünfte bei – Industrie- u. Handelskammer – Handwerkskammer – Berufsschulen – Gewerkschaften Telefonbuch und Adreßbuch benutzen
6. Ausbildungsstätten aufsuchen, frühzeitig bewerben nicht sofort entscheiden	Bewerbungsschreiben, Lebenslauf, Zeugniskopien anfertigen Mehrere Stellen besuchen	Broschüre „Mach's richtig" (Briefmuster)

5.2 Schritte zur Berufsentscheidung

Wer als Schüler eine Gesamtschule, eine Realschule oder ein Gymnasium besucht, muß sich zum Ende der 9. bzw. 10. Klasse entscheiden, ob er noch drei weitere Jahre zur Schule gehen oder eine praktische Berufsausbildung beginnen will. Diese Entscheidung wird zunächst davon abhängen, ob der Schüler oder die Schülerin eher theoretischem Lernen oder eher einer praktischen Tätigkeit zuneigt. Neben der *Neigung* zu einem Tätigkeitsgebiet entscheidet auch die *Eignung:* Wird man die gymnasiale Oberstufe schaffen, bringt man ausreichendes Geschick zum Büromaschinenmechaniker oder zum Möbelschreiner mit? Weitere Entscheidungsgründe kommen hinzu: Welche *Zukunftschancen* hat eine Berufslaufbahn, welcher *Verdienst* kann erzielt werden, welche *Aufstiegsmöglichkeiten* gibt es?
In Untersuchungen und Beobachtungen bei der handwerklich-technischen Ausbildung von Mädchen hat sich herausgestellt, daß für einen Ausbildungserfolg die anfangs vermutete „Eignung" weniger ausschlaggebend ist als die Motivation, also die Bereitschaft, sich für sein Ausbildungsziel auch anzustrengen. Wer in einem gut organisierten Ausbildungsgang sich Schritt für Schritt ausbildet, entwickelt auch die anfangs vielleicht noch nicht feststellbaren Fähigkeiten hierzu. Dennoch sollte man sich prüfen, welche Anforderungen mit den bisher erworbenen Fähigkeiten realistisch zu bewältigen sind.

③ **Wege zur beruflichen Ausbildung und Weiterbildung**

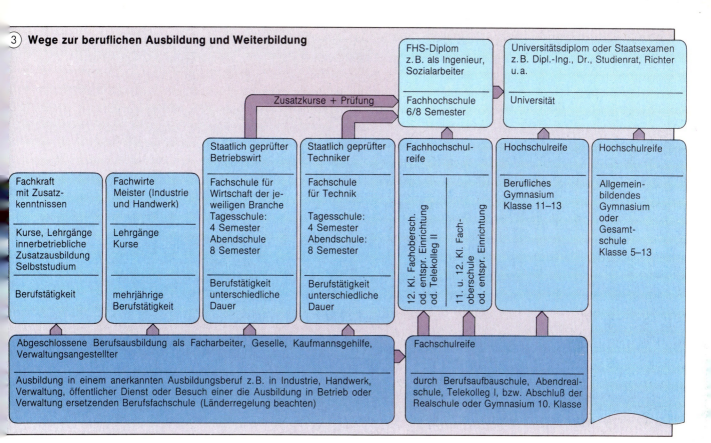

Dazu sehen die Lehrpläne der meisten Bundesländer für 9./10. Klassen Unterrichtseinheiten mit zwei- bis dreiwöchigen Betriebserkundungen oder Praktika („Schnupperlehre") vor.

❹ Lest Abb. 2 wie einen Leitplan, nach dem der Entschluß für den besten Ausbildungsgang bzw. für eine Berufsausbildung vorbereitet werden kann.

❺ Abb. 3 zeigt, wie sowohl Realschüler als auch Hauptschüler nach Abschluß einer Lehre sich für höher qualifizierte Berufe weiterbilden können. Sucht heraus und unterscheidet: Welche Wege laufen eher über berufs*praktische* Weiterbildungsstufen, welche eher über *schulisch*-allgemeinbildende? Zeigt den Weg, auf dem auch ein Hauptschulabgänger nach einer Ausbildung z. B. im Handwerk bis zum Universitätsabschluß gelangen kann.

❻ Worauf kommt es gemäß Text 4 bei der Ausbildung besonders an?

---

④ **Begabungsunterschiede nicht feststellbar**

In den Modellversuchen des Bundesbildungsministeriums „Frauen in Männerberufen" hat es sich gezeigt: Alle Behauptungen, daß Mädchen technisch-handwerklich weniger begabt seien als Jungen, sind Vorurteile. Wo anfänglich Schwierigkeiten auftreten, wo es an Vorkenntnissen fehlt, ist dies in aller Regel auf Unterschiede in der Erziehung durch Schule und Elternhaus zurückzuführen. Deshalb sind auch „Begabungstests" umstritten. Fast alle Fähigkeiten werden dann entwickelt, wenn junge Menschen vor entsprechende Aufgaben gestellt werden. Dann kommt es mehr auf Interesse, Lernbereitschaft und Durchhalten an als auf irgendwelche Unterschiede in den körperlichen oder intellektuellen Voraussetzungen.

5.3 Der Ausbildungsvertrag

Die Entscheidung für eine Berufsausbildung ist dann getroffen, wenn ein Ausbildungsbetrieb dem Bewerber zusagt, ihn als Auszubildenden – im Handwerk als Lehrling – einzustellen. Um zu gewährleisten, daß möglichst alle Ausbildungen zu einem vergleichbaren Abschluß führen, müssen die Ausbildenden – aber auch die Lehrlinge – eine Reihe gesetzlicher Vorschriften einhalten.

Als erstes muß ein schriftlicher *Ausbildungsvertrag* abgeschlossen werden. Das Vertragsformular wird nach Unterzeichnung durch den Ausbildenden, den Lehrling und dessen gesetzlichen Vertreter an die zuständige Kammer (z. B. Industrie- und Handelskammer, Handwerkskammer) geschickt, die das Ausbildungsverhältnis überwacht. Auch für die Zwischen- und Abschlußprüfungen sind die Kammern verantwortlich.

Die Vertragsinhalte sind weitgehend durch das *Berufsbildungsgesetz* (BBiG) vorgeschrieben. So sind Beginn und Dauer der Ausbildung, Dauer der Probezeit, in der beide Parteien den Vertrag ohne Angabe von Gründen lösen können (mind. 1, max. 3 Monate), die regelmäßige tägliche Ausbildungszeit, der Urlaub sowie die Ausbildungsvergütungen schriftlich festzulegen.

---

⑤ Aus dem Berufsbildungsgesetz (BBiG)

§ 1 Berufsbildung
(1) Berufsbildung im Sinne dieses Gesetzes sind die Berufsausbildung, die berufliche Fortbildung und die berufliche Umschulung.
(2) Die Berufsausbildung hat eine breit angelegte berufliche Grundbildung und die für die Ausübung einer qualifizierten beruflichen Tätigkeit notwendigen fachlichen Fertigkeiten und Kenntnisse in einem geordneten Ausbildungsgang zu vermitteln. Sie hat ferner den Erwerb der erforderlichen Berufserfahrung zu ermöglichen.

(3) ... (5)

§ 6 Berufsausbildung
(1) Der Ausbildende hat
1. dafür zu sorgen, daß dem Auszubildenden die Fertigkeiten und Kenntnisse vermittelt werden, die zum Erreichen des Ausbildungszieles erforderlich sind, und die Berufsausbildung in einer durch ihren Zweck gebotenen Form planmäßig, zeitlich und sachlich gegliedert so durchzuführen, daß das Ausbildungsziel in der vorgesehenen Ausbildungszeit erreicht werden kann.
2. selbst auszubilden oder einen Ausbilder ausdrücklich damit zu beauftragen.
3. dem Auszubildenden kostenlos die Ausbildungsmittel, insbesondere Werkzeuge und Werkstoffe zur Verfügung zu stellen, die zur Berufsausbildung und zum Ablegen von Zwischen- und Abschlußprüfungen, auch soweit solche nach Beendigung des Berufsausbildungsverhältnisses stattfinden, erforderlich sind.
4. den Auszubildenden zum Besuch der Berufsschule sowie zum Führen von Berichtsheften anzuhalten, soweit solche im Rahmen der Berufsausbildung verlangt werden, und diese durchzusehen.
5. dafür zu sorgen, daß der Auszubildende charakterlich gefördert sowie sittlich und körperlich nicht gefährdet wird.
(2) Dem Auszubildenden dürfen nur Verrichtungen übertragen werden, die dem Ausbildungszweck dienen und seinen körperlichen Kräften angemessen sind.

§ 9 Verhalten während der Berufsausbildung
Der Auszubildende hat sich zu bemühen, die Fertigkeiten und Kenntnisse zu erwerben, die erforderlich sind, um das Ausbildungsziel zu erreichen. Er ist insbesondere verpflichtet,
1. die ihm im Rahmen seiner Berufsausbildung aufgetragenen Verrichtungen sorgfältig auszuführen,
2. an Ausbildungsmaßnahmen teilzunehmen, für die er nach § 7 freigestellt wird,
3. den Weisungen zu folgen, die ihm im Rahmen der Berufsausbildung vom Ausbildenden, vom Ausbilder und von anderen weisungsberechtigten Personen erteilt werden,
4. die für die Ausbildungsstätte geltende Ordnung zu beachten,
5. Werkzeuge, Maschinen und sonstige Einrichtungen pfleglich zu behandeln,
6. über Betriebs- und Geschäftsgeheimnisse Stillschweigen zu wahren.

§ 25 Ausbildungsordnung (1) ...
(2) Die Ausbildungsordnung hat mindestens festzulegen
1. die Bezeichnung des Ausbildungsberufes,
2. die Ausbildungsdauer; sie soll nicht mehr als drei und nicht weniger als zwei Jahre betragen,
3. die Fertigkeiten und Kenntnisse, die Gegenstand der Berufsausbildung sind (Ausbildungsberufsbild),
4. eine Anleitung zur sachlichen und zeitlichen Gliederung der Fertigkeiten und Kenntnisse (Ausbildungsrahmenplan),
5. die Prüfungsanforderungen.

Den vollständigen Text des BBiG und anderer Vorschriften zur Berufsausbildung enthält die Broschüre „Ausbildung und Beruf".
Sie ist kostenlos erhältlich bei:
Bundesminister für Bildung und Wissenschaft, Referat Öffentlichkeitsarbeit, 5300 Bonn.

⑥ Aus dem Ausbildungsberufsbild für Tischler (§ 3 der Ausbildungsordnung)

Gegenstand der Berufsausbildung sind mindestens die folgenden Fertigkeiten und Kenntnisse:
1. Arbeitsschutz und Unfallverhütung,
3. Verwenden von Holz und Holzwerkstoffen
4. Grundfertigkeiten der Holzbe- und der Holzverarbeitung,
6. Herstellen von Holzverbindungen,
8. Arbeiten mit Kunststoff und Glas,
11. Verarbeiten von Furnieren,
12. Richten, Schärfen und Instandhalten von Werkzeugen,
14. Einrichten, Bedienen und Warten von Maschinen, Anlagen und Vorrichtungen,
15. Herstellen von Teilen und Zusammensetzen der Teile zu Erzeugnissen,
18. Einbauen von montagefertigen Teilen und Erzeugnissen.

Besonders wichtig ist, daß dem Vertrag ein *Ausbildungsrahmenplan* beiliegt. In ihm sind die im sogenannten „Berufsbild" aufgezählten Berufsinhalte zeitlich so aufgegliedert, daß der Auszubildende systematisch in seinen Beruf hineinwachsen kann. Für viele Berufe hat der Bundesminister für Wirtschaft *Ausbildungsordnungen* erlassen, in denen neben dem Berufsbild und den Prüfungsanforderungen Muster für solche Ausbildungsrahmenpläne vorgegeben sind. Die Betriebe können diese Muster dann auf ihre speziellen Bedingungen hin abwandeln. Anhand dieser Pläne läßt sich dann auch durch den Auszubildenden selbst kontrollieren, inwieweit die Ausbildung planmäßig fortschreitet.

7 Lest die Auszüge aus dem BBiG. Nach welchen Grundsätzen ist die Ausbildung durchzuführen? Welche Pflichten schreibt das Gesetz dem Ausbildenden, welche dem Auszubildenden vor?

8 Text 6 zählt einige der 18 im Berufsbild für Tischler aufgezählten Fähigkeiten auf. Wie ist die Fähigkeit Nr. 3 im Rahmenplan Text 7 aufgegliedert?

⑦ Auszug aus dem Ausbildungsrahmenplan für die Berufsausbildung zum Tischler

Lfd. Nr.	Teil des Ausbildungsberufsbilds	Fertigkeiten und Kenntnisse (Richtzeiten für die Ausbildung)		
		1. Ausbildungsjahr/5 Wo.	2. Ausbildungsjahr/5 Wo.	3. Ausbildungsjahr/5 Wo.
3	Verwenden von Holz und Holzwerkstoffen (§ 3 Nr. 3)	a) Arten der Hölzer nach ihren Struktur- und Farbmerkmalen unterscheiden	e) die Hölzer nach ihren für die Verarbeitung wichtigen Eigenschaften auswählen	i) Holzwerkstoffe für den Innenausbau, für den Ladenbau sowie für Bau- und Montagearbeiten auswählen
		b) Eigenschaften des Holzes bei der Verarbeitung berücksichtigen	f) Fehler des Holzes feststellen und dessen Güteklassen bestimmen	k) Holz nach seiner Festigkeit und Dauerhaftigkeit beurteilen und nach seinem Verwendungszweck unter Berücksichtigung seiner Güte auswählen
		c) Schnittholz nach Handelssorten auswählen	g) Holzfeuchte messen; Schwind- und Quellmaß bei der Holzauswahl berücksichtigen	l) Durchführung der technischen Holztrocknung erklären und die für das Erzeugnis erforderliche Endfeuchte festlegen
		d) Schnittholz unter dem Gesichtspunkt der natürlichen Trocknung stapeln und lagern	h) Holzwerkstoffe nach Norm bezeichnen und nach Eigenschaften und Verwendung unterscheiden	

5.4 Probleme und Schwierigkeiten

Die Ausbildung in den Betrieben hat sich – nicht zuletzt aufgrund der gesetzlichen Regelungen – gegenüber früheren Jahrzehnten verbessert. Jedoch bleiben Gruppen benachteiligt: Mädchen, Ausländer und Behinderte z. B. sind häufig gezwungen, auch weniger beliebte Ausbildungsstellen anzunehmen. Sie brechen dann häufiger ihre Ausbildung wieder ab oder versuchen später, durch Umschulung eine andere Berufsgrundlage zu finden. Solche Umwege kosten meist zusätzliches Geld. Sie treffen oft Menschen aus einkommensschwachen Familien, die dann finanzielle Hilfen benötigen.

Nach dem Bundesausbildungsförderungsgesetz (BAföG) können Jugendliche (und Erwachsene) nach Abschluß der allgemeinen Schulpflicht bei *schulischen* Ausbildungen (i. d. Regel ab der 10. Klasse) Ausbildungsbeihilfen erhalten, wenn sie wegen der Ausbildung außerhalb des elterlichen Haushalts wohnen müssen oder weiterführende Abend-, Fach- oder Hochschulen besuchen und das Einkommen der Eltern eine bestimmte Höhe nicht überschreitet. Hochschulstudenten erhalten diese Leistungen nur als zinsloses Darlehen, das sie nach dem Studium wieder zurückzahlen müssen. Bei berufspraktischer Ausbildung, Fortbildung oder Umschulung gewährt das Arbeitsamt ähnliche Beihilfen nach dem Arbeitsförderungsgesetz (AFG).

9 Die Texte 8 und 9 enthalten Informationen über Ausbildungsprobleme. Wer ist davon besonders betroffen? Welche Ursachen werden genannt?

10 Die Regelung, wonach Studenten BAföG-Leistungen zurückzahlen müssen, ist politisch umstritten. Untersuchungen zeigen, daß Kinder ärmerer Familien von einem Studium abgeschreckt werden, wenn sie sich ausrechnen, danach rund 30000 DM zurückzahlen zu müssen. Wie denkt ihr darüber?

---

8 Keine Chance

Für ausländische Jungen und Mädchen ist es noch viel schwerer als für ihre deutschen Altersgenossen, eine Lehrstelle zu finden. Das belegt die Situation im bevölkerungsreichsten Bundesland Nordrhein-Westfalen. Dort haben sich in diesem Jahr 52 Prozent der jungen Ausländer bisher vergeblich um einen Ausbildungsplatz bemüht. Dabei mangelt es den noch nicht untergebrachten 6100 ausländischen Bewerbern nicht an Qualifikation, betonte das Landesarbeitsamt. Sie hätten fast alle ihre gesamte Schulzeit in der Bundesrepublik verbracht und Abschlüsse erworben, ein Viertel sogar höherwertige als Hauptschule. Den ausländischen Jugendlichen fehle auch nicht Vermögen und Wille zur Leistung, sondern die Möglichkeit, dies zu beweisen.

Badische Zeitung, 28. 6. 1986

9 Ausbildungsabbrecher

Von rund 1,83 Mio. Ausbildungsverhältnissen 1985 wurden 103890 vorzeitig abgebrochen. Bei vierzig Prozent der Abbrüche kündigen die Jugendlichen. Genauso oft trennt man sich in gegenseitigem Einvernehmen. Ein Viertel nannte unter anderem Diffferenzen mit dem Ausbilder. „Der hatte mich besonders auf dem Kicker", hieß es zum Beispiel. Ein Fünftel merkte, daß es den Anforderungen körperlich oder geistig nicht gewachsen war ... Ein weiteres Fünftel gab aus gesundheitlichen Gründen auf ... Immerhin zwölf Prozent der Aussteiger aus einem Lehrvertrag klagen, sie hätten immer wieder ausbildungsfremde Arbeiten, vor allem Handlangerdienste, übernehmen müssen ... Wer täglich die meiste Zeit für Botengänge unterwegs ist, fragt sich, wozu er eine Ausbildung macht."

D. Kurbjuweit; in: DIE ZEIT, 1. 8. 1986 (Auszug)

10 Wer wird häufiger arbeitslos?

Von je 100 Arbeitslosen im September 1986 waren:

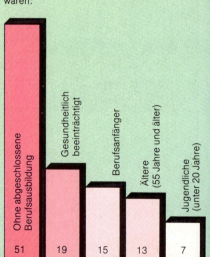

Ohne abgeschlossene Berufsausbildung	Gesundheitlich beeinträchtigt	Berufsanfänger	Ältere (55 Jahre und älter)	Jugendliche (unter 20 Jahre)
51	19	15	13	7

Freizeit und Konsum

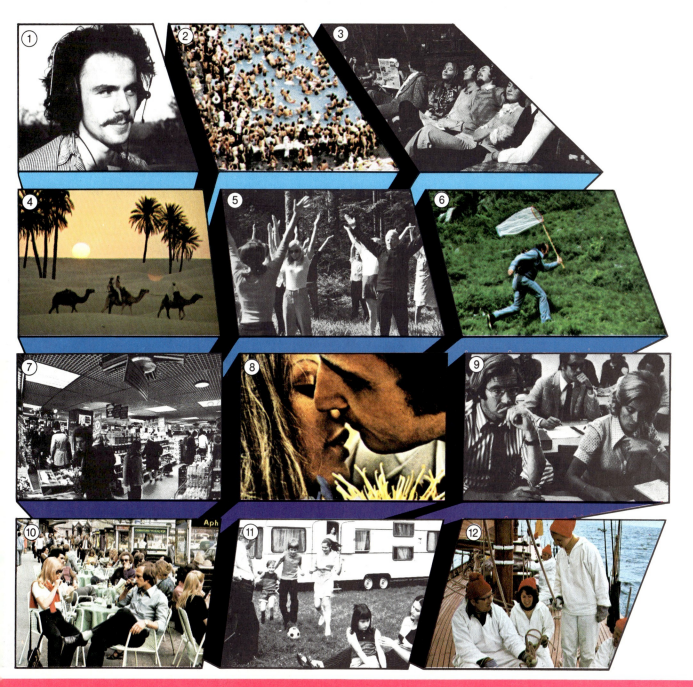

63

1. Was tun mit der Freizeit?

1.1 Unterschiede in der Freizeitnutzung

Freizeit – mit diesem Wort verbinden wir zunächst die Vorstellung von Freiheit: frei sein von Pflichten, Vorschriften, Zwängen. Die Bilder auf der vorangehenden Seite zeigen, daß Menschen ihre Freizeit ganz unterschiedlich nutzen. Diese Unterschiede in den Freizeittätigkeiten entspringen unterschiedlichen persönlichen Interessen, Bedürfnissen und Möglichkeiten. Betrachtet man die Bilder genauer, dann entdeckt man, daß auch die Freizeitgestaltung von vielen Bedingungen abhängt.

Mit Beginn der Industrialisierung veränderten sich für die meisten Menschen die Arbeitsbedingungen; damit wurde ihre Arbeitszeit abgegrenzt von der Freizeit erlebt. Bei bis zu 16 Stunden Arbeit am Tag wurde die arbeitsfreie Zeit fast ausschließlich für Essen, Schlafen und Besorgungen gebraucht. Heute können bei uns die meisten Menschen über rund ein Drittel des Tages verfügen und dabei ihren Interessen nachgehen (vgl. Abb. 1). Freies Wochenende, Ferien- und Urlaubszeiten kommen für die meisten noch hinzu.

▌ Betrachtet dazu die Bilder auf der vorhergehenden Seite. Beschreibt: Was tun die abgebildeten Personen in ihrer Freizeit? Was wollen sie damit jeweils erreichen? Was brauchen sie dazu, welche Voraussetzungen müssen gegeben sein?

Die folgende Liste gibt einige Beispiele, die ihr noch ergänzen könnt: Freizeit dient der Gesundheit und der Erholung. – Die Freizeit soll Spaß machen, soll entspannen, Möglichkeiten zur Geselligkeit bieten ... – Manche benützen ihre Freizeit, um sich fortzubilden: um eine Fremdsprache zu lernen, eine Schulausbildung nachzuholen ... – Manche Freizeitbeschäftigungen werden eher von jungen oder eher von älteren Menschen bevorzugt. – Manche Beschäftigungen kosten viel Geld. Sie werden daher nur von wenigen Gruppen in unserer Gesellschaft ausgeübt ...

① **Von der Arbeitsgesellschaft zur Freizeitgesellschaft**

② **Zeitanteile für Freizeitbeschäftigungen pro Tag**

	Gesamtbevölkerung durchschnittlich	Jugendliche zwischen 14–19 Jahren	
Freizeit insgesamt	9 Std. 40 min	10 Std. 41 min	
Außerhaus Aktivitäten	58 min	1 Std. 8 min	z.B. Kneipe, Disko, Arbeit für soziale/politische Organisationen
Hobby	29 min	27 min	Sport/Musik treiben
Fortbildung	17 min	41 min	z.B. Sprachen lernen/Kurse
Soziale Kontakte	1 Std. 42 min	2 Std. 28 min	Freunde treffen/Vereine, Club besuchen
Medienkonsum:	6 Std. 19 min	6 Std. 57 min	
	33 min	18 min	Tageszeitung
	24 min	26 min	Zeitschriften
	14 min	23 min	Bücher
	25 min	1 Std. 4 min	Platten, Tonband, Video, Kino
	2 Std. 31 min	1 Std. 55 min	Radio
	2 Std. 12 min	1 Std. 51 min	Fernsehen

nach: ARW/Media Marketing 1983

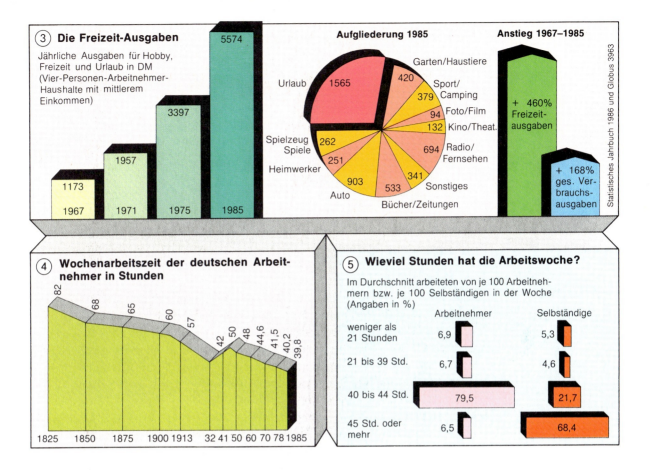

Aus den Statistiken S. 64 und 65 läßt sich ablesen, wieviel Zeit heute durchschnittlich für Arbeiten und Geldverdienen gebraucht wird bzw. wieviel freie Zeit übrigbleibt. Die heutige Durchschnittsarbeitszeit von weniger als 40 Stunden pro Woche wurde von den Arbeitnehmern in jahrzehntelangen Tarifauseinandersetzungen erkämpft. Das wichtigste Argument hierbei war, daß Menschen, die meistens nur noch Maschinen mit wenigen Handgriffen bedienen, mehr Freizeit benötigen, um vor allem Bedürfnisse nach geistigen Aktivitäten und sozialen Kontakten erfüllen zu können.

2 Wofür die Menschen in der Bundesrepublik heute durchschnittlich ihre Freizeit nutzen, zeigt Abb. 2, S. 64. Welche der oben genannten Bedürfnisse stehen im Vordergrund? Worin zeigen sich Unterschiede zwischen Jugendlichen und dem Gesamtdurchschnitt der Bevölkerung?

3 Nach Abb. 3 kostet Freizeit immer mehr Geld. Welche Folgen können sich daraus für Familien mit geringem Einkommen ergeben?

4 Selbständige können über ihre Arbeitszeit eher selbst bestimmen und haben durchschnittlich ein höheres Einkommen als Arbeitnehmer (vgl. S. 71). Betrachtet Abb. 5: Warum arbeiten sie wohl länger als die Arbeitnehmer? Denkt dabei auch an Unterschiede in der Arbeitstätigkeit.

6 Freizeit-Berichte

a) Anne G. (15 Jahre, Schülerin) Anne ist stolz auf ihren Altersgruppenrekord beim Volkslauf. Ihr Waldlauftraining hat sich ausgezahlt. Überhaupt wird Anne in ihrer Freizeit immer aktiv: als Mitglied einer Pfadfindergruppe leistet sie bereits Jugendarbeit in der Pfarrgemeinde, hilft im Dritte-Welt-Laden, beteiligte sich an der Schüler-Demo für bessere Radwege in der Gemeinde. „Ich muß immer mal neue Sachen ausprobieren. Am liebsten bin ich in der Freizeit mit anderen zusammen. Für unsere Sommerferien mit dem Rad in Frankreich lerne ich jetzt gerade Französisch."

b) Dietmar G. (16 J., Lehrling) „Dabeisein, auffallen, darauf kommts an. Weil ich es super finde, immer wieder neue Leute kennenzulernen, gehört das bei mir dazu, die auffällige Kleidung. In der Disco gehst Du ja sonst unter. Wenn ich den neuesten Schrei anhabe, dann gucken die Leute, ich bin automatisch im Gespräch. Ich bin ein Typ, der alles mitmacht. Bis voriges Jahr war ich ein Flippi, dann kam die Sache mit den Dauerwellen. Jetzt bin ich nicht mehr Popper, sondern eher ein bißchen auf New wave. Ich mache alles mit, was gerade modern ist."

1.2 Was Jugendlichen in der Freizeit wichtig ist

Wer die Materialien der vorhergehenden Seite durchgearbeitet hat, konnte bereits erkennen: Jugendliche unterscheiden sich von Erwachsenen auch darin, was ihnen in der Freizeit wichtig ist. So läßt sich aus Abb. 2 S. 64 und Abb. 9 S. 67 ablesen, daß Erwachsene die Freizeit eher als Ausgleich zur Berufsarbeit nutzen, während Jugendliche mehr darauf aus sind, in ihrer Freizeit sich selbst zu erleben, neue Erfahrungen zu sammeln und auch Spaß zu haben.

🔴 Welche Angaben in den Statistiken 2 S. 64 und 9 S. 67 stützen diese Behauptung? Welche Freizeitbedürfnisse Jugendlicher sind nach den Texten 6 bis 8 besonders wichtig?

🔴 Um herauszufinden, wie eure Mitschüler ihre Freizeit gestalten, könnt ihr eine kleine Befragung durchführen, am besten mit einem Fragebogen. Bevor ihr den Fragebogen schreibt, solltet ihr jedoch einige wichtige Gesichtspunkte überlegen. Zum Beispiel:

1. Meint ihr mit Freizeit die freie Zeit
– an einem bestimmten Tag (Werktag, Samstag, Sonntag)? – während der Wochen und Monate, in denen ihr die überwiegende Zeit einer Arbeit (nämlich dem Schulbesuch) nachgeht? – in den Ferien?

2. Sollen eure Mitschüler nur eine Lieblingsbeschäftigung nennen? Oder sollen sie in einer Liste, die ihr gemeinsam erstellt habt, auch ankreuzen, was sie am liebsten, was sie gerne oder was sie weniger gerne unternehmen?

3. Wollt ihr erfahren, wieviel Zeit die einzelnen für bestimmte Beschäftigungen – z.B. Fernsehen – aufwenden?

4. Wen wollt ihr befragen? Eure ganze Klasse? – Eine Auswahl von Schülern der ganzen Schule?

5. Nach welchen Gesichtspunkten wählt ihr aus? – Nach dem Alter? – Nach dem Geschlecht? – Nach der Herkunft? Überlaßt ihr diese Auswahl dem Zufall?

6. Wie führt ihr die Umfrage durch? – Mündlich, indem die Frager selbst jede

Antwort auf dem Fragebogen festhalten? – Schriftlich, indem jeder Schüler in einem Fragebogen die Antworten ankreuzt oder einträgt?

7. Wie faßt ihr die Ergebnisse zusammen? – In einem Bericht? – In einer Tabelle? – In einem Schaubild?

7 Die Materialien belegen, daß Jugendliche vor allem Gelegenheiten brauchen, um mit Freunden zusammenzutreffen oder in Jugendgruppen Kontakte zu finden. Dafür gibt es in vielen Städten Jugendzentren oder Jugendhäuser. Erörtert gemeinsam in der Klasse, welche Einrichtungen eurer Meinung nach in einer Gemeinde darüber hinaus für die Freizeitgestaltung notwendig sind. Welche Einrichtungen vermißt ihr?

8 In jeder Gemeinde gibt es Gruppen und Vereine, deren Mitglieder gemeinsamen Interessen nachgehen. Informiert euch darüber.

9 Diskutiert in der Klasse über Anne und Dietmar (Texte 6a und 6b). Welcher Freizeit-Typ steht euch näher? Warum?

---

(7) Warum gehen Jugendliche in Jugendhäuser?

Auf Befragen wurden folgende Gründe genannt:
– Sich frei und gut miteinander unterhalten können.
– Sich frei bewegen können.
– Neue Leute kennenlernen/Freundschaften schließen.
– Sich in schwierigen Situationen auf die Hilfe anderer verlassen können.
– Nach der Arbeit entspannen können.
– Arbeits- und Schulprobleme besprechen können.
– Mädchen/Jungen treffen.
– Mitbestimmen können.
– Mit dem Clubleiter Probleme bereden können.
– Laute Musik hören, Parties feiern können.
– Sich gegen andere zusammenschließen, um ein gemeinsames Ziel erreichen zu können.
– Über politische Fragen diskutieren können.
– Eine Werkstatt/Küche zur Verfügung zu haben.
– Dem Elternhaus ausweichen.

(8) Frei-Zeit zwischen Freiheit und Abhängigkeit

Zur Jahrestagung 1984 der Aktion Jugendschutz (ajs) Baden-Württemberg:
Wir stehen vor einer neuen Gewichtung von Arbeit und freier Zeit. Durch zunehmende Technisierung und Spezialisierung wird die berufliche Arbeit verändert. Diese Entwicklungen prägen die Privatsphäre, den Bildungs- und Arbeitsbereich sowie unser gesamtes gesellschaftliches Leben.
Völlige Gesundheit, totale Leistungsfähigkeit, Erlebnis und Abenteuer, Ruhe und Vergnügen verspricht die Freizeitindustrie. Immer mehr Jugendliche suchen demgegenüber selbstbestimmtes und solidarisches (gegenseitig unterstützendes) Handeln, Emotionalität (Gefühle), weitestgehende Gleichstellung des wirtschaftlichen und zwischenmenschlichen Bereichs. Materieller Wohlstand und erkaufbares Wohlbefinden werden kritisch gesehen. Andererseits haben viele junge Menschen nur unzureichend gelernt, freie Zeit verantwortlich und kreativ (schöpferisch) zu gestalten; gerade sie sind somit besonders Gefährdungen ausgesetzt. „Frei-Zeit" wovon und wofür wird damit zur zentralen Frage. Inwieweit ist unsere freie Zeit verplant, gelenkt und wird von Entfremdungen und Verführungen bestimmt?

AjS-Info 5/1984

(9) Unterschiede zwischen Jugendlichen und ihren Eltern bei den Urlaubswünschen

Frage: Worauf kam es bei dieser Urlaubsreise eigentlich besonders an? (6154 Befragungen)

Eltern mehr als Jugendliche (in Prozent, Alter 40–49 Jahre):
- Abschalten +34
- Frische Kraft sammeln +28
- Viel ruhen, nichts tun +20
- An der frischen Luft sein +12
- Tapetenwechsel +8

Jugendliche mehr als Eltern (in Prozent, Alter 14–19 Jahre):
- Sich vergnügen +23
- Viel Abwechslung +25
- Frei sein +16
- Horizont erweitern +13
- Außergewöhnliches erleben +10

Zahlen aus: Kleiner Wirtschaftsspiegel 6/1983

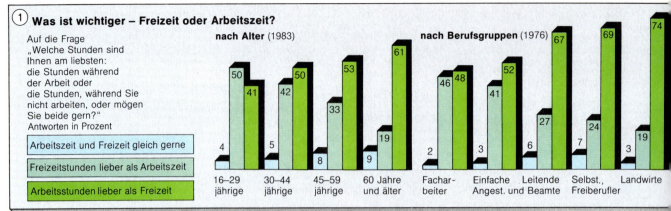

① **Was ist wichtiger – Freizeit oder Arbeitszeit?**

Auf die Frage „Welche Stunden sind Ihnen am liebsten: die Stunden während der Arbeit oder die Stunden, während Sie nicht arbeiten, oder mögen Sie beide gern?" Antworten in Prozent

- Arbeitszeit und Freizeit gleich gerne
- Freizeitstunden lieber als Arbeitszeit
- Arbeitsstunden lieber als Freizeit

Zahlen aus: E. Noelle-Neumann (Hrsg.): Allensbacher Jahrbuch der Demoskopie Bd. VI, S. 204/ebd.: 1978–1983, S, 434

2. Freizeit und Arbeit

2.1 Freizeit – Fortsetzung der Arbeit?

Was Menschen in ihrer Freizeit tun, ist meist erkennbar durch ihre berufliche Tätigkeit vorgeprägt. Wer z. B. beim Arbeiten seine Kräfte voll einsetzt, braucht die Freizeit vor allem zur Erholung. Diejenigen, die laufend eintönige Verrichtungen ohne eigene Mitgestaltung ausführen, verhalten sich in ihrer Freizeit häufig ähnlich wie bei der Arbeit.

❶ Das Gedicht „Arbeit adelt" drückt aus, wie für viele Menschen Arbeit und Freizeit voneinander abhängen. Welche Funktion hat nach den Darstellungen auf dieser Seite die Freizeit? Wie erleben diese Menschen ihre Arbeit?

❷ In Graphik 1 kann man ablesen, wie Menschen verschiedener Berufsgruppen und verschiedenen Alters ihre Freizeit im Vergleich zu ihren Arbeitsstunden bewerten. Welche Erklärung findet ihr dafür, daß z. B. Landwirte, Selbständige und leitende Angestellte Arbeitszeit und Freizeit überwiegend gleich gerne haben, während besonders junge Leute und Arbeiter die Freizeit in höherem Maße bevorzugen?

❸ Text 3 macht den Unterschied deutlich. Von welcher Zeit spricht der Handwerker, wenn er an Freizeit denkt? Wie erlebt er die Arbeit?

---

② **Arbeit adelt**

Immer
wenn er
nach Hause geht
bin ich leer
denkt die Kaffeeflasche
Immer
wenn er
nach Hause kommt
ist er leer
denkt die Frau
Arbeit
macht leer
denkt der Mann
und läßt sich
vollaufen

Josef Büscher: Stechkarten

③ **Selbständige Arbeit – selbständige Freizeit**

Vom Feierabend und vom freien Samstag kann ich meistens nur träumen. Es kommt ja jeden Tag so viel Unvorhergesehenes – ein Kunde will am Abend noch ein persönliches Angebot, die Steuererklärung muß überprüft werden, bevor ich sie unterschreiben kann, Prozeßakten ... Das beweist ja auch die Statistik: 1978 hatten 47% aller Selbständigen eine durchschnittliche Arbeitswoche von 55 oder mehr Stunden. Freizeitprobleme kenne ich nicht. Hobby? Im Sommer drei Wochen Angeln im Norden, im Winter zwei Wochen Skilauf. Sonst – mein Geschäft hält mich munter und mein Verein und der Stammtisch. Wenn etwas läuft, wenn man etwas vorwärts bringt, dann denkt man gar nicht an Freizeit – ich bin auch ohne Freizeit ausgefüllt.

Nach einem Fernsehinterview

④ **Wieviel Feiertage im Jahr?**
Unsere Vorfahren feierten durchschnittlich an ca. 115 Feiertagen im Jahr, die 52 Sonntage gar nicht gerechnet. Nun kann man ... eine Milchmädchenrechnung aufmachen: etwa 200 Werktage mit zwölfstündiger täglicher Arbeitszeit ergeben ungefähr 2300 bis 2400 Arbeitsstunden pro Jahr – ... Anders formuliert: Das Mittelalter genoß bereits die 45-Stunden-Woche ..., nur muß man berücksichtigen, daß die Freizeit eben ... in Form von Feiertagen „konsumiert" wurde ...
C. Andrea: Ökonomik der Freizeit, Reinbek 1970

⑤ **Wieviel Arbeitsstunden am Tag?**
Schon in den zwanziger Jahren des 19. Jahrhunderts war Nachtarbeit nichts Ungewöhnliches mehr. Auch Sonntagsarbeit wurde allmählich ... eingeführt ... Der Arbeitstag wurde verlängert, zunächst auf 13 Stunden, dann auf 14 Stunden ... in den vierziger Jahren hatte die Länge des Arbeitstages vielfach ihre Grenzen verloren; er dauerte schier endlos bis zu 15 und 16 und 17 und noch mehr Stunden.
„Habe hier (Mine) 2 Jahre gearbeitet, bin jetzt 14, arbeite 16 1/2 Stunden am Tag. Kürzlich war ich krank und bat, um 8 Uhr aufhören zu dürfen, und man sagte mir, wenn ich ginge, brauche ich nicht zurückzukommen."
W. Köllmann: Die industrielle Revolution, Stuttgart 1972

⑥ **Eine freizeitorientierte Welt?**
Wenn man die Vereinigten Staaten als Modell nimmt, kann man folgendes sagen: eine nachindustrielle Gesellschaft kann eine freizeitorientierte Welt schaffen, in der der einzelne nur 1100 Stunden pro Jahr zu arbeiten hat. Schematisch dargestellt würde das heißen:
7,5 Stunden Arbeit pro Tag
4 Arbeitstage pro Woche
39 Arbeitswochen pro Jahr
10 gesetzliche Feiertage
3 Tage Wochenende
13 Wochen pro Jahr Urlaub.
Der Haken ist natürlich, daß nicht alle Menschen 13 Wochen Urlaub pro Jahr oder eine Vier-Tage-Arbeitswoche genießen könnten.
D. Bell, in: Die Zeit, 28. 11. 1969

2.2 Mehr Freizeit – andere Freizeit

Die starke Abhängigkeit der Freizeit von der Arbeit hat geschichtliche Gründe. Die Texte 3 bis 5 beschreiben, daß erst die Arbeitsbedingungen der Industrie im 19. Jahrhundert das Bedürfnis nach „Freizeit" hervorgerufen haben. Bis dahin arbeiteten fast 90 Prozent der Bevölkerung in der Landwirtschaft. Hier konnten sie ihr Arbeitstempo, die Pausen und den Arbeitsrhythmus selbst bestimmen. Gemeinsames Essen, Gespräche, Kindererziehung waren Teil der Arbeit. Erst die langen Arbeitszeiten und belastenden Bedingungen in den Fabriken, wo die Maschinen das Arbeitstempo bestimmten, schufen ein Bedürfnis nach zusätzlicher arbeitsfreier Zeit. Musische Tätigkeiten und Kontakte zu anderen sind fast nur noch außerhalb des Arbeitsbereichs möglich. Heute gilt also: Je mehr die Arbeitszeit und die körperlichen Arbeitsbelastungen zurückgehen, desto eher können Menschen die freie Zeit für geistige, künstlerische und gesellschaftlich-politische Aktivitäten nutzen.

④ Macht euch diese Veränderung anhand der Texte 4–6 nochmals bewußt.
⑤ Überprüft die Aussage, daß Menschen ihre Freizeit zunehmend zur Selbstgestaltung nützen, anhand der Materialien 2, S. 64 und 7, 8, S. 67.
⑥ Wie beurteilt ihr das Verhalten der Jugendlichen in ihrer Freizeit in den Abb. 7–10 im Hinblick auf diese Erwartungen?

3. Freizeit-Politik

Für Fußball oder Tennis, Schwimmen oder Skifahren, musizieren oder diskutieren benötigt man Räume, Geräte, Verkehrsmittel. Wer diese bereitstellt, beeinflußt – politisch gesehen – das Freizeitverhalten der Menschen.

Freizeit-Industrie

Die *Freizeitindustrie* deckt mit vielfältigen Angeboten an Freizeitartikeln einen großen Teil des Bedarfs und weckt auch beständig neue Bedürfnisse. Urlaubsreisen in ferne Länder und andere Klimazonen wären ohne diese Angebote für die meisten nicht möglich. Kegelbahnen, Skilifte, Tenniszentren, Diskos, Spielhallen und viele andere sollen Kunden anlocken. Da diese Anbieter aber vor allem Gewinne erzielen wollen, bieten sie oft nur vorgefertigten Freizeit-Konsum ohne eigene Gestaltungsmöglichkeiten. In einer Befragung äußerten 1986 über 40% junger Leute zwischen 16 und 29 Jahren, daß sie sich bei solchen Freizeitaktivitäten trotz viel Betrieb, Spaß und Unterhaltung häufig „einsam und sehr allein" fühlten.

Gesellschaftliche Interessengruppen

Freizeitangebote mit eigenen Gestaltungsmöglichkeiten findet man häufiger bei den sogenannten *freien Trägern* – z. B. Vereinen, Gewerkschaften, politischen oder religiösen Gruppen. Bei ihnen steht im Mittelpunkt, sich mit anderen Menschen gemeinsam für ein Ziel, eine Idee einzusetzen und hierbei eigene Aktivitäten zu entfalten. Ob der *Staat* in die Freizeitgestaltung seiner Bürger eingreifen soll, ist politisch umstritten. Ohne die Einrichtung von Sportstätten, Parks, Theatern, Bibliotheken, Volkshochschulen, Museen, Jugendhäusern wären viele Freizeittätigkeiten jedoch nur schwer möglich.

Staatliche Einrichtungen

1 Lest die Texte 1a und b. Diskutiert, wie ihr Freizeitangebote nutzt.

2 Text 2 berichtet von Beispielen, wie Bürger in ihrer Freizeit politische und gemeinnützige Ideen umsetzen. Sprecht darüber: Welche Auswirkungen kann bloßes „Sich-Treiben-Lassen" für die Demokratie haben? Inwiefern wird dabei Freizeit auch zu einem Stück Politik?

---

① Freizeit – treiben lassen oder selbst betreiben?

a) Das überreiche Freizeit-Angebot verführt zum Sich-Treibenlassen. Man läßt sich etwas bieten, richtet sich nach Augenblickseinfällen und denkt nur daran, die freie Zeit irgendwie auszufüllen. Wenn diese Haltung überwiegt, bestimmt letztlich der Anbietende, was in der freien Zeit gemacht wird. Der „Freizeiter" wird konsumhörig und gibt damit seine Selbstbestimmung – eine Chance, Mensch zu sein in der Freizeit gegenüber der meist fremd bestimmten Arbeitszeit – aus der Hand.
H. D. Bastian (Hrsg.) Lexikon für junge Erwachsene, Stuttgart 1970

b) Die Schüler sollten nicht abseits, sondern mit Hilfe des Konsumangebots, lernen zu genießen. Der Genuß von Gütern, Unterhaltung oder Wissen, der durch andere vorbereitet und vermittelt wird, kann durch kritische Beteiligung und Aneignung zum Selbstgenuß gesteigert werden. Diese Möglichkeit wird jedoch nicht dadurch besser erkannt, daß man die Vergnügen der Faulheit und Passivität leugnet … Die Schule sollte vielmehr immer wieder bestätigen, daß es eine Selbstbestimmung zur Muße gibt …
H. v. Hentig: Lernziele der Gesamtschule, Stuttgart 1971

② Statt nur zu motzen – selber etwas machen.

a) Junge Bürger aus Mainz richten in Freizeitarbeit einen Seniorentreff ein, besuchen alte Altbürger zu Hause, erledigen Besorgungen für sie. Ihr Lohn: Sie merken, daß sie gebraucht werden, erfahren vieles über Lebensschicksale, verstehen Ältere immer besser und lernen auch sich selbst besser kennen.

b) Junge Ingolstädter Fachoberschüler entwerfen mit ihrem Psychologielehrer ein „Spielmobil" zur Betreuung von Spielplätzen. Die Idee wird von der Stadt übernommen. Seit fünf Jahren fährt das Spielmobil durchs Stadtgebiet. Dann gründen die jungen Leute mit Hilfe der Stadt einen „Bürgertreff", wo jung und alt, Deutsche und Ausländer zusammenkommen und ihre Freizeit selbst gestalten können.
Aus: Zeitlupe 16/1984

4. Konsum – nicht alle können sich gleich viel leisten

4.1 Unterschiedliche Einkommen

Was die einzelnen für ihren Lebensunterhalt, für Nahrungs- und Genußmittel, für Kleidung, Wohnung und anderes mehr ausgeben können, hängt von der Höhe ihres Einkommens ab. Wie in Abb. 2 kann man die Arbeitnehmerhaushalte in drei Einkommensgruppen einteilen. Das Schaubild zeigt:
– wieviel Geld die einzelnen Haushalte im Monat verbrauchen,
– welche Beträge sie für Essen, Wohnung und Kleidung ausgeben müssen und was ihnen noch zur freien Verfügung bleibt.

❶ Berechnet aus diesen Angaben, wieviel Prozent die einzelnen Haushaltsgruppen jeweils für Ernährung, Wohnung und Kleidung benötigen und welchen Anteil sie zur freien Verfügung haben.

❷ Informiert euch über die unterschiedliche Höhe der Einkommen in der Bundesrepublik Deutschland in Abb. 3. Welche Gruppe verfügt über besonders hohe Einkommen? Warum?

① **Wie ermittelt man die Ausgaben eines Haushaltes?**

Um die durchschnittlichen Ausgaben für den privaten Verbrauch eines 4-Personen-Arbeitnehmerhaushaltes mit mittlerem Einkommen zu ermitteln, läßt das Statistische Bundesamt (Wiesbaden) von mehreren hundert Haushalten über die monatlichen Einnahmen und Ausgaben Buch führen. Als Aufwendungen für den privaten Verbrauch gelten alle Güter- und Dienstleistungseinkäufe, die der Bedürfnisbefriedigung dienen. Hierzu rechnen auch Käufe von Gebrauchsgütern (z. B. Kühlschränke), die nicht sofort verbraucht, sondern allmählich abgenutzt werden.

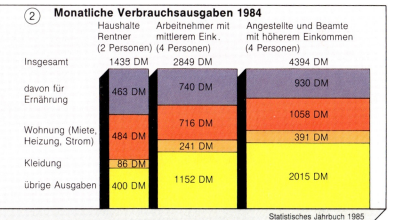

③ **Stufen des Einkommens**

Selbständige Arbeit lohnt sich. Auch wenn es in der Regel bedeutet, mehr arbeiten zu müssen und größere Risiken zu tragen, verdient man aber auch mehr. Dabei ist zu berücksichtigen, daß Selbständigenhaushalte im Durchschnitt mehr Personen umfassen. Zum Haushaltseinkommen tragen neben dem Hauptverdiener häufig auch weitere Familienmitglieder bei. Außerdem kann die Haushaltskasse durch Vermögenserträge sowie durch Wohngeld, Kindergeld, u. a. aufgebessert werden.

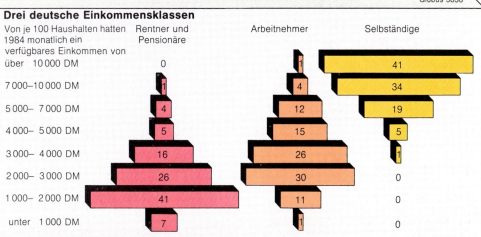

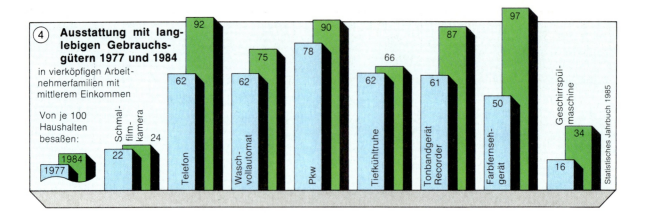

④ **Ausstattung mit langlebigen Gebrauchsgütern 1977 und 1984** in vierköpfigen Arbeitnehmerfamilien mit mittlerem Einkommen

Von je 100 Haushalten besaßen: 1977 / 1984

- Schmalfilmkamera: 22 / 24
- Telefon: 62 / 92
- Waschvollautomat: 62 / 75
- Pkw: 78 / 90
- Tiefkühltruhe: 62 / 66
- Tonbandgerät Recorder: 61 / 87
- Farbfernsehgerät: 50 / 97
- Geschirrspülmaschine: 16 / 34

Statistisches Jahrbuch 1985

4.2 In Hülle und Fülle – für alle?

Was wir dabei vergessen

Unser Lebensstandard ist in den zurückliegenden Jahren ständig gewachsen. Dies zeigt auch die Abb. 4 über die Ausstattung der Haushalte mit Geräten wie Waschmaschinen, Farbfernsehern, Geschirrspülmaschinen usw.

Ein niedriger Lebensstandard bedeutet, daß wenige, lebensnotwendige Bedürfnisse nur in einfacher Form befriedigt werden können: Nahrung, Wohnung, Kleidung. Bei einem hohen Lebensstandard können zusätzliche Bedürfnisse befriedigt werden, z. B. eine längere und bessere Ausbildung, Ferien- und Studienreisen.

Mit der hohen Arbeitslosigkeit seit Beginn der 80er Jahre geht die Schere zwischen Arm und Reich immer weiter auseinander. Zwar sorgen Arbeitslosenunterstützung, Sozialhilfe und Wohngeld dafür, daß niemand hungern muß. Wer aber längere Zeit arbeitslos bleibt – überwiegend ungelernte Arbeiter, Behinderte und ältere Menschen oder Frauen – kann sich mit diesen geringen Beträgen nicht mehr wie üblich am Leben in der Gesellschaft beteiligen. Die Betroffenen und ihre Familien geraten in die Gefahr, zu gesellschaftlichen „Randgruppen" zu werden.

B Vergleicht die Texte 5 und 6 nochmals mit den statistischen Durchschnittswerten für Einkommen und Verbrauchsausgaben auf der vorigen Seite.

---

⑤ **Beispiel: 4-Personen-Haushalt**

„So um den Zwanzigsten rum", sagt Jürgen, „wissen wir meistens nicht mehr, wo wir noch was zu beißen herkriegen sollen, weil 'de mit der Kohle einfach vorn und hinten nicht mehr hinkommst." Jürgen ist 25 Jahre alt, verheiratet und Vater zweier Kinder von sechs und zwei Jahren. Seit eineinhalb Jahren ist der gelernte Koch arbeitslos. Seine Frau ist nicht berufstätig. Eine Lehre brach sie ab, als das erste Kind unterwegs war. Die vierköpfige Familie muß von 1048 Mark im Monat leben: 750 Mark Arbeitslosenhilfe, dazu 298 Mark vom Sozialamt. Davon gehen die Miete für die Zwei-Zimmer-Wohnung ab (400 Mark) sowie die Kosten für Strom und Gas (150 Mark). Zweimal im Jahr hat die Familie Anspruch auf ‚Bekleidungshilfen'. „Wir kaufen nur noch Sonderangebote; trotzdem kommste nicht hin."

⑥ **Drei Phasen der Verarmung**

Maria Sch. vom Caritas-Verband hat drei Phasen der Verarmung festgestellt: Zunächst, wenn noch Arbeitslosengeld bezogen wird, verzichten Familien auf Urlaub oder Auto; beim Bezug von Arbeitslosenhilfe wird an der Kleidung gespart, werden Kinobesuche gestrichen; sind Familien schließlich auf Sozialhilfe angewiesen, müssen sie auch beim Essen Abstriche machen. Immer mehr Betroffene erreichen nun, angesichts anhaltender Massenarbeitslosigkeit mit einer stetig steigenden Zahl von Dauererwerbslosen, dieses Stadium des Hungerns. „Und als erste", so stellte Frau Sch. fest, „sind es die Mütter, die zurückstecken."
Elisabeth O., Leiterin des Müttererholungsheims St. Anna erzählt, daß immer mehr Frauen zur Kur kommen, nur um sich mal richtig satt zu essen.

DIE ZEIT, 22. 3. 1985

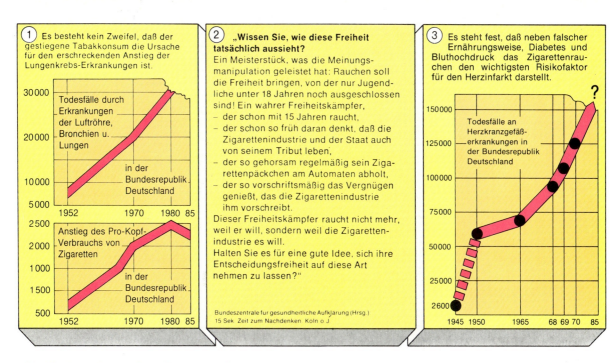

① Es besteht kein Zweifel, daß der gestiegene Tabakkonsum die Ursache für den erschreckenden Anstieg der Lungenkrebs-Erkrankungen ist.

Todesfälle durch Erkrankungen der Luftröhre, Bronchien u. Lungen in der Bundesrepublik Deutschland

Anstieg des Pro-Kopf-Verbrauchs von Zigaretten in der Bundesrepublik Deutschland

② „Wissen Sie, wie diese Freiheit tatsächlich aussieht?
Ein Meisterstück, was die Meinungsmanipulation geleistet hat: Rauchen soll die Freiheit bringen, von der nur Jugendliche unter 18 Jahren noch ausgeschlossen sind! Ein wahrer Freiheitskämpfer,
– der schon mit 15 Jahren raucht,
– der schon so früh daran denkt, daß die Zigarettenindustrie und der Staat auch von seinem Tribut leben,
– der so gehorsam regelmäßig sein Zigarettenpäckchen am Automaten abholt,
– der so vorschriftsmäßig das Vergnügen genießt, das die Zigarettenindustrie ihm vorschreibt.
Dieser Freiheitskämpfer raucht nicht mehr, weil er will, sondern weil die Zigarettenindustrie es will.
Halten Sie es für eine gute Idee, sich ihre Entscheidungsfreiheit auf diese Art nehmen zu lassen?"

Bundeszentrale für gesundheitliche Aufklärung (Hrsg.) 15 Sek. Zeit zum Nachdenken. Köln o. J.

③ Es steht fest, daß neben falscher Ernährungsweise, Diabetes und Bluthochdruck das Zigarettenrauchen den wichtigsten Risikofaktor für den Herzinfarkt darstellt.

Todesfälle an Herzkranzgefäß-erkrankungen in der Bundesrepublik Deutschland

5. Kehrseiten der Konsumfreiheit

Konsum kann unser Leben auch verschlechtern. Amerikanische Forschungen für die Weltgesundheitsorganisation behaupten: „Die führende Ursache vorzeitiger Sterbefälle unter Erwachsenen war 1985 nicht Afrikas Hunger, Krieg oder die Anschläge internationaler Terroristen: Es war Zigarettenrauchen."

Zu den Zahlen in Abb. 1 und 3 über Gesundheitsschäden kommen jährlich noch über 10 000 Amputationen von Raucherbeinen, die nicht mehr ausreichend durchblutet werden, 100 000 Bronchitiskranke und unzählige Herz- und Kreislaufleidende als Folge übermäßigen Rauchens hinzu. Diese Schäden stellen manche dem volkswirtschaftlichen Nutzen gegenüber. Ca. 50 000 Kioskhändler und Zehntausende von Tabakbauern und Arbeitern leben von den über 25 Milliarden DM, die bei uns jährlich für Tabakwaren ausgegeben werden. Der Staat erhält von jeder Zigarettenmark 71 Pf, 1985 insgesamt 14,5 Mrd. DM. Aber die Kosten sind höher als der Gewinn. 1971 wurde in Österreich erstmals errechnet, daß für jeden der 3374 dort an Lungenkrebs Gestorbenen zusätzliche Kosten von rd. 74 000 DM (zusammen rd. 250 Mio. DM) übrigblieben, nachdem man die Gesamtkosten für Behandlung, Krankengeld, Arbeits- und Produktionsausfall usw. mit den öffentlichen Einnahmen aus der Tabaksteuer, den sonstigen Steuern aus der Zigarettenindustrie und den „ersparten" Rentenzahlungen verrechnet hatte.

❶ Vergleicht diese Tatsachen mit den Versprechungen der Zigarettenwerbung. Sammelt hierzu Reklamebeispiele.

❷ Welche Genußmittel verursachen ebenfalls Gesundheitsschäden und damit Kosten?

5.1 Zum Beispiel Rauchen

Die meisten Menschen sterben lieber, als daß sie denken.
Bertrand Russell.

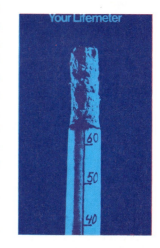

73

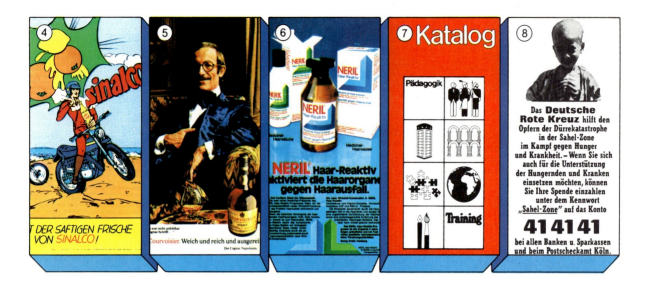

5.2 Werbung – Information oder Manipulation?

Ein Werbefachmann: *„Werbung wird immer wichtiger, weil sie den Verbraucher über das Güterangebot informiert und ihm dadurch beim Auswählen hilft."*

Ein Verbraucher: *„Werbung verleitet uns, Geld für Dinge auszugeben, die wir eigentlich gar nicht brauchen. Deshalb schadet sie dem Verbraucher und nützt nur dem Verkäufer."*

3 Vergleicht diese Behauptungen mit den abgebildeten Beispielen. Welche Informationen enthalten sie? Welche Gefühle sprechen sie an, um zur Geldausgabe zu verleiten (Manipulation)?

4 Sammelt Werbematerial. Untersucht die damit verbundenen Absichten.

5 Wie könnte man den im Zeitungstext genannten Gefahren begegnen?

9 Kinderseelen von der Kaufwut bedroht

Eine neue Krankheit, die in keinem medizinischen Lexikon verzeichnet ist, macht amerikanischen Ärzten Sorgen: die „Gimmes" (zu deutsch etwa Kaufmiritis). Nach Ansicht der Mediziner handelt es sich um eine Gemütsstörung der kleinen und kleinsten Bürger der Vereinigen Staaten, die tagein, tagaus von Fernsehwerbespots bombardiert werden, die speziell auf das Eindringen in Kinderseelen ausgelegt sind.... Jedes amerikanische Kind sieht im Jahr rund 20 000 Werbefilme über die Mattscheibe flimmern – das sind am Tag stolze 55 Spots.

Totale Erfassung

Nach Überzeugung von S. Robinson, dem Vorsitzenden der Kinderärzte-Akademie, ist es an der Zeit, die über alle Stränge schlagende Kinderwerbung im Fernsehen zu stoppen. Wie er sagte, sind auf Kinder abzielende TV-Spots schon allein deshalb infam und unfair, weil die Angesprochenen nicht in der Lage seien, den Inhalt der Werbung kritisch zu verarbeiten. Robinson sagte: „Kinder sind der ständigen Flut von Werbung, die sich Trickfilmen, Musik und anderer komplizierter Techniken bedient, schutzlos ausgeliefert." Da eine freiwillige Selbstkontrolle der werbenden Spielzeug- oder Süßwarenkonzerne nicht stattfinde, sei ein Verbot aller auf Kinder abzielenden Werbefilme im Fernsehen einziger Ausweg.

Aufschrei der TV-Stationen

Die Gesellschaften und TV-Stationen reagierten erwartungsgemäß mit einem Aufschrei der Entrüstung auf die Kritik der Akademie ... Sie gingen sogar zum Gegenangriff über und stellten klar, daß sie die Kinderprogramme drastisch reduzieren müßten, wenn die Einnahmen aus der Kinderwerbung sänken.

Viele Eltern sind an den „Gimmis", die letzten Endes in Form unaufhörlicher Kaufwünsche ihrer Kinder auszubaden haben, aber mitschuldig: „Sie verwenden den Fernsehapparat als Babysitter und lassen ihre Kleinen stundenlang alleine vor der Mattscheibe sitzen. Die Akademie der Kinderärzte ist mit ihren Warnungen jedoch nicht mehr allein: Auch Aktionsgruppen engagierter Eltern fordern mehr und mehr eine Reduzierung der Kinder-Spots. Eine Behörde der amerikanischen Bundeshandelskommission setzte sich vor kurzem für ein Verbot der Werbung für stark zuckerhaltige Süßwaren ein, die Kindergebissen schweren Schaden zufügen.

Süddeutsche Zeitung, 6. 11. 1977

5.3 Konsumentenfallen im Kaufhaus

Wer aufmerksam durch Kaufhäuser und Supermärkte geht, kann noch weitere Tricks entdecken, mit denen die Kunden veranlaßt werden sollen, Dinge zu kaufen, die sie oft gar nicht wollen. Amerikanische Psychologen haben herausgefunden, daß Menschen beim Anblick von Warenbergen Anzeichen von Hypnose zeigen. Dies nützen Kaufleute aus, indem sie z. B. die Waren so anordnen, daß das Wertvollste und Neueste in Augenhöhe liegt. Produkte in der Regalmitte in einer Höhe von 1,40 m bis 1,50 m werden am meisten gekauft. Ein Artikel auf einem Platz in Kniehöhe erreicht nur ein Drittel des Umsatzes, den er in Augenhöhe schaffen würde. So wandern alltägliche Produkte, z. B. Brot oder Brötchen nach unten oder ganz nach oben. Beliebt sind bei den Kunden auch „Schütt- und Wühltische". Der ungeordnete Warenberg erzeugt die Vorstellung, es gäbe hier besonders preisgünstige Waren. Verkaufspsychologen haben gemessen, daß bei einer geschickten Programmierung der Einkaufswege fast die Hälfte aller Kunden doppelt so viel kaufen wie sie geplant hatten. Auch „Mogelpackungen", die durch Größe und Gestaltung scheinbar Qualität versprechen und dem Käufer mehr Inhalt vortäuschen, als sie tatsächlich enthalten, sollen zum unkritischen Kauf verleiten. Verbraucherorganisationen versuchen, die Käufer über diese Verkaufstricks aufzuklären und zu informieren. So z. B. die Stiftung Warentest, die regelmäßig Qualität und Preise eines Produkts verschiedener Hersteller vergleicht und den Verbrauchern die Ergebnisse dieser Untersuchungen zugänglich macht.

6 Auf dieser Seite könnt ihr noch weitere Tricks erfahren, durch die die Kunden zu ungeplanten Käufen verleitet werden sollen.

7 Beobachtet euch selbst im Kaufhaus. In welche Stimmung werdet ihr versetzt? Wie fühlt man sich nach einem spontanen Kauf?

⑩ Vorsicht Fallen!

Wußten Sie, daß
- Sie zum Kauf von Artikeln verführt werden, die Sie gar nicht brauchen?
- Sie länger in den Geschäften aufgehalten werden, als Sie eigentlich wollten?
- die Waren mit der höchsten Gewinnspanne meist in Augenhöhe präsentiert werden?
- der Bereich um die Ladenkasse mit den gewinnträchtigsten Artikeln gespickt wird?
- Fleisch meist tief hinten in Laden verkauft wird, damit Sie an allen Regalen vorbei müssen?
- quergestellte Stände und Regale behindern sollen, damit Sie gemächlich durch den Laden schlendern?
- musikalische Kulisse die Kauflust und Kauffreudigkeit anregt?

Das sind nur einige Beispiele dafür, wie nahezu unbemerkt versucht wird, Ihr Portemonnaie zu öffnen.
Schützen Sie sich davor! Kaufen Sie nur noch ein mit Einkaufszettel! Verbraucherzentrale Baden-Württemberg, Augustusstr. 6, 7000 Stuttgart

⑪ Gewogen und zu leicht befunden

Doppelter Boden: Inhalt beträgt nur 14% vom Verpackungsvolumen

Doppelter Deckel: Inhalt beträgt nur 19% bezogen auf Verpackungskarton

1 Sieben Goldene Regeln für den preisbewußten Verbraucher

- **Kauf geplant – Geld gespart**
Ein Einkaufszettel bewahrt vor unüberlegten Spontaneinkäufen!
- **Barkauf ist Sparkauf**
Raten- und Kreditzinsen sind teuer; Barzahlungsrabatte sparen!
- **Qualität vergleichen**
Das Teuerste ist nicht immer das Beste!
- **Preise vergleichen**
Verbraucherberatungsstellen helfen dabei!
- **Bei Verpackungen aufpassen**
Aufwendige Verpackungen bezahlt der Verbraucher!
- **Saison- und Sonderangebote nützen**
aber Vorsicht vor Lockvogelangeboten!
- **Überhöhte Preise ablehnen** und das Geschäft wieder verlassen: das gibt dem Verkäufer zu denken.

2 Test-Kompaß Sportschuhe als Ganztagsschuhe

	Preis in DM ca.	Lieferbare Größen	Haltbarkeit	Orthopädische Beurteilung	test-Qualitätsurteil bei Benutzung als Ganztagsschuh
Bewertung			60%	40%	
Sportstiefel					
C u. A Brenninkmeyer Topfit	40,–	39–45	–	–	mangelhaft
Adidas Allround	95,–	3½–14	+ +	+	sehr gut
Adidas Trophy	99,–	3½–15	+	O	gut
Puma Universal	99,–	3½–12	+	O	gut
Nike Convention Hi	150,–	6–13	+ +		gut
Sportschuhe					
Deichmann Victory Milano	30,–	36–46	– –	– –	sehr mangelhaft
Adidas Grand Prix	69,–	3½–14	+	O	gut
Puma Boris Becker	75,–	3½–12	–	O	mangelhaft
Adidas Olympia 88	89,–	3½–14	+ +	+	sehr gut
Nike Wimbledon GTS	140,–	6–13	O		zufriedenstellend

Reihenfolge der Bewertung:
+ + = sehr gut
+ = gut
O = zufriedenstellend
– = mangelhaft
– – = sehr mangelhaft

Stiftung Warentest Heft 5/1986

6. Verbraucher müssen ihre Interessen selbst wahren

❶ Prägt euch für eure Einkünfte die oben aufgeführten „Sieben Goldenen Regeln für den preisbewußten Verbraucher" ein. Fragt eure Eltern, ob sie ihre Einkünfte nach diesen Regeln planen.

Die von der Bundesregierung gegründete unabhängige „Stiftung Warentest" veröffentlicht monatlich in der Zeitschrift „Test" ausführliche Qualitäts- und Preisvergleiche für viele Waren. Dadurch verschwinden oft schon minderwertige Angebote. Der Verbraucher kann Vergleiche anstellen, die nicht nur den Preis, sondern auch Qualität und Ausstattung berücksichtigen. In den Verbraucher-Beratungsstellen – es gibt sie schon in vielen Städten – kann man die Testhefte auch kostenlos durchsehen, bevor man einen Einkauf tätigt.

❷ Sucht aus obigem Test-Kompaß das teuerste, das billigste, das am besten bewertete und das preiswerteste Modell heraus. Welche Informationen müßte man zusätzlich noch haben, um eine endgültige Entscheidung zu treffen?

3 Gesetz gegen den unlauteren Wettbewerb vom 26. 6. 1969 (UWG)

„§ 3 Wer im geschäftlichen Verkehr zu Zwecken des Wettbewerbs über ... die Beschaffenheit, den Ursprung, die Herstellungsart oder die Preisbemessenheit einzelner Waren ... irreführende Angaben macht, kann auf Unterlassung der Angaben in Anspruch genommen werden."

4 Beschwerdestellen

1. Die **Gewerbepolizei** ist die zuständige Ordnungsbehörde bei Verstößen gegen das UWG; bei Beschwerden über schlechte, verfälschte oder verdorbene Waren – die man sofort einschließlich Verpackung mitbringen sollte – ist sie auch über jede Polizeidienststelle zu erreichen.
2. Bei schlechten Handwerkerleistungen oder zu hohen Reparaturrechnungen wendet man sich an die **Handwerkskammern**. (Anschrift jeweils im Telefonbuch der Landeshauptstadt oder Sitz des Regierungspräsidiums).

5 Verbraucherorganisationen

1. In jeder Landeshauptstadt gibt es eine Verbraucherzentrale, in vielen Städten Verbraucherberatungsstellen.
Zentraladresse:
Arbeitsgemeinschaft der Verbraucher (AGV) e.V. Heilsbachstr. 26, 53 Bonn 1
2. Die unabhängige „Stiftung Warentest" erleichtert geplantes Einkaufen durch Testberichte, Qualitäts- und Preisvergleiche in der Zeitschrift „Test".
3. Kostenloses Informationsmaterial zum Verbraucherschutz erhält man auch vom Presse- und Informationsamt der Bundesregierung, Postfach 750, 53 Bonn.

Arbeit und Produktion

1. Arbeiten und produzieren

1.1 Erfahrungen mit der Arbeit

Wir arbeiten, so könnte man zunächst sagen, um Geld zu verdienen. Eine Fülle von Arbeit wird allerdings außerhalb der Betriebe und ohne Entgelt verrichtet; so die Arbeit im Haushalt, in der Freizeit, die freiwillige oder ehrenamtliche Betreuung älterer oder behinderter Menschen usw. In diesem Kapitel beschäftigen wir uns ausschließlich mit der Arbeit, die Menschen ausüben, um damit ihren Lebensunterhalt – oder den ihrer Angehörigen – zu bestreiten. Diese Arbeit nennen wir *Erwerbsarbeit*.

1 Die Texte auf dieser Seite zeigen an einigen Beispielen, daß die Arbeit unterschiedlich *erfahren* und *beurteilt* wird. Welche Arbeiten üben die Personen aus? Wie bewerten sie selber ihre Arbeit? Wozu arbeiten sie ihrer Meinung nach? – In einem Gespräch könnt ihr noch weitere Gründe finden, die erklären, wozu Menschen arbeiten.

2 Die Bilder auf der vorigen Seite zeigen einige Arbeitssituationen. Beschreibt diese Arbeiten. Ihr könnt dazu selber weitere Bilder sammeln, zum Beispiel zu folgenden Themen: „Arbeit heute" – „Arbeit früher" – „Arbeit nach dem Jahr 2000".

---

① Arbeiten – gestalten können?

Zwei Facharbeiter:
„In der heutigen Zeit also, das Menschliche, das kommt viel zu kurz. Man wird immer mehr als Nummer behandelt ... Ich finde also, man sollte nicht alles von diesen IC-Maschinen (computergesteuerte Maschinen) abhängig machen. Man sollte auch noch was für den Mann, also so wie wir das früher gemacht, daß wir selbst was gemacht haben, da stehen lassen, also in der Werkstatt."

„... ich würde sagen, ich bin Facharbeiter, ich packe morgens meine Tasche und gehe zur Arbeit und mache meine Arbeit ... da liegt doch meine Befriedigung drin, wenn ich den Auftrag ausführe, den ich bekomme. Ob das was taugt oder nicht taugt, das liegt doch gar nicht mehr in meinem Bereich und in meiner Beurteilung."

Ein Ingenieur:
„An der Arbeit reizt mich zunächst persönlich mal die Aufgabe, was ist zu tun, und ich würde also, glaub ich, sekundär danach fragen, was verdien ich dabei. Ich setze einfach voraus, daß ich soviel verdiene, daß ich damit auskomme."

② Arbeiten – um den Lebensunterhalt zu verdienen

Zwei Arbeiterinnen:
„Ich arbeite, um zu leben. Ich muß arbeiten. Ich bin allein und habe eine Tochter zu versorgen."

„Ich arbeite, weil ich Geld brauche. Ich möchte nicht wie im Schweinestall leben, sondern bezahle meine Miete genau wie alle anderen, 500 Mark, weil das Leben so teuer ist. Wenn mein Mann nur allein arbeitet, was kann ich mir leisten, gar nichts."

③ Arbeiten – mit Menschen zu tun haben

Eine Arbeiterin:
„Also mir würde unwahrscheinlich was fehlen, wenn ich nicht arbeiten gehen könnte ... Die ganze Umgebung und so die ganze Atmosphäre ... Denn es wird doch bei uns alles besprochen, alles mögliche."

Anmerkung: Die Befragten (1–3) arbeiten in einem Unternehmen, das Rundfunk- und Fernsehgeräte herstellt.

Tonbandprotokolle aus: Birgit Volmerg u. a.: Betriebliche Arbeitswelt. Opladen 1986, S. 72, 89, 121, 123, 198

④ Arbeiten – selbständig und unabhängig sein

Die Besitzerin einer Bäckerei:
„Unser Geschäft ist schon drei Generationen im Besitz unserer Familie. So ein Betrieb bringt eine Menge Arbeit, hin und wieder auch einige Probleme. Aber, alles in allem, ich möchte es nicht missen. Ich hab' den Eindruck, daß wir für viele Menschen in unserem Viertel mehr als nur ein Laden sind, in dem man einkauft. Die Kunden bleiben gerne ein paar Minuten länger, um sich zu unterhalten, auch um andere zu treffen.
In den letzten Jahren ist das Geschäft allerdings schwieriger geworden. Viele kaufen eben ihr Brot, und was wir sonst noch anbieten, gleich im Lebensmittelmarkt oder in den Supermärkten ein. Mir ist klar, da kann das eine oder andere schon mal billiger sein. Wir können da nicht immer mithalten. Trotzdem, meine Arbeit muß mehr sein, als nur Brot über den Ladentisch zu reichen oder gar nur an der Kasse zu stehen."

Gespräch mit dem Autor

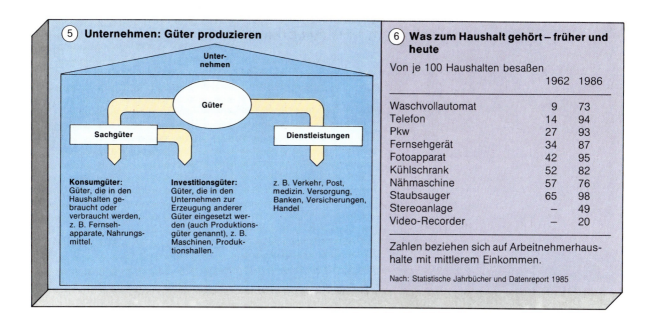

Das meiste, was wir zum Leben brauchen oder für erstrebenswert halten, finden wir nicht in der gewünschten Weise und Menge unmittelbar in unserer natürlichen Umgebung vor. Wir müssen es herstellen, produzieren. Wirtschaftliches Handeln bedeutet deshalb, daß wir das, was wir benötigen, d. h. die gewünschten *Güter,* herstellen bzw. bereitstellen, um damit unsere *Bedürfnisse* zu befriedigen.

Die Vielzahl der Bedürfnisse, die wir haben, bleibt jedoch nicht ein für allemal gleich, sie verändert sich im Laufe der Zeit. Vor 60 Jahren war z. B. ein Radiogerät nur in wenigen Haushalten vorhanden. In den fünfziger Jahren kamen allmählich die ersten Fernsehapparate, und heute setzen sich der Videorecorder und die Videokamera immer mehr durch. Gleichzeitig weitet sich das Angebot in diesem Bereich rasch aus: Auf die Schallplatte folgte das Tonband, dann die einfach zu bedienende Kassette; und die Compact-Schallplatte, die alle vorhergehenden Techniken an Qualität übertrifft, wird – kaum entwickelt – von der Compact-Kassette abgelöst.

Niemand kann heute alle Güter, die er braucht, selber herstellen. Dies geschieht vielmehr in den *Unternehmen.* Sie produzieren die Güter und bieten sie dem Verbraucher auf dem *Markt* an. Damit wollen sie der Nachfrage nach Gütern nachkommen, d. h. den *Bedarf* decken.

3 Die Vielzahl der Güter, die in den Unternehmen produziert werden, können wir einteilen. Beschreibt mit Hilfe des Schaubildes 5 die Einteilung, die wir dort vorgenommen haben.

4 Was Anfang der sechziger Jahre und was 1986 zu einem Haushalt gehörte, zeigen einige Beispiele in Tabelle 6. Bei welchen Gütern könnt ihr große, bei welchen nur kleinere Veränderungen feststellen? Gibt es Produkte, die heute neu in die Tabelle aufgenommen werden müssen?

1.2 Produzieren – wozu und womit?

Bedürfnisse und Güter

7 Die Produktionsfaktoren

Der *Boden*, oder allgemein gesagt die *Natur*, liefert der Wirtschaft Rohstoffe. Diese erhält man vor allem durch den Abbau von Bodenschätzen. Der Boden wird z. B. zum Anbau von Bodenerzeugnissen und als Standort für Handelsgeschäfte, Bürohäuser, Werkstätten und Betriebsanlagen aller Art genutzt.

Ohne *Arbeit* entstehen weder Sachgüter noch Dienstleistungen. So müssen z. B. die Rohstoffe nutzbar gemacht, dem Boden entnommen und verarbeitet werden, damit Güter entstehen.

Kapital ist für die Wirtschaft unerläßlich. Eine Ölquelle im Innern der Erde (Rohstoff) und Fachkräfte, wie z. B. Geologen, Bohrmeister, Rohrleger, Kaufleute und Kraftfahrer (Arbeitskräfte), reichen noch nicht aus, um aus dem Rohstoff Erdöl auch Güter erzeugen zu können. Es werden finanzielle Mittel benötigt, um beispielsweise die Arbeitskräfte zu entlohnen. Weiterhin braucht man *Produktionsmittel* wie Bohrtürme, Rohrleitungen, Werkzeuge usw. Auch diese Mittel werden als *Kapital* bezeichnet. Im ersten Fall handelt es sich um *Geldkapital*, im zweiten um *Sachkapital*. Sachkapital kann durch Geldkapital beschafft werden. Die Anlage von Geldkapital in Sachkapital nennt man *Investition* (von lateinisch investire = bekleiden, einkleiden, „Geld in Güter einkleiden").

8 Produktionsfaktoren – in unterschiedlichen Formen

Um das Brot vom Bäcker zu holen, das wir jeden Tag zu kaufen gewohnt sind, muß nicht nur der Bäcker zu nachtschlafender Zeit aus den Federn, ... vorher mußte der Mehlhändler das Mehl geliefert, der Müller das Korn gemahlen, die Bahn das Getreide befördert, der Bauer das Getreide geerntet und vorher gesät haben ... Und noch mehr als das: Der Müller braucht seine Maschinen, die Maschinenfabrik den Guß dazu und die entsprechenden Fabrikationsanlagen ...

R. Wagenführ: Mensch und Wirtschaft. Köln 1952, S. 16

Produktionsfaktoren

5 Zur Diskussion: Immer andere, immer neue Güter. – Welche Gründe können dafür ausschlaggebend sein? Einige Stichworte: der Bedarf der Verbraucher; das Interesse der Wirtschaft, mehr zu verkaufen; andere Gewohnheiten und Interessen der Verbraucher; technische Neuerungen und Erfindungen; gestiegene Einkommen – oder mehrere Gründe zusammen?

6 In der Einheit O haben wir die unterschiedlichen Bedürfnisse der Menschen genauer beschrieben. Vergleicht die Aufstellung Seite 6 mit der Tabelle 6: Welche Bedürfnisse können mit diesen Gütern befriedigt werden?

7 Damit Güter hergestellt werden können, sind Geräte, Werkzeuge, Maschinen, Büros, Werkstätten oder Fabrikanlagen und nicht zuletzt die Menschen notwendig. Alle diese Leistungen gehen in die Produktion ein, sind ein Teil von ihr. Zusammenfassend verwenden wir hierfür den Begriff *Produktionsfaktoren* (lateinisch factor = „Macher"). Beschreibt auf der Grundlage des Textes 7 die unterschiedlichen Produktionsfaktoren.

8 Eine Übung an einem einfachen Beispiel: Im Technik-Unterricht oder in einer Arbeitsgemeinschaft stellt ihr einen Hockeyschläger her. Welche Produktionsfaktoren benötigt ihr dazu? Gibt es einen Faktor, der dabei besonders wichtig ist? Berücksichtigt: In Materialien, die ihr verwenden wollt, können schon Leistungen anderer eingegangen sein (vgl. Text 8). – Stellt euer Ergebnis in einer Übersicht zusammen, indem ihr die einzelnen Faktoren genau benennt und in der Abfolge anordnet, wie sie bei der Produktion benötigt werden.

1.3 Lohnarbeit und selbständige Arbeit

Die meisten Menschen arbeiten nicht im eigenen Geschäft oder im eigenen Betrieb. Sie sind als Arbeiter oder Angestellte in einem Unternehmen, als Angestellte oder Beamte in der staatlichen Verwaltung, in Schulen und Hochschulen tätig. Arbeiter, Angestellte und Beamte erwerben ihren Lohn oder ihr Gehalt nicht aus selbständiger Arbeit; alle zusammen nennt man deshalb *unselbständig Erwerbstätige*.

Zu den *Selbständigen* rechnet man folgende Berufsgruppen:

– Eigentümer und Pächter von landwirtschaftlichen und gewerblichen Betrieben, die diese Betriebe selbst leiten;
– freiberuflich Tätige, z. B. Rechtsanwälte, Ärzte, die eine eigene Praxis haben, selbständige Architekten.

Nicht alle, die arbeiten wollen, finden heute einen Arbeitsplatz: Wer ohne Arbeit ist, hat damit auch kein Einkommen, er ist *erwerbslos*. Erwerbstätige und Erwerbslose zusammen werden als *Erwerbsfähige* oder als die Gesamtheit der *Erwerbspersonen* bezeichnet.

Die Wirtschaft eines Landes, die Volkswirtschaft, kann man in drei Bereiche oder Sektoren einteilen:

Wirtschaftsbereiche oder -sektoren

– die landwirtschaftliche Produktion (primärer Sektor),
– die industrielle und gewerbliche Güterproduktion (sekundärer Sektor),
– der Dienstleistungsbereich (tertiärer Sektor).

Man unterscheidet Volkswirtschaften auch danach, wie ihre einzelnen Wirtschaftsbereiche entwickelt sind, d. h. wie viele Menschen in den einzelnen Sektoren arbeiten. Auf niedriger Entwicklungsstufe nimmt die landwirtschaftliche Produktion den ersten Rang ein. Später übernimmt die industrielle Produktion die Spitze, und schließlich stellt der Dienstleistungsbereich den größten Teil der Arbeitsplätze.

9 Unselbständig Erwerbstätige nennt man auch abhängig Beschäftigte oder Lohnabhängige. Versucht, diese beiden Begriffe zu klären: Von wem oder wovon sind diese Beschäftigten abhängig?

10 Die Tabellen 9 und 10 geben die Veränderungen wieder, die in der Arbeitswelt in den zurückliegenden Jahrzehnten stattgefunden haben. Sie können unter folgenden Gesichtspunkten befragt werden:
– Wie hat sich die Zahl der Selbständigen, die Zahl der abhängig Beschäftigten und die der Arbeitslosen entwickelt?
– Wie hoch sind die Anteile (in Prozent) der Selbständigen und der abhängig Beschäftigten an der Zahl der erwerbstätigen Personen insgesamt?
– Welche Veränderungen haben in den drei Sektoren der Wirtschaft zwischen

9 Selbständige und abhängig Beschäftigte (in 1000)

Jahr	Erwerbstätige	Selbständige (mithelf. Familienangehörige)	Arbeitslose
1961	26532	5966	181
1985	25531	3294	2304

	abhängig Beschäftigte			
Jahr	Arbeiter	Angestellte	Beamte	insgesamt
1961	13119	6175	1273	20567
1985	10049	9776	2412	22237

Gesellschaftliche Daten 1979, S. 113; Datenreport 1985, S. 86

10 Wer arbeitet wo? – Die Sektoren der Wirtschaft

Von je 100 Erwerbstätigen arbeiteten in:	1950	1985
Land- und Forstwirtschaft	24,1	5,4
Gewerbliche und industrielle Warenproduktion	42,0	41,6
Dienstleistungen (Handel, Banken, Versicherungen, Verkehr, öffentliche Verwaltung, Bildung …)	33,9	53,0
Insgesamt	100	100

Statistisches Jahrbuch 1986

1950 und 1985 stattgefunden? Wo sind die größten Veränderungen zu beobachten?

📖 Wenn weniger Menschen in einem Wirtschaftsbereich arbeiten, bedeutet dies nicht, daß dann dort weniger Güter erzeugt werden. So hat die Landwirtschaft bis in die letzten Jahre die Produktion ständig steigern können, obwohl sich der Anteil der Erwerbstätigen, die in diesem Wirtschaftsbereich arbeiten, von 1950 bis heute auf rund ein Viertel verringert hat und die Zahl der Betriebe von rund 1,6 Mio auf 720000 zurückging. Wie ist eurer Meinung nach eine solche Entwicklung zu erklären?

1.4 Produzieren – konsumieren: der wirtschaftliche Kreislauf

Die Produktion ist nur eine Seite der Wirtschaft. Güter, die in den *Unternehmen* hergestellt werden, sollen ihren Abnehmer finden. Das geschieht in den *Haushalten*. Die Unternehmen brauchen zur Produktion Arbeitskräfte, Kapital und den Faktor „Natur". Auch hier spielen die Haushalte eine Rolle. Vereinfacht, gleichsam in einem *Modell,* läßt sich deshalb das Wirtschaftsgeschehen als ein Kreislauf zwischen Unternehmen und Haushalten darstellen. Dabei hat jeder Teil dieses Kreislaufs seine besonderen Aufgaben.

✏️ Diese Aufgaben haben wir in dem Schaubild 11 a dargestellt:
– Beschreibt dieses Bild, indem ihr es einmal aus der Sicht der Unternehmen und einmal aus der Sicht der Haushalte betrachtet: Welche Leistung erbringen die Unternehmen, welche die Haushalte?
– Es ist dort von einem „Tausch" die Rede. Was wird dabei „getauscht"?

✏️ Im Schaubild 11 b haben wir das erste Schaubild nur erweitert; Unternehmen und Haushalte erbringen weitere Leistungen:
– Beschreibt mit Hilfe des Schaubildes und des Textes, in welcher Form die

⑪ **Unternehmen – Haushalte: der wirtschaftliche Kreislauf**

a) Produzieren – konsumieren

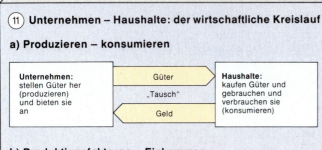

b) Produktionsfaktoren – Einkommen
Zur Herstellung der Güter benötigen die Unternehmen Produktionsfaktoren. Diese stellen ihnen die Haushalte in unterschiedlicher Form zur Verfügung: die Mitglieder des Haushalts arbeiten in den Unternehmen (Produktionsfaktor Arbeit), sie stellen Geld zur Verfügung, indem sie z. B. Aktien erwerben (Produktionsfaktor Kapital), sie überlassen den Unternehmen Grund und Boden (Produktionsfaktor Boden).

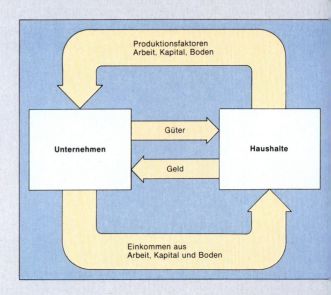

82

Haushalte den Unternehmen die Produktionsfaktoren Arbeit, Kapital und Natur zur Verfügung stellen können.

– Welche Gegenleistungen müssen die Unternehmen für die Leistungen der Haushalte erbringen?

Wenn die Haushalte – wie wir in unserem Kreislaufmodell sehen –, den Unternehmen Produktionsfaktoren zur Verfügung stellen, beziehen sie daraus von den Unternehmen Einkommen (vgl. Schaubild 12). So bezieht z. B. eine Angestellte ein Gehalt (als Einkommen aus der Arbeit). Wenn sie zugleich Besitzerin eines Grundstückes ist, das sie einem Landwirt verpachtet hat, erhält sie dafür eine Pacht oder eine „Bodenrente".

Ein Landwirt erwirtschaftet, wenn er seine Produkte verkauft, Einkommen aus selbständiger Arbeit. Ist er daneben in einem Baugeschäft als Maurer tätig, erhält er außerdem einen Lohn aus unselbständiger Arbeit. Hat er außerdem eine Wohnung vermietet, die Teil seines Vermögens ist, erhält er Einnahmen aus der Vermietung oder – allgemein formuliert – aus seinem Vermögen.

Die einzelnen Haushalte haben somit in der Regel Einnahmen aus mehreren Produktionsfaktoren. Wie sich diese Einnahmen bei den unterschiedlichen Haushalten zusammensetzen, haben wir in der Tabelle 13 zusammengestellt:

Einkommen aus unterschiedlichen Produktionsfaktoren

14 Welche Einkommensart ist bei den einzelnen Haushaltsgruppen jeweils am größten?

15 Versucht zu erklären, warum Haushalte der Selbständigen auch Einkommen in Form von Lohn und Gehalt beziehen können und warum Beamten-, Angestellten- und Arbeiterhaushalte Einkommen aus selbständiger Arbeit und aus Vermögen haben können.

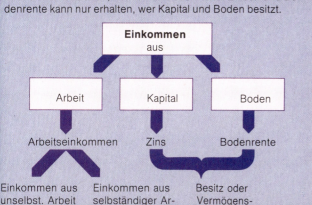

12 Unterschiedliche Einkommensarten

Für ihre Leistungen beziehen die Haushalte von den Unternehmen Einkommen in Form von *Löhnen* für Arbeit bzw. *Zinsen* für Kapital. Das Einkommen, das die Haushalte für den Faktor Natur bzw. Boden beziehen, nennt man *Bodenrente*. Zinsen und Bodenrente kann nur erhalten, wer Kapital und Boden besitzt.

13 Wie setzen sich die Einkommen der Haushalte zusammen?

Anteile der Einkommensarten jeweils in Prozent des gesamten Haushaltseinkommens

Einkommen aus	Haushalte von			
	Selbständigen	Beamten	Angestellten	Arbeitern
unselbständiger Arbeit	11	85	86	85
selbständiger Arbeit	73	2	2	2
Vermögen, einschl. Vermietungen	10	7	6	6

Differenz zu 100%: Zahlungen aus öffentlichen Kassen, z. B. Kindergeld, Wohnungsgeld usw.
Selbständigen-Haushalte ohne landwirtschaftliche Haushalte.

Nach: Datenreport 1985, S. 100f.

2. Die Arbeit – nur ein Kostenfaktor?

2.1 Rationalisieren und automatisieren – mit weniger Kosten produzieren?

Der schottische Wirtschaftswissenschaftler Adam Smith schlug in den siebziger Jahren des 18. Jahrhunderts vor, die Herstellung von Stecknadeln so zu organisieren, daß nicht jeder Arbeiter alles macht – vom Vorbereiten des Drahtes bis zum Polieren der fertigen Nadel. Vielmehr sollten die Arbeiter jeweils nur einen Schritt machen, also einer den Draht reinigen, ein anderer ihn zerschneiden, ein weiterer ihn zuschleifen usw. Sein Ziel war es, die menschliche Arbeitskraft zweckmäßiger und wirkungsvoller einzusetzen.

Arbeitsteilung und Produktivität

Wie durch die *Spezialisierung* der Arbeit in besonderen Berufen (vgl. UE 2, S. 54 ff.) wird durch die *Zerlegung* in kleine Schritte die Arbeit aufgeteilt. Sie wird dadurch ergiebiger, d. h. produktiver. Mit anderen Worten: Die *Arbeitsteilung* soll die *Produktivität* der Arbeit steigern (vgl. Abb. 1).

Durch diese Arbeitsteilung wurde es seit Beginn unseres Jahrhunderts möglich, Güter in großen Mengen herzustellen. Es gelang, die Produktionsabläufe an den Maschinen weiter in aufeinanderfolgende Schritte zu zerlegen und für jeden Schritt Höchstzeiten, sogenannte Takte, festzulegen. Der amerikanische Autohersteller Henry Ford übertrug 1913 diesen Arbeitsablauf auf das Fließband: Seine Arbeiter verrichteten ihre Aufgaben in der vorgesehenen Zeit; im festgelegten Takt wurden die Autos auf den Bändern von Arbeitsplatz zu Arbeitsplatz transportiert.

Rationalisierung und Automatisierung

Die Zerlegung der Arbeit und ihre aufeinanderfolgende Anordnung am Band sind zwei Möglichkeiten, die Arbeit wirkungsvoll, d. h. *rationell* (lateinisch ratio = Vernunft) zu gestalten. Darüber hinaus ersetzen seit der

---

① Informationen zum Stichwort Produktivität der Arbeit

a) Was heißt Arbeitsproduktivität (AP)?

$$AP = \frac{\text{Anzahl der erzeugten Produkte}}{\text{Menge der aufgewandten Arbeit (Zeit)}}$$

$$AP = \frac{\text{✸✸✸✸}}{4 \text{ Std.}}$$

b) Was heißt Steigerung der Arbeitsproduktivität?

Die produktive Arbeit ist wirksamer zu machen, um

in der gleichen Zeit mehr Erzeugnisse zu produzieren

$$AP = \frac{\text{✸✸✸✸ ✸✸✸✸}}{4 \text{ Std.}}$$

c) Die Entwicklung der Produktivität 1980–1985

1980 bis 1985 haben sich die Produktionsergebnisse je Beschäftigtenstunde (Produktivität) verändert:

Industriezweig	Änderung der Produktivität in %
Büromaschinen/EDV	+ 86,8
Papier- u. Pappeerzeugung	+ 34,4
NE-Metallerzeugung	+ 28,6
Elektrotechnik	+ 26,1
Eisenindustrie	+ 25,4
Bekleidungsgewerbe	+ 5,4
Bau: Steine und Erden	+ 1,5
Bergbau	− 2,6
Mineralölverarbeitung	− 4,5
Stahl- und Leichtmetallbau	− 4,7

Leseeispiel: Der Wert der in der Elektrotechnik in einer Stunde erzeugten Güter war (nach Abzug der Preissteigerungen) 1985 um 26,1% größer als 1980.
NE-Metalle = Nicht-Eisen-Metalle.

Nach: Schmidt-Zahlenbilder Nr. 349110, 1986

② Vom Fließband zur computergesteuerten Roboter-Straße

Der Mann schaut auf zum Auto, jeden Tag siebendreiviertel Stunden lang. Er steht in einer Grube, die zwei Meter tief und so schmal ist, daß er seine Arme kaum gleichzeitig nach beiden Seiten ausstrecken kann. Über ihm ziehen, an stählernen Greifern hängend, Autokarosserien hinweg. Er hebt den Benzintank hoch, hängt ihn von unten ein, und während er dabei drei, vier Meter rückwärts geht, schraubt ein Kollege den Tank fest. Einen neuen Tank in den nach oben gestreckten Armen, steht der Mann in der Grube gleich darauf schon wieder unter dem nächsten Wagen ...
Das *Fließband* ... wird immer kürzer und seltener. Bei Ford arbeitet nicht einmal jeder Zehnte am Band ...
Längst haben die Produktionsplaner ihren blinden Glauben an die totale Arbeitsteilung aufgegeben.
Arbeitsplätze am Fließband fielen bisher vor allem im *Karosserie-Rohbau* dem Einzug der *Roboter* zum Opfer ...
Wie stark auch *Montagearbeiten* automatisiert werden können, zeigt am besten VW in seiner Halle 54, in der Türen, Batterien, Tanks und Sitze von Robotern eingebaut werden. Menschenleer aber ... ist auch diese Halle nicht, denn in der Montage kann in absehbarer Zeit allenfalls ein Drittel aller Arbeiten automatisiert werden.
Die Bandgeschwindigkeit wird an einer Schaltuhr geregelt.
Fertigungsleiter Küchmann kann diese nicht einfach weiterdrehen, wenn täglich 100 Autos mehr produziert werden sollen. Er muß den *Betriebsrat* einschalten, die Ingenieure müssen die Arbeit neu verteilen, zusätzliche Leute ans Band stellen.
DER SPIEGEL, 3. 11. 1986, S. 95 ff.

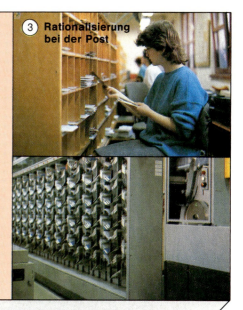

③ Rationalisierung bei der Post

Industrialisierung Maschinen in großem Maße menschliche Arbeitskraft. Diese *Automatisierung* ist eine weitere Stufe der Rationalisierung: Automatisch gesteuerte Maschinen brauchen – wenn sie einmal geplant und produziert sind –, nur noch gewartet, nicht mehr bedient zu werden.

In den letzten Jahren vollzog sich die Automatisierung hauptsächlich in der Industrie. Inzwischen zeigt sich, daß durch die weiterentwickelte elektronische Datenverarbeitung auch viele Arbeitsvorgänge im Dienstleistungsbereich, z. B. im Handel und im Bankgewerbe, rationalisiert werden können. So ermöglichen es z.B. die neuen Registrierkassen in den Kaufhäusern und Supermärkten, in einem Vorgang abzurechnen, Lagerbestände zu notieren und Bestellungen anzufertigen.

Die Automatisierung von Produktionsabläufen führt dazu, daß bisher notwendige Arbeitsplätze entfallen. Wenn es nicht gelingt, gleichzeitig andere Arbeitsplätze zu schaffen, droht Arbeitslosigkeit (vgl. Abschn. 7).

1 Die Materialien 1 a und 1 b stellen dar, was mit der Arbeitsproduktivität gemessen wird. Beschreibt dies mit einigen Worten. Um wieviel Prozent wird die Produktivität in unserem Beispiel gesteigert?

2 Nicht in allen Branchen verändert sich die Produktivität in gleichem Maße (1c). In welchen Branchen stieg sie an, wo ging sie zurück? Welche Auswirkungen kann dies jeweils für die Unternehmen, welche für die Beschäftigten haben?

3 Der Bericht 2 beschreibt, wie sich die Arbeit am Band durch den Einsatz moderner Technik verändert. Welche Tätigkeiten verrichtet der Mann in der Grube? Bei welchen Tätigkeiten wird menschliche Arbeitskraft durch Automaten ersetzt?

4 Neue Techniken – neue Formen der Arbeit

Aus einem Interview mit dem Vorsitzenden der IG Metall, Franz Steinkühler, der gefragt wurde, welchen Nutzen die Arbeitnehmer von den neuen Techniken haben;

"STEINKÜHLER: Das ist eine Frage der *Arbeitsgestaltung.* Wir glauben, daß die Arbeit intelligenter organisiert werden kann. Das sind die Vorteile der neuen Technologie. Es gibt immer die Gefahr, daß der Mensch zu einer reinen Restgröße zwischen Robotern degradiert (herabgestuft) wird ... Aber es gibt auch die Chance, daß dadurch die *Arbeit in größeren Einheiten* neu organisiert wird ... Ich habe gerade eine große deutsche Computerfirma besichtigt. Da arbeiten die Leute in großen *Montageeinheiten* und müssen nicht am *Fließband* bis ins kleinste zerstückelte Arbeitsgänge verrichten. Da baut einer einen Schaltschrank und das dauert dann eben vier Stunden. Am Tag schafft er vielleicht bloß zwei, aber er weiß, was er gemacht hat, das ist sein Werk ...
Wenn Sie in ein Automobilwerk gehen, können sie beides sehen: Arbeiter, die mit Hilfe der neuen Technik autonomer (selbstbestimmter) arbeiten können, die selbstverantwortlich größere Bereiche verwalten, und andere, die nur noch Teile von links nach rechts schieben, weil in diesem Fall Arbeiter immer noch billiger sind als die Automaten ...
SPIEGEL: Das wollen Sie ändern?
STEINKÜHLER: Ganz entschieden wollen wir das ändern. Die steigende *Produktivität,* der *Rationalisierungsgewinn* muß auch dazu dienen, Arbeit für Menschen erträglicher zu gestalten ...
... Unter den Arbeitnehmern gibt es (zur Zeit) *Rationalisierungsgewinner;* deren Arbeit wird angenehmer und vielleicht auch besser bezahlt. Und es gibt *Rationalisierungsverlierer,* das sind vor allem die Arbeitslosen."

DER SPIEGEL, 18. 3. 1985, S. 99 ff.

4 Die Photos auf S. 85 zeigen Arbeitsabläufe bei der Post. Welche Unterschiede könnt ihr dabei in der Anordnug der Arbeit erkennen?

5 Der Vorsitzende der IG Metall verlangt in dem Interview (Text 4), daß die Arbeit „intelligenter organisiert" wird. Welche Forderungen formuliert er dazu?

6 Ein kontroverses Thema: Heimarbeit am Computer (Abb. 5 und Text 6). Welche Vorteile kann diese Arbeit für die Betroffenen haben? Welche Probleme können für die Frauen und ihre Familien entstehen? Was kritisiert der Gewerkschaftler an dieser Heimarbeit?

Unser Bericht aus der Automobil-Produktion (Text 2) zeigt: Durch neue Techniken, z. B. durch computergesteuerte Roboter, können körperlich

6 Büroarbeit der Zukunft – Heimarbeit am Computer?

a) Ein Modellversuch: In Baden-Württemberg erprobt das Wirtschaftsministerium neue Formen der Heimarbeit:
„Renate H. hat ihren Arbeitsplatz seit fast einem Jahr zu Hause ... Die Verwaltungsangestellte arbeitet im Wohnzimmer an einem Schreibgerät nebst Bildschirm. Morgens, wenn Nina um Viertel nach acht zur Schule gegangen ist, sitzt Renate H. dort gut drei Stunden und nachmittags, wenn Einkauf, Kochen, Essen und Hausaufgaben mit der Tochter erledigt sind, noch einmal dreieinhalb Stunden: Im Schnitt also ein Siebenstundentag, aber eben zu Hause ...
Nach getaner Arbeit, abends, wenn der Zentralcomputer im Ministerium Kapazität frei hat, schickt sie die geschriebene Post per Tastendruck hinüber."

Frankfurter Rundschau, 13. 2. 1985

b) Kritik aus Gewerkschaftssicht: Franz Steinkühler, Vorsitzender der IG Metall:
„In der Realität bedeutet Computer-Heimarbeit doch nur, daß die Arbeitnehmer isoliert werden und gar nicht mehr in der Lage wären, ihre Interessen kollektiv (gemeinsam) zu vertreten ... Heimarbeiter hatten immer die schlechteste Bezahlung und die wenigsten Rechte."

DER SPIEGEL, 18. 3. 1985, S. 103

schwere Arbeiten oder monotone Handgriffe von Automaten übernommen werden. In gleicher Weise ist es möglich, gefährliche Arbeiten von Maschinen verrichten zu lassen. Daneben ist jedoch sicher, daß diese Techniken auch negative Auswirkungen haben können: Arbeiterinnen und Arbeiter müssen sich dem Rhythmus der Maschine anpassen, sie können zu bloßen Handlangern der Automaten werden (vgl. Text 4); es ist technisch möglich, Arbeitsplätze weit voneinander getrennt einzurichten und die Arbeitnehmer voneinander zu isolieren (Text 6).

Die Forderung nach einer menschlicheren Arbeitswelt, nach einer *Humanisierung* der Arbeit, setzt an solchen negativen Erfahrungen an. Zur Verbesserung werden *vier Wege* vorgeschlagen:

– *Aufgabenwechsel:* Arbeiter, die eintönige Tätigkeiten zu verrichten haben, wechseln sich ab. Sie tauschen Arbeitsplätze und Tätigkeiten von Zeit zu Zeit.

– *Aufgabenerweiterung:* Ein bisher vorgegebener und eng umschriebener Arbeitsabschnitt wird erweitert. Der Arbeitsschritt, auch Takt genannt, wird dadurch länger und der Arbeitsinhalt vielfältiger.

– *Aufgabenbereicherung:* Die Arbeitnehmer erhalten zusätzliche, anders geartete Arbeitsaufgaben. Sie können z. B. ihre Arbeitsergebnisse selbst kontrollieren und somit feststellen, ob ihre Arbeit den Erwartungen entspricht.

– *Gruppenarbeit:* Die Arbeitnehmer sind in Gruppen aufgeteilt und für einen größeren Arbeitsabschnitt verantwortlich. Die Gruppe plant die Arbeitsverteilung, den Arbeitsablauf und die Kontrolle selbständig (autonom). Das Arbeitsergebnis, das die Gruppe erreichen soll, ist jedoch vorgegeben, ebenso die Arbeitsgeschwindigkeit.

Maßnahmen zur Humanisierung der Arbeit werden auf *unterschiedlichen Ebenen* getroffen, so durch

– *Bundesgesetze* und *Verordnungen*, die für das ganze Bundesgebiet gelten

2.2 Die Arbeit menschlicher gestalten

Humanisierung – wodurch?

---

(7) Arbeit im Jahr 2000 – was Schüler meinen

– „Durch den technischen Fortschritt in der Industrie wird den Menschen der größte Teil der gefährlichen Arbeit abgenommen und alles technisch überwacht, durch Computer und elektronische Überwachungsanlagen."

– „Die Welt von Morgen, die sieht so aus, wie auf diesem Bild hier: Alles wird von Computern übernommen. Der Computer ist der größte Feind der Arbeiter und wer in Zukunft nicht programmieren kann, der ist leicht abgeschrieben."

– „Ich meine, daß das Handwerk ausstirbt, weil immer bessere und modernere Maschinen erfunden werden. Die Arbeitslosigkeit steigt durch die Maschinen. Viele, die einmal ein Handwerk gelernt haben, müssen umschulen."

– „Ich glaube, daß im Jahr 2000 alles mit Maschinen gemacht wird, und daß die wenigen Menschen durch den geringen Kontakt, den sie untereinander haben, die Lust an der Arbeit verlieren. Das Arbeitsklima wird dadurch getrübt."

Heinz Klippert, in: arbeiten und lernen (1985) Nr. 38, S. 23

(8) Technischer Fortschritt – in wessen Interesse?

Aus der Sicht der Arbeitgeber:
Nur durch energisches Vorantreiben der technischen Entwicklung können wir unsere Beschäftigungs-, Energie- und Umweltprobleme lösen und Fortschritte bei der Bewältigung von Hunger und Krankheit in der Welt erzielen ...
Erhöhte Wettbewerbsfähigkeit schafft Arbeitsplätze im industriellen Bereich und fördert den ... Wandel zur Informations- und Dienstleistungsgesellschaft. Alle ... Prognosen (Vorhersagen) belegen, daß die größten Beschäftigungszuwächse künftig bei (den) modernen Kommunikations- und Dienstleistungssektoren liegen werden ...
Die offene und rechtzeitige Information der Arbeitnehmer und Betriebsräte über bevorstehende technische Innovationen (Neuerungen) gehört zum Instrumentarium moderner Unternehmensführung ... Das Letztentscheidungsrecht muß bei den Unternehmensleitungen bleiben. Sie tragen das ... Risiko.

Frankfurter Rundschau, 20. 8. 1986

(z. B. das Gesetz über die Sicherheit am Arbeitsplatz, das u. a. Fachleute für Sicherheit vorschreibt);
– Vereinbarungen zwischen Arbeitgebern bzw. Arbeitgeberverbänden und den Gewerkschaften als Vertreter der Arbeitnehmer, die in *Tarifverträgen* festgelegt und für einen bestimmten Bezirk und einen bestimmten Industriezweig vereinbart werden (Text 9);
– *Vereinbarungen in den Betrieben* zwischen der Betriebsleitung und dem Betriebsrat als Vertretung der Beschäftigten (Text 10, vgl. auch Abschn. 3.5).

7 Wie begründen die Arbeitgeber ihre Feststellung, es sei notwendig, ständig neue Techniken in der Arbeitswelt einzuführen (Text 8)?

8 Vergleicht diese Aussagen mit der Argumentation des Vorsitzenden der IG Metall (Text 4). Welche Forderungen stellt er?

9 Mit welchen Vereinbarungen haben die Metallarbeitgeber und die IG Metall in Nordwürttemberg und Nordbaden Regelungen zur Humanisierung der Arbeit getroffen (Text 9)? Faßt diese in eigenen Worten zusammen.

10 Beschreibt die Rechte, die der Betriebsrat hat, wenn in einem Betrieb Arbeitsplätze verändert oder Arbeitsabläufe neu festgelegt werden (Text 10).

11 Ein Vorschlag zur weiteren Beschäftigung mit diesem Thema: Die Arbeitgeberverbände und die Gewerkschaften verteilen Informationsschriften, in denen sie zu einem Thema jeweils ihre Sicht genauer darstellen (Anschriften siehe regionale Telefonbücher). Damit lassen sich z. B. Fragen wie die folgenden untersuchen:
– Kürzere Arbeitszeit – mehr Schichtarbeit? Arbeit auch am Wochenende?
– Mehr Arbeit zu Hause – weil es die neuen Techniken ermöglichen?
– Humanisierung der Arbeit – was steht in den neuen Tarifverträgen?

---

⑨ Regelungen durch den Tarifvertrag (Auszug)

Die folgenden Regelungen hat die Industriegewerkschaft Metall mit den Arbeitgebern für den Tarifbereich Nordwürttemberg/Nordbaden vereinbart. Sie wurden auch in Tarifverträge anderer Bezirke und anderer Branchen aufgenommen.
„Alle Leistungslöhner [Akkordlohnarbeiter = Bezahlung nach Arbeitsergebnis, nicht nach Arbeitszeit] erhalten mindestens fünf Minuten Erholungszeit in der Stunde …
Alle Leistungslöhner erhalten mindestens drei Minuten für ihre persönlichen Bedürfnisse in der Stunde …
Bei Fließ-, Fließband- und Taktarbeit hat … die Arbeitsgestaltung vorrangig darauf gerichtet zu sein, die Abwechslungsarmut der Beschäftigung durch Aufgabenerweiterung und Aufgabenbereicherung in ihren ungünstigen Auswirkungen … abzumildern …
Bestehende Takte [Arbeitsschritte] dürfen grundsätzlich nicht aufgeteilt werden. Ihre weitere Aufteilung wird jedoch zulässig, wenn Arbeitgeber und Betriebsrat dies im Hinblick auf den technischen Fertigungsstand und ökonomische Zwänge für geboten halten …
Die Einführung der Gruppenarbeit und die dabei zu beachtenden Grundsätze sind durch Betriebsvereinbarungen festzulegen …"
IG Metall, Bundesvorstand 1974

⑩ Die Rechte des Betriebsrates bei der Gestaltung von Arbeitsplätzen – Betriebsverfassungsgesetz

§ 90 *Unterrichtungs- und Beratungsrechte*
Der Arbeitgeber hat den Betriebsrat über die Planung
1. von Neu-, Um- und Erweiterungsbauten von Fabrikations-, Verwaltungs- und sonstigen betrieblichen Räumen,
2. von technischen Anlagen,
3. von Arbeitsverfahren und Arbeitsabläufen oder
4. der Arbeitsplätze
rechtzeitig zu unterrichten und die vorgesehenen Maßnahmen, insbesondere im Hinblick auf ihre Auswirkungen auf die Art der Arbeit und die Anforderungen an die Arbeitnehmer, mit ihm zu beraten …
§ 91 *Mitbestimmungsrecht*
Werden die Arbeitnehmer durch Änderungen der Arbeitsplätze, des Arbeitsablaufs oder der Arbeitsumgebung, die den gesicherten arbeitswissenschaftlichen Erkenntnissen über die menschengerechte Gestaltung der Arbeit offensichtlich widersprechen, in besonderer Weise belastet, so kann der Betriebsrat angemessene Maßnahmen zur Abwendung, Milderung oder zum Ausgleich der Belastung verlangen.

3. Interessen und Konflikte in der Arbeitswelt

3.1 Arbeitgeberverbände und Gewerkschaften regeln die Arbeitsbeziehungen

Die Freiheit, sich zur Durchsetzung seiner Interessen mit anderen zusammenzuschließen und Vereinigungen (= Koalitionen) bilden zu können, gehörte schon zu den Forderungen der Demokraten während der Revolution von 1848/49 und der Arbeiterbewegung dieser Zeit. Diese *Koalitionsfreiheit* ist auch im Grundgesetz für die Bundesrepublik Deutschland von 1949 anerkannt. In Artikel 9 heißt es: „Das Recht, zur Wahrung und Förderung der Arbeits- und Wirtschaftsbedingungen Vereinigungen zu bilden, ist für jedermann und für alle Berufe gewährleistet." Dieses Grundrecht gilt somit für Arbeitnehmer und Arbeitgeber gleichermaßen; sie haben somit das Recht, sich in *Gewerkschaften* – als den Interessenorganisationen der Arbeitnehmer – und in *Arbeitgeberverbänden* zu organisieren.

Koalitionsfreiheit und Tarifautonomie

In eigener, d.h. autonomer Zuständigkeit sollen die unterschiedlichen Ziele ausgehandelt und die Verhandlungsergebnisse vertraglich festgelegt werden. Das geschieht in *Tarifverhandlungen*, deren Ergebnisse in *Tarifverträgen* formuliert werden. Diese Verträge sind Ausdruck der *Tarifautonomie* zwischen Arbeitgebern bzw. ihren Verbänden und den Gewerkschaften. Wer einen Tarifvertrag abschließen kann, wer daran gebunden ist und welche rechtliche Bedeutung ein solcher Vertrag hat, ist allgemein im *Tarifvertragsgesetz* festgelegt:

Tarifverhandlungen und Tarifverträge

Tarifverhandlungen werden für die einzelnen Wirtschaftsbereiche (z.B. Metallverarbeitende Industrie) und Tarifbezirke (z.B. Nordwürttemberg) geführt. Meist werden diese Ergebnisse dann von anderen Bezirken ganz oder zum Teil übernommen. Die Tarifvereinbarungen gelten für alle Arbeitnehmer

---

① Tarifverträge – wer verhandelt mit wem?

Tarifvertragsgesetz:
§ 2: Tarifvertragsparteien sind Gewerkschaften, einzelne Arbeitgeber sowie Vereinigungen von Arbeitgebern.

Tarifverhandlungen
nach Industrie- bzw. Wirtschaftsbereichen
Arbeitgeber: z.B. Gesamtverband der metallindustriellen Arbeitgeberverbände
Arbeitnehmer: z.B. Industriegewerkschaft Metall

in den *Tarifbezirken*,
z.B. Bezirk Nordwürttemberg

Stichworte zu den Organisationen

Arbeitgeber:
Insgesamt 756 Arbeitgeberverbände (1986); die Verbände einer Branche bilden einen Fachverband (z.B. Gesamtverband der metallindustriellen Arbeitgeberverbände); alle 47 Fachverbände sind in der Bundesvereinigung der deutschen Arbeitgeberverbände zusammengeschlossen; Tarifverhandlungen werden von den regionalen Organisationen der Fachverbände geführt.

Arbeitnehmer:
Größte Organisation ist der Deutsche Gewerkschaftsbund DGB mit 7,7 Mio. Mitgliedern (1986); er ist Dachorganisation von 17 Einzelgewerkschaften; deren Mitglieder kommen aus den einzelnen Industrie- bzw. Wirtschaftsbereichen (z.B. Industriegewerkschaft Metall, 2,6 Mio. Mitglieder 1986). Tarifverhandlungen werden von den Einzelgewerkschaften, meist von regionalen Organisationen, geführt. Weitere Arbeitnehmerorganisationen: Deutscher Beamtenbund DBB (rd. 800 000 Mitglieder); Deutsche Angestellten-Gewerkschaft DAG (rd. 500 000 Mitglieder); Christlicher Gewerkschaftsbund CGB (rd. 310 000 Mitglieder).

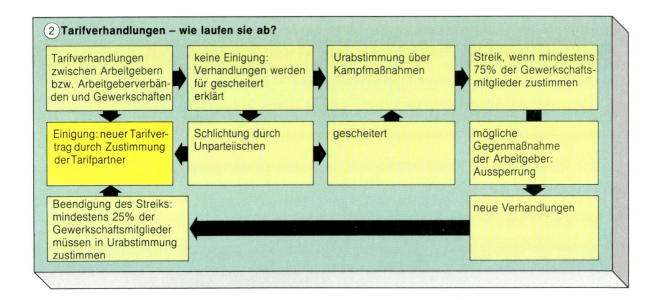

innerhalb des Tarifbezirks (räumliche Geltung) und des Wirtschaftsbereichs (fachliche Geltung). Gehört zum Beispiel ein Betrieb zum Geltungsbereich eines Lohn- und Gehaltstarifvertrags der metallverarbeitenden Industrie, so werden alle Betriebsangehörigen, also auch das Wach- oder Kantinenpersonal, nach diesem Vertrag entlohnt.

Tarifverträge binden die beteiligten Tarifparteien, d.h. die Gewerkschaften und die Arbeitgeber bzw. die Arbeitgeberverbände, zwingend. Sie legen allerdings nur Mindestbedingungen fest. Darüber hinaus können einzelne Arbeitsverträge weitergehende Vereinbarungen zwischen Arbeitgeber und Arbeitnehmer enthalten. In der Regel unterscheidet man zwei Arten von Tarifverträgen:

– *Lohn- und Gehaltstarifverträge,* die die Höhe der Entlohnung in einem Industriebereich festlegen. Sie werden in regelmäßigen Abständen den veränderten wirtschaftlichen Verhältnissen, das heißt dem Wirtschaftswachstum und der Entwicklung der Lebenshaltungskosten, angeglichen. Daher haben sie meist eine kurze Laufzeit zwischen 10 und 18 Monate.

– *Mantel-* und *Rahmentarifverträge* enthalten Bestimmungen über Arbeitszeit, Pausen, Urlaubsdauer, vermögenswirksame Leistungen durch das Unternehmen, Zuschläge für Nacht- und Schichtarbeit, Regelungen zur beruflichen Weiterbildung, den Kündigungsschutz z.B. bei Rationalisierungsmaßnahmen und anderes mehr. Diese Verträge haben meist eine längere Laufzeit oder sind sogar unbefristet.

1 Beschreibt mit Hilfe der Übersicht 1 und des Schaubildes 2 den Ablauf von Tarifverhandlungen: Welche Gruppen sind daran beteiligt? – Teilt den Ablauf in wichtige Phasen ein.

2 Zur Diskussion: In der Bundesrepublik sind nicht ganz 40% der Arbeitnehmer in Gewerkschaften organisiert. Sie bezahlen Mitgliedsbeiträge, mit denen die Gewerkschaften ihre Organisation finanzieren. Nicht zuletzt werden aber damit auch die Streikgelder bezahlt (vgl. Abschn. 3.2). Manche werfen den Nichtorganisierten vor, sie seien „Trittbrettfahrer", die von den Leistungen der Gewerkschaften profitierten, ohne selber etwas dazu beizutragen. Ein berechtigtes Argument – oder Versuch der Gewerkschaften, möglichst viele Mitglieder zu bekommen?

3.2 Arbeitskampf: Streik und Aussperrung

Die Bundesrepublik Deutschland zählt zu den Ländern, in denen relativ selten gestreikt wird. In Italien, Großbritannien, den USA und Frankreich, aber auch in Japan greifen die Gewerkschaften dagegen in viel stärkerem Maße zum Streik als Mittel des Arbeitskampfes.

Wer bezahlt?

Arbeitskämpfe belasten die Kassen beider Seiten. Die Gewerkschaften müssen ihren streikenden Mitgliedern Streikgelder zahlen; für die Arbeitgeber ist der vorübergehende Produktionsausfall in der Regel mit Absatz- und Gewinnverlusten verbunden. Die Streikgelder ersetzen nicht den vollen Lohn. Sie richten sich nach der Höhe der schon bezahlten Beiträge und sollen den Lohnausfall überbrücken.

Die Gewerkschaften des DGB praktizieren in den letzten Jahren die Strategie der „neuen Beweglichkeit": Durch *Schwerpunktstreiks* in solchen Unternehmen, die als Zulieferer für andere Unternehmen – z.B. die Automobilhersteller – wichtig sind, soll die Produktion über die bestreikten Unternehmen hinaus behindert und damit der Druck auf die Arbeitgeber verstärkt werden.

Die *Aussperrung* von Arbeitnehmern als Reaktion der Unternehmen auf den Streik soll den Zusammenhalt, die Solidarität der Streikenden schwächen und die Gewerkschaftskassen belasten, da so zusätzliche Streikgelder für ausgesperrte Gewerkschaftsmitglieder notwendig werden. Darüber hinaus kann es auch in Betrieben außerhalb der bestreikten Branche zu Kurzarbeit oder Produktionseinstellungen kommen, wenn die Zulieferungen aus bestreikten Unternehmen ausbleiben. Diese mittelbar, d.h. indirekt betroffenen Arbeitnehmer werden dann zwar nicht ausgesperrt, sie sind aber in dieser Zeit ohne Arbeit.

Aussperrung – rechtmäßig?

In Italien und in Frankreich ist die Aussperrung verboten, weil sie, so die Argumentation, das Gleichgewicht zwischen „Arbeit (= Arbeitnehmer und ihre Gewerkschaften) und Kapital (= Arbeitgeber und ihre Verbände)" gefährde. Dagegen hat das Bundesarbeitsgericht 1980 entschieden, daß Aussperrungen dann rechtmäßig sind, wenn sie als *Abwehrmittel* gegen einen Streik eingesetzt werden, d.h. dem zahlenmäßigen und räumlichen Umfang des Streiks entsprechen. Mit anderen Worten: Die Aussperrung muß im Verhältnis zum Streik stehen. Eine darüber hinausgehende großräumige Aussperrung ist verboten.

3 Tabelle 3 zeigt Auswirkungen eines Streiks und der damit einhergehenden Aussperrung. Vergleicht die Angaben für die direkt und indirekt betroffenen Gruppen.

4 Welche Arbeitnehmer erhalten bei einem Streik Geld und woher bekom-

③ **Streikende und Ausgesperrte
– z. B. im Metaller-Streik 1984**

Streikgebiete: Nordwürttemberg, Nordbaden und Hessen

Streikende	Ausgesperrte	indirekt Beschäftigungslose	
		im Streikgebiet	außerhalb
57 500	147 156	ca. 30 000	ca. 280 000

Streikgelder der IG Metall an streikende Mitglieder: ca. 500 Mio. DM

Zusammengestellt nach: Süddeutsche Zeitung, 9./10. 11. 1985

④ **Wer soll den Lohnausfall während des Streiks bezahlen?**

a) Die gesetzliche Regelung – § 116 Arbeitsförderungsgesetz (AFG)

Grundsätzlich gilt, daß Arbeitnehmer bei Kurzarbeit oder bei Arbeitslosigkeit von der Bundesanstalt für Arbeit in Nürnberg, bei der sie gegen Arbeitslosigkeit versichert sind, Kurzarbeiter- bzw. Arbeitslosengeld erhalten. Soll dies auch gelten, wenn während eines Streiks Kurzarbeit notwendig bzw. angeordnet wird? 1986 beschloß die Mehrheit des Deutschen Bundestages (CDU/CSU, FDP) gegen die Stimmen der Opposition (SPD, GRÜNE), die bisherigen Bestimmungen des § 116 AFG zu ändern, da dieser Paragraph ihrer Meinung nach nicht ausschließe, daß Streiks mit Hilfe des Kurzarbeitergeldes indirekt mitfinanziert würden. Dadurch sei die Neutralität des Staates bei Arbeitskämpfen verletzt. Die neue Regelung bestimmt:
Wie schon vor der Änderung bekommen *kein Kurzarbeitergeld*
– direkt am Streik beteiligte Arbeitnehmer der Branche, in der der Arbeitskampf geführt wird, sei es als Streikende oder als Ausgesperrte;
– indirekt betroffene Arbeitnehmer innerhalb des Streikgebietes; die der gleichen Branche angehören;
– ausgesperrte Arbeitnehmer außerhalb des Streikgebietes, wenn es dort zu Sympathiestreiks kommt:
Kurzarbeitergeld erhalten
– indirekt betroffene Arbeitnehmer aus anderen Branchen.
Neu beschlossen wurde, daß indirekt betroffene Arbeitnehmer außerhalb des bestreikten Gebietes dann *kein Kurzarbeitergeld* bekommen, wenn die Gewerkschaften auch in diesem Gebiet Forderungen erheben, „die einer Hauptforderung des Arbeitskampfes (im schon bestreikten Gebiet) nach Art und Umfang gleich ist, ohne mit ihr übereinstimmen zu müssen, und wenn das Arbeitskampfergebnis aller Voraussicht nach" auch in diesem Gebiet „im wesentlichen übernommen wird".

Nach: Das Parlament, 12. 4. 1986

b) Argumente für und wider

DGB: Die Gewerkschaften sollen streikunfähig gemacht werden

Der DGB verlangt, die frühere Regelung beizubehalten.
„Selbst wenn eine Gewerkschaft nur in einem Tarifgebiet streikt, können die Unternehmer innerhalb weniger Tage bundesweit hunderttausende Arbeitnehmer wegen angeblichen Materialmangels aussperren. Bekommen diese Arbeitnehmer dann ... kein Kurzarbeitergeld, wären sie auf Sozialhilfe angewiesen.
Dann aber ... würden sie von der Gewerkschaft entweder die Aufgabe des Streiks oder aber finanzielle Unterstützung verlangen.
Zahlt die Gewerkschaft, ist sie in kürzester Frist finanziell ausgeblutet. Gibt sie ihre Streikziele auf, stünde das Streikrecht nur noch auf dem Papier."

DGB-Flugblatt, Januar 1986

Arbeitgeber: Kein Streikgeld aus fremden Taschen!

„Die IG Metall setzt voll auf ‚Mini-Max': Mit dem kleinstmöglichen Streikeinsatz erzeugt sie einen gewaltigen Druck. Beispiel '84: Gestreikt haben 12 700 – genug, um die Automobilbranche lahmzulegen.
Dafür geradestehen wollte die IG Metall aber nicht. Streikgeld zahlte sie nur im Kampfgebiet. Für die anderen ... hat sie 200 Millionen DM aus der Kasse der Bundesanstalt für Arbeit geholt ... Das Gleichgewicht der Tarifpartner geht damit verloren: Die IG Metall greift in fremde Taschen, die Metall-Unternehmen müssen den Streikschaden selber tragen ...
Dieser einseitige Kampfvorteil gefährdet die Tarifautonomie. Diese lebt davon, daß zwei gleich starke Partner auch im Konfliktfall den Kompromiß suchen können."

Arbeitgeber-Flugblatt (Gesamt-Metall), Januar 1986

men sie es? Untersucht dazu die Tabelle 3 und die Übersicht 4a. Unterscheidet zwischen Streikenden und nicht am Streik Beteiligten, die aber indirekt betroffen sind.

❺ Die jetzige Regelung des § 116 des Arbeitsförderungsgesetzes (AFG) ist politisch und rechtlich umstritten. Die IG Metall und die SPD-regierten Bundesländer haben dagegen Ende 1986 Klage beim Bundesverfassungsgericht erhoben, da sie u. a. meinen, die neue Formulierung des § 116 AFG beeinträchtige das Streikrecht der Arbeitnehmer in entscheidendem Maße. Vergleicht die Argumente des DGB und der Arbeitgeber (Text 4 b). Führt auf dieser Grundlage eine Pro- und Contra-Diskussion.

3.3 Arbeit und Einkommen: Wie soll der Erlös verteilt werden?

Ein wichtiges Ziel der Tarifverhandlungen zwischen Arbeitgebern und Arbeitnehmern ist die regelmäßige Erhöhung der Löhne und Gehälter. Dabei wird entschieden, wie das Erwirtschaftete zwischen beiden Seiten aufgeteilt wird. Für die Arbeitgeber sind Löhne und Gehälter Kosten, die sie für den Produktionsfaktor Arbeit aufbringen müssen. Für die Arbeitnehmer stellen sie die wichtigste Einkommensquelle dar, mit der sie ihren Lebensunterhalt bestreiten müssen (vgl. Abschn. 1.4, Tab. 13).

Lohn und Leistung – wie können sie bestimmt werden?

Die Entlohnung der Arbeitnehmer richtet sich nach der Leistung, die sie in die Produktion der Güter einbringen. Dabei werden drei Verfahren unterschieden, mit denen die Leistung gemessen werden kann:

– Durch den *Zeitlohn* wird Leistung nach der Dauer der Arbeit ermittelt, unabhängig davon, ob schnell oder langsam, sorgfältig oder weniger genau gearbeitet wird. Die gebräuchlichste Form des Zeitlohns ist der *Stundenlohn*.

– Beim *Akkordlohn* wird – in seiner einfachsten Form – die Leistung, die tatsächlich erbracht wird, gemessen und vergütet. Er richtet sich entweder nach der *Anzahl* der Leistungen (z. B. für eine Vase bemalen: DM 0,28 – „wer mehr arbeitet, verdient mehr"), oder nach der *Zeit,* in der die Leistung erbracht wird („wer schneller arbeitet, verdient mehr"). Die Akkord-Leistungen können für einzelne Arbeitnehmer (Einzelakkord) oder für ganze Arbeitsgruppen (Gruppenakkord) vergütet werden.

– Mit dem *Prämienlohn* werden besondere Leistungen entlohnt (z. B. für Arbeiten, die besondere Qualität erfordern, für sparsamen Verbrauch von Material, für schonenden Umgang mit den Maschinen). Er kann zusätzlich zum Zeitlohn oder zum Akkordlohn bezahlt werden.

❻ Beschreibt die durchschnittliche Entwicklung der Löhne und Gehälter und

---

⑤ Argumente zum Thema „Lohnsteigerungen"

Arbeitgeber
Hohe Löhne und Gehälter müssen in den Unternehmen erwirtschaftet werden. Das bedeutet: Sie werden zu den Produktionskosten dazugeschlagen und erhöhen die Preise.
– In vielen Ländern sind die Löhne und Gehälter niedriger als bei uns. Wenn sich unsere Produkte auf diese Weise weiter verteuern, können wir nicht mehr mit dem Angebot der ausländischen Konkurrenz mithalten.
– Das gefährdet auch Arbeitsplätze: Wenn wir nicht mehr wettbewerbsfähig sind, müssen wir unsere Produktion einschränken. Manche müssen vielleicht ganz zumachen.
– Hohe Lohnkosten zwingen die Unternehmen, immer stärker zu rationalisieren. Damit ersetzen sie die teure menschliche Arbeit durch Maschinen. Sie bauen Arbeitsplätze ab.

Arbeitnehmer
Lohn- und Gehaltserhöhungen sind schon deshalb notwendig, um die laufenden Preissteigerungen auszugleichen. Steigen die Preise schneller als die Einkommen der Arbeitnehmer, so haben diese tatsächlich, das heißt real, weniger in der Tasche als im Jahr zuvor.
– Die Preise werden nicht von den Arbeitnehmern, sondern von den Unternehmen gemacht. Sie würden auch ohne die Forderungen der Arbeitnehmer steigen.
– Wenn die Arbeitnehmer in der Lage sind, mit ihrem Einkommen etwas zu kaufen, wirkt sich dies positiv auf den Verbrauch aus. Steigende Löhne und Gehälter sind ein wichtiger Motor für die Wirtschaft.
– In den meisten Wirtschaftszweigen wird heute in einer Stunde mehr geleistet als vor Jahren. Die Steigerung der Arbeitsproduktivität soll nicht nur den Unternehmen, sondern auch den Arbeitnehmern zugute kommen.

⑥ Grundbegriffe zum Thema „Lohn"

Bruttolohn: Der vom Unternehmen zu zahlende Lohn.
Nettolohn: Der Bruttolohn abzüglich der Steuern (Lohn- und Kirchensteuer) und der Beiträge zur Kranken-, Alters- und Arbeitslosenversicherung, die der Arbeitnehmer zahlen muß.
Nominallohn: Die tatsächlich verdiente Lohnsumme (der Nettolohn), ohne Berücksichtigung der Kaufkraft dieser Summe, d. h. der Gütermenge, die dafür gekauft werden kann.
Reallohn: Der Nominallohn abzüglich der Preissteigerungen im Jahresdurchschnitt. Der Reallohn ist eine Vergleichsgröße zur Kaufkraft des Lohnes vorausgegangener Jahre.

der Preise seit 1977 (Abb. 7). In welchen Jahren konnten die Preissteigerungen ausgeglichen werden, in welchen nicht?

7 Woran kann es eurer Meinung nach liegen, daß die Gewerkschaften manchmal höhere, dann wieder niedrigere Lohnerhöhungen akzeptieren und manchmal sogar der Preisanstieg nicht ausgeglichen wird?

8 Welche Branchen sind nach Abb 8 Spitzenreiter, welche liegen am Ende der Einkommensleiter?

9 Abb. 9 teilt die Haushalte von Selbständigen, Arbeitnehmern sowie Rentnern und Pensionären in Einkommensklassen ein. Ihr könnt herausfinden bzw. berechnen:

– Die Einkommensklasse mit den meisten Haushalten einer jeden Gruppe;
– die Zahl der Haushalte einer jeden Gruppe mit dem höchsten Einkommen;
– die Zahl der Haushalte einer jeden Gruppe mit dem niedrigsten Einkommen.

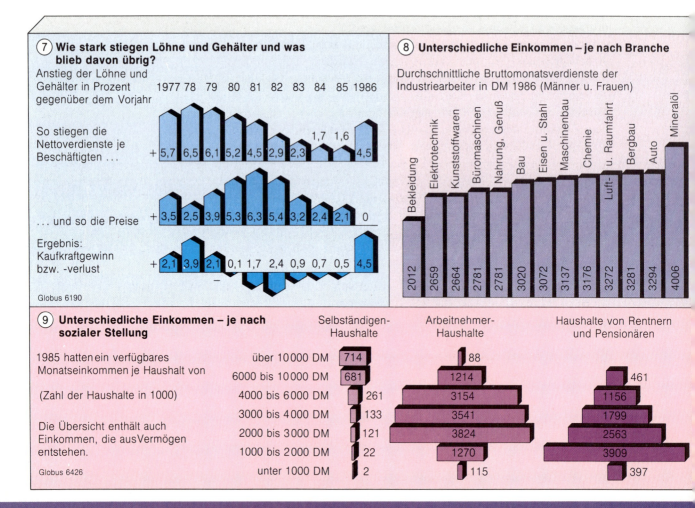

3.4 Ein strittiges Thema: Neue Arbeitsplätze durch Arbeitszeitverkürzung?

Neben den Lohnerhöhungen steht seit dem Ende der siebziger Jahre vor allem ein Thema im Mittelpunkt der Tarifauseinandersetzungen: die Verkürzung der Arbeitszeit. So forderte z.B. die Industriegewerkschaft Metall in den Tarifverhandlungen 1984, die wöchentliche Arbeitszeit auf 35 Stunden zu senken. Ihr tarifpolitisches Ziel war es, durch die Kürzung der Arbeitszeit neue Arbeitsplätze zu schaffen, indem die vorhandene Arbeit auf mehrere Arbeitsplätze aufgeteilt wird.

Die Arbeitgeber lehnten diese Forderung ab. Sie gehe zu weit, da die Arbeitnehmer bei weniger Arbeit gleich viel verdienen wollten. Dieser "volle Lohnausgleich" verteuere die menschliche Arbeitskraft. Dadurch würden die deutschen Unternehmen im Wettbewerb mit dem Ausland benachteiligt, denn die meisten ausländischen Unternehmen könnten dann billiger produzieren. Außerdem beschleunige dies die Rationalisierung in den Betrieben; die teure menschliche Arbeitskraft werde dann verstärkt durch Maschinen ersetzt. Statt die Arbeitszeit für alle Betriebe einheitlich auf 35 Stunden zu senken, sollten die Betriebe in Vereinbarungen mit dem Betriebsrat (vgl. Abschn. 3.5) die Arbeitszeit je nach Bedarf unter 40 Stunden absenken können (flexible = bewegliche Arbeitszeitregelung).

Nach langen Arbeitskämpfen mit Streiks und Aussperrungen einigten sich beide Seiten auf folgenden Kompromiß:

– Seit dem 1. April 1985 beträgt die Arbeitswoche in der Metallindustrie 38,5 Stunden.

– Die Betriebe können mit den Betriebsräten vereinbaren, daß die tatsächliche Arbeitszeit auf 37 Stunden gesenkt oder auf 40 Stunden angehoben wird. Im Zeitraum von zwei Monaten muß sich allerdings eine durchschnittliche Arbeitszeit von 38,5 Stunden ergeben.

10 Beschreibt, wie sich die wöchentliche Arbeitszeit von 1975 bis 1985 verändert hat. Wie hoch ist der Anteil der Arbeitnehmer, die weniger als 40 Stunden in der Woche arbeiten (Abb. 10)?

11 Der tariflich vereinbarte und bezahlte Jahresurlaub wurde in den letzten Jahren ständig ausgeweitet (Abb. 11). Errechnet die prozentuale Steigerung zwischen 1960 und 1985.

12 Die Dauer des bezahlten Urlaubs richtet sich nach dem Lebensalter und der Betriebszugehörigkeit. Ältere Arbeitnehmer und länger Beschäftigte bekommen mehr Urlaub als Jüngere oder kürzere Zeit Beschäftigte. Was spricht für, was gegen eine solche Regelung?

13 Vergleicht den Kompromiß zur Arbeitszeitregelung in der Metallindustrie mit den Ausgangsforderungen. Was konnten beide Seiten verwirklichen, was nicht?

14 Die Industriegewerkschaft Metall betrachtete den Kompromiß vom April 1985 als „Einstieg in die 35-Stunden-Woche". Um die weitere Entwicklung der wöchentlichen Arbeitszeit und des tariflichen Urlaubs zu untersuchen, solltet ihr aktuelle Informationsmaterialien von den Arbeitgebern und ihren Verbänden und von den Gewerkschaften besorgen.

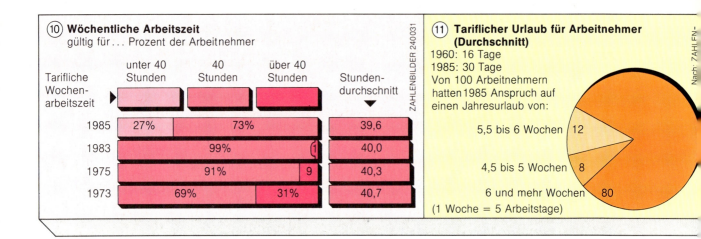

3.5 Mitbestimmung: Demokratie in der Wirtschaft?

Durch Rationalisierungsmaßnahmen können die Arbeitsabläufe anders organisiert, die Anforderungen an Arbeitnehmer verändert werden. Wenn die Produktion eingeschränkt oder ganz eingestellt wird, werden Arbeitskräfte überflüssig; technische Neuerungen, neue Maschinen und Anlagen verlangen eine ständige Weiterbildung der Arbeitnehmer. Dies sind nur einige Beispiele, die zeigen, daß Entscheidungen, die in einem Unternehmen getroffen werden, sich immer auch auf die Arbeitnehmer auswirken. Damit solche Entscheidungen nicht ausschließlich im Interesse der Unternehmensleitung getroffen werden, sollen die Arbeitnehmer daran mitwirken und ihre eigenen Interessen einbringen können.

In der Bundesrepublik Deutschland ist die Beteiligung der Arbeitnehmer im Arbeits- und Wirtschaftsbereich auf unterschiedlichen Ebenen geregelt:

– Auf der Ebene der einzelnen *Betriebe:* Das *Betriebsverfassungsgesetz* von 1952 (neueste Fassung von 1972) schreibt dazu als wichtigstes Organ, das die Interessen der Arbeitnehmer vertritt, den *Betriebsrat* vor. (Seine Aufgaben und Rechte haben wir in Übersicht 12 zusammengestellt.) Er wird in Betrieben, die mindestens fünf Arbeitnehmer beschäftigen, gewählt. Wahlberechtigt sind alle Arbeitnehmer, die das 18. Lebensjahr vollendet haben. Beschäftigt ein Unternehmen mindestens fünf Jugendliche, die das 18. Lebensjahr noch nicht vollendet haben, wird zudem eine *Jugendvertretung* durch alle Jugendlichen gewählt. In Angelegenheiten, die die Jugendlichen direkt und ausschließlich betreffen, hat die Jugendvertretung im Betriebsrat volles Stimmrecht.

– Auf der Ebene der *Unternehmen:* Zu einem Unternehmen können mehrere Betriebe gehören. Die Mitbestimmung der Arbeitnehmer geschieht hier – zusätzlich zur Mitwirkung und Mitbestimmung des Betriebsrates in sozialen und personellen Angelegenheiten des einzelnen Betriebes – vor allem im *Aufsichtsrat* des Unternehmens (vgl. die Übersicht 13). Die Regelungen hierzu sind enthalten

a) im Mitbestimmungsgesetz von 1976 für große Kapitalgesellschaften (z. B.

für Aktiengesellschaften) mit mehr als 2000 Beschäftigten,
b) im Betriebsverfassungsgesetz von 1952 für kleine Kapitalgesellschaften mit weniger als 2000 Beschäftigten,
c) im Montanmitbestimmungsgesetz von 1951 für Unternehmen im Bergbau und in der Eisen- und Stahlindustrie mit mehr als 1000 Beschäftigten.

Die Gewerkschaften stellen den Grundsatz der *Gleichberechtigung von Kapital und Arbeit* in den Mittelpunkt ihrer Mitbestimmungsdiskussion. Die Interessen der Arbeitnehmer sollen sowohl im einzelnen Betrieb als auch in großen Unternehmen gleichgewichtig in die Diskussion und Entscheidung eingebracht werden. Als Konsequenz fordern sie die Besetzung des Aufsichtsrats gleichgewichtig mit Vertretern der Arbeitnehmer und der Arbeitgeber: zwischen beiden Seiten müsse volle Gleichberechtigung, d.h. *Parität* herrschen.

Positionen: unterschiedliche Interessen

Diese *paritätische Mitbestimmung* wird von den Arbeitgebern abgelehnt. Sie betonen, damit würde die Entscheidungsfreiheit der Unternehmen eingeschränkt. Eine weitgehende Mitbestimmung verstoße letztlich gegen Artikel 14 des Grundgesetzes, der das *Eigentum* und die freie Verfügung darüber garantiere. Eine paritätische Mitbestimmung verletze dieses Grundrecht. Darüber hinaus würden unternehmerische Entscheidungen immer schwieriger, denn die beiden gleich starken Seiten könnten sich im Aufsichtsrat großer Unternehmen gegenseitig blockieren.

15 Stellt mit einigen Beispielen zusammen: Worum geht es bei der Beteiligung der Arbeitnehmer auf der Ebene des Betriebes? Worum bei der Mitbestimmung auf Unternehmensebene, d.h. im Aufsichtsrat? Benutzt dazu die Informationen des Textes und die Materialien 12 bis 14.

16 Die Montan-Mitbestimmung wird auch „paritätische Mitbestimmung"

---

(12) Mitbestimmung und Mitwirkung des Betriebsrates (BR)
Beispiele nach dem Betriebsverfassungsgesetz von 1972

Mitbestimmung		**Mitwirkung**
= Recht auf Mitentscheidung in sozialen Angelegenheiten	in personellen Angelegenheiten	= Recht auf Mitsprache in wirtschaftlichen und organisatorischen Angelegenheiten
Zustimmung zu Betriebsordnung, Arbeitszeit- und Pauseneinteilung, Urlaubsplanung, Unfallverhütung, Festsetzung von Prämien- und Akkordrichtlinien, Sozialeinrichtungen, Sozialplan bei Betriebsänderung oder Konkurs	Widerspruch möglich bei Einstellungen, Ein- und Umgruppierungen von Arbeitnehmern, betrieblicher Berufsbildung, Personalfragebogen, Beurteilungsgrundsätzen, Kündigungen	Information über die wirtschaftliche Lage des Unternehmens, die Produktions- und Absatzverhältnisse, Rationalisierungsvorhaben Beratung über technische und organisatorische Betriebsveränderungen oder Stillegungen
Zustimmung des BR unbedingt erforderlich, sonst rechtsunwirksam	begründeter Widerspruch des BR schiebt Maßnahme auf	bei Nichtbeteiligung des BR Zwangsgeld, Buße oder Strafe möglich

Nach: H. Becker, J. Heß: Grundwissen Recht. Stuttgart 1985, S. 132

13 Mitbestimmung in der Montanindustrie und in Kapitalgesellschaften: Zusammensetzung des Aufsichtsrates

Montan-Mitbestimmung 1951
Unternehmen des Bergbaus und der Eisen- und Stahl-Industrie (mehr als 1000 Beschäftigte)

2 Betriebs-
angehörige

2 Gewerk-
schafts-
vertreter

1 weiteres
Mitglied
(nicht Vertreter einer
Gewerkschaft)

4 Anteils-
eigner

1 weiteres
Mitglied
(nicht Vertreter eines
Arbeitgeberverbandes)

1 neutrales Mitglied
(von beiden Seiten gewählt)

Mitbestimmungs-Gesetz 1976
Kapitalgesellschaften mit mehr als 2000 Beschäftigten

4 Betriebs-
angehörige,
davon 1
leitender
Angestellter

2 Gewerk-
schafts-
vertreter

6 Anteilseigner
davon 1 Aufsichtsratsvorsitzender
(hat bei
Stimmengleichheit
2 Stimmen)

(Beispiel: Unternehmen mit 2000 bis 10000 Beschäftigten)

Grundbegriffe zum Thema „Mitbestimmung"
Kapitalgesellschaft: Eine Unternehmensform, bei der die Eigentümer, auch Gesellschafter genannt, mit einer bestimmten Geldsumme am gesamten Kapital des Unternehmens beteiligt sind.
Aktiengesellschaft: Die wichtigste Kapitalgesellschaft. Das gesamte Kapital der AG ist in Anteile, d. h. in Aktien aufgeteilt. Die Aktionäre (= Anteilseigner) sind die Gesellschafter der AG.
Hauptversammlung: Versammlung der Aktionäre. Sie wählt die Vertreter der Aktionäre im Aufsichtsrat und entscheidet, wie der Gewinn der AG verwendet werden soll.
Aufsichtsrat: Vertreter der Anteilseigner (Aktionäre) und der Arbeitnehmer. Er bestellt den Vorstand, die eigentliche Geschäftsführung, überwacht seine Arbeit und entscheidet über wichtige Geschäfte (z. B. über größere Investitionen oder über Betriebsstillegungen).
Leitende Angestellte: Personen, die mit Führungs- und Leitungsaufgaben betraut sind, aber nicht Anteilseigner sind.

14 Mitbestimmung – aus der Sicht des DGB

a) „Der Deutsche Gewerkschaftsbund (DGB) und seine Gewerkschaften fordern die gleichberechtigte Beteiligung der Arbeitnehmer an den Entscheidungen in allen Bereichen des gesellschaftlichen Lebens.
Sie gehen ... von der Überzeugung aus, daß eine demokratische Ordnung ... erst möglich ist, wenn die arbeitenden Menschen nicht nur als Staatsbürger über Parlament, Regierung und Verwaltung mitbestimmen, sondern auch unmittelbar in der Wirtschaft. Ihr Mitwirken soll den Arbeitsplatz, den Betrieb, das Unternehmen, den Industriezweig einbeziehen ..."
DGB (Hrsg.): Mitbestimmung. Argumente – Informationen, Düsseldorf 1968, S. 7

b) „Seit 1925 hat sich der Allgemeine Deutsche Gewerkschaftsbund, die damalige Spitzenorganisation der Gewerkschaften, mit dem Problem der Wirtschaftsdemokratie beschäftigt. Hätten sich die gewerkschaftlichen Vorstellungen vor 1933 stärker durchgesetzt, dann wäre dem deutschen Volk und der Welt sicher vieles erspart geblieben! ... Die Mitbestimmung ist mehr als nur ein Anhängsel der politischen Demokratie. Sie ist nach unserer Auffassung eine unerläßliche Bedingung für die Verwirklichung der Demokratie überhaupt."
Otto Brenner: Durch Mitbestimmung zur sozialen Demokratie. Frankfurt/M., o. J., S. 19f.

genannt (Abb. 13). Erklärt diese Bezeichnung und beschreibt den Unterschied zu der Mitbestimmung in Kapitalgesellschaften mit mehr als 2000 Beschäftigten.

▼ Die Gewerkschaften sehen in der Mitbestimmung eine Aufgabe, die *mehr* als nur wirtschaftliche und soziale Bedeutung hat.
Mit welchen Argumenten wird sie in den beiden Texten 14 gefordert bzw. begründet?
Warum ist in der Sicht der Gewerkschaften diese Forderung mit der Regelung von 1976 noch nicht verwirklicht?

1) „Nick" macht zu

Nick liegt um die Ecke. Nie ist der Weg zu weit, auch nicht für den Viertelliter Sahne zum Nachmittagskaffee. Und wenn doch – Nick liefert auch ins Haus.
Am „traurigsten ist es für die alten Leut'", sagt Nick, „und auch am schlimmsten". Die haben, wenn er Ende November zum letzten Mal das Rollo herunterläßt, nun auch den Kaufmann an der Ecke verloren.
Gegen Monatsende hatten sie über der Kasse immer ein dickes Bündel Zettel hängen, „da haben die Leut' anschreiben lassen". „Warum nicht", fragt Nick schmunzelnd, wir haben's ja immer wieder gekriegt." Kinder lernten bei ihm das Einkaufen und das Rechnen, wenn es die Frage zu beantworten gab, wie viele Brausestangen man für dreizehn Pfennig bekommt. Letzte Geschäfte werden besprochen. „Mitte des Monats bringen wir Ihnen noch einmal einen Sack Kartoffeln", sagt Christa Nickmann zu einer kleinen grauen Frau, die sich mit dem Gehen schwer tut. Sie seufzt.

Frankfurter Rundschau, 7. 11. 86

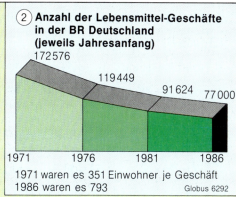

2) Anzahl der Lebensmittel-Geschäfte in der BR Deutschland (jeweils Jahresanfang)

172 576 (1971) — 119 449 (1976) — 91 624 (1981) — 77 000 (1986)

1971 waren es 351 Einwohner je Geschäft
1986 waren es 793
Globus 6292

3) Übliche Praxis

Im Jahre 1975 wurde in Mittelfranken nahe der Stadt Schwabach ein S...-Markt mit 27 000 Quadratmetern Verkaufsfläche eröffnet: auf einem billigen Grundstück, an einem verkehrsgünstigen Standort, mit niedrigen Baukosten.
Schon im ersten Jahr des Bestehens hatte der S...-Markt allein mit Bekleidung, Textilien und Schuhen einen Umsatz von 48 Millionen Mark, das ist fünfmal soviel wie der gesamte Schwabacher Einzelhandel in diesem Bereich umsetzt... Zahlreiche Einzelhandelsgeschäfte im Raum Nürnberg/Fürth/Erlangen klagen über sprunghafte Umsatzrückgänge. Ein Jahr später wurden im Einzugsgebiet des Marktes nicht weniger als 66 Lebensmittelgeschäfte geschlossen...
Der S...-Markt beschäftigt 520 Vollarbeitskräfte und nur 13 Lehrlinge. Der traditionelle Einzelhandel würde für den gleichen Umsatz 1250 Arbeitskräfte benötigen und zehnmal mehr Lehrlinge ausbilden... Zum Supermarkt kann nur, wer ein Auto hat.

Nawrocki, in: DIE ZEIT, 2. 3. 1979

4) Einkaufsgenossenschaften: gemeinsamer Einkauf

Natürlich ist es ein gewaltiger Unterschied für die Kalkulation (Berechnung von Produktionskosten und Verkaufspreis) einer Fabrik, ob sie im Laufe von vielen Monaten 2000 Aufträge über je 50 Bügeleisen erhält oder aber zu zwei vorher bestimmten Terminen einen Auftrag über 30 000 und einen weiteren über 70 000 Stück... Auf diese Weise kann die Produktion nämlich in Ruhe vorbereitet werden. Bei solchen Vorteilen ist dann auch der Produzent... in der Lage, der Einkaufsgenossenschaft erhebliche Preisnachlässe einzuräumen.
Also bringt die Konzentration nichts als Vorteile für den Verbraucher? So einfach ist es in der Praxis leider nicht. ...
Sobald die vereinigte Einkaufsmacht dazu mißbraucht wird, die Produzenten unter Druck zu setzen, um aus ihnen ein Zugeständnis nach dem anderen herauszuquetschen, beginnt die Konzentration im Einkauf bedenklich zu werden.
Dazu eine Erfahrung aus der Praxis: Eine bedeutende Schloßfabrik gab den harten Preisforderungen von Automobilfabriken in einem solchen Maße nach, daß sie eines Tages ihre Löhne und Lieferantenrechnungen nicht mehr bezahlen konnte.

E. Schmacke/A. Weber (Hrsg.): Schlüssel zur modernen Wirtschaft. Düsseldorf 1985, S. 116f.

4. Konzentration in der Wirtschaft

4.1 Immer weniger — immer mehr!

Immer weniger Unternehmen produzieren oder verteilen immer mehr Güter. Manche halten diese wachsende *Zusammenballung (Konzentration) in der Wirtschaft* für unabänderlich. Dahinter stehen jedoch Entscheidungen in den Unternehmen, mit denen versucht wird, Konkurrenz abzuschütteln, größere Marktanteile zu erringen und Umsätze wie Gewinne zu steigern. Wirtschaftliche Konzentration ist bei Produzenten und Händlern (Anbietern) ebenso zu beobachten wie bei Käufern (Nachfragern).

▌ Texte und Grafik 1–3 weisen auf eine seit vielen Jahren zu beobachtende Entwicklung bei den Einzelhandelsgeschäften hin. Welche Gründe für diese Entwicklung könnt ihr angeben? Welche Folgen sind erkennbar und wie beurteilt ihr diese?

▌ Welche Vor- und Nachteile werden in Text 4 hervorgehoben?

Konzentration durch	Zur Konzentration wirtschaftlicher Macht führen unterschiedliche Wege:
– Wettbewerb um Kunden	– Manche Unternehmen sind mit ihren Produkten bei den Kunden besonders erfolgreich und können größere Anteile am Markt erringen;
– Zusammenschluß (Fusion)	– Unternehmen können sich zusammenschließen (man sagt: sie fusionieren), indem ein Unternehmen ein anderes aufkauft oder sich zumindest in erheblichem Ausmaß finanziell an ihm beteiligt.
– gegenseitige Aufsicht	– Bei Aktiengesellschaften (vgl. S. 96f.) sitzen häufig Vorstandsmitglieder eines Unternehmens in Aufsichtsräten anderer. Besonders die Manager von Banken sind in sehr vielen Aufsichtsräten vertreten. Darin wird eine gefährliche Konzentration wirtschaftlicher Macht gesehen, weil Banken gleichzeitig Kredite gewähren oder verweigern und damit die Geschicke eines Unternehmens beeinflussen können.
Monopol – Oligopol	Wirtschaftliche Konzentration kann extreme Formen annehmen. Gibt es zum Beispiel nur einen Produzenten oder Verkäufer einer Ware, dann spricht man von einem *Angebotsmonopol*. Das Wasser- und Elektrizitätswerk bei euch hat ein solches Monopol, die Post zum Beispiel für die Briefbeförderung. Gibt es nur einige wenige Anbieter, dann spricht man von einem *Angebotsoligopol*. Das kommt häufiger vor, z. B. in der Automobil- oder Mineralölindustrie. Bei einem oder wenigen Käufern für bestimmte Produkte existiert ein *Nachfragemonopol* bzw. *Nachfrageoligopol*. Post oder Bahn haben praktisch ein solches Monopol für Telefonapparate bzw. Lokomotiven.

3 Informiert euch anhand der Grafik 5 über die Konzentration in verschiedenen Wirtschaftszweigen. Könnt ihr euch die Unterschiede z. B. zwischen der Luftfahrtindustrie und dem Druckereibereich erklären? Ihr werdet dann auf weitere Gründe für wirtschaftliche Konzentration stoßen.

4 Von welchen Zuständen und Gefahren spricht der Autor des Textes 6?

5 Nennt noch einmal die auf diesen Seiten beschriebenen Gründe wirtschaftlicher Konzentration und die Gefahren, die sich daraus ergeben.

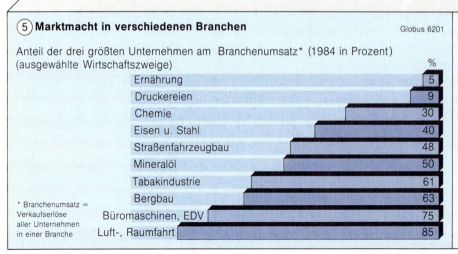

5 **Marktmacht in verschiedenen Branchen**   Globus 6201

Anteil der drei größten Unternehmen am Branchenumsatz* (1984 in Prozent) (ausgewählte Wirtschaftszweige)

Branche	%
Ernährung	5
Druckereien	9
Chemie	30
Eisen u. Stahl	40
Straßenfahrzeugbau	48
Mineralöl	50
Tabakindustrie	61
Bergbau	63
Büromaschinen, EDV	75
Luft-, Raumfahrt	85

* Branchenumsatz = Verkaufserlöse aller Unternehmen in einer Branche

6 **In den Händen weniger**

Management und Aufsichtsräte der deutschen Großunternehmen sind inzwischen so miteinander verflochten, die wichtigsten Posten in den Händen so weniger Männer, daß von einer echten Kontrolle kaum noch die Rede sein kann. Hier hat sich eine kleine Machtelite etabliert, die sich allenfalls gegenseitig kontrolliert. Wer es sich beispielsweise als Manager mit dieser Gruppe verdirbt, wer sich eine allzu eigene Meinung leistet oder sich gar eine der Großbanken zum Feind macht, deren Vertreter in fast allen wichtigen deutschen Unternehmen im Aufsichtsrat sitzen, für den ist das Ende der Karriere gekommen.

M. Jungblut, in: DIE ZEIT, 13. 12. 1985

7 Kein Märchen

Es war einmal eine Stadt, die hatte ein Loch im Haushalt, und die Stadtväter wußten weder ein noch aus. Schließich einigten sie sich, die Steuer zu erhöhen. Das aber war einem dicken großen Riesen, der in der Stadt wohnte, gar nicht recht. „Ich gebe euch zehn Millionen Mark", sagte er, „aber ihr dürft die Steuer nicht erhöhen". Und so geschah es, obwohl es jedermann verwunderte ...
Das Märchen ist keins, sondern Wirklichkeit, die im Chemie-Revier am Rhein geschieht. Die Stadt heißt Leverkusen. Der dicke große Riese ist die Bayer AG. Mit der Mehrheit von CDU und FDP akzeptierte der Stadtrat das Angebot im Finanzausschuß. Nicht zur Freude aller Bürger. „Wer macht eigentlich die Kommunalpolitik in Leverkusen?" tadelte ein Zeitungsleser die Bereitschaft der gewählten Stadtväter, auf die Bayer-Forderung nach Steuererhöhungsverzicht einzugehen ...

Solches mochten die Bayer-Leute freilich nicht hören. Der Leiter des Rechts- und Steuerwesens bei Bayer, Jürgen Schwericke, erläuterte: Die zehn Millionen seien kein Geschenk, sondern eine Nachzahlung zur Gewerbesteuer, über die noch kein Steuerbescheid des Finanzamtes vorliege ... Die Finanznöte der Stadt seien Bayer, so hieß es weiter, nämlich unbekannt geblieben – wen wundert's, wo doch der Leiter des Rechts- und Steuerwesens bei Bayer, Schwericke, zugleich als Stadtverordneter in der CDU-Ratsfraktion sitzt ...
Bei der Annahme des Angebots, mäkelte SPD-Ratsherr Hans Klose im Finanzausschuß, befinde man sich „in der Lage eines Arbeitnehmers, der eine Lohnerhöhung zur Lebensstandardsicherung benötigt, jedoch nur einen Vorschuß bekommt unter der Bedingung, in Zukunft keine Lohnforderungen mehr zu stellen".

F. K. Kurylo, in: DIE ZEIT, 13. 2. 1976

4.2 Wirtschaftliche Macht = politische Macht?

Politiker im Bund, in den Ländern und Gemeinden sind daran interessiert, daß Unternehmen Gewinne erzielen und investieren, weil damit Arbeitsplätze geschaffen werden, der Wohlstand steigt und auch die Steuereinnahmen des Staates anwachsen. Dieses Interesse der Politiker gibt wirtschaftlich bedeutenden Unternehmen und deren Verbänden die Möglichkeit, in hohem Maße auf politische Entscheidungen einzuwirken.

Unternehmen der gleichen Branche sind zu Wirtschaftsverbänden zusammengeschlossen. Sie haben Büros in oder um Bonn, von denen aus sie die Entscheidungen des Bundestages und der Regierungsverwaltung in ihrem Sinne zu beeinflussen versuchen. Auf der Ebene der Länder und in den Gemeinden geschieht das gleiche. Es gibt Gemeinden, in denen nur ein Unternehmen wirtschaftlich bestimmend ist. Wenn ein solches Unternehmen billiges Bauland braucht, bestimmte Straßenbauten wünscht usw., wird es einer Stadtverwaltung schwerfallen, nein zu sagen. Denn ein solches Unternehmen kann im Extremfall mit Abwanderung und dem wirtschaftlichen Ruin möglicherweise einer ganzen Region drohen.

6 Auf ein Beispiel des politischen Einflusses wirtschaftlich Mächtiger und der Verflechtung zwischen wirtschaftlicher und politischer Macht weist Text 7 hin. Ähnliches kommt immer wieder und fast überall vor. Die Parteiennamen sind deshalb im Grunde austauschbar.

7 Nicht nur Unternehmen und deren Verbände nehmen Einfluß auf politische Entscheidungen. Informiert euch auf den S. 177 ff. über weitere Interessengruppen und deren Möglichkeiten, auf politische Entscheidungen einzuwirken.

4.3 Politik zur Sicherung des Wettbewerbs

Die *staatliche Wettbewerbspolitik* in der Bundesrepublik soll eine übermäßige Konzentration wirtschaftlicher Macht verhindern und hierdurch den marktwirtschaftlichen Wettbewerb sichern. Zu diesem Zweck gibt es das *Gesetz gegen Wettbewerbsbeschränkungen (GWB)* und als Aufsichtsbehörde das *Bundeskartellamt* in Berlin. Kritiker halten das Gesetz für nicht wirksam

Aufsichtsbehörde „Bundeskartellamt"

> **⑧ Auszüge aus dem Gesetz gegen Wettbewerbsbeschränkungen (GWB)**
>
> „§ 1 Unwirksamkeit wettbewerbsbeschränkender Vereinbarungen (1) Verträge, die Unternehmen oder Vereinigungen von Unternehmen zu einem gemeinsamen Zweck schließen, und Beschlüsse von Vereinigungen sind unwirksam, soweit sie geeignet sind, die Erzeugung oder die Marktverhältnisse für den Verkehr mit Waren oder gewerblichen Leistungen durch Beschränkung des Wettbewerbs zu beeinflussen. Dies gilt nicht, soweit in diesem Gesetz etwas anderes bestimmt ist."
>
> Das Bundeskartellamt kann gemäß § 24 GWB Zusammenschlüsse untersagen, wenn zu erwarten ist, „daß durch einen Zusammenschluß eine marktbeherrschende Stellung entsteht oder verstärkt wird, ... es sei denn, die beteiligten Unternehmen weisen nach, daß durch den Zusammenschluß auch Verbesserungen der Wettbewerbsbedingungen eintreten und daß diese Verbesserungen die Nachteile der Marktbeherrschung überwiegen."
>
> In vielen Fällen sind gemäß § 24 GWB Zusammenschlüsse jedoch möglich, etwa wenn
> – die beteiligten Unternehmen insgesamt im letzten Geschäftsjahr weniger als 500 Mio. DM Umsatz erzielten,
> – ein Unternehmen im letzten Geschäftsjahr weniger als vier Mio. DM Umsatz erzielte und sich einem anderen anschließt, das weniger als eine Mrd. DM Umsatz hatte,
> – der Bundesminister für Wirtschaft auf Antrag die Erlaubnis zu einem Zusammenschluß erteilt, weil dieser Vorteile für die gesamte Wirtschaft bringt oder im „Interesse der Allgemeinheit" liegt. Das z. B. kann gegeben sein, wenn die Wettbewerbsfähigkeit der betroffenen Unternehmen im Ausland gefördert werden soll.
>
> **⑨ Preisabsprachen?**
>
> Nach § 25 (1) des Kartellgesetzes ist „ein aufeinander abgestimmtes Verhalten von Unternehmen", etwa bei Preiserhöhungen, verboten. Als Konsequenz der aufeinander folgenden Benzinpreiserhöhungen der Mineralölkonzerne wurde in der Öffentlichkeit immer wieder die Forderung nach einem Eingreifen des Kartellamtes laut, ... Das Kartellamt befindet sich in diesem Fall aber, wie auch in vielen anderen Fällen, in erheblicher Beweisnot. Es müßte den Mineralölgesellschaften eine bewußte Absprache mit dem Ziel der Ausschaltung des Wettbewerbs nachweisen. Das bloße Nachziehen bei Preiserhöhungen ist erlaubt.
> (R. Sturm: Wirtschaftspolitik, in: Funkkolleg Politik, Tübingen 1986, S. 11)
>
> **⑩ Aus der Sicht der Monopolkommission**
>
> Im Gutachten wird die immer noch zunehmende Konzentration festgestellt, aber unter der Bedingung nicht für besorgniserregend gehalten, als ausländische Unternehmen weitgehend ungehindert am deutschen Markt als Konkurrenten auftreten können.
> Kritisiert wird der Zusammenschluß der Großunternehmen Daimler-Benz und AEG im Jahr 1986. Obwohl beide in unterschiedlichen Wirtschaftsbereichen produziert hätten, wäre ein Fusionsverbot des Kartellamts sinnvoll gewesen. Denn nun sei ein Unternehmen von solcher Größe und Wirtschaftsmacht entstanden, die dem marktwirtschaftlichen Wettbewerb nicht dienlich sei.
> Durch Gesetzesänderung soll der Einfluß der Banken verringert werden. Diese sollten in Zukunft nicht mehr als 5% eines Unternehmens im Nicht-Bankenbereich besitzen dürfen.

genug. Sie verweisen darauf, daß von 1973 bis 1986 fast 6000 Fusionen beim Bundeskartellamt angemeldet und weniger als 80 untersagt worden sind.

Andere meinen, Konzentration sei häufig unausweichlich, weil nur so der internationalen Konkurrenz begegnet werden könne.

Monopolkommission

Die *Monopolkommission* ist von der Bundesregierung als Beratungsgremium eingesetzt und hat die Aufgabe, regelmäßig über die Entwicklung der wirtschaftlichen Konzentration in der Bundesrepublik zu berichten. Sie soll auch die Arbeit des Bundeskartellamts beurteilen und Änderungen des Gesetzes gegen Wettbewerbsbeschränkungen (kurz: Kartellgesetz) vorschlagen.

⑧ Text 8 enthält Auszüge und Erläuterungen des Gesetzes. Was wird im Gesetz grundsätzlich verboten? Welche Aufgaben hat das Bundeskartellamt? In welchen Fällen sind Zusammenschlüsse (Fusionen) möglich?

⑨ In Text 9 wird ein Beispiel beschrieben, das die Schwierigkeiten zeigt, auf welche das Bundeskartellamt bei seiner Kontrollarbeit stößt.

⑩ Die Monopolkommission hat 1986 ihr sechstes Gutachten vorgelegt. Text 10 faßt einige Punkte aus diesem Gutachten zusammen. Wie beurteilt die Kommission die Situation? Welche Gefahren sieht und welche Vorschläge macht sie?

5. Soziale Marktwirtschaft in der Bundesrepublik

5.1 Freie Marktwirtschaft

Politik zur Sicherung des Wettbewerbs – wie im vorhergehenden Kapitel behandelt – geht bereits von einer marktwirtschaftlichen Ordnung aus, in der alle Haushalte und Unternehmen ihre wirtschaftlichen Entscheidungen nach eigenen Vorstellungen treffen. Den Regeln *der Freien Marktwirtschaft* liegt die Idee zugrunde, daß Wohlstand am besten zu erreichen sei, wenn die einzelnen Menschen frei entscheiden können, welcher Arbeit sie nachgehen, welche Güter sie erzeugen oder welche sie kaufen wollen.

Die Wirtschaftsordnung einer verhältnismäßig uneingeschränkten Marktwirtschaft setzte sich im vorigen Jahrhundert zunächst in England durch. Das freie Spiel der Kräfte führte jedoch unter anderem zu folgenden Problemen:

– Größere und stärkere Unternehmen, die mehr Kapital einsetzen konnten, verdrängten viele kleine vom Markt und wurden marktbeherrschend.

– Die wirtschaftliche Entwicklung (Konjunktur) verlief nicht ohne Störungen. Zeiten großer Nachfrage nach Gütern wurden von solchen abgelöst, in denen erzeugte Güter nur schwer abgesetzt werden konnten. Unternehmen mußten schließen, Arbeiter wurden arbeitslos.

– Die abhängig Arbeitenden waren vielfach gezwungen, unter unmenschlichen Arbeitsbedingungen zu arbeiten. Weil es viele Arbeitsuchende gab, konnten die Löhne niedrig gehalten werden. Kinder mußten Schwerstarbeit verrichten. Waren Arbeiter krank, bekamen sie keinen Lohn und kaum medizinische Hilfe. Not und Elend waren an der Tagesordnung.

▌ Die Grundregeln der marktwirtschaftlichen Wettbewerbsordnung sind in Text 1 dargestellt. Drückt diese in eigenen Worten aus.

---

① **Regeln der Marktwirtschaft**

Nach dem Modell der Marktwirtschaft soll jeder einzelne nach seinen persönlichen wirtschaftlichen Interessen handeln. Das gesamte wirtschaftliche Geschehen ergibt sich dann aus einer Vielzahl einzelner Planungen und Entscheidungen. So planen die *Unternehmen* z. B., welche Güter sie in welchen Mengen herstellen wollen und zu welchen Preisen diese Güter den Haushalten angeboten werden sollen. Bei steigendem Preis wird mehr produziert (Gewinnerwartung der Unternehmer), aber weniger gekauft, bei fallendem Preis mehr nachgefragt und weniger angeboten.

Die *Haushalte* planen, welche Güter sie in welchen Mengen kaufen wollen. Dabei sollen sie unter den verschiedenen Angeboten der Unternehmen auswählen. Die einzelnen sollen aber auch entscheiden können, welche Arbeiten sie verrichten, d. h. in welcher Weise sie mit ihrer Arbeitskraft bei der Produktion der Güter mitwirken wollen.

Diese vielen Einzelplanungen und -entscheidungen müssen aufeinander abgestimmt werden. Dies erfolgt in der Marktwirtschaft durch das Zusammenspiel von *Angebot* und *Nachfrage* am Markt. Wenn viele Haushalte nach einem bestimmten Produkt fragen, kann es sein, daß die Nachfrage größer ist als das Angebot. In diesem Fall kann der Hersteller oder der Händler den Preis erhöhen. Im umgekehrten Fall, wenn also mehr Güter produziert als verkauft werden, müßte der Preis sinken.

Der Preis eines Gutes bildet sich also am Markt und soll sich nach dem vorhandenen Angebot und den von den Käufern gewünschten Mengen, d. h. nach dem Bedarf an diesem Gut richten.

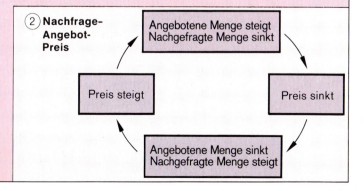

② Nachfrage-Angebot-Preis

③ Soziale Marktwirtschaft

Auch die Soziale Marktwirtschaft basiert auf marktwirtschaftlichem Wettbewerb. In der sozialen Marktwirtschaft soll der Staat jedoch aktiv die Wirtschaft beeinflussen.
Die Ziele:
– die Gesellschaft nach den herrschenden Vorstellungen sozialer Gerechtigkeit gestalten (Sozialstaat) und
– die sozial unerwünschten Versäumnisse und Folgen marktwirtschaftlichen Wettbewerbs von vornherein verhindern oder im nachhinein beseitigen beziehungsweise abmildern.
In der sozialen Marktwirtschaft hängen die Bereiche, konkreten Ziele und das Ausmaß staatlicher Eingriffe davon ab, welche Probleme gesehen und von den Regierenden aufgegriffen werden.

Hier einige Beispiele:
– Durch öffentliche Angebote und Leistungen (z.B. Schulen) sowie finanzielle Unterstützungen soll größere Chancengleichheit erreicht werden (hier im Hinblick auf Schul- und Berufsausbildung).
– Durch unterschiedliche Besteuerung soll ein gewisser Ausgleich zwischen arm und reich stattfinden. Auch finanzielle Unterstützungen (z.B. zum Erwerb von Wohneigentum) dienen diesem Ziel.
– Die Sozialpolitik soll denen helfen, die kein ausreichendes Einkommen haben.
– Durch wirtschaftspolitische Eingriffe soll eine möglichst gleichmäßige Konjunkturentwicklung gewährleistet werden.
– Gesetze sollen die Arbeitenden am Arbeitsplatz schützen, Schäden der Umwelt und Gesundheit vermeiden helfen usw.

② Wie hängen in einer Marktwirtschaft Preise, Angebot und Nachfrage zusammen? Grafik 2, S. 103 zeigt das. Macht euch den Zusammenhang am Beispiel des Angebots, der Nachfrage und der Preisbildung bei Skiausrüstungen zu verschiedenen Jahreszeiten klar.

Wirtschaftliche und soziale Mißstände haben dazu geführt, daß sich im 19. Jahrhundert *Arbeiterbewegungen* als Gewerkschaften und Parteien organisierten, die dafür gekämpft haben, die Lebens- und Arbeitsbedingungen für die abhängig Arbeitenden und deren Familien zu verbessern. Nicht zuletzt unter dem Druck dieser Bewegungen wurden im Laufe der Jahrzehnte *Sozialgesetze* erlassen, die für finanzielle Unterstützung bei Arbeitsunfähigkeit, zum Beispiel im Falle von Krankheit oder Alter, sorgten. Kinderarbeit wurde verboten. *Arbeitsschutzgesetze* schafften mehr Sicherheit am Arbeitsplatz, sorgten für geregelte Arbeitszeiten usw. Diese sozialen Sicherungen wurden im 20. Jahrhundert ausgebaut. Forderungen nach *Mitbestimmung* bei Unternehmensentscheidungen wurden erhoben und nach dem Ersten und Zweiten Weltkrieg zum Teil verwirklicht (vgl. S. 96ff.).

5.2 Soziale Marktwirtschaft

Nach dem Zweiten Weltkrieg wurde in der Bundesrepublik die *Soziale Marktwirtschaft* als Wirtschaftsordnung durchgesetzt. In ihr hat der Staat nicht nur die Aufgabe, den Wettbewerb zu garantieren und den Regeln des Marktes zum Durchbruch zu verhelfen. Der Staat soll auch die für schädlich und unsozial gehaltenen Versäumnisse und Folgen rein marktwirtschaftlichen Handelns vermeiden helfen oder im Nachhinein beheben.
Ende der fünfziger Jahre war die Soziale Marktwirtschaft im großen und ganzen von allen Bundestagsparteien akzeptiert. Allerdings unterscheiden sich die Parteien und die großen Wirtschaftsverbände damals wie heute darin, wieviel freien Wettbewerb sie für möglich und sozial verträglich und wieviel staatliche Planung und Korrektur sie für nötig halten.

③ Eine Definition der Sozialen Marktwirtschaft findet ihr in Text 3. Was soll mit dieser Wirtschaftsordnung erreicht werden? Mit welchen Maßnahmen greift der Staat ein, um sozialstaatliche Ziele zu erreichen?

4 Informiert euch in UE 6, S. 156f. über die Bundesrepublik als Sozialstaat.

5 Über die Aufgaben des Staates in der Sozialen Marktwirtschaft werden unterschiedliche Meinungen vertreten. In Kasten 4 findet ihr zwei entgegengesetzte Positionen. Versucht, die beiden Standpunkte zu begründen beziehungsweise zu widerlegen. Führt dazu ein Streitgespräch durch.

Mitte der sechziger Jahre ließ das Wirtschaftswachstum erheblich nach, und die Bundesrepublik geriet in eine Wirtschaftskrise. In dieser Situation wurde vom Staat erwartet, die wirtschaftliche Entwicklung gezielt zu beeinflussen. 1967 hat der Deutsche Bundestag deshalb das *Gesetz zur Förderung der Stabilität und des Wachstums der Wirtschaft* erlassen.

Stabilitäts- und Wachstumsgesetz

6 Informiert euch in Text 5 über die wirtschaftspolitischen Ziele, die vom Staat erreicht werden sollen. Darauf wird in den folgenden Abschnitten eingegangen. Deshalb soll hier nur das Ziel des außenwirtschaftlichen Gleichgewichts kurz erläutert werden. Einfach ausgedrückt, herrscht außenwirtschaftliches Gleichgewicht dann, wenn der Wert der Einfuhren in die Bundesrepublik dem der Ausfuhren in andere Länder ungefähr entspricht.

Außenwirtschaftliches Gleichgewicht

---

4 Mehr oder weniger Staat?

a) Gegen weitgehende staatliche Eingriffe: Der Staat, der zieht den Bürgern das Geld aus der Tasche. Man arbeitet nur noch für's Finanzamt. Leistung wird nicht belohnt, sondern bestraft. Mit dem Geld werden aufwendige Verwaltungen bezahlt, die sich in alles mögliche einmischen. Als Planer und Verteiler von Wohltaten spielt sich der Staat auf. Dabei wissen die einzelnen Menschen am besten, was sie brauchen. Der Staat soll den Schutz nach außen und die Rechtsordnung im Innern sicherstellen und dafür sorgen, daß denen, die sich nicht selbst helfen können, unter die Arme gegriffen wird. Alles andere können die Bürger durch Vertrag und Tausch unter sich ausmachen. Der Markt wird ihren Wünschen besser gerecht als planende und eingreifende Regierungen und Verwaltungen.

b) Für staatliche Eingriffe: Sicher, man wird sich immer wieder über Steuern, staatliche Verbote und bürokratische Verfahren ärgern. Aber sich nur auf das freie Spiel der Kräfte verlassen, heißt, daß sich die Starken durchsetzen und die Schwachen auf der Strecke bleiben. Es muß öffentliche Gremien geben, die sich um Aufgaben kümmern, deren Bewältigung für das Leben zukünftiger Generationen wichtig ist. Es muß Gremien geben, die bestimmen können, was im Interesse des Gemeinwohls oder des Wohls der Mehrheit geschehen soll. In einer reinen Marktwirtschaft werden nur solche Aufgaben angepackt, von deren Lösung sich der einzelne ausreichend Vorteile verspricht. Die Hoffnung, daß die freie Marktwirtschaft das Wohl der ganzen Gesellschaft am besten fördere, ist Wunschdenken.

5 Das Stabilitäts- und Wachstumsgesetz

§ 1 Gesamtwirtschaftliches Gleichgewicht
Bund und Länder haben bei ihren wirtschafts- und finanzpolitischen Maßnahmen die Erfordernisse des gesamtwirtschaftlichen Gleichgewichts zu beachten. Die Maßnahmen sind so zu treffen, daß sie im Rahmen der marktwirtschaftlichen Ordnung gleichzeitig zur Stabilität des Preisniveaus, zu einem hohen Beschäftigungsstand und außenwirtschaftlichem Gleichgewicht bei stetigem und angemessenem Wirtschaftswachstum beitragen.

§ 2 Jahreswirtschaftsbericht
Die Bundesregierung legt im Januar eines jeden Jahres dem Bundestag und dem Bundesrat einen Jahreswirtschaftsbericht vor.

§ 3 Konzertierte Aktion
(1) Im Falle der Gefährdung eines der Ziele des § 1 stellt die Bundesregierung Orientierungsdaten für ein gleichzeitiges aufeinander abgestimmtes Verhalten (konzertierte Aktion) der Gebietskörperschaften (Bund, Länder und Gemeinden), Gewerkschaften und Unternehmerverbände zur Erreichung der Ziele des § 1 zur Verfügung.
Information zu § 3: Diese Orientierungsdaten sollen im Grunde über die Regierungsvorstellungen informieren. Sie sind nicht bindend. Die Abstimmung des Verhaltens von Staat, Gewerkschaften und Unternehmerverbänden in der „Konzertierten Aktion" hat nie wirklich funktioniert und findet nicht mehr statt.

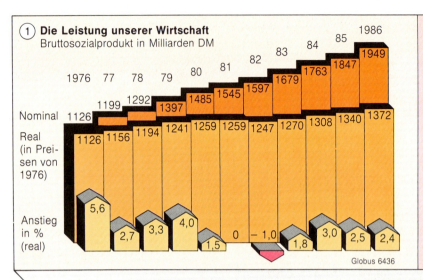

① **Die Leistung unserer Wirtschaft**
Bruttosozialprodukt in Milliarden DM

Die obere Reihe drückt die Höhe des Bruttosozialprodukts (BSP) für die einzelnen Jahre aus. Das nominale BSP (nominal = der Zahl nach) umfaßt die Werte aller Sachgüter und Dienstleistungen in Marktpreisen des jeweiligen Jahres. Die Zahlen enthalten auch die Preissteigerungen gegenüber dem Vorjahr, die keinen wirklichen Wertzuwachs darstellen. Die gleichen Güter kosten lediglich mehr. Zieht man die Preissteigerung ab, dann erhält man den tatsächlichen (realen) Wertzuwachs des Bruttosozialprodukts verglichen mit dem Vorjahr. Um die Angaben für die einzelnen Jahre alle miteinander vergleichen zu können, ist man im Schaubild von den 1976 gültigen Preisen ausgegangen. Das heißt, man kann vergleichen, wie sich der Wert der volkswirtschaftlichen Leistung seit 1976 real entwickelt hat.

6. Wirtschaftswachstum und Preisentwicklung

6.1 Die Leistung der Volkswirtschaft

Wenn man alle in einem Jahr in der Volkswirtschaft der Bundesrepublik produzierten Güter (Sachgüter und Dienstleistungen) zu einem Berg stapeln könnte, dann hätte man einen sichtbaren Eindruck von der *wirtschaftlichen Leistungsfähigkeit* unserer Volkswirtschaft. Man faßt jedoch nur den Geldbetrag zusammen, der hinter diesen Gütern steckt. Diese Gesamtsumme heißt *Bruttosozialprodukt*. Es enthält ausschließlich die Güter, die tatsächlich für den Verkauf am Markt bestimmt sind. Das Schnitzmesser, das der Hobbybastler kauft, wird mitgezählt, nicht aber die Figur, die er in seiner Freizeit schnitzt.

Bruttosozialprodukt

Konjunktur

Das Bruttosozialprodukt kann gegenüber dem Vorjahr ansteigen, in etwa gleich bleiben oder sinken. Dieses Auf und Ab der wirtschaftlichen Entwicklung wird als *Konjunkturverlauf* bezeichnet. Im Aufschwung nimmt das Bruttosozialprodukt von Jahr zu Jahr immer mehr zu, bis der Höhepunkt, der sogenannte *Boom*, erreicht ist. Umgekehrt führen kleiner werdende Zuwächse oder sogar Abnahmen zum Tiefpunkt der Konjunktur, der *Rezession*.

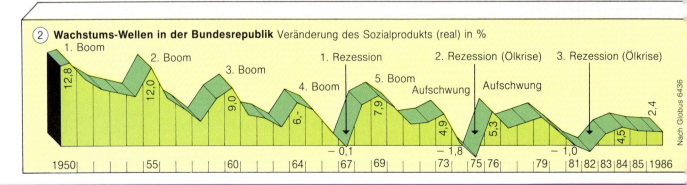

② **Wachstums-Wellen in der Bundesrepublik** Veränderung des Sozialprodukts (real) in %

③ Das Bruttosozialprodukt – ein schlechter Wohlstandsmaßstab

Es geht, natürlich, um den Zuwachs des Bruttosozialprodukts im kommenden Jahr – wohlgemerkt, nicht darum, wieviel Kraftwagen oder Kleiderschränke produziert werden; sondern wieviel Kraftwagen oder Kleiderschränke es 1987 mehr sein werden als 1986. Allein dieses Mehr dient als Gradmesser für Fortschritt und Wohlergehen. ...
Es gibt kaum eine unzulänglichere Meßziffer als diese. Verkehrsunfälle (mit anschließenden Reparaturen), Krankheiten (mit hohem Medikamentenkonsum) oder eine Überschwemmungskatastrophe (mit viel Wiederaufbauarbeit) treiben das Sozialprodukt, wie vom Statistischen Bundesamt registriert, nach oben ...
Ein Abzug für den Verbrauch an nicht erneuerbaren Ressourcen (Rohstoffen), mit denen in den Industriestaaten die Räder in Schwung gehalten werden, ist nicht vorgesehen. Der regelmäßige Verbrauch an Natur – durch Wasserverunreinigung oder durch Luftverpestung – wird im Sozialprodukt ebensowenig registriert wie der unplanmäßige: Auch Tschernobyl (Atomreaktorunfall), Sandoz (Chemiewerkunfall) können die Freude an einem schönen Zuwachs nicht trüben ... Es wird nur gezählt, was Geld bringt, ohne Rücksicht, mit welchen Schäden das Warenparadies bezahlt wird.

W. Kaden, in: Der SPIEGEL, 1. 12. 1986

④ Was entscheidet über die „Qualität" des Lebens?

– Verkehrsunfälle pro 1 Million gefahrener Km im Jahr?
– Durchschnittliche Zufriedenheit am Arbeitsplatz?
– Schadstoffgehalt von Wasser und Luft?
– Höhe der Sozialhilfe für bedürftige Menschen?
– Arbeitslosenquote?
– Prozentsatz der Haushalte mit Telefon, Spülmaschine?
– Monatliches Durchschnittseinkommen?
– Verteilung von Einkommen und Vermögen?
– Gewährleistung des Streik- und Demonstrationsrechts?

⑤ Qualitatives Wachstum

Diese Bezeichnung soll den Unterschied zu rein mengenmäßigem Wachstum betonen. Von qualitativem Wachstum wird dann gesprochen, wenn das Bruttosozialprodukt steigt und gleichzeitig:
– die Umwelt geschont wird, weniger Gesundheitsschäden in Beruf, Haushalt und Freizeit zu verzeichnen sind usw.;
– der Verbrauch solcher Rohstoffe und Energieträger abnimmt, von denen nur begrenzte Vorräte zur Verfügung stehen.

---

1 Seht euch das Schaubild und den erklärenden Text 1 an. Was bedeuten *„nominales"* und *„reales"* Bruttosozialprodukt? Warum wird der Unterschied gemacht? Wie wird das reale Bruttosozialprodukt errechnet?

2 Die wirtschaftliche Entwicklung wird in Schaubild 2 als Wellenbewegung erkennbar, die man in Einzelwellen zerlegen kann. Man spricht von *Konjunkturzyklen,* von sich regelmäßig wiederholenden Abfolgen. Ein Zyklus reicht von einem Boom bis zum jeweils nächsten. Was kann man über die Entwicklung des Wirtschaftswachstums von 1950 bis 1986 sagen?

3 Der Autor von Text 3 hält das Bruttosozialprodukt für einen schlechten Wohlstandsmaßstab unserer Gesellschaft. Welche Argumente nennt er?

4 In die Berechnung des Sozialprodukts gehen nur Güter ein, die für den Verkauf am Markt gedacht sind. Seht euch die Bilder auf den S. 63 und 77 an und überlegt, welche der dargestellten Tätigkeiten nicht im Bruttosozialprodukt gemessen werden, obwohl etwas produziert wird.

5 Wovon hängt nach eurer Meinung der Wohlstand und die Qualität des Lebens in einer Gesellschaft ab? In Text 4 findet ihr einige Vorschläge.

6 Viele meinen, daß es in Zukunft nicht so sehr auf quantitatives (= mengenmäßiges) sondern auf qualitatives Wachstum ankomme. Was man darunter versteht, sagt Text 5.

Wissenschaftliche Untersuchungen haben in den sechziger/siebziger Jahren zu zeigen versucht, daß wir an die *„Grenzen des Wachstums"* stoßen. Umweltverschmutzung, begrenzte Rohstoffvorräte und gesundheitliche Bela-

Wohlstand und Qualität des Lebens

Grenzen des Wachstums?

⑥ Gründe für nachlassendes Wirtschaftswachstum

a) „Gesättigte" Märkte: Viele Güter finden immer geringeren Absatz, weil Haushalte oder Unternehmen mit diesen schon ausreichend ausgestattet scheinen – z. B. mit Haushaltsgeräten bzw. Frachtschiffen.

b) Preisschwankungen auf dem Weltmarkt: Die drastischen Ölpreiserhöhungen in den siebziger Jahren haben vorübergehend dazu geführt, daß das Geld, das für den Kauf von Öl ans Ausland gezahlt werden mußte, für Konsum und Investitionen an anderer Stelle fehlte.

c) Alte Industrien in der Krise: Verschiedene Industriezweige sind in eine Krise geraten, weil die von ihnen produzierten Güter zum Teil durch andere ersetzt wurden oder auf weitgehend gesättigte Märkte trafen. Das gilt z. B. für den Kohlebergbau (Ersatz von Kohle durch Erdöl, Erdgas und Kernenergie) oder die Stahlindustrie (Ablösung von Eisen und Stahl durch andere Materialien); aber auch geringerer Verbrauch durch die Krise im Schiffsbau, den Rückgang des Haus- und Straßenbaus usw.

d) Gesellschaftliche Unbeweglichkeit: Mächtige Gruppen unserer Gesellschaft (z. B. Unternehmer und ihre Verbände, Gewerkschaften, Beamte und Angestellte in staatlichen Verwaltungen etc.) wehren sich gegen Veränderungen in der Wirtschaft, die ihnen und ihren Mitgliedern Nachteile bringen könnten. Hierdurch blockieren diese Gruppen gegenseitig neue, Wachstum fördernde Entwicklungen.

e) Zuviel Staat und Bürokratie: Hohe Steuern auf Unternehmensgewinne und zunehmende staatliche Eingriffe in wirtschaftliche Entscheidungen werden von manchen dafür verantwortlich gemacht, daß Unternehmen nicht im erwünschten Maße investieren. Dieser Punkt ist jedoch umstritten. Andere meinen nämlich, daß der Staat – zum Beispiel im Umweltschutz – viel schärfer eingreifen müsse. Damit würde sogar Wachstum in neuen Industrien angestoßen.

f) Neue Wünsche und Interessen: Viele Menschen sind nicht mehr einseitig an steigendem materiellen Wohlstand interessiert. Zunehmend werden Produkte nachgefragt sowie Arbeitsbedingungen gewünscht, die Umwelt und Gesundheit der Menschen schonen. Die Wirtschaft braucht Zeit, um sich auf diese Veränderungen einzustellen. Das vermindert zumindest kurzfristig Wachstumsmöglichkeiten.

---

stungen für die Menschen würden ein solches Wachstum zunehmend kostspielig, unerträglich oder unmöglich machen. Kritiker dieser schlechten Botschaft haben darauf hingewiesen, daß man den Forschergeist und die Erfindungskraft der Menschen unterschätze. Diese könnten die bestehenden und zunehmend sichtbaren Probleme meistern – z. B. durch die Erfindung Natur und Umwelt schonender Produktionsverfahren, durch neue Produkte, neue Verhaltensweisen usw. UE 8 beschäftigt sich mit diesen Fragen.

Nachlassendes Wachstum

Ein Blick auf die Konjunkturverläufe nach dem Zweiten Weltkrieg zeigt, daß die Wirtschaftskraft zwar mit wenigen Ausnahmen jährlich gewachsen ist (vergleicht noch einmal Darstellung 2, S. 106) – aber die Zuwächse sind im Durchschnitt immer kleiner geworden. Für dieses zumindest vorübergehende *Nachlassen des Wirtschaftswachstums* insbesondere in hochentwickelten Industriegesellschaften wie der Bundesrepublik werden viele Gründe genannt.

7 In Text 6 sind verschiedene Ursachen für diese Entwicklung angeführt. Gebt die einzelnen Punkte mit eigenen Worten wieder und nennt die konkreten Beispiele. Findet selber Beispiele, um die Punkte zu verdeutlichen.

6.2 Steigende Preise – abnehmender Geldwert

Die Menschen sind daran gewöhnt, daß ein Brot oder ihre Wohnung von Jahr zu Jahr in der Regel mehr kosten. Diese Erscheinung nennt man *Inflation* (= Aufblähung der Preise). Es gibt hierfür nur wenige Ausnahmen, so z. B. in den letzten Jahren Hifi-Geräte und Computer. Bei Inflation nimmt der Wert des Geldes ab. Man erhält für den gleichen Betrag immer weniger. Im umgekehrten Fall, wenn die Preise fallen, sprechen wir von *Deflation* (= Schrumpfen der Preise). Der Geldwert nimmt dann zu.

Inflationsrate

Die jährliche prozentuale Preissteigerung für den Durchschnitt aller Güter nennt man *Inflationsrate*. Bei einer Inflationsrate von 5 Prozent kostet ein

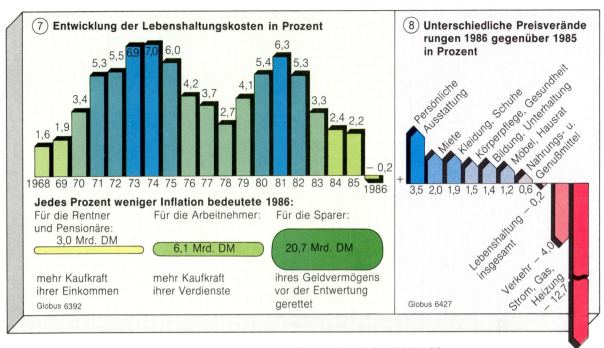

Produkt im Durchschnitt statt DM 1,– im darauffolgenden Jahr DM 1,05. Wie Schaubild 7 zeigt, sind die Inflationsraten in den achtziger Jahren deutlich gesunken, 1986 kam die Geldentwertung sogar zum Stillstand. Das liegt zum überwiegenden Teil daran, daß die aus dem Ausland eingeführten (importierten) Güter billiger wurden. Der Preis für Rohöl zum Beispiel ist in diesen Jahren wieder stark gesunken. Gleichzeitig wurde die DM gegenüber dem US-Dollar wertvoller, d. h. für hundert DM bekam man mehr Dollars als zuvor. Im Ausland mit Dollar bezahlte Güter wurden für uns billiger.

Weltwirtschaftliche Einflüsse

Weder eine starke Inflation noch eine starke Deflation sind in einer Volkswirtschaft erwünscht. Bei sehr hohen Preissteigerungen wird immer mehr gekauft, weil man der nächsten Preissteigerung zuvorkommen möchte. Hierdurch werden die Preise noch mehr in die Höhe getrieben. Die Produzenten erhoffen sich ansteigende Gewinne und produzieren schließlich zuviel. Das führt zu einer Überhitzung der Konjunktur, die jäh zusammenbricht, sobald die Nachfrage nach Gütern wieder nachläßt. In Zeiten starken Preisverfalls (Deflation) vermindern die Unternehmer die Produktion, weil sie sich nicht mehr genug Gewinn erhoffen können. Auch hier gerät die Konjunktur in einen Abschwung, die Investitionen lassen nach, Arbeitsplätze gehen verloren.

Unerwünschte Inflation und Deflation

Wenn nach den Gründen für inflationäre Entwicklungen gesucht wird, dann schieben sich meist die verschiedenen gesellschaftlichen Gruppen die Schuld gegenseitig in die Schuhe. Die Unternehmen zeigen auf die Gewerkschaften. Diese hätten z. B. zu hohe Lohnsteigerungen durchgesetzt, die nur über höhere Preise wettgemacht werden könnten. Die Gewerkschaften entgegnen, daß die Unternehmer die Preise festsetzten. Die Forderung nach höheren

Gründe für Inflation

109

Löhnen solle in erster Linie das Einkommen der Arbeitnehmer der Preisentwicklung anpassen. Alle verweisen auf das Ausland. Wenn dort die Preise für Güter stiegen, die wir einführen müßten, dann würden notwendigerweise auch bei uns zumindest bestimmte Waren teurer (im umgekehrten Fall natürlich billiger). Den staatlichen Organen wird vorgeworfen, sie gäben zuviel Geld aus und vermehrten die Nachfrage dadurch zu sehr. Bei nicht in gleichem Maße zunehmendem Angebot führe dies zu Preissteigerungen.

8 Informiert euch auf S. 103 noch einmal darüber, wie sich die Preise im marktwirtschaftlichen Wettbewerb theoretisch bilden.

9 Übersicht 7 auf S. 109 zeigt die Entwicklung der Inflationsrate über mehrere Jahre. Gleichzeitig könnt ihr ablesen, welche Folgen es für unterschiedliche Gruppen hat, wenn die Inflationsrate reduziert werden kann.

10 Ob sich die materielle Lage der Arbeitnehmer durch Inflation verschlechtert, hängt davon ab, wie sich Löhne und Gehälter entwickeln. Seht euch hierzu die Grafik 7 auf S. 94 an.

11 Nicht für alle Güter verändern sich die Preise in gleicher Weise. Könnt ihr

---

⑨ Beispiele für Maßnahmen, mit denen das Wirtschaftswachstum beeinflußt werden kann

Ziele der Maßnahmen	Was kann getan werden?	
	Investitionen der Unternehmen beeinflussen	**Kaufkraft der Haushalte beeinflussen**
1. Förderung des Wachstums	**direkte Maßnahmen:** – gesteigerte staatliche Nachfrage nach Gütern (z. B. Bau von Straßen oder Schulen; neue staatliche Dienstleistungen im Sozial- und Gesundheitswesen, in Schulen usw.); **indirekte Maßnahmen:** – Steuererleichterungen und finanzielle Zuschüsse (Subventionen) für Unternehmen – z. B. für neue Produktionsanlagen, die Erforschung und Entwicklung neuer Produkte usw.; – die Bundesbank senkt die Kreditzinsen und macht damit Geld für Investitionen billiger, das erhöht Unternehmensgewinne; – Lockerung von Gesetzen – z. B. im Arbeits-, Umwelt- und Verbraucherschutz –, die Unternehmensentscheidungen einschränken;	– direkte Steuern auf Löhne und Gehälter werden gesenkt, finanzielle Zuschüsse z. B. für Wohnungsbau vergeben oder auch höhere finanzielle Unterstützungen für die Ausbildung, an sozial Schwache etc, gezahlt; – indirekte Steuern – sogenannte Verbrauchssteuern wie z. B. die Mehrwertsteuer auf alle Güter – werden gesenkt, die Waren dadurch billiger; – senkt die Bundesbank die Kreditzinsen, dann werden auch Kredite für Konsumausgaben, für größere Anschaffungen usw. billiger;
2. Bremsen des Wachstums	**direkte Maßnahmen:** – der Staat spart: staatliche Aufträge – zum Beispiel zum Kauf von Müllverbrennungsanlagen – werden zurückgestellt oder über einen längeren Zeitraum verteilt; **indirekte Maßnahmen:** – Unternehmenssteuern werden erhöht, Steuererleichterungen und finanzielle Zuschüsse gestrichen; – die Bundesbank erhöht die Kreditzinsen und macht damit Geld für Investitionen teurer, das schmälert Unternehmensgewinne;	– direkte Steuern auf Löhne und Gehälter werden erhöht, finanzielle Zuschüsse und Hilfen des Staates verringert; – Verbrauchssteuern werden erhöht, die Preise für Waren steigen, die Kaufkraft der Haushalte verringert sich dadurch; – erhöht die Bundesbank die Kreditzinsen, dann werden auch Konsumentenkredite teurer;

euch die in Schaubild 8 dargestellten Unterschiede erklären? In welchen Bereichen mag es sich besonders ausgewirkt haben, daß der Preis für Rohöl von 1985 nach 1986 etwa um die Hälfte gefallen ist?

Die Entwicklung der Konjunktur und des Geldwertes wird nicht nur durch das wirtschaftliche Handeln von *Unternehmen und Haushalten* beeinflußt. *Parlamente und Regierungen* des Bundes und der Länder tragen besondere Verantwortung, die ihnen durch das Stabilitäts- und Wachstumsgesetz (vgl. S. 105) und das Grundgesetz aufgetragen ist. Auch die Entscheidungen der *Bundesbank* sind wichtig. Nach dem *Bundesbankgesetz* hat sie insbesondere für Geldwertstabilität zu sorgen. Die Bundesbank ist unabhängig, soll jedoch die Wirtschaftspolitik der Bundesregierung unterstützen. Nicht zu vergessen sind auch die *Tarifparteien,* die in den Tarifverhandlungen (vgl. S. 89 f.) über Löhne, Gehälter, Urlaub und Arbeitsbedingungen verhandeln – also auch darüber, wieviel Geld den Arbeitnehmerhaushalten zur Verfügung steht, und welche Kosten für Arbeitseinsatz auf die Unternehmen zukommen. Darüber hinaus ist die wirtschaftliche Konjunktur bei uns von der *Wirtschaftsentwicklung in anderen Ländern* abhängig, denn etwa ein Drittel unseres Bruttosozialprodukts wird durch den Export (Ausfuhr) von Gütern erwirtschaftet.

12 In Übersicht 9 sind beispielhaft wirtschaftspolitische Maßnahmen des Staates aufgelistet. Mit ihnen soll die konjunkturelle Entwicklung angeregt oder gedämpft werden. Seht euch die einzelnen Maßnahmen an und stellt fest, welche Teilnehmer am Wirtschaftsleben von ihnen beeinflußt werden sollen. Was soll bei diesen jeweils bewirkt werden?

13 Untersucht mit Hilfe von Grafik 2 auf S. 103, wie sich das Wachstum fördernde bzw. dämpfende Maßnahmen auf die Preisentwicklung auswirken. Welches schwierige Problem ergibt sich hierdurch für die Politik?

14 Informiert euch anhand des Textes 10, mit welchen Maßnahmen die Bundesbank auf Wirtschaftsentwicklung und Geldwert einwirken kann.

15 Wie steht es um die Exportchancen für unsere Güter, wenn die DM gegenüber anderen Währungen wertvoller (= teurer) wird? Seht euch hierzu das Schaubild 11 an. Was bedeutet das für Güter, die wir im Ausland kaufen?

6.3 Konjunktur- und Preisentwicklung beeinflussen

Bundesbank

10 Der Einfluß der Bundesbank

Die Bundesbank hat Einfluß darauf, wieviel Geld in der Volkswirtschaft vorhanden und wie „teuer" es ist. Erhöht sie z. B. den *Diskontsatz* (das ist die Höhe der Zinsen, die Banken für ihre Kredite bei der Bundesbank bezahlen müssen), dann werden auch die *Kredite* teurer, die Unternehmen und Haushalte bei ihren Banken und Sparkassen nehmen. Je höher die Zinsen, um so weniger Kredite werden genommen, um so weniger Nachfrage ist auf dem Markt. Die Folge: Der Anstieg der Preise wird gebremst, gleichzeitig aber auch die Konjunktur. Senkt die Bundesbank den Diskontsatz, werden Kredite billiger, und die umgekehrte Wirkung tritt ein.

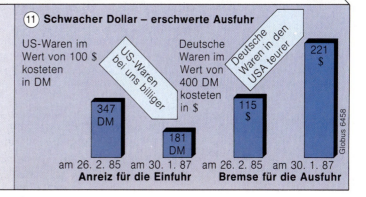

11 Schwacher Dollar – erschwerte Ausfuhr

US-Waren im Wert von 100 $ kosteten in DM: 347 DM am 26. 2. 85 / 181 DM am 30. 1. 87
Anreiz für die Einfuhr — *US-Waren bei uns billiger*

Deutsche Waren im Wert von 400 DM kosteten in $: 115 $ am 26. 2. 85 / 221 $ am 30. 1. 87
Bremse für die Ausfuhr — *Deutsche Waren in den USA teurer*

Globus 6458

① Erfahrungen – Aus Berichten von Arbeitslosen

Ein 16jähriger Lehrling und seine Eltern: „Die Bischofs hatten sich, wie viele Bürger, lange kaum Gedanken über das Schicksal der jugendlichen Arbeitslosen gemacht. Bis sich abzeichnete, daß ihr Sohn eine Zahl in der Statistik zu werden drohte.
Ralf ... beendete die Hauptschule nach der siebten Klasse. Er war einmal zurückversetzt und einmal nicht versetzt worden ... Mit Müh' und Not brachten ihn seine Eltern bei einem Maler unter. Der Junge arbeitete dort nur einen Tag. Nach einigem Überlegen wechselte er zur Firma P., Fachhandelspacker ist doch besser' ... Der 16jährige war stolz. Bestätigung von den Kollegen, eigenes Geld, ein guter Ausbildungsplatz. Ralf ... nahm Nachhilfeunterricht, um in der Berufsschule besser zu werden. Er hörte keinen Tadel. Plötzlich brach für ihn die Welt zusammen. Sein Chef kam runter und drückte ihm einen Umschlag in die Hand. Er solle das zu Hause lesen. Ralf ... riß den Brief auf und fand – seine Kündigung. ‚Unter Bezug auf § 7 Punkt 1 des Ausbildungsvertrages vom 23. 8. 1978 kündigen wir hiermit das Arbeitsverhältnis zum Ende des heutigen Tages.' Nicht bestandene Probezeit ...

Für die Bischofs ist aus der grauen Statistik ein Kampf um die Existenz geworden. ‚Wer macht sich schon Gedanken, was in arbeitslosen Jugendlichen vorgeht? Früher haben wir immer darüber geschimpft, daß sie kriminell werden, Zuflucht in Drogen suchen. Jetzt verstehen wir sie. Was sollen sie in solch einer Situation machen?'"

<small>Arbeitslos in Gelsenkirchen: Nur Pech im Leben? In: 'ran 9, H. 3, Köln 1976</small>

Ein 44jähriger Abteilungsleiter: „Wie soll das weitergehen, muß man andere Arbeit suchen, müssen wir von Breda wegziehen? Unser ältestes Kind ... sagte: ‚Vati, muß ich jetzt zu einer anderen Schule gehen? Muß ich jetzt andere Freunde suchen? Ich will das gar nicht.'"

Ein Arbeiter: „Ich hab' das jetzt zwei Jahre mitgemacht ... Komplexe habe ich davon gekriegt. Wertlos kam ich mir vor. Das hat sich hinterher gegeben, wo ich mein Zimmer tapeziert hab' und so. Da sah ich, daß ich was Sinnvolles machte ..."

<small>Nach: A. Wacker: Arbeitslosigkeit. Soziale und psychische Voraussetzungen und Folgen. Frankfurt 1977, S. 73f.</small>

② Auch Kinder leiden

Elterliche Dauerarbeitslosigkeit und Armut wirken sich auf die Kinder im schulpflichtigen Alter in ganz ähnlicher Weise belastend aus wie auf die Erwachsenen. Im September 1984 hatten 1 296 026 Kinder (6,7 Prozent aller Kinder in der Bundesrepublik) einen arbeitslosen Elternteil.
Als besonders auffällige Symptome (Anzeichen) wurden Angstzustände, motorische Unruhe, Konzentrationsschwäche und Leistungsabfall beobachtet. Die Anfangsphase der elterlichen Arbeitslosigkeit belastet die Kinder noch ganz schwach. Nach etwa einem Jahr aber, wenn die Rücklagen aufgebraucht sind, läßt sich die Situation nicht mehr verheimlichen. Ein Teil reagiert depressiv, leidet still vor sich hin, ein anderer Teil reagiert aggressiv.

<small>Kölner Stadtanzeiger, 6. 8. 1985</small>

③ Die Arbeitsplatz-Lücke (Angaben in Millionen – ab 1987 Modellrechnung)

	Bis heute					In Zukunft			
	1972	1975	1978	1981	1984	1987	1990	1995	2...
So viele Arbeitsplätze werden gebraucht	27,0	27,2	27,2		28,0	28,7	28,5	28,9	28,8
So viele Arbeitsplätze gibt es tatsächlich	26,7	25,7	25,6		26,0	25,1	25,1	25,1	25,3
Arbeitsuchende Stille Reserve		0,4	0,6	0,7	1,3	1,3	1,4	1,3	1,0
Registrierte Arbeitslose	0,1 / 0,2	1,1	1,0	1,3	2,3	2,1	2,4	2,2	1,7

<small>Globus 5597</small>

7. Arbeit für alle?

7.1 Arbeitslosigkeit – dürre Fakten und menschliche Probleme

Seit den frühen achtziger Jahren sind bei uns im Jahresdurchschnitt mehr als zwei Millionen Menschen arbeitslos gewesen, in der Europäischen Gemeinschaft insgesamt zwischen zehn und zwanzig Millionen. Dabei sind diese Zahlen eher noch zu niedrig. In der Bundesrepublik z. B. werden nur die als arbeitslos gezählt, die sich beim Arbeitsamt als Arbeit suchend gemeldet haben. Viele tun dies nicht mehr, weil sie nicht glauben, daß ihnen das Arbeitsamt zur Zeit eine Stelle vermitteln kann. „Stille Reserve" nennt man diese Menschen.

■ Die Erzählungen in Text 1 geben persönliche Erfahrungen wieder. Was haben diese Menschen erlebt? Worunter leiden, was befürchten sie?

② Text 2 informiert über die Folgen von Arbeitslosigkeit für Familien. Was würde es für euch bedeuten, wenn ihr nur noch die Hälfte eures bisherigen Taschengeldes bekämt?

Das Ausmaß der Arbeitslosigkeit wird meist als *Arbeitslosenquote* ausgedrückt. Damit ist der prozentuale Anteil der Arbeitslosen an der Gesamtzahl aller abhängig Beschäftigten gemeint. In der Bundesrepublik waren 1986 im Jahresdurchschnitt etwa 2,2 Millionen Menschen arbeitslos. Das entsprach einer Arbeitslosenquote von ungefähr 9 Prozent. Diese für die gesamte Bundesrepublik geltende Durchschnittszahl sagt allerdings nichts über die Unterschiede zwischen verschiedenen Regionen oder auch sozialen Gruppen aus, die von Arbeitslosigkeit betroffen sind. Besonders problematisch ist die *Dauerarbeitslosigkeit*. Sie nimmt mit anhaltender Massenarbeitslosigkeit zu.

❸ Was ist in Abb. 3 mit „Arbeitsplatzlücke" gemeint? Was wird für die Zukunft vorausgesagt?

❹ Wie hat sich die Anzahl der Dauerarbeitslosen in den letzten Jahren entwickelt? Tabelle 4 gibt darüber Auskunft. Vergleicht diese Zahlen mit dem Anstieg der Arbeitslosenquote in Abb. 6.

Arbeitslosenquote

4 Die Dauer-Arbeitslosen

Arbeitnehmer, die ein Jahr und länger arbeitslos waren (jeweils September)

Jahr	Anzahl	Anteil
1981	203 390	16%
1982	386 140	21%
1983	608 650	29%
1984	701 700	33%
1985	665 793	28,9%
1986	654 008	29,3%

Bundesanstalt für Arbeit, Nürnberg, 1987

5 Es kann noch schlimmer kommen

Niemand kann heute garantieren, daß die in den Krisenjahren entstandene Arbeitskraftreserve weiterhin freiwillig auf Jobs verzichten wird. Wie leicht diese Reserve zu mobilisieren ist, zeigt der Gang vieler Frauen zum Arbeitsamt, die nach langer Abstinenz (Zurückhaltung) erstmals wieder eine Stelle suchen.

... Auch der zweite Faktor, nämlich die Zuwanderung von Arbeitskräften, kann sich als störendes Element am Arbeitsmarkt erweisen. Zwar ist kurzfristig eine solche Bewegung aufgrund des Eintritts von Spanien und Portugal in die Europäische Gemeinschaft nicht zu erwarten. Eine Übergangsfrist von sieben Jahren schirmt den deutschen Arbeitsmarkt ab. Doch im Januar 1993 fallen diese Beschränkungen. Zudem ist das Problem des Zuzugs von Arbeitern aus der mit der EG assoziierten (vertraglich angebundenen) Türkei noch nicht geregelt.

K. P. Schmid, in: DIE ZEIT, 3. 4. 1986

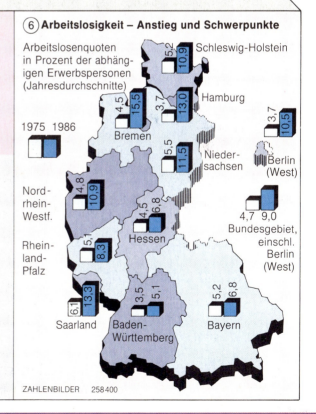

6 Arbeitslosigkeit – Anstieg und Schwerpunkte

Arbeitslosenquoten in Prozent der abhängigen Erwerbspersonen (Jahresdurchschnitte)

1975 1986

Schleswig-Holstein 5,2 / 10,9
Hamburg 5,5 / 15,5 — 3,7 / 13,0
Bremen 4,5 / 5,5 / 11,5
Niedersachsen 5,5 / 11,5
Berlin (West) 3,7 / 10,5
Nordrhein-Westf. 4,8 / 10,9
Hessen 4,5 / 6,8
Rheinland-Pfalz 5,1 / 8,3
Bundesgebiet, einschl. Berlin (West) 4,7 / 9,0
Saarland 6,1 / 13,3
Baden-Württemberg 3,5 / 5,1
Bayern 5,2 / 6,8

ZAHLENBILDER 258 400

7 Warum sie nicht einstellen

Von je 100 befragten Industrieunternehmen nannten als bedeutendes Hemmnis für zusätzliche Einstellungen (Herbst 1985)

Globus 6235

71	Absatzaussichten zu unsicher
67	Lohnnebenkosten zu hoch
59	Löhne und Gehälter zu hoch
56	Entlassungen zu kostspielig/schwierig
53	Keine geeigneten Bewerber
41	Zu geringe Gewinne/Konkurrenzdruck
30	Kein Bedarf wegen Rationalisierung

8 Ursachen der Arbeitslosigkeit

a) Bevölkerungsentwicklung

Vor 15–20 Jahren wurden relativ viele Kinder geboren. Diese drängen nun seit den achtziger Jahren auf den Arbeitsmarkt. Andererseits verlassen ihn sehr viel weniger ältere Menschen in dieser Zeit. Von 1984 bis 1988 übersteigt die Zahl des Berufsnachwuchses die der Berufsabgänger um fast 750 Tausend. Erst ab 1990 wird sich diese Entwicklung umkehren.

b) Nachlassende Nachfrage

– konjunkturelle Arbeitslosigkeit: Ein Grund für Arbeitslosigkeit ist nachlassendes Wirtschaftswachstum. Alle Ursachen, die das Wirtschaftswachstum verringern, tragen in der Regel auch zu Arbeitslosigkeit bei, weil weniger produziert werden muß. (Vergleicht hierzu die Übersicht 6 auf S. 108)
– saisonale Arbeitslosigkeit: Auch diese beruht auf Schwankungen der Nachfrage, nur daß diese nicht von der allgemeinen Wirtschaftsentwicklung, sondern von der Jahreszeit (Saison) abhängen. So nimmt im Winter z. B. die Bautätigkeit ab.

c) Strukturelle Arbeitslosigkeit

– Rationalisierungsfolgen: Auch bei Wirtschaftswachstum kann die Arbeitslosigkeit ansteigen. Durch den Einsatz von Maschinen oder Veränderungen der Arbeitsorganisation wird erreicht, daß eine Arbeitskraft in der gleichen Zeit mehr produzieren kann. Die Folge: Für mehr Produktion sind weniger Arbeitsstunden notwendig.
– Neue Produkte und gesättigte Märkte: In diesem Fall werden die Produkte bestimmter Wirtschaftszweige immer weniger nachgefragt, ohne daß Aussicht auf grundlegende Besserung besteht. Dies kann dadurch geschehen, daß bestimmte Güter zunehmend durch andere ersetzt werden oder die Märkte mit bestimmten Gütern bereits gesättigt sind.
– Internationale Konkurrenz um Arbeitsplätze: Wenn ausländische Produkte erfolgreicher sind als hier produzierte, dann fallen in den betreffenden Wirtschaftszweigen bei uns Arbeitsplätze weg. Beispiele sind die Märkte für Fotoapparate, Filmkameras, Unterhaltungselektronik und Textilien. Häufig hängt das damit zusammen, daß in anderen Ländern die Kosten für Arbeitskräfte (z. B. Löhne, Abgaben für Sozial- und Krankenversicherung) niedriger sind.

Arbeitslosigkeit – wo und wer?

5 Wieso könnte sich die Nachfrage nach Arbeitsplätzen in Zukunft noch erhöhen? Welche zwei möglichen Gründe werden in Text 5, S. 113 genannt?

6 Macht Euch ein Bild von den Arbeitslosenquoten und ihrer Zunahme in den verschiedenen Regionen anhand der Darstellung 6. Stellt die bei „euch" zutreffenden Arbeitslosenquote von 1986 fest und vergleicht sie mit der, die nur für euren Wohnort gilt. Diese Zahl könnt ihr beim zuständigen Arbeitsamt erfragen. Laßt euch die Gründe für die Situation an eurem Wohnort nennen.

7 In UE 2 könnt ihr auf S. 62 nachlesen, welche Gruppen besonders von Arbeitslosigkeit betroffen sind.

7.2 Ursachen der Arbeitslosigkeit

Ursachen für Arbeitslosigkeit gibt es viele. Oft spielen alle gleichzeitig eine Rolle. Ganz allgemein können wir Gründe, die beim Arbeitslosen selbst liegen mögen (z. B. fehlende Berufsausbildung), von solchen unterscheiden, die mit den allgemeinen *Bedingungen am Arbeitsmarkt* zusammenhängen.

8 Welche Gründe geben Unternehmen dafür an, daß sie gegebenenfalls zögern, zusätzliche Arbeitskräfte einzustellen (vgl. Abb. 7)?

9 Lest die Texte 8 a–c aufmerksam durch. Dort werden eine Reihe von möglichen Ursachen der heutigen Arbeitslosigkeit genannt.

10 Erklärt den Unterschied zwischen konjunktureller und struktureller Arbeitslosigkeit mit eigenen Worten.

11 Über Gründe für Rationalisierungen informiert euch auf S. 84ff.

Vernichten Umweltschutz und Technikeinsatz Arbeitsplätze?

Immer wieder werden Maßnahmen zum Schutz der Umwelt und der Rohstoffvorkommen als überzogen kritisiert, weil mit ihnen Investitionen verhindert und Arbeitsplätze gefährdet würden. In der Tat können zum Beispiel Produktionsverbote oder -einschränkungen bei gefährlichen Produkten und Produktionsprozessen zum Verlust von Arbeitsplätzen führen (s. a. S. 247). Ebenso wird der Einsatz neuer Techniken als Arbeitsplatzvernichtung kritisiert. Insbesondere durch die Mikroelektronik kann zunehmend menschliche Arbeitskraft im Produktionsbereich und Büro ersetzt werden. Deshalb wird heute vielfach gefordert, die Einführung von Technik in der Arbeitswelt nicht nur unter dem Gesichtspunkt der Kostensenkung zu bewerten, sondern auch ihre Auswirkungen auf den Arbeitsmarkt zu bedenken.

12 Welche Argumente werden von den Autoren der Texte 9 und 10 gegen diese Vorwürfe ins Feld geführt? Diskutiert die unterschiedlichen Standpunkte.

Arbeitslosigkeit ist nicht nur für die direkt Betroffenen ein Problem. Sie kommt die ganze Gesellschaft teuer zu stehen – und dies nicht nur finanziell.

7.3 Was kann getan werden?

13 Arbeitslosen muß finanziell geholfen werden, damit ihr Lebensunterhalt gesichert ist. In Abb. 11, S. 116, werden die dem Staat und den Sozialversicherungen entstehenden „Kosten der Arbeitslosigkeit" dargestellt. Welche unterschiedlichen Ausgaben bzw. entgangenen Einnahmen werden genannt?

14 Welche politischen Gefahren sieht der Autor von Text 12, S. 116, aus dauerhafter und hoher Arbeitslosigkeit entstehen?

Für die Bürger am sichtbarsten ist die Politik gegen die Arbeitslosigkeit dort, wo dem einzelnen Arbeitnehmer direkt geholfen werden soll, seine Chancen am Arbeitsmarkt zu verbessern. Die *Bundesanstalt für Arbeit* in Nürnberg mit ihren Arbeitsämtern in den Ländern und Gemeinden versucht, Hilfen zu geben – durch *Berufsberatung, Arbeitslosenvermittlung, Umschulungs- oder Arbeitsbeschaffungsmaßnahmen*. Bei Arbeitsbeschaffungsmaßnahmen zahlt das Arbeitsamt für eine bestimmte Zeit Lohn oder Gehalt, wenn ein Unter-

Ansatzpunkt: Der einzelne Arbeitnehmer

Bundesanstalt für Arbeit

---

9 Umweltschutz und Arbeitsplätze

Für die Zukunft der Arbeit, der Wirtschaft und der Umwelt ist es von lebenswichtigem Interesse anzuerkennen, daß sich unter dem Druck der drastischen Verschlechterung der natürlichen Lebensbedingungen die Gewichte zwischen Arbeit und Umwelt verschoben haben. Wirksamer Umweltschutz ist inzwischen zur Voraussetzung für Arbeit und Wirtschaft geworden. ...
Nach einer Untersuchung des Ifo-Instituts von 1985 werden derzeit durch den Umweltschutz direkt oder indirekt rund 400 000 Arbeitnehmer beschäftigt. 180 000 bis 200 000 davon finden direkt in der Umweltschutzindustrie ihre Arbeitsplätze. Damit hat die Umweltschutzindustrie, gemessen an der Zahl der Beschäftigten, bereits die Bereiche Feinmechanik, Optik und Uhren (rund 135 000), den Bereich Druck (rund 140 000), erst recht den Bereich Textil (rund 42 000 Beschäftigte) überholt.

V. Hauff, in: K. v. Haaren u.a. (Hrsg.) Befreiung der Arbeit. Bonn 1986, S. 155f.

10 Ohne technische Neuerungen auskommen?

Das Beschäftigungsproblem wird wohl weltweit ... zu einer immer größeren Sorge werden. Die Bundesrepublik ist ... stärker als jedes andere Land mit der Weltwirtschaft verbunden. ... Deshalb sind wir auch nicht in der Lage, die Automatisierung und den mit ihr verknüpften Verlust an Arbeitsplätzen zu begrenzen, denn wenn die Bundesrepublik nicht auf dem Felde der Automatisierung und Rationalisierung mit ihren weltweiten Konkurrenten Schritt halten könnte, gingen weit mehr Arbeitsplätze verloren, als durch Verlangsamung der Rationalisierung und Automatisierung erhalten werden könnten.
... Trotz der größten Anstrengungen ist es denkbar, daß die Nachfrage nach menschlicher Arbeit nicht mehr so groß sein wird, wie man dies im Interesse der Vollbeschäftigung wünschen würde. Dann muß versucht werden, die knappe Arbeit möglichst gerecht zu verteilen, und zwar so, daß die Fähigkeit der Bundesrepublik, sich auf dem Weltmarkt zu behaupten, nicht angetastet wird.

M. Rommel, in: G. E. Hoffmann (Hrsg.) Schaffen wir das Jahr 2000? Düsseldorf 1984, S. 383

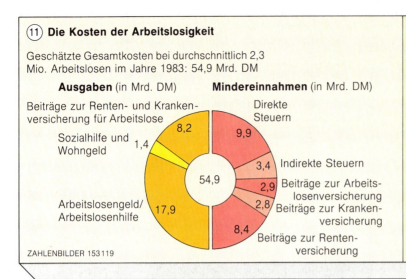

11 Die Kosten der Arbeitslosigkeit

Geschätzte Gesamtkosten bei durchschnittlich 2,3 Mio. Arbeitslosen im Jahre 1983: 54,9 Mrd. DM

Ausgaben (in Mrd. DM)
- Beiträge zur Renten- und Krankenversicherung für Arbeitslose: 8,2
- Sozialhilfe und Wohngeld: 1,4
- Arbeitslosengeld/Arbeitslosenhilfe: 17,9

Mindereinnahmen (in Mrd. DM)
- Direkte Steuern: 9,9
- Indirekte Steuern: 3,4
- Beiträge zur Arbeitslosenversicherung: 2,9
- Beiträge zur Krankenversicherung: 2,8
- Beiträge zur Rentenversicherung: 8,4

ZAHLENBILDER 153119

12 Wachsende Gefahren

Eigentlich müßten wir uns alle zutiefst schämen: Mehr a[ls] zwei Millionen Arbeitslose bedeuten eine wirtschafts- und gesellschaftspolitische Niederlage, an der alle sozialen Gruppen eine Mitschuld tragen...

Es gibt zahlreiche Prognosen (Vorhersagen), wonach d[ie] Beschäftigungskrise sich im Laufe der achtziger Jahre weiter verschärfen wird. Schon in wenigen Jahren könn[te] das Heer der Arbeitslosen auf drei, vier oder gar fünf Millionen wachsen. Ein Narr, wer da annimmt, unsere politische und gesellschaftliche Ordnung würde sich un[ter] einem solchen Druck nicht verändern. Die erstaunliche Ruhe, mit der die Wirtschaftskrise bisher ertragen wurde, wird schon allein deswegen nicht ewig dauern, weil das soziale Netz (soziale Hilfen des Staates und de[r] Sozialversicherungen) einer derart wachsenden Belastung nicht standhalten kann.

M. Jungblut (Hrsg): Krise im Wunderland. München 1983, S. 231 ff.

---

nehmen oder auch eine öffentliche Verwaltung einen Arbeitslosen einstellt. Man hofft, daß die Arbeitnehmer danach leichter eine feste Arbeitsstelle finden.

15 Welche unterschiedlichen Ansichten über Arbeitsbeschaffungsmaßnahmen könnt ihr aus den Stellungnahmen 13 a und b herauslesen?

Staatliche Arbeitsmarktpolitik

Staatliche Politik zur Sicherung und Vermehrung der Arbeitsplätze am Arbeitsmarkt kann unterschiedliche Wege einschlagen:

– Im Bereich der öffentlichen Verwaltung (z. B. Finanzverwaltung, Schulen, Polizei) und der öffentlichen Unternehmen (z. B. Bundespost) kann der Staat selbst Einstellungen veranlassen.

– Etwa 80 Prozent der Arbeitsplätze in der Bundesrepublik befinden sich jedoch in privaten Unternehmen und Organisationen, deren Entscheidungen der Staat nicht direkt beeinflussen kann.

16 Die politischen Parteien streiten um den richtigen Weg aus der Massenarbeitslosigkeit. Die Übersicht 14 stellt Aussagen aus den Wahlprogrammen der im Bundestag vertretenen Parteien für die Bundestagswahl 1987 zusammen. Vergleicht nach folgenden Gesichtspunkten:

– Welche Maßnahmen werden von den einzelnen Parteien angesprochen, welche nicht? Welche werden befürwortet, welche abgelehnt?

– Fertigt eine Liste für jede Partei an und vergleicht, wo gleiche Maßnahmen vorgeschlagen werden und wo Gegensätze zu verzeichnen sind.

– Was sagen die einzelnen Parteien zu staatlichen Beschäftigungsprogrammen, zu Arbeitszeitregelungen (vgl. hierzu auch S. 95), Steuererleichterungen für Unternehmen und Ausbildungs- oder Umschulungsmaßnahmen?

– Ihr könnt Gruppen bilden, die versuchen sollen, die anderen – wie in einem Wahlkampf – von einem bestimmten Programm zu überzeugen.

– Vielleicht ist euch einiges zu unklar und unbestimmt in den Programmen. Schreibt die Pareien an und verlangt klare Auskünfte.

⑬ Wirksame Maßnahmen?

a) Die Zahl der Stellen im Arbeitsbeschaffungsprogramm (ABM) wird nach Angaben des Präsidenten der Nürnberger Bundesanstalt für Arbeit, Heinrich Franke, 1987 um 10% auf etwa 110 000 steigen und sich damit seit 1982 fast vervierfachen.
Die zusätzlich eingesetzten Arbeitskräfte sollen nach seinen Angaben unter anderem im sozialen Bereich, wie zum Beispiel für die Aktion „Essen auf Rädern", aber auch im Umweltschutz tätig sein. Allerdings werde der ABM-Arbeitsplatz kein Ersatz für einen Vollarbeitsplatz sein.
Oft könne allein mit Hilfe dieser Maßnahmen jungen Leuten die erste Berührung mit der Arbeitswelt vermittelt oder älteren Erwerbslosen eine bessere Qualifikation ermöglicht werden. Überdies erreiche die Quote derjenigen, die nach der Beteiligung an dem ABM-Programm eine feste Arbeitsstelle erhielten, etwa 50%.

Süddeutsche Zeitung, 7. 1. 1987

b) Tatsache ist, daß bei hoher Dauer- und Jugendarbeitslosigkeit eine Einrichtung wie die Arbeitsbeschaffungsmaßnahmen nur einem frostigen Verschiebebahnhof gleichkommt. ABM-Kräfte werden auf die gestrichenen Planstellen der kommunalen Dienste gesetzt; über ABM hievt das Sozialamt sozialhilfebedürftig gewordene Arbeitslose wieder in die Obhut der Bundesanstalt für Arbeit, über ABM wird letzten Endes die Arbeitslosenstatistik geschönt. ABM, ein hölzernes Eisen? „Die Maßnahmen greifen", sagt der Duisburger Arbeitsamtchef Rothscheroth, „weil wir keine Alternativen haben. Zumindest sind die Leute von der Straße und das Qualifikationsniveau bleibt erhalten." 1984 wurden in Duisburg immerhin 45 Millionen Mark für ABM ausgegeben, 1235 Menschen hatten eine ABM-Stelle. Zusammen mit den 2200 Arbeitslosen in beruflicher Ausbildung, rechnet er vor, „fängt das zehn Prozent Arbeitslosigkeit ab".

E. Brunner, in: Die Zeit, 21. 2. 1985

⑭ Was wollen die Parteien gegen die Arbeitslosigkeit tun?

CDU/CSU

Wir werden die gefährlich überhöhte Steuer- und Abgabenquote zurückführen. Stabilisierung und Senkung der Lohnnebenkosten ist deshalb ebenso wichtig wie die weitere Senkung der Steuern. Wir lehnen kredit- oder abgabenfinanzierte sogenannte Beschäftigungsprogramme mit Strohfeuereffekt ab.
Neben mehr Investitionen, wirtschaftlichem Wachstum und der Anwendung moderner Technologien ist eine aktive Arbeitsmarktpolitik wichtig.
Berufliche Bildung und Weiterbildung sind die entscheidenden Voraussetzungen dafür, daß die Arbeitnehmer den neuen Anforderungen am Arbeitsplatz gerecht werden. Wir wollen ältere und längerfristig Arbeitslose verstärkt in berufliche Qualifizierungsmaßnahmen einbeziehen, um ihnen dadurch bessere Chancen zur Wiedereingliederung in den Erwerbsprozeß zu geben.
Um den Übergang vom Bildungs- in das Beschäftigungssystem zu erleichtern, müssen wir jungen Menschen ... in engem Zusammenwirken von Wirtschaft und Staat Angebote zur Weiterqualifizierung und Umschulung machen.
Wir haben gesetzliche Hindernisse für mehr Ausbildungs- und Arbeitsplätze beseitigt: Teilzeitarbeit wurde arbeitsrechtlich gesichert und gleichzeitig erleichtert, ebenso der Abschluß von befristeten Arbeitsverträgen für Arbeitslose ...

FDP

Wir Liberalen wollen:
– die Schwarzarbeit mit allen zur Verfügung stehenden Mitteln zurückdrängen;
– Existenzgründungshilfen weiter ausbauen.
Der Staat hat seine Regulierungen (Eingriffe in die Wirtschaft) dahingehend zu überprüfen, ob sie zur Verminderung der Arbeitslosigkeit beitragen. Die FDP fordert dazu auf
– Arbeit durch eine beschäftigungsfreundliche Lohnpolitik rentabler zu machen;
– mehr Differenzierungen (unterschiedliche Löhne) nach Branchen, Regionen und Tätigkeiten zuzulassen;
– das staatliche Vermittlungsmonopol der Arbeitsämter durch Zulassung privater, nicht gewerbsmäßiger Initiativen aufzulockern;
– durch tarifliche und betriebliche Regelungen Überstunden in erheblichem Umfang abzubauen;
– die Arbeitszeiten flexibler zu gestalten;
– wettbewerbs- und kostenneutrale Formen der Arbeitszeitverkürzung zügig weiterzuentwickeln;
– mehr Teilzeitarbeitsplätze zu schaffen;
– berufsqualifizierende Maßnahmen vermehrt zu fördern.

SPD

Wir wollen eine gerechtere Verteilung der Arbeit.
Wir werden durch gezielte öffentliche Investitionen Arbeit schaffen und gleichzeitig Umweltschutz verbessern.
Wir wollen ein Sondervermögen „Arbeit und Umwelt". Damit werden wir schrittweise die Belastungen der Umwelt und gleichzeitig die Massenarbeitslosigkeit abbauen. Das Sondervermögen „Arbeit und Umwelt" ermöglicht privaten und öffentlichen Unternehmen, Gemeinden und Körperschaften des öffentlichen Rechts zinsgünstige Kredite und Zuschüsse für Umweltinvestitionen ...
Ohne andere Formen der Arbeitszeitverkürzung auszuschließen, unterstützen wir die Gewerkschaften auf ihrem Weg hin zur 35-Stunden-Woche.
Statt einer Umverteilung zugunsten von Spitzenverdienern werden wir gezielt Investitionen in Arbeitsplätze, in Unternehmensneugründungen und -erweiterungen stärken. Wir wollen vor allem kleinen und mittleren Unternehmen helfen.
Wir wollen einen umfassenden Ausbau der Weiterbildung.
Wir wollen, daß jede junge Frau und jeder junge Mann eine berufliche Chance erhält ...
Wir wollen, daß überall dort, wo private und öffentliche Arbeitgeber nicht in der Lage sind, ein ausreichendes Ausbildungsplatzangebot sicherzustellen, überbetriebliche und außerbetriebliche Ausbildungsmöglichkeiten geschaffen werden.

GRÜNE

Der Abbau der Massenerwerbslosigkeit kann hauptsächlich durch verschiedene Formen der Arbeitszeitverkürzung erreicht werden: Vorrangig durch eine generelle Verkürzung der Wochenarbeitszeit auf 35 Stunden noch im Jahre 1987.
Die regelmäßige gesetzlich zulässige Höchstarbeitszeit ist von jetzt 48 auf 40 Wochenstunden, die zulässige Mehrarbeit auf zwei Wochenstunden zu begrenzen ...
Der Verkürzung der Arbeitszeit steht das Verlangen der Unternehmer/innen nach ausgedehnter Nutzungszeit der Anlagen mit „flexiblen Arbeitszeiten" gegenüber. Wir GRÜNEN lehnen dieses Konzept der Unternehmer/innen ab, weil es die Menschen noch mehr zu beliebig verfügbaren Objekten im Arbeitsprozeß macht.

Aus den Wahlprogrammen der Parteien, in: Das Parlament, 17. 1. 1987

Die Probleme selber in die Hand nehmen?

Angesichts fehlender Patentrezepte gegen die Massenarbeitslosigkeit greifen viele Arbeitslose zur *Selbsthilfe*. Auch private Organisationen versuchen zu helfen. Und immer wieder sind es einfache Ideen, mit denen auf originelle Weise neue Märkte und Arbeitschancen erschlossen werden.

17 Auf dieser Seite könnt ihr von den unterschiedlichsten Alternativen lesen. Was tun sie? Welche Zwecke sollen jeweils erreicht werden? Von welchen Erfahrungen wird berichtet?

18 Kennt ihr solche Bemühungen auch bei euch? Besucht diese Einrichtungen und Gruppen und befragt sie nach ihren Aktivitäten und Erfahrungen.

---

⑮ **Eigeninitiativen und praktische Hilfen**

a) Jugendwerkstätten
„Die Arbeit hier macht mir Spaß, und ich kann dabei auch was Vernünftiges lernen. Das ist doch viel besser, als auf der Straße herumzuziehen." So beschreibt der fünfzehnjährige Peter Sch. seine Arbeit in der Jugendwerkstatt. Seit ein paar Wochen unterhält der „Internationale Bund für Sozialarbeit/Jugendsozialwerk e. V." in einer ehemaligen Schreinerei eine Werkstatt für arbeitslose Jugendliche ...
Angesprochen werden sollen Jugendliche, die an einer schulischen Weiterbildung nicht interessiert sind, die vom Arbeitsamt nicht in eine Ausbildungs- oder Arbeitsstelle vermittelt werden können oder die nach einigen negativen Erfahrungen mit verschiedenen Stellen resigniert haben. Diesen will die Jugendwerkstatt eine praktische Alternative bieten, um ihnen den Eintritt ins Berufsleben zu erleichtern.
Gearbeitet wird täglich von 8.30 bis 14.00 Uhr. Anschließend wird von allen gemeinsam gekocht. Einmal in der Woche findet eine Gruppensitzung statt, in der die Arbeitsplanung und alle anfallenden Probleme besprochen werden ...
Kölner Stadtanzeiger, 24. 3. 1979

b) Echte Marktlücken?
Jugendlichen Arbeitslosen wieder sinnvolle Beschäftigung zu verschaffen, ist das Ziel der „Aktion soziale Versorgung", einer Maßnahme der Evangelischen Diakonie in Duisburg-Wanheimerort. Hier werden ebenfalls Dienste angeboten: Einkäufe, Besorgungen, Wohnungsrenovierungen für Rentner, Ausländer; Umzüge, Kleintransporte, Aufbereitung von gebrauchten Möbeln für den Fundus des Sozialamtes. „Dabei haben wir", erzählt ein Mitarbeiter, „eine echte Marktlücke entdeckt: Das Abbeizen von Möbeln und Türen. Es riefen schon Schreiner bei uns an, ob wir das für sie machen könnten. Dies könnte also durchaus eine Möglichkeit sein, ein eigenständiges kleines Unternehmen aufzubauen, in dem wirklich neue Arbeitsplätze entstehen".
Mit viel Verve und gutem Willen versuchen die Stadt, die Wohlfahrtsverbände, die Kirchen, die Betriebe, die Gewerkschaft einem Problem Herr zu werden, für dessen Lösung es nur ein Patentrezept gäbe: Arbeitsplätze.
E. Brunner, in: DIE ZEIT, 21. 2. 1985

c) Blitzblume: Eine alternative Idee
Das Geschäft mit Elektroinstallationen und ökologisch orientierter Geräteapparatur (statt chemisch wird vorzugsweise mechanisch entkalkt) läuft gut.
Das Konzept der „Blitzblume" kommt nicht nur der Umwelt, sondern auch der Brieftasche der Kunden zugute. Das Kollektiv rollt zu Reparaturen auf dem Fahrrad an, was die Kosten senkt. Für Rentner und Studenten gibt es Sondertarife, und wenn jemand gerade nicht „flüssig" ist, werden auch Naturalien in Zahlung genommen.
Auch bei Ersatzteilen versucht man, die Kosten so gering wie möglich zu halten. Hemmungen, den Abfall der Wegwerfgesellschaft auszuschlachten, kennt man konsequenterweise nicht. Ein Großteil der Stecker, Schrauben und Trafos stammen ebenso von der Müllkippe, wie die Waschvollautomaten, die hier wieder funktionstüchtig gemacht und dann für einen Bruchteil des üblichen Preises weiterverkauft werden. Daß das Geschäft blüht, dürfte nicht zuletzt auch daran liegen, daß die Leute von der „Blitzblume" auch abends kommen – oder am Sonntagmorgen.
Süddeutsche Zeitung, 16. 2. 1985

d) Unterschiedliche Initiativen im Überblick
Kein Wunder, daß Arbeitslose darüber nachdenken, wie sie sich selber helfen können. Sie organisieren sich in *Arbeitsloseninitiativen*. Dabei überwiegt die Treffpunkt- und Betreuungsfunktion. Arbeitslose treffen sich mit Arbeitslosen, reden über ihre materiellen und vor allem sozialen Schwierigkeiten. Das hilft, die mit Dauerarbeitslosigkeit einhergehende gesellschaftliche (manchmal auch familiäre) Isolierung zu überwinden oder besser zu verkraften.
Der zweite Schritt ist die *Einrichtung von Werkstätten*. Arbeitslose sind ja nicht – entgegen einem (bewußt) weitverbreiteten Vorurteil – unqualifiziert und arbeitsscheu, sondern durchaus leistungswillig und -fähig ...
Ich habe z. B. erlebt, wie eine Arbeitsloseninitiative in einer von ihr eingerichteten und verwalteten Werkstatt Spielgeräte für einen kirchlichen Spielplatz hergestellt und diese an Ort und Stelle aufgebaut hat.
Zugegeben: Mit Initiativen dieser Art ist das eigentliche Problem noch nicht gelöst. Die Menschen bleiben arbeitslos. Dennoch sind diese Selbsthilfemaßnahmen wichtig: für sich allein und als Vorstufe für weitergehende *Selbsthilfeprojekte*, in denen diese Gruppen dann finanziell unabhängig werden – z. B. durch die Gründung eigener Betriebe.
H.-U. Klose, in: K. v. Haaren u. a. (Hrsg.): Befreiung der Arbeit. Bonn 1986, S. 145f.

Mitteilen - Verstehen - Beeinflussen

① Fremde in beiden Ländern?

„Wir wissen gar nicht, wo wir hingehören", sagt Erkan, sechzehn Jahre alt, in der BRD geboren und seit zwei Monaten in der Türkei. ...
„In Deutschland war ich ein Fremder, hier werde ich auch Ausländer genannt. Am liebsten würde ich nach Südamerika auswandern, da wäre ich dann wirklich ein Fremder", meint Öztürk in leicht schwäbischem Dialekt ...
Für die türkischen Rückkehrer, in der Türkei „almanci" (Deutschländer) genannt, ist an der türkischen Schule „nichts richtig". Angefangen bei der Schuluniform, deren Sinn sie nicht einsehen: „Als ich einmal einen etwas modischeren Pullover unter meinem Jackett trug, wurde der Lehrer sehr böse mit mir", erzählt Nejat, ...
„In Deutschland bekamen wir viel weniger Hausaufgaben auf. Hier arbeiten wir nur noch für die Schule und schaffen es doch nicht. Alles muß nacherzählt werden, und da wir so viele türkische Wörter nicht kennen, sitzen wir dreimal so lange an den Texten wie die Schüler, die immer hier zur Schule gegangen sind. Im Unterricht können wir dann trotzdem nicht nacherzählen. Die anderen Türken machen sich dann manchmal über uns lustig, und der Lehrer schimpft mit uns."...
Anmerkung: Diese Antworten sind in dem unten genannten Aufsatz enthalten. In späteren Befragungen hat die Autorin festgestellt, daß sich viele Schülerinnen und Schüler nach einiger Zeit der Eingewöhnung positiver über Schule, Mitschüler und Lehrer äußern. R. Nestvogel, in: Ausländerkinder, Jahrgang 1985, Heft 22, Freiburg, S. 23ff.

1. Nicht verstehen – nicht verstanden werden

Probleme und Folgen

Schwierigkeiten mit der Verständigung sind normal, die Folgen oft eher komisch. Der Tourist, der nicht weiß, daß man in Griechenland für „ja" den Kopf schüttelt, für „nein" nickt, wird schnell lernen. Aber die Folgen können auch schlimm sein. Oft leiden ganze Gruppen darunter, daß sie sich nicht oder nur schlecht verständigen können. Viele der über vier Millionen Ausländer in der Bundesrepublik sind eine solche Gruppe; unter ihnen etwa eine Million Kinder und Jugendliche. In einer besonders schwierigen Lage können sich jugendliche Ausländer befinden, die hier aufgewachsen und wieder in ihr „Heimatland" zurückgekehrt sind.

Verstehen setzt nicht nur gleiche Sprache voraus. Man muß auch etwas über einen anderen wissen, z.B. über die Zeit und Umgebung, in der er lebt oder gelebt hat. Sonst versteht man nur die Worte, aber nicht den Menschen.

1 Von welchen Problemen berichten die Schülerinnen und Schüler in Text 1? Wie könnte man ihnen helfen, und wer könnte es?

2 Zumeist liegt es nicht an der Sprache, wenn Behinderte es in unserer Gesellschaft schwer haben. Viele scheuen den Kontakt mit ihnen, weil sie nicht wissen, wie sie sich Behinderten gegenüber verhalten sollen. In München wollen Behinderte mit ihren Freunden diese Scheu überwinden helfen.

② Verständnis wecken und Befangenheit abbauen

Einen Rollstuhlfahrer hatte natürlich jeder schon einmal gesehen. Aber mit einem gesprochen? „Naa, da traut ma si ned". Und genau diese Scheu wollte der „Club Behinderter und ihrer Freunde" ... überwinden helfen und gleichzeitig erreichen, daß junge Menschen mit Behinderten ungenierter umgehen lernen ...
An der Alfonsschule war Ottmann (ein Behinderter) besonders gefragt, weil er da selbst einmal Schüler gewesen ist.
„Beim Fußball ist es auch passiert", erzählt er. „Ich bin plötzlich hingefallen, und die andern waren natürlich sauer auf mich, weil wir das Spiel dann verloren haben."
Eine Weile danach hätten die Ärzte erst herausgefunden, daß die Krankheit Multiple Sklerose heißt ...
Der zehnjährige Arper wagt die erste Frage: „Mir schläft manchmal der Fuß ein. Ist das so ähnlich?" – „So etwa", sagt Ottmann – „Fühlen Sie sich beleidigt, wenn jemand was Dummes zu Ihnen sagt?" Ottmann zögert. „Die Leute wissen oft gar nicht, was sie sagen." – „Haben Sie noch Freunde, die mit Ihnen spielen?" Pause. Ottmann: „Die alten Freunde sind weniger geworden. Die können mit mir nichts mehr unternehmen. Dafür habe ich viele neue."
Nun scheint der Bann gebrochen. Die Kinder wollen mehr wissen: Wie man „in einem Zustand in die Badewanne kommt". Ob man Diät essen muß? Ob sich die Helfer bei Herrn Ottmann abwechseln, damit „auch manchmal Freizeit" haben? Oder ob er sich in der Wohnung allein zurechtfindet? ...
Am Ende drücken etliche Herrn Ottmann zum Abschied die Hand. Ganz selbstverständlich.

Süddeutsche Zeitung, 28. 11. 86

③ **Bußgeldbescheid**

(Bußgeldbehörde)

(Akten-/Buchungszeichen)

Konten der Bußgeldbehörde:
Zahlung erbeten auf
Girokonto 80068
Hohenz. Landesbank Sigmaringen
oder Postscheckkonto 9791 Stuttgart

Anschrift des Verteidigers/gesetzlichen Vertreters:

Herrn/Frau/Fräulein

Postleitzahl

Geburtstag
Geburtsort
Kreis/Land
Beruf

Geschlecht M-1 W-2   Jugendlicher -1 Heranwachsender-2

folgende Verkehrsordnungswidrigkeit(en) nach § 24 StVG begangen:

Führersch. Kl.   ausgest. am
durch
erweitert auf Kl.   am
KOM/Taxi/Mietwagen/*)-Fsch. ausgest. am
durch
Fahrlehrerschein ausgest. am
durch

Sie haben
am   um   Uhr
in

als Führer/Halter des
Fabrikat   Kennz.
                Anh.
als Radfahrer/Fußgänger
Verl. Vorschriften

④ **Zum Freund:** „So ein Mist, Vierzig Mark soll ich berappen. Dabei ist bei uns schon am zwanzigsten Ebbe in der Kasse. Ich könnte wetten, daß es noch gelb war. Die müssen wohl 'mal wieder die Stadtkasse auffüllen. Und uns Kleine trifft's dann!"

⑤ **Auf der Polizeiwache:**
„Ich kann gar nicht glauben, daß es rot gewesen sein soll. Das müßte ich völlig übersehen haben. So etwas tue ich nie. Wissen Sie, ich war an dem Tag ziemlich aufgeregt und in Eile. Meine Frau erwartet ihr erstes Kind. Und ich wollte schnell nach Hause, weil es jederzeit so weit sein kann."

2. Unterschiedliche Arten, etwas mitzuteilen

Wenn wir etwas mitteilen, dann wollen wir oft nicht nur Tatsachen berichten. Wir versuchen auszudrücken, wie wir eine Situation sehen. Die Art der Mitteilung kann sich ändern je nachdem, wer sie empfangen soll. Vom Empfänger erwarten wir, daß er uns versteht und erhoffen bestimmte Reaktionen.

❶ Vergleicht die drei Texte oben und findet heraus, was sie unterscheidet. Welche Reaktionen werden vom jeweiligen Empfänger erwartet?

Menschen verständigen sich auf vielerlei Weise. Dazu braucht man eine gemeinsame Sprache – sonst kann kein Austausch von Mitteilungen, keine *Kommunikation*, stattfinden. Die gesprochene oder geschriebene Sprache ist nicht unser einziges Verständigungsmittel. Auch die Zeichen der Mathematik und die Noten der Musik bilden Sprachen, die verstanden sein wollen. Durch Gesten und Handlungen teilen wir uns mit. Ein Gesichtsausdruck sagt uns, ob sich jemand freut oder traurig ist. Eine Handbewegung kann einladend oder abweisend sein. Vom Äußeren eines Menschen lesen wir oft seine Eigenschaften ab. Nicht selten irren wir uns dabei und sind dann einem Vorurteil erlegen. Lest dazu S. 32f.

Kommunikation durch gemeinsame Sprache

❷ Wenn Menschen miteinander kommunizieren, dann kann dies im direkten Kontakt oder auch über technische Hilfsmittel geschehen. Diese nennen wir *Kommunikationsmittel*. Dazu werden häufig auch Straßen und Verkehrsmittel gezählt. Überlegt warum?

❸ Im Bildmosaik auf Seite 119 sind verschiedene „Sprachen", *Kommunikationsmittel* und *-situationen* zu erkennen. Wie unterscheiden sie sich?

❹ Welche Kommunikationsmittel habt ihr zu Hause? Zu welchen Zwecken und wann verwendet ihr sie? Welche benutzt ihr am häufigsten?

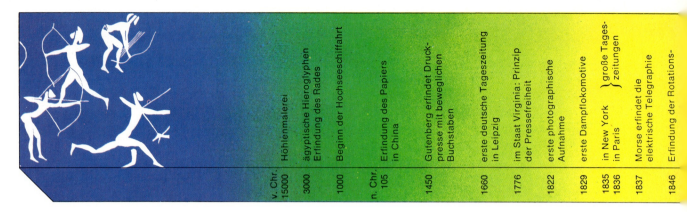

v. Chr. 15000	3000	1000	n. Chr. 105	1450	1660	1776	1822	1829	1835 1836	1837	1846
Höhlenmalerei	ägyptische Hieroglyphen Erfindung des Rades	Beginn der Hochseeschiffahrt	Erfindung des Papiers in China	Gutenberg erfindet Druckpresse mit beweglichen Buchstaben	erste deutsche Tageszeitung in Leipzig	im Staat Virginia: Prinzip der Pressefreiheit	erste photographische Aufnahme	erste Dampflokomotive	in New York in Paris } große Tageszeitungen	Morse erfindet die elektrische Telegraphie	Erfindung der Rotations-

3. Kommunikationsmittel

3.1 Zum Leben und Überleben

„Auf der Autobahn bei Köln ist ein PKW mit hoher Geschwindigkeit auf einen LKW geprallt. Die beiden PKW-Insassen sind schwer verletzt ..."

▌ Notiert, was alles von diesem Zeitpunkt an geschehen sollte. Welche Informationen müssen jetzt eingeholt oder weitergegeben werden – angefangen mit dem Aufstellen eines Warndreiecks bis zur Ermittlung der Blutgruppe? – Welche Personen treten miteinander in Verbindung? – Was wollen sie erreichen – vom Anruf beim Notarzt bis zur Schadensregelung durch die Versicherungen? Welche Mittel werden benutzt, um sich gegenseitig zu verständigen?

Am Beispiel des Unfalls sehen wir, wie weit verzweigt und vielfältig Verständigung und Zusammenwirken sein müssen, damit wir in dieser Gesellschaft zusammen leben und im Notfall auch überleben können. Als die Menschen alles, was sie zum Leben brauchten, noch in der eigenen Familie herstellten oder in ihrem Dorf vorfanden, benötigten sie nur einfache Hilfsmittel, um sich zu verständigen. Fast alles konnten sie regeln, indem sie direkt miteinander sprachen. Heute sind wir auf komplizierte Techniken angewiesen, um uns über weite Strecken hinweg zu benachrichtigen, zu verständigen und zu bewegen. Die Bilder 1, 2 und 3 zeigen Stationen dieser Entwicklung.

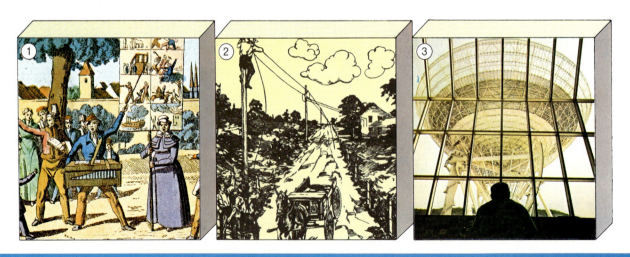

1879	1885	1897	1903	1906	1913	1926	1936	1937	1946	1954	1961	1962	1969	1980	1982
elektrische Eisenbahn	Auto mit Benzinmotor	drahtlose Telegraphie (Funk)	Motorflugzeug	erste Rundfunksendung in den USA	Paris 92 000 Telefon- New York 500 000 apparate	erster Tonfilm	erste regelmäßige Fernsehsendungen in England	Düsenflugzeuge	erste Computergeneration	Erdsatelliten	Beginn der bemannten Weltraumfahrt	Satellitenübertragung zwischen USA und Europa	erster Mensch auf dem Mond	Glasfasern als Übertragungsmittel	Erste Versuche mit Bildschirmtext in der Bundesrepublik Deutschland

3.2 Computer, Satelliten und neue Kabel

Zwei technische Erfindungen haben die Möglichkeiten der Kommunikation und Information in modernen Gesellschaften sehr verändert: die Entwicklung von *Computern* (elektronische Datenverarbeitungsanlagen – EDV) und von neuen Übertragungsmitteln wie *Satelliten* oder besondere *Kabel*.

Mit Computern kann man sehr viele Daten (Informationen) festhalten (speichern) und rasch miteinander kombinieren. In den vergangenen Jahren sind diese Geräte immer leistungsfähiger und billiger geworden. In fast allen Unternehmen, Verwaltungen und auch zu Hause sind sie zu finden.

Die Satellitentechnik ermöglicht es, gesprochene und geschriebene Texte sowie Bilder kabellos an jeden Punkt der Erde zu übermitteln. Mit neuartigen Kabeln können viele Informationen gleichzeitig, schnell und zuverlässig weitergeleitet werden – z. B. mehrere Tausend Telefongespräche in einem haardünnen Glasfaserkabel.

2 Die drei Beispiele unten nennen mögliche Anwendungen dieser Techniken. Euch fallen bestimmt weitere ein!

4 Computer ermitteln perfekt

„... Selbst wenn Gangster Stimme, Schrift oder Aussehen verändern, soll ihnen das in Zukunft kaum noch nützen: Sprechproben, aus denen der Computer unverwechselbare Eigenarten herausgefiltert hat, werden dann in den Datenbanken der Sicherheitsbehörden neben dem Bild eines Täters gespeichert sein... Die Computer sind heute in der Lage, aus einem Blutstropfen am Tatort das Geschlecht des Verbrechers zu bestimmen. Glassplitter eines zerschossenen Autoscheinwerfers können Wissenschaftler einer Tagesproduktion des Herstellers zuordnen... Ein Milliardstel Gramm LSD am Anzug eines Rauschgifthändlers reicht dem Computer zur Überführung des Verdächtigen..."

Kölner Stadtanzeiger, 25. 10. 1978

5 Lebensrettende Informationen

„...Datenbanken haben durchaus meßbare Vorteile, zum Beispiel im medizinischen Bereich. Schweden etwa hat sehr gute Erfahrungen mit einer zentralen Krankheitsdatei gemacht. Unfallopfer konnten schneller und besser verarztet werden, weil alle relevanten Daten – von der Blutgruppe über Allergien bis zu früheren Behandlungen – in Minuten vorlagen. Niemand wird leugnen, daß eine Zentraldatei aller Organspender und solcher, die auf eine Organtransplantation (Übertragung) warten, von Vorteil ist. Keiner sollte freilich die Augen davor verschließen, daß jeder Vorteil mit dem Nachteil des möglichen Mißbrauchs erkauft wird."

Die Diktatur der Daten, in: DIE ZEIT, 15. 5. 1978

6 Blick aus dem Weltraum

„Über 500 Tonnen Marihuana im Wert von 800 Millionen Mark fielen jetzt der amerikanischen Küstenwacht in die Hände... dank zweier Satelliten... Geheimagenten hatten in kolumbischen Häfen beobachtet, wie das Rauschgift auf Schiffe verladen wurde. Sie verständigten die US-Drogenbehörde, die wiederum die Marine um Hilfe bat. Zwei Überwachungssatelliten verfolgten den Weg der Schiffe. Dann schlug die Küstenwacht zu, als das Marihuana von den Frachtern auf Jachten umgeladen wurde – 360 Kilometer vor der US-Küste im Golf von Mexico. Die US-Marine ist, seitdem sie 1976 zwei Satelliten für Meeresüberwachung startete, in der Lage, ständig die Position von Schiffen zu verfolgen."

Kölner Stadtanzeiger, 15. 9. 1978

1 Man kennt uns

Computerbekannt wie die Weltanschauung von Millionen Bundesbürgern sind Details aus ihrer Arbeitswelt und Freizeit. Wo sie ihren Urlaub verbracht haben, wieviel Miete sie zahlen, ob sie oft oder selten den Arbeitsplatz wechseln, ob sie ihren Teilzahlungsverpflichtungen regelmäßig nachkommen, ob sie Alimente zahlen müssen, wieviel Kubikmeter Wasser sie pro Monat verbrauchen ... es ist gespeichert in den EDV-Anlagen von Reiseunternehmen, Kreditinstituten, Arbeitsbehörden, Versandhäusern, Universitätskliniken, Schallplattenringen, Banken, Stadtwerken, Rathäusern, im Flensburger Bundesamt, im Ausländerzentralregister.

DER SPIEGEL, 26. 11. 1973

2 Urlauber im Polizeicomputer

Die persönlichen Daten von Allgäu-Urlaubern sind in den letzten Jahren regelmäßig mit dem Inpol-Computer des Bundeskriminalamts verglichen worden, in dem aktuelle Fahndungen gespeichert werden. Während die Feriengäste nachts in ihren Betten schlummerten, wurden ihre Angaben auf den Hotelmeldezetteln von Beamten der Grenzpolizei in den Computer eingetippt. Das bayerische Innenministerium hat nach eigenen Angaben „diese Praxis inzwischen abgestellt" und spricht von einer „Fehlinterpretation des Meldegesetzes". Der Landesbeauftragte für den Datenschutz sieht bei den Gemeinden eine „unzulässige Datenübermittlung"....

Süddeutsche Zeitung, 31. 1. 1984

3 Einfach vergessen!

Marion S. bewegt nach dem Tod ihres Mannes eine Sorge: Sie möchte die finanzielle Zukunft ihrer Kinder absichern. Doch monatelang versucht sie vergeblich, eine Lebensversicherung abzuschließen. Nach einem halben Jahr kommt sie bei einem Autounfall ums Leben. Die Kinder bleiben unversorgt. Den Grund für die Ablehnung ihrer Versicherungsanträge erfuhr die Frau nicht mehr: Vor Jahren hatte ihre Krankenversicherung die offene Tuberkulose der Marion S. in deren Personaldaten eingespeichert. Das Unternehmen versäumte es jedoch nicht nur, nach Ausheilung der Krankheit die Daten zu korrigieren; es hatte sie auch an andere Versicherungen weitergegeben.

Kölner Stadtanzeiger, 9. 8. 1978

4. Daten werden gebraucht – und mißbraucht

4.1 Wer soll was wissen?

Die Entwicklung leistungsstärkerer Computer, der Aufbau umfassender Datenbanken und deren Verknüpfung scheinen unaufhaltsam. Man ist auf sie angewiesen, wenn der Bankkassierer auf Knopfdruck den Kontostand überprüfen will. Im Reisebüro werden Reisen über Computer gebucht. Mit Hilfe von Rechenanlagen werden Rentenansprüche ausgerechnet und Überweisungen veranlaßt. Die Polizei kann sekundenschnell überprüfen, was über eine Person an Informationen vorliegt. Viele Daten müssen gesammelt und verglichen werden, damit sich ausbreitende Krankheiten oder auch Umweltverschmutzungen beobachtet und bekämpft werden können.

▎Aber: Daten können auch in falsche Hände geraten oder unachtsam verwendet werden. Lest die Texte oben und unten. Sicher findet ihr weitere Beispiele, wo Daten über uns gespeichert werden. Welche Informationen über euch sollten auf keinen Fall in einer Datenbank sein? Warum nicht?

4 Adreßaufkleber mit Patientendaten

Was geht es einen Taxifahrer an, der im Auftrag eines Krankenhauses einen Krankenhauspatienten zu befördern hat, wann sein Fahrgast Geburtstag hat, welchen Beruf er ausübt, zu welcher Religionsgemeinschaft er sich bekennt, ob er ledig, verheiratet oder geschieden ist, wie seine Versicherungsverhältnisse sind? Was hat die Krankenkasse, das Sozialamt ... zu interessieren, welcher Konfession der Patient angehört, welchen nahen Angehörigen das Krankenhaus im Ernstfall verständigen soll? Weshalb muß ein Krankenhauspfarrer zur Kontaktaufnahme mit dem Patienten auch die Versicherungsverhältnisse des Patienten wissen?...

Solche und noch eine ganze Reihe weiterer ähnlicher Fragen stellen sich, wenn man sieht, wie zahlreiche Krankenhäuser im Land mit Adreßaufklebern umgehen. Solche Aufkleber lassen die Krankenhausverwaltungen unmittelbar nach der Aufnahme eines Patienten mit Hilfe der EDV herstellen. Sie enthalten in der Regel nicht nur die reinen Adreßdaten; aus ihnen sind meist alle Angaben zu ersehen, die die Krankenhausverwaltung bei der Aufnahme über die einzelnen Patienten erhebt. ...

Um sich Schreibarbeiten zu ersparen, bringen die Krankenhausverwaltungen solche Aufkleber auf Karteikarten, Krankenakten und sonstigen Unterlagen an, stellen sie dem Pfortendienst zur Verfügung, verwenden sie beim Schriftwechsel mit Kostenträgern (z. B. Krankenkassen), mit Sozialstationen und überlassen sie auch Krankenhausseelsorgern. Auch wenn nicht überall so verfahren wird: es gibt immer noch viel zu viele Krankenhäuser, die sich solch umfangreicher Adreßaufkleber undifferenziert bedienen ...

6. Tätigkeitsbericht der Landesbeauftragten für den Datenschutz in Baden-Württemberg 1985

⑤ Das Bundesverfassungsgericht 1983: „Recht auf informationelle Selbstbestimmung"

Freie Entfaltung der Persönlichkeit setzt unter den modernen Bedingungen der Datenverarbeitung den Schutz des einzelnen gegen unbegrenzte Erhebung, Speicherung, Verwendung und Weitergabe seiner persönlichen Daten voraus. Dieser Schutz ist daher von dem Grundrecht des Art. 2 Abs. 1 in Verbindung mit Art. 1 Abs. 1 GG umfaßt. Das Grundrecht gewährleistet insoweit die Befugnis des einzelnen, grundsätzlich selbst über die Preisgabe und Verwendung seiner persönlichen Daten zu bestimmen. Dieses Recht auf ‚informationelle Selbstbestimmung' ist nicht schrankenlos gewährleistet. Der einzelne hat nicht ein Recht im Sinne einer absoluten, uneinschränkbaren Herrschaft über seine Daten; er ist vielmehr eine sich innerhalb der sozialen Gemeinschaft entfaltende, auf Kommunikation angewiesene Persönlichkeit. Information, auch soweit sie personenbezogen ist, stellt ein Abbild sozialer Realität dar, das nicht ausschließlich dem Betroffenen allein zugeordnet werden kann.

Das Parlament, 31. 12. 1983

⑥ Grundgesetz Artikel 1 (Auszug)
(1) Die Würde des Menschen ist unantastbar. Sie zu achten und zu schützen ist Verpflichtung aller staatlichen Gewalt.

Grundgesetz Artikel 2 (Auszug)
(1) Jeder hat das Recht auf die freie Entfaltung seiner Persönlichkeit, soweit er nicht die Rechte anderer verletzt und nicht gegen die verfassungsmäßige Ordnung oder das Sittengesetz verstößt.

⑦ Daten-Kontoauszug?
Der hessische Datenschutzbeauftragte Spiros Simitis hat einen „Daten-Kontoauszug" für jeden Bürger gefordert, damit dieser regelmäßig und umfassend über seine bei den Behörden gespeicherten Daten informiert sei. „Es ist überflüssig ein Auskunftsrecht zu haben, wenn niemand weiß, was an Daten über ihn gespeichert ist", sagte Simitis bei der Vorlage seines Tätigkeitsberichts. Datenschutz sei nur glaubwürdig, wenn die Betroffenen die Speicherung der Daten jederzeit nachvollziehen und überprüfen könnten.

Kölner Stadtanzeiger, 22. 2. 1985

4.2 Datenschutz – ein Grundrecht

In der Bundesrepublik gibt es seit 1978 ein *Datenschutzgesetz* und einen *Bundesbeauftragten für den Datenschutz*. Auch die Bundesländer haben solche Einrichtungen. Die Bürger sollen davor geschützt werden, daß Daten von ihnen unerlaubt gesammelt werden, rechtmäßig gesammelte Daten falsche Angaben enthalten oder in falsche Hände geraten. 1983 hat das Bundesverfassungsgericht im sogenannten Volkszählungsurteil das „Recht auf informationelle Selbstbestimmung" zu einem Grundrecht erklärt. Staatliche Stellen dürfen von den Bürgern persönliche Daten z. B. nur dann verlangen, wenn dies etwa für eine ordnungsgemäße Verwaltung notwendig und rechtlich eindeutig geregelt ist.

2 Lest hierzu den Auszug aus dem Gerichtsurteil in Text 5, ebenso die Grundgesetzabschnitte, auf die sich das Urteil bezieht.

3 Warum wird in Text 7 ein Datenkontoauszug gefordert?

4 Diskutiert über die unterschiedlichen Erwartungen, die die Autoren der Texte 8 und 9 zum Ausdruck bringen.

⑧ Eine „positive" Zukunftserwartung
‚Ganz bestimmt wird sich der Begriff der Privatsphäre stark verändert haben. Es wird natürlich eine ganze Weile dauern, bis sich die Öffentlichkeit damit abfindet, daß die Maschinen so gut wie alles über jeden wissen. Doch dieser Prozeß wird nicht aufzuhalten sein ... Die meisten Leute würden sogar höchst entsetzt reagieren, wenn sie erführen, daß die Maschinen nicht vollständig über sie informiert sind. Denn dadurch könnten einem unter Umständen bestimmte Vorteile nicht zugute kommen ...'

Martin u. Norman: Halbgott Computer, 1972, S. 458.

⑨ Computer können auch Verbrechern dienen
Der folgende Text ist erfunden. Der Autor fragt sich, was passiert wäre, wenn die von 1933–1945 in Deutschland herrschenden Nationalsozialisten über moderne Informationstechniken verfügt hätten.

„Ende Oktober 1938 herrscht im Reichsinnenministerium in Berlin hektische Betriebsamkeit. ‚Ganz oben' ist beschlossen worden, ein Pogrom (Verfolgung) gegen die jüdischen Mitbürger zu inszenieren (durchzuführen).
Der Berliner Zentralcomputer fragt die Landesadreßregister ab ... Wo in der Spalte Religionszugehörigkeit die Abkürzung ‚jüd' steht, liegt der Fall klar. Bei der Eintragung ‚konf. los' überprüft der Rechner Familien- und Vornamen und vergleicht sie mit einer vom SS-Sippenamt vorbereiteten Liste typisch jüdischer Namen ...
Diese Schilderung ist eine Fiktion (Erfindung). Zwar gab es die genannten Gesetze und Verordnungen, aber über den Computer verfügten die Nationalsozialisten nicht ... Die Geschichte sollte nur demonstrieren, daß es keine ‚harmlosen' Daten gibt ..."

Die Diktatur der Daten in: DIE ZEIT, 12. 5. 1978

⑩ Neue Techniken – Möglichkeiten und Probleme

a) Computer stehen heute nicht mehr nur als Großcomputer in zentralen Rechenzentren. Mittlere und kleinste Rechenanlagen finden heute in einzelnen Behörden und Abteilungen Anwendung oder stehen sogar direkt am Arbeitsplatz (Personal Computer). Das kann die Arbeit erheblich erleichtern; denn die Sachbearbeiter können die Geräte so einsetzen, wie es die besondere Arbeit erfordert. Gleichzeitig erhöht sich jedoch die Zahl der Stellen, an denen persönliche Daten gespeichert und verarbeitet werden. Das erschwert den Datenschützern den Überblick und die Kontrolle.

b) Immer mehr Computer und damit auch Datenbanken lassen sich über Leitungen der Post miteinander verbinden (vernetzen). Dies beschleunigt den Austausch von Daten. Die Vorteile liegen auf der Hand. So müssen z. B. Anträge an Behörden nicht mehr langwierig von einem zum anderen Amt „wandern". Die Sachbearbeiter können – oder könnten – sich die notwendigen Informationen aus anderen Datenbanken direkt auf den Bildschirm holen und hierdurch lange Wartezeiten abkürzen. Der Nachteil: Auch hier fällt es immer schwerer zu durchschauen, wer Zugang zu welchen Daten hat.

c) Der direkte Zugriff auf persönliche Daten wird durch den neuen maschinenlesbaren Personalausweis noch erleichtert. An der Grenze braucht der Grenzbeamte die Plastikkarte nur in ein Lesegerät zu schieben, um in Sekundenschnelle zu erfahren, ob die betreffende Person polizeilich gesucht wird oder ob sie aufgrund gespeicherter Eigenschaften von Gesuchten als verdächtig gilt. Verbrecher können hierdurch schneller gefunden werden, Unschuldige aber auch schnell ohne ihr Wissen in Kriminaldateien geraten und dadurch möglicherweise bei der Stellensuche – wiederum ohne es zu ahnen – benachteiligt werden.

⑪ Schutz durch Datenverweigerung?

Das wichtigste Recht steht allerdings nicht im Gesetz, es ist das Recht auf (Datenverweigerung) ... Ich persönlich werde nur noch in dringendsten Notfällen Daten über mich an irgendwelche privaten oder öffentlichen Stellen geben. Wenn ich auf Grund der gesetzlichen Vorschriften dazu gezwungen werde, werde ich genau nach der Rechtsgrundlage für diese Datensammlungen fragen. Wenn ich das weiß, werde ich mich jeweils erkundigen, an welche Stellen welche Daten weitergegeben werden. Und wenn mir die speichernde Stelle das nicht sagen kann oder will, werde ich einfach jede Auskunft verweigern.

W. Steinmüller, in: DIE ZEIT, 12. 5. 1978

⑫ An wen man sich wendet

Personaldaten werden in zahlreichen Dateien der öffentlichen Verwaltung und der Privatwirtschaft gespeichert. Im öffentlichen Bereich: Einwohnermeldeamt, Finanzamt, Gesundheitsamt, Schulbehörde und viele andere mehr. In privaten Datenverarbeitungsanlagen bei: Versicherungen, Banken, Waren- und Versandhäusern, Auskunftskarteien, Adreßverlagen, aber auch Gewerkschaften, Parteien und Verbänden.
Alle diese Dateien sind verpflichtet, jedem Bürger auf Anfrage mitzuteilen, was sie über ihn an Daten gespeichert haben. Ausgenommen sind: der Geheimbereich (Polizei, Nachrichtendienste, Staatsanwaltschaft, Finanzbehörden und das Verteidigungsministerium) und unter bestimmten Voraussetzungen auch private Dateien. Sollte eine Auskunft verweigert werden ... kann Beschwerde eingelegt werden. Zuständig für den Bereich der Bundesbehörden ist der Bundesdatenschutzbeauftragte, Graurheindorfer Straße 198, 5300 Bonn 1. In den Bundesländern gibt es Landesbeauftragte für den Datenschutz.

Kölner Stadtanzeiger, 9. 8. 1978

Technik, Verwaltung und Datenschutz

Inzwischen kann man von einem Wettlauf zwischen fortlaufend neuen technischen Möglichkeiten und dem Versuch der Datenschutzbeauftragten sprechen, die Bürger vor unberechtigter Neugierde der öffentlichen und privaten Verwaltungen zu schützen. Die Befürworter hoffen, daß die Arbeit der Verwaltungen durch moderne Techniken preiswerter, schneller und auch bürgerfreundlicher wird. Die Zweifler stehen auf dem Standpunkt, daß staatliche Stellen und auch private Verwaltungen nicht zuviel über die einzelnen Menschen wissen sollten. Wissen sei Macht, und diese könne auch mißbraucht werden. Der Schutz des einzelnen sei wichtiger als reibungslose Verwaltungen und schnelle Fahndungsmöglichkeiten der Polizei.

5 In Text 10 werden Vorteile und auch die Datenschutzprobleme bei neuen Entwicklungen in der Informations- und Kommunikationstechnik beschrieben. Überlegt selber Anwendungsmöglichkeiten und beurteilt sie.

6 Diskutiert die Standpunkte der Befürworter und Gegner anhand der Beispiele, Meinungen und Zukunftserwartungen auf den Seiten 124 f.

7 Die Texte 11 und 12 geben Ratschläge. Wie beurteilt ihr das Verhalten des Autors im ersten Fall? Laßt euch von den Bundes- und Landesdatenschutzbeauftragten Jahresberichte schicken und untersucht sie.

5. Macht und Einfluß durch Informationskontrolle

🔷 Lest zunächst Text 1 genau durch und schreibt auf, welche Maßnahmen von den Militärs ergriffen wurden. Nach kurzer Zeit hatten die putschenden Offiziere vollkommene Kontrolle über das Land und errichteten eine Diktatur. Tausende von Gegnern der neuen Machthaber wurden vertrieben oder gefangengenommen, gefoltert und ermordet. Schaut euch die einzelnen Maßnahmen noch einmal an. Welchen Zweck sollten sie erfüllen?

🔷 Im Beispiel von Text 2 wurde die Weitergabe von Informationen ebenfalls eingeschränkt. Vergleicht die beiden Fälle. Vergleicht die Maßnahmen, den Umfang der Einschränkungen und ihren Zweck. Würdet ihr im zweiten Fall die Einschränkungen rechtfertigen können? Für welchen Zeitraum würdet ihr eine solche Nachrichtensperre dulden? Was müßte sofort danach geschehen? Wissen eröffnet Handlungsmöglichkeiten, gibt Macht. Nichtwissen bedeutet Ohnmacht. In unseren beiden Beispielen wird *Wissen* absichtlich *ungleich verteilt, um Macht ungleich zu verteilen*. In Chile soll die Bevölkerung nicht wissen und nicht handeln können. Wer ist es im zweiten Beispiel?

Die Militärs haben das gemacht, was bei Staatsstreichen und Revolutionen regelmäßig geschieht und in Diktaturen immer eine große Rolle spielt. Informationssammlung und -verteilung werden nach Möglichkeit zentral gesteuert. Denn wer die Informationsstellen in der Hand hat und die öffentliche Kommunikation in einem Land überwachen kann, der kontrolliert eines der wichtigsten Machtmittel.

Wir haben jetzt gesehen, wie unter extremen Bedingungen Kommunikation eingeschränkt wurde. Aber es ist eine alltägliche Sache, daß nicht jeder jede Information erhält und nicht alle in gleicher Weise entscheiden, welche Informationen gesammelt und wie sie verteilt werden.

Nachrichtensperren
– um handlungsfähig zu sein

– als Unterdrückungsinstrument

---

① Nach einem Militärputsch

Am 11. 9. 73 stürzten Militärs Salvador Allende, den demokratisch gewählten Präsidenten Chiles. Sie ergriffen folgende Maßnahmen. „Die Chilenen wurden in den Sendungen aufgerufen, sich nicht ohne Ermächtigung durch das Militär auf die Straße zu begeben. Geschäfte, Fabriken und Behörden seien geschlossen, Zeitungen könnten nicht erscheinen."
„In der Nacht zum Freitag wurden die Nachrichtenverbindungen über Telephon und Telex zwischen Chile und dem Ausland wiederhergestellt, während der Personenverkehr weiterhin verboten bleibt. Die Militärregierung ordnete an, daß Nachrichten aus Chile nur von den amtlich registrierten Korrespondenten der Militärs übermittelt werden dürfen. Ihnen ist auferlegt, nur die von der Zensur freigegebenen Meldungen weiterzugeben. In Chile selbst dürfen nur die Radiostationen der Militärs, der staatliche Fernsehkanal 13 sowie zwei (die Militärs unterstützende) Tageszeitungen Informationen verbreiten."
Süddeutsche Zeitung, 13. 9. und 15./16. 9. 1973

② Nach einer Entführung

1977 wurde der Präsident des Bundesverbandes der Deutschen Industrie, Hanns Martin Schleyer in Köln entführt. Die Entführer verlangten die Freilassung von Häftlingen in deutschen Gefängnissen. Einige Tage später wurde ein Passagierflugzeug entführt, um den Forderungen Nachdruck zu verleihen. Die Entführer drohten mit der Ermordung von Hanns Martin Schleyer und der Passagiere, falls die Bundesregierung nicht auf die Forderung eingehen würde. In Bonn trat über Wochen hinweg täglich ein Krisenstab zusammen. Dort wurde besprochen und entschieden, wie man sich gegenüber den Entführern verhalten und wie die Fahndung koordiniert werden sollte. Während dieser Wochen wurde eine auf die Entführungsfälle beschränkte Nachrichtensperre verhängt. Von den Beratungen des Krisenstabes und den Aktionen der Fahnder und Befreiungstrupps sollte nichts an die Öffentlichkeit gelangen. Die Entführer sollten über die Massenmedien keine Hinweise erhalten können. Man befürchtete Panik in der Bevölkerung könne nüchterne Entscheidungen der Regierung unmöglich machen.

3 Wissen behalten – Wissen verteilen

Richard ist in Mathe ein As. Als einziger hat er eine Hausaufgabe lösen können. Vor der Stunde fragen ihn einige nach dem Lösungssatz. (Man weiß, daß der Mathelehrer meist einen an die Tafel holt, um die Hausaufgaben vorzurechnen.) Richard windet sich und meint, er wolle nichts sagen, weil er sich seiner Sache nicht sicher sei. Seinem Freunde Erich gibt er vertraulich einen Tip. In der Stunde meldet sich nur Richard für die Aufgabe.

4 Wem was sagen?

Mindestens zweimal im Jahr ist Elternsprechtag. Bei Herrn A weiß der Klassenlehrer, daß er ihm klaren Wein einschenken kann. Herr B dagegen reagiert sehr empfindlich, wenn man etwas an seiner Tochter auszusetzen hat. Bei ihm geht der Klassenlehrer behutsamer vor. Frau C bekommt meist nicht alles zu hören und vorwiegend Positives. Von ihr weiß man, daß sie sehr streng gegenüber ihrem Sohn ist. Die Schüler sind bei solchen Gesprächen nicht anwesend. Manche Eltern unterhalten sich zu Hause ausführlich mit ihren Kindern über das, was gesprochen wurde, manche gar nicht.

Kommunikationsabläufe verstehen

🕃 Die Texte 3 und 4 beschreiben Situationen in der Schule. Was tun die einzelnen Personen? Überlegt euch ihre Gründe und versucht, sie zu beurteilen. Will man wissen, wie in einer Gruppe Einfluß und Macht verteilt sind, dann geben folgende Fragen wichtige Hinweise: Wer erhält die wichtigsten Informationen? Wer kann Informationen zurückhalten bzw. verteilen? Wer kann in die Kommunikation anderer eingreifen?

Wir unterscheiden grundsätzlich Situationen, in denen die Kommunikation in nur eine Richtung verläuft von solchen mit beidseitiger Beteiligung (vgl. 5 und 6). Beim hierarchischen Kommunikationsablauf (7) stehen „Untergebene" nur mit dem oder den direkten Vorgesetzten in Verbindung, allenfalls noch mit Kollegen der gleichen Ebene. Zentralisiert (8) ist ein Kommunikationsablauf, wenn nur eine zentrale Stelle mit allen anderen kommuniziert, allseitig (9), wenn alle mit allen kommunizieren.

🕂 Wie verläuft die Kommunikation bei Fernseh- oder Rundfunksendungen normalerweise zwischen Sendern und Empfängern?

🕁 Beschreibt die Kommunikationsabläufe in einigen Abb. auf S. 119.

🕆 Welche der aufgezeichneten Kommunikationsabläufe 7 bis 9 erleichtern die Kontrolle durch einen oder wenige?

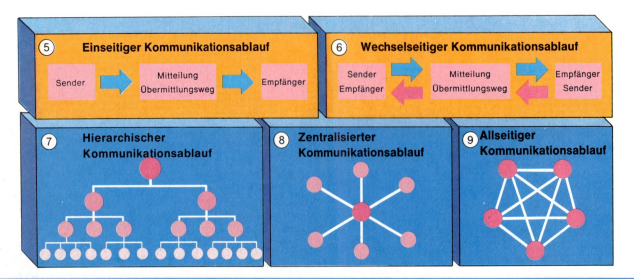

6. Lücken und Lawinen

Was morgens in Asien und Afrika geschieht, erfahren wir schon nach wenigen Stunden in Radio und Fernsehen, am nächsten Tag in den Zeitungen. Presseagenturen und Korrespondenten in aller Welt berichten von den verschiedensten Ereignissen. Auch aus unserer nächsten Umgebung erreichen uns ständig Neuigkeiten. Wir sprechen deshalb auch von einer *Informationslawine.* Trotzdem erfahren wir nur einen Bruchteil von dem, was in der Welt geschieht. Ein Beispiel: Bei der Redaktion der Tagesschau des Deutschen Fernsehens in Hamburg gehen täglich etwa 100 000 Wörter Nachrichten ein. Nur 2000–3000 werden ausgewählt und gesendet.

Nur ein Bruchteil dessen, was an Informationen und Meinungsäußerungen schließlich zur Verfügung steht, kommt auch tatsächlich beim Leser, Zuhörer oder Zuschauer an. Dafür gibt es viele Gründe: z. B. Zeitmangel, bestimmte Interessen und Neigungen. Aber auch die finanzielle Situation spielt eine Rolle. *Kommunikationsmittel* – dazu kann man auch Verkehrsmittel zählen – *kosten Geld.* Nicht jeder kann sich Fernseher, Radio, Plattenspieler, Telefon, Zeitungs- und Zeitschriftenabonnements, Bücher, Theater- und Kinobesuche und vieles andere mehr leisten.

> Das meiste, was geschieht, erfährt die Presse nicht; von dem, was sie erfährt, läßt sie das meiste unberücksichtigt; und von dem, was sie berücksichtigt, wird das meiste nicht gelesen.
> M. Steffens

1 Die Anzeige unten weist auf eine Situation hin, in der die Informationsmöglichkeiten stark eingeschränkt sind. Was soll die Anzeige bewirken?

2 Der Besitz eines Telefons ist heute fast selbstverständlich. Das war nicht immer so. Seht euch Tabelle 2 an und beschreibt die Entwicklung. Überlegt, welche Gründe es für diese Entwicklung gibt. Warum haben Selbständige (z. B. Geschäftsleute, Ärzte usw.) schon immer am ehesten einen Telefonanschluß besessen?

3 Wozu benutzt ihr das Telefon? Was würdet ihr in der jeweiligen Situation machen, wenn euch kein Telefon zur Verfügung stehen würde?

Wenn ihr euch in einem großen Zeitschriftenkiosk umschaut, dann werdet ihr weit mehr als hundert verschiedene Zeitungen und Zeitschriften entdek-

① Im Gefängnis sind Zeitungen noch wichtiger als draußen

Gefangene müssen wissen, was draußen vorgeht, damit sie sich nach der Entlassung zurechtfinden können. Ohne regelmäßige Informationen über das Leben außerhalb der Anstalt vergrößert sich die Gefahr, daß sie Außenseiter bleiben. Darum brauchen Gefangene Zeitungen. Sie haben aber meist nicht genug Geld, sich ein Zeitungsabonnement leisten zu können.
Die Bürger müssen aktiv mithelfen, wenn Strafgefangene nicht Außenseiter bleiben sollen. Dazu können Sie mit einem Zeitungs- oder Zeitschriftenabonnement einen kleinen Beitrag leisten.

Bürgerinitiative:
„Zeitungsabonnements für Gefangene"
c/o Brücke e. V.
Lindwurmstraße 10
8000 München 2

② Welche Haushalte haben Telefon?

(Anschlüsse in % der Haushalte, unterschieden nach Beruf des Haushaltsvorstands. Angaben gerundet)

	1960	1977	1985 (geschätzt)
Selbständige (ohne Landwirte)	50	90	98
leitende Angestellte	33	87	97
nicht leitende Angestellte	14	68	93
Landwirte	9	59	93
Facharbeiter	5	48	90
ungelernte Arbeiter	5	38	84

D. Elias, in: E. Witte (Hrsg.): Telekommunikation für den Menschen, Berlin 1980, S. 96

Geheimmitteilungen?

ken können. Manche enthalten allgemeine Berichte über Wirtschaft, Politik, Sport und Kultur. In anderen geht es nur um Sport oder nur um bestimmte Hobbys. Da gibt es spezielle Zeitschriften für Wirtschaftsfragen, für Außenpolitik oder für Filme. Zeitungen in den verschiedensten Sprachen werdet ihr finden. Tageszeitungen und Wochenzeitungen liegen aus. Da gibt es Hefte und Bücher speziell für Kinder, für Jugendliche, für Frauen oder Männer. Wenn ihr eine Zeitung durchlest, werdet ihr auf vieles stoßen, was ihr nicht versteht. Der Text kann so geschrieben sein, daß er Einfaches kompliziert erscheinen läßt. Fachausdrücke können ein Hindernis sein, auch die Art, der Stil, in dem etwas berichtet wird, ist unterschiedlich. Sportnachrichten werden oft im Sensationsstil geboten und gehen leicht ein. Wirtschaftsnachrichten sind meist in einer ruhigeren Sprache geschrieben und erscheinen langweilig, auch wenn sie Dinge enthalten, die uns stark betreffen.

Besondere Inhalte, besondere Sprachen = besondere Zielgruppen

4 Untersucht drei verschiedene Zeitschriften, die sich jeweils an unterschiedliche Leser wenden. Nehmt eine Zeitschrift, die für alle Jugendlichen und Erwachsenen bestimmt ist, eine typische Jugendzeitschrift, eine typische Frauenzeitschrift. Vergleicht diese Zeitschriften nach folgenden Fragen:
– Welche Themen enthält das Inhaltsverzeichnis?
– Wieviel Platz wird Bereichen wie Politik, Wirtschaft, Sport, Musik, Theater, Reisen, Mode, Hobbys, Klatsch, Anzeigen usw. eingeräumt?
– Kann man die Firmen und Produkte unterscheiden, für die geworben wird?
– Welche Arten von Bildern, welche Sprache wird verwendet?
– Kann man erkennen, von welchen gesellschaftlichen Gruppen die Schreiber ein positives, von welchen ein negatives Bild vermitteln wollen?

5 Seht euch die drei Texte unten an und versucht, alles zu verstehen. Nehmt ein Lexikon zur Hilfe. Für wen sind die Nachrichten von Interesse?

6 Sucht einmal Texte aus euren Jugendzeitschriften aus und gebt sie euren Eltern und Großeltern zu lesen. Können sie alles verstehen?

3 Sport
Das 4:0 über den Angstgegner Polen schaffte der dreimalige Weltmeister Brasilien nicht mit versprochenem Samba-Fußball, sondern mit Haken und Ösen. Nahezu alle internationalen Beobachter sahen ... den deutschen Schiedsrichter Volker Roth als zwölften Brasilianer ... Roth muß sich den Vorwurf gefallen lassen, daß er statt mit fünf gelben Karten zu zaudern, Platzverweise hätte aussprechen müssen ...
Auch die Polen hatten ihre Chancen. Bereits in der zweiten Minute klatschte der von Dziekanowsi als Paß getretene Ball gegen den Pfosten des brasilianischen Tores. In der elften Minute traf Karas mit einem Schuß aus 18 Metern die Lattenunterkante. In der zweiten Hälfte verfehlte Boniek das Tor per Fallrückzieher nur knapp.
Kölner Stadtanzeiger, 17./18. 6. 1986

4 Wirtschaft
Immer wieder gibt es Ärger mit den Erfolgsrechnungen der Investment-Fonds. Die Sparer vergleichen sie mit denen ihrer persönlichen Anlage und stellen dabei fest, daß in der Regel die Fonds höhere Wertsteigerungen melden als der einzelne Fondssparer nachzurechnen vermag. Das ruft Mißtrauen hervor und trägt nicht zur Popularisierung des Investment-Sparens bei.
Kölner Stadtanzeiger, 21. 6. 1986

5 Feuilleton
Köln erlebt einen neuen Kunst- und Museumsrausch. Das teuerste, aber auch umstrittenste Neubauprojekt der Bundesrepublik ist nun glücklich vollendet. Es stand mehr auf dem Spiel als ein Museum. Ihm wurde ein vielgliedriges Kulturzentrum aufgepackt mit unterirdischem Konzertsaal in Amphitheater-Dimensionen, mit weitläufigen Eingangs- und Forumsbereichen, mit Bibliothek, Cinemathek, Kupferstichkabinett, Fotosammlung und Café. Die Bau- und Funktionsmassen sollten in einen Komplex allseits offener, begehbarer und erlebbarer, beziehungsreicher und rücksichtsvoller Stadtarchitektur aufgelöst werden.
Frankfurter Allgemeine Zeitung, 5. 9. 1986

7. Meldungen: woher – wohin?

1 Schlagt eine Zeitung auf und lest an den Seitenüberschriften ab, wie die Zeitung inhaltlich gegliedert ist. So wie die Zeitungsinhalte, sind ungefähr auch die Redaktionen in einzelne Abteilungen *(Ressorts)* aufgeteilt.

2 Unten seht ihr das sogenannte Impressum einer Zeitung abgedruckt. Es gibt unter anderem über die Organisation einer Zeitung Auskunft. Versucht einmal selbst herauszufinden, was dieses Impressum aussagt. Schlagt Begriffe nach, die ihr nicht versteht. Welche Ressorts erkennt ihr? Wo hat diese Zeitung Berichterstatter (Korrespondenten) im Inland und Ausland?

Die einzelnen Ressorts interessieren sich immer nur für ganz bestimmte Meldungen, z. B. nur Meldungen aus der Innenpolitik oder aus dem Sport. In den Ressorts wird zunächst entschieden, welche Nachrichten und Artikel man auf seinen eigenen Seiten bringen möchte. Jeder *Ressortleiter* möchte natürlich soviel Platz wie möglich in jeder Zeitungsausgabe bekommen. Der *Chefredakteur* hat das letzte Wort in den gemeinsamen Konferenzen.

Arbeitsteilung in Redaktionen

Nicht überall sind Berichterstatter der Zeitung am Ort des Geschehens. Es gibt sogenannte *Nachrichtenagenturen*, die Meldungen verkaufen. Sie haben Berichterstatter an vielen Orten der Erde, die Informationen aus aller Welt zur Nachrichtenzentrale schicken. Von dort aus werden diese an die Zeitungen weitergegeben, die mit der Nachrichtenagentur einen Vertrag abgeschlossen haben. Das geschieht z. B. über Fernschreiber (Telex) oder das sogenannte Teletext, bei dem Computer über die Postleitung miteinander verbunden sind. Wird an einer Stelle ein Text eingetippt, dann kann er praktisch gleichzeitig bei allen anwählbaren Geräten ausgedruckt bzw. im Computer gespeichert werden. Bilder können über Satelliten und Fernkopierer (Telefax) übermittelt werden und erreichen so in wenigen Sekunden als Druckvorlagen die entsprechenden Zeitungsredaktionen.

① Kölner Stadt-Anzeiger
KÖLNISCHE ZEITUNG

Herausgeber: Alfred Neven DuMont.
Chefredakteur: Hans Schmitz; Stellvertreter: Reiner Dederichs.
Chef vom Dienst: Wolfgang Wand; Produktion: Dr. Alfons Schiele.
Politik: Dr. Hans Gerlach, Dr. Hans Werner Kettenbach; Nachrichten: Giselher Schöne; Blick in die Zeit: Hinrich Grote; Kultur: Dr. Mathias Schreiber; Wirtschaft: Gerhard Meyenburg; Städtisches: Horst Schubert; Sport: Jupp Müller; Panorama: Wilhelm Blankenbach; Unterhaltung: Rolf Elbertzhagen; Motor und Verkehr: Dr. Heinz Verfürth, Dr. Margret Elbertzhagen; Motor und Verkehr: Joachim W. Reifenrath; Bezirksausgaben: Hans-Josef Peltzer.
Alle verantwortlich und wohnhaft in Köln.

Bonner Büro: Dr. Heinz Murmann (Leitung); Dr. Heinz-Joachim Melder; Dieter von König; Dr. Wolfgang Mauersberg.
Düsseldorf: Karlegon Halbach.
Auslandsvertretungen: Washington: Emil Bölte; London: Roland Hill; Paris: Hans Rademacher; Brüssel: Hermann Bohle; Rom: Horst Schlitter; Madrid: Dr. Lothar Labusch; Jerusalem: Ruth Café; Moskau: Uwe Engelbrecht; New Delhi: Jan Friese; Hongkong: Christian Roll; Tokio: Dr. Peter Crome.
Verlagsleiter: Hans Schubert; Stellvertreter: Artur Eppstädt.
Anzeigenleitung: Karl-Heinz Kesting, Jochen Stöcker.
Vertriebsleitung: Walter Bodden, Klaus Cremer.

Verlag und Druck: M. DuMont Schauberg — Expedition der Kölnischen Zeitung, Breite Straße 70, 5 Köln 1, Pressehaus, Postfach 10 04 10. Fernschreiber 08/88 23 61; Postscheckkonto Köln Nr. 250–505. — Freitags mit PRISMA, Wochenmagazin zur Zeitung.
Das Bezugsgeld enthält 6% Mehrwertsteuer. Gültig: Anzeigenpreisliste Nr. 36 vom 1. April 1978 und unsere Allgemeinen und Zusätzlichen Geschäftsbedingungen. Erfüllungsort und Gerichtsstand, soweit gesetzlich zulässig, ist Köln.
Für unverlangt eingesandte Manuskripte keine Gewähr.

Telefon: 02 21 / 2 05 11

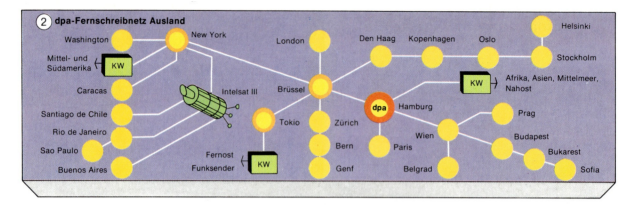

Der lange Weg einer Meldung

Vom Ort des Geschehens bis zum Leser hat eine Nachricht einen langen Weg hinter sich. Viele Organisationen und Menschen sind daran beteiligt. Kein Glied in der Kette darf ausfallen, sonst bleibt die Nachricht stecken.

3 Abbildung 2 zeigt das Fernschreibnetz der Nachrichtenagentur dpa (Deutsche Presseagentur). In welchen Ländern und Städten ist die Agentur vertreten? Welche Kommunikationstechniken außer dem Fernschreiber werden noch benutzt, um Nachrichten zu übermitteln?

4 Unten ist der lange Weg vom Ereignis zum Leser dargestellt. Wieviele Stationen sind abgebildet, welche Organisationen und Personen sind beteiligt? Überlegt euch unterschiedliche Kommunikationsmittel, die von einer zur anderen Stelle benutzt werden könnten.

5 Das abgebildete Ereignis kann für unterschiedliche Ressorts wichtig sein, je nachdem, um welche Art von Gebäude es sich handelt, welche Personen verwickelt sind usw. Überlegt euch verschiedene Umstände, die dazu führen würden, daß die Information im Sport-, Wirtschafts-, Politik-, Lokalteil, Feuilleton oder auf der „letzten Seite" abgedruckt würde.

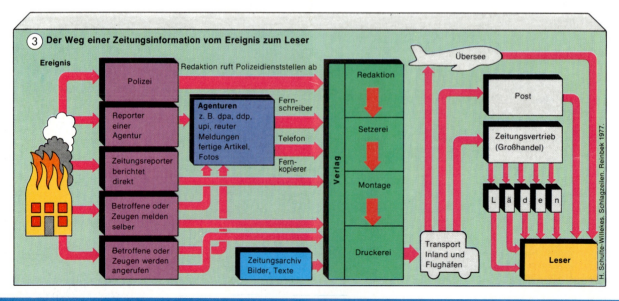

8. Meldungen beeinflussen Meinungen

Das Geschehen um uns herum sehen und erleben wir nur in Ausschnitten. Das gilt für die nahe Umgebung wie Familie, Schule oder Gemeinde. Es gilt noch mehr für die Umwelt, von der wir nur durch Presse, Rundfunk, Fernsehen oder Bücher etwas erfahren. Bruchstücke ergeben aber kein ganzes Bild. Das malen wir uns zum Teil mit Hilfe unserer Phantasie aus.

Diejenigen, die Ereignisse als berichtenswert auswählen, treffen schon eine Entscheidung. Die Redakteure, die dann die Artikel in der Zeitung schreiben und mit Bildern versehen, tun dies, ohne daß wir deren Wort- und Bildwahl mit der Wirklichkeit vergleichen können.

Von den Zeitungsschreibern wird verlangt, deutlich zwischen dem Bericht von *Tatsachen* und ihrer *Meinung* darüber zu unterscheiden. Eine Nachrichtenmeldung über Geschehnisse sollte nur die erkennbaren Tatsachen enthalten, ein Zeitungskommentar dagegen sollte deutlich machen, was der Schreiber von Ereignissen hält. Er gibt dabei seine Meinung wieder. Diese Trennung wird nie ganz erreicht. Jeder Text macht – bewußt oder unbewußt – einen bestimmten Eindruck auf den Leser. Diese Möglichkeit, eine bestimmte Situation oder Person in dem einen oder anderen Licht erscheinen zu lassen, kann ausgenutzt werden.

Auswahl und Darstellung

Nachrichtlich:
n der Nacht zum Freitag stießen bei Nebel auf der Nordsee zwei Tan-
er zusammen. Das eine Schiff fing Feuer, ein Matrose verbrannte. Aus
m anderen Tanker liefen zehn Tonnen Altöl aus."

Menschlich:
Gestern nacht kam bei einer Tankerkollision auf der Nordsee der Ma-
ose Frank Z. (28) grausam ums Leben. Der Matrose hatte an der Ree-
ng gestanden, als sich die Schiffe im Nebel rammten. Der blonde
nggeselle aus Cuxhaven wurde gegen die Kajütenwand geschmettert
d brach sich die Beckenknochen. Dann auch noch Feuer in einem
nk... In der Panik hörte niemand die verzweifelten Hilferufe des Ma-
sen. Rettungsmannschaften fanden ihn erstickt auf. Frank Z. wollte
Hamburg für immer von Bord gehen, um seine Braut Manuela L. (22)
heiraten."

Angstmachend:
ach einer schrecklichen Tankerkatastrophe auf der Nordsee, bei der
n Matrose den Tod fand, wälzt sich seit gestern nacht schmutziger,
nkender Ölschlamm auf die nordfriesische Küste zu. Tausende Liter
töl sind bei der Kollision ins Meer geflossen. An der Küste ist Öl-Alarm
egeben worden. Viele Urlauber sind schon aus den Seebädern abge-
ist."

Reportagehaft:
Als Tankerkapitän Hans Petersen gestern nacht um 23.17 Uhr den
rauen Schatten im Nebel sah, war es schon zu spät. Krachend und
litternd bohrten sich zwei Schiffsriesen auf der Nordsee ineinander.
euer brach aus. Für den Matrosen Frank Z. (28) gab es keine Rettung
ehr. Eine Stunde später: Öl-Alarm an der ganzen Nordseeküste..."
Schulte-Willekes: Schlagzeilen. Reinbek 1977. S. 22.

1 In den vier Texten links könnt Ihr an einem einfachen Beispiel nachlesen, wie über das gleiche Ereignis ganz unterschiedlich berichtet werden kann. Mit welchen sprachlichen Mitteln geschieht das?

2 Nehmt ein aktuelles Ereignis und bildet Arbeitsgruppen, die die Berichterstattung in verschiedenen Zeitungen und Zeitschriften, in Rundfunk und Fernsehen untersuchen und vergleichen. Wenn es ein politisches Ereignis ist, dann beurteilt, welche politische Gruppe oder Partei in besonders gutem, welche in schlechterem Licht erscheinen. Diskutiert, ob das gerechtfertigt ist.

3 Sammelt in Wahlzeiten Plakate und Wahlbroschüren. Vergleicht die Aussagen und auch die Bilder. Wie ist es mit den Aussagen zu ganz bestimmten Fragen? Sind sie überprüfbar? Wie wird der politische Gegner behandelt? Wird mit Unterstellungen und Verdächtigungen gearbeitet? Werden klare Aussagen über eigene Pläne gemacht?

4 Manipuliert (verfälscht) einmal selbst. In Eurer Klasse gibt es sicher ein paar Fotoapparate. Bildet Gruppen und fotografiert Euren Ort unter verschiedenen Themenstellungen: Hier ist etwas los! – Ein langweiliges Nest! – Wir bieten Ruhe und Erholung! Umweltgefährdung auch bei uns! Schreibt auch Texte zu den Bildern. Obwohl die Bilder sicher stimmen, warum kann man von Verfälschungen sprechen?

5 Entwerft Plakate für die nächste Wahl und schreibt einen Propagandatext oder Wahlslogan dazu. Diskutiert die Plakate. Welche haltet Ihr für besonders wirksam? – Welche informieren am besten? Welche erscheinen Euch unfair oder enthalten falsche Darstellungen, nicht nachprüfbare Behauptungen?

6 Seht euch die Seiten 28 und 74 über Werbung an. Versucht zwischen Information über ein Produkt und Verführung zu einem Produkt zu unterscheiden. Sucht selber Beispiele in Zeitungen und Zeitschriften.

> **① Verfassung und Verfassungswirklichkeit**
> Das Verhängnis sitzt tiefer. Es besteht darin, daß die Besitzer der Zeitungen den Redaktionen immer weniger Freiheit lassen, daß sie ihnen immer mehr ihren Willen aufzwingen. Da aber die Herstellung von Zeitungen und Zeitschriften immer größeres Kapital erfordert, wird der Kreis der Personen, die Presseorgane herausgeben können, immer kleiner... Im Grundgesetz stehen wunderschöne Bestimmungen über die Freiheit der Presse. Wie so häufig ist die Verfassungswirklichkeit ganz anders als die geschriebene Verfassung. Pressefreiheit ist die Freiheit von zweihundert reichen Leuten, ihre Meinung zu verbreiten. Journalisten, die diese Meinung teilen, finden sich immer, ich kenne in der Bundesrepublik keinen Kollegen, der sich oder seine Meinung verkauft hätte. Aber wer nun anders denkt, hat der nicht auch das Recht, seine Meinung auszudrücken? Die Verfassung gibt ihm das Recht, die ökonomische Wirklichkeit zerstört es. Frei ist, wer reich ist.
>
> P. Sethe, in: DER SPIEGEL, 5. 5. 1965

9. Informations- und Meinungsvielfalt – gefährdet?

Die Bundesrepublik gehört zu den Ländern der Erde, in denen die Freiheit der Berichterstattung und Meinungsäußerung am stärksten geschützt ist. Man kann hier Zeitungen, Zeitschriften und Bücher der verschiedensten politischen Richtungen und aus aller Welt kaufen. Gleichwohl können diese Freiheitsrechte gefährdet sein. Am Beispiel der Zeitungspresse wollen wir einige Gefahrenpunkte zeigen. Über die Lage bei Rundfunk und Fernsehen könnt ihr euch auf S. 137 f. informieren.

Das Pressewesen in der Bundesrepublik ist privatrechtlich organisiert. Die Verlage, die Zeitungen und Zeitschriften herstellen, gehören privaten Personen oder Organisationen. Die *Verleger* haben das Recht zu entscheiden, was in ihrer Redaktion geschrieben wird und zum Leser gelangt.

▌ Paul Sethe, ein angesehener Journalist der Nachkriegsjahre, hat in einem bitteren, auch heute noch bemerkenswerten Leserbrief auf Gefahren im Pressewesen hingewiesen. Teile sind in Text 1 abgedruckt. Worüber klagt er? Worauf weist er hin? Vergleicht dazu folgendes Umfrageergebnis von 1970: Der Behauptung, der Verleger bedrohe nicht die Freiheit der Redaktion, er schütze sie, stimmten bei einer Umfrage nur 27% der Redakteure, aber 69% der Chefredakteure zu. Eher eine Bedrohung der redaktionellen Freiheit durch den Verleger sahen 46% der Redakteure, aber nur 13% der Chefredakteure. Wie erklärt ihr euch diese Unterschiede?

Innere Pressefreiheit

Verlegern liegt in der Regel daran, daß ihre Zeitungen eine *politische Grundhaltung* einnehmen, die von der eigenen nicht zu weit abweicht. Das heißt, daß die Journalisten sich beim Schreiben danach zu richten haben. Der Spielraum, den ein Verleger seiner Redaktion beim Schreiben läßt, bestimmt das Maß an *innerer Pressefreiheit*, das in einem Verlag herrscht. Verleger sind Geschäftsleute, die Gewinne erzielen müssen, wenn der Verlag wirtschaftlich überleben soll. In den vergangenen Jahren sind die Kosten der Herstellung einer Zeitung stark angestiegen. Diese Steigerungen können nur aufgefangen werden, wenn durch technische und organisatorische Neuerungen in kürzerer Zeit mit weniger Personal mehr geschrieben, gedruckt und vertrieben werden kann. Solche Rationalisierungen sind teuer. Wer das Kapital dafür nicht aufbringen

Konzentration

kann, muß seinen Verlag schließen oder verkaufen. Die Folge: zunehmende Pressekonzentration, die die Informations- und Meinungsvielfalt gefährdet.

② Weniger selbständige Redaktionen
Von 1954 bis 1984 stieg die tägliche Auflage (Anzahl verkaufter Zeitungen) von 13,4 auf über 21 Millionen Exemplare. Die Anzahl der Vollredaktionen ging gleichzeitig von 225 auf 125 zurück. (Vollredaktionen sind solche, die auch den allgemeinen politischen Teil einer Zeitung selbst schreiben und nicht von anderen Redaktionen beziehen.)

③ Auflagenkonzentration
Folgen der Pressekonzentration sind nicht nur, daß immer weniger selbständige Redaktionen (Vollredaktionen) und immer weniger Verlage immer mehr Zeitungen herausbringen. Gleichzeitig konzentriert sich der Hauptteil der verkauften Auflage (ca. 50% aller täglich verkauften Tageszeitungen) auf nur etwa 3% der Zeitungsverlage.

④ Lokalmonopole
Eine wichtige Form der Konzentration finden wir dort, wo es nur eine Lokalzeitung gibt. In diesen meist ländlichen Gebieten ist die Vielfalt von Informationen und Meinungen in der Lokalpresse nicht gewährleistet. 1954 waren 8,5 Prozent der gesamten Bevölkerung in einer solchen Lage, 1984 etwa ein Drittel.

Nach: W. J. Schütz: Zeitungen in der Bundesrepublik Deutschland. In: Das Parlament, Nr. 17/1985, S. 1f.

2 Seht euch oben die Zahlen zur Konzentrationsentwicklung an und unterscheidet die verschiedenen Konzentrationsarten.

Bei der *äußeren Pressefreiheit* geht es um Eingriffe von außerhalb des Verlages. Dazu gibt es eine ganze Reihe von Möglichkeiten.

Äußere Pressefreiheit

3 Was meint Theodor Eschenburg mit der „stillen Zensur" in Text 5a? Text 5d berichtet sogar von ausländischen Einflußversuchen.

Zeitungen und Zeitschriften werden zu relativ niedrigen Preisen verkauft, die unter den tatsächlichen Produktionskosten liegen. Das ist nur deshalb möglich, weil die Verlage von Unternehmen Geld für die *Anzeigenwerbung* erhalten. Sonst müßten wir zwei- bis dreimal so viel für Zeitungen bezahlen.

4 In den Texten 5b und 5c geht es um Probleme, die mit der Abhängigkeit der Zeitungsverleger von Werbeeinnahmen zusammenhängen. Stellt die Unterschiede in den beschriebenen Situationen fest.

⑤ Stille Zensur – früher wie heute ein Problem

a) Trotzdem gibt es aber eine stille Zensur.... Sie existiert in jedem Staat, auch in der besten Demokratie, die man sich vorstellen kann. Da gibt es etwa die enge politische Beziehung... zwischen einem Minister, einem Parteiführer und dem Chefredakteur oder dem Verleger einer großen Zeitung. Da gibt es Gefälligkeitsbeziehungen und ebensolche Angstbeziehungen... Doch es mag auch vorkommen, daß ein mächtiger Minister den Verleger oder Chefredakteur einer großen Zeitung wissen läßt, er und seine Beamten könnten Korrespondenten dieses Blattes in Zukunft nicht mehr wie bisher informieren, falls sich die Art nicht ändere, wie man seine Politik kommentiere.
Schließlich versuchen auch die großen Inserenten einen Druck, eine stille Zensur auszuüben. Ich behaupte nicht, daß es immer wirksam ist, aber es wird versucht.

Th. Eschenburg: Zur politischen Praxis in der Bundesrepublik Deutschland, 1966, S. 86f.

b) Im Zürcher Tages-Anzeiger sprießt es seit kurzem auf den Anzeigenseiten nicht mehr. Die bedeutendsten Autofirmen haben fast gleichzeitig ihre bereits gebuchten Großinserate zurückgezogen. Das ist ein Umsatzverlust, der nicht mehr kompensiert (ausgeglichen) werden kann. Walter Frey, Chef der größten Autoimportfirma der Schweiz, scheute sich nicht, das Kind beim Namen zu nennen. Solange der Tagesanzeiger ein derart autounfreundliches Umfeld biete, habe er kein Interesse mehr, in dieser Zeitung zu inserieren. In der Tat betrachtet der Tages-Anzeiger das Auto schon längst nicht mehr als heilige Kuh sowohl des Wirtschaftswachstums wie auch des unbeschwerten Lebensgenusses.... Solch unfreundliche Kommentare bekäme man im ‚Züri-Leu' niemals zu lesen. Dieses Blatt profitiert denn auch von den halb- und ganzseitigen Autoinseraten, die ursprünglich dem Tages-Anzeiger zugedacht waren. Der ‚Züri-Leu' ist in den letzten Wochen sogar noch autofreundlicher geworden...

Stuttgarter Zeitung, 19. 4. 1979

c) DIE ZEIT berichtet von Anstrengungen des CDU-Wirtschaftsrats und der Verleger Springer und Bauer, Unternehmen davon abzubringen, Anzeigenplatz in Zeitungen und Zeitschriften zu kaufen, die nicht mit der politischen Linie der CDU oder CSU harmonieren. Getroffen wurden insbesondere Blätter wie ‚Pardon', ‚Konkret' und ‚Spontan'. Der ‚Spiegel' mußte innerhalb von knapp zwei Jahren ein Anzeigenminus von 8 Prozent hinnehmen, der ‚Stern' innerhalb eines Jahres von 9 Prozent.

D. Piel: Mit Ansbach gegen Brandt. In: Die Zeit, 6. 9. 1973

d) Da veröffentlichte die italienische, zum FIAT-Konzern gehörende Zeitung ‚LA STAMPA' einen kritischen Bericht über den libyschen Staatschef Ghadafi, der daraufhin die sofortige Entlassung der verantwortlichen Journalisten verlangte. Andernfalls werde er die diplomatischen Beziehungen zu Italien abbrechen und in der arabischen Welt für einen Boykott sämtlicher FIAT-Erzeugnisse sorgen.

U. Eicke, in: aus politik und zeitgeschichte. B. 24/74, S. 5

10. Die elektronischen Massenmedien

10.1 Wem „gehören" Rundfunk und Fernsehen?

Das Rundfunksystem der Bundesrepublik Deutschland hat seine Grundform durch die westlichen Siegermächte des Zweiten Weltkrieges erhalten. Amerikaner, Engländer und Franzosen wollten verhindern, daß der Staat oder einzelne private Gruppen die alleinige Kontrolle über den Rundfunk erhalten würden. Die Erfahrungen im Dritten Reich sollten zur Lehre dienen. Damals war der Rundfunk von der nationalsozialistischen Hitler-Regierung zentral gesteuert und zu Regierungspropaganda und Volksverhetzung mißbraucht worden.

Öffentlicher oder privater Funk?

Das sogenannte *öffentlich-rechtliche System* wurde geschaffen, in dem Rundfunk und Fernsehen weder Staats- noch Privateigentum sind. Sie werden durch Gesetze der Länder gegründet, verwalten sich jedoch selbst. In den Kontrollgremien sind unterschiedliche Gruppen der Gesellschaft vertreten (pluralistischer Grundsatz), weil möglichst viele gesellschaftliche Kräfte Einflußchancen erhalten sollen.

1 Text 1 beschreibt die Aufgaben der wichtigsten Organe der öffentlichen Rundfunk- und Fernsehanstalten. Text 2 zeigt eine Liste der Gruppen und Institutionen, die z. B. im Rundfunkrat des Hessischen Rundfunks vertreten sein müssen. Welche konkreten Interessen vertreten diese wohl als Rundfunkkontrolleure? Vermißt ihr bestimmte Gruppen?

2 Die Rundfunkgesetze legen auch fest, welche grundsätzlichen Richtlinien in den Programmen und Sendungen eingehalten werden müssen. Einen Gesetzestext findet ihr auf der folgenden Seite (Text 3). Nennt die Grundsätze und überlegt euch Gründe, weshalb sie vorgeschrieben sind.

Frühere Begründung für öffentlich-rechtliche Rundfunkanstalten

Das Bundesverfassungsgericht und das Bundesverwaltungsgericht haben in Urteilen 1961 und 1971 Versuche abgewehrt, rein staatliche oder private Sendeanstalten einzurichten. Die Begründung war damals, daß die Sendemöglichkeiten aus technischen und finanziellen Gründen eingeschränkt seien. Diese wenigen Sendemöglichkeiten dürften aber nicht von einigen wenigen

---

① Aufgaben und Zuständigkeiten in den Rundfunkanstalten

Der Rundfunkrat als Repräsentationsorgan der Gesellschaft kann sich aller in diesem Sinne bedeutsamen Fragen beratend oder beschließend annehmen: Er überwacht die Programmgestaltung hinsichtlich der gesetzlichen Grundsätze, etwa nach dem Gebot der Wahrheitspflicht oder der Ausgewogenheit; er verabschiedet, genehmigt und kontrolliert die Haushalts- und Wirtschaftspläne; er wählt, beruft und entläßt den Intendanten und (teilweise) leitende Mitarbeiter.
Der Verwaltungsrat ist in der Regel ein reines Kontrollorgan, das den Intendanten hinsichtlich der Geschäftsführung überwacht und unterstützt.
Der Intendant ist für die Programmgestaltung und die Vertragsabschlüsse rechtlich verantwortlich: Er leitet die Rundfunkanstalt und vertritt sie nach außen.

Nach: ARD Jahrbuch 81, S. 19f.

② Vertretene Gruppen/Institutionen im Hessischen Rundfunk
(in Klammern Anzahl der Vertreter)

– Landesregierung (1)
– Parteien im Landesparlament (5)
– Evangelische, Katholische und jüdische Kirchen (je 1)
– Universitäten (1)
– Lehrervereinigungen (1)
– Arbeitgeberverbände (1)
– Gewerkschaften (1)
– Hessischer Volkshochschulverband (1)
– Staatliche Hochschule für Musik (1)
– Freies Deutsches Hochstift (1)

> **③ Bremer Rundfunkgesetze von 1979 (Auszug)**
>
> § 2 Aufgaben und Programmgrundsätze
> (1) Die Sendungen von Radio Bremen dienen durch Information, Bildung und Unterhaltung der gesamten Bevölkerung ... Die Sendungen des Rundfunks sollen von demokratischer Gesinnung und unbestechlicher Sachlichkeit getragen sein. Der Rundfunk hat sich mit allen Kräften für Frieden, Freiheit und Gerechtigkeit, Wahrheit, Duldsamkeit und Achtung vor der einzelnen Persönlichkeit einzusetzen.
> (2) ... die Sendungen dürfen keinen Sonderinteressen, sei es politischer, wirtschaftlicher oder persönlicher Art, dienen.
> (3) Die Sendungen von Radio Bremen dürfen nicht Verfassung und Gesetze verletzen. Die sittlichen und religiösen Überzeugungen der Bevölkerung sind zu achten. Niemand darf wegen seiner Nationalität, seiner Abstammung, seiner politischen Überzeugung und seines religiösen oder weltanschaulichen Bekenntnisses und seines Berufes in einer seiner Persönlichkeit, sein Ansehen und seine Menschenwürde schädigenden Weise angegriffen werden.
> (5) Alle Nachrichten müssen nach Inhalt, Stil und Wiedergabe wahrheitsgetreu und sachlich sein ...
> Nachrichten und Kommentare sind zu trennen. Kommentare sind als solche zu kennzeichnen. Wertende und analysierende Einzelbeiträge haben dem Gebot journalistischer Fairneß zu entsprechen.
> (6) Der Rundfunk hat das Recht, sachlich begründete Kritik an gesellschaftlichen Mißständen, an Einrichtungen und Personen des öffentlichen Lebens zu üben.

oder dem Staat direkt ausgenutzt werden können. Sie sollten der öffentlichen Kontrolle durch möglichst viele Gruppen der Gesellschaft unterliegen.

Kabel- und Satellitenkommunikation (vgl. S. 126f.) machen es heute möglich, viele Programme gleichzeitig zu senden. Damit sind die technischen Gründe gegen privaten Rundfunk weggefallen. 1984 hat der Landtag von Niedersachsen ein Gesetz verabschiedet, das *Privatfunk* erlaubt. Es wurde vom Bundesverfassungsgericht 1986 in seinen Grundlinien bestätigt. Den öffentlich-rechtlichen Sendeanstalten wird darin aufgetragen, in besonderem Maße für Meinungsvielfalt und Ausgewogenheit zu sorgen. Private Sender unterlägen dieser Anforderung in geringerem Maße, weil sie mehr Rücksicht auf werbende Private nehmen müßten.

Neue Techniken – neue rechtliche Möglichkeiten

3 Bereits im „Fernsehurteil" von 1961 wurde Privatfunk nicht grundsätzlich ausgeschlossen. Im Urteil von 1981 hat das Gericht die Bedingungen für private Sendeanstalten festgelegt. Lest diese in Text 4 nach.

4 Die Texte 5 auf S. 138 beschreiben die ursprünglich nicht gewollten Ergebnisse einer langjährigen Entwicklung im Rundfunkwesen, die auch heute noch gültig sind. Der Grund: Parteien kämpfen um die Macht im Staat – und um Einfluß in den elektronischen Massenmedien, denen man besonders große Wirkung auf die Bürger zuschreibt.

> **④ Das ‚Fernsehurteil' des Bundesverfassungsgerichts vom 18. 6. 1981 (Grundzüge):**
>
> Grundsätzlich haben die Gesetzgeber der Länder (Länderparlamente) für die Rundfunkfreiheit zu sorgen und damit die Vielfalt und Vollständigkeit der Programminhalte zu sichern. Hierzu sollen folgende Schutzmaßnahmen dienen:
> 1. Auch privater Funk muß durch Gesetz geregelt und darf nicht dem Spiel der Kräfte am Markt überlassen werden.
> 2. Es muß gewährleistet sein, daß entweder genügend viele selbständige Sendeanstalten oder aber der Einfluß vieler Gruppen in einzelnen Anstalten für die notwendige Vielfalt der Informationen und Meinungen in den Programminhalten und Sendungen sorgen.
> 3. In den Landesgesetzen müssen Programmgrundsätze festgelegt werden, die zu inhaltlicher Ausgewogenheit, Sachlichkeit und gegenseitiger Achtung verpflichten.
> 4. Eine begrenzte staatliche Aufsicht ist einzusetzen, die auf die Einhaltung der Gesetze achten soll.
> 5. Die Gesetze müssen klare Verfahren vorsehen, nach denen Anträge für die Errichtung von Privatfunkanstalten zugelassen oder abgelehnt werden können. Dabei müssen alle Antragsteller gleich behandelt werden. Dies schließt die Überprüfung ein, ob sie in der Lage sind, ein Programm zu gestalten und auszustrahlen und ob man bei ihnen annehmen kann, daß sie nicht gegen die Gesetze verstoßen werden.

⑤ Organisation und Kontrolle der Sendeanstalten

a) Von den insgesamt 367 Mitgliedern der deutschen Rundfunk- und Fernsehräte gehören 130, das sind reichlich 35%, der Exekutive (Regierungen) oder der Legislative (Parlamenten) an. Von den 90 Verwaltungsratsmitgliedern sind 49, d. h. ca. 54% Beamte, Regierungsmitglieder oder Abgeordnete.

O. Schlie, in: Aufermann/Scharf/Schlie (Hrsg.) 1979, S. 58f.

b) Als das Bundesverfassungsgericht... 1961 der Bundesregierung... verbot, ein eigenes, durch Anzeigen finanziertes Fernsehprogramm zu organisieren, fiel zum erstenmal der Begriff „gesellschaftlich relevante Kräfte". Nicht die Regierung oder eine gesellschaftliche Gruppe allein... dürfte Herr über den Rundfunk sein, sondern die Allgemeinheit solle durch ihre bedeutenden gesellschaftlichen Gruppierungen den Rundfunk überwachen. Heute... erscheint vieles an diesen Grundsätzen als schönes, aber fernes Ideal. Nicht die Gesellschaft insgesamt überwacht die Einhaltung der Rundfunkgesetze, sondern die zwei großen politischen Parteien SPD und CDU beanspruchen... ein wachsendes Monopol bei der Ausübung der Kontrolle, und die dritte Kraft, die FDP, scheint langsam aber sicher ebenfalls auf den Geschmack solcher „Medienpolitik" zu kommen. Das „Grau", das... für die nicht parteigebundenen Gruppen wie Kirchen, Schriftsteller- und Künstlerverbände, Kommunen, Universitäten, aber auch Gewerkschaften steht, tritt zwischen „Schwarz" und „Rot" immer mehr zurück. Krassesten Ausdruck hat dies im ZDF-Fernsehrat gefunden, wo es einen CDU- und einen SPD-„Freundeskreis" gibt, denen sich Vertreter der übrigen Gruppen angeschlossen haben.

Süddeutsche Zeitung, 21. 11. 1974

⑥ Die „Money Machine"

Eine gut geführte amerikanische Fernsehstation innerhalb der drei großen Networks (Medienverbund) wirft einen Nettogewinn von 40 bis 50 Prozent ab. Das teilte Robert Trachinger, (früher) technischer Direktor des amerikanischen Fernsehnetworks ABC (Fernsehanstalt), bei einem Vortrag im Amerikahaus München mit. Sein Thema war das amerikanische kommerzielle Fernsehen, betrachtet mit 37 Jahren Berufserfahrung. (...) „Fernsehstationen sind für ihre Eigentümer Gelddruckereien." Der Preis für 30 Sekunden Werbezeit beläuft sich in der Hauptsendezeit auf 250 000 Dollar, bei der Olympiade 1984 waren es 350 000, in Extremfällen steigt er auf über eine halbe Million. 1985 habe die amerikanische Fernsehwerbung 20 Milliarden Dollar eingenommen, also etwa 45 Milliarden DM (BRD – rund 4 Mrd. DM). Zum Vergleich: 30 Minuten amerikanische Unterhaltungssendung, der typische Werbeträger, kosten rund 350 000 Dollar. Von derartigen Profiten und Umsätzen ausgehend meint Trachinger, daß mit einem solchen denkbaren wirtschaftlichen Potential (Gewinnmöglichkeiten) die Einführung von kommerziellem Fernsehen großen Stils in Deutschland überhaupt nicht mehr aufzuhalten sei... Aus Programmanbietern würden, wie in den USA, Fernsehprogramme als reine Vehikel von Werbung, eben als Werbeträger, werden. So wenig neu diese Beobachtung aus den USA (und Skepsis gegenüber unserer Medienzukunft) ist – derart unverblümt hat sie ein Fernsehverantwortlicher selten ausgesprochen.

Trachingers Rat an die Verantwortlichen hier besteht darin, per Gesetz dafür zu sorgen, daß unsere neu entstehenden kommerziellen Fernsehsender einen Teil ihrer Gewinne in kulturell wertvolle und gesellschaftlich relevante Sendungen reinvestieren (wieder verwenden) müssen... Wer allerdings die Mehrheit für solche Gesetze schafft und dann... für deren Einhaltung durch die künftigen Rundfunk-, Medien- usw. -Räte sorgt, das allerdings verschwieg der Ratgeber aus Los Angeles.

Süddeutsche Zeitung, 22. 7. 1986

Programm – „Einheitsbrei" und mehr Werbung?

Parteien versuchen, „eigene" Leute in die wichtigsten Positionen zu bekommen. In den Parteizentralen wird beobachtet, wie die eigene Partei und deren Politiker ins Bild gesetzt werden. Ist man unzufrieden, dann wird versucht, öffentlich und hinter den Kulissen, für eine Änderung zu sorgen. Viele Zuschauer kritisieren, daß die Programme sich zunehmend gleichen, obwohl sie Kontraste bieten sollten. Dieser Trend könnte sich noch verstärken, sobald private Fernsehprogramme zunehmend Verbreitung finden. Nicht mehr Vielfalt, sondern mehr anspruchslose Unterhaltungs- und Sportsendungen würden dann die Programme prägen.

5 In Text 6 wird die Meinung vertreten, daß das kommerzielle, als privates Geschäft betriebene Fernsehen auch bei uns nicht aufzuhalten sei. Welche Gründe werden genannt? Sind auch negative Einschätzungen zu erkennen?

6 Im amerikanischen kommerziellen Fernsehen werden normale Sendungen etwa alle zehn Minuten durch Werbung unterbrochen – Spielfilme genauso wie Sportsendungen oder Diskussionen. Wenn man einen Film von 60 Minuten Länge sehen will, muß man häufig wegen der Werbeeinschübe 80–90 Minuten vor dem Fernseher verbringen. Wie beurteilt ihr diesen Zustand?

Seit Beginn unseres Jahrhunderts sind die *elektronischen Massenmedien* auf dem Vormarsch. Inzwischen haben sie dem Buch, der Zeitung und Zeitschrift in der Gunst des Publikums den Rang abgelaufen.

7 Tabelle 7 zeigt, welche Bedeutung verschiedene Medien für unterschiedliche Altersgruppen haben und wie stark diese Medien tatsächlich genutzt werden. Untersucht die Unterschiede zwischen den Gruppen.

8 Vergleicht die drei Medien Zeitung, Radio und Fernsehen: Auf welche Art und Weise bringen sie uns Mitteilungen nahe? Was verlangen sie dabei vom Empfänger? Welche „Eigenschaften" der verschiedenen Medien beurteilt ihr als Vorteile, welche als Nachteile?

9 Die Programminhalte von zwei Hörfunkprogrammen aller Rundfunkanstalten der Länder sind in Tabelle 8 zusammengefaßt. Erkennt ihr Unterschiede? Welche Interessen vermuten die Programmacher bei „ihrem" Publikum? Versucht, einen ähnlichen Vergleich mit verschiedenen Fernsehprogrammen während einer Woche zusammenzustellen.

Die *Programme* müssen – anders als die meisten Artikel in einer Zeitung – überwiegend langfristig geplant, aufwendig hergestellt und schließlich gesendet werden. Das alles kostet viel Geld, welches zum Teil von den Empfängern als Gebühren bezahlt, zum Teil durch Werbesendungen eingenommen wird. Die Höhe der vom Publikum zu zahlenden *Rundfunk- und Fernsehgebühren* wird von den Länderparlamenten festgelegt und zwischen den öffentlich-rechtlichen Rundfunkanstalten aufgeteilt. *Werbesendungen* dürfen diese nur in begrenztem Umfang und zu bestimmten Zeiten ausstrahlen. Private Sendeanstalten sind dagegen vollständig auf Werbeeinnahmen oder Spenden angewiesen. Aber auch bei den öffentlich-rechtlichen Sendern spielen Werbeeinnahmen eine immer größere Rolle. Ihr Anteil an den gesamten Einnahmen z. B. des ZDF betrug 1984 fast 40 Prozent.

10.2 Radio und Fernsehen
Wen erreichen und was bringen sie?

Die Finanzierung von Rundfunk und Fernsehen

⑦ Medienwichtigkeit und Mediennutzung

Anteil derer, die ein bestimmtes Medium am wichtigsten finden

	12–15 Jahre	25–29 Jahre
Fernsehen	43%	43%
Radio	14%	19%
Platten/Cassetten	21%	4%
Video	4%	3%
Buch	17%	10%
Zeitung	3%	23%

Mediennutzung in Minuten pro Tag

Fernsehen	112 Min.	113 Min.
Radio	71 Min.	132 Min.
Platten/Cassetten	32 Min.	17 Min.
Video	9 Min.	6 Min.
Buch	25 Min.	20 Min.
Zeitung	6 Min.	18 Min.

Nach H. Bonfadelli u.a.: Jugend und Medien. Frankfurt a.M. 1986, S. 16

⑧ Programminhalte: 1. und 2. Hörfunkprogramme der ARD 1984

(Angaben in Prozent des Gesamtprogramms)

	1. Programm	2. Programm
a) leichte Musik	46,1	21,3
b) ernste Musik	4,1	35,7
c) Unterhaltung und Hörspiele	5,9	4,7
d) Politik	21,1	11,2
e) Kultur und Bildung	4,3	12,9
f) Magazine	11,6	8,0
g) Sport	3,0	1,5
h) Werbung	1,9	0,6

ARD-Jahrbuch 1985, Hamburg

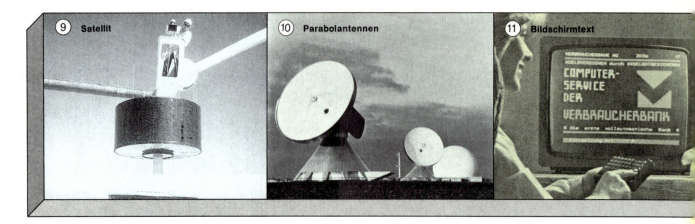

⑨ Satellit　⑩ Parabolantennen　⑪ Bildschirmtext

10.3 Neue Techniken – neue Medien

In den letzten Jahren hat eine rasante technische Entwicklung im Medienbereich stattgefunden. Geräte wurden erfunden, die den Anschluß des Fernsehapparates an Computer oder auch die direkte Verbindung untereinander ermöglichen. Man ist dann nicht mehr nur Empfänger. Die Entwicklung von Videokameras, -cassetten und -abspielgeräten macht die Herstellung und Zusammenstellung eigener Fernsehprogramme möglich. Dazu können selbst hergestellte Aufnahmen ebenso verwendet werden wie auf Cassetten gespeicherte Sendungen oder Filme. Spielfilme werden angeboten, aber auch Unterhaltungsspiele, Lehrprogramme und Dokumentarfilme.

⑩ Das Fernsehgerät nimmt bei alledem einen zentralen Platz ein, weil auf dem Bildschirm alles sichtbar gemacht werden muß (vgl. Graphik 12).

⑪ Diskutiert über folgende Kritikpunkte an den neuen Medien und den Medien allgemein: a) Wir werden durch zu viele Medien mit Informationen „überflutet" und finden keine Zeit und Ruhe mehr, uns zu konzentrieren und intensiv zu beschäftigen. – b) Wir sitzen immer mehr alleine vor dem Bildschirm und verlieren dadurch den Kontakt zu den anderen Menschen und zur Wirklichkeit. – c) Wir bewegen uns weniger und überanstrengen unsere Augen. Beides schadet unserer Gesundheit.

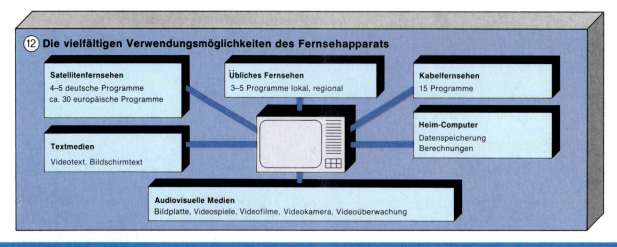

⑫ Die vielfältigen Verwendungsmöglichkeiten des Fernsehapparats

- **Satellitenfernsehen**: 4–5 deutsche Programme, ca. 30 europäische Programme
- **Übliches Fernsehen**: 3–5 Programme lokal, regional
- **Kabelfernsehen**: 15 Programme
- **Heim-Computer**: Datenspeicherung, Berechnungen
- **Textmedien**: Videotext, Bildschirmtext
- **Audiovisuelle Medien**: Bildplatte, Videospiele, Videofilme, Videokamera, Videoüberwachung

① Plötzlich geht es

„Noch vor wenigen Wochen lebte sie (Familie Weinand) unter dem Existenzminimum, weil ein Computer der Landesversicherungsanstalt (LVA) in Düsseldorf auch achtzehn Monate nach dem Tod von Vater Weinand noch nicht die Witwen- und Waisenrente für Frau Antje und ihre sieben Kinder hatte ausrechnen können.
Der ‚Kölner Stadt-Anzeiger' griff den Fall auf..., der Fall kam ins Rollen. Die LVA entschuldigte sich und überwies ... ein paar tausend Mark. Nach einiger Zeit waren die Renten ausgerechnet... Der Stadtverordnete Fried Wörsdorfer vermittelte eine neue Wohnung ... Und es gab noch mehr spontane Hilfe."

Kölner Stadtanzeiger, 4. 10. 78.

② „Superman" gespielt und abgestürzt

„Ein vierjähriger Junge, der ‚versucht hat, wie Superman zu fliegen', ist beim Sturz aus dem siebten Stockwerk eines Mietshauses in New York schwer verletzt worden. Wie die Mutter am Wochenende sagte, unternahm Charles Green täglich Flugversuche, seitdem er in der vergangenen Woche den Film ‚Superman' gesehen hatte. Das Kind sprang in der Wohnung der Eltern ständig von Tisch und Polstermöbeln. Der kleine Junge, der sich am Unglückstag bei seinen Großeltern aufhielt, kletterte aus dem Fenster und fiel auf die Straße."

Kölner Stadtanzeiger, 5. 2. 79.

③ Luftpirat ging vor wie im Film

„Der bis gestern immer noch unbekannte Luftpirat, der am vergangenen Freitag eine Maschine der TWA mit 70 Passagieren und neun Besatzungsmitgliedern an Bord auf dem Flug von Tulsa (USA) nach Genf in seine Gewalt brachte, hat sich vermutlich von einem amerikanischen Fernsehfilm animieren (anregen) lassen. Ein Sprecher der Schweizer Justiz meinte gestern, es gebe verblüffende Übereinstimmungen zwischen dem Film und dem Genfer Zwischenfall."

Kölner Stadtanzeiger, 29. 8. 78.

④ Gewalt danach

„Zwei kalifornische Filmtheater nahmen den neuesten Schocker ‚The warriors' (Die Krieger) aus dem Programm, nachdem während der Vorführung ein 18jähriger Zuschauer erstochen, ein 19jähriger durch einen Schuß lebensgefährlich verletzt worden war. In New York schlugen urplötzlich zwölf Männer harmlose U-Bahn-Benutzer nieder. Auch dieser Schlägertrupp hatte gerade ‚The warriors' gesehen."

Kölner Stadtanzeiger, 20. 2. 79.

11. Wirkung der Medien

Ändern wir unsere Meinung oder unser Verhalten, nur weil wir bestimmte Berichte und Kommentare in Zeitungen lesen, Sendungen im Fernsehen sehen, Spielfilme anschauen oder Bücher und Comics lesen? Und wenn ja, soll man diese Wirkung gut oder schlecht finden?

Umstritten ist die Frage, ob z.B. *Gewaltdarstellungen* in Filmen den Zuschauer dazu anstiften, selbst Gewalt anzuwenden, ihn eher davon abschrecken oder gar keine Wirkung haben. Es gibt hierfür keine klaren Antworten, weil vieles zusammenkommen muß, damit jemand Gewalt anwendet. Aber man befürchtet, daß Gewaltdarstellungen abstumpfend wirken können und daß insbesondere bei denen die Bereitschaft zur Gewaltanwendung steigt, die sowieso schon nahe davor sind. Auch wird vermutet, daß zum Beispiel Kriminalfilme geradezu Anleitungen für die Durchführung von Verbrechen geben. Die Diskussion wird seit einigen Jahren besonders in den Vereinigten Staaten geführt. Man hat errechnet, daß ein etwa 14 Jahre alter Jugendlicher im Laufe seines Lebens schon mehr Zeit vor dem Fernseher als in der Schule verbracht und über 11 000 Morde am Bildschirm miterlebt hat.

Wie wirken Gewaltdarstellungen?

1 Text 1 beschreibt einen Fall, wo Wirkung beabsichtigt war. Wer wird hier zu Änderungen im Verhalten veranlaßt und wie wird das erreicht? Welche Folgerungen würdet ihr aus dem Beispiel ziehen?

2 Auch im Text 2 geht es um die Wirkung eines Massenmediums. Aber es ist eine ganz andere Lage als in Text 1. Wieso? Würdet ihr bei dem Unfall mit dem kleinen Jungen von einer „Schuld" des Films sprechen? Wem würdet ihr die Verantwortung dafür geben und warum?

3 Seht euch die Texte 3 und 4 und auf S. 145 Text 4 an. Welche Schlüsse zieht ihr: Sollte man solche Filme verbieten, gar nichts machen oder ...?

5 TV-Konsum Jugendlicher

Die Schülerinnen und Schüler in der Bundesrepublik verbringen jeden Tag fast zweieinhalb Stunden mit einer Tätigkeit, die nur jeder Zehnte von ihnen besonders liebt: mit dem Fernsehen. Dieses Ergebnis eigener ... Untersuchungen haben die Schüler der Klasse 9b der Carl-Schomburg-Schule in Kassel jetzt auf eine breitere Basis gestellt.

Während ein Umfrageinstitut auf fünfeinhalb Stunden Fernsehzeit pro Woche für acht bis 13 Jahre alte Schüler kam, errechneten die Kasseler Hobby-Forscher einen Durchschnittswert von genau zwei Stunden, 22 Minuten und zwölf Sekunden täglich. ... Auf die Frage nach der liebsten Freizeitbeschäftigung aber kreuzten ... nur zehn Prozent „Fernsehen" an.

Kölner Stadtanzeiger, 19. 6. 1981

6 Wachsender Fernsehkonsum in den USA

Vergangenes Jahr wurde laut der jährlich aufgestellten Fernsehstatistik mit einer durchschnittlichen Einschaltquote von täglich sieben Stunden und acht Minuten ein neuer Rekord aufgestellt. Die Einschaltdauer lag damit 13 Minuten über derjenigen des Vorjahrs. Mit einer wöchentlichen Einschaltdauer von 40,25 Stunden wurde erstmals die legale (gesetzliche) Arbeitszeit in den Vereinigten Staaten übertroffen.

Neue Züricher Zeitung, 23. 5. 1985

Das Fernsehen und seine Wirkung

Fragen wir uns, welche Wirkungen das Fernsehen bis heute gehabt hat und künftig haben wird, dann sind wir großenteils auf Vermutungen angewiesen.

4 Über eine Wirkung wissen wir Bescheid, nämlich die Zeit, die wir beim Fernsehen verbringen. Seht euch die Texte 5 und 6 an. Rechnet einmal aus, wieviel Zeit ihr wöchentlich so etwa vor dem Fernseher sitzt.

5 Könnt ihr euch erklären, warum so viele Jugendliche einen so großen Teil ihrer Freizeit vor der Mattscheibe verbringen, aber nur jeder zehnte sagt, dies sei seine liebste Freizeitbeschäftigung?

6 Welche positiven und negativen Wirkungen des Fernsehens nennt der Autor des Zeitungsartikels in Text 7? Wie beurteilt ihr dessen Ansichten?

7 In welcher Weise hat das Fernsehen die Wahlkämpfe in Demokratien verändert? Lest hierzu Text 8.

7 Macht Fernsehen dumm und faul?

Ganz offensichtlich ist es inzwischen allgemeine Erkenntnis, daß jede Programmvermehrung weder zu einer Veränderung noch zu einer Verbesserung des Dargebotenen führt. Sie bringt nur „Mehr vom Selben". Die Tendenz zum Unterhaltungskonsum wird allerdings verstärkt, bei den Produzenten wie auch bei den Konsumenten. Das Niveau sinkt ... bei Kindern und alten Leuten kam es zu einer Ausdehnung der Empfangszeit. Übereinstimmend sind aber die Expertenaussagen, daß ein täglich stundenlanger Fernsehempfang zu einem erheblichen Rückgang der Kommunikation in der Familie führt, des Gesprächs, der gemeinsamen Unternehmungen (Spiele, Lesen ...). Auch die früheren „Institutionen" der sozialen Geselligkeit sind vielfach verschwunden (Besuche bei Freunden, Nachbarn; das Vereinsleben; das Wirtshaus als Treffpunkt). ... Fernsehen macht die Gedanken träge. Besonders problematisch wirkt permanenter Fernsehempfang auf Kinder und Jugendliche. Ihre aktive Ausdrucksfähigkeit wird durch die ständige passive, stumm-machende Aufnahme von rasch wechselnden Reizen nicht fortentwickelt, sondern begrenzt. Auch die Gabe, die Lust zur Entfaltung eigener Phantasie verkümmert frühzeitig. Schließlich beeinträchtigt das „Dauer-Fernsehen" die Speicherungskapazität des Zuschauers. Er behält fast nichts mehr von dem, was er via Bildschirm in sich aufnimmt. ... Vermehrte Programmangebote, neue Kanäle, zusätzliche Medien sind deshalb eher skeptisch, wenn nicht negativ zu bewerten.

Es ist nicht zu bezweifeln, daß das Fernsehen in den ersten Jahren seiner Nutzung einen außerordentlichen Aufklärungsschub bewirkte. Viele Menschen wurden dadurch aufgeweckt, informierter als vorher, neugierig. Das gilt auch heute noch. Fernsehen kann anregen, mehr zu lesen, Zusätzliches zu erfahren ... Inzwischen gibt es das Phänomen des Dauerkonsums. Nun überwiegen die negativen Wirkungen bei weitem.

Süddeutsche Zeitung, 1. 8. 1980

8 Politische Wirkung

Inzwischen gibt es keinen Zweifel mehr, bei ... einer Fernsehdiskussion kann ein Politiker mehr Prozente gewinnen oder verlieren als durch einen ganzen Wahlkampf. ...

Das Fernsehen hat die Demokratie und es hat die Wahlkämpfe verändert. Noch weiß man nicht, welche Folgerungen daraus zu ziehen sind. Hängt das Geschick einer Partei an der mehr oder weniger guten Kondition ihres Spitzenkandidaten während eines Fernsehduells? Schon jetzt scheint festzustehen: Ein Spitzenkandidat ohne Fernsehausstrahlung wird keine Chancen mehr haben.

E. Noelle-Neumann, in: Die Welt, 1. 10. 1976

⑨ Regeln für den Fernsehkonsumenten

1. Zeitgrenzen für Fernsehkonsum setzen (z. B. 1 Stunde am Tag durchschnittlich).
2. Sendungen vorher gründlich auswählen. Auswahl z. B. mit den Eltern und Geschwistern besprechen.
3. Abschalten, wenn die betreffende Sendung vorüber ist. Nicht hängenbleiben. Abschalten, wenn eine Sendung nicht gefällt.
4. Mit anderen zusammen fernsehen und über das Gesehene danach sprechen.
5. Den Fernseher so aufstellen, daß er nicht Mittelpunkt im Zimmer ist.
6. ... ? ...

8 Viele sprechen davon, Fernsehen sei zur Droge, wir seien süchtig geworden und könnten unseren Fernsehkonsum kaum noch selbst kontrollieren. Wir müßten erst noch lernen, vernünftig mit diesem und anderen elektronischen Medien umzugehen. In Text 9 findet ihr Vorschläge, wie wir uns selber zu einem vernünftigen Fernsehkonsumenten entwickeln können. Was haltet ihr von diesen Vorschlägen?

„Droge" Fernsehen?

9 Von einem ungewöhnlichen Experiment und den Erfahrungen in einer amerikanischen Kleinstadt berichtet Text 11. Könntet ihr euch so etwas bei uns vorstellen? Welche Reaktionen der Leute würdet ihr erwarten?

10 Überlegt einmal, wozu ihr alleine, in der Familie oder im Freundeskreis Zeit hättet, wenn der Fernseher eine Woche oder gar einen ganzen Monat lang dunkel bliebe.

⑪ Eine Stadt schaltet ab

... Wie schon im letzten Januar sollen die Familien in Farmington auch jetzt wieder einen Monat lang ganz auf das Fernsehen verzichten oder es zumindest stark reduzieren.

Seit das Kabelfernsehen die Stadt auf nunmehr 36 Kanälen rund um die Uhr berieselt, ist es für Eltern und Lehrer immer mühseliger geworden, bei den Kindern und Jugendlichen die Droge aus der Steckdose zu rationieren.

... Die Leiterin der Kinderabteilung der öffentlichen Bibliothek von Farmington spricht bereits von Verhaltensstörungen. Nancy DeSalvo erinnert sich noch genau an den Tag, an dem für sie das Maß voll war: Eine Gruppe von Abc-Schützen, denen sie ein indianisches Volksmärchen vorlas, benahm sich wie ein Haufen dreijähriger Kleinkinder. Die einen stierten völlig passiv vor sich hin, die anderen hörten nach einer Minute auf zuzuhören und wurden grob zueinander. „Früher war es so, daß, wenn ein Kind zu weinen begann, die anderen traurig aussahen. Heute scheint sie nichts mehr zu bekümmern. Ihre Helden sind alle wie Superman-Typen mit unheimlichen Kräften. Das formt die Kindpersönlichkeit auf eine sehr einseitige Weise", sagt die Bibliothekarin. ... Ihr gelang es, aus der Idee „Farmington schaltet ab" eine Bürgerinitiative zu formieren... Nancy DeSalvo gewann die Unterstützung von Schuldirektoren und Elternbeiräten.... In den Schulen wurden Karten verteilt, auf denen jedes Kind sein Versprechen, entweder gar nicht oder aber sehr viel seltener fernzusehen, unterzeichnen konnte. In einem Aufsatzwettbewerb mit vielen Buchpreisen sollten die Kinder über ihre Erlebnisse während des fernsehfreien Monats berichten. Außerdem bot die Bibliothek neuen Zeitvertreib an: Basteln, Märchen erfinden, Kaleidoskope bauen.

... Die Kampagne hat inzwischen auch anderswo Schule gemacht. ...
Es hatte sich herumgesprochen: Die Fernsehdiät bringt die Familie zusammen wie sonst nur der Truthahn am Erntedankfest oder der Weihnachtsbaum für jeweils einen Abend.

... Die Eindrücke der entwöhnten Fernsehgnome zeigen die Frustration der Entwöhnungskur einerseits und einer neuen Wirklichkeit, die ihnen eigentlich viel besser schmeckt: „Papa redet ganz viel mit uns, Mami liest vor und telephoniert nicht dauernd, wir streiten uns nicht mehr ums Programm. Oft ist mir aber langweilig, weil ich kein Spiel mehr weiß", schrieb der neunjährige Randy in seinem Aufsatz....
Ausgerechnet den Vätern fiel das Abschalten am schwersten. Ohne Sport am Sonntag fühlt man sich nur noch als halber Mann ... und auch dies: „Ohne Fernsehen wird das Leben teurer – die Familie will action, will ständig ein neues Erlebnis", sagt ein Versicherungsvertreter ...

B. Ungeheuer, in: DIE ZEIT, 18. 1. 1985

① Informations- und Meinungsfreiheit in der BR Deutschland

a) Artikel 5 Abs. 1 Grundgesetz „Jeder hat das Recht, seine Meinung in Wort, Schrift und Bild frei zu äußern und zu verbreiten und sich aus allgemein zugänglichen Quellen ungehindert zu unterrichten. Die Pressefreiheit und die Freiheit der Berichterstattung durch Rundfunk und Film werden gewährleistet. Eine Zensur findet nicht statt."

Das Bundesverfassungsgericht zu Art. 5 GG:
„Das Grundrecht auf freie Meinungsäußerung ist als unmittelbarster Ausdruck der menschlichen Persönlichkeit in der Gesellschaft eines der vornehmsten Menschenrechte überhaupt... Für eine freiheitlich-demokratische Staatsordnung ist es schlechthin konstituierend, denn es ermöglicht erst die ständige geistige Auseinandersetzung, den Kampf der Meinungen, der ihr Lebenselement ist. Es ist in gewissem Sinn die Grundlage jeder Freiheit..."

„Eine freie, nicht von der öffentlichen Gewalt gelenkte, keiner Zensur unterworfene Presse ist ein Wesenselement des freiheitlichen Staates; insbesondere ist eine freie, regelmäßig erscheinende politische Presse für die moderne Demokratie unentbehrlich. Soll der Bürger politische Entscheidungen treffen, muß er umfassend orientiert sein, aber auch die Meinungen kennen und gegeneinander abwägen können, die andere sich gebildet haben."

b) Art. 5 Abs. 2 „Diese Rechte finden ihre Schranken in den Vorschriften der allgemeinen Gesetze, den gesetzlichen Bestimmungen zum Schutze der Jugend und in dem Recht der persönlichen Ehre."

② ... in der DDR

Artikel 27 der DDR-Verfassung
Abs. 1 „Jeder Bürger der Deutschen Demokratischen Republik hat das Recht, den Grundsätzen dieser Verfassung gemäß seine Meinung frei und öffentlich zu äußern...
Abs. 2 Die Freiheit der Presse, des Rundfunks und des Fernsehens ist gewährleistet."
Offizielle Auslegung: „Freie Meinungsäußerung im Sozialismus ist ... das Recht des Bürgers, zur Erkenntnis der Wahrheit als der objektiven Grundlage des gesellschaftlich richtigen Verhaltens ... beizutragen;..." „Die Garantie der freien Meinungsäußerung gemäß den Grundsätzen der Verfassung verdeutlicht daß dieses Grundrecht ... der Stärkung und Weiterentwicklung der sozialistischen Staats- und Gesellschaftsordnung und der Formung sozialistischer Persönlichkeit dient. Die Verfassung duldet keinen Mißbrauch dieses Rechts gegen die Interessen der Werktätigen und ihres Staates, gegen Frieden und Sozialismus."

12. Freiheit der Information und Meinungsäußerung

12.1 Ein Grundrecht – unterschiedlich ausgelegt

In der Bundesrepublik Deutschland

Abweichende Meinungen und Kritik sind im demokratischen Staat notwendig. Niemand darf, weil er Kritik übt, als Bürger benachteiligt werden. Staaten, in denen Minderheiten mit abweichenden politischen Meinungen nicht geduldet werden, verletzen die *demokratische Grundregel der freien und offenen Diskussion* – auch wenn sie sich als Demokratien bezeichnen. In der Bundesrepublik ist es jedem gestattet, Politiker, Verwaltungen oder Gerichte grundsätzlich zu kritisieren. Nachbarn mögen einen Bogen um einen machen. Aber weder Polizei noch Gerichte geht das etwas an. Bei Bürgern allerdings, die im öffentlichen Dienst arbeiten wollen, können sich die staatlichen Organe sehr genau für die politischen Ansichten und das Verhalten der Bewerber interessieren, weil man sicher sein will, daß sie sich jederzeit aktiv für die Freiheitsrechte und demokratischen Regeln der Verfassung einsetzen. Damit eventuell verbundene Überprüfungen halten manche für unvermeidlich, andere befürchten, daß diese zu Duckmäuserei führen.

In der DDR

Auch die Verfassung der DDR nennt das Recht der freien Meinungsäußerung. In der DDR jedoch wurden noch bis 1989 Bürger, die in wichtigen Fragen nicht mit der Meinung der herrschenden Staatspartei (SED) übereinstimmen, als Abweichler und oft sogar Feinde der Gesellschaft hingestellt. Ihnen drohten Nachteile verschiedenster Art, z. B. in Ausbildung und Beruf.

1 Faßt die in Quelle 1 angegebenen verfassungsrechtlichen Bestimmungen für die Bundesrepublik Deutschland zusammen.

2 Vergleicht Text 2 damit und versucht mit Hilfe eures Lehrers oder eurer Lehrerin herauszufinden, welche unterschiedlichen Verständnisse von freier Meinungsäußerung hinter den Texten stehen.

③ Schmerzensgeld für Falschmeldung

Ein Schmerzensgeld von 50 000 Mark muß der Axel-Springer-Verlag an Eleonore Maria Poensgen zahlen, weil sie in der „Bild"-Zeitung im Zusammenhang mit dem Ponto-Mord zu Unrecht als Terroristin und als des Mordes überführt dargestellt wurde. Dieses Urteil fällte das Düsseldorfer Landgericht am Mittwoch.

Nach dem Mord an dem Bankier Jürgen Ponto, so das Gericht, habe „Bild" am 3. August vergangenen Jahres die unter dem Verdacht der Mittäterschaft festgenommene Studentin in einer 40 Millimeter hohen Schlagzeile „Erstes Terror-Mädchen gefaßt" auf der ersten Seite als Terroristin dargestellt. Die Beklagten haben nach Ansicht der Kammer „zumindest grob fahrlässig gehandelt", weil sie gewußt hätten, daß Zweifel an dem Verdacht bestanden hätten. Als Frau Poensgen schließlich wegen zahlreicher Alibi-Zeugen am 7. August wieder freigelassen worden sei, habe „Bild" dies lediglich „beiläufig" berichtet und „statt dessen den Eindruck vermittelt, als sei es ein Fehler gewesen, die Klägerin freizulassen". Die Beklagten treffe „schweres Verschulden", weil sie um diese Zeugen gewußt hätten, aber gleichwohl Frau Poensgen „als Mörderin dargestellt" hätten.

dpa in: Kölner Stadtanzeiger, 28. 9. 1978.

④ Eine Mutter klagt Fernsehgesellschaft an

1974 übertrug NBC (private Fernsehgesellschaft) in Kalifornien das Zweistundenprogramm „Born Innocent". Im Laufe der Sendung, die sich mit Jugendkriminalität befaßte, wurde drastisch gezeigt, wie eine Gruppe weiblicher Teenager in einer Besserungsanstalt sich an einem jungen Mädchen sexuell vergriff. Drei Tage später überfielen vier Teenager die kleine Olivia. Vor der Polizei sagten sie aus, sie hätten das Programm gesehen und beschlossen, die Vergewaltigungsszene „nachzuahmen".

Olivias Mutter ging vor Gericht. Sie warf NBC und dem Lokalsender KRON-TV vor, „vorsätzlich" das Programm zu einer Zeit ausgestrahlt zu haben, als Kinder es sehen konnten, was „ein mutwilliges, unverantwortliches und fahrlässiges Verhalten" darstelle…

Das Oberste Gericht von Kalifornien ordnete ein Schöffenverfahren an. Olivia, so lautete die Begründung, habe das Recht, die Geschworenen davon zu überzeugen, daß ihr durch das Programm Schaden erwachsen sei, den die Fernsehgesellschaft verantworten müsse.

dpa in: Süddeutsche Zeitung, 28. 7. 1978.

12.2 Freiheit mit Grenzen

3 Art. 5 Abs. 2 Grundgesetz (Text 1b, S. 144) besagt, daß nicht jeder sich Informationen über alles beschaffen und nicht alles verbreiten darf, was er will. Diese *Einschränkungen* müssen aber durch Gesetz geregelt sein. Die Bilder unten geben Beispiele. Kennt ihr außer den Geistlichen weitere Berufsgruppen, die einer Schweigepflicht unterliegen? Nennt die Gründe. Wer sich bei seinen öffentlichen Äußerungen nicht an die Gesetze hält, kann angezeigt und gerichtlich verfolgt werden. Wenn anderen Schaden zugefügt worden ist, können die Geschädigten Schadenersatz verlangen.

4 Lest Text 3 durch. Warum erhielt Frau Poensgen wohl Schmerzensgeld?

5 Im zweiten Fall hat eine Mutter in den USA eine Fernsehanstalt verklagt. Ein schwieriges Problem: denn einerseits könnte es sein, daß Fernsehsendungen bestimmte Zuschauer tatsächlich zu Straftaten verleiten. Andererseits: Wenn Fernsehanstalten dafür verantwortlich gemacht würden, könnten Straftäter auf die Idee kommen, sich immer auf Fernsehsendungen zu berufen, um Strafmilderung oder Freispruch zu erhalten. Wie würdet ihr entscheiden?

13. Informieren und kommunizieren, um zu handeln

Wer nicht informiert ist, kann sich und anderen schlecht helfen. Er kennt seine Rechte nicht – z. B. gegenüber dem Finanzamt, Sozialamt, der Polizei oder im Betrieb. Wer beim Finanzamt keinen Lohnsteuerjahresausgleich einreicht, dem kann jährlich viel Geld verlorengehen. Ohne ausreichende Information kennt man aber auch seine gesetzlichen Pflichten – z. B. im Straßenverkehr – nicht und macht sich ungewollt strafbar. Wer nicht Bescheid weiß, kann politische Entscheidungen kaum in seinem Sinne beeinflussen. Wahlentscheidungen zum Beipiel werden dann uninformiert getroffen. Man läßt sich von der Werbung der Parteien ungeprüft beeinflussen, wählt so, wie man immer gewählt hat oder trifft die Entscheidung einfach aus einer Laune heraus. Besonders intensiv müssen sich Bürger informieren und selber Informationen verbreiten, wenn sie zum Beispiel in Parteien oder Bürgerinitiativen mitarbeiten und damit politische Entscheidungen beeinflussen wollen.

1 Am Beispiel einer Bürgerinitiative gegen ein Atomkraftwerk (AKW) in Wyhl könnt ihr in Text 1 nachlesen, was damals mit Erfolg getan worden ist, um die Information und die Kommunikation untereinander zu stärken.

2 In eurem Ort oder eurer Umgebung gibt es politische Parteien und Gruppen. Laßt euch von Mitgliedern sagen, was sie tun, um selber in den sie interessierenden Angelegenheiten gut informiert zu sein und andere Mitglieder auf dem laufenden zu halten. Wie bringen sie ihre Wünsche und Vorstellungen den Bürgern nahe und in die Entscheidungsgremien ein?

3 Nennt drei Probleme in eurem Ort. Was wißt ihr über sie? Was müßtet ihr wissen, um vernünftig mitreden zu können? Was müßtet ihr tun, um möglichst objektive Informationen zu erhalten? Entscheidet euch für ein Problem und geht auf die Suche.

---

(1) „Volkshochschule Wyhler Wald"

...Nach der erfolgreichen Platzbesetzung im Februar 1975 wurde das „Freundschaftshaus", ein großes Rundhaus, als Kommunikationszentrum erstellt. Es war Versammlungsort und Treffpunkt, an dem sich Menschen ganz unterschiedlicher Herkunft begegnen und offen miteinander reden konnten. 1975 bestand ein enormes Bedürfnis nach fundierter Sachinformation, denn die bis dahin an die Öffentlichkeit gelangten Informationen über Atomkraftwerke waren sehr spärlich und bestanden fast ausschließlich aus der Werbepropaganda von Befürwortern und Betreibern der AKWs. In dieser Mangelsituation entstand die „Volkshochschule Wyhler Wald". „Wie funktioniert ein Atomkraftwerk?", so lautete das Thema der ersten Veranstaltung. Bis heute nimmt die Information über den Stand der Atomenergie und der damit verbundenen Auseinandersetzung in Wissenschaft, Politik und Wirtschaft einen zentralen Raum ein mit dem Ziel, Zusammenhänge und Hintergründe zu durchschauen, den eigenen Standpunkt zu festigen und bewußter vertreten zu können und damit den aktiven Widerstand gegen ein AKW in Wyhl zu vertiefen und zu verbreiten.

...Diese Abende sind auch wegen ihrer Möglichkeit zur Kommunikation und Geselligkeit besonders beliebt. Man freut sich, viele vertraute und auch neue Gesichter zu sehen, zusammenzusein und sich auszutauschen... Gerade hier kann das Zusammengehörigkeitsgefühl wachsen und damit der Widerstand gegen die drohende Gefahr stärker werden. ...

In den Volkshochschulveranstaltungen war es möglich, viele Menschen anzusprechen und so den Kreis der Atomkraftgegner zu erweitern. Ebenso wichtig war und ist es, Gegensätzlichkeiten in der Meinung oder auch Unterschiede in der Lebensart (z. B. Stadt und Land) zur Sprache kommen zu lassen, was oft erst im Rahmen der Volkshochschule Wyhler Wald möglich war, beziehungsweise angefangen hat.

B. Müller und U. Bonczek, in: Ch. Büchele u. a. (Hrsg.): Wyhl. Der Widerstand geht weiter. Freiburg, 1982, S. 48–51

Entscheiden – Regieren – Kontrollieren

① **Wie sehen Jugendliche ihre Zukunft? Was halten sie von den Politikern?**

a) „Übermorgen werde ich vielleicht eine Arbeit haben, eine Familie, eine Wohnung und ein Auto. Was ist, wenn nicht, was dann ...??? Werde ich vielleicht nicht mehr leben, weil irgendein Staatsoberhaupt auf das rote Knöpfchen drückt, und mich in einen netten kleinen Typen mit Flügeln auf dem Rücken verarbeitet hat oder gibt es vielleicht wieder ein einheitliches Deutschland? Oder, oder, oder nochmals oder!!!! Es gibt bestimmt noch viel zu tun, warten wir es ab!!!!!" (Junge 16, Gymnasium)

b) „Was machen die Leute im Bundestag? Nur herumsitzen? ... Für Atombomben und die Aufrüstung haben alle genug Geld, aber für Lehrstellen ist kein bißchen Geld da ..." (Mädchen 13, Realschülerin)

c) „... Viele Jugendliche haben den Glauben an die Politik verloren. Die Politiker mit ihren Ideen, Wünschen und Hoffnungen sind für uns auch viel zu weit weg. Ein Vorschlag wäre, daß Jugendliche und Politiker ganz ungezwungen miteinander reden müßten. Am Anfang wird dies sehr schwierig sein, aber es wäre einen Versuch wert ..." (Mädchen 15, Realschülerin)

d) „... Ich finde, daß wir zuversichtlich in die Zukunft sehen können. Es gibt keinen Grund, sich vor der Zukunft zu fürchten. Die positiven Ansichten von Politikern und anderen Persönlichkeiten des öffentlichen Lebens überwiegen die negativen Ansichten anderer Personen. ..." (Junge 16, Höhere Handelsschule)

e) „... Laß dich nicht anstecken von der Ansicht, daß für unsere Umwelt sowieso schon alles zu spät ist; sondern tu etwas." (Mädchen 14, Gymnasium)

Jugendliche und Erwachsene 85, Bd. 4. Opladen 1985, S. 450f.

1. Wozu Politik?

In diesem Buch ist mehrfach von Politik die Rede; in jeder Unterrichtseinheit befassen wir uns mit politischen Themen. Hier einige Beispiele:
- Wie können politische Entscheidungen und Maßnahmen das Leben in der Familie beeinflussen?
- Was hat Politik mit Schule und Ausbildung zu tun?
- Welche Zusammenhänge bestehen zwischen politischen Entscheidungen und den Entwicklungen in der Wirtschaft?

In diesem Kapitel untersuchen wir die Frage, wie politische Entscheidungen zustande kommen, und wie wir sie beeinflussen können.

Zukunftsprobleme und Politik

Aus den in Text 1 zusammengestellten Äußerungen von Jugendlichen wird deutlich, daß sie ihre Zukunftsprobleme als vom Handeln der Politiker abhängig erleben, die über Zukunftsfragen, wie Frieden, Arbeitsplätze, Lehrstellen mitentscheiden. Viele sind aber zugleich mißtrauisch, ob die Politiker diese Probleme lösen können, bzw. ob sie dabei die Interessen der jungen Generation genügend berücksichtigen.

④ Warum interessieren sich Jugendliche und Erwachsene für Politik? (Angaben in Prozent)

Begründungen für Interesse	Jugend '84	Erwachsene '84
staatsbürgerliches Interesse, Informationsbedürfnis	50	50
staatsbürgerliches Verantwortungsgefühl	16	13
Interesse als Wähler	6	6
Sorge um persönliches Wohl	19	10
will mitreden können	18	30
will mitbestimmen, mitentscheiden können	14	8
es geht um die Zukunft der Gesellschaft	12	10
keine Angabe	0	1
Begründungen für Desinteresse		
kein Interesse allgemein	33	26
wenig Zeit, andere Probleme	10	11
hat nichts mit mir zu tun, halte mich raus	5	8
Politik ist schmutziges Geschäft, sinnlos	12	14
Politiker machen was sie wollen, habe keinen Einfluß	26	41
verstehe nichts von Politik	26	15
bin zu jung	5	–
keine Angabe	4	3

Jugendliche und Erwachsene 85, Bd. 1. Opladen 1985, S. 124 u. 125

⑤ Vertrauen die Bürger den Politikern?

40% der Bürger der Bundesrepublik Deutschland halten nach einer Repräsentativumfrage die Politiker für vertrauenswürdig.
Daß „sie weit weg von den Bedürfnissen und Sorgen der einfachen Leute sind", glauben über die Hälfte der Befragten.
„Politiker reden vor allem den Leuten nach dem Mund". Dieser Meinung waren 67% der Befragten.

Umfrage des Sample-Instituts, nach: Reutlinger General-Anzeiger, 15. 11. 1986

⑥ „Die kommen bloß aus Bonn und suchen den Dialog mit der Jugend."

Die Menschen in unserer Gesellschaft erfahren fast täglich von Fragen und Problemen, die mit Politik zu tun haben, z. B. wenn darüber entschieden werden muß: Welche Straße wird bei der Verkehrsberuhigung in einer Gemeinde verbreitert? Wie soll die Schulbildung, wie die Berufsausbildung von Jugendlichen organisiert werden? Ist die Erweiterung des Altenheimes oder des Krankenhauses vordringlicher? Wohin mit dem täglich anfallenden Müll? Wie hoch müssen die Steuern sein, damit die vielfältigen Aufgaben des Staates finanziert werden können?

Für jeden von uns stellen sich daher die Fragen: Sollen wir uns für Politik interessieren? Können wir den Politikern vertrauen? In Tabelle 4 und Text 5 findet ihr ganz verschiedene Antworten auf diese Fragen. Ein Teil der Jugendlichen und Erwachsenen lehnen es ab, sich mit Politik zu beschäftigen. Sie begründen dies u. a. damit, daß Politik ein schmutziges Geschäft sei oder Politiker machten so oder so, was sie wollen. Andere halten politisches Interesse für unbedingt notwendig, weil sie über ihre eigene Zukunft mitbestimmen wollen und mitentscheiden können. Versucht mit Hilfe der genannten Materialien euren eigenen Standpunkt zu formulieren und zu begründen.

Politisches Interesse notwendig machen

Politik braucht Regeln

In jeder Gesellschaft leben Menschen zusammen, die unterschiedliche Bedürfnisse haben; verschiedene Gruppen und ihre Vertreter streiten um die Durchsetzung ihrer Interessen. Für diese Auseinandersetzungen schreiben *Verfassungen* Regeln und Verfahrensweisen vor und legen fest, welche Aufgaben dabei die Organe des Staates haben.

Eine Verfassung kann jedoch nur den allgemeinen Rahmen für das politische Zusammenleben abstecken. In der politischen Wirklichkeit gibt es immer vielfältige Wege und Versuche, die politischen Entscheidungen zu beeinflussen. Eine Vielzahl von Personen, Organisationen (z. B. Parteien) und politischen Organen nehmen an den Auseinandersetzungen teil. Um herauszufinden, welche Rolle sie dabei spielen sollen und auch tatsächlich spielen, werden wir im folgenden vor allem *drei Fragen* nachgehen:

– Welches sind die wichtigsten *Grundsätze der Verfassung*, mit denen der Rahmen für politische Auseinandersetzungen, d. h. für die politische Willensbildung in der Bundesrepublik abgesteckt wird?

– Auf welche Weise wirken die Bürger und die verschiedenen Organisationen, wie z. B. die Parteien und die großen Interessenverbände, an der *politischen Willensbildung* mit?

– Welche besonderen Aufgaben haben dabei *die Organe des Staates*, wie z. B. das Parlament, die Bundesregierung und der Bundesrat?

Zwei Staaten in Deutschland

Seit 1949 gibt es in Deutschland zwei Staaten mit unterschiedlichen politischen Ordnungen. Deshalb werden wir in zwei Abschnitten auch die Grundzüge der Verfassung und des politischen Geschehens in der *Deutschen Demokratischen Republik* darstellen.

In eurem Geschichtsbuch findet ihr Informationen darüber, wie es in den Jahren 1945–49 zur Teilung Deutschlands und zur Gründung der Bundesrepublik Deutschland und der Deutschen Demokratischen Republik kam. Daraus könnt ihr auch erfahren, welche Rolle dabei die Siegermächte und die deutschen Politiker spielten und nicht zuletzt, welche Faktoren vor allem die Teilung verursacht haben.

⑦ Kennzeichen D   ⑧

> **① Die wichtigsten Verfassungsgrundsätze – Auszüge aus dem Grundgesetz (GG):**
>
> Artikel 1
> (1) Die Würde des Menschen ist unantastbar. Sie zu achten und zu schützen ist Verpflichtung aller staatlichen Gewalt.
> (2) Das Deutsche Volk bekennt sich darum zu unverletzlichen und unveräußerlichen Menschenrechten als Grundlage jeder menschlichen Gemeinschaft, des Friedens und der Gerechtigkeit in der Welt.
> (3) Die nachfolgenden Grundrechte binden Gesetzgebung, vollziehende Gewalt und Rechtsprechung als unmittelbar geltendes Recht.
>
> Artikel 20
> (1) Die Bundesrepublik Deutschland ist ein demokratischer und sozialer Bundesstaat.
> (2) Alle Staatsgewalt geht vom Volke aus. Sie wird vom Volke in Wahlen und Abstimmungen und durch besondere Organe der Gesetzgebung, der vollziehenden Gewalt und die Rechtsprechung ausgeübt.
> (3) Die Gesetzgebung ist an die verfassungsmäßige Ordnung, die vollziehende Gewalt und die Rechtsprechung sind an Gesetz und Recht gebunden.
>
> (4) Gegen jeden, der es unternimmt, diese Ordnung zu beseitigen, haben alle Deutsche das Recht zum Widerstand, wenn andere Abhilfe nicht möglich ist.
>
> Artikel 28
> (4) Die verfassungsmäßige Ordnung in den Ländern muß den Grundsätzen des republikanischen, demokratischen und sozialen Rechtsstaates im Sinne dieses Grundgesetzes entsprechen. In Ländern, Kreisen und Gemeinden muß das Volk eine Vertretung haben, die aus allgemeinen, unmittelbaren, freien, gleichen und geheimen Wahlen hervorgegangen ist. In Gemeinden kann an die Stelle einer gewählten Körperschaft die Gemeindeversammlung treten.
>
> Artikel 79
> (3) Eine Änderung dieses Grundgesetzes, durch welche die Gliederung des Bundes in Länder, die grundsätzliche Mitwirkung der Länder bei der Gesetzgebung oder die in den Artikeln 1 und 20 niedergelegten Grundsätze berührt werden, ist unzulässig.

2. Verfassungsordnung und Politik in der Bundesrepublik Deutschland

2.1 Repräsentative Demokratie: Wer herrscht über wen?

Jugendliche äußern gelegentlich ihre Skepsis, wenn nicht sogar Ablehnung gegenüber der Form, wie bei uns politische Entscheidungen gefällt werden. Sie wollen selbst bestimmen und wehren sich, daß andere für sie entscheiden. Mit dem Satz „Alle Staatsgewalt geht vom Volke aus" legt das Grundgesetz, wie die Verfassung bei uns genannt wird, die Demokratie als Staatsform für die Bundesrepublik Deutschland fest. Das Wort Demokratie kommt aus dem Griechischen und bedeutet Herrschaft des Volkes. Nicht ein einzelner Mensch, ein König (Monarchie) oder ein Diktator (Diktatur = Gewaltherrschaft), aber auch nicht eine Gruppe besonders mächtiger Bürger, wie z.B. die der Adeligen (Aristokratie) sollen die politischen Entscheidungen fällen, sondern das Volk, d.h. alle wahlberechtigten Bürger. In einigen kleinen Kantonen der Schweiz ist es heute noch Brauch, daß sich die stimmberechtigten Männer auf dem Landsgemeindeplatz in der Hauptstadt des Kantons versammeln und dort über Gesetze beraten und abstimmen. Diese Form der unmittelbaren direkten Demokratie wäre allerdings in einem großen Staat wie der Bundesrepublik Deutschland nur schwer durchzuführen.

Das Grundgesetz hat einen anderen Weg für die Beteiligung der Bürger an den politischen Entscheidungen festgelegt. Das Volk kann durch Wahlen Vertreter, Repräsentanten, in die Parlamente entsenden, die in seinem Auftrag politische Entscheidungen fällen. Deshalb bezeichnet man diese Form als parlamentarische oder repräsentative Demokratie.

Die Abgeordneten der Parlamente, z.B. die Mitglieder des Deutschen

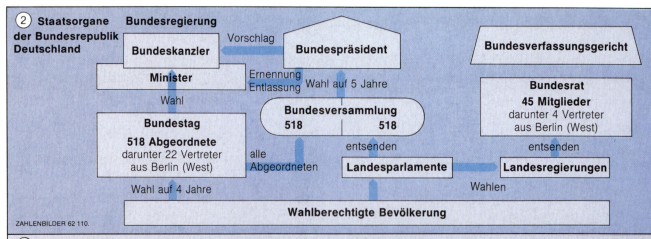

② Staatsorgane der Bundesrepublik Deutschland

ZAHLENBILDER 62 110.

③ Volksbegehren, Volksentscheid und Volksabstimmung in Hessen

Die Verfassung des Landes Hessen vom 1. Dezember 1946 sieht Volksbegehren, Volksentscheid und Volksabstimmung vor:

Artikel 116
Die Gesetzgebung wird ausgeübt
a) durch das Volk im Wege des Volksentscheids
b) durch den Landtag.
Außer in den Fällen des Volksentscheids beschließt der Landtag die Gesetze nach Maßgabe dieser Verfassung. Er überwacht ihre Ausführung.

Artikel 123
(2) Eine Verfassungsänderung kommt dadurch zustande, daß der Landtag sie mit mehr als der Hälfte der gesetzlichen Zahl seiner Mitglieder beschließt und das Volk mit der Mehrheit der Abstimmenden zustimmt.

Artikel 124
Ein Volksentscheid ist herbeizuführen, wenn ein Fünftel der Stimmberechtigten das Begehren nach Vorlegung eines Gesetzentwurfs stellt. Dem Volksbegehren muß ein ausgearbeiteter Gesetzentwurf zugrunde liegen. Der Haushaltsplan, Abgabengesetze oder Besoldungsordnungen können nicht Gegenstand eines Volksbegehrens sein.
Das dem Volksbegehren zugrunde liegende Gesetz ist von der Regierung unter Darlegung ihres Standpunktes dem Landtag zu unterbreiten. Der Volksentscheid unterbleibt, wenn der Landtag den begehrten Gesetzentwurf unverändert übernimmt.
Die Volksabstimmung kann nur bejahend oder verneinend sein.

Bundestages, sind in der Regel auch Mitglieder einer der politischen Parteien. Diese haben die Aufgabe, die Bedürfnisse und Interessen der Bürger aufzunehmen. Sie machen in ihren Programmen Lösungsvorschläge für Probleme wie Umweltschutz oder Beschaffung von Arbeitsplätzen und stellen Kandidaten für Wahlen auf. Für den einzelnen sind Parteien zugleich Organisationen, in denen er selbst mitarbeiten und politisch Einfluß nehmen kann.

1 Artikel 20 GG wird als „Verfassung in Kurzform" bezeichnet. Versucht mit eigenen Worten zu beschreiben, was in diesem Artikel festgelegt wird. Klärt auch, welche Einrichtungen mit besonderen Organen der Gesetzgebung, der vollziehenden Gewalt und der Rechtsprechung gemeint sind. Hinweise enthalten Abb. 2 sowie Abb. 5, S. 154.

2 Volksentscheid und Volksbegehren sind als direkte Demokratieformen in der Bundesrepublik zum Teil in den Bundesländern und in den Gemeinden möglich. Beschreibt am Beispiel der Verfassung des Landes Hessen, in welchen Fällen das Volk beteiligt werden kann und welche Voraussetzungen dazu erfüllt werden müssen. Gruppen wie z. B. Bürgerinitiativen fordern, Volksentscheide auch auf der Bundesebene zu ermöglichen.

④ Grundrechte: Nicht immer ganz leicht, sie zu verwirklichen – Denkanstöße eines Journalisten

a) Wie stellt man Würde her?
Unantastbar soll sie sein, die Würde. Auf der Armesünderbank im Finanzamt bekommt der Untertan feuchte Hände. Angeschnauzt in der Straßenbahn, weil kein Kleingeld, will sich Würde nicht so recht einstellen. Rentner auf dem Sozialamt, Kranke vor den Göttern im weißen Kittel, Schüler zittern vor Paukern, Buchhalter vor Bossen. Mann vor Frau, Frau vor Mann, beide vor Kindern und Kinder vor ihnen. Schon der Hausmeister aus Nummer 17 fühlt sich als Würdenträger. Ersetzt der Verfassungsartikel Nummer eins die Würde, die wir selber nicht herzustellen wagen? Lassen wir sie antasten, ohne uns zu wehren?
Nicht das Papier, auf dem die Verfassung gedruckt ist, bedeutet Würde. Erst wir alle stellen sie her. Jeden Tag.

b) Entfaltet Euch!
Nun entfaltet Euch mal so richtig! Freiweg mit der Persönlichkeit, wie Artikel zwei es will. Entfaltet Euch, Ihr Hilfsarbeiter und Sozialempfänger, entfaltet Euch, Ihr Knastbrüder und Rentner, Ihr Türken und Obdachlosen, verkrachten Studenten und grüne Witwen. Knitterfreie Persönlichkeiten sind gefragt, keine gefalteten Mieslinge. Keiner kommt bereits entfaltet auf diese Welt. Entfaltung scheint ziemlich mühsam. Auf dem Verordnungswege ist sie nicht zu haben. Wer sich entfalten will, eckt an. Läuft in viele Sackgassen ... Laufen müßt Ihr allemal selber – allerdings in der Bahn.

c) Gleich und gleich
Mann und Frau sind gleich ... Keiner soll ungleich sein, auch wenn er Zeuge Jehovas, Neger, Jugoslawe, Bayer oder Ostfriese ist, wenn er sächselt oder Bart trägt. Natürlich sind manche gleicher als gleich, Beamte vielleicht, Parteibuch-Inhaber oder Chefs. Die Leichtlohngruppen für Frauen am Fließband sind ebenfalls eine eigenwillige Interpretation der Gleichheit. ‚Ich behandle nur Privatpatienten', meint der Arzt ‚und ich lasse keine Schwarzen an meine Theke' raunzt der Kneipier an der Ecke ... Sozialstaat bedeutet nicht Gleichmacher und für alle das Gleiche, sondern die Chance, nach persönlicher Leistungsfähigkeit ernten zu können.

d) Eigentümlich – Eigentum
... es ist geschützt. Keiner kann einem da reinfummeln. Allerdings gibt es Grenzen. Das Minigrundstück auf der geplanten Autobahnstraße darf nicht das gesamte Projekt verhindern. Es wird enteignet, gegen Entschädigung. Eigentum ist gut, weil es selbstbewußt macht und ein bißchen frei. Manchmal hindert es andere an der Freiheit, so wenn es sich um ein idyllisches Seeufer mit Stacheldrahtzaun handelt. Oder um eine Fabrik, die übelriechende Gase ausstößt, oder um ein gar zu riesiges Aktienpaket.

e) Ziemlich freizügig
Einreisen, ausreisen, umziehen, wegziehen, ausziehen kündigen, anheuern oder auch nicht. Freizügigkeit zwischen Bayern und Holstein. Vater wird versetzt, Sohn bleibt sitzen, weil zwischen den Bundesländern noch ein bißchen Freizügigkeit fehlt. Auch die freie Wahl von Beruf, Arbeitsplatz oder Ausbildungsstätte stößt an Grenzen. Arbeitslose, Lehrlinge ... wissen darüber zu berichten ... Immer noch besser, als wenn ein Ministerium bestimmt, wer was lernen darf und wer so zu studieren hat. Immer noch besser, als wenn man weder ein- noch ausreisen darf ohne Papierkrieg und staatliche Beschränkungen. Immer noch besser, als wenn nur der freizügig sein darf, der freizügig seine Meinung nach oben anpaßt."
Bundeszentrale für politische Bildung (Hrsg.): Verfassung '76. PZ Nr. 11. Bonn 1976, S. 241

2.2 Rechtsstaat – gleiche Rechte für alle?

Die Antwort auf die Frage nach gleichen Rechten scheint wohl klar: Selbstverständlich sollen alle gleiche Rechte haben, jedem gleiche Chancen offen stehen, aus seinem Leben das zu machen, wovon er überzeugt ist und was er für richtig hält. Doch es lohnt sich, die Frage genau zu untersuchen.

Der Begriff Rechtsstaat meint, daß alle staatlichen Entscheidungen und Handlungen an das Recht gebunden sind, also den Bestimmungen der Verfassung und der Gesetze entsprechen müssen. Willkürhandlungen von Staatsorganen sind nicht zulässig. Wer sich in seinen Rechten verletzt fühlt, muß die Möglichkeit haben, unabhängige Gerichte anzurufen.

Die Grundrechte und die Geltung des Rechts

Zum Recht gehören auch die Grundrechte. Sie sollen den Bürger vor allem vor den Eingriffen des Staates in seine Rechte, aber auch vor willkürlichen Übergriffen einzelner Personen und Gruppen schützen.

❸ Die Texte 4a bis 4e enthalten Anmerkungen zu einigen Grundrechten und ihrer Verwirklichung. Lest die Texte und sprecht darüber: Übertreibt der Verfasser? Wo seid Ihr anderer Meinung? Oder könnt ihr ähnliche Anmerkungen zum Thema „gleiche Rechte für alle" machen?

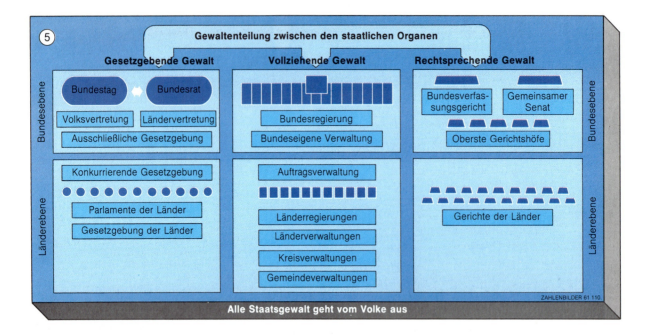

Macht auf mehrere verteilen

❹ Artikel 1 (3) GG verpflichtet die Organe des Staates und alle, die in ihnen ein Amt ausüben, die Würde des Menschen und die in den folgenden Artikeln genannten Grundrechte zu achten und zu beobachten. In UE 7, S. 204f. sind diese Grundrechte und ihre Bedeutung für den einzelnen dargestellt.

Die Ausübung der Staatsgewalt ist auf mehrere Staatsorgane verteilt *(Gewaltenteilung)*. Dadurch soll verhindert werden, daß ein einzelnes Organ, wie z.B. eine Regierung, zu mächtig wird und von den Bürgern nicht mehr kontrolliert werden kann.

Gesetzgebende, vollziehende Gewalt und Rechtsprechung oder Parlament, Regierung und die Gerichte haben jeweils eigene Aufgaben, die von keinem anderen Organ übernommen werden dürfen. Sie sollen sich gegenseitig beschränken und kontrollieren. Das Schaubild 5 macht deutlich, daß dieses Prinzip sowohl für die Bundes- als auch für die Länder- und Gemeindeebene gilt. Allerdings gibt es, wie wir noch sehen werden, auch Verbindungen und Verschränkungen zwischen Gesetzgebung und Regierung.

❺ Die Gewaltenteilung kommt auch in der Gesetzgebung zum Ausdruck. Zum Verständnis des Schaubilds auf der folgenden Seite solltet ihr die Artikel 76–78 im Grundgesetz lesen unter folgenden Fragestellungen:
– Wer kann Gesetzentwürfe vorlegen?
– Welche Rolle spielt der Bundesrat bei der Gesetzgebung?
– Unterscheidet zwischen einfachen und zustimmungspflichtigen Gesetzen.

❻ Welche Institutionen waren bei der Gesetzgebung zum Thema Kriegsdienstverweigerung beteiligt (Text 6, s. a. S. 281f.)? Inwiefern kommt hier die Gewaltenteilung zum Ausdruck? Überlegt, warum dieses Gesetz so oft geändert und weswegen das Bundesverfassungsgericht angerufen wurde.

6 Gewaltenteilung in der Gesetzgebung am Beispiel der Kriegsdienstverweigerung

Bis 1977 mußten Wehrdienstverweigerer ihre Gewissensgründe in einem mündlichen Anerkennungs- und Prüfungsverfahren begründen. Nach einer von der SPD/FDP-Bundesregierung eingebrachten Änderung (1977) konnten Wehrpflichtige mit einer schriftlichen Erklärung (Wehrdienstverweigerung per Postkarte) den Wehrdienst verweigern. Diesem Gesetz stimmten im Bundestag die SPD und FDP und im Bundesrat die von der SPD und FDP regierten Bundesländer zu. Auf Antrag der CDU/CSU-Fraktion, der von dieser Partei geführten Landesregierungen in Baden-Württemberg, Bayern, Rheinland-Pfalz erklärte das Bundesverfassungsgericht mit dem Urteil vom 13. April 1978 diese Regelung für verfassungswidrig. Diese Entscheidung wurde u.a. damit begründet, daß nur solche Wehrpflichtige als Kriegsdienstverweigerer eingestuft werden können, bei denen mit hinreichender Sicherheit eine Gewissensentscheidung angenommen werden kann.

Erst 1984 kam eine gesetzliche Neuregelung des Problems der Kriegsdienstverweigerung zustande, der im Bundestag die CDU/CSU und die FDP, im Bundesrat die von der CDU regierten Bundesländer zugestimmt hatten. Danach muß Kriegsdienstverweigerung durch eine schriftliche, persönliche, ausführliche Darlegung der Beweggründe für die Gewissensentscheidung begründet werden. Ein ausführlicher Lebenslauf und ein polizeiliches Führungszeugnis gehören zum Antrag. Können die Antragsteller Zweifel an der Ernsthaftigkeit ihrer Gründe nicht aus dem Weg räumen, überprüft ein Ausschuß für Kriegsdienstverweigerung die Gründe in einem formellen Prüfungs- und Anerkennungsverfahren.

Zusammengestellt nach F. W. Seidler: Wehrpflicht und Kriegsdienstverweigerung. Bundeszentrale für politische Bildung (Hrsg.), Bonn 1984

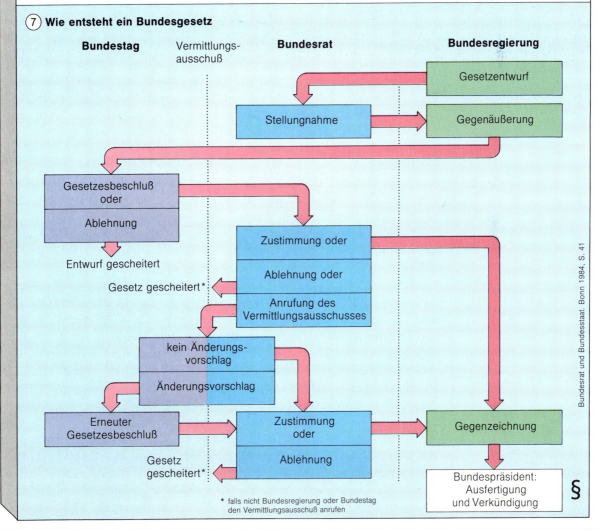

7 Wie entsteht ein Bundesgesetz

* falls nicht Bundesregierung oder Bundestag den Vermittlungsausschuß anrufen

Bundesrat und Bundesstaat. Bonn 1984, S. 41

> **⑧ Aufgaben des Sozialstaates**
>
> In § 1 des Sozialgesetzbuches aus dem Jahre 1975 sind die wichtigsten Aufgaben des Sozialstaates zusammengefaßt:
> Das Recht des Sozialgesetzbuchs soll zur Verwirklichung sozialer Gerechtigkeit und sozialer Sicherheit Sozialleistungen einschließlich sozialer und erzieherischer Hilfen gestalten. Es soll dazu beitragen, ein menschenwürdiges Dasein zu sichern, gleiche Voraussetzungen für die freie Entfaltung der Persönlichkeit, insbesondere auch für junge Menschen, zu schaffen, die Familie zu schützen und zu fördern, den Erwerb des Lebensunterhalts durch eine frei gewählte Tätigkeit zu ermöglichen und besondere Belastungen des Lebens, auch durch Hilfe zur Selbsthilfe, abzuwenden oder auszugleichen.
>
> Auszug aus dem Sozialgesetzbuch (SGB) – Allgemeiner Teil – vom 11. Dez. 1975 (BGBl. I S. 3015)

2.3 Sozialstaat – gleiche Chancen für alle?

Art. 20 Abs. 1 des Grundgesetzes bezeichnet die Bundesrepublik als demokratischen und sozialen Bundesstaat. Wie und in welchem Umfang die darin enthaltene Forderung in die politische Wirklichkeit umgesetzt werden soll, ist umstritten. Durch das sogenannte Sozialstaatsgebot ist der Staat einmal verpflichtet, für ein Höchstmaß an sozialer Gerechtigkeit und Chancengleichheit aller Bürger zu sorgen. Dies kann durch vielfältige Maßnahmen geschehen. So sind z. B. die Steuern auch ein wichtiges Mittel, um die sozialen Unterschiede in der Gesellschaft auszugleichen. Die Lohn- und Einkommensteuer, die wichtigste Einnahmequelle des Staates, wird nicht nach einem festen Prozentsatz erhoben, sondern mit steigendem Einkommen wächst auch die prozentuale Höhe der Abgaben; man nennt das progressive Steuer. Derjenige, der mehr verdient, muß in höherem Maße zur Finanzierung staatlicher Leistungen beitragen. Um die Chancengleichheit zu erhöhen, erhalten z. B. Jugendliche aus einkommensschwachen Familien Ausbildungsbeihilfen (BAföG).

Aufgabe des Staates

Sozialstaat bedeutet aber auch, daß die Bürgerinnen und Bürger vor Lebensrisiken wie z. B. Krankheit, Alter oder Arbeitslosigkeit geschützt bzw. versichert werden (Krankengeld, Rente, Arbeitslosengeld).

Nicht zuletzt hat jeder, der sich mit eigenen Mitteln nicht mehr helfen kann und von anderer Seite keine Hilfe erhält, Anspruch auf staatliche Sozialhilfe.

Aufgabe des einzelnen

Nach Art. 14 GG werden zwar das Eigentum und das Erbrecht gewährleistet, im Grundgesetz heißt es aber weiter: „Eigentum verpflichtet. Sein Gebrauch soll zugleich dem Wohle der Allgemeinheit dienen." Deshalb ist auch eine Enteignung zum Wohle der Allgemeinheit möglich, allerdings nur gegen eine entsprechende Entschädigung. Außerdem kann der einzelne Bürger durch Gesetze verpflichtet werden, selbst für soziale Notlagen, wie Krankheit, Arbeitslosigkeit oder für das Alter vorzusorgen.

Das Ziel, in der Bundesrepublik eine gerechte Sozialordnung zu schaffen, wird immer Aufgabe des Staates und der Bürger bleiben. Wie vielfältig die Bemühungen um dieses Ziel sind, zeigt die Tatsache, daß in der Bundesrepublik etwa 800 Gesetze und Verordnungen sich mit diesem Problem befassen, die für den einzelnen Bürger jedoch oft schwer zu durchschauen sind. Im wesentlichen erfolgt die soziale Sicherung nach drei Grundsätzen (Prinzipien):

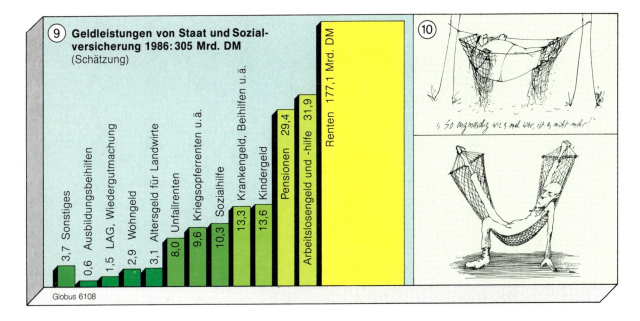

– *Versicherungsprinzip:* Die einzelnen Bürger schließen sich in Versicherungsgemeinschaften zusammen, müssen Beiträge zahlen und erwerben sich damit den Anspruch auf finanzielle Leistungen, wie z. B. Krankengeld, Arbeitslosenunterstützung oder Altersrenten.
– *Versorgungsprinzip:* Bestimmte Personengruppen, wie z. B. Kriegsversehrte und Kriegshinterbliebene haben Anspruch auf Versorgung durch den Staat.
– *Fürsorgeprinzip:* Unabhängig, ob sie vorher selbst etwas bezahlt haben, erhalten Personen, die unverschuldet in soziale Not geraten sind, staatliche Hilfe, wie z. B. Sozialhilfe.
In der praktischen Sozialpolitik, bei den einzelnen sozialen Maßnahmen, werden diese Prinzipien z. T. gemischt angewandt.

7 Erläutert an Hand von § 1 des Sozialgesetzbuches (Text 8) wichtige Aufgaben des Sozialstaates und berücksichtigt dabei besonders Begriffe wie soziale Gerechtigkeit, menschenwürdiges Leben und besondere Belastungen des Lebens. Diskutiert die Frage, in welchen Bereichen diese Ziele erreicht sind bzw. nicht.

8 In dem Schaubild sind die verschiedenen Sozialleistungen dargestellt. Vermutlich sind euch einige Begriffe noch nicht bekannt. Ihr könnt sie in einem Lexikon nachschlagen oder eure Lehrer und Eltern fragen, was z. B. mit Wiedergutmachung gemeint ist.

9 Häufig werden die Sozialleistungen auch als soziales Netz bezeichnet, manche sprechen auch von „sozialer Hängematte". Welche Bewertungen des Sozialstaatsgedankens werden aus diesen verschiedenen Bezeichnungen deutlich? Welche Probleme und unterschiedlichen Bewertungen des „sozialen Netzes" werden in den beiden Karikaturen angesprochen?

Grundsätze sozialer Sicherung

⑪ Aus den Wahlprogrammen der Parteien zur Sozialpolitik (1987)

CDU/CSU: *Mehr Eigenverantwortung statt Gleichmacherei in der Zukunftssicherung*
Die Sozialpolitik der CDU/CSU zielt auf eigene und gegenseitige Hilfe, auf aktive Solidarität und Subsidiarität (ergänzende Mithilfe bei genereller Selbstverantwortung). Sie verzichtet nicht auf den Staat, will aber weder einen reinen Betreuungs- noch einen Zuteilungsstaat. Unter anderen Maßnahmen soll die Steuerentlastung als einfacheres Steuersystem mit geringeren Steuersätzen und mit weniger Ausnahmen und Begründungen beinhalten.

SPD: *Sozialstaatsgebot und gerechtes Steuersystem*
Die SPD will nicht den Abbau, sondern den Umbau des Sozialstaates. Der Sozialstaat müsse in Zukunft gerechter und finanzierbar gemacht werden. Unter dem Stichwort solide Finanzen und ein gerechtes Steuersystem kündigt die SPD an, Höherverdienenden zeitlich befristet mehr Steuern abzuverlangen.

FDP: *Mehr persönliche Verantwortung in der sozialen Sicherung*
In der Sozialpolitik soll der einzelne nach Meinung der FDP mehr Verantwortung für sich selbst übernehmen. In der Steuerpolitik fordert sie u. a. zwar eine umfassende Entlastung der kleinen Einkommen durch Steuerfreiheit des Existenzminimums, aber auch eine deutliche Senkung der Spitzensteuersätze.

Die GRÜNEN: *Umverteilen von oben nach unten*
Der Wechsel in der Regierungsverantwortung und der wirtschaftliche Aufschwung haben nach Überzeugung der GRÜNEN den Widerspruch zwischen Arm und Reich verschärft. In der Wirtschaft der Bundesrepublik sei ein großer Spielraum für Umverteilungsmaßnahmen von oben nach unten vorhanden.

Nach dpa-Hintergrund 19. 12. 1986 und Das Parlament 17. 1. 1987

🔟 Um die sozialen Unterschiede in der Gesellschaft durch Sozialleistungen ausgleichen zu können, braucht ein Staat Steuern. Dabei ist die Lohn- bzw. Einkommensteuer die wichtigste Einkommensquelle neben der Umsatz-, bzw. Mehrwertsteuer. In den Steuergesetzen wird geregelt, wer Steuern zu zahlen hat. Die Entscheidungen über die Höhe der Steuern greifen in die Wirtschafts- und Sozialpolitik eines Staates ein. Vergleicht unter diesem Aspekt die Vorstellungen und Forderungen der Parteien (Text 11).

1️⃣1️⃣ Die Arbeitslosigkeit stellt zur Zeit eines der wichtigsten sozialen Probleme unseres Landes dar. In UE 4, S. 112 ff. findet ihr Informationen dazu. Welche Lösungsvorschläge werden dort gemacht?

⑭ **Die Bildung von Staaten in der amerikanischen Besatzungszone in Deutschland**

Proklamation Nr. 2 der Militärregierung vom 19. 9. 1945
„An das deutsche Volk in der amerikanischen Zone:
Ich, General Dwight D. Eisenhower, Oberster Befehlshaber der amerikanischen Streitkräfte in Europa, erlasse hiermit folgende Proklamation: *Artikel I:*
Innerhalb der amerikanischen Besatzungszone werden hiermit Verwaltungsgebiete gebildet, die von jetzt ab als Staaten bezeichnet werden; jeder Staat wird eine Staatsregierung haben. Die folgenden Staaten werden gebildet:
Großhessen: umfaßt Kurhessen und Nassau (ausschließlich der zugehörigen Exklaven und der Kreise Oberwesterwald, Unterwesterwald, Unterlahn und Sankt Goarshausen) und Hessen-Starkenburg, Oberhessen und den östlich des Rheins gelegenen Teil von Rheinhessen;
Württemberg-Baden: umfaßt die Kreise Aalen, Backnang, Böblingen, Crailsheim, Eßlingen, Gmünd, Göppingen, Hall, Heidenheim, Heilbronn, Künzelsau, Leonberg, Ludwigsburg, Mergentheim, Nürtingen, Münsingen nördlich der Autobahn, Öhringen, Stuttgart, Ulm, Vaihingen, Waiblingen, den Landeskommissärbezirk Mannheim und die Kreise Bruchsal, Karlsruhe Stadt und Land und Pforzheim Stadt und Land.
Bayern: umfaßt ganz Bayern, wie es 1933 bestand, ausschließlich des Kreises Lindau."
Informationen zur politischen Bildung (1974) Nr. 157, S. 7

⑮

2.4 Bundesstaat – die Länder sollen in Bonn mitreden

Der Name „Bundesrepublik Deutschland" drückt aus, daß dieser Staat aus mehreren Ländern besteht: Baden-Württemberg, Bayern, Bremen, Hamburg, Hessen, Niedersachsen, Nordrhein-Westfalen, Rheinland-Pfalz, Saarland, Schleswig-Holstein sowie West-Berlin. Nach dem Ende des Zweiten Weltkrieges waren es – neben den Gemeinden und den Städten – denn auch zuerst die Länder, in denen die politische Arbeit und das politische Leben wieder begann. Die Regierungen dieser Länder, die in den vier Besatzungszonen gebildet worden waren, hatten mehrfach versucht, allmählich wieder eine deutsche Zentralregierung zu bilden. Sowohl die unterschiedlichen Interessen der Siegermächte wie auch der einzelnen Landesregierungen in den drei westlichen Zonen und der sowjetischen Zone verhinderten jedoch eine Einigung.

Seit 1945, dem Ende des Zweiten Weltkrieges, gelten für Berlin – wegen seiner besonderen politischen und geographischen Lage – Sonderbestimmungen. Nach einem Abkommen der Siegermächte wurde diese Stadt zunächst unter eine gemeinsame Kontrolle durch amerikanische, englische, französische und sowjetische Militärbehörden gestellt. Dazu wurde Berlin in vier Sektoren eingeteilt. Mit Gründung der DDR 1949 und vollends durch den Bau der Berliner Mauer im August 1961 wurde der sowjetische Sektor Berlins, Ost-Berlin, in das Gebiet der DDR einbezogen. Die DDR erhebt heute den Anspruch, Ost-Berlin als seine Hauptstadt bezeichnen zu dürfen.

16 Wieviel Gewicht haben die Länder im Bundesrat?

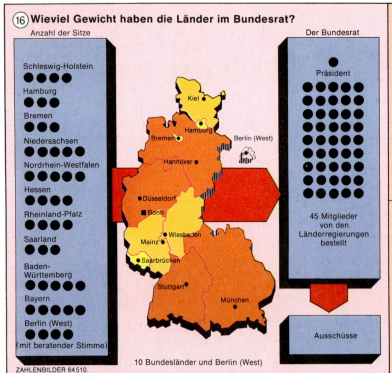

Anzahl der Sitze

- Schleswig-Holstein: 4
- Hamburg: 3
- Bremen: 3
- Niedersachsen: 5
- Nordrhein-Westfalen: 5
- Hessen: 4
- Rheinland-Pfalz: 4
- Saarland: 3
- Baden-Württemberg: 5
- Bayern: 5
- Berlin (West): 4 (mit beratender Stimme)

ZAHLENBILDER 64510.

Der Bundesrat: Präsident, 45 Mitglieder von den Länderregierungen bestellt, Ausschüsse

10 Bundesländer und Berlin (West)

17 Vor- und Nachteile des Bundesstaates

Ein Bundesstaat ist eine Vereinigung von selbständigen Bundesländern zu einem Bund. Dieses Organisationsprinzip nennt man auch Föderalismus.
Befürworter des Föderalismus betonen u. a., daß der Föderalismus mehr Demokratie erlaube, da nicht nur eine Zentralregierung, sondern mehrere Instanzen mitberaten und eigene Vorstellungen einbringen könnten. Außerdem würden politische Entscheidungen bürgernäher getroffen.
Kritiker werfen ihm u. a. vor, er sei zu kompliziert. Bis eine Entscheidung getroffen ist, sind mehrere Instanzen beteiligt. Außerdem wäre ein einfacherer Staatsaufbau viel billiger.

18 Am Totempfahl der Bildungspolitik

Im Westen der Stadt sind heute noch amerikanische, englische und französische Truppen, im Osten sowjetische Truppen stationiert.
Für die Länder gilt seit 1949 das Prinzip der repräsentativen Demokratie. Sie haben eigene Parlamente und Regierungen mit eigenen Verwaltungen. Auf der Bundesebene sind die Länder durch den Bundesrat vertreten, der zusammen mit dem Bundestag Gesetzgebungsaufgaben hat.

12 Mit der Proklamation, d. h. der Erklärung der amerikanischen Militärregierung v. September 1945, wurden Länder gegründet, die zunächst als Staaten bezeichnet wurden (Text 14). Ermittelt die im Text genannten Gebiete mit Hilfe einer Landkarte und stellt die damaligen Grenzen dieser Staaten fest. Was wurde bis heute geändert?

13 Überlegt euch ausgehend vom Text 17 mögliche Vor- und Nachteile des Föderalismus. Denkt dabei u. a. an das Prinzip der Gewaltenteilung, das wir im vorherigen Abschnitt behandelt haben. Ihr könnt dieses Problem auch an der Planung des Baus von Autobahnen und Bundesstraßen, bei der Bund und Länder zusammenwirken müssen oder an Hand der Schulpolitik, die ganz von den einzelnen Bundesländern bestimmt wird, diskutieren.

14 Welche Parteien sind im Landtag eures Bundeslandes vertreten? Welche Parteien bilden zur Zeit die Regierung? Nennt die Namen des Ministerpräsidenten und einiger Minister.

3. Politische Mitbestimmung durch Wahlen

Nach dem Grundgesetz stellen die Wahlen die wichtigste Möglichkeit des Bürgers dar, an der politischen Meinungs- und Willensbildung teilzunehmen. „Alle Staatsgewalt geht vom Volk aus, sie wird vom Volke in Wahlen und Abstimmungen und durch besondere Organe der Gesetzgebung, der vollziehenden Gewalt und der Rechtsprechung ausgeübt" (Artikel 20 GG).

Durch Wahlen bestimmt der Wähler seine politischen Vertreter in den Parlamenten. So werden die Gemeinde- oder Stadträte, die Landtage und nicht zuletzt der Deutsche Bundestag gewählt.

Auf die Frage, welche Wähler welche Partei wählen und warum sie sich so entscheiden, gibt es keine sicheren Antworten, denn meistens sind für eine Entscheidung mehrere Gesichtspunkte maßgebend. Zwar weiß man, daß

- Arbeiter in ihrer Mehrheit die SPD wählen, während Selbständige eher der FDP oder der CDU/CSU zuneigen,
- Katholiken sich eher für die CDU/CSU entscheiden und Protestanten eher für die SPD und FDP,
- die FDP viele Wähler in den Reihen der besser und gut verdienenden Angestellten und Beamten findet,
- verhältnismäßig viele Jugendliche Wähler der Grünen sind.

Jedoch sind bei einer Wahl immer noch andere Gründe ausschlaggebend, z. B. unvorhergesehene Ereignisse wie Terroranschläge auf Politiker, Naturkatastrophen, internationale Spannungen oder wirtschaftliche Krisen. Vor allem sind diese Gründe nicht immer gleich. Sie ändern sich mit der Zeit, und sie werden von den Wählern auch von Zeit zu Zeit anders beurteilt.

Nicht zuletzt spielt bei den Wahlen für den Bundestag die Person des Kanzlerkandidaten eine Rolle. Nach dem Motto „Auf den Kanzler kommt es an" stellen die großen Parteien „ihren" Kandidaten in den Mittelpunkt ihres Wahlkampfes. Sie wollen damit den Eindruck erwecken, die Wähler würden den Kanzler direkt wählen.

3.1 Wer wählt welche Partei?

① Welcher Partei stehen Jugendliche und Erwachsene am nächsten? (Angaben in Prozent)

Partei (Auswahl)	Jugendliche '81	Jugendliche '84	Erwachsene '84
CDU/CSU	18	17	32
SPD	24	23	44
FDP	6	2	4
Grüne/Alternative Liste	20	23	3
Sonstige/keine Angaben	0	3	3
keine	32	32	14

Jugendliche und Erwachsene 85, Bd. 1, Opladen 1985

② Hausaufgaben gemacht?

③ Warum KNITZ wählen geht

Stuttgart, auf den Tag genau heute vor 50 Jahren: „5. März 1933. Reichstagswahlen. Ergebnis Stuttgart-Stadt. Wahlberechtigte: 290 202; abgegebene Stimmen: 251 066. Davon entfielen auf die NSDAP: 84 531; SPD 59 426; KPD 37 185; Zentrum: 24 407; Kampffront Schwarz-Weiß-Rot: 24 308; Christlicher Volksdienst: 8021; Deutsche Staatspartei (Demokraten): 7730; Deutsche Volkspartei: 3316; Württembergischer Bauernbund: 1180; Bauernpartei: 89."
KNITZ war damals elf. Er wurde Pimpf, er kam zum Arbeitsdienst, er zog in den Krieg, er war ein braver Hitlerjunge und ein braver Soldat. Bei Kriegsende war er 23.
Geläutert haben ihn der Rußlandfeldzug, die Kriegsgefangenschaft, die Heimkehr in eine zerbombte Welt, das öde Schlangestehen nach Maisbrot, Hungern und Frieren und die verlorenen Jahre für falsche Gläubigkeit. Nichts an dieser Läuterung ist politisch, sondern man hat den Menschen in KNITZ verletzt ...
Im Moment haben wir eine Parteiendemokratie, aber doch eine Demokratie. Und die Parteien haben bewirkt, das Bild der Deutschen wieder menschlicher zu machen in der Welt. KNITZ lebt sein Leben nach den Gesetzen der Humanität, und er glaubt, daß das ebenso viel wert ist, wie politisch zu sein. Darum ist er auch für Demokratie: so viel Spielraum wie möglich für jeden Menschen, und daß jeder denken und tun darf, was er will, solange er den anderen nicht einengt dabei. Und daß er auch sagen darf, was er denkt. Und daß er es auch sagt ...
KNITZ ist mit bösen Wahlkämpfen aufgewachsen: Saalschlachten, Straßenschlachten, es wurde geprügelt, geschossen, getötet. Die heile Welt gibt es nicht. KNITZ will auch nicht seine Ruhe haben, aber er hat erlebt, was aus Geringschätzung anderer, aus Kraftmeiereien und aus Gewalttätigkeiten werden kann. Und das will er nicht mehr. Und er weiß es aus der Praxis, nicht aus der Theorie. Und er wünscht das auch unerfahrenen Leuten nicht. Darum geht er Demokratie wählen, aber auch mit dem Auftrag an die, die er wählt:
Demokratie für alle.
Nicht bloß für Gewählte.

Stuttgarter Nachrichten, 5. 3. 1983

3.2 Wahlverfahren

Es gibt verschiedene Wahlverfahren, nach denen gewählt werden kann. Die beiden Hauptarten sind das *Mehrheitswahlrecht* und das *Verhältniswahlrecht*.

Mehrheitswahlrecht
Beim einfachen Mehrheitswahlrecht wird der Kandidat gewählt, der in einem Wahlkreis die meisten Stimmen erhält. Die Stimmen, welche die Wähler für die anderen Kandidaten des Wahlkreises abgegeben haben, bleiben somit ohne Einfluß auf die Zusammensetzung des Parlamentes. Nach diesem Verfahren wird in Großbritannien gewählt.

Verhältniswahlrecht
Das Verhältniswahlrecht geht dagegen von dem Grundsatz aus, daß jede Partei entsprechend ihrem Anteil an Wählerstimmen – also im Verhältnis von den für sie abgegebenen Stimmen – Abgeordnete in das Parlament entsenden kann. Nach diesem Verfahren wurde in der Weimarer Republik gewählt. Für die Wahl des Deutschen Bundestages wurden beide Verfahren kombiniert. Wir haben ein gemischtes System, die personalisierte Verhältniswahl. Wie dieses Verfahren funktioniert, könnt ihr dem Schaubild auf der Seite 164 entnehmen.

Man kann grob drei Arten von Wählern unterscheiden:
– Die Nichtwähler, die die Entscheidung anderen überlassen;
– Stammwähler nennt man Bürger, die über mehrere Wahlen hinweg immer die gleiche Partei wählen;
– Wechselwähler entscheiden sich neu von Wahl zu Wahl und sind daher keiner Partei fest zuzuordnen.

Die meisten Wähler haben sich schon längere Zeit vor der Wahl für eine bestimmte Partei entschieden. Anders als für diese Stammwähler ist jedoch die Entscheidung für die kleine Zahl der Wechselwähler oft bis zum Wahltag

4 Muß Wahlkampf sein?

Muß Wahlkampf sein? Die heiße Phase des Wahlkampfs macht es nicht leichter, diese Frage zu beantworten. Dabei kann man beruhigt die aktuelle Überlegung beiseite lassen, ob denn angesichts der eindeutigen Prognosen über den Ausgang dieser Wahlkampf noch sein müsse. Was zählt, sind die schlimmen Vereinfachungen und erbarmungslosen Schlagwechsel, die uns nun ins Haus stehen. Denn sie sind es, die vor allem an der Überzeugung nagen, daß diese Veranstaltung notwendig und nützlich sei.

Aber auf das lautstarke Turnier der Konkurrenten vor dem Gang zu den Stimmkabinen ist nicht zu verzichten, und selbst der wohlmeinende Wunsch, die Auseinandersetzung möge sich wenigstens in eine Art von Diskussionsveranstaltung verwandeln, in der sich die Parteien gemäßigt und aufgeklärt auf das allgemeine Beste austauschen, geht in die Irre. Wahlkampf muß auch Kampf sein, weil Wahlen die Entscheidung über die Macht- und Herrschaftsverhältnisse bedeuten. Sie haben auch keineswegs nur den Zweck, den jeweiligen Stand der Stimmungen und Meinungen zu ermitteln, so wie der Gasmann den Zähler abliest. Sie sollen vielmehr klare Verantwortlichkeiten herstellen, Richtungen markieren, Zustimmung und Ablehnung mobilisieren, um damit die Politik in der breiten Schicht abzustützen. Insofern haben auch Zuspitzung und Verschärfung der Gegensätze und Konzentration auf bestimmte Führungspersönlichkeiten ihren Sinn. Seitdem die Bürger in ihren politischen Entscheidungen beweglicher, aber eben auch unbeständiger geworden sind, können sich die Parteien nicht mehr darauf beschränken, bei Wahlen gleichsam nur einzusammeln, was an Urteilen in den verschiedensten Teilen der Gesellschaft gewachsen ist.

Nach H. Rudolph, in: Süddeutsche Zeitung, 3. 1. 1987

5

offen. Deshalb wird die Propaganda der Parteien in den Wochen vor der Wahl vor allem auf die Wechselwähler ausgerichtet. Ihre Entscheidung soll mit den Mitteln der politischen Werbung beeinflußt werden. Außerdem bemühen sich die Parteien, auch diejenigen für die Wahl zu gewinnen, die ursprünglich gar nicht wählen wollten.

1 Diskutiert das Verhältnis von Wähler und Parteien anhand der Karikatur 2.

2 Woran könnte es liegen, daß durchschnittlich weniger Jugendliche zur Wahl gehen als Erwachsene?

3 Aus Umfragen wird deutlich, daß Jugendliche und Erwachsene sich in ihrer Vorliebe für bestimmte Parteien unterscheiden. Stellt Vermutungen an, worauf diese Unterschiede zurückzuführen sind (vgl. Tabelle 1).

4 Welche Motive bewegen „Knitz" in Text 3 zur Wahl zu gehen?

5 Muß Wahlkampf sein? Viele Bürger stehen dieser Frage kritisch gegenüber. Text 4 und Abb. 5 enthalten einige Denkanstöße. Diskutiert darüber.

6 Wie werden die Abgeordneten des Deutschen Bundestages gewählt?
a) Das Verfahren

Personalisierte Verhältniswahl

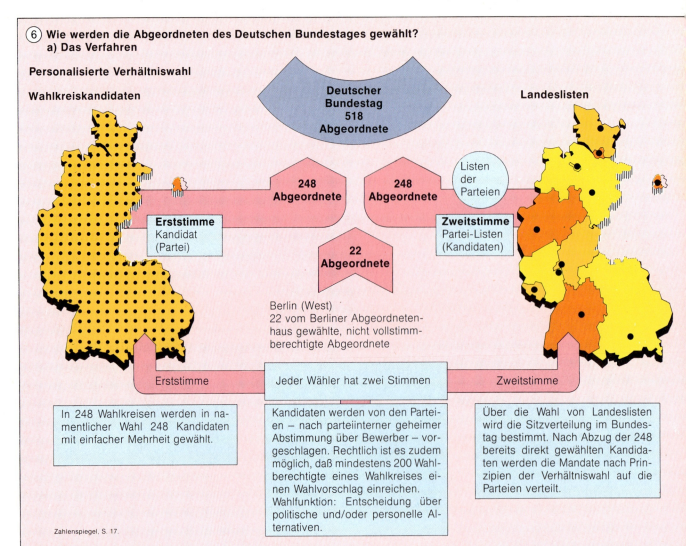

In 248 Wahlkreisen werden in namentlicher Wahl 248 Kandidaten mit einfacher Mehrheit gewählt.

Kandidaten werden von den Parteien – nach parteiinterner geheimer Abstimmung über Bewerber – vorgeschlagen. Rechtlich ist es zudem möglich, daß mindestens 200 Wahlberechtigte eines Wahlkreises einen Wahlvorschlag einreichen. Wahlfunktion: Entscheidung über politische und/oder personelle Alternativen.

Über die Wahl von Landeslisten wird die Sitzverteilung im Bundestag bestimmt. Nach Abzug der 248 bereits direkt gewählten Kandidaten werden die Mandate nach Prinzipien der Verhältniswahl auf die Parteien verteilt.

Zahlenspiegel, S. 17.

b) Wie wird man Kandidat?

Die Aufstellung der Kandidaten für die Wahl, auch *Nominierung* genannt, wird in einer Broschüre, die vom Deutschen Bundestag verteilt wird, beschrieben:
(Abkürzung BWahlG = Bundeswahlgesetz)

„Die Kandidaten in den Wahlkreisen sind in geheimer Wahl von den Parteimitgliedern (bzw. ihren Delegierten) zu bestimmen (§ 21 BWahlG). Hier haben also Parteimitglieder ein Recht von ganz erheblicher Bedeutung, weil oft schon 100 oder 200 Parteimitglieder bei der Nominierung eines Bewerbers den Ausschlag geben können. In einem für ihre Partei sicheren Wahlkreis nehmen diese Parteimitglieder die eigentliche Wahl vorweg. Das wird von manchem beklagt. Er vermag es nur zu ändern, wenn er einer Partei beitritt und in den Kampf um die Kandidatenbenennung eingreift.

Das heißt natürlich nicht, daß die örtlichen Parteiorganisationen völlig frei sind. Das Interesse an einem insgesamt guten Wahlergebnis gebietet ihnen, sorgfältig einen möglichst zugkräftigen Kandidaten auszusuchen . . . Auch die Landeslisten der Parteien werden in geheimer Abstimmung von den Delegierten der Parteimitglieder aufgestellt (§ 27 BWahlG).

Hier geht es für die Bewerber darum, sich möglichst weit vorn zu plazieren – was nicht unbedingt heißt, daß er unter den ersten sein muß."

Deutscher Bundestag, Presse- und Informationszentrum: Wahlen. Bundestag von a–z. Bonn 1980, S. 9f.

c) Schon vor der Wahl gewählt?

Nahezu 150 von 248 Bundestagswahlkreisen sind sogenannte „Hochburgen" oder relativ sichere Kreise der SPD, der CDU oder der CSU. Mit Landeslisten werden ungefähr weitere 200 Sitze schon in vorab entschieden; denn in etwa kann im voraus gesagt werden, wieviele Abgeordnete einer Partei über die Landeslisten in den Bundestag einziehen. Außerdem gibt es noch 22 Berliner Abgeordnete. Diese dürfen – da Berlin seit 1945 einen besonderen Status hat (vgl. oben, Abschnitt 2.3) – nicht direkt, sondern nur vom Berliner Abgeordnetenhaus gewählt werden. Und deren Mehrheitsverhältnisse sind jeweils bekannt.

Die restlichen Sitze sind die eigentlich umkämpften; hier sind die Entscheidungen meistens offen. Vereinzelt kommt es jedoch auch vor, daß sichere Wahlkreise fallen.

⑦ Eine Hürde – die Fünf-Prozent-Klausel

a) Jetzige Regelung

Die Bonner Mischung der Wahlsysteme hat die Vorteile von Mehrheits- und Verhältniswahl miteinander kombiniert. Sie hat aber einen Nachteil der Verhältniswahl – die Parteienzersplitterung – nur durch eine zusätzliche Regelung vermeiden können: die Fünf-Prozent-Klausel ... Nach der jetzigen Regelung können bei der Verteilung der Listenplätze nur Parteien berücksichtigt werden, die entweder mindestens fünf Prozent der Zweitstimmen erzielten oder in mindestens drei Wahlkreisen ihre Direktmandate durchsetzen.

Presse- und Informationszentrum des Deutschen Bundestages, Bonn o. J.

b) Pro und contra 5%-Klausel

Pro: Die 5%-Klausel verhindert die Parteienzersplitterung und das Aufkommen kleiner und z. T. radikaler Parteien und trägt damit zur Stabilität der Regierung bei.

Contra: Durch die 5%-Klausel gehen die Stimmen der Wähler von kleinen Parteien, die an der 5%-Klausel scheitern verloren. Außerdem begünstigt sie die Parteien, die bereits im Parlament vertreten sind und erschwert das Aufkommen neuer Parteien, die neue Ziele und Interessen vertreten.

Artikel 38 (1) GG legt für die Wahl zum Bundestag fünf Grundsätze fest. Danach ist diese Wahl

– allgemein: Alle Bürger ab dem vollendeten 18. Lebensjahr sind wahlberechtigt;
– unmittelbar: Die Wahl geschieht ohne Zwischenmänner;
– frei: Sie muß ohne Zwang und Kontrolle durchgeführt werden können;
– gleich: Jede Stimme zählt gleich;
– geheim: Die Abgabe der Stimmen erfolgt verdeckt; niemand darf nachprüfen, wie einzelne Personen gewählt haben.

Das gleiche Stimmrecht für alle Bürger wurde erst in einem langwierigen Kampf erreicht. So gab es in Preußen von 1850–1918 noch ein Dreiklassen-Wahlrecht. Die Wähler wurden nach den von ihnen zu entrichtenden Steuern in drei Gruppen eingeteilt. Die Wähler mit großen Vermögen, deren Stimmen mehr zählten, hatten einen unverhältnismäßig höheren Einfluß auf die Bildung des Parlaments als die übrigen Wähler. Auch die Frauen waren in vielen Ländern vom Wahlrecht ausgeschlossen; in einigen Kantonen der Schweiz wurde erst in den letzten Jahren das Stimmrecht für Frauen bei allen Wahlen eingeführt.

Nicht alle Wahlen in der Bundesrepublik sind direkt, zum Beispiel die Wahl des Bundespräsidenten. Dazu könnt ihr euch in Artikel 54 GG informieren.

Der Kampf um das Wahlrecht

---

⑧ Wer darf wählen und wer kann gewählt werden?

Aktives Wahlrecht

Wahlberechtigt sind alle Deutschen im Sinne des Artikels 116 Abs. 1 des die am Wahltag
1. das 18. Lebensjahr vollendet haben und
2. seit mindestens 3 Monaten eine Wohnung oder gewöhnlichen Aufenthalt im Wahlgebiet haben.

Passives Wahlrecht

Wählbar ist jeder Wahlberechtigte

der am Wahltag
1. das 18. Lebensjahr vollendet hat und
2. seit mindestens 1 Jahr Deutscher im Sinne des Artikels 116 Abs. 1 des Grundgesetzes ist.

ZAHLENBILDER 85110.

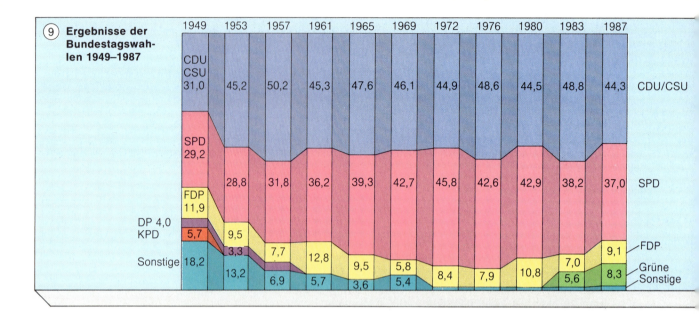

9 Ergebnisse der Bundestagswahlen 1949–1987

Neben den Bundestagswahlen sind die Wahlen zu den Parlamenten der Bundesländer, die in der Regel alle vier Jahre stattfinden, von politischer Bedeutung. Die Bürgerinnen und Bürger können dabei entscheiden, welche Parteien die Landesregierung stellen sollen. Informationen über das Verfahren bei der Wahl des entsprechenden Landesparlaments und dessen Zusammensetzung erhaltet ihr, wenn ihr die Pressestelle des jeweiligen Landtages anschreibt.

Wahlen gibt es auch in eurer unmittelbaren Umgebung. Folgende Fragen könnt ihr untersuchen:
– Wie wird man in das Gemeinde- oder Stadtparlament gewählt?
– Welche politischen Gruppen stellen sich bei uns zur Wahl?
– Welche Gruppen sind darin vertreten?
– Wie wird der Bürgermeister gewählt?
– Werden neben dem Bürgermeister und den Mitgliedern des Gemeinde- oder Stadtparlaments noch andere Ämter in der Gemeinde durch Wahlen bestellt? Welche Ämter sind dies? Welche Aufgabe haben sie? Diese Fragen lassen sich nicht kurzfristig behandeln. Am einfachsten dürfte es sein, wenn ihr die Erkundigungen hierzu in Gruppen durchführt.

6 Wie wird man zum Kandidaten bestimmt? Lest dazu Text 6b, S. 164.

7 In Text 6c werden die Wahlmöglichkeiten der Bürger bei der Bundestagswahl genauer betrachtet. Überprüft diese Frage auch an Hand des Schaubildes 6a.

8 Diskutiert ausgehend von Text 8 die Vor- und Nachteile der 5%-Klausel.

9 Verfolgt die Ergebnisse der Bundestagswahlen seit 1949 in Abb. 9 und stellt dabei wichtige Veränderungen z. B. der Stimmenanteile, der Rangfolge und Zahl der Parteien fest.

4. Parteien als wichtige politische Entscheidungsträger

Wer in einer Partei mitarbeitet, verschafft sich über die Wahlen hinaus die Möglichkeit, auf die politische Auseinandersetzung Einfluß zu nehmen. Mit dem Satz „Die Parteien wirken an der politischen Willensbildung mit", unterstreicht das Grundgesetz (Art. 21) ihre Bedeutung als politische Entscheidungsträger.

4.1 Die Entwicklung der Parteien

In Deutschland entstanden die ersten Parteien während der Revolution von 1848. In den Jahren danach bildeten sich vier politische Hauptrichtungen heraus: die konservativen Parteien, die bürgerlichen bzw. liberalen Parteien, das katholische Zentrum, die Sozialdemokratie, von der sich im Laufe des Ersten Weltkrieges und endgültig 1919 die Kommunistische Partei abspaltete. Die heutige Bedeutung erreichten die Parteien jedoch erst mit der Einführung des parlamentarischen Regierungssystems und des allgemeinen und gleichen Wahlrechts im Jahre 1918. In der Weimarer Republik (1919–1933) gab es eine Vielzahl von Parteien. Dies lag nicht zuletzt am derzeitigen Verhältniswahlrecht. Dadurch gelang es auch kleinen Parteien, bereits mit geringen Wählerstimmen Abgeordnete ins Parlament zu schicken. Nach der Machtübernahme durch die Nationalsozialisten und deren Nationalsozialistische Deutsche Arbeiterpartei (NSDAP) 1933 wurden die anderen Parteien verboten.

Nach dem Zusammenbruch des Dritten Reiches 1945 bildeten sich – zugelassen durch die Siegermächte – wieder verschiedene Parteien. In der sowjetischen Besatzungszone schlossen sich im April 1946 – unter dem Druck der sowjetischen Besatzungsmacht – die Kommunistische Partei und die dortige Sozialdemokratische Partei zur Sozialistischen Einheitspartei Deutschlands (SED) zusammen.

Die meisten Sozialdemokraten in den westlichen Zonen lehnten diesen Zwangszusammenschluß ab. Vor allem Kurt Schumacher (1895–1952) unternahm alles, um eine solche Vereinigung zu verhindern. Dies gelang ihm nur in den westlichen Zonen. Mit Gründung der Sozialdemokratischen Partei Deutschlands, die in einzelnen Städten und Orten bereits im April und im

① **Jugendliche kritisieren Parteien**

Einige Jugendliche zwischen 14 und 21 Jahren stimmten nach einer Umfrage folgenden kritischen Äußerungen gegenüber den Parteien zu:
- „Es müßten noch weitere Parteien zur Wahl stehen;" (25%)
- „Es gibt keine Partei, die mich richtig vertritt;" (21%)
- „In den Parteien wird ja nur gemauschelt;" (19%)
- „Parteien bieten keine Zukunftsorientierungen mehr;" (16%)
- „Die Parteien sind doch alle gleich;" (14%)

Politische Bildung 1983, Heft 2, S. 22

Die Neugründung der Parteien nach dem Zweiten Weltkrieg

Mai 1945 vollzogen wurde, konnte an die Tradition der Partei aus den Jahren vor 1933 angeknüpft werden. Neu war dagegen die Christlich-Demokratische Union (CDU). In ihr sammelten sich ehemalige Mitglieder des Zentrums, der konservativen und z. T. auch liberalen Parteien. Dabei spielte der Gedanke der Union, Christen beider Konfessionen zusammenzufassen, eine tragende Rolle. In der Partei setzte sich Konrad Adenauer (1876–1967), der spätere Bundeskanzler, als Parteiführer durch. In Bayern entstand gleichzeitig als christliche Partei die Christlich-Soziale Union (CSU), die nur in diesem Bundesland zur Wahl antrat und mit der CDU im Bundestag bislang eine gemeinsame Fraktion gebildet hat.

Liberale Politiker sammelten sich in der Freien Demokratischen Partei (FDP). Auch in ihr waren zu Beginn Politiker tätig, die schon vor 1933 in den Liberalen Parteien aktiv gewesen waren, so z. B. Theodor Heuss (1884–1963), der spätere erste Bundespräsident.

Im ersten Deutschen Bundestag 1949 waren 12 Parteien vertreten. Inzwischen hat sich ihre Zahl auf fünf Parteien in vier Fraktionen verringert. Dafür waren vor allem folgende Gründe ausschlaggebend:

– Durch die Einführung der Fünf-Prozent-Klausel im Bundeswahlgesetz wurde den kleineren Parteien der Zugang zum Parlament erschwert;

– auf Grund des in Art. 21, Abs. 2 des GG vorgesehenen Verbots von Parteien, die nicht auf dem Boden des Grundgesetzes stehen, wurden 1952 die neonazistische Sozialistische Reichspartei und 1956 die Kommunistische Partei Deutschlands durch das Bundesverfassungsgericht verboten;

– da im Gegensatz zur Weimarer Republik die Wirtschafts-, Sozial- und Staatsordnung der Bundesrepublik sich als relativ stabil erwies, gab es bislang kaum Ansatzpunkte für die Bildung neuer Parteien.

Inzwischen ist es den GRÜNEN, die sich als neue Partei aus Bürgerinitiativen für Umweltschutz und Teilen der Friedensbewegung gebildet haben, gelungen, in den 70er Jahren in die meisten Landtage und 1983 in den Bundestag einzuziehen.

1 Welche Ziele werden in den frühen Aussagen der Parteien aus den Jahren 1945/1946 formuliert? – Vergleicht diese mit den Texten 6 a–d, S. 170.

2 Um die Entwicklung der politischen Parteien seit dem Ende des Zweiten Weltkrieges untersuchen zu können, solltet ihr die wichtigsten Ereignisse mit Hilfe eines Geschichtsbuches zusammenstellen. Dazu einige Stichworte: Bedingungslose Kapitulation am 8. Mai 1945, Besatzungszonen, Bi- und Trizone, Parlamentarischer Rat, die Gründung der Bundesländer, die Gründung der Bundesrepublik Deutschland und der Deutschen Demokratischen Republik.

3 Die Parteien erheben heute den Anspruch, Volksparteien zu sein, d. h. ihre Mitglieder und ihre Wähler kommen aus allen Gruppen der Bevölkerung. Welche verschiedenen sozialen Gruppen bei den einzelnen Parteien unter den Mitgliedern vertreten sind, zeigt Tabelle 7, S. 170. Vergleicht diese Angaben jeweils mit den Angaben für die Gesamtbevölkerung.

③ Was wollten die Parteien nach 1945?

a) Sozialdemokratische Partei Deutschlands – demokratischer Sozialismus (1946)

„Die Demokratie ist für alle Schaffenden die beste Form ihres politischen Kampfes. Sie ist für uns Sozialisten ebenso eine sittliche wie eine machtpolitische Notwendigkeit. Die Sozialdemokratie will der freiwillige Gefolgschaft aus eigener Erkenntnis und mit dem Recht der Kritik ihrer Anhänger.
Es gibt keinen Sozialismus ohne Demokratie, ohne die Freiheit des Erkennens und die Freiheit der Kritik. Es gibt auch keinen Sozialismus ohne Menschlichkeit und ohne Achtung vor der menschlichen Persönlichkeit.
Wie der Sozialismus ohne Demokratie nicht möglich ist, so ist umgekehrt eine wirkliche Demokratie im Kapitalismus in steter Gefahr. Auf Grund der besonderen geschichtlichen Gegebenheiten ... in Deutschland braucht die deutsche Demokratie den Sozialismus. Die deutsche Demokratie muß sozialistisch sein ... Sozialismus ist nicht mehr ein fernes Ziel. Er ist die Aufgabe des Tages. Die deutsche Sozialdemokratie ruft zur sofortigen sozialistischen Initiative gegenüber allen praktischen Problemen in Staat und Wirtschaft auf allen Stufen des staatlichen und wirtschaftlichen Lebens auf."
Kurt Schumacher auf dem Parteitag der SPD in Hannover im Mai 1946. In: Informationen zur politischen Bildung (1974) Nr. 157, S. 15

b) Christlich-Demokratische Union – Demokratie in Staat und Gesellschaft (1945)

„Unsere politische Arbeit wird ... von folgenden Grundsätzen bestimmt sein:
1. Die Würde des Menschen wird anerkannt. Der Mensch wird gewertet als selbstverantwortliche Person, nicht als bloßer Teil der Gemeinschaft ...
12. Ziel unseres politischen Willens ist der soziale Volksstaat als Bürge eines beständigen inneren und äußeren Friedens. Alle Formen des öffentlichen Gemeinschaftslebens kommen aus der Demokratie. Jeder Totalitäts- und Diktaturanspruch wird verworfen. Mißbrauch der Demokratie und ihrer Einrichtungen wird mit allen Machtmitteln des Staates bekämpft ...
16. Das Ziel der Wirtschaft ist die Bedarfsdeckung des Volkes. Grundlage der Wirtschaftstätigkeit ist die soziale Gleichberechtigung aller Schaffenden in Betrieben und öffentlich-rechtlichen Wirtschaftsvertretungen. Die Vorherrschaft des Großkapitals, der privaten Monopole und Konzerne wird beseitigt. Privatinitiative und Einzelverantwortlichkeit werden geweckt. Mittel- und Kleinbetriebe werden gefördert und vermehrt.
17. Das Recht auf Eigentum wird gewährleistet. Die Eigentumsverhältnisse werden nach dem Grundsatz der sozialen Gerechtigkeit und den Erfordernissen des Gemeinwohls geordnet. Durch gerechten Güterausgleich und durch soziale Lohngestaltung soll es den Nichtbesitzenden ermöglicht werden, zu Eigentum zu kommen. Das Gemeineigentum ist soweit zu erweitern, wie das Allgemeinwohl es erfordert. Post und Eisenbahn, Kohlenbergbau und Energieerzeugung sind grundsätzlich Angelegenheiten des öffentlichen Dienstes. Das Bank- und Versicherungswesen unterliegt der staatlichen Kontrolle."
Kölner Leitsätze in: Informationen zur politischen Bildung (1974) Nr. 157, S. 16

c) Freie Demokratische Partei – persönliche Initiative und freier Wettbewerb (1946)

„Persönliche Initiative und freier Wettbewerb steigern die wirtschaftliche Leistung, und persönliches Eigentum ist eine wesentliche Grundlage gesunder Wirtschaft.
Andererseits darf jedoch die Freiheit der Wirtschaft nicht sozial mißbraucht werden und nicht zur Übermacht von Überstarken führen. Das Recht und die Möglichkeiten der Kleinen, sich neben den Großen zu behaupten, muß ebenso gesichert sein wie das Recht derer, die ihr Leben nicht in Selbständigkeit, sondern als Mitarbeiter in großen und kleinen Betrieben verbringen. Es ist Aufgabe und Pflicht der Wirtschaft, die Bedürfnisse der Massen zu decken. Um das zu können, muß die Wirtschaft unter internationaler Arbeitsteilung in die Weltwirtschaft eingegliedert werden."
Programmatische Richtlinien der FDP vom 4. 2. 1946. In: Informationen zur politischen Bildung (1974) Nr. 157, S. 16

④ Antifaschistische Komitees – politische Arbeit in Gemeinden und Städten nach dem Krieg

Nach der Niederlage der Nationalsozialisten im Mai 1945 bildeten sich zahlreiche lokale Gruppen, die die gesellschaftlichen und politischen Verhältnisse ändern wollten, um ein Wiederaufleben der nationalsozialistischen Herrschaft dauerhaft zu verhindern. Ihr Ziel war der Aufbau einer sozialistischen Wirtschaft- und Gesellschaftsordnung. Zunächst kümmerten sich diese Gruppen, die meist „Antifaschistische Komitees" genannt wurden, um die Regelung der sie unmittelbar bedrängenden Probleme, wie z. B. die Schaffung und Erhaltung von Arbeitsplätzen, die Führung und Organisation von Betrieben, die Versorgung der Bevölkerung mit Nahrungsmitteln. Die Tätigkeit dieser Komitees wurde von den Alliierten bald untersagt. Die Besatzungsmächte fürchteten, daß ihnen die Kontrolle über diese Organisationen entgleiten könnte. Statt der Komitees erlaubten sie allmählich die Gründung örtlicher politischer Parteigruppen, die sich später zu größeren Organisationen zusammenschlossen.

⑤

6 Soziale Gerechtigkeit und soziale Marktwirtschaft – Stellungnahmen der Parteien heute

a) SPD
Die einzelwirtschaftliche Verfügung über die Produktionsmittel und die Marktwirtschaft sind weitgehend unentbehrlich. Gleichzeitig bedarf es aber geeigneter Instrumente staatlicher Beeinflussung und Förderung, Planung und Lenkung des Wirtschaftsprozesses, um die Ziele sozialdemokratischer Wirtschaftspolitik zu erreichen.
Orientierungsrahmen '85

b) CDU
Die soziale Marktwirtschaft ist ein Wirtschafts- und gesellschaftliches Programm für alle. Ihre Grundlagen sind:
– Leistung und soziale Gerechtigkeit,
– Wettbewerb und Solidarität,
– Eigenverantwortung und soziale Sicherheit.
Wir wollen die soziale Marktwirtschaft so fortentwickeln, daß die persönliche Initiative gestärkt und immer mehr Teilhabe am gesellschaftlichen und wirtschaftlichen Fortschritt verwirklicht wird.
Grundsatzprogramm der CDU 1978

c) FDP
In der Marktwirtschaft entfalten sich die dynamischen Kräfte der Gesellschaft am wirkungsvollsten. Individuelle Freiheit und wirtschaftlicher Fortschritt werden so gleichermaßen verwirklicht. Entstandene Verkrustungen in marktwirtschaftlichen Systemen müssen auf den Märkten – auch auf dem Arbeitsmarkt – beseitigt werden.
Liberales Manifest 1985

d) Die GRÜNEN
Der Umbau der Wirtschaft beinhaltet Weichenstellungen zu einer ökologischen, sozialen und basisdemokratischen Wirtschaftsordnung und Wirtschaftsweise. Wir sind uns bewußt, daß dieser Umbau die gesamte Art des Produzierens sowie die alltägliche Lebens- und Konsumweise umgestalten muß.
Bundestagswahlprogramm 1987

4.2 Aufgaben und Organisation der Parteien heute

Die Parteien haben im politischen System der Bundesrepublik Deutschland eine besondere Stellung: Als einzige Organisation, in der sich Bürger zur Durchsetzung ihrer politischen Interessen zusammenschließen können, werden sie im Grundgesetz hervorgehoben. In Art. 21(1) wird ihnen die Aufgabe zugewiesen, „bei der politischen Willensbildung des Volkes" mitzuwirken. Das heißt im einzelnen:

– Parteien sind Organisationen, mit denen Bürger ihre Interessen aussprechen und an der Gestaltung des politischen Lebens teilnehmen.

– Sie sollen Probleme, die politisch gelöst werden müssen, in der Gesellllschaft feststellen und öffentlich darstellen und Lösungen dafür vorschlagen. Dabei treten sie mit den anderen Parteien in Wettbewerb.

– Über ihre Mitglieder hinaus werben sie für ihre politischen Programme,

7 Mitglieder der Parteien

Partei	SPD	CDU	CSU	FDP	Grüne	Durchschnittl. berufliche Gliederung der ges. Bevölkerung
Mitglieder	919457	718590	182851	71456	40000	
davon in %						
Frauen	25,2	22	13,9	24	—	
Arbeiter	27,5	10	18,6	—	—	22
Angestellte	25,6	28	29,5	—	—	19
Beamte	10,3	12,5	16,1	—	—	4
Rentner	8,1	4,6	—	—	—	19
Selbständige, einschl. Landwirte	4,4	24,4	31,9	—	—	10
Schüler, Lehrlinge und Studenten	8,5	6,6	—	—	—	7

nach: Fischer Weltalmanach 87. Frankfurt 1986, S. 562 (Keine Angaben)

⑧ Parteien und ihre Aufgabe

a) Artikel 21 GG

(1) Die Parteien wirken bei der politischen Willensbildung des Volkes mit. Ihre Gründung ist frei. Ihre innere Ordnung muß demokratischen Grundsätzen entsprechen. Sie müssen über die Herkunft ihrer Mittel Rechenschaft geben.
(2) Parteien, die nach ihren Zielen oder nach dem Verhalten ihrer Anhänger darauf ausgehen, die freiheitlich demokratische Grundordnung zu beeinträchtigen oder zu beseitigen oder den Bestand der Bundesrepublik Deutschland zu gefährden, sind verfassungswidrig. Über die Frage der Verfassungswidrigkeit entscheidet das Bundesverfassungsgericht.
(3) Das Nähere regeln Bundesgesetze.

b) Parteiengesetz

§ 1 (2) Die Parteien wirken an der Bildung des politischen Willens des Volkes auf allen Gebieten des öffentlichen Lebens mit, indem sie insbesondere
– auf die Gestaltung der öffentlichen Meinung Einfluß nehmen,
– die politische Bildung anregen und vertiefen,
– die aktive Teilnahme der Bürger am politischen Leben fördern,
– zur Übernahme öffentlicher Verantwortung befähigte Bürger heranbilden,
– sich durch Aufstellung von Bewerbern an Wahlen in Bund, Ländern und Gemeinden beteiligen,
– auf die politische Entwicklung in Parlament und Regierung Einfluß nehmen,
– die von Ihnen erarbeiteten politischen Ziele in den Prozeß der staatlichen Willensbildung einführen und
– für eine ständige lebendige Verbindung zwischen Volk und Staatsorgan sorgen.
(3) Die Parteien legen ihre Ziele in politischen Programmen nieder.
§ 2 (1) Parteien sind Vereinigungen von Bürgern, die dauernd oder für längere Zeit für den Bereich des Bundes oder eines Landes auf die politische Willensbildung Einfluß nehmen und an der Vertretung des Volkes im Deutschen Bundestag oder einem Landtag mitwirken wollen ...

besonders vor Wahlen, in denen sie die Grundzüge ihrer Politik darstellen.
– Parteien beteiligen sich an der politischen Willensbildung, um politische Macht ausüben zu können. Zu diesem Zweck schlagen sie der Öffentlichkeit Kandidaten für die Wahlen zum Europäischen Parlament, im Bund, den Ländern und den Gemeinden vor. Damit sind die Parteien entscheidend bei der Auswahl der politischen Führungselite auf den unterschiedlichen Ebenen des politischen Systems beteiligt.

4 Beschreibt die Aufgaben der Parteien im politischen System der Bundesrepublik Deutschland, indem ihr die Aussagen des Grundgesetzes, Art. 21 und des Parteiengesetzes (Text 8) vergleicht und zusammenfaßt.

5 Welche Unterschiede enthalten die Auszüge aus den Parteiprogrammen S. 170 zum Thema „soziale Gerechtigkeit und soziale Marktwirtschaft"?

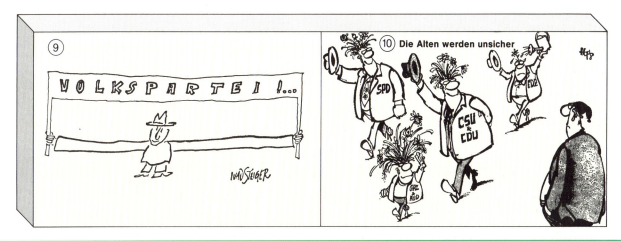

⑨ VOLKSPARTEI!...

⑩ Die Alten werden unsicher

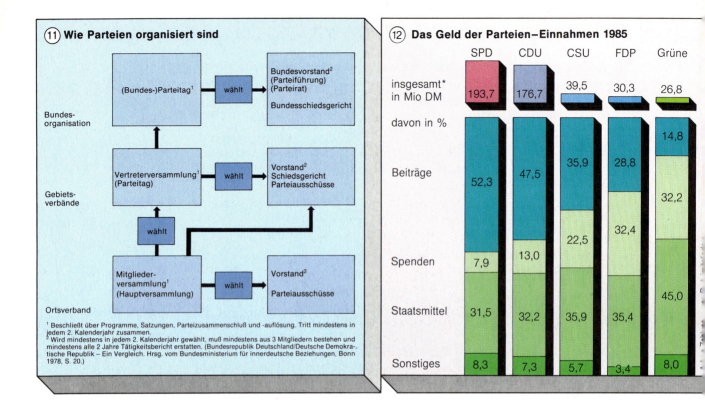

CDU-Bundesgeschäfts-
stelle
Konrad-Adenauer-Haus
5300 Bonn 1

SPD-Bundesvorstand
Erich-Ollenhauer-Haus
5300 Bonn 1

CSU-Geschäftsstelle
Lazarettstraße 19
8000 München

FDP-Bundesgeschäfts-
stelle
Thomas-Dehler-Haus
5300 Bonn 1

DIE GRÜNEN
Bundesgeschäftsstelle
Colmant-Straße 36
5300 Bonn 1

6 Vor allem den großen Parteien wird vorgeworfen, sie würden sich in wichtigen und grundsätzlichen Fragen der Politik kaum noch voneinander unterscheiden. Als Volksparteien hätten sie sich zu sehr an der Mitte des politischen Spektrums orientiert und würden versuchen, es allen Wählern recht zu machen. Über diese Streitfrage könnt ihr diskutieren, wenn ihr die programmatischen Aussagen der Parteien nicht nur zu Grundsatzfragen, sondern zu strittigen Fragen der aktuellen politischen Auseinandersetzung untersucht und gegenüberstellt.

a) Geeignete Themen sind z. B.: – Arbeitslosigkeit – Frauen in Gesellschaft und Politik – Kernenergie – Umweltschutz – innere Sicherheit und die Rechte der Bürger – Verteidigung und Entspannung – Sicherheit und Frieden – Deutschlandpolitik.

b) Diesen Themen könnt Ihr auf unterschiedliche Weise nachgehen:
– Materialien von Parteien beschaffen.
– Die aktuelle politische Auseinandersetzung zu einigen dieser Themen in den Massenmedien verfolgen, berichten und diskutieren.
– Vertreter von Parteien zu einer Podiumsdiskussion zu einem oder mehreren Themen einladen, die euch besonders interessieren.

7 Seit einigen Jahren fühlen sich die traditionellen Parteien durch die Partei der GRÜNEN herausgefordert (vgl. Karikatur 10). Worauf sind deren Erfolge zurückzuführen? Wie wirkt sich dies auf die anderen Parteien aus?

5. Wenn Bürger sich für ihre Anliegen einsetzen

In den 70er Jahren sind zahlreiche Gruppen entstanden, die wie die Bürger von Eltville (Text 1) versuchen, ihre Anliegen selber gegenüber den Verwaltungsbehörden und der Regierung zu vertreten.

Bürgerinitiativen sind spontane, in der Regel zeitlich begrenzte lockere Zusammenschlüsse von Bürgern, die sich u. a. für Umweltschutz (z. B. gegen Atomkraftwerke), für Kindergärten und Spielplätze oder für bürgerfreundliche Lösungen von Verkehrsproblemen einsetzen. Nach Schätzungen arbeiten nahezu 2 Millionen Bürger in Bürgerinitiativen mit, also annähernd genauso viele, wie die politischen Parteien Mitglieder haben. Allein im Bundesverband Bürgerinitiativen Umweltschutz e. V. (BBU) waren 1983 etwa 1000 Bürgerinitiativen zusammengeschlossen, in denen rund 300 000 Personen zeitweilig oder ständig mitarbeiten.

Was sind Bürgerinitiativen?

Es gibt verschiedene Gründe, warum sich so viele Menschen in Bürgerinitiativen engagieren. Die meisten sind von dem Problem oder Anliegen, um das sie sich kümmern, selbst betroffen. Dies ist z. B. der Fall, wenn sich Bürger für die Verbesserung der Verkehrsbedingungen in ihrem Stadtteil, ihrer Gemeinde oder in ihrer näheren Umgebung einsetzen.

Engagement – warum?

① Eltviller Bürger kämpfen gegen eine Schnellstraße durch ihre Stadt

Vor nun schon mehr als dreißig Jahren setzten sich Bürger der Stadt Eltville zusammen. Sie überlegten, wie sie sich verhalten sollten, falls der Plan verwirklicht würde, eine Schnellstraße durch ihre alte Stadt, entlang dem Rheinufer zu bauen. Sie kamen zu dem Ergebnis, daß die Straße eines der schönsten Gebiete der Stadt zerstören, den Anliegern und vielen anderen ein Stück ihrer Umgebung wegnehmen würde, für dessen Erhaltung zu kämpfen, wohl lohnend sein könnte. Die Initiativen, die sie ergriffen, richteten sich an Planungs- und Bauämter, an das Rathaus und andere Verwaltungseinrichtungen; Abgeordnete wurden eingeschaltet; zuletzt zogen sie vor die Gerichte. Nach 20jährigem Streit hatten sie Erfolg: Die Schnellstraße wird nicht gebaut; das Rheinufer von Eltville bleibt erhalten.

⑤ Von Brokdorf bis Wackersdorf: Der neuerwachte Widerstand gegen die Atomenergie im Teufelskreis der Gewalt?

Nach der Katastrophe von Tschernobyl ist die deutsche Anti-AKW-Bewegung wieder auferstanden. Allein am 7. Juni 1986 demonstrierten Zehntausende für eine Stillegung aller Kernkraftwerke. Mit nie dagewesener Härte reagierten Staat und Polizei: Demonstrationsverbot, Autobahnsperren, Gasangriffe, Massenfestsetzung richteten sich unterschiedlos gegen die übergroße Mehrheit friedlicher Demonstranten wie auch gewalttätige Gruppen.

Brokdorf, ein Symbol des Bürgerwiderstandes gegen die Kernkraftwerke aber auch seines Scheiterns, sollte an diesem 7. Juni 1986 für die neue Atomkraftbewegung zum Zeichen der Hoffnung und Stärke werden. Während die Norddeutschen Kernkraftgegner nach Wilster-Marsch an der Unter-Elbe zogen, versammelten sich zeitgleich die Süddeutschen an der Baustelle der Wiederaufarbeitungsanlage in Wackersdorf, die Westdeutschen vor dem Hochtemperaturreaktor in Hamm-Uentrop, der seit Tagen von Ökobauern blockiert wurde.

Motto: „Nach Tschernobyl Schluß, keine WAA in Wackersdorf! Kein AKW in Brokdorf und auch nicht anderswo." ...

Aber 1986 war nichts mehr normal. Rund 50 Anti-AKW-Gruppen aus ganz Norddeutschland, Landesverbände der Grünen und militante autonome Gruppen einigten sich auf die Forderungen: „Sofortige Stillegung aller Atomanlagen! und Brokdorf darf nie ans Netz!"

„Solange das mörderische Atomprogramm weitergeführt wird," hieß es in dem Aufruf „sind alle Formen des Widerstandes – Demonstrationen und Großaktionen, Blockaden, direkte Aktionen, ziviler Ungehorsam und Volksentscheide sowie die Anti-AKW-Arbeit in den Parlamenten – legitim und notwendig."

DIE ZEIT, 13. 6. 1986.

Überregionale Bürgerinitiativen

Andere sind zwar selber nicht immer unmittelbar betroffen, dennoch interessiert sie ein bestimmtes Problem grundsätzlich. So kann jemand – ohne selbst dort zu wohnen – gegen den Abbruch alter Wohnhäuser in Innenstädten sein, weil er der Meinung ist, daß alte Gebäude Zeugnisse früherer Zeiten sind, die erhalten und gepflegt werden müssen.

Wieder andere nehmen sich in Bürgerinitiativen solcher Menschen an, die allein nicht in der Lage sind, ihre Probleme selber auszusprechen und zu vertreten. Sie kümmern sich stellvertretend für die Betroffenen, z. B. um alte Menschen, um Probleme der Obdachlosen in unserer Gesellschaft.

Während die Bürgerinitiativen anfangs vor allem gegen Mißstände in ihrer näheren Umgebung protestierten, ist seit Anfang der 80er Jahre zu beobachten, daß sie sich verstärkt auf übergreifende Themen wie Umweltschutz, Ausstieg aus der Atomindustrie oder Frieden und Abrüstung beziehen. Nicht nur ihre Wortführer sind der Meinung, daß sich die Parteien um diese Probleme zu wenig kümmern.

1 Worin bestand das Anliegen der Eltviller Bürgerinitiativen? An wen wandten sie sich?

2 Welche Bürgerinitiativen in eurer näheren Umgebung sind euch bekannt? Fragt bei euren Eltern oder Bekannten nach, welche Ziele diese verfolgen und mit welchen Aktionen sie diese zu erreichen versuchen.

3 Wogegen richtet sich der Widerstand in Text 5? Mit welchen Mitteln reagiert die staatliche Seite? Haltet ihr die gewalttätigen Aktionen für berechtigt? Werden auch andere Formen des Widerstandes genannt?

4 Was spricht für, was gegen Bürgerinitiativen (Texte 7a, b)?

5 Welche Gründe werden in Text 9 besonders für die Gewaltbereitschaft der Jugendlichen angegeben? Teilt ihr die Meinung des Ausschusses, der diese Frage im Auftrag des Bundestages untersucht hat?

6 Gewalt – wo beginnt sie?

7 Bürgerinitiativen

a) Was spricht für Bürgerinitiativen?
1. Bürgerinitiativen bieten ihren Teilnehmern die Möglichkeit, sich politisch zu betätigen und demokratische Verhaltensweisen zu üben.
2. Bürgerinitiativen sorgen dafür, daß politische Entscheidungen durchschaubar werden. Politiker müssen über ihr Handeln und über die Gründe ihres Handelns Auskunft geben.
3. Bürgerinitiativen können unter Umständen falsche Entscheidungen verhindern oder zu ihrer Korrektur beitragen.
4. Bürgerinitiativen zwingen Politiker, sich auch zwischen den Wahlen mit der Bevölkerung auseinanderzusetzen.
5. Bürgerinitiativen werfen Fragen auf, sorgen für Informationsmaterial und erleichtern so allen, sich zu informieren. Dadurch können die politisch Verantwortlichen besser kontrolliert werden.

b) Was spricht gegen Bürgerinitiativen?
1. Mitglieder können für tatsächlich notwendige Dinge blind und unempfänglich sein. Zwänge, die dem Staat ein ganz bestimmtes Handeln aufzwingen, werden von ihnen nicht erkannt, weil sie sich ausschließlich für ihr Ziel interessieren. Oft fehlt auch das Gespür für die entstehenden Kosten.
2. Bürgerinitiativen wollen glauben machen, daß ihre besonderen Ziele auch dem Allgemeinwohl dienen.
3. Wenn Mitglieder in Bürgerinitiativen ihre Ziele nur teilweise oder garnicht erreicht haben, fehlt gelegentlich die Einsicht in übergeordnete Zusammenhänge. Sie verurteilen dann das Verhalten der politisch Verantwortlichen als böswillig oder bürgerfeindlich.

Nach: Macht und Ohnmacht des Bürgers nach der Wahl. Düsseldorf 1974, S. 8.

8 Bürgerprotest – was nützt er?

Johannes, 19 Jahre:
„Die Bürgerinitiativen haben bei einem größtmöglichen Teil der Bevölkerung das Bewußtsein wachgerufen, welche Gefahren Atomenergie mit sich bringt. Doch wer sich nicht überzeugen lassen will, der wird dies auch bei weiteren Protesten und Aktionen nicht tun. Zu diesem Kreis gehören aber – aus finanziellen Gründen – diejenigen in unserem Land, die letztlich das Sagen haben: Die Industriellen. . . . Die Chance, die Bürgerinitiativen heute haben, liegt . . . vor allem in der Publikmachung von Alternativlösungen."

Sabine, 15 Jahre:
„Wir werden bestimmt Erfolg haben, eine Menge Leute, die sich bisher kaum Gedanken gemacht haben, werden anfangen, sich mit dem Problem Kernenergie und Folgen auseinanderzusetzen. Ich bin ziemlich sicher, daß sich die Teilnehmerzahlen bei weiteren Protestaktionen ständig erhöhen werden."
DIE ZEIT, 4. 5. 1979.

9 Zur Frage der Gewalt

In der Wahrnehmung vieler Jugendlicher existiert eine tiefe Kluft zwischen dem offiziellen, auch von der Verfassung vorgegebenen Verständnis von gewaltlosem Protest in der Demokratie und der staatlichen Reaktion auf diesen Protest. Junge Menschen erleben häufig, daß Ihren Forderungen hinhaltend begegnet wird, indem sich eine ausufernde Bürokratie oftmals für unzuständig erklärt oder rechtliche Schwierigkeiten vorgibt.
Einige Jugendliche glauben aus dem mangelnden Willen oder der mangelnden Fähigkeit des Staates auf ihre Forderungen einzugehen, einen Widerstand ableiten zu können. Da sie ihre eigene Zukunft, ja die Zukunft der Menschheit schlechthin gefährdet sehen, halten sie letztlich auch die Anwendung von Gewalt zur Durchsetzung ihrer Ziele für berechtigt.

Aus dem Bericht der Enquête-Kommission „Jugendprotest im demokratischen Staat", Bundestagsdrucksache 9/2390f. 17. 10. 1981, S. 20

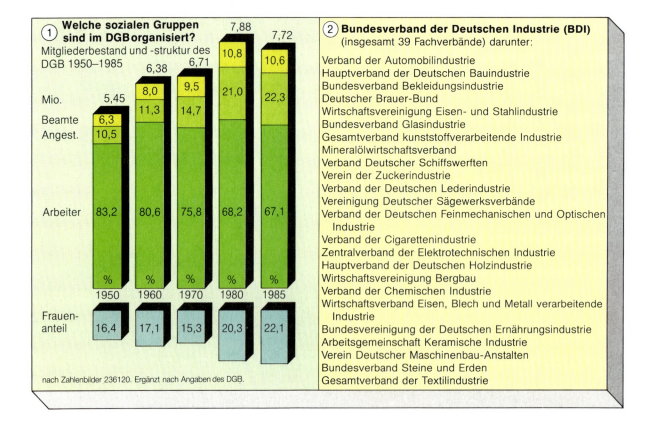

6. Verbände – organisierte Interessen

Das Grundgesetz gibt den Bürgern das Recht, sich zu Verbänden zusammenzuschließen, um die eigenen Interessen gemeinsam mit anderen zu vertreten (Art. 9 GG). In der Bundesrepublik gibt es heute mehr als 4000 Interessengruppen mit ganz verschiedenen Zielen und Organisationen.

6.1 Welche Verbände gibt es?

Große Bedeutung und Macht innerhalb des politischen Systems haben die Wirtschaftsverbände der Arbeitnehmer und der Unternehmer bzw. Arbeitgeber. Die Arbeitgeber sind im Bundesverband der Deutschen Industrie (BDI) und in der Bundesvereinigung Deutscher Arbeitgeberverbände (BDA), die Arbeitnehmer im Deutschen Gewerkschaftsbund (DGB) organisiert.

Neben den Verbänden, die überwiegend *wirtschaftliche Interessen* verwirklichen wollen, gibt es *Interessengruppen mit vorwiegend sozialer Zielsetzung*, wie der Verband der Kriegsopfer und Hinterbliebenen, Wehrdienstopfer, Behinderten, Sozialopfer Deutschlands (VdK) oder Vereinigungen im Freizeit- und Sportbereich, wie der Deutsche Sportbund. Dieser ist der größte Verband; in ihm sind rund 40000 Turn- und Sportvereine mit mehr als 12 Millionen Mitgliedern zusammengeschlossen. Auch die Kirchen können als Verbände verstanden werden, obwohl sie in der Bundesrepublik eine besondere rechtliche Stellung besitzen.

④ Vielfalt der Verbände

a) Verbände – beim Bundestag registriert
Der deutsche Bundestag beschloß 1972, daß sich Verbände und deren Vertreter, die ihre Interessen gegenüber dem Parlament und der Bundesregierung vertreten wollen, in eine Liste eintragen. 1985 waren 1226 gemeldet. Rund die Hälfte von ihnen vertritt wirtschaftliche Interessen von Unternehmen, nicht ganz ein Viertel nimmt Interessen von Arbeitnehmern und von einzelnen Berufsgruppen wahr.

b) Verbände der freien Wohlfahrtspflege
In der Bundesrepublik gibt es sechs Spitzenverbände:
– die Arbeiterwohlfahrt
– das Diakonische Werk Innere Mission;
– der Deutsche Caritas-Verband;
– der Deutsche Paritätische Wohlfahrtsverband;
– das Deutsche Rote Kreuz;
– die Zentralwohlfahrtsstelle der Juden in Deutschland.

6.2 Einfluß – wie und wo?

Die Verbände wenden sich mit ihren Forderungen an die Parteien, Parlamente, Regierungen und Behörden; auch suchen sie die Unterstützung von Presse, Rundfunk und Fernsehen. Zum Teil ist es ihnen gelungen, ihre Vertreter in den Parlamenten und in Regierungen selbst unterzubringen. So sind z. B. Abgeordnete, die Industrieverbänden angehören, im Wirtschaftsausschuß und die Gewerkschaften im Sozialausschuß des Deutschen Bundestages stark vertreten, um arbeitsrechtliche und sozialpolitische Interessen ihrer Mitglieder zu vertreten. Sie versuchen auch, auf die personelle Besetzung der verschiedenen Ministerien Einfluß zu nehmen, wie z. B. der Deutsche Bauernverband beim Landwirtschaftsministerium.

Um ihre Interessen durchzusetzen, haben die Gruppen verschiedene Druckmittel. So gelten die Industrieverbände durch ihre großen finanziellen Mittel und die Gewerkschaften wegen ihrer zahlreichen Mitglieder als mächtig, weil sie mit deren Hilfe Druck auf die Parteien ausüben können. Je nach Verband können diese Druckmittel jedoch verschieden sein: Sie reichen von der einfachen Stellungnahme in Zeitungen, Rundfunk- und Fernsehsendungen über Protesterklärungen bis zu Demonstrationen und der Drohung, man werde bei künftigen Wahlen die eigenen Mitglieder auffordern, die betreffende Partei nicht mehr zu wählen. Auch üben die Verbände durch Spenden Einfluß auf die Parteien aus.

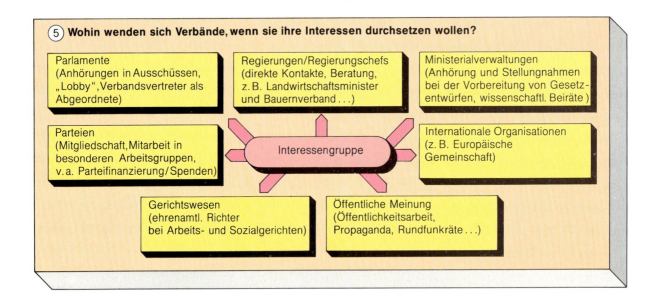

Pluralismus – doch nicht alle Interessen sind gleich stark

Eine politische Ordnung, in der unterschiedliche Parteien und Verbände eine wichtige Rolle spielen, nennt man ein *pluralistisches System:* Viele Gruppen mit unterschiedlichen Interessen sollen sich bei den Auseinandersetzungen über politische, wirtschaftliche und gesellschaftliche Fragen mit Hilfe von Verbänden und Parteien öffentlich Gehör verschaffen.

In unserer Gesellschaft gibt es allerdings auch Gruppen, deren Interessen durch die Politik nicht immer angemessen berücksichtigt werden. Dies kann mehrere Gründe haben. So haben es viele Menschen nicht gelernt, ihre Interessen selbst und gemeinsam mit anderen, die in gleicher oder ähnlicher Lage sind, zu durchdenken und auszusprechen. Anderen fehlt die Möglichkeit hierzu, weil ihre Umgebung, in der sie leben, gar nicht von ihnen erwartet oder es sogar nicht erlaubt, daß sie sich ihrer eigenen Interessen annehmen. Und schließlich gibt es viele, denen einfach die Mittel fehlen, mit deren Hilfe sie ihre Vorstellungen und Interessen gegenüber anderen mit Nachdruck verteten können. Solche Menschen treffen wir in verschiedenen Gruppen unter uns an: Alte, Kinder, Alleinstehende, Behinderte, Obdachlose, aber auch viele der ausländischen Arbeiter, die in der Bundesrepublik arbeiten. Sie sind als Minderheiten oder Randgruppen darauf angewiesen, daß vor allem die Parteien, aber auch einzelne Verbände oder Bürgerinitiativen sich ihrer annehmen und ihre Probleme erkennen. Dies versuchen unter anderen kirchliche Verbände, aber auch die Arbeiterwohlfahrt, also die Verbände der Freien Wohlfahrtspflege.

◧ Der Anteil der Arbeiter, die im Deutschen Gewerkschaftsbund organisiert sind, hat sich seit 1950 verändert (Abb. 1, S. 176). Welche Ursachen könnte dies haben? Berücksichtigt dabei, daß sich auch die Zusammensetzung der Erwerbstätigen geändert hat (vgl. z. B. UE 4, Abb. 9, S. 81). – Welche sozialen Gruppen sind heute anteilmäßig stärker vertreten als 1950?

⑥ Einfluß auf die Gesetzgebung

a) Ein frei erfundener Fall ...

Es handelt sich um einen frei erfundenen Fall, bei dem alle Ähnlichkeiten mit bestimmten Ereignissen, Personen und Parteien rein zufällig sind. Dennoch: in Bonn ein Alltagsfall! Im Bundestag steht eine Änderung des Jugendarbeitsschutzes an. Umstritten ist der Paragraph 14: Sollen Jugendliche Arbeitnehmer, Auszubildende und Jungarbeiter unter 18 Jahren generell bis 20 Uhr oder in Branchen wie dem Gaststätten- und Hotelgewerbe auch bis 22 Uhr beschäftigt werden? Der Abgeordnete X ... wird noch einmal nachdenklich, als er am Tag vor der entscheidenden Abstimmung im Bundestag die Post studiert:

Sehr geehrter Herr Abgeordneter!
In der Frage des Jugendarbeitsschutzgesetzes wenden wir uns an Sie als unseren zuständigen Wahlkreisabgeordneten. Wir dürfen noch einmal in Erinnerung bringen, daß der Fremdenverkehr mittlerweile die stärkste Säule in unserer Region geworden ist. Ein Beschäftigungsverbot für Jugendliche nach 20 Uhr zieht unweigerlich auch gesamtwirtschaftliche Schäden nach sich. Wir bauen darauf, daß Sie die Interessen unseres Wahlkreises richtig vertreten werden ... Wir hoffen, daß Sie jetzt nach der Wahl Ihren damaligen Worten auch Taten folgen lassen ...

Lieber Karl!
Als aktives Mitglied der Gewerkschaft empfehlen wir Dir dringend, Dich morgen konsequent für die Interessen der jugendlichen Arbeitnehmer einzusetzen. Was ein Auszubildender lernen soll, kann ihm auch vor 20 Uhr beigebracht werden. Es gilt auch, die berechtigten Freizeitinteressen der Jugendlichen zu vertreten. Unsere Jugendvertreter stehen im Wort ...

Zeitlupe Nr. 11, hrsg. von der Bundeszentrale für politische Bildung, Bonn o. J.

b) Treulich geführt?

c) Erwartungen an den Abgeordneten

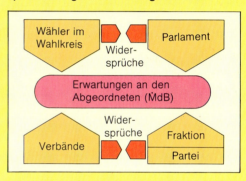

❷ Auch Jugendliche organisieren sich in Verbänden, um ihre Interessen zu vertreten. Welche Jugendverbände sind euch bekannt? Welche Interessen vertreten sie? Überlegt euch, warum es sinnvoll sein kann, sich einem Jugendverband anzuschließen. Ihr könnt auch einen entsprechenden Verbandsvertreter zur Diskussion einladen.

❸ In der Unterrichtseinheit 4 war bereits von den großen Wirtschaftsverbänden der Arbeitgeber und den Interessenvertretern der Arbeitnehmer die Rede. Faßt zusammen: Welche Aufgaben haben die Tarifpartner?

❹ Versucht die Verbände in Abb. 3, S. 177, nach Gruppierungen wie Wirtschafts-, Sozial- oder Kulturverbände zu ordnen.

❺ Im Telefonbuch von Bonn findet man unter vielen Nummern Verbände oder Verbandsvertreter. Was wollen diese in Bonn erreichen? Die Materialien auf S. 177 informieren zu einigen Fragen:
– Bei welchen Stellen suchen Verbände Gehör zu finden?
– Welche Interessengruppen überwiegen in Bonn?
– Wie kann man auf die Gesetzgebung Einfluß nehmen?

7. Parlament und Regierung

7.1 Aufgaben des Parlaments

Der Bundestag ist das einzige Organ des Bundes, das direkt gewählt wird. Durch die Abgeordneten soll das Volk an der politischen Willensbildung teilnehmen (repräsentative Demokratie, vgl. S. 151 ff.). Dies kommt in den verschiedenen Aufgaben des Parlaments zum Ausdruck.

Gesetzgebung

Zu den wichtigsten Aufgaben des Bundestages gehört es, Gesetzentwürfe zu beraten und Gesetze zu beschließen (siehe Abb. 7, S. 155). Dabei wirken noch andere politische Organe mit: die Bundesregierung mit dem Bundeskanzler, den Ministern und den Beamten der Ministerien, in deren Geschäftsbereich ein Gesetzentwurf fällt. In vielen Fällen hat aber auch der Bundesrat als Vertretung der Länder ein Mitspracherecht. Und schließlich muß der Bundespräsident jedes Gesetz, bevor es in Kraft treten kann, unterzeichnen.

Gesetzentwürfe können von mehreren Organen im Bundestag *eingebracht,* d. h. zur Beratung und zum Beschluß vorgelegt werden: von den Fraktionen der Parteien oder von mehreren Abgeordneten des Bundestages selber, vom Bundesrat, meist jedoch von der Bundesregierung. Da zur Ausarbeitung eines Gesetzentwurfes in der Regel viele Informationen notwendig sind, werden heute die meisten Entwürfe von der Bundesregierung vorgelegt. Sie hat mit den einzelnen Bundesministerien die notwendigen Fachleute.

② Die Bundesregierung – vom Parlament abhängig

Das Grundgesetz legt in seinem sechsten Abschnitt fest, wie sich die Bundesregierung zusammensetzt und wie die Mitglieder der Regierung in ihr Amt kommen. Außerdem bestimmt es, daß die Regierung vom Willen des Parlaments, von der Zustimmung der Abgeordneten abhängig ist. Die folgenden Auszüge enthalten die Grundzüge des *parlamentarischen Regierungssystems*:

Artikel 62
Die Bundesregierung besteht aus dem Bundeskanzler und den Bundesministern.

Artikel 63
(1) Der Bundeskanzler wird auf Vorschlag des Bundespräsidenten vom Bundestag ohne Aussprache gewählt.
(2) Gewählt ist, wer die Stimmen der Mehrheit der Mitglieder des Bundestages auf sich vereinigt. Der Gewählte ist vom Bundespräsidenten zu ernennen.
(3) Wird der Vorgeschlagene nicht gewählt, so kann der Bundestag binnen vierzehn Tagen nach dem Wahlgang mit mehr als der Hälfte seiner Mitglieder einen Bundeskanzler wählen.
(4) Kommt eine Wahl innerhalb dieser Frist nicht zustande, so findet unverzüglich ein neuer Wahlgang statt, in dem gewählt ist, wer die meisten Stimmen erhält. Vereinigt der Gewählte die Stimmen der Mehrheit der Mitglieder des Bundestages auf sich, so muß der Bundespräsident ihn binnen sieben Tagen nach der Wahl ernennen. Erreicht der Gewählte diese Mehrheit nicht, so hat der Bundespräsident binnen sieben Tagen entweder ihn zu ernennen oder den Bundestag aufzulösen.

Artikel 64
(1) Die Bundesminister werden auf Vorschlag des Bundeskanzlers vom Bundespräsidenten ernannt und entlassen ...

Artikel 67
(1) Der Bundestag kann dem Bundeskanzler das Mißtrauen nur dadurch aussprechen, daß er mit der Mehrheit seiner Mitglieder einen Nachfolger wählt und den Bundespräsidenten ersucht, den Bundeskanzler zu entlassen. Der Bundespräsident muß dem Ersuchen entsprechen und den Gewählten ernennen ...

Artikel 68
(1) Findet ein Antrag des Bundeskanzlers, ihm das Vertrauen auszusprechen, nicht die Zustimmung der Mehrheit des Bundestages, so kann der Bundespräsident auf Vorschlag des Bundeskanzlers binnen einundzwanzig Tagen den Bundestag auflösen. Das Recht zur Auflösung erlischt, sobald der Bundestag mit der Mehrheit seiner Mitglieder einen anderen Bundeskanzler wählt ...

③ Fraktionen im Parlament

Abgeordnete mit gleicher politischer Zielsetzung (die deshalb in der Regel derselben Partei angehören), können sich zu einer Fraktion zusammenschließen. Einer Fraktion müssen mindestens 5 Prozent der Mitglieder des Parlaments – das sind 26 Abgeordnete – angehören. Die Entscheidungen der Fraktionen werden in Arbeitskreisen bzw. Arbeitsgruppen von Abgeordneten und einem Mitarbeiter vorbereitet.

Presse- und Informationszentrum des Deutschen Bundestages: Deutscher Bundestag. Weg der Gesetzgebung. Bonn o.J.

Der Bundestag wählt den Bundeskanzler. Dieser kann vom Parlament gestürzt werden, wenn eine Mehrheit einen anderen Kanzler wählt (Art. 67 GG: konstruktives Mißtrauensvotum). Dies wurde bislang zweimal versucht: Als 1972 einige Abgeordnete der Regierungsparteien SPD und FDP ihre Parteien verlassen hatten, war nicht mehr sicher, ob der damalige Bundeskanzler Willy Brandt (SPD) noch eine Mehrheit im Bundestag haben würde. Die Oppositionsparteien CDU und CSU wollten daraufhin Rainer Barzel zum neuen Kanzler wählen; er erhielt nicht die erforderliche Mehrheit.

Am 1. 10. 1982 wurde Helmut Schmidt (SPD) durch die Wahl Helmut Kohls (CDU) zum Kanzler gestürzt. Die Mehrheit der FDP-Fraktion, die mit der SPD unter Helmut Schmidt eine Regierung gebildet hatte, hielt diese nicht mehr für funktionsfähig und schloß sich mit der CDU/CSU zu einer neuen Regierungskoalition unter Helmut Kohl zusammen.

Der Bundeskanzler ist oft Vorsitzender oder im Vorstand seiner Partei. Er ist Abgeordneter, wie meist auch die Minister. Damit sind sie Mitglieder von zwei Staatsorganen, der Regierung und der Gesetzgebung. Während der Parlamentsdebatten sitzen sie auf der Regierungsbank. Bei Abstimmungen geben sie aber ihre Stimme als Abgeordnete ab. Wir haben also in der tatsächlichen Verteilung der Aufgaben zwischen den politischen Organen im *parlamentarischen Regierungssystem* keine strenge Gewaltteilung von Re-

Regierungsbildung und Kontrolle der Regierung

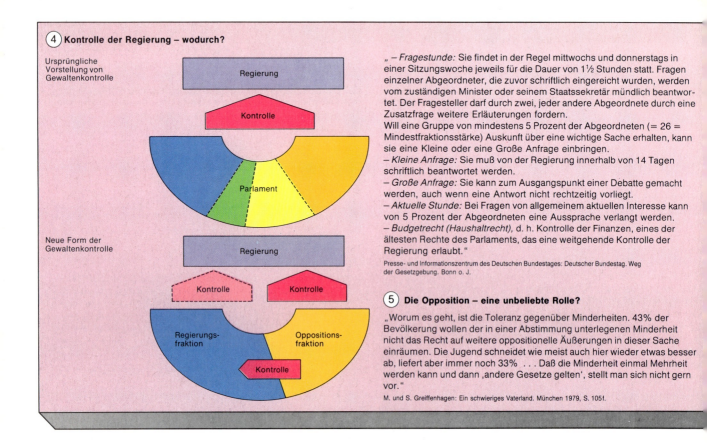

Die Rolle der Opposition

gierung und Parlament, sondern eher eine Verschränkung von Regierung und Mehrheitsfraktionen, die die Regierung unterstützen.

Den eigentlichen Gegenspieler zur Regierung bildet nicht das ganze Parlament, sondern die Opposition. Zur parlamentarischen Opposition gehören alle Abgeordneten der Parteien bzw. Fraktionen, die die Regierung nicht unterstützen. Ihre Aufgabe ist es, Regierung und Verwaltung zu kontrollieren. Daraus ergibt sich eine neue Form der Gewaltenverschränkung und Kontrolle. Die Kontrolle der Regierung durch die Opposition geschieht – mit dem Blick auf die Öffentlichkeit – vor allem in den Debatten des Bundestages, so z. B. bei der Verabschiedung des Bundeshaushaltes. Im Haushaltsplan muß die Regierung den jährlichen Rechenschaftsbericht über Einnahmen und Ausgaben des Bundes geben.

In den Debatten über Gesetzentwürfe hat die Opposition ferner die Möglichkeit, die Regierung zu kritisieren und Gegenvorschläge vorzutragen. Schließlich kann die Opposition durch sogenannte „Große" und „Kleine" Anfragen oder in der aktuellen Fragestunde des Bundestags und durch Untersuchungsausschüsse die Regierung zwingen, Rechenschaft über ihre Arbeit zu geben. Dabei kann es der Opposition gelingen, ihren eigenen Standpunkt darzule-

6 Die Abgeordneten

a) Anteil der Abgeordneten nach Altersgruppen (Anzahl und in Prozent)

Alter von... bis unter ...Jahren	Anzahl 9. WP 1980–83	Anzahl 10. WP 1983–87	in %[2] 9. WP 1980–83	in %[2] 10. WP 1983–87
bis 25[1]	–	–	–	–
25–30	1	3	0,2	0,6
30–35	14	17	2,7	3,3
35–40	94	56	**18,1**	10,8
40–45	104	106	**20,0**	**20,4**
45–50	97	109	**18,7**	**21,0**
50–55	110	112	**21,2**	**21,5**
55–60	74	73	14,3	14,0
60–65	16	35	3,1	6,7
65–70	8	8	1,5	1,5
70–75	1	0	0,2	0,0
75–80	–	1	–	0,2
insgesamt	519	520	100,0	100,0

[1] In dieser Altersgruppe ist das Mindestalter für die Wählbarkeit zu berücksichtigen (vgl. Abschnitt 1.3): Voraussetzung für die Wählbarkeit ist seit 1976 die Vollendung des 18. Lebensjahres.
[2] Bei Altersgruppen mit einem Anteil ab 15.0% sind die Prozentzahlen fett gedruckt.

b) Je nach Fraktion zeigen sich bei einigen Berufsgruppen in der 9. (1980–83) und 10. (1983–87) Wahlperiode folgende deutliche Abweichungen von den Durchschnittszahlen:

Fraktion	überdurchschnittlich vertreten	unterdurchschnittlich vertreten
CDU/CSU	Angestellte in der Wirtschaft Selbständige Angehörige freier Berufe	Beamte Angestellte politischer und gesellschaftlicher Organisationen
SPD	Beamte Angestellte politischer und gesellschaftlicher Organisationen	Angestellte in der Wirtschaft Selbständige Angehörige freier Berufe
FDP	Regierungsmitglieder Angestellte in der Wirtschaft	Beamte Angestellte des öffentlichen Dienstes
Die GRÜNEN (10. WP)	Beamte Angestellte des öffentlichen Dienstes Angehörige freier Berufe	Angestellte politischer und gesellschaftlicher Organisationen Angestellte in der Wirtschaft

P. Schindler: Datenhandbuch zur Geschichte des Deutschen Bundestages 1980–1984. Baden-Baden 1986, S. 196, 245

"Unser Volksvertreter demonstriert uns gerade, daß er wirklich aus einer Arbeiterfamilie stammt."

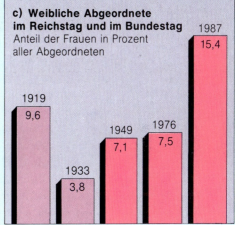

c) Weibliche Abgeordnete im Reichstag und im Bundestag
Anteil der Frauen in Prozent aller Abgeordneten

1919: 9,6
1933: 3,8
1949: 7,1
1976: 7,5
1987: 15,4

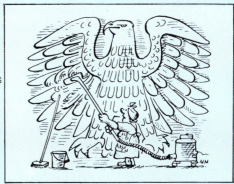

7 Fraktionsdisziplin – tun, was die Partei sagt?

a) Dem Gewissen und dem Gesetz verpflichtet
Artikel 38 GG
(1) Die Abgeordneten des Deutschen Bundestages ... sind Vertreter des ganzen Volkes, an Aufträge und Weisungen nicht gebunden und nur ihrem Gewissen unterworfen.

b) Solidarität mit der Fraktion?
Der Abgeordnete will politisch gestalten; er kann es aber nur, wenn er hilft, einen Beschluß des Bundestages in dem von ihm gewünschten Sinne zustande zu bringen. Seine natürlichen Verbündeten sind die Parteifreunde, der politische Aktionskreis (ist) die Fraktion.
Friedrich Schäfer, in: Abgeordnete. Bundestag von a–z. Bonn 1976, S. 5.

c) Das Mandat – von der Partei?
Der Abgeordnete erlangt sein Mandat durch die Partei, die ihn nominiert ...
Gerhard Leibholz, in: Der Spiegel, 27. 2. 1978, S. 41.

d) Anmerkungen eines Abgeordneten
Sicher, die Fraktion muß geschlossen auftreten, muß die Regierung stützen. Aber wenn immer schon feststeht, daß die Regierung unsere Stimmen bekommt, machen wir ihr es damit nicht zu leicht bei ihren Entscheidungen? Auch die Entscheidungen der Regierung können sich als falsch erweisen.

8 Geschäftsordnung des Deutschen Bundestages
§ 10 Bildung der Fraktionen
(1) Die Fraktionen sind Vereinigungen von mindestens fünf vom Hundert der Mitglieder des Bundestages, die derselben Partei oder solchen Parteien angehören, die auf Grund gleichgerichteter politischer Ziele in keinem Land miteinander im Wettbewerb stehen.
Zur Information: Fraktionen haben das Vorschlagsrecht für viele Personalentscheidungen, sie können Gesetzentwürfe und Anträge einbringen. Außerdem entsenden sie Abgeordnete in die Ausschüsse des Parlaments.

---

gen. Doch wird die Aufgabe der Opposition dadurch erschwert, daß sie nicht wie die Regierung über einen großen Verwaltungsapparat verfügt.

Der größte Teil der Arbeit im Parlament wird in den *Ausschüssen* geleistet, die sich mit bestimmten Spezialgebieten wie Wirtschaft, Außenpolitik, Rechtsfragen und Sozialproblemen beschäftigen. Daher ist es auch den Abgeordneten oft nicht möglich, an allen Sitzungen des Bundestages als Ganzem, den *Plenardebatten,* teilzunehmen.

Nach Art. 38 des Grundgesetzes sind die Abgeordneten an „Aufträge und Weisungen nicht gebunden und nur ihrem Gewissen unterworfen". Sie sind aber auch Mitglied einer *Fraktion* bzw. einer Partei, die daran interessiert ist, bei Abstimmungen im Bundestag geschlossen aufzutreten (Fraktionsdisziplin). Die meisten politischen Fragen werden daher zuvor in den Fraktionssitzungen erörtert, diskutiert und vorentschieden, bevor sie dann in die öffentlichen Sitzungen des Bundestages kommen.

1 Opposition – eine unbeliebte Rolle? Trifft eurer Meinung nach die Kritik der Autoren im Text 4, S. 182 zu?

Im Unterschied zum *Plenum,* der Gesamtheit der Abgeordneten des Parlaments, bilden Abgeordnete, die einer Partei angehören, im Parlament eine *Fraktion.*

2 Ist der Abgeordnete nur seinem Gewissen oder seiner Fraktion verpflichtet? Sammelt Argumente für und wider die Fraktionsdisziplin und benützt dabei die Texte 7 a bis d. Welche Gruppen und Personen versuchen die Entscheidungen des Abgeordneten zu beeinflussen (vgl. S. 177 ff.)?

3 Die Abgeordneten des Bundestages sind verpflichtet, ihren Beruf und ihre Tätigkeit außerhalb des Parlaments im Handbuch des Bundestages

⑨ Bundesregierungen, Bundeskanzler und Oppositionen seit 1949

	CDU/CSU	FDP	SPD		Abgeordnete insgesamt (ohne Berliner Abgeordnete)
1949 Adenauer	139 + 18	52	131	62 *	402
1953 Adenauer	244 + 42	48	151	*	487
1957 Adenauer	270 + 17	41	169		497
1961/63 Adenauer/Erhard	242	67	190		499
1965 Erhard	245	49	202		496
1966 Kiesinger	245	49	202		496
1969 Brandt	242	30	224		496
1972/74 Brandt/Schmidt	225	41	230		496
1976 Schmidt	243	39	214		496
1980 Schmidt	226	53	218		497
1982 Kohl	226	53	215		497
1987 Kohl	223	46	186	42	497

Legende: Opposition / Regierungskoalition
• (Große Koalition)   * Sonstige   Grüne Fraktionslose
nach Globus 4427

bekannt zu geben (Tabelle 6 b). Welchen Grund kann dies haben? Überlegt euch auch, warum verschiedene Bevölkerungsgruppen – u. a. auch Frauen – im Parlament unterdurchschnittlich vertreten sind?

„Es kommt nur auf den Kanzler an". Diesen Eindruck haben sehr viele Bundesbürger. Über 200 Briefe erreichen den Bundeskanzler täglich, die meisten mit irgendwelchen Beschwerden und Bitten, aber auch mit Ratschlägen, Lagebeurteilungen und dementsprechenden fertig ausgearbeiteten Vorschlägen. Die Parteien verstärken diesen Eindruck, daß es nur auf den Kanzler ankomme, indem sie die Person des Kanzlers bzw. des Kanzlerkandidaten in den Mittelpunkt des Wahlkampfes stellen. Ebenso richten die Verbände ihre Wünsche nicht nur an den Bundestag, sondern auch direkt an den Bundeskanzler.

7.2 Die Bundesregierung als ausführende Gewalt

Der Kanzler hat in der Tat eine sehr starke Stellung im politischen System der Bundesrepublik Deutschland, so daß man von einer Kanzlerdemokratie spricht. Er wird, wie wir bereits gesehen haben, vom Bundestag und der Mehrheit seiner Mitglieder (absolute Mehrheit) für eine Legislaturperiode von vier Jahren gewählt. Er kann während dieser Zeit nur abgelöst werden, wenn sich im Bundestag eine Mehrheit für einen anderen Kanzler findet (konstruktives Mißtrauensvotum, Art. 67 GG, s. S. 181).

Kanzlerdemokratie

Innerhalb der Bundesregierung nimmt der Kanzler eine vorrangige Stellung ein. In Art. 65 GG heißt es: „Der Bundeskanzler bestimmt die Richtlinien der Politik und trägt dafür die Verantwortung" (Richtlinienkompetenz). Er schlägt dem Bundespräsidenten die Minister zur Ernennung vor. Die Bundesminister und der Kanzler bilden zusammen die Bundesregierung.

Allerdings sind die Kanzler in der Geschichte der Bundesrepublik bisher zur

Bildung von Regierungen immer Bündnisse (Koalitionen) eingegangen. Dies war auch deswegen notwendig, weil bei den Wahlen, mit einer Ausnahme, nie eine Partei mehr als die Hälfte der Stimmen und Abgeordnetensitze (absolute Mehrheit) erhalten hatte. In schwierigen Koalitionsverhandlungen muß der Kanzler sein Regierungsprogramm und teilweise auch seine Ministerliste mit den Vertretern der anderen Partei, dem sogenannten Koalitionspartner, absprechen.

Die Macht des Kanzlers innerhalb der Regierung ist nicht uneingeschränkt. Die Minister stehen an der Spitze ihrer Ministerien. Das sind große Verwaltungen, die die Gesetze und politischen Entscheidungen ausführen. In Art. 65 GG ist dazu festgelegt: „Innerhalb dieser (vom Kanzler gesetzten) Richtlinien leitet jeder Bundesminister seinen Geschäftsbereich selbständig und unter eigener Verantwortung. Meinungsverschiedenheiten zwischen den Bundesministern entscheidet die Bundesregierung." Zu den wichtigsten Ministerien gehören das Außen-, Innen-, Wirtschafts-, Finanz-, Verteidigungs- und das Justizministerium. Außerdem wurden neue Ministerien für bestimmte Aufgaben, z. B. für Forschung und Technologie, für Entwicklungspolitik oder für Umwelt gebildet.

4 Worin besteht die Vorrangstellung des Bundeskanzlers? Lest zu dieser Frage Art. 64 (s. S. 181) und Art. 65 des Grundgesetzes durch.

5 Stellt die Namen der bisherigen Bundeskanzler in der Geschichte der Bundesrepublik zusammen (Abb. 9). Welcher Partei gehören bzw. gehörten sie an, wie lang war ihre jeweilige Regierungszeit?

6 Stellt an Hand des Stundenplans des Bundeskanzlers fest (Text 11), mit welchen Gruppen er zusammenkommt. Was wißt ihr auf Grund der Berichterstattung in den Massenmedien über die Arbeit des Bundeskanzlers?

7 Wer bestimmt nach Art. 65 GG über die Aufgabenverteilung der Bundesregierung?

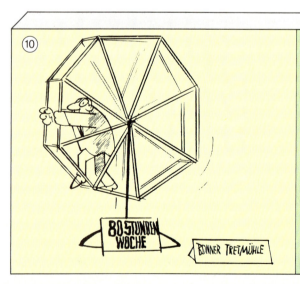

⑩

⑪ Ein Tag im Terminplan des Bundeskanzlers

Donnerstag, 11. Dezember
— 9.00 Uhr Hinweis: Plenum – 2. und 3. Lesung Ehe- und Familienrecht.
— 11.00 Uhr Referat auf der Mitgliederversammlung der Bundesvereinigung der Deutschen Arbeitgeberverbände.
— 14.30 Uhr Gespräch mit dem Präsidenten des Deutschen Forstwirtschaftsrates.
— 16.00 Uhr Ministergespräche Gesundheitspolitik
— Abends vorgeplant Fraktionssitzung (Thema: Vermittlungsausschuß)
— 19.30 Uhr Termin offen Jahrestreffen der Hamburger Abgeordneten in der Bonner Vertretung.

Nach: Politik. Arbeitsmaterial für den Politikunterricht. Düsseldorf 1978

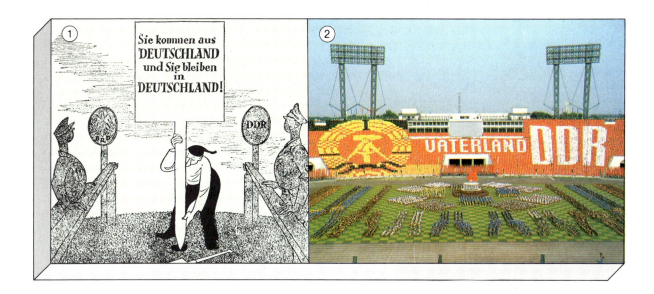

8. Verfassungsordnung und Politik in der Deutschen Demokratischen Republik

Die politischen Ordnungen verschiedener Staaten miteinander zu vergleichen ist schwierig. Die meisten Staaten weisen Besonderheiten auf, die aus ihrer Entwicklung im Laufe der Geschichte zu verstehen sind. Das gilt auch für die Bundesrepublik Deutschland und die Deutsche Demokratische Republik. Als Teile des bis 1945 bestehenden „Deutschen Reiches" entwickelten sie sich seit 1949 zu zwei Staaten, die nach gegensätzlichen politischen Leitvorstellungen und nach unterschiedlichen Verfassungsgrundsätzen gestaltet sind. Das bedeutet auch, daß politische Entscheidungen in der DDR

8.1 Wenn man politische Ordnungen miteinander vergleichen will

5 Wie erleben Jugendliche aus der Bundesrepublik die DDR? Berichte von Klassenfahrten in die DDR

a) In einem anderen Land?

Beim Durchfahren der ersten Ortschaften, die allmählich grau in grau erschienen, wurden viele das Gefühl nicht los, nicht mehr in „Deutschland" zu sein. Cordula: „Wir waren doch sehr ergriffen, deprimiert. Man merkt sofort, man ist in einem anderen Land. Die Felder sind anders, die grauen Häuser, man merkt richtig die Armut." Maria: „Die Parolen sind mir aufgefallen, die Lehre von Karl Marx ist allmächtig, weil sie wahr ist." Simone: „Ich wußte nicht, wie ich den Menschen begegnen sollte. Das sind doch alles Eingesperrte und auf der anderen Seite sind das alles Rote, Kommunisten. Das war bei mir so eine Mischung von Mitleid und Abwehr." ...

Drei Mädchen von uns wurden von jungen Leuten aus Weimar in einen Jugendclub mitgenommen. Maria: „Prompt wurde diese Nacht für uns die persönlichste Begegnung mit der DDR. Diese mit Gesprächen ausgefüllten Stunden ließen uns fühlen, wie gleich wir alle sind. Ob es uns um Probleme mit den Eltern oder Kritik am eigenen Staat geht – wir waren überraschenderweise oft der gleichen Meinung und amüsierten uns köstlich."

Klassenreise. Die 13. Klasse des Fritz-Reuter-Gymnasiums in Dannenberg berichtet. Zeitmagazin, 9. 3. 1984, S. 9–18

b) Deutsch-deutsche Gemeinsamkeiten

Die Reise, sagen die Schüler, habe manches Vorurteil bestätigt. Aber – und das war für sie wesentlich – doch auch viele Vorurteile abgebaut.

Vor allem fanden sie, trotz eines festen Programms, immer wieder Gelegenheit, auch auf eigene Faust Kontakte zur Bevölkerung herzustellen und stellten dabei fest, daß die Bewohner der DDR, ob jung oder alt, sich doch sehr offen und freimütig äußerten und diskutierten. Vor allem haben sie zwei deutsch-deutsche Gemeinsamkeiten entdeckt: Die Angst der Menschen, vor allem der Jugend, gegen ihren Willen in einen Krieg hineingezogen zu werden und ihren Wunsch, in Frieden miteinander zu leben.

Das, was an der DDR noch so deutsch ist, haben sie als Gemütlichkeit empfunden und gern gemocht; den weniger hektischen Verkehr, die Behaglichkeit von neu ausgebauten Fußgängerzonen, ohne die im Westen übliche Werbung, die Freundlichkeit der Menschen, die ihnen mehr Zeit zu haben schienen.

Die Arbeitsmentalität, sagt Karin, sei da eben ganz anders. Da brauche niemand um seinen Arbeitsplatz zu bangen. Die Menschen seien nicht so gestreßt.

Wilhelmshavener Zeitung, 27. 6. 1984

---

anders zustande kommen als in der Bundesrepublik. Die beiden deutschen Staaten trennt eine Grenze, die undurchlässiger und abweisender ist als alle anderen Grenzen der Bundesrepublik Deutschland. Viele, die bei uns leben, haben unter der Teilung Deutschlands gelitten. Für sie ist es nicht leicht, ohne Erinnerung daran über dieses Thema zu reden. Ihr Urteil über die politische Ordnung in der Deutschen Demokratischen Republik ist oft von solchen Erinnerungen geprägt. Auch in Schulbüchern ist es nicht leicht, die politische Ordnung in der DDR darzustellen, ohne zugleich das politische Leben dort aus unserer Sicht zu beurteilen. Beschönigt man die tatsächlichen Verhältnisse, wenn man nur von den Grundsätzen der Verfassung redet? – Verallgemeinert man einzelne Erfahrungen zu schnell, wenn Berichte einzelner Personen wiedergegeben, Probleme des Alltags in den Vordergrund gerückt werden? Wir können nicht behaupten, auf diese Fragen endgültige Antworten zu haben. Auf den folgenden Seiten wollen wir über die Grundzüge der politischen Ordnung der DDR informieren und darüber hinaus einige Eindrücke vom Leben in diesem Staat schildern.

1 Wie es zur Gründung zweier Staaten in Deutschland gekommen ist, haben wir kurz in UE 9 dargestellt. Ihr könnt euch dort auf S. 267 informieren.

2 Falls ihr euch an dieser Stelle genauer mit diesem Thema beschäftigen wollt, solltet ihr Geschichtsbücher heranziehen. In Aufgabe 1, S. 265, haben wir dazu Stichworte formuliert.

Während in Artikel 20 GG die Bundesrepublik Deutschland als „demokratischer und sozialer Bundesstaat" bezeichnet wird, in dem „alle Staatsgewalt vom Volke" ausgeht, wird die DDR durch Art. 1 ihrer Verfassung auf eine ganz bestimmte Gesellschaftsordnung verpflichtet: Sie ist „ein sozialistischer Staat der Arbeiter und Bauern", in der es keine nennenswerten gesellschaftlichen Gegensätze (etwa zwischen Armen und Reichen, Besitzenden und Besitzlosen) mehr geben soll. Dieser Anspruch wird mit der besonderen Entwicklung der Eigentumsverhältnisse begründet: Das Privateigentum an Produktionsmitteln (d. h. an den Arbeitsmitteln, Werkzeugen, Maschinen, Fabriken usw.) und allen Arbeitsgegenständen (Boden, Rohstoffe usw.) wurde weitgehend in *staatliches* und *genossenschaftliches* Eigentum überführt, d. h. sozialisiert (vgl. Übersicht 7a, S. 190). Die Politik hat die Aufgabe, an der Verwirklichung einer sozialistischen Gesellschaftsordnung nach dem Beispiel der UdSSR mitzuwirken.

Die politischen Entscheidungen werden jedoch nicht direkt von den Werktätigen gefällt. Der schon erwähnte Art. 1 der DDR-Verfassung betont den Führungsanspruch der „Arbeiterklasse und ihrer marxistisch-leninistischen Partei", der *Sozialistischen Einheitspartei Deutschlands* (SED).

Die SED mit z. Zt. rund 2,3 Mio. Mitgliedern (das sind 13,7% der Gesamtbevölkerung) versteht sich als Vortrupp „des werktätigen Volkes der sozialistischen Deutschen Demokratischen Republik". Diese Führungsrolle wird damit begründet, daß die Werktätigen
– die Mehrheit der Bevölkerung darstellten;

8.2 Sozialistische Demokratie und sozialistische Eigentumsordnung

Die Sozialistische Einheitspartei Deutschlands, die SED

---

⑥ Aus der Verfassung der DDR

In Fortsetzung der revolutionären Tradition der deutschen Arbeiterklasse und gestützt auf die Befreiung vom Faschismus hat das Volk der Deutschen Demokratischen Republik in Übereinstimmung mit den Prozessen der geschichtlichen Entwicklung unserer Epoche sein Recht auf sozial-ökonomische, staatliche und nationale Selbstbestimmung verwirklicht und gestaltet die entwickelte sozialistische Gesellschaft.
Erfüllt von dem Willen, seine Geschicke frei zu bestimmen, unbeirrt auch weiter den Weg des Sozialismus und Kommunismus, des Friedens, der Demokratie und Völkerfreundschaft zu gehen, hat sich das Volk der Deutschen Demokratischen Republik diese sozialistische Verfassung gegeben.

Artikel 1
Die Deutsche Demokratische Republik ist ein sozialistischer Staat der Arbeiter und Bauern. Sie ist die politische Organisation der Werktätigen in Stadt und Land unter Führung der Arbeiterklasse und ihrer marxistisch-leninistischen Partei...

Artikel 2
(1) Alle politische Macht in der Deutschen Demokratischen Republik wird von den Werktätigen in Stadt und Land ausgeübt. Der Mensch steht im Mittelpunkt aller Bemühungen der sozialistischen Gesellschaft und ihres Staates...
(3) Die Ausbeutung des Menschen durch den Menschen ist für immer beseitigt. Was des Volkes Hände schaffen, ist des Volkes Eigen. Das sozialistische Prinzip „Jeder nach seinen Fähigkeiten, jedem nach seiner Leistung" wird verwirklicht.

Artikel 3
(1) Das Bündnis aller Kräfte des Volkes findet in der Nationalen Front der Deutschen Demokratischen Republik seinen organisierten Ausdruck.
(2) In der Nationalen Front des demokratischen Deutschland vereinigen die Parteien und Massenorganisationen alle Kräfte des Volkes zum gemeinsamen Handeln für die Entwicklung der sozialistischen Gesellschaft. Dadurch verwirklichen sie das Zusammenleben aller Bürger in der sozialistischen Gemeinschaft nach dem Grundsatz, daß jeder Verantwortung für das Ganze trägt.

7 Eigentum in der DDR

a) Staatliches, genossenschaftliches und privates Eigentum

– Die Industrie und das Verkehrswesen sind zu 98 Prozent verstaatlicht (Volkseigentum); die Unternehmen werden als Volkseigene Betriebe (VEB) geführt. Die Bauwirtschaft ist weitgehend verstaatlicht. Hier arbeiten noch 19 Prozent der Beschäftigten in Genossenschaften, sechs Prozent in privaten Betrieben.

– Genossenschaftliches Eigentum umfaßt die von den Genossenschaftsmitgliedern eingebrachten Produktionsmittel (z. B. Maschinen, Bauten, Tiere). Außerdem kann der Boden genossenschaftlich genutzt werden. Genossenschaften unterstehen weitgehend der staatlichen Kontrolle. Rund 90 Prozent der landwirtschaftlichen Nutzfläche werden von landwirtschaftlichen Produktionsgenossenschaften (LPG) bewirtschaftet; etwa sieben Prozent sind staatlicher Besitz, der Rest ist privat.

– Im produzierenden Handwerk arbeiten rund 70 Prozent in privaten Betrieben, der Rest in Genossenschaften. Private Betriebe gibt es außerdem noch im Einzelhandel und bei den Gaststätten.

b) Private Betriebe sind wieder gefragt

Zunehmend wird der Wert privaten Wirtschaftens... offiziell erkannt. Eigentlich hatte es spätestens im Jahre 1958 vorbei sein sollen mit eigenständigem Broterwerb, als Walter Ulbricht auf dem V. Parteitag der SED verkündete: „Mit einer wesentlichen Steigerung im Handwerk und in der kapitalistischen Kleinindustrie ist nicht zu rechnen. Dieser Sektor ist zur Lösung reif geworden." Die Lösung sollte sein: Vergesellschaftung. Und in der Tat ging die Zahl der privaten Handwerksbetriebe rapide zurück. Wie sich doch die Zeiten ändern können: Im Jahre 1982 hob die Zeitschrift „Wirtschaftswissenschaft" hervor, daß die Probleme im Dienstleistungsbereich – also im Handwerk, im Einzelhandel, in der Gastronomie – vor allem daraus resultieren, daß die Zahl der selbständigen Handwerker so stark zurückgegangen sei...
So werden denn die „Privaten" gepflegt: 1981 wurde erstmals der kontinuierliche Rückgang der Beschäftigten in selbständigen Betrieben gestoppt. Ihre Zahl pendelt sich bei einer Viertelmillion ein. Das ist nicht viel angesichts der über acht Millionen Werktätigen insgesamt – aber die Leistungen der Wenigen können sich sehen lassen, sind unentbehrlich geworden. Ihr Anteil an den Handwerksleistungen in der DDR überhaupt liegt bei 60 Pozent, in manchen Branchen sogar noch höher, z. B. sind fast alle Bäckereien privat. Die wirtschaftliche Lage der Selbständigen ist denn auch vergleichsweise hervorragend.

H. Bussiek: Die real existierende DDR. Frankfurt a. M. 1984, S. 90f.

– durch ihre Arbeit die für alle notwendigen Güter erzeugten;
– am stärksten an der Verwirklichung einer sozialistischen Gesellschaftsordnung interessiert seien.

Das wichtigste Parteiorgan der SED ist das *Politbüro*. Hier fallen die Richtlinienentscheidungen für Partei und Staat. Es geht aus dem *Zentralkomitee* (ZK) der Partei hervor und hat z. Zt. 22 Vollmitglieder und 5 Kandidaten. In direkter Verbindung mit dem Politbüro steht das Sekretariat des Zentralkomitees der Partei. Dessen erster Sekretär, der *Generalsekretär*, ist zugleich Parteivorsitzender und damit der mächtigste Mann im politischen System der DDR. Das Sekretariat steuert den gesamten Parteiapparat, der etwa 50000 hauptamtliche und 300000 ehrenamtliche Funktionäre hat. Der *Parteitag* als Vertretung der Mitglieder ist zwar der Satzung nach das wichtigste Organ der Partei, hat aber kaum politische Bedeutung, da er in der Regel nur alle fünf Jahre zusammentritt.

3 In der Verfassung der DDR heißt es, die „Ausbeutung des Menschen durch den Menschen" sei „für immer beseitigt" (Art. 2, Abs. 3; vgl. Text 6). Was ist damit gemeint? Wie wird diese Aussage begründet? Dazu könnt ihr auch die Übersicht 7 a über die Eigentumsformen lesen: Welche Eigentumsformen überwiegen in der DDR?

4 Seit einigen Jahren ist erkennbar, daß die SED und die Regierung die Rolle der privaten Betriebe anders sehen als in den Anfangsjahren der DDR (Text 7 b). In welchen Wirtschaftsbereichen gibt es vor allem private Betriebe? Welche Rolle spielen sie hier?

8 Lied der Partei (Auszug)

Sie hat uns alles gegeben,
Sonne und Wind, und sie geizt nie,
wo sie war, war das Leben,
was wir sind, sind wir durch sie.
Sie hat uns niemals verlassen,
fror auch die Welt, uns war warm, –
Uns schützte die Mutter der Massen,
uns trägt ihr mächtiger Arm.
Refrain:
Die Partei, die Partei, die hat
immer recht,
und, Genossen, es bleibe dabei;
denn wer kämpft für das Recht,
der hat immer recht
gegen Lüge und Ausbeuterei.
Wer das Leben beleidigt, ist dumm
oder schlecht;
wer die Menschheit verteidigt, hat
immer recht.
So aus leninschem Geist wächst,
von Lenin geschweißt,
die Partei, die Partei, die Partei.

Nach: Junge Welt [DDR-Zeitung], 20. 6. 1952

9 XI. Parteitag der SED

10 Mitglieder in der SED

a) Aus dem Statut der SED

Das Parteimitglied ist verpflichtet:
...
e) in seiner politischen und beruflichen Tätigkeit und im persönlichen Leben Vorbild zu sein und seine politischen und fachlichen Kenntnisse ständig zu erweitern...
h) furchtlos Mängel in der Arbeit aufzudecken und sich für ihre Beseitigung einzusetzen; ... gegen jeden Versuch anzukämpfen, die Kritik zu unterdrücken und sie durch Beschönigung und Lobhudelei zu ersetzen...
i) aufrichtig und ehrlich gegenüber der Partei zu sein und nicht zuzulassen, daß die Wahrheit verheimlicht oder entstellt wird.

b) Das „normale Parteileben"

Auf Parteiebene, heißt es, wird „offen diskutiert", ... freimütig Kritik und Selbstkritik geübt ... Turbulente Diskussionen und sachkundige Auseinandersetzungen gehören (aber) sowenig zum „normalen Parteileben" wie Kampfabstimmungen ... Beschlüsse sind vorformuliert, nichts außer Zustimmung wird erwartet.

Irene Böhme: Die da drüben. Berlin (West) 1982, S. 51

5 Wie begründet die SED ihren Anspruch, die „Führung der Arbeiterklasse" und damit auch des Staates übernehmen zu können? Lest dazu auch das „Lied der Partei" (Text 8). Welche Bedeutung soll danach die Partei für den einzelnen und für den Staat haben?

6 Im „Statut der SED" sind die Rechte und Pflichten der Mitglieder festgehalten (Auszüge in Text 10 a). Wie sollen sich die Mitglieder verhalten? Wie wird in dem anschließenden Text 10 b der Parteialltag beschrieben?

Bei den Wahlen zu den Parlamenten, z. B. zur *Volkskammer* und zu den Bezirkstagen, kann der Bürger nicht zwischen Kandidaten unterschiedlicher Parteien auswählen, sondern nur über die *Einheitsliste der Nationalen Front* abstimmen. In ihr sind alle Parteien, Massenorganisationen und Verbände der DDR zusammengefaßt. Die Kandidatenlisten werden unter maßgeblichem Einfluß der SED zusammengestellt, die übrigen Parteien und die fünf Massenorganisationen (vgl. Abb. 11, S. 192) werden daran beteiligt.

Die Nationale Front wird als „Bündnis aller politischen und sozialen Kräfte des werktätigen Volkes unter Führung der Arbeiterklasse und ihrer Partei" bezeichnet. Sie soll die unterschiedlichen Gruppen der Gesellschaft der DDR, z. B. die Handwerker und Händler, die Mitglieder der Kirchen und andere zusammenbringen, ohne den Führungsanspruch der SED in Frage zu stellen.

7 Beschreibt die Rolle, die die SED in der Nationalen Front und in der Volkskammer (Abb. 11) hat.

Volkskammer
Die Nationale Front

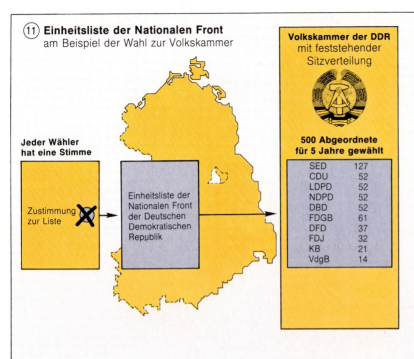

11 Einheitsliste der Nationalen Front am Beispiel der Wahl zur Volkskammer

Jeder Wähler hat eine Stimme

Zustimmung zur Liste ✗ → Einheitsliste der Nationalen Front der Deutschen Demokratischen Republik

Volkskammer der DDR mit feststehender Sitzverteilung

500 Abgeordnete für 5 Jahre gewählt

SED	127
CDU	52
LDPD	52
NDPD	52
DBD	52
FDGB	61
DFD	37
FDJ	32
KB	21
VdgB	14

Die Parteien (Mitglieder in Klammern)

SED
Sozialistische Einheitspartei Deutschlands (2 300 000)
CDU
Christlich Demokratische Union Deutschlands (150 000)
DBD
Demokratische Bauernpartei Deutschlands (115 000)
NDPD
Nationaldemokratische Partei Deutschlands (110 000)
LDPD
Liberaldemokratische Partei Deutschlands (100 000)

Die Massenorganisationen

FDGB – Freier Deutscher Gewerkschaftsbund
DFB – Demokratischer Frauenbund Deutschlands
FDJ – Freie Deutsche Jugend
KB – Kulturbund der DDR
VdgB – Vereinigung der gegenseitigen Bauernhilfe

Zusammensetzung der Volkskammer

9. Wahlperiode 1986/91:
500 Abgeordnete, davon 339 Männer, 161 Frauen
Soziale Herkunft bzw. *erster* erlernter Beruf:
271 Arbeiter, 31 Bauern, 126 Intelligenz, 69 Angestellte, 3 Sonstige
72,8% der Abgeordneten haben eine abgeschlossene Hoch- bzw. Fachschulausbildung.

---

8 Die SED stellt in der Volkskammer zwar die stärkste Fraktion, sie hat aber nicht die Mehrheit der Sitze. Auf welche Weise ist sichergestellt, daß sie trotzdem ihre politischen Ziele in den gesellschaftlichen und wirtschaftlichen Bereichen durchsetzen kann? Zieht hierzu auch die Informationen über die Aufgabe der kleinen Parteien in Text 13 heran.

13 Die Aufgabe der kleinen Parteien

Der Vorsitzende der NDPD führte 1987 auf dem Parteitag seiner Partei aus: „Als Verbündete der Arbeiterklasse und ihrer marxistisch-leninistischen Partei leistet unsere NDPD in voller Übereinstimmung mit den gesellschaftlichen Orientierungen des XI. Parteitages der SED ihren Beitrag zur Verwirklichung der auf das Wohl des Volkes, der Stärkung des Sozialismus und die Sicherung des Friedens gerichteten Innen- und Außenpolitik der DDR."
Er sagte die zielstrebige Fortsetzung der „Planinitiative der Parteifreunde Handwerker und Gewerbetreibende" zu, d. h. der Bemühungen um die Verbesserung der Reparatur-, Dienst- und sonstigen Versorgungsleistungen.
Die Mitgliederzahlen der kleinen Parteien sind in den letzten Jahren wieder angestiegen. Zwar können sie neben der SED keine eigenständigen politischen Ziele vertreten, sie verkörpern aber in gewissem Maße die Interessen nichtsozialistischer Bevölkerungsgruppen. Nicht zuletzt sind sie für diese Gruppen attraktiv, weil sie in ihren Reihen der Pflicht, gesellschaftliche Aktivitäten zu zeigen, nachkommen können.

Nach: Süddeutsche Zeitung, 11. 5. 1987, S. 5

8.3 Sozialistisches Recht

Die Rechtsprechung soll bei der Gestaltung einer sozialistischen Gesellschaftsordnung mitwirken, indem sie die Beziehungen der Bürger untereinander, aber auch ihre Beziehungen zu den staatlichen Einrichtungen regelt. Mit anderen Worten: Die Rechtsprechung soll nicht, wie in der Bundesrepublik, unabhängig von den Trägern politischer Macht (z.B. Parlament, Parteien, Regierung) sein, sondern „zur Lösung der Aufgaben der sozialistischen Staatsmacht" beitragen. So formuliert es das Gerichtsverfassungsgesetz der DDR. Deshalb werden die Richter vom Parlament gewählt und sind diesem Rechenschaft schuldig.

Während in der Bundesrepublik sich die Staatsorgane letztlich dem Spruch des Bundesverfassungsgerichts beugen müssen, ist das Oberste Gericht in der DDR der Volkskammer und zwischen ihren Tagungen dem Staatsrat verantwortlich (Art. 93 (3) der DDR-Verfassung).

Für den einzelnen DDR-Bürger besteht das Wesen der *Grundrechte* darin, „seine Persönlichkeit allseitig und ungehindert in Übereinstimmung mit den gesellschaftlichen Gesetzmäßigkeiten zu entfalten" (Wörterbuch zum sozialistischen Staat. Berlin (Ost) 1974, S. 126). In Art. 21 der DDR-Verfassung

Grundrechte – Grundpflichten

---

⑭ Die Aufgabe des Rechts
Artikel 90 (1) der Verfassung der DDR:
Die Rechtspflege dient der Durchführung der sozialistischen Gesetzlichkeit, dem Schutz und der Entwicklung der Deutschen Demokratischen Republik und ihrer Staats- und Gesellschaftsordnung. Sie schützt die Freiheit, das friedliche Leben, die Rechte und die Würde des Menschen.

⑮ Grundrechte und Grundpflichten

a) Recht auf Arbeit – Pflicht zur Arbeit
Artikel 24 der Verfassung der DDR
(1) Jeder Bürger der Deutschen Demokratischen Republik hat das Recht auf Arbeit. Er hat das Recht auf einen Arbeitsplatz und dessen freie Wahl entsprechend den gesellschaftlichen Erfordernissen und der persönlichen Qualifikation. Er hat das Recht auf Lohn nach Qualität und Quantität der Arbeit. Mann und Frau, Erwachsene und Jugendliche haben das Recht auf gleichen Lohn bei gleicher Arbeitsleistung.
(2) Gesellschaftlich nützliche Tätigkeit ist eine ehrenvolle Pflicht für jeden arbeitsfähigen Bürger. Das Recht auf Arbeit und die Pflicht zur Arbeit bilden eine Einheit.

b) Berufswünsche – und wirtschaftlicher Bedarf
Ich sprach mit Schülerinnen und Schülern, die in der Werkstatt der Betriebsberufsschule ... an Metallstücken feilten. Zuvor war uns berichtet worden, Berufswunsch und Ausbildungsberuf deckten sich zu 80 Prozent. Das erste Mädchen wollte Therapeutin werden, das zweite Industriekaufmann und das dritte Kindergärtnerin. Alle drei jedoch wurden zu Metallfacharbeitern ausgebildet. Von den fünf befragten Jungen erklärte nur einer, daß er ursprünglich einen anderen Berufswunsch hatte.
Frank von Auer, in: Deutsches Allgemeines Sonntagsblatt, 25. 6. 1978

c) Gespräch mit einem jungen Arbeiter
An unserem letzten Abend sind wir von der FDJ in einen Jugendclub in der Nähe von Weimar eingeladen. Nach ersten, etwas verkrampften Versuchen, miteinander ins Gespräch zu kommen, schmilzt das Eis ... Mein Gegenüber heißt Hans. Er arbeitet in einem volkseigenen Betrieb, einem „VEB" für Klempner- und Installationsarbeiten ...
In seinem Betrieb fühlt er sich ganz wohl. Er meint, der Leistungsdruck sei nicht ganz so stark, wie in westdeutschen Unternehmen. Bei euch muß der Arbeiter doch immer Angst haben, seine Stellung zu verlieren. Das ist bei uns anders, wir können praktisch gar nicht entlassen werden, und wenn doch, muß der Staat uns sofort einen neuen Arbeitsplatz anbieten, weil das Recht auf Arbeit in unserer Verfassung garantiert wird. Daß es sich dabei um einen gleichwertigen Arbeitsplatz handeln muß, steht allerdings nicht in der Verfassung, und auch das Recht der freien Berufswahl gilt nur eingeschränkt, nämlich „entsprechend den gesellschaftlichen Erfordernissen und der persönlichen Qualifikation".
Die Kehrseite der Vollbeschäftigung, gesteht Hans zu, besteht darin, daß vielfach eigentlich überflüssige Arbeitsplätze geschaffen werden und daß ungezählte Arbeitsstunden ausfallen. „Wer keine Lust oder ein kleines Wehwehchen hat, bleibt einfach mal zu Hause."
T. Steensen: Eine Reise nach Thüringen, in: Information für die Truppe 6/81, S. 42f.

d) Imke, Lehrling, 17 Jahre
„Es wird einem alles geboten, aber man wird dadurch auch so bequem, entwickelt keine Initiative mehr. Ich weiß zum Beispiel ganz genau, daß ich nach der Lehre 'n Arbeitsplatz kriege, muß mich also nicht anstrengen, besonders gut zu sein."
G. Eckart: So sehe ick die Sache. Protokolle aus der DDR. Köln 1984, S. 66f.

⑯ Recht und sozialistische Gesellschaftsordnung – das Grundrecht der freien Meinungsäußerung

Aus einer wissenschaftlichen Darstellung des Rechts in der DDR:
„Artikel 27 der Verfassung gewährt jedem Bürger das Recht, ‚den Grundsätzen dieser Verfassung gemäß seine Meinung frei und öffentlich zu äußern' ... Dem Bürger stehen alle Mittel, die die sozialistische Demokratie den Werktätigen zur öffentlichen Kommunikation erschlossen hat, zur Verfügung, seien es Veranstaltungen der politischen Parteien und der Massenorganisationen, der Nationalen Front, von Vereinigungen oder betrieblichen Versammlungen bzw. Beratungen in den Arbeitskollektiven, sei es die Mitarbeit in Organen der Volksvertretungen oder an Massenkommunikationsmitteln.
Von grundlegender Bedeutung für die Aktivierung der Bürger zur Wahrnehmung ... dieses Grundrechts und dessen Garantie ist die Führungstätigkeit der Partei der Arbeiterklasse. Die Partei fördert durch ihr gesamtes Wirken die fundierte (begründete) Meinungsbildung; sie beachtet die Meinung der Werktätigen, verwertet ihre Erfahrungen und Kenntnisse in der Leitungstätigkeit ... In den staatlichen Organen, den Betrieben und Einrichtungen trägt die Partei dafür Sorge, daß die Meinung der Werktätigen, ihr Rat und ihre Kritik gesucht und beachtet werden."

Autorenkollektiv unter der Leitung von Eberhard Poppe: Grundrechte des Bürgers in der sozialistischen Gesellschaft, Berlin – DDR 1980, S. 141, 144

⑰ Aber es kann sein ...

Zwei Journalisten aus der Bundesrepublik erzählen:
Unsere Freundin Martha, technische Zeichnerin, Ingenieursfrau, Mutter zweier Kinder ... Noch nie hat sie uns angerufen. Manchmal kingelt sie, wenn sie noch Licht bei uns sieht. Ihren ‚Trabbi' (Trabant) parkt sie in drei Minuten Fußweg entfernt am Hausvogteiplatz. Sie stellt Fragen über Fragen, ihr Informationshunger scheint unersättlich. Später wird uns klar, daß sie sich mit uns messen will. Einmal, wir kannten uns schon ein Jahr, gestand sie uns, daß sie manchmal nachts darüber nachgrübelt, wie detailliert die Stasi (Staatssicherheitsdienst) über ihren Umgang mit uns Bescheid weiß. Unmittelbare Folgen befürchtet sie nicht. ‚Aber es kann sein', überlegt sie, ‚daß man in zwei Jahren bei einer Bewerbung um einen besseren Job abgelehnt wird, aus einem anderen Grund natürlich. Oder daß man sein Visum nach Ungarn nicht in den Paß gestempelt bekommt. Dann ahnt man, weshalb.'

⑱ Was soll's? – Gedanken

Es ist ein sozialistischer Feiertag. Um 8 mußt du an der Bushaltestelle sein, da triffst du dein Kollektiv. Da werden die Fahnen verteilt und die Schilder. Wenn du Pech hast, mußt du am großen Transparent mittragen, das ist schwer, besonders bei Gegenwind. Wenn du wer bist im Betrieb, trägst du einen Kranz, mußt ihn nachher niederlegen und die Schleife glattstreichen unterm Mahnmal. Am Morgen ist's noch kalt, der Zug kommt nur langsam voran, und bei der Hymne bekommst du klamme Finger. Doch dann geht's flotter weiter, die Märsche sind nicht schlecht gespielt. ‚Der Rosa Luxemburg, der reichen wir die Hand ...' eigentlich ein schönes Lied. Erst hattest du dir vorgenommen, diesmal nicht mitzugehen – irgendeine Ausrede oder besser einfach Nein sagen, aber dann haben sich die anderen alle gemeldet, da hättest du alt ausgesehen als einziger und schließlich – was soll's?

E. Windmüller, Th. Höpker: Leben in der DDR. Hamburg 1980, S. 33, 38

---

wird besonders auf das Recht und die moralische Verpflichtung des Bürgers hingewiesen, am Aufbau des Sozialismus mitzuwirken: „Jeder Bürger der DDR hat das Recht, das politische, wirtschaftliche, soziale und kulturelle Leben der sozialistischen Gemeinschaft und des sozialistischen Staates umfassend mitzugestalten."

Grundrechte sind in der DDR zugleich *Grundpflichten*. Dies gilt besonders für das soziale Grundrecht auf Arbeit, das in der Verfassung verankert ist (vgl. Text 15 a): Es sichert jedem Bürger der DDR das Recht auf Arbeit zu, betont aber auch die Arbeitspflicht. Dagegen fehlt ein Recht auf freie Berufswahl. Zu den sozialen Grundrechten gehören ferner: das Recht auf Freizeit und Erholung, auf Schutz der Gesundheit, auf Fürsorge im Alter und bei vorzeitiger Invalidität sowie das Recht auf Wohnraum. Besonders großer Wert wird auf die kulturellen Grundrechte, wie z. B. das Recht auf Bildung, Aus- und Weiterbildung, auf Teilhabe am kulturellen Leben, auf Chancengleichheit sowie auf Schulgeld- und Lernmittelfreiheit gelegt.

Schutz der Grundrechte?

Allerdings können in der Deutschen Demokratischen Republik die Grundrechte nicht – wie in der Bundesrepublik – in einem gerichtlichen Verfahren durchgesetzt werden. Es gibt auch kein Verfassungsgericht zum Schutze der

Verfassung und der Grundrechte. Statt dessen kann der Bürger eine Eingabe an den Staatsrat richten.

In der Bundesrepublik Deutschland haben die Grundrechte vor allem die Aufgabe, den Bürger vor einem unrechtmäßigen Übergriff staatlicher Organe zu schützen. Sie sollen den Mißbrauch staatlicher Gewalt abwehren (vgl. UE 7, S. 205f.). Nach dem Verständnis der DDR ist der Staat die politische Macht der Arbeiterklasse; die Interessen der Werktätigen und die des Staates seien gleich. Deshalb könne die DDR-Verfassung auf solche Grundrechte als Abwehrrechte verzichten.

❾ Artikel 90 der Verfassung der DDR (Text 14) könnt ihr mit Artikel 20 (2) und (3) GG und Artikel 97 (1) und (2) GG vergleichen. Beachtet dabei: Wie wird man Richter in der DDR, wie bei uns?

❿ Grundrechte und Grundpflichten – was spricht dafür, was dagegen? Die Texte 15 a bis d informieren und regen zum Nachdenken und zum Gespräch an.

⓫ Untersucht Text 16: Wie wird hier das Grundrecht der freien Meinungsäußerung beschrieben? Welche Aufgabe wird dabei der SED bei der Verwirklichung dieses Grundrechtes zugeschrieben?

⓬ Die Texte 17 und 18 geben Erfahrungen aus dem Alltag wieder: Wodurch fühlen sich die Menschen in der Ausübung ihres Grundrechtes eingeengt? Was veranlaßt sie, sich in der geschilderten Weise zu verhalten?

Nach 1945 entstanden auch in der sowjetischen Besatzungszone, dem Gebiet der DDR, zunächst Länder mit eigenen Länderregierungen. 1952 wurde diese Gliederung aufgegeben; an die Stelle der Länder traten die 14 zentral verwalteten *Bezirke* Schwerin, Rostock, Neu-Brandenburg, Potsdam, Frankfurt/Oder, Cottbus, Magdeburg, Halle, Erfurt, Gera, Suhl, Dresden, Leipzig und Karl-Marx-Stadt. Die Bezirke werden wiederum in Kreise eingeteilt.

8.4 Staatliche Organe und politischer Entscheidungsprozeß

Der zentralistischen Einteilung der DDR entspricht auch die Art und Weise, wie *politische Entscheidungen* getroffen und durchgeführt werden:
– Die grundlegenden politischen Entscheidungen werden im *Politbüro* und im *Zentralkomitee der SED* gefällt (vgl. Abschnitt 8.2). Diese Entscheidungen stellen zugleich die Richtlinien für den Ministerrat und die Volkskammer dar.
– Die *nachgeordneten Organe* führen diese Entscheidungen, die für sie verbindlich sind, aus.
– Die *Bürger* werden an der Diskussion über die Erfüllung staatlicher Aufgaben beteiligt. Sie können daran aber auch teilnehmen, indem sie in ihrer Umgebung, sei es im Betrieb oder im eigenen Wohngebiet, ehrenamtliche Aufgaben oder freiwillige Leistungen erfüllen.
– Die *Ämter* werden in den einzelnen Organen dadurch besetzt, daß die Kandidaten von unten vorgeschlagen und gewählt werden. Sie bedürfen jedoch der Bestätigung durch übergeordnete Stellen.

Volkskammer

Die DDR-Verfassung nennt die *Volkskammer* „das oberste staatliche Machtorgan der Deutschen Demokratischen Republik" (Art. 48). In Wirklichkeit ist die Macht der Volkskammer sehr beschränkt, worauf auch die geringe Zahl der Sitzungen, durchschnittlich nur an vier Tagen im Jahr, hindeutet. Die Abstimmungen der 500 Abgeordneten fallen in der Regel einstimmig aus. Die Volkskammer kann zwar den Staats- und Ministerrat wählen, aber zuvor wählt die SED in Absprache mit der Nationalen Front die Kandidaten aus. Außerdem werden in der Volkskammer relativ wenig Gesetze verabschiedet. Zu den Aufgaben der Abgeordneten gehört, daß sie die

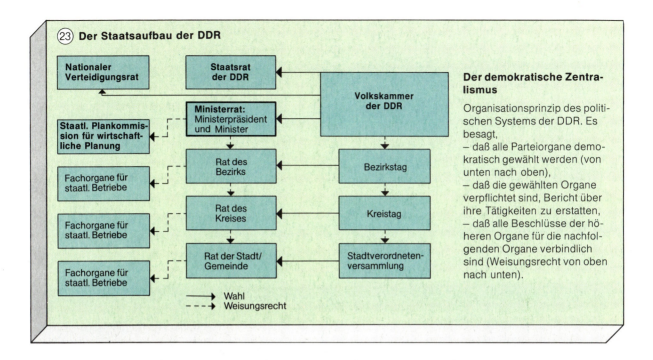

Bevölkerung für die Politik der SED-Führung und der Regierung gewinnen: „Die Abgeordneten erläutern den Bürgern die Politik des sozialistischen Staates" (Art. 56, Abs. 4, DDR-Verfassung).

Der *Ministerrat* als Regierung der DDR ist für die Durchführung und Umsetzung der politischen Grundsatzentscheidungen verantwortlich, vor allem auf dem Gebiet der Innen- und der Wirtschaftspolitik. Er hat gegenwärtig 44 Mitglieder, die alle den Titel Minister führen, von denen aber 14 kein Ministerium unter sich haben. Ein „Organ des Ministerrats" ist die *Staatliche Planungskommission*, der die Planung, Leitung und Kontrolle der gesamten Wirtschaft der DDR untersteht.

Ministerrat

Der 1960 gegründete *Staatsrat* ist eine Art kollektives Staatsoberhaupt. Er hat gegenwärtig 30 Mitglieder und wird auf die Dauer von fünf Jahren gewählt. Ihm gehören politisch wichtige Persönlichkeiten der DDR an, unter anderem der Generalsekretär der SED, der den Vorsitz hat, der Ministerpräsident, der Präsident der Volkskammer und die Vorsitzenden der vier kleinen Parteien. Der Staatsrat ist für bestimmte Angelegenheiten im außenpolitischen Bereich zuständig. Er entscheidet über den Abschluß von Verträgen mit anderen Staaten. Sein Vorsitzender vertritt, wie der Bundespräsident in der Bundesrepublik, die DDR gegenüber anderen Staaten.

Staatsrat

B Mit Hilfe der Abb. 23 könnt ihr beschreiben, auf welche Weise der „demokratische Zentralismus" in der DDR verwirklicht werden soll. Vergegenwärtigt euch vor allem die Prinzipien „Wahl von unten nach oben", „Weisungsrecht von oben nach unten".

14 Auch die Planungen und Entscheidungen in der Wirtschaft sollen nach

24) **Ein Held der Arbeit und ein Vorarbeiter der Partei**

Wie er so dasitzt bei einem Glas Bier auf der Terrasse des „Lindenkorso" an der Ostberliner Prachtstraße „Unter den Linden", macht er wirklich nicht den Eindruck, als sei an ihm etwas Besonderes. „Ich will gar kein Held sein", sagt Peter Kaiser und meint es auch so. Aber er ist einer. Der 29jährige Kanalbauer wurde am 1. Mai ... mit dem Titel „Held der Arbeit" ausgezeichnet – „in Anerkennung bahnbrechender Leistungen bei der Entwicklung des Sozialismus und bei der Festigung und Stärkung der Deutschen Demokratischen Republik", wie es in der rot eingebundenen Ehrenurkunde heißt.

In dieser Woche sitzt der frischgebackene Arbeitsheld im blauen Hemd der Freien Deutschen Jugend als einer von 3300 Delegierten des ‚XI. Parlaments der FDJ' am Präsidiumstisch im Ostberliner Palast der Republik. Schon beim X. FDJ-Kongreß 1976 war er dabei, und vor sechs Wochen hat er am X. Parteitag der SED teilgenommen. Dort hatte Peter Kaiser einen Auftritt, der seinen Namen in der ganzen Republik bekannt machte. Während einer Massenkundgebung von 100 000 FDJlern auf dem Marx-Engels-Platz übergab er dem SED-Generalsekretär Erich Honecker eine „Wettbewerbsverpflichtung", mit der alle Jugendbrigaden der DDR zu einem Leistungsvergleich aufgerufen wurden. Das zentrale Motto lieferte Kaiser gleich mit: „Jeder jeden Tag mit guter Bilanz".

Süddeutsche Zeitung, 4. 6. 1981, S. 3

25) **Mitarbeit in gesellschaftlichen Organisationen**

Auf einem Empfang während der Leipziger Messe lernen wir eine Lehrerin kennen, die sich ungehemmt ihre Kümmernisse von der Seele redet. Sie ist 38. In zehn Jahren sagt sie, sei sie gesundheitlich kaputt durch das Übermaß an gesellschaftlichen Tätigkeiten neben dem Unterricht: Pionier- und FDJ-Versammlungen, Zusammenarbeit mit Elternaktiv und Patenbrigade, Partei- und Gewerkschaftsversammlungen, Fortbildungskurse, Sitzungen des Lehrerkollektivs, Gesellschaft für Deutsch-Sowjetische Freundschaft. „60 bis 70 Wochenstunden", zählt sie auf. „Keine Zeit, mit den Schülern zu quatschen, in die Oper zu gehen, ein Buch zu lesen. Und gut angezogen muß ich für die 14jährigen auch sein, aber nach Mode muß man laufen, das kostet Zeit und ist teuer: Hosenanzug, Seidenbluse, Stiefel – was hier vor ihnen steht, macht zusammen 1 100 Mark, und ich verdiene 900 Mark im Monat."

E. Windmöller, Th. Höpker: Leben in der DDR. Hamburg 1980. S. 34f.

8.5 Zentrale Wirtschaftsplanung und -lenkung

dem Grundsatz des „demokratischen Zentralismus" verlaufen. Faßt zusammen: Welche Rolle hat dabei die SED?

Da der größte Teil der Produktionsmittel in der DDR verstaatlicht ist oder, wie z. B. in der Landwirtschaft, genossenschaftlich genutzt wird, hat der Ministerrat großen Einfluß auf die Planung und Leitung der Wirtschaft. Deshalb sind ihm mehrere *Fachministerien* (wie z. B. das Ministerium für Elektrotechnik und Elektronik) und besondere *Behörden* (z. B. die Staatliche Planungskommission) zur Wirtschaftslenkung zugeordnet. Entsprechendes gilt für die Räte auf den nachgeordneten Ebenen der Bezirke, der Kreise und der Städte bzw. Gemeinden. Sie wirken bei der Durchführung wirtschaftlicher Beschlüsse des Ministerrats jeweils in dem Bereich mit, für den sie zuständig sind.

Die Ziele, die die Wirtschaft zu erfüllen hat, werden von der politischen Führung festgelegt und auf den Parteitagen der SED als „Direktive", d. h. als Vorgabe beschlossen. Die *Staatliche Planungskommission* erarbeitet dann einen *Fünfjahresplan* und auf dieser Grundlage jeweils den *Jahresplan*. Dieser für die gesamte Volkswirtschaft gültige Plan ist untergliedert in viele *Einzelpläne*. Diese beschreiben die erwünschten Sachgüter und Dienstleistungen und die dazu notwendigen Produktionsvorgänge. Sie werden den Betrieben zur Stellungnahme vorgelegt. Wenn keine Änderungen mehr notwendig sind, werden die Pläne von den dafür zuständigen Betrieben ausgeführt.

15 Planungsabläufe können demokratisch, unter Beteiligung der Betroffenen, sie können aber auch ausschließlich von oben, durch eine Behörde

26

27 **Gespräch in der DDR**

Ein Besucher aus der Bundesrepublik Deutschland kommt mit einem Jugendlichen aus Weimar ins Gespräch:

„Durch Schwarzarbeit auf privaten Baustellen hat sich Hans nach Feierabend Fernseher und Stereoanlage zusammengespart. Demnächst möchte er mit seiner Freundin in eine gemeinsame Wohnung ziehen. ‚Die Mieten sind zwar niedrig, aber das Problem ist, etwas Geeignetes zu finden.'. Ab und zu träumt er auch davon, einen eigenen Wagen anzuschaffen. Aber ein ‚Trabant', der ‚Volkswagen' der DDR, kostet 8000 Mark, und die Wartezeit beträgt acht Jahre …

Ob er gern einmal in die Bundesrepublik reisen möchte? ‚Natürlich', sagt Hans, ‚das möchte wohl jeder bei uns. Aber drüben bleiben möchte ich nicht. Dies hier ist ja meine Heimat. Auch wir fühlen uns wohl in Thüringen. Dabei geht mir immer wieder der Satz eines alten Funktionärs im Kopf herum: ‚Wenn die deutschen Staaten doch nur ihren Spielraum für die Entspannung und Abrüstung nutzen würden! Dies könnte der Sache und der Nation nur guttun.'"

T. Steensen: Eine Reise nach Thüringen, in: Information für die Truppe 6/81, S. 44

organisiert werden. Welche Auswirkungen auf das Arbeitsverhalten des einzelnen können diese verschiedenen Abläufe bzw. Vorgehensweisen haben?

16 Ein Held der Arbeit – wie wird man das in der DDR (Text 24)? Was haben der Geehrte, was der Staat und die Gesellschaft von solchen Auszeichnungen? Warum gibt es das bei uns nicht?

17 Wie beschreibt die Lehrerin ihren Alltag (Text 25)? Was hat sie alles zu tun? Warum tut sie dies?

Zu Beginn dieser Unterrichtseinheit haben wir gefragt: Wie beurteilen Jugendliche in der Bundesrepublik Politik und Politiker? Schwieriger ist diese Frage von uns für die DDR-Jugend zu beantworten, da uns zum Teil die notwendigen Informationen fehlen. Die folgenden Materialien sollen euch wenigstens einige Hinweise zum Vergleich geben.

Im Gegensatz zur Bundesrepublik, wo es eine Vielzahl von Jugendverbänden gibt, sind in der DDR 70% der Jugendlichen in der Freien Deutschen Jugend organisiert. Die FDJ will als staatliche Jugendorganisation die gesamte Jugend der DDR erfassen und im Sinne der SED und ihrer Ziele erziehen. Ähnliche Ziele hat die sozialistische Kinderorganisation Junge Pioniere, der fast alle Kinder in der DDR angehören.

8.6 Jugendliche und Politik in der DDR

18 Welche Jugendverbände mit politischen Zielen sind euch in der Bundesrepublik bekannt? Sucht nach Gründen, warum es in der DDR nur eine politische Jugendorganisation gibt.

19 In den Texten 27 bis 30 beschreiben Journalisten aus der Bundesrepublik die Haltung der DDR-Jugendlichen zu ihrem Staat. Wie ist es zu erklären,

28 Jugendliche sind stolz auf die DDR

Es ist menschenunmöglich, drei Jahrzehnte lang in einem Staat zu leben, ohne ihn für sich selbst – mehr oder weniger – zu akzeptieren. Es ist unmöglich, drei Jahrzehnte lang voller Neid auf die ach so reichen Leute im Westen zu starren: „Wenn ich einen Bundesrepublikaner treffe, kotzt mich diese Überheblichkeit an, dieses wirtschaftsstabile Bewußtsein." Daß es auch im Westen nicht mehr so gut geht, wird nicht mit Bedauern zur Kenntnis genommen. Die DDR ist der Verein, zu dem man hält: Man ist stolz auf eigene Leistungen, auch auf Erfolge des Staates. Und die meisten, vor allem die jungen Bürger in der DDR, passen sich selbstverständlich im Laufe der Zeit den Gegebenheiten an – zumindest äußerlich. Die heute achtzehn- bis vierzigjährigen DDR-Bürger stellen etwa ein Drittel der Bevölkerung, ein weiteres Viertel ist unter achtzehn: über die Hälfte ist also in dem Staat groß geworden, ... sie sind erzogen im „realen Sozialismus".

H. Bussiek: Notizen aus der DDR. Frankfurt a.M. 1984 S. 14f.

29 Jugendliche ziehen sich ins Private zurück?

„Na, wie geht's der Republik?" fragte der Besucher aus dem Westen ein wenig flapsig. Die Antwort der jungen DDR-Bürger war schlagfertig: „Weiß nicht. Hatte lange keinen Kontakt mehr mit ihr." Prägnanter kann man den Rückzug vieler Menschen in der DDR ins Private, in die Nische kaum umreißen. In den letzten Jahren allerdings kommen immer mehr, vor allem Leute aus dieser Nische heraus – nicht um den Staat zu umarmen oder sich von ihm umarmen zu lassen, sondern um auf die Gesellschaft verändernd einzuwirken. Vom Staat erwartet man nicht mehr viel, man wendet sich an die Menschen direkt.

H. Bussiek: Notizen aus der DDR. Frankfurt a.M. 1984, S. 189

30 Alles kleine Heuchler?

„Ich habe in der Schule mal einen Aufsatz über Lenin schreiben müssen", erinnert sich ein 30jähriger. „Ich habe mir Mühe gegeben, habe auch verstanden, was Lenin gemeint hat, und habe den Inhalt mit eigenen Worten wiedergegeben. Trotzdem habe ich eine Fünf gekriegt. Da glaube einer, er könne das besser als der Genosse Lenin ausdrücken, hat der Lehrer vor der Klasse gesagt. Das war für mich ein Schlüsselerlebnis. Von da an habe ich nur noch nachgeplappert oder wörtlich geschrieben – so wie sie es haben wollen.

Stern, 17. 5. 1984

daß ein Teil der Jugendlichen stolz auf ihren Staat ist, ein anderer sich ins Private zurückzieht? Überlegt euch, ob beide Meinungen und Einstellungen von einer Person geäußert werden könnten.

20 MMM, d.h. die Messe der Meister von Morgen (Abb. 32). Es ist ein jährlich stattfindender Wettbewerb in der DDR, in dem junge Arbeiter und Lehrlinge Neuerungen für den Arbeitsablauf in den Betrieben vorstellen können. Gibt es Vergleichbares bei uns?

21 Zur Diskussion: Sich ins Privatleben zurückziehen, kein Interesse an Politik haben! – Welche Gründe werden für diese Haltung genannt? – Sind das Beobachtungen, die wir nur in der DDR machen können?

Recht achten und recht bekommen

① **Was bedeutet Recht?**

Kein Staat kann ohne Recht, kein Recht ohne Staat bestehen: er wäre sonst eine Räuberbande. (Augustinus, 354–430 n. Chr.)

Das Recht ist nicht in der öffentlichen Meinung, sondern in der Natur gegründet. (Cicero, 106–43 v. Chr.)

Recht ohne Macht ist unwirksam, Macht ohne Recht ist Tyrannei. (B. Pascal, 1623–1662)

Das Recht liegt in der eigenen Stärke. (A. Hitler, 1889–1945)

Der Schuldner ist verpflichtet, die Leistung so zu bewirken, wie Treu und Glauben ... es erfordern. (BGB § 242)

Wer ... das Leben, ... die Freiheit, das Eigentum oder ein sonstiges Recht eines anderen verletzt, ist ... zum Ersatze des daraus entstehenden Schadens verpflichtet. (BGB § 823)

② **Rechtsauffassungen**

Auge um Auge, Zahn um Zahn. (Codex Hammurabi, um 1700 v. Chr.)

Jedem das Seine! (Römischer Rechtsgrundsatz)

Wo kein Kläger, da kein Richter. (Sprichwort)

Keine Strafe ohne Gesetz. (§ 2 StGB)

Gleiches Recht für alle! Im Zweifel für den Angeklagten. (Rechtsgrundsätze)

Jeder ... Festgenommene ist spätestens am Tage nach der Festnahme dem Richter vorzuführen. (Art. 104 (3) GG)

Dieben wird die rechte Hand abgehackt. (Heute noch gültiges Strafrecht in Libyen)

Eine strafbare Handlung ist nicht vorhanden, wenn der Täter zur Zeit der Tat ... unfähig ist, das Unerlaubte der Tat einzusehen ... (§ 51 StGB)

1. Das Recht – Normen, die für alle gelten

Wozu Recht?

„Was ist Recht und wer hat recht?" Dies sind die ersten Einfälle der 13jährigen Sandra zum Stichwort „Recht". Danach sagt sie: „Rechte der Kinder, in der Schule ... Man müßte auch fragen: Wozu Recht?" Und Sandra gibt dazu gleich selbst eine Antwort: „Ordnung! Wenn jeder gerade tun würde, was er wollte ... Und über Gesetzbücher müßte man sprechen, was da so drinsteht." Wenn man diese Gedanken ordnet, zeigt sich, daß Sandra schon aus eigener Überlegung und Erfahrung Wesentliches über das Recht

Ordnung

begriffen hat: Recht soll *Ordnung* für das Zusammenleben der Menschen sichern. Es sorgt dafür, daß nicht der Stärkere nach Lust und Laune tun kann, was er will. Dadurch, daß die Rechtsbestimmungen in der Form von *Gesetzen* schriftlich niedergelegt sind, kann sich jeder darüber informieren, wie er sich verhalten muß und wie die anderen sich verhalten müssen. Die Rechts-

Sicherheit

ordnung gibt also auch *Sicherheit*. Was durch die Gesetze geregelt ist, braucht man nicht immer wieder neu auszuhandeln, darüber braucht man

Frieden

nicht zu streiten. Recht schafft *Frieden*. So gibt es seit über 3000 Jahren Zeugnisse dafür, daß Gesellschaften für ihr Zusammenleben strenge Regelungen kannten: die Rechtsnormen. An den Beispielen oben und in der Collage S. 201 kann man sehen, daß manche Rechtsregelungen nicht allein Ordnung und Frieden zum Ziel haben. Auch Ziele wie Machtsicherung, Ausgleich, Schutz sollen mit manchen Rechtsvorschriften erfüllt werden. So fiel Sandra

Gerechtigkeit

noch ein: „Aber manche Gesetze sind auch ungerecht."

1 Betrachtet unter diesen Gesichtspunkten die Collage und lest die Texte. Welches Ziel verfolgen die einzelnen Rechtsgrundsätze? Sucht Widersprüche.

2 Welche der Rechtsgrundsätze betrachtet ihr heute als überholt?

3 Das Bild „Die Gerechtigkeit" faßt die Aufgaben des Rechts besonders anschaulich zusammen. Diskutiert in Gruppen

– über die Bedeutung der verbundenen Augen, der Waage und des Schwertes in den Händen der Frauengestalt.

– über die Figuren: ihre Größe und ihren Platz im Bild. Welche Beziehungen zwischen Recht und Menschen sollen damit angezeigt werden?

– darüber, welche der Figuren man heute durch andere ersetzen müßte.

Nach einer Befragung glauben drei Fünftel der Bundesbürger, daß man vor Gericht nicht ohne weiteres zu seinem Recht kommt. Nur 36 Prozent vertrauen den Gerichten im großen und ganzen. Dies weist auf ein Problem bei der Anwendung des Rechts hin, das schon immer bestand, nämlich das der Gleichheit aller vor dem Gesetz. Im Grundgesetz (GG) heißt es in Art. 3:

Gleichheit vor dem Gesetz

(1) Alle Menschen sind vor dem Gesetz gleich.
(2) Männer und Frauen sind gleichberechtigt.
(3) Niemand darf wegen seines Geschlechtes, seiner Abstammung, seiner Rasse, seiner Sprache, seiner Heimat und Herkunft, seines Glaubens, seiner religiösen oder politischen Anschauungen benachteiligt oder bevorzugt werden.

4 Vergleicht diese Grundgesetz-Bestimmung mit den Texten 3a und b. Welche Ursachen für ein Mißtrauen gegen die Rechtsordnung sind dort genannt? Was sagt heute das Grundgesetz dagegen?

5 Text 3c bezieht sich auf politische Voraussetzungen dafür, ob das Recht von allen als gerecht empfunden werden kann. Lest ergänzend dazu Art. 20 und 21 GG. Worin liegt der Unterschied?

6 Text 3d enthält Aussagen darüber, wie das Recht mit den Menschen in der Gesellschaft verbunden ist. Worauf kommt es danach an?

---

(3) Recht – Gesetz – Gerechtigkeit

a) Die Gerechtigkeit ist das ewige und beharrliche Wollen, einem jeden sein Recht zu gewähren ... so sagen die Rechtsgelehrten. Aber der Arme hat nichts als seine Armut. Die Gesetze können ihm deshalb auch nichts anderes gewähren. Sie sind vielmehr bemüht, denjenigen, der im Überfluß lebt, gegen die Angriffe desjenigen zu schützen, der nicht einmal das Notwendigste hat ...

Henri Linguet, 1736–1794

b) Das Gesetz in seiner majestätischen Gleichheit verbietet den Reichen wie den Armen, unter den Brücken zu schlafen, auf den Straßen zu betteln und Brot zu stehlen."

Anatole France, 1844–1924

c) Ich setze also den Fall ...: die Gesetze sind untergegangen, wir machen jetzt neue Gesetze, und wir wollen hierbei dem Königtum ... gar keine Stellung mehr gönnen. Da würde der König einfach sagen: die Gesetze mögen untergegangen sein, aber tatsächlich geben auf meine Order (Befehl) die Kommandanten der Zeughäuser und Kasernen die Kanonen heraus, und die Artillerie rückt damit in die Straße, und auf diese tatsächliche Macht gestützt leide ich nicht, daß ihr mir eine andere Stellung macht, als ich will. – Sie sehen, meine Herren, ein König, dem das Heer gehorcht und die Kanonen – das ist ein Stück Verfassung!"

Ferdinand Lassalle, 1825–1864

d) Aber das darf alles nicht darüber hinwegtäuschen, daß das Recht letzten Endes doch nur eine Hilfseinrichtung ist, die fest auf dem Boden der Bräuche, Sitten und sozialen Notwendigkeiten steht und aus ihrem Bereich einige für das gesellschaftliche Zusammenleben besonders wichtige Teilgebiete und Teilfragen herausgreift, um sie zu normieren und vor die Kulisse des staatlichen Zwanges zu stellen. Recht ist nicht Brauch, nicht Moral, nicht Sitte, aber es kann nur auf ihrem Grunde und in ihrem Zusammenhange verstanden werden. Wer Sitte und Brauch nicht beherrscht, beherrscht auch das Recht nicht..."

J. Hellmer: Rechtssoziologie. In: Fischer Lexikon Recht, Frankfurt 1959, S. 263f.

⑦ Allgemeine Erklärung der Menschenrechte
(verkündet von der Vollversammlung der Vereinten Nationen am 10. Dezember 1948) – Auszüge

Artikel 1
Alle Menschen sind frei und gleich an Würde und Rechten geboren. Sie sind mit Vernunft und Gewissen begabt und sollen einander im Geiste der Brüderlichkeit begegnen.

Artikel 2
1. Jeder Mensch hat Anspruch auf die in dieser Erklärung verkündeten Rechte, ohne irgendeine Unterscheidung, wie etwa nach Rasse, Farbe, Geschlecht, Sprache, Religion, politischer oder sonstiger Überzeugung, nationaler oder sozialer Herkunft, nach Eigentum, Geburt oder sonstigen Umständen.

Artikel 3
Jeder Mensch hat das Recht auf Leben, Freiheit und Sicherheit der Person.

Artikel 4
Niemand darf in Sklaverei oder Leibeigenschaft gehalten werden; Sklaverei und Sklavenhandel sind in allen ihren Formen verboten.

Artikel 5
Niemand darf der Folter oder grausamer, unmenschlicher oder erniedrigender Behandlung oder Strafe unterworfen werden.

2. Das Fundament: Menschenrechte und Grundrechte

2.1 Die Würde des Menschen ist unantastbar

Fast alle Menschen, die die Bilder dieser Seite betrachten, sagen: „Das ist ungerecht", oder „Das gehört doch verboten!" Sie haben ein Gefühl dafür, daß Menschen von Natur aus Rechte haben, die niemand antasten oder verletzen darf: das Recht auf Leben und Gesundheit, das Recht, als Mensch geachtet zu werden, das Recht auf persönliche Freiheiten ... Jahrtausende alte Schriftstücke, wie z. B. die Zehn Gebote des Alten Testaments, zeigen, daß solche Rechtsvorstellungen immer die Grundlage guter Gesetze waren. Die „Vereinten Nationen" (UN), eine Organisation zur Erhaltung des Weltfriedens, veröffentlichten 1948 die „Allgemeine Erklärung der Menschenrechte". Nach dieser Erklärung verpflichten sich alle (heute rund 150) Mitgliedstaaten der UN, diese Menschenrechte in ihren Staaten zu verwirklichen. Dadurch würden die Ursachen für Revolutionen und Kriege weitgehend beseitigt. Die Anerkennung der Menschenrechte ist eine wesentliche Grundlage für eine Welt-Friedensordnung. Deshalb setzen sich auch bei uns die Politiker und private Vereinigungen (z. B. ai – amnesty international) für die Verwirklichung der Menschenrechte ein.

▌ Vergleicht die Abbildungen mit den Auszügen der „Erklärung der Menschenrechte". Überlegt, welches Menschenrecht jeweils verletzt wird.

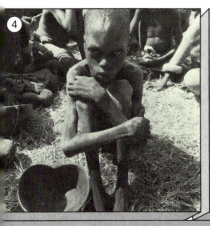 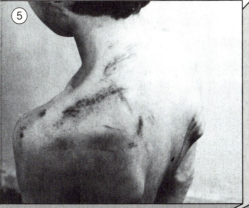 

Artikel 6
Jeder Mensch hat überall Anspruch auf Anerkennung als Rechtsperson.

Artikel 7
Alle Menschen sind vor dem Gesetze gleich und haben ohne Unterschied Anspruch auf gleichen Schutz durch das Gesetz.

Artikel 12
Niemand darf willkürlich Eingriffen in sein Privatleben, seine Familie, sein Heim oder seinen Briefwechsel noch Angriffen auf seine Ehre und seinen Ruf ausgesetzt werden. Jeder Mensch hat Anspruch auf rechtlichen Schutz gegen derartige Eingriffe oder Anschläge.

Artikel 13
1. Jeder Mensch hat das Recht auf Freizügigkeit und freie Wahl seines Wohnsitzes innerhalb eines Staates.
2. Jeder Mensch hat das Recht, jedes Land, einschließlich seines eigenen, zu verlassen sowie in sein Land zurückzukehren.

Artikel 23
1. Jeder Mensch hat das Recht auf Arbeit, auf freie Berufswahl, auf angemessene und befriedigende Arbeitsbedingungen sowie auf Schutz gegen Arbeitslosigkeit.
2. Alle Menschen haben ohne jede unterschiedliche Behandlung das Recht auf gleichen Lohn für gleiche Arbeit.

2 Wie sieht es mit Artikel 1 (1) GG (vgl. S. 206) in eurer Umgebung aus?

3 Sucht eine Woche lang in den Zeitungen nach Berichten über Verstöße gegen Menschenrechte oder über den Kampf um ihre Durchsetzung.

4 Prüft, welche der Zehn Gebote mit der Würde des Menschen zu tun haben.

Wesentlicher Bestandteil des Grundgesetzes für die Bundesrepublik Deutschland sind die in den ersten 19 Artikeln enthaltenen „Grundrechte" (vgl. S. 206). Die meisten von ihnen gelten für alle Menschen, die in der Bundesrepublik leben. Einige Grundrechte, die sich auf politische Rechte beziehen, gelten nur für deutsche Staatsangehörige. Ihre wichtigsten Merkmale sind:
– daß sie von keinem Parlament, keinem Gericht, keiner Behörde abgeschafft werden dürfen,
– daß sie den Staatsorganen die Pflicht auferlegen, alle Maßnahmen und Gesetze diesen Grundrechten unterzuordnen,
– daß der Staat Verletzungen der Menschenrechte durch Privatpersonen nicht dulden darf.

Ein Vergleich mit den Menschenrechten der UN-Charta zeigt, daß in unserem Grundgesetz die Menschenrechte zum Fundament der gesamten rechtlichen und staatlichen Ordnung gemacht wurden. Die Grundrechte garantieren jedem Bürger unveräußerliche Ansprüche auf persönliche *Freiheiten, Unverletzlichkeiten* und *Gleichheit*.

2.2 Das Grundgesetz der Bundesrepublik Deutschland

Bundesgesetzblatt

1949 — Ausgegeben in Bonn am 23. Mai 1949 — Nr. 1

Inhalt: Grundgesetz für die Bundesrepublik Deutschland vom 23. Mai 1949 .... Seite 1

I. Die Grundrechte (Auszüge)

Art. 1 (Schutz der Menschenwürde)
(1) Die Würde des Menschen ist unantastbar. Sie zu achten und zu schützen ist Verpflichtung aller staatlichen Gewalt.
(2) Das Deutsche Volk bekennt sich darum zu unverletzlichen und unveräußerlichen Menschenrechten als Grundlage jeder menschlichen Gemeinschaft, des Friedens und der Gerechtigkeit in der Welt.
(3) Die nachfolgenden Grundrechte binden Gesetzgebung, vollziehende Gewalt und Rechtsprechung als unmittelbar geltendes Recht.

Art. 2 (Freiheitsrechte)
(1) Jeder hat das Recht auf die freie Entfaltung seiner Persönlichkeit, soweit er nicht die Rechte anderer verletzt und nicht gegen die verfassungsmäßige Ordnung oder das Sittengesetz verstößt.
(2) Jeder hat das Recht auf Leben und körperliche Unversehrtheit. Die Freiheit der Person ist unverletzlich. In diese Rechte darf nur auf Grund eines Gesetzes eingegriffen werden.

Art. 3 (Gleichheit vor dem Gesetz)
(1) Alle Menschen sind vor dem Gesetz gleich.
(2) Männer und Frauen sind gleichberechtigt.
(3) Niemand darf wegen seines Geschlechtes, seiner Abstammung, seiner Rasse, seiner Sprache, seiner Heimat und Herkunft, seines Glaubens, seiner religiösen oder politischen Anschauungen benachteiligt oder bevorzugt werden.

Art. 4 (Glaubens- und Bekenntnisfreiheit)
(1) Die Freiheit des Glaubens, des Gewissens und die Freiheit des religiösen und weltanschaulichen Bekenntnisses sind unverletzlich.
(2) Die ungestörte Religionsausübung wird gewährleistet.
(3) Niemand darf gegen sein Gewissen zum Kriegsdienst mit der Waffe gezwungen werden. Das Nähere regelt ein Bundesgesetz.

Art. 5 (Recht der freien Meinungsäußerung)
(1) Jeder hat das Recht, seine Meinung in Wort, Schrift und Bild frei zu äußern und zu verbreiten und sich aus allgemein zugänglichen Quellen ungehindert zu unterrichten. Die Pressefreiheit und die Freiheit der Berichterstattung durch Rundfunk und Film werden gewährleistet. Eine Zensur findet nicht statt.
(2) Diese Rechte finden ihre Schranken in den Vorschriften der allgemeinen Gesetze, den gesetzlichen Bestimmungen zum Schutze der Jugend und in dem Recht der persönlichen Ehre.
(3) Kunst und Wissenschaft, Forschung und Lehre sind frei. Die Freiheit der Lehre entbindet nicht von der Treue zur Verfassung.

Art. 10 (Post- und Fernmeldegeheimnis)
(1) Das Briefgeheimnis sowie das Post- und Fernmeldegeheimnis sind unverletzlich.
(2) Beschränkungen dürfen nur auf Grund eines Gesetzes angeordnet werden.

Art. 11 (Freizügigkeit)
(1) Alle Deutschen genießen Freizügigkeit im ganzen Bundesgebiet.
(2) Dieses Recht darf nur durch Gesetz oder auf Grund eines Gesetzes und nur für die Fälle eingeschränkt werden, in denen eine ausreichende Lebensgrundlage nicht vorhanden ist und der Allgemeinheit daraus besondere Lasten entstehen würden.

Art. 12 (Freiheit der Berufswahl)
(1) Alle Deutschen haben das Recht, Beruf, Arbeitsplatz und Ausbildungsstätte frei zu wählen. Die Berufsausübung kann durch Gesetz oder auf Grund eines Gesetzes geregelt werden.
(2) Niemand darf zu einer bestimmten Arbeit gezwungen werden, außer im Rahmen einer herkömmlichen allgemeinen, für alle gleichen öffentlichen Dienstleistungspflicht.
(3) Zwangsarbeit ist nur bei einer gerichtlich angeordneten Freiheitsentziehung zulässig.

Art. 12a (Dienstverpflichtungen)
(1) Männer können vom vollendeten achtzehnten Lebensjahr an zum Dienst in den Streitkräften, im Bundesgrenzschutz oder in einem Zivilschutzverband verpflichtet werden.
(2) Wer aus Gewissensgründen den Kriegsdienst mit der Waffe verweigert, kann zu einem Ersatzdienst verpflichtet werden. Die Dauer des Ersatzdienstes darf die Dauer des Wehrdienstes nicht übersteigen. Das Nähere regelt ein Gesetz, das die Freiheit der Gewissensentscheidung nicht beeinträchtigen darf und auch eine Möglichkeit des Ersatzdienstes vorsehen muß, die in keinem Zusammenhang mit den Verbänden der Streitkräfte und des Bundesgrenzschutzes steht.

Art. 14 (Eigentum, Erbrecht und Enteignung)
(1) Das Eigentum und das Erbrecht werden gewährleistet. Inhalt und Schranken werden durch die Gesetze bestimmt.
(2) Eigentum verpflichtet. Sein Gebrauch soll zugleich dem Wohle der Allgemeinheit dienen.
(3) Eine Enteignung ist nur zum Wohle der Allgemeinheit zulässig. Sie darf nur durch Gesetz oder auf Grund eines Gesetzes erfolgen, das Art und Ausmaß der Entschädigung regelt. Die Entschädigung ist unter gerechter Abwägung der Interessen der Allgemeinheit und der Beteiligten zu bestimmen. Wegen der Höhe der Entschädigung steht im Streitfalle der Rechtsweg vor den ordentlichen Gerichten offen.

> Art. 18 (Verwirkung von Grundrechten) Wer die Freiheit der Meinungsäußerung, insbesondere die Pressefreiheit (Artikel 5 Abs. 1) die Lehrfreiheit (Artikel 5 Abs. 3), die Versammlungsfreiheit (Artikel 8), die Vereinigungsfreiheit (Artikel 9), das Brief-, Post- und Fernmeldegeheimnis (Artikel 10), das Eigentum (Artikel 14) oder das Asylrecht (Artikel 16 Abs. 2) zum Kampfe gegen die freiheitliche demokratische Grundordnung mißbraucht, verwirkt diese Grundrechte. Die Verwirkung und ihr Ausmaß werden durch das Bundesverfassungsgericht ausgesprochen.
>
> Art. 19 (Einschränkung von Grundrechten)
> (1) Soweit nach diesem Grundgesetz ein Grundrecht durch Gesetz oder auf Grund eines Gesetzes eingeschränkt werden kann, muß das Gesetz allgemein nicht nur für den Einzelfall gelten. Außerdem muß das Gesetz das Grundrecht unter Angabe des Artikels benennen.
> (2) In keinem Falle darf ein Grundrecht in seinem Wesensgehalt angetastet werden.

Einschränkungen dieser Grundrechte sind im Grundgesetz nur vorgesehen, wo
– durch die Inanspruchnahme eines Freiheitsrechts die Freiheit anderer beeinträchtigt wird (Art. 2),
– das Wohl der Allgemeinheit durch schrankenlose Inanspruchnahme von Grundrechten durch einzelne gefährdet ist (z. B. Art. 14).

Solche Einschränkungen müssen jedoch in besonderen Gesetzen geregelt sein. So ist es z. B. möglich, Grundstückseigentümer gegen angemessene Entschädigung zu enteignen, wenn für die Allgemeinheit wichtige Bauvorhaben sonst nicht möglich wären. Die Notstandsgesetze erlauben es, im Falle eines kriegerischen Angriffs auf die Bundesrepublik, einzelne Grundrechte vorübergehend einzuschränken. Wer Grundrechte wie z. B. die Pressefreiheit oder das Brief- und Fernmeldegeheimnis zum Kampf gegen die freiheitlich-demokratische Grundordnung mißbraucht, kann diese durch ein Urteil des Bundesverfassungsgerichts verlieren.

5 Stellt anhand der Auszüge aus dem Grundgesetz zusammen:
– Freiheitsrechte (d. h. Rechtssätze, die dem einzelnen freie Betätigungen zusichern)
– Unverletzlichkeitsrechte (die vor Eingriffen anderer schützen)
– Gleichheitsrechte (die Gleichbehandlung zusichern)

6 Diskutiert: Warum sind die Meinungs- und die Pressefreiheit für die Sicherung der Grundrechte besonders wichtig? Welche Gefahr ergäbe sich für die übrigen Grundrechte, wenn die Presse nicht mehr frei berichten dürfte?

7 Vergleicht die einzelnen Grundrechte mit dem in Art. 1 GG benützten Wort „Menschenwürde".

8 Die Freiheits- und Unverletzlichkeitsrechte einzelner können leicht in Widerspruch mit dem Wohl der Allgemeinheit geraten. Das können euch zwei kurze Spiele sichtbar machen:
– *Podiumsdiskussion:* Was würde geschehen, wenn die meisten der jungen Männer unter Berufung auf ihr Grundrecht nach Art. 4 nur noch den in Art. 12a vorgesehenen Ersatzdienst leisten wollten? Lest die beiden Artikel genau. Bildet vier Gruppen. Je 2 Gruppen überlegen, mit welchen Argumenten sie die Wahrnehmung des Grundrechts nach Art. 4, bzw. die Notwendigkeit zu dessen Einschränkung nach Art. 12a rechfertigen können. Dann bestimmt jede Gruppe einen Sprecher, die an einem Tisch diskutieren.

– *Rollenspiel:* zu Art. 14 GG. Vier Gruppen müssen ihre Rollen vorplanen.
Gruppe 1: Grundstückseigentümer Blechle mit Klempnerbetrieb, die Wiese hinter seinem Haus grenzt an die Schule an, er möchte darauf in einigen Jahren eine größere Werkstatt bauen.
Gruppe 2: Schulbehörde und Gemeindeverwaltung, die Schule braucht eine Sport- und Schwimmhalle, Platz dazu wäre nur auf Herrn Blechles Wiese, der will aber nicht verkaufen. Die Gemeinde kann ihm für den Werkstattneubau ein gleichwertiges, größeres Grundstück am Stadtrand anbieten.
Gruppe 3: Schüler und Eltern sind empört, daß sich der Hallenbau wegen Herrn Blechles Unnachgiebigkeit verzögert. Was könnten sie tun?
Gruppe 4: Rechtsanwalt, der in einer Versammlung versucht, die Ansprüche der drei Parteien für einen Gerichtsprozeß zu formulieren.

2.3 Grundrechte müssen verwirklicht werden

Verletzungen der Grund- und Menschenrechte sind am häufigsten dort zu beobachten, wo durch verschiedene Ungleichheiten einzelne Menschen oder Gruppen Macht über andere erhalten. Macht haben zum Beispiel:
– Eltern über Kinder. Wie menschenwürdig ist das Verprügeln Wehrloser?
– Vorgesetzte über Untergebene. Wie menschenwürdig ist es, wenn ein Lehrer einen Schüler vor der ganzen Klasse lächerlich macht?
– Reiche über Arme. Wie menschenwürdig ist es, daß Millionen Kinder in der Welt ständig hungern und bei uns beachtliche Lebensmittelüberschüsse vernichtet werden oder Schulbrote im Mülleimer landen?
– Technisierte über nicht Technisierte: Wie menschenwürdig ist es, wenn der Bau einer Autobahn durch den Urwald am Amazonas dazu führt, daß 20000 Ureinwohner sterben werden, weil ihre Lebensgrundlage, die Jagd, dadurch zerstört wird? Die Beispiele zeigen, daß Gesetze allein nicht genügen, die Menschenwürde und die Menschenrechte zu verwirklichen. Menschenwürde ist auch ein Ideal, um das viele Menschen kämpfen.

💬 Schreibt Beobachtungen und Erlebnisse in eurem eigenen Tagesverlauf und eurer Umgebung auf, bei denen ihr sagen würdet, sie verstoßen gegen die Menschenwürde. Tragt nach einer Woche diese Aufschriebe in eine Liste ein. Ob nicht schon ein Aushang der Liste am schwarzen Brett oder ihr Abdruck in einer (Schüler)-Zeitung zu Veränderungen führen könnte?

⑨ Gerichtsbeschluß im „Türkenprozeß"

„Gestern abend, 17 Uhr, erging vor dem Amtsgericht Schönau der richterliche Beschluß in einem Zivilprozeß, über den die BZ bereits mehrfach berichtet hatte: Eine Wohnungseigentümergemeinschaft hatte ihre – zum Inkrafttreten des Kaufvertrages notwendige – Zustimmung zum Einzug eines türkischen Käufers einer Wohnung im selben Haus verweigert; das Gericht hatte auf Antrag der Verkäuferfirma zu entscheiden, ob diese Weigerung juristisch haltbar ist und die Zustimmung gegebenenfalls durch Gerichtsbeschluß zu ersetzen. Das Gericht gab dem Antrag der Verkäuferfirma statt und bezeichnete die Argumente der Hausgemeinschaft als nicht stichhaltig im Sinne des Wohnungseigentumsgesetzes. Die im Sinne dieses Gesetzes notwendigen „beweisbaren Zweifel" an der finanziellen Sicherheit des Käufers oder an seiner Integrationsfähigkeit sah das Gericht aufgrund der Aussagen von Zeugen, die den Türken kannten, widerlegt. Als einzig „beweisbares" Argument" sei die türkische Nationalität übriggeblieben, diese dürfe jedoch im Sinne des Grundgesetzes nicht juristisch maßgeblich sein. Die Wohnungseigentümer können innerhalb von 14 Tagen Einspruch erheben. Soweit unsere Kurzinformation bei Redaktionsschluß."

Badische Zeitung, 31. 9. 1980

3. Vom Kind zum Erwachsenen im Spiegel des Rechts

3.1 Kinder haben mehr Rechte als Pflichten

Bevor ein Kind geboren wird, ist sein Leben im Mutterleib schon durch mehrere Rechtsvorschriften geschützt. So verbietet das Strafgesetzbuch (StGB) werdenden Müttern, ihre Schwangerschaft abzubrechen. Ausnahmen von diesem Verbot sind ebenfalls gesetzlich geregelt. Durch die Rechtsvorschrift für die Mutter ist zugleich der Rechtsanspruch des Kindes auf das Leben gesichert. Alle weiteren Rechte, z.B. das Recht auf Eigentum, stehen dem Kind aber erst zu, wenn es geboren ist. Der erste Paragraph (von insgesamt 2385) des Bürgerlichen Gesetzbuches (BGB) lautet deshalb:

„Die Rechtsfähigkeit des Menschen beginnt mit der Vollendung der Geburt."

Ein Beispiel

Onkel Herbert ist schwer krank. Er schreibt ein Testament. Da er unverheiratet ist und keine eigenen Kinder hat, vermacht er je eines seiner drei Häuser seinen schon erwachsenen Nichten Anka und Christa. Das dritte Haus soll das erste Kind erben, das Anka oder Christa zur Welt bringen. Zwei Wochen nach der Testamentsniederschrift stirbt der Onkel.

Nach der gerichtlichen Testamentseröffnung, bei der den beiden Frauen das Eigentumsrecht an ihrem jeweils geerbten Haus zugesprochen wird, teilt Anka mit, daß sie bereits im vierten Monat schwanger sei. Sie beantragt deshalb, daß das dritte Haus gleich an dieses Kind überschrieben werden soll. Das Gericht lehnt den Antrag ab. Das Eigentum kann auf das Kind erst

① **Die rechtliche Stellung des Menschen bis zum 21. Lebensjahr und das elterliche Sorgerecht**

Allgemeine rechtliche Fähigkeiten	Jahre		**Strafrecht** Strafmündigkeit (strafrechtl. Deliktfähigkeit)		**Zivilrecht** Geschäftsfähigkeit	Schadenersatzpflicht (zivilrechtl. Deliktfähigkeit)	**Eltern bzw. gesetzliche Vertreter**
	21	Erwachsene	voll strafmündig (ordentl. Gerichte)	Volljährige	voll geschäftsfähig	volle Wiedergutmachung	Ende der elterlichen Sorge – keine Aufsicht – keine Haftung Begrenzte Unterhaltspflicht (bis Abschluß der Berufsausbildung)
volljährig: aktives u. passives Wahlrecht, ehemündig wehrpflichtig eidesfähig, Testament errichten, Ausweispflicht	20 19 18	Heranwachsende	je nach Reife des Täters Jugendstrafrecht oder allgemeines Strafrecht				
	17 16 15	Jugendliche	beschränkt strafmündig (Jugendstrafrecht, Jugendgerichte)	Minderjährige	beschränkt geschäftsfähig	beschränkt schadenersatzpflichtig (bei erforderlicher Einsicht)	Zustimmung zu Rechtsgeschäften Haftung bei mangelnder Unterrichtung, Unterhaltspflicht, Erziehungspflicht
Religionsmündigkeit Religionsänderung nur mit Zustimmung des Minderjährigen	14 13 12 11 10 9 8						
Schulpflicht	7 6 5 4	Kinder	nicht strafmündig (nicht deliktfähig)	Kinder	nicht geschäftsfähig	keine Schadenersatzpflicht	Haftung bei mangelnder Aufsicht, Unterhaltspflicht, Erziehungspflicht
Rechtsfähigkeit: Träger von Rechten und Pflichten, z.B. Eigentum, Erbrecht	3 2 1						

209

übertragen werden, wenn es lebend geboren ist. Erst dann ist das Kind *rechtsfähig*.

Anka bringt einen gesunden, rotblonden Jungen – sie nennen ihn Andi – zur Welt. Damit wird Andi nun Hauseigentümer. Aber als Kleinkind kann Andi natürlich seine Rechte (und Pflichten) als Hauseigentümer noch nicht wahrnehmen. Er kann das Haus nicht selbst vermieten, er kann die Miete nicht erhöhen, er kann auch die Mieteinnahmen nicht für sich verwenden.

Andi ist noch nicht *geschäftsfähig*. Er braucht eine Person, die für ihn handelt. In den meisten Fällen sind dies die Eltern, sonst ein vom Gericht bestimmter Vormund. Das Gesetz unterscheidet also zwischen der „Rechtsfähigkeit" und der „Geschäftsfähigkeit".

▌ Mit der Tabelle auf der vorigen Seite und dem Informationstext zur „Geschäftsfähigkeit" könnt ihr die folgenden Rechtsprobleme klären:

(a) Als Andi 10 Jahre alt ist, schenkt ihm der 24jährige Cousin Willi sein Schlagzeug. Die Eltern verbieten Andi, das Schlagzeug anzunehmen, weil sie mit Willis Eltern Streit haben und auch nicht möchten, daß Andi in ihrer Wohnung Schlagzeug spielt.

(b) Mit 12 kauft sich Andi vom gesparten Taschengeld ein Rennrad. Der Vater will das nicht und bringt das Rad zurück. Muß der Händler den Kauf rückgängig machen und das Geld wieder herausrücken?

(c) Mit 15 tritt Andi aus der Religionsgemeinschaft der Eltern aus und tritt einer anderen Religion bei. Als die Eltern davon erfahren, wollen sie das rückgängig machen.

(d) Mit 16 will Andi ein Mokick für 2700,– DM kaufen. Er will es von seinem eigenen Geld bezahlen, denn er hat 14 800,– DM aus Mieteinnahmen auf seinem Sparkonto.

3.2 Mit den Rechten wachsen die Pflichten

An den Beispielen mit Andi ist bereits deutlich geworden, wie mit den Rechten auch die rechtlichen Verpflichtungen wachsen. Weil Andi das Recht zusteht, mit seinem Taschengeld einen rechtswirksamen Kauf abzuschließen,

---

② Aus dem Bürgerlichen Gesetzbuch (BGB)

Die Geschäftsfähigkeit ist die Fähigkeit, „Rechtsgeschäfte" (meist Verträge) rechtsgültig abzuschließen.
1. Geschäftsunfähig sind Kinder unter 7 Jahren sowie dauernd Geisteskranke und wegen Geisteskrankheit Entmündigte. Ihre Willenserklärungen sind nichtig. Für sie handeln die Eltern oder der Vormund.
2. Beschränkt geschäftsfähig sind Minderjährige zwischen 7 und 18 Jahren sowie Personen, die wegen Geistesschwäche, Verschwendung oder Trunksucht entmündigt sind. Ihre Willenserklärungen sind erst rechtswirksam, wenn der gesetzliche Vertreter zugestimmt hat. Eine Zustimmung ist nicht nötig bei
– Kauf mit Taschengeld, das zur freien Verfügung des Minderjährigen steht; jedoch keine Ratengeschäfte;
– Rechtsgeschäften, die nur Vorteile bringen, z. B. Annahme eines Geschenks, evtl. Erbschaft;

– Wechsel des Arbeitsplatzes;
3. Voll geschäftsfähig sind Volljährige.

Volljährigkeit: „Die Volljährigkeit tritt mit der Vollendung des achtzehnten Lebensjahres ein." (§ 2 BGB)

Entmündigung: „Entmündigt kann werden:
1. wer infolge von Geisteskrankheit oder von Geistesschwäche seine Angelegenheiten nicht zu besorgen vermag;
2. wer durch Verschwendung sich oder seine Familie der Gefahr des Notstandes aussetzt;
3. wer infolge von Trunksucht oder Rauschgiftsucht seine Angelegenheiten nicht zu besorgen vermag oder sich oder seine Familie der Gefahr des Notstandes aussetzt oder die Sicherheit anderer gefährdet.
Die Entmündigung ist wieder aufzuheben, wenn der Grund der Entmündigung wegfällt." (§ 6 BGB)

> **③ Vater und Sohn kamen glimpflich davon**
>
> Versicherung muß zahlen
>
> Mit einem blauen Auge kamen vor dem Landgericht in F. der 18jährige Jochen M. und seine Eltern davon. Jochen hatte an einem Samstag im Februar an der drei Meter hohen Umfassungsmauer der Firma Z. Zielübungen mit einer Steinschleuder gemacht. Ein Stein flog über die Mauer und zertrümmerte ein Fenster im Materiallager der Firma. Durch einen besonders starken Frost in der folgenden Nacht platzte in diesem Raum ein Heizkörper. Die Firma verlangte für vom ausgelaufenen Wasser zerstörte Materialien, Wasserschäden am Gebäude, Reparaturkosten und teilweisen Produktionsausfall einen Schadenersatz von insgesamt 15 000,– DM. Jochens Eltern verweigerten die Zahlung. Die Versicherung der Firma Z. ging daraufhin vor Gericht.
>
> Ergebnis: Jochen hatte die Schleuder ohne Wissen seiner Eltern gebastelt und benützt. Mangelnde Aufsicht oder Belehrung durch die Eltern könne nicht als Ursache des Ereignisses gelten. Somit treffe die Eltern keine Schadenersatzpflicht, wohl aber den Jungen. Er hätte selbst vorhersehen müssen, daß bei seinem Tun leicht ein Stein über die Mauer und in ein Fenster der Firma Z. fliegen könnte. Dafür sei er haftbar. Dagegen müsse er nicht für die Folgeschäden haften. Diese wären für den Jungen keinesfalls vorhersehbar gewesen und auch nicht allein auf seine Handlung zurückzuführen. Bei einer weniger kalten Nacht wäre der Heizkörper ganz geblieben. So kam der Junge mit 240,– DM Schadenersatz für das Fenster davon.

ist er dadurch auch verpflichtet, den Kaufvertrag zu erfüllen: er muß den Kaufpreis bezahlen und kann das Geschäft nicht mehr rückgängig machen, auch wenn er sich die Sache einige Tage später anders überlegt. Ähnlich ist es mit der Schadenersatzpflicht. Mit zunehmendem Alter werden Minderjährige für Schäden, die sie anrichten, haftbar. Im Einzelfall kann oft erst das Gericht darüber entscheiden, wie der Fall „Vater und Sohn ..." zeigt.

2 Warum verlangte die Firma 15 000,– DM von Jochen bzw. von seinem Vater? Lest dazu den § 823 und 832 (BGB) auf S. 219.

3 Welche Pflicht der Eltern wurde vom Gericht untersucht?

4 Warum kam Jochen mit 240,– DM davon?

5 Versetzt euch in die Lage des Firmeneigentümers der Firma Z. Was würdet ihr dann zu dem Urteil meinen?

Manchmal empfinden Kinder und Jugendliche die Einschränkungen, die ihnen von den Gesetzen auferlegt werden, als ungerechte Verbote. So wird Andi (im Beispiel (d) auf S. 210) schön wütend gewesen sein, daß er von seinem Konto nicht selbst 2700,– DM abheben und das Mokick nicht selbst kaufen konnte, als sein Vater nicht einverstanden war. In Wirklichkeit schützt ihn jedoch die Einschränkung davor, daß ein geschäftstüchtiger Verkäufer ihm ein teures Fahrzeug verkauft, oder daß er sonstige Verträge unterschreibt, die ihn später zu ungewollten Leistungen verpflichten würden.

Ähnlich ist es auch mit einigen anderen Gesetzen, die Kinder und Jugendliche besonders schützen. Dazu gehören insbesondere
– Das Gesetz zum Schutz der Jugend in der Öffentlichkeit,
– das Jugendarbeitsschutzgesetz,
– das Gesetz über die Verbreitung jugendgefährdender Schriften.

Bei Verletzung dieser Gesetze werden nicht die Kinder, sondern nur die Erwachsenen zur Verantwortung gezogen.

3.3 Rechtsbeschränkungen für Jugendliche – Bevormundung oder Begünstigung?

④ Aus dem Gesetz über die Verbreitung jugendgefährdender Schriften (GjS) und aus dem Strafgesetzbuch (StGB)

Zum Schutz der heranwachsenden Jugend gelten für die im Grundgesetz Artikel 5 Abs. 1 genannten Grundrechte die folgenden Beschränkungen:

GjS, Erster Abschnitt. Jugendgefährdende Schriften § 1 (Aufnahme in Liste, Bekanntmachung) (1) Schriften, die geeignet sind, Kinder oder Jugendliche sittlich zu gefährden, sind in eine Liste aufzunehmen. Dazu zählen vor allem unsittliche, verrohend wirkende, zu Gewalttätigkeit, Verbrechen oder Rassenhaß anreizende sowie den Krieg verherrlichende Schriften. Die Aufnahme ist bekanntzumachen.

§ 3 (Verbreitungsverbot an Jugendliche) Eine Schrift, deren Aufnahme in die Liste bekanntgemacht ist, darf nicht 1. einem Kind oder Jugendlichen angeboten, überlassen oder zugänglich gemacht werden oder ...

StGB § 131: Wer Schriften (... Ton- und Bildträger), die Gewalttätigkeiten gegen Menschen in grausamer oder sonst unmenschlicher Weise schildern ... 1. verbreitet, 2. öffentlich ausstellt oder sonst zugänglich macht, 3. einer Person unter 18 Jahren anbietet, ... wird mit Freiheitsstrafe bis zu einem Jahr oder mit Geldstrafe bestraft.

⑤ Das Jugendarbeitsschutzgesetz

gilt für Jugendliche zwischen 14 und 18 Jahren. Hauptschulpflichtige Kinder unter 15 Jahren dürfen danach nicht mit regelmäßigen Arbeiten beschäftigt werden. Wichtige Bestimmungen betreffen:

Arbeitszeit (§ 8, § 13–18) 5 Tage pro Woche, 8 Stunden pro Tag, Nachtruhe von 22–7 Uhr, ununterbrochene Freizeit grundsätzlich 12 Stunden, keine Samstags- und Sonntagsarbeit (mit wenigen Ausnahmen, z. B. Krankenpflege, Gaststätten).

Freistellung für Berufsschulbesuch (§ 9)
– 5 Stunden Unterricht und Pausen zählen wie 8 Stunden Arbeit,
– 25 Stunden Blockunterricht an 5 Tagen zählen wie 40 Stunden Arbeit

Ruhepausen (§ 11) müssen mindestens 15 Min. dauern. Nach 4½ Stunden Arbeit 30 Min., nach 6 Std. Arbeit 60 Min. Pause.

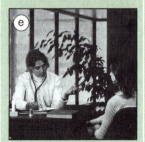

Gesundheitsschutz (§§ 32–45) Vorgeschrieben ist:
– kostenlose Erstuntersuchung vor Beginn der Beschäftigung (freie Arztwahl);
– kostenlose Nachuntersuchung vor Ablauf des 1. Jahres, Freistellung ohne Entgeltausfall

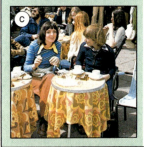

Urlaub (§ 19) Wer am 1. Januar noch nicht 16 Jahre alt ist, = 30 Tage/Jahr, 17 Jahre alt ist, = 27 Tage/Jahr, 18 Jahre alt ist = 25 Tage/Jahr, nach mindestens dreimonatiger Tätigkeit und möglichst zusammenhängend während der Berufsschulferien.

Beschäftigungsverbote (§ 22–24) gelten
– für gefährliche und gesundheitsgefährdende Arbeiten,
– für Arbeiten mit vorgeschriebenem Arbeitstempo (Akkord- und Fließbandarbeit), falls nicht zur Erreichung des Ausbildungsziels notwendig.

⑥ Eine gesetzwidrige Geschichte

Der Ernst des Lebens hat begonnen. Heike – 15 Jahre alt – hat eine Aushilfsstelle bei einer Reinigungsfirma angenommen. Für eine Berufsausbildung konnte sie sich noch nicht entscheiden; außerdem hat sie auch der höhere Stundenlohn angelockt. Nach der Begrüßung am ersten Tag unterschreibt sie gleich den Arbeitsvertrag. Ihre Chefin schenkt zwei Gläschen Likör ein, um auf den guten Anfang anzustoßen. Am Abend kennt Heike schon fast alle Mitarbeiter in der Firma. Am zweiten Tag ist Berufsschule. Die Chefin bittet Heike, nach der Schule spätestens um 15.30 Uhr nochmals im Betrieb zu erscheinen. Die Trockenmaschine müsse nach Feierabend noch geputzt werden.

In den nächsten Tagen fühlt sich Heike nicht recht wohl. Der Dampf und der Geruch der Reinigungsmittel sind ihr unangenehm. Sie hat kaum Hunger. Als sie Kopfweh hat, sagt sie dies der Chefin und fragt, ob sie denn nicht sowieso zu der ärztlichen Untersuchung nach dem Jugendarbeitsschutzgesetz müsse. Frau Nagel vertröstet sie: „Am Anfang ist das hier immer so. Bald gewöhnst Du Dich daran. Zur Untersuchung kannst Du ja heute nachmittag um 4 Uhr gehen. Deshalb machen wir ja alle nur eine halbe Stunde Mittagspause, damit wir schon um 4 Uhr Feierabend haben. Da kann man solche Sachen erledigen." Am Freitagnachmittag gibt's das erste Geld. Heike hat ihre zwei 17jährigen Kollegen schon ins Café eingeladen, zur Feier des ersten Lohns. Die beiden wollen Heike dafür am Abend in die Disco-Bar mitnehmen; bis um 22 Uhr werden es die Eltern auch sicher erlauben, denkt Heike ...

Die gesetzlichen Einschränkungen im Strafrecht führen dazu, daß Kinder nicht bestraft und jugendliche Straftäter nach den besonderen Vorschriften des Jugendstrafrechts behandelt werden (vgl. Tab. S. 209 und S. 225).

❻ In „Eine gesetzwidrige Geschichte" finden sich einige Verstöße gegen Jugendschutzbestimmungen. Lest die Geschichte durch. Studiert dann die Tabellen 4, 5 und 7 zu den Jugendschutzgesetzen. Versucht, in der Geschichte möglichst alle Ereignisse herauszufinden, bei denen Jugendschutzbestimmungen betroffen sind: – Welche gesetzlichen Vorschriften werden nicht beachtet? – Wie müßten sich die Beteiligten verhalten?

Eine gesetzwidrige Geschichte

❼ Sprecht auch über eigene Erfahrungen oder Beobachtungen mit den hier abgedruckten Gesetzesvorschriften.

⑦ Aus dem Gesetz zum Schutze der Jugend in der Öffentlichkeit (JÖSchG 1985)

Altersgruppe	In der Öffentlichkeit nicht gestattet	In der Öffentlichkeit erlaubt
Jugendliche zwischen 16–18 Jahren	○ Der Genuß von Branntwein; ○ Der Besuch von – Orten, wo körperliche, geistige und seelische Gefahren drohen, – Nachtbars und Nachtclubs, – Spielhallen und Gewinnspielen – Verrohenden Veranstaltungen, – Filmen mit der Kennzeichnung „nicht freigegeben unter 18 Jahren".	○ Kauf und Verzehr alkoholhaltiger Getränke (z. B. Bier, Wein), Rauchen; ○ Gaststättenbesuch und öffentliche Tanzveranstaltungen – ohne Erziehungsberechtigte nur bis 24 Uhr; ○ Filme, die ab 16 Jahren freigegeben sind – ohne Erziehungsberechtigte nur bis 24 Uhr; ○ Benutzung von Bildschirm-Unterhaltungsspielgeräten ohne Gewinnmöglichkeiten;
Kinder unter 14 Jahren und Jugendliche zwischen 14–16 Jahren	○ Besuch von Gaststätten und öffentlichen Tanzveranstaltungen ohne Begleitung eines Erziehungsberechtigten; ○ Rauchen; ○ Benutzung von Bildschirm-Unterhaltungsgeräten ohne Begleitung eines Erziehungsberechtigten.	○ Gaststättenbesuch – in Begleitung Erziehungsberechtigter – allein nur auf Reisen zum Essen; ○ Öffentliche Filmveranstaltungen allein nur bis 20 Uhr, ab 14 Jahren bis 22 Uhr; ○ Tanzveranstaltungen anerkannter Jugendträger (allein nur bis 22 bzw. 24 Uhr).

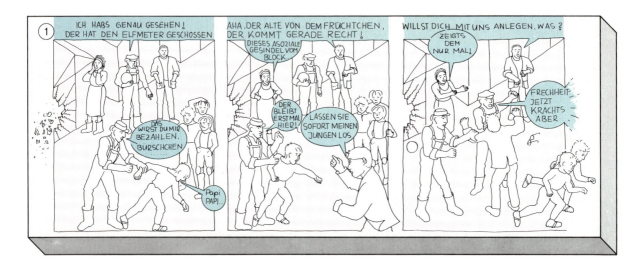

4. Wie kommt man zu seinem Recht

Ein Beispiel

Die Bildgeschichte zeigt einen Rechtsfall, wie er jedem einmal begegnen könnte. Die Menschen handeln ohne vorherige Absicht rechtswidrig. Als Folge davon stehen sie einige Zeit später vor Gericht, und das zum Teil sogar zweimal. Im ersten Prozeß klagt der Gärtner gegen die Eltern des Jungen, die sich weigern, den Schaden zu bezahlen. Es handelt sich hierbei um einen

Zivilprozeß

„Zivilprozeß" oder „Privatprozeß", weil hier die eine Privatperson eine private Forderung gegen die andere Person durchsetzen will. Im zweiten Prozeß geht es um die Bestrafung von rechtswidrigen Taten, die die öffentliche Ordnung stören – ein „Strafprozeß". In den zwei folgenden Abschnitten

Strafprozeß

werden die beiden Prozesse als Beispiele für die Anwendung und Durchsetzung des Rechts dargestellt.

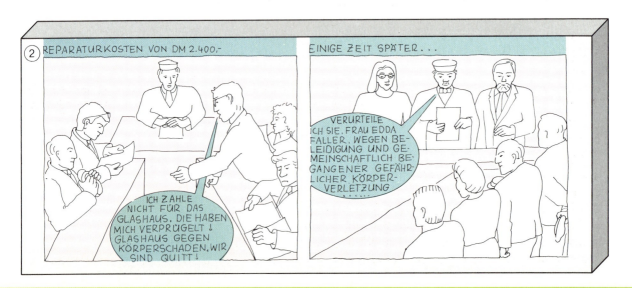

1 Wie beurteilt ihr die Ereignisse auf den Bildern? Beginnt jeweils mit einer Beschreibung und überlegt, was daran recht oder unrecht ist.

In der Bildgeschichte werden der Gärtner, seine Frau und die Gehilfen wegen der von ihnen begangenen *Straftaten* Beleidigung und Körperverletzung verurteilt. Diese Taten sind nach dem Strafgesetzbuch (StGB) verboten; wer sie begeht, wird mit Strafe bedroht. Bevor eine Person jedoch bestraft oder verurteilt werden kann, muß ein in der *Strafprozeßordnung* (StPO) genau geregeltes *Verfahren* gegen den Beschuldigten eingeleitet werden.

Der erste Schritt des Strafverfahrens (das sogenannte Vorverfahren) besteht in der genauen *Ermittlung der Tat* und ihrer Umstände. Dafür sind der Staatsanwalt und in seinem Auftrag die Polizei tätig. In unserem Beispiel wird also festgestellt, ob Körperverletzung begangen wurde, ob einfache, gefährliche oder schwere Körperverletzung vorliegt, wer dabei was getan oder unterlassen hat. Nur jene Taten, die im Strafgesetzbuch beschrieben und unter Strafe gestellt sind, gelten als rechtswidrig. Liegt ein rechtswidriger Tatbestand vor, dann muß der Staatsanwalt von Amts wegen bei Gericht Anklage erheben. Dazu muß er allerdings begründen, warum dem „Angeschuldigten" eine *Schuld* vorgeworfen werden kann: Wer z. B. in Notwehr handelt, wer geistesgestört oder noch ein Kind ist, dem kann die rechtswidrige, also strafbare Handlung nicht vorgeworfen werden. Ihn trifft keine Schuld. Er kann nicht angeklagt werden. Oft kann aber die Schuldlosigkeit erst im Strafprozeß vor Gericht festgestellt werden.

2 Überlegt anhand der auf S. 216 abgedruckten Paragraphen aus dem StGB, ob in unserem Fall einfache oder gefährliche Körperverletzung vorliegt.

3 Ist die Tat rechtswidrig? – Sind die Täter schuldig und warum?

4 Welche Strafen sieht das StGB für die Taten in unserem Beispiel vor?

Der zweite Schritt des Verfahrens, der eigentliche Strafprozeß, liegt dann in der Hand des Gerichts. Dieses prüft zuerst, ob die Merkmale Straftat, Rechtswidrigkeit und Schuld vorliegen und hört den Angeschuldigten zu den Vorwürfen an. Wird danach das Verfahren nicht eingestellt (z. B. wegen Geringfügigkeit), dann setzt das Gericht einen Termin für die (meist öffentliche) *Hauptverhandlung* an. Erst jetzt gilt der bisherige Angeschuldigte als „Angeklagter".

Für den Ablauf des Strafprozesses sind folgende Grundsätze bestimmend:
(1) *Anklagegrundsatz:* Weil Straftaten die „öffentliche Ordnung" gefährden, ist es Aufgabe des Staates, diese Verstöße zu verfolgen. Deshalb muß ein Staatsanwalt vor dem für die Straftat zuständigen Gericht (vgl. S. 217) die Bestrafung in einer schriftlichen „Anklage" beantragen. Das Gericht überprüft dann – vom Staatsanwalt völlig unabhängig – die Tat- und Schuldvorwürfe und fällt danach im Prozeß ein Urteil.

(2) *Der Gesetzesgrundsatz* besagt, daß Straftaten streng nach dem Gesetz verfolgt werden müssen. Weil jeder vor dem Gesetz gleich ist und Straftaten unabhängig vom Täter den gesellschaftlichen Frieden bedrohen, muß der Staatsanwalt jede Straftat von sich aus verfolgen. Nur in seltenen Fällen, wenn

4.1 Der Strafprozeß – Sicherung der allgemeinen Ordnung

Zuerst wird ermittelt – Merkmale einer Straftat

Die Hauptverhandlung folgt vier Grundsätzen

3 Aus dem Strafgesetzbuch

§ 1. Keine Strafe ohne Gesetz. Eine Tat kann nur bestraft werden, wenn die Strafbarkeit gesetzlich bestimmt war, bevor die Tat begangen wurde.
§ 185. Beleidigung. Die Beleidigung wird mit Freiheitsstrafe bis zu einem Jahr oder mit Geldstrafe und, wenn die Beleidigung mittels einer Tätlichkeit begangen wird, mit Freiheitsstrafe bis zu zwei Jahren oder mit Geldstrafe bestraft.
§ 223. Körperverletzung. (1) Wer einen anderen körperlich mißhandelt oder an der Gesundheit beschädigt, wird mit Freiheitsstrafe bis zu drei Jahren oder mit Geldstrafe bestraft. (2) Ist die Mißhandlung gegen Verwandte aufsteigender Linie begangen, so ist auf Freiheitsstrafe bis zu fünf Jahren oder auf Geldstrafe zu erkennen.
§ 223 a. Gefährliche Körperverletzung. (1) Ist die Körperverletzung mittels einer Waffe, insbesondere eines Messers oder eines anderen gefährlichen Werkzeugs oder mittels eines hinterlistigen Überfalls oder von mehreren gemeinschaftlich oder mittels einer das Leben gefährdenden Behandlung begangen, so ist die Strafe Freiheitsstrafe bis zu fünf Jahren oder Geldstrafe.
(2) Der Versuch ist strafbar.
§ 224. Schwere Körperverletzung. (1) Hat die Körperverletzung zur Folge, daß der Verletzte ein wichtiges Glied des Körpers, das Sehvermögen auf einem oder beiden Augen, das Gehör, die Sprache oder die Zeugungsfähigkeit verliert oder in erheblicher Weise dauernd entstellt wird oder in Siechtum, Lähmung oder Geisteskrankheit verfällt, so ist auf Freiheitsstrafe von einem Jahr bis zu fünf Jahren zu erkennen. (2) In minder schweren Fällen ist die Strafe Freiheitsstrafe bis zu fünf Jahren oder Geldstrafe.

der Verstoß gering ist und kein öffentliches Interesse an der Täterverfolgung besteht oder wenn der Täter durch die Tatfolgen selbst schwer „bestraft" ist, kann auf die Einleitung eines Strafverfahrens verzichtet werden.
(3) *Wahrheitsgrundsatz:* Das Gericht muß sich von der unzweifelhaften Wahrheit aller vor Gericht vorgebrachten Aussagen und Tatsachen überzeugen. Alle Tatsachen und Zusammenhänge, bei denen noch Zweifel bestehen, scheiden als Gründe für eine Bestrafung aus. Deshalb braucht der Angeklagte seine Unschuld nicht zu beweisen. Es genügt, wenn er – mit Hilfe seines ihm zustehenden Anwalts – sich so verteidigt, daß hinsichtlich seiner Täterschaft, der Rechtswidrigkeit der Tat oder seiner Schuld Zweifel bestehen bleiben. Dann gilt der Grundsatz: „Im Zweifel für den Angeklagten".
(4) *Der Verhandlungsgrundsatz* schreibt vor, daß Gerichtsurteile allgemein erst nach einer mündlichen und in der Regel öffentlichen Verhandlung – also nicht vom Schreibtisch aus – gefällt werden können. Der Verhandlungsablauf beginnt mit der Vernehmung des Angeklagten zur Person. Danach verliest der Staatsanwalt die Anklage. Der Richter befragt nun den Angeklagten zu den Vorwürfen. Hierbei wird der Angeklagte von seinem Verteidiger ebenso unterstützt wie im nächsten Schritt der Verhandlung, der „Beweisaufnahme". Diese nimmt meist die längste Zeit des Verfahrens in Anspruch: Zeugen und Sachverständige werden gehört, Akten, Bilder, Gegenstände müssen überprüft werden, manchmal besichtigt das Gericht den Tatort (Lokaltermin). Nach Abschluß der Beweisaufnahme fassen zuerst der Staatsanwalt, dann der Angeklagte bzw. sein Verteidiger das Ergebnis der Verhandlung aus ihrer Sicht zusammen und stellen ihre Anträge an das Gericht: Strafe – mildernde Umstände – Freispruch. Danach verlassen der oder die Richter den Gerichtssaal. Sie ziehen sich zur Urteilsfindung zurück. Ist das Urteil gefällt, wird es im Gerichtssaal verlesen und durch den Richter begründet.

5 Warum werden der Gärtner und seine Angehörigen verurteilt, obwohl sie sich doch nur gegen ihre Schädiger wehren und diese für ihre unerlaubte Tat bestrafen wollte?

6 Warum gibt es gegen die Jungen, die den Schaden angerichtet haben, keinen Strafprozeß?

7 Zum besseren Verständnis der Zusammenhänge solltet ihr den Prozeß wegen der Körperverletzung nachspielen. Verteilt die Rollen für die Ermittlung, verfaßt eine Anklage, spielt Zeugen, Staatsanwalt, Richter, Angeklagte und Anwalt. Achtet auf die Grundsätze und Schritte in der Verhandlung. Sind der Angeklagte oder der Staatsanwalt mit dem Urteil nicht einverstanden, weil eventuell bestimmte Beweismittel vom Gericht nicht berücksichtigt oder die vorgeschriebenen Prozeßgrundsätze nicht richtig beachtet wurden, dann können sie gegen das Urteil *Berufung* oder *Revision* beantragen. Erkennt das Gericht die Gründe für einen Berufungsantrag an, dann wird der ganze Prozeß vor einer Berufungs-Kammer beim Landgericht nochmals neu verhandelt. Gegen Urteile, die von Strafkammern der Landgerichte gefällt werden, kann Revision beim Oberlandesgericht oder beim Bundesgerichtshof beantragt werden (Revision = Wiederanschauung, Nachprüfung). Hierbei überprüfen die Gerichte nur den Prozeßverlauf und die Anwendung der Rechtsvorschriften bei der Urteilsfindung. Das ursprüngliche Urteil wird dann entweder bestätigt oder verändert, oder der Fall wird zur Neuverhandlung an das Landgericht zurückverwiesen. Im *Gerichtsverfassungsgesetz* (GVG) ist jeweils geregelt, welches Gericht für die verschieden schweren Straftaten, die Berufungs- und Revisionsentscheidungen zuständig ist. Die Abbildung zeigt diese Zuständigkeiten.

Gerichtsurteile können überprüft werden

Berufung
Revision

8 Überprüft: Vor welchem Gericht muß die Körperverletzung vermutlich verhandelt werden?

9 Welches Gericht wäre für einen Berufungsprozeß zuständig? Worin unterscheidet sich dieses Gericht von dem der ersten Instanz?

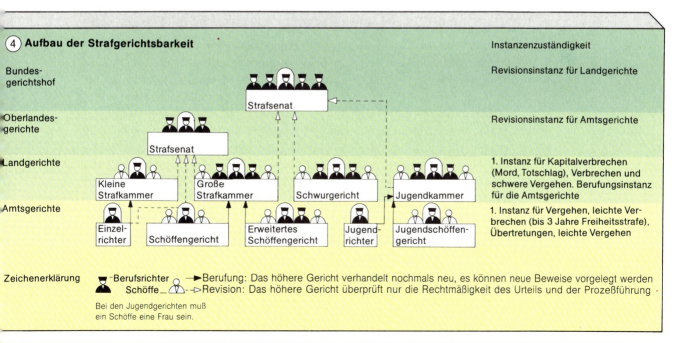

④ **Aufbau der Strafgerichtsbarkeit**

217

4.2 Der Zivilprozeß – Sicherung der Ansprüche von Bürgern gegeneinander

In der Geschichte mit der Schlägerei werden Unterschiede zwischen einem Strafprozeß und einem Zivilprozeß deutlich. Im Zivilprozeß geht es immer um Ansprüche einzelner Personen oder Gruppen gegen andere Personen oder Gruppen und nicht um Ansprüche der Allgemeinheit wie im Strafprozeß. Die beiden „Parteien" stehen einander gleichberechtigt gegenüber. Sie bestimmen allein darüber, was verhandelt und vom Richter entschieden werden soll, indem sie dem Gericht ihre *Ansprüche* vortragen, d. h. vor dem Gericht „klagen". Nur was von den Parteien vorgetragen wird, ist Gegenstand der Verhandlung. In unserem Fall ist der Gärtner der *Kläger*. Er verlangt unter Berufung auf die Paragraphen 823 (1), 830 und 832 des BGB (s. S. 219) von den Eltern des Jungen Ersatz des ihm entstandenen Schadens.

Kläger

Die Eltern der Kinder – sie sind die *Beklagten* – bringen gegen die Ansprüche des Gärtners ihre *Einreden* vor. Beide Parteien müssen ihre Ansprüche und Einreden beweisen und rechtlich begründen. Die Richter dürfen hierbei im allgemeinen nicht zugunsten der einen oder der anderen Partei eingreifen. So hängt das Ergebnis des Prozesses in vielen Fällen davon ab, daß die Anträge und ihre Begründung geschickt abgefaßt und vor Gericht fristgerecht vorgetragen werden. Dabei zahlt es sich oft aus, einen Rechtsanwalt zu Hilfe zu nehmen, auch wenn für Zivilprozesse vor dem Amtsgericht kein Anwaltszwang besteht.

Beklagte

Vergleich

Urteil

Der Richter versucht im Zivilprozeß immer, einen *Vergleich* zwischen den Parteien zu erreichen; sie sollen sich gegenseitig gütlich einigen. Erst wenn das nicht gelingt, fällt das Gericht ein *Urteil*. In unserem Fall kam das Gericht zu dem Ergebnis, daß die Eltern ihre Kinder nicht im erforderlichen Maße ermahnt und beaufsichtigt hatten und deshalb für die Schäden am Glashaus haften müssen. Das Gericht verurteilte die Eltern zur Bezahlung des Schadens. Tun sie das nicht, kann der Gärtner mit seinem Gerichtsurteil einen Gerichtsvollzieher aufsuchen und diesen mit der *Zwangsvollstreckung* beauftragen. Der Gerichtsvollzieher pfändet damit beim Schuldner Teile des Arbeitslohns oder Wertgegenstände, welche öffentlich versteigert werden.

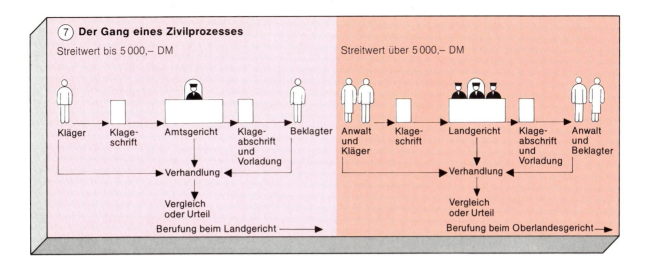

Die meisten Zivilprozesse werden allerdings nicht wegen Schadenersatz, sondern wegen Ansprüchen und Forderungen geführt, die dadurch entstehen, daß vertraglich vereinbarte Verpflichtungen nicht eingehalten werden (z.B. wenn jemand eine Rechnung für erhaltene Leistungen nicht bezahlt).

10 Lest die abgedruckten Paragraphen aus dem BGB. Von wem kann der Gärtner Schadenersatz verlangen? Auf welche gesetzliche Bestimmung könnten sich die Eltern berufen, um die Forderung des Gärtners zurückzuweisen (vergleicht dazu den Fall „Vater und Sohn ..." auf S. 211)?

11 Versucht den Ablauf eines Zivilprozesses mit eigenen Worten darzustellen. Beachtet dabei die Pfeile und Zahlen in der Abbildung oben.

12 Welches Gericht ist für die Klage des Gärtners zuständig? Bei welchem Gericht müßten die Eltern Berufung einlegen, wenn sie mit dem Urteil nicht einverstanden wären?

13 Wie beurteilt ihr das Urteil auf der folgenden Seite?

14 Überlegt, ob und wie der Fall auch ohne Gerichtsverhandlung hätte gelöst werden können.

⑧ Aus dem Bürgerlichen Gesetzbuch (BGB)

§ 823. (Schadenersatzpflicht) (1) Wer vorsätzlich oder fahrlässig das Leben, den Körper, die Gesundheit, die Freiheit, das Eigentum oder ein sonstigs Recht eines anderen widerrechtlich verletzt, ist dem anderen zum Ersatze des daraus entstehenden Schadens verpflichtet.

§ 828. (Minderjährige; Taubstumme) (1) Wer nicht das siebente Lebensjahr vollendet hat, ist für einen Schaden, den er einem anderen zufügt, nicht verantwortlich.
(2) Wer das siebente, aber nicht das achtzehnte Lebensjahr vollendet hat, ist für einen Schaden, den er einem anderen zufügt, nicht verantwortlich, wenn er bei der Begehung der schädigenden Handlung nicht die zur Erkenntnis der Verantwortlichkeit erforderliche Einsicht hat. Das gleiche gilt von einem Taubstummen.

§ 830. (Mittäter und Beteiligte) (1) Haben mehrere durch eine gemeinschaftlich begangene unerlaubte Handlung einen Schaden verursacht, so ist jeder für den Schaden verantwortlich. Das gleiche gilt, wenn sich nicht ermitteln läßt, wer von mehreren Beteiligten den Schaden durch seine Handlung verursacht hat.
(2) Anstifter und Gehilfen stehen Mittätern gleich.

§ 832. (Haftung des Aufsichtspflichtigen) (1) Wer kraft Gesetzes zur Führung der Aufsicht über eine Person verpflichtet ist, die wegen Minderjährigkeit oder wegen ihres geistigen oder körperlichen Zustandes der Beaufsichtigung bedarf, ist zum Ersatz des Schadens verpflichtet, den diese Person einem Dritten widerrechtlich zufügt. Die Ersatzpflicht tritt nicht ein, wenn er seiner Aufsichtspflicht genügt oder wenn der Schaden auch bei gehöriger Aufsichtsführung entstanden sein würde.

⑨

Amtsgericht Lörrach

Im Namen des Volkes
Urteil

Stafsache gegen die am 14.03.1938 in Bergheim geborene, in Hainingen, Lachweg 4, wohnhafte Edda F a l l e r, Gärtnerin wegen Beleidigung und gemeinschaftlich begangener gefährlichen Körperverletzung

Das Amtsgericht L ö r r a c h hat in der Sitzung vom 04.04.1986, woran teilgenommen haben:

   Richter am Amtsgericht
   Dr. Just (als Strafrichter)

   Frau A. Wedel, Lehrerin
   (als Schöffe)

   Paul Stoll, Maler (als Schöffe)

   Rechtsanwältin Dr. Bauer
   (als Verteidiger)

   Staatsanwalt Ruf (als Beamter
   der Staatsanwaltschaft)

   Referendarin Junghansl
   (als Urkundsbeamtin
   der Gesch. Stelle)

für Recht erkannt:

Die Angeklagte wird zu einer Geldstrafe von DM 800,- (in Worten: Achthundert) verurteilt.
Die Angeklagte trägt die Kosten des Verfahrens.

⑩

Amtsgericht Lörrach

Im Namen des Volkes
Urteil

Verkündet am 27. Mai 1986

Justizsekretär Moll als Urkundsbeamter der Geschäftsstelle in Sachen

Dieter Faller, Gärtnermeister, Lachweg 4, 7890 Hainingen - Kläger -
Prozeßbevollmächtigter:
RA. Knirsch, Altsteg

g e g e n

Espentritt, Paul, Schweißer, Dorfstraße 10, 7890 Hainingen
          - Beklagter -
und andere
Prozeßbevollmächtigter:
RA. Dr. Naß, Hainingen

wegen Forderung auf Schadenersatz hat das Amtsgericht Lörrach durch Richter am Amtsgericht Pappelmann auf die mündliche Verhandlung vom 13. Mai 1986

für Recht erkannt:

1. Der Beklagte Paul Espentritt wird zur Zahlung von 1/6 (in Worten: Ein Sechstel) des vom Kläger geforderten Schadenersatzes von DM 2.400,- das sind 400,- (in Worten: Vierhundert) verurteilt.
2. Der Beklagte trägt die Kosten des Verfahrens.

5. Der Jugendliche als Straftäter

Wie die statistischen Zahlen zeigen, ist der Anteil der Jugendlichen an der Gesamtzahl der wegen Straftaten Verurteilten in den letzten 20 Jahren ständig gestiegen (vgl. Graphiken S. 222). Aber aus diesen Angaben muß man nicht schließen, daß die Jugend zunehmend schlechter werde. Es ist vielmehr wahrscheinlich, daß die Zahlen auch deswegen ansteigen, weil für immer mehr Lebensbereiche gesetzliche Vorschriften bestehen. Vieles, was vor 50 Jahren noch als Dummejungenstreich galt und mit einer Tracht Prügel oder dem Ausgleich des angerichteten Schadens wieder gesühnt war, bringt Jugendliche heute leicht vor den Strafrichter. Was damals als Rauferei galt, ist heute eher eine strafbare Schlägerei. Wenn es früher harmlos war, daß übermütige Jungen einem Bauern das Fuhrwerk entführten, ist heute eine „Spritztour" mit einem fremden Auto eine Straftat und das unerlaubte Fahren für andere Verkehrsteilnehmer eventuell lebensgefährlich. Übermut und jugendlicher Tatendrang können so leicht „kriminelle" Formen annehmen. Jugendentgleisungen werden zu gerichtlich verfolgten Straftaten.

Besorgniserregend ist die Entwicklung deshalb, weil die betroffenen Jugendlichen von ihrer Umwelt oft schnell als Kriminelle abgestempelt werden. Ihre Aussichten auf eine Berufslaufbahn verschlechtern sich, sie verlieren an Ansehen in der Gesellschaft. So fühlen sie sich dann auch als Heranwachsende oder Erwachsene eher außerhalb der „guten Gesellschaft" und werden dadurch wieder leichter straffällig.

Auf die Frage nach den Ursachen gibt es keine einfache Antwort. Meist kommen mehrere Ereignisse im Leben solcher Jugendlicher zusammen: Unsicherheit der Eltern bei der Erziehung – Schwierigkeiten in der Familie und Vereinsamung – Verlockungen durch Konsumwerbung – Langeweile in der Freizeit – keine ernsthaften Aufgaben, in denen sie sich bewähren können – leichter Zugang zu Alkohol und anderen Suchtmitteln – Verlust des Glaubens an höhere Werte – Unsicherheit im Entwicklungsalter ... Aber

5.1 Warum werden Jugendliche straffällig?

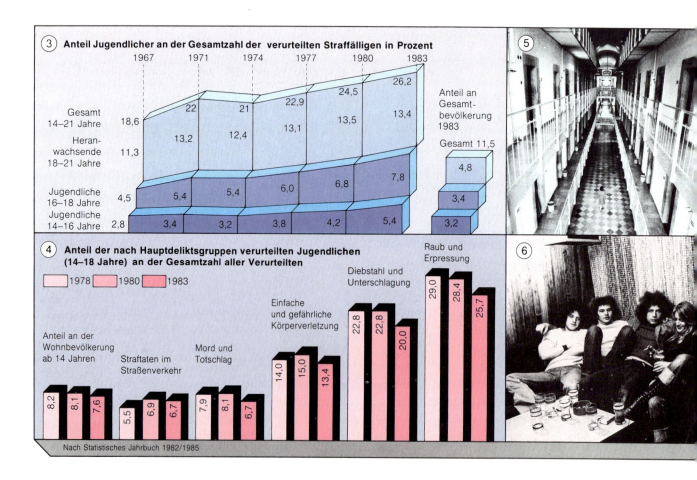

obwohl diese Bedingungen für alle Jugendlichen ziemlich ähnlich sind, werden nur die wenigsten straffällig. Bemerkenswert ist der Unterschied zwischen Jungen und Mädchen. In den letzten 20 Jahren waren etwa gleichbleibend rund 80–90% der jugendlichen Straffälligen männlich und nur 10–20% Mädchen. Aus Untersuchungen bei jugendlichen Gefängnisinsassen fand man zwei häufig wiederkehrende Ursachen für das Straffälligwerden heraus, die auch den Unterschied zwischen Jungen und Mädchen etwas erklären können:
(1) Jeder von uns hat offenbar ein starkes Bedürfnis danach, vor sich selbst und vor anderen als tüchtig und vollwertig dazustehen. So kann es für Jugendliche sehr schwer sein, wenn sie z. B. in der Schule fast immer nur Mißerfolge haben und sich deswegen von ihren Mitschülern und auch von ihren Eltern herabgesetzt fühlen. Zum Ausgleich dafür suchen sie sich dann andere Möglichkeiten, um sich selbst und anderen ihre Tüchtigkeit zu beweisen.
(2) Ohne Achtung, Anerkennung und Zuwendung durch andere können besonders Jugendliche nicht leben. Darum ist es oft beinahe unmöglich, in einer Gruppe anders zu handeln, als die Mehrzahl ihrer Mitglieder es will. So verleiten Gruppenmitglieder auch denjenigen zu Straftaten, der das Unrech-

⑦ Jugendliche Straftäter berichten

Ich bin durch den Umgang auf die schiefe Bahn gekommen.
Ich bin in schlechte Gesellschaft gekommen.
Ich wollte kein Feigling sein.
Ich habe die Taten nie allein begangen, habe mich immer durch andere verleiten lassen.
Ich habe kein Geld gehabt und bin auf schlechte Gedanken gekommen, als ich Kumpels getroffen habe.
Ich bin leicht beeinflußbar und kann nicht nein sagen, wenn es darauf ankommt, mache ich mit, überlege mir die Folgen nicht.
Ich lebe halt in meinen Kreisen auf, ich hatte keine Freunde, ich habe mich abgesondert, wollte von anderen nichts wissen, wollte aber dann doch nicht so einsam bleiben.
Wenn jemand zu mir sagt: Feigling, dann lasse ich es nicht auf mir hängen.
Ich bin willensschwach; wenn mir jemand etwas sagt, etwas schmackhaft macht, dann bin ich leicht umzustimmen.
Ich habe die Taten nur begangen, wenn ich etwas getrunken habe, wollte kein Feigling sein.
Ich habe mich sicher gefühlt, wenn andere dabei waren.
Was die gemacht haben, habe ich auch gemacht, ich hätte sie sonst als Freunde verloren.

⑧ Psychologen stellen fest

Aus den psychologischen Untersuchungen ergibt sich, daß das Versagen in der Schule bei jugendlichen Straffälligen wesentlich dazu beiträgt, sich die dadurch fehlende Anerkennung, Geltung und Selbstbestätigung durch Straftaten zu verschaffen. Das Schulversagen kann dabei nur in seltenen Fällen auf Begabungsmängel zurückgeführt werden. Obwohl die in den Jugendstrafanstalten Rockenberg und Wiesbaden untersuchten Insassen nur zu 50% das Ziel der Volksschule erreicht hatten, ergaben Begabungstests ein dem Durchschnitt der Bevölkerung (IQ = 100) entsprechendes Ergebnis. Die 238 Wiesbadener Häftlinge erreichten zum Beispiel einen Intelligenzdurchschnitt („Intelligenz-Quotient") von IQ = 97,4. Der schulische Ausleseprozeß scheint demnach ein nicht unbedeutender Faktor für Jugendkriminalität zu sein.

G. Nass (Hg.),:Kinderkriminalität. Ursachen und Vorbeugung, Limes Wiesbaden 1969, S. 107 f.

te seines Tuns einsieht und deshalb ohne den Gruppeneinfluß anders handeln würde.

1 Die Graphik 3 zeigt, welchen Anteil Jugendliche und Heranwachsende an der Gesamtkriminalität zwischen 1967 bis 1983 (= 16 Jahre) hatten. Vergleicht die Anteile der einzelnen Altersgruppen an der Gesamtkriminalität mit den Anteilen an der Gesamtbevölkerung. Welche Altersgruppen sind stark vertreten?

2 Graphik 4 zeigt, wie sich der Anteil Jugendlicher an den Verurteilten für einige ausgewählte Straftaten entwickelt hat.
– An welchen Straftaten ist der Anteil Jugendlicher besonders hoch?
– Welche Straftaten liegen unter dem Durchschnitt?
– Wo war bzw. ist eine steigende Tendenz zu beobachten?
– Wie erklärt ihr euch die besonders hohe Zahl der Eigentumsdelikte?

3 Text 8 beschreibt Bedürfnisse, die für Jugendliche besonders wichtig sind und die bei Straftaten eine Rolle spielen. Welche dieser Bedürfnisse sind in den Aussagen jugendlicher Straftäter (vgl. Text 7) jeweils angesprochen?

4 Wie ist es wohl zu erklären, daß Mädchen nur zu etwa 12 Prozent an Jugendstraftaten beteiligt sind, obwohl sie sicher dieselben Bedürfnisse nach Selbstbestätigung und Kontakt haben wie die Jungen? Diskutiert darüber. Überlegt dabei, ob Mädchen vielleicht andere Möglichkeiten haben, sich Achtung, Anerkennung, Selbstbestätigung und Zuwendung zu verschaffen als Jungen.

5 Wie könnte nach Text 8 die Schule einen Beitrag leisten, daß weniger Jugendliche straffällig werden?

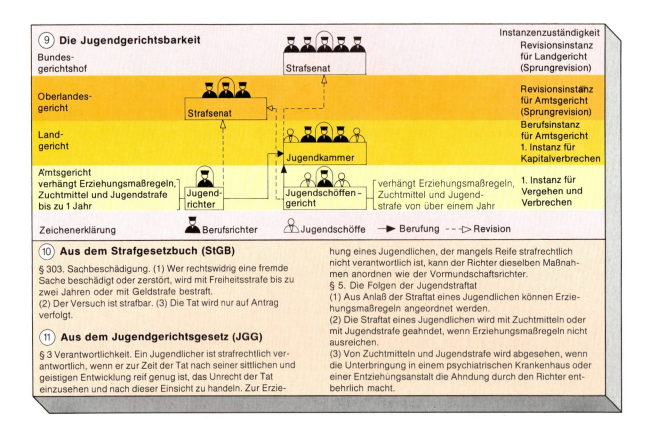

5.2 Vor dem Jugendgericht

Die Geschichte mit dem Gärtner hatte noch ein Nachspiel. Nach seiner Bestrafung wegen Körperverletzung erfährt der Gärtner, daß der Junge, der den Ball geschossen hatte, schon 15 Jahre alt ist. In seiner Wut und auch, um andere zukünftig abzuschrecken, stellt er deshalb gemäß § 303 StGB wegen Sachbeschädigung Strafantrag gegen den Jungen. Dieser ist ja beschränkt strafmündig (vgl. S. 209). So erhält Gerd eines Tages die Mitteilung des Jugendgerichts, daß gegen ihn ein Jugendstrafverfahren eingeleitet ist.

Gerd und seine Eltern sind sehr beunruhigt. Bisher haben sie nie etwas mit dem Gericht zu tun gehabt. Um zu erfahren, was auf sie zukommt, läßt sich die Mutter am anderen Tag vom Jugendamt beraten. Sie berichtet:

Unterschiede zwischen Jugendstrafrecht und Erwachsenenstrafrecht:

„Ich glaube, wir brauchen uns nicht besonders zu beunruhigen. Das Jugendstrafrecht unterscheidet sich nämlich wesentlich vom Erwachsenenstrafrecht. Es gibt dafür ein eigenes Gesetz, das *„Jugendgerichtsgesetz* (JGG). Danach fragt das Gericht nicht – wie im Strafgesetzbuch (StBG) – nach der Schwere der Tat, sondern hauptsächlich: Welche Verantwortung trifft den Jugendlichen? Wie groß war seine *Einsicht* in das Unrechte seiner Tat? Inwieweit war er dabei in seiner *Handlungsfähigkeit* frei und unabhängig oder von anderen Personen verleitet oder gar gezwungen? Ist die Tat eine einmalige Entgleisung oder ist ähnliches schon öfter vorgekommen? Muß man daraus schließen, daß der Jugendliche wiederholt kriminell handeln wird? Das Jugendstraf-

(12) Rechtsfolgen von Jugendstraftaten nach § 5 JGG

Maßnahmen	Art der Durchführung oder Wirkung	Strafgründe
A. Erziehungsmaßregeln (§ 9)	Gelten nicht als Strafen, kein Eintrag ins Strafregister	Besonders bei:
1. Weisungen	Gebote und Verbote zur Regelung der Lebensführung, z. B. Arbeitsstelle annehmen, in einem Heim wohnen u. a.	Einmalige Straftaten, die durch Umstände der Lebensführung wesentlich mitverursacht wurden.
2. Erziehungsbeistandschaft	Durch gerichtlich bestellte Erziehungsbeistände, z. B. Helfer des Jugendamts, Verwandte, Lehrer u. a.	Wenn mangelhafte elterliche Erziehungsmöglichkeit als Tätermerkmal festgestellt wird.
3. Fürsorgeerziehung	In Erziehungsheimen oder in fremden Familien	Wenn bei unter 17jährigen die Familie eine drohende Verwahrlosung nicht aufhalten kann.
B. Zuchtmittel (§ 13)	Gelten nicht als Strafen	Einmalige Straftaten, für die der Jugendliche in seiner Person selbst verantwortlich ist.
1. Verwarnung	Förmliche Zurechtweisung des Täters aufgrund eines Jugendstrafprozesses	Schäden aus Übermut – Wiedergutmachung und persönliche Entschuldigung
2. Auflagen	Verpflichtungen, die dem Jugendlichen das Unrecht eindringlich in Erinnerung rufen, z. B. Dienst in gemeinnützigen Einrichtungen	
3. Jugendarrest	Freizeitarrest bis zu 4 Freizeiten, Kurzarrest bis 6 Tage, Dauerarrest bis 4 Wochen.	Delikte aus mangelnder Selbstkontrolle bei besonderer Gelegenheit, z. B. leichter Diebstahl, Körperverletzung u. a.
C. Jugendstrafe (§ 17)	Wenn Erziehungsmaßregeln und Zuchtmittel nicht ausreichen	
1. Freiheitsentzug von bestimmter Dauer	Mind. 6 Monate, höchstens 10 Jahre, Strafaussetzung u. vorzeitige Entlassung möglich zur Bewährung.	Schwere Straftaten mit hohem Schuldgehalt, insbesondere bei heranwachsenden und Feststellung „schädlicher Neigung" z. B. bei Wiederholungstätern
2. Freiheitsentzug von unbestimmter Dauer	Mind. 6 Monate, höchstens 4 Jahre, wenn Erziehungserfolg nicht vorausschätzbar.	Mittelschwere Delikte
D. Maßregeln der Besserung und Sicherung (§ 7)	Meist begleitend zu den Maßnahmen A bis C, z. B. Entziehungskur bei Drogen, Führungsaufsicht, Entziehung der Fahrerlaubnis.	Im Zusammenhang mit bestimmten Straftaten.

recht berücksichtigt also in erster Linie die *Person des Täters* und dessen Lebensumstände.

Von den Antworten auf diese Fragen hängt es ab, welche *Schuld* dem Straftäter zugerechnet wird und welche Maßnahmen das Gericht als Rechtsfolgen der Tat anordnet. Ziel der Maßnahmen ist, beim minderjährigen Jugendlichen die Einsicht in Recht und Unrecht seines Verhaltens zu fördern und ihm zu helfen, sich gegen kriminelle Einflüsse oder Verführungen zu behaupten. Deshalb werden auch Heranwachsende zwischen 18 und 21 Jahren fast immer nach dem Jugendstrafrecht verurteilt, obwohl sie wie Erwachsene als schuldig angesehen werden. Sie sollen die Chance haben, durch die gerichtlich auferlegten Maßnahmen ihr Verhalten zu ändern, ohne gleich als Kriminelle dazustehen. Ich habe eine Übersichtstabelle mitgebracht."

Schuld und Tatfolgen

6 Welche Gruppen von Maßnahmen sieht das JGG vor (vgl. Tabelle 12)?

7 Überlegt, ob die Anzeige gemäß § 303 StGB (s. Texte 10 und 11) zu Recht erfolgte und welche der Rechtsfolgen wohl für Gerd angemessen wären?

8 Überlegt anhand der Tabelle „Rechtsfolgen" je ein Beispiel (eine Straftat), für die das Jugendschöffengericht oder die Jugendkammer beim Landgericht zuständig sein könnten (s. Abb. 12).

9 Stellt aus dem Text nochmals zusammen: Durch welche vier Merkmale unterscheidet sich der Jugendstrafprozeß vom Erwachsenenstrafprozeß?

Wie läuft der Jugendstrafprozeß ab?	„Auch darauf habe ich eine klare Antwort bekommen", erzählt die Mutter weiter. „Grundsätzlich läuft alles in derselben Reihenfolge ab wie im Erwachsenenstrafprozeß, also nach der Strafprozeßordnung. Ihr erinnert euch ja an den Prozeß gegen die Gärtnerleute (vgl. S. 214ff.). Allerdings gibt es noch vier zusätzliche Merkmale. Erstens ermitteln nicht nur die Polizei und der Staatsanwalt über die Tatumstände, sondern die vom Jugendamt eingerichtete *Jugendgerichtshilfe* erforscht auch die Lebensumstände und die Persönlichkeit des Täters. Da haben wir ja wohl keine besonderen Probleme, aber ich kann mir denken, daß darin häufig Ursachen für strafbares Verhalten liegen (vgl. S. 222f.). Zweitens ist der Jugendstrafprozeß nicht öffentlich; Presse, Nachbarn und ‚Freunde' können also nichts darüber erfahren, was in der Verhandlung zur Sprache kommt. Drittens sind beim Verfahren neben dem Richter, Staatsanwalt, Angeklagten und Verteidiger auch die Eltern (bzw. die Erziehungsberechtigten oder gesetzlichen Vertreter) anwesend, da die Rechtsfolgen ja in das Erziehungsrecht der Eltern eingreifen. Angehört werden muß auch die Jugendgerichtshilfe, die sich besonders für die erzieherische Seite des Problems einsetzt. Schließlich sollen Jugendstrafverfahren rasch zu Ende gebracht werden, da die Rechtsfolgen ihre beabsichtigte Wirkung nur haben können, wenn sie möglichst unmittelbar auf die Verfehlung folgen. Deshalb sind auch die Möglichkeiten zu Rechtsmitteln wie Berufung und Revision gegenüber dem normalen Strafrecht eingeschränkt. Auch hierfür hat man mir eine Übersichtsgraphik mitgegeben."
5.3 Strafvollzug – Hilfen zur Umkehr	🔟 Welches Gericht ist für Gerds Leichtsinnstat zuständig (vgl. Abb. 9)? Gerds Vater war nach diesen Informationen über das Jugendstrafverfahren nachdenklich geworden. Er fragte sich, ob z.B. Freiheitsstrafen für Jugendliche überhaupt erzieherisch wirksam sein könnten. Im Betrieb sprach er darüber mit einem Kollegen, der ehrenamtlicher Jugendschöffe ist. Dieser erklärte ihm folgendes: „Jugendstrafen, die bei schwerwiegenden Verfehlungen ausgesprochen werden, sind hauptsächlich als *Erziehungsstrafen* gedacht. Der Jugendliche soll zwar auch *büßen*. Er soll aber in der und durch die Haft Gelegenheit bekommen, sein Verhalten zu überprüfen. Doch selbst wenn er einsichtig ist und sein Tun bereut, könnte der bloße Freiheitsentzug sein Gefühl noch verstärken, minderwertig und aus der Gesellschaft ausgeschlossen zu sein. Der Jugendliche könnte in seiner Zelle verzweifeln, sich selbst ganz aufgeben oder trotzig ‚jetzt erst recht' sagen. Deshalb sieht das JGG vor, daß die Jugendstrafe in den dafür vorgesehenen Jugendstrafanstalten nach einem für jeden einzelnen sorgfältig erstellten *Vollzugsplan* erfolgt. An der Vorbereitung und Durchführung dieses Planes sind besonders ausgebildete und erfahrene Fachleute beteiligt. Das wichtigste Ziel ist, beim Strafgefangenen die Zuversicht zu stärken, daß er künftig sein Leben ohne Straftaten besser wird meistern können. Durch *psychologische Beratung* und gezielte Gespräche in der Gruppe der Mithäftlinge soll er lernen, sich selbst besser zu verstehen, seinen eigenen Wert als Person zu erfahren und Widerstand zu leisten, wenn andere ihn zu Taten verleiten

> **⑬ Pit kommt in die Jugendstrafanstalt**
>
> 1. **Zugangskonferenz:** Anstaltspsychologe, Lehrer, Fürsorger, Werkmeister, Aufsichtsbeamte sprechen über Pits Straftat und Vorgeschichte.
> 2. Dazu wird der von Pit verfaßte **Lebenslauf** mit herangezogen und analysiert.
> 3. Ausfüllen eines **Fragebogens** mit rund 60 Fragen über Werdegang, Ausbildung, Eltern, Gesundheit, Freizeitinteressen, Wünsche und Pläne.
> 4. Anfertigung eines ausführlichen Berichts aus dieser **Persönlichkeitsforschung.**
> 5. Genaue Erforschung des **Tathergangs** aufgrund der Urteilsbegründung des Gerichts.
> 6. **Psychologische Tests** (Intelligenz, Gefühlsleben) und Gespräche mit dem Anstaltspsychologen.
> 7. Besprechung des Jugendamtsberichts über die **häusliche Situation.**
> 8. Erstellung des **Vollzugs-** und Erziehungs**plans:** Haftform, Zuweisung von Arbeit, Fortbildung, Freizeit, Kontakte mit der Außenwelt, Vorbereitung auf die Entlassung, Erfolgskontrollen.
> 9. **Prüfung** und Genehmigung des Vollzugsplans durch den Anstaltsleiter.
> 10. Beginn der **Vollzugsmaßnahmen.**
>
> Nach E. Hischer, Resozialisierung junger Rechtsbrecher durch Strafvollzug. München/Basel 1970, S. 81–119.
>
> **⑭ Aus dem Jugendgerichtsgesetz (JGG von 1974)**
>
> § 91 (1) Durch den Vollzug der Jugendstrafe soll der Verurteilte dazu erzogen werden, künftig einen rechtschaffenen und verantwortungsbewußten Lebenswandel zu führen.
> (2) Ordnung, Arbeit, Unterricht, Leibesübungen und sinnvolle Beschäftigung in der freien Zeit sind die Grundlagen dieser Erziehung. Die beruflichen Leistungen des Verurteilten sind zu fördern. Lehrwerkstätten sind einzurichten. Die seelsorgerische Betreuung wird gewährleistet.
> (3) Um das angestrebte Erziehungsziel zu erreichen, kann der Vollzug aufgelockert und in geeigneten Fällen weitgehend in freier Form durchgeführt werden.
> (4) Die Beamten müssen für die Erziehungsaufgabe des Vollzugs geeignet und ausgebildet sein.
>
> **⑮ Zum Hobby verurteilt**
>
> Der Angeklagte Jan B., 17 Jahre alt, wird dazu verurteilt, sechs Monate lang an einer Gruppenaktivität in U. teilzunehmen. ... Das Projekt wird vom Justizministerium in Hannover mit 300 000 DM im Jahr gefördert und ist auf fünf Jahre befristet. Neun Freizeitgruppen wurden aufgebaut, eine Sport- und eine Mofagruppe, Elektro-, Holz- Trialgruppen (Gelände-Geschicklichkeitsfahren, H.B.) ... Gemeinsam wird getischlert, werden Polyesterboote gebaut, alte Fernseher zusammengebaut.
> M. Rollin, in: DIE ZEIT, 5. 10. 1984

wollen, die er selbst nicht will. So sollen durch allgemeine und berufliche Aus- und Fortbildung *Fähigkeiten* erlernt werden, die für ein straffreies Leben in der Gesellschaft gebraucht werden."

Damit die so erlernten Fähigkeiten und Einstellungen frühzeitig im normalen Lebensalltag erprobt werden können, ist die Jugendstrafe in möglichst vielen Fällen als „offener Vollzug" gestaltet: Arbeit, Ausbildung und zum Teil auch Freizeit finden außerhalb der Anstaltsmauern – unter Aufsicht – statt. Nach der Haft kommt es dann darauf an, daß der Jugendliche oder Heranwachsende selbst die Verantwortung für sich übernimmt. Dies ist nicht leicht. Häufig erleben es Strafentlassene bei der Arbeits- und Wohnungssuche oder bei Ämtern und Behörden, daß sie abgelehnt und benachteiligt werden. Damit der Strafentlassene an diesen Schwierigkeiten nicht sofort wieder scheitert, stellt ihm das Gericht eine zeitlang einen *Bewährungshelfer* zur Seite.

Offener Strafvollzug

⓫ Lest den abgedruckten § 91 des JGG. Welche Ziele des Jugendstrafvollzugs sind genannt? – Mit welchen Mitteln sollen diese Ziele erreicht werden?

⓬ Welche Personen und Stellen sind an der Ausarbeitung eines Vollzugsplans beteiligt (vgl. Text 13)?

⓭ Text 16 zeigt Ansätze, die vom Jugendstrafvollzug auch auf die Strafhaft Erwachsener übertragen werden. Warum sind Ausbildungsmöglichkeiten für Straftäter besonders wichtig? Lest dazu nochmals Text 8, S. 223.

⓮ Betrachtet die Karikaturen S. 228: Versetzt euch in die Lage des Vorbestraften. Wie wird er sich fühlen? Was empfindet ihr ihm gegenüber?

⓯ Lest die Auszüge aus Gesprächen mit jugendlichen Strafgefangenen, Text 17, S. 228. Wie sehen sie ihre Situationen?

16 Lehre hinter Gittern – notfalls „sitzen" Jugendliche freiwillig

Eigentlich wäre Karl schon in sieben Monaten wieder „draußen". . . . Doch er hat beschlossen, auf eine frühzeitige Entlassung zu verzichten und freiwillig vier Monate länger „in der Kiste" zu bleiben. Nur so kann er die Maurerlehre, die er im Gefängnis begonnen hat, abschließen. „Als ich reinkam, hatte ich nur das siebte Schuljahr. Einfach keinen Bock auf Schule gehabt, draußen", erzählt er.

Drinnen versuchte Karl dann, ganz neu anzufangen. „Aber die Anstaltsleitung wollte mir erst überhaupt keine Ausbildung bewilligen. Wegen meiner schlechten Schulzeugnisse und der geringen Chancen, die Lehre erfolgreich zu beenden. Da hab' ich gesagt, ihr müßt mir doch einfach mal eine Chance geben." Karl nutzte sie. Er brachte zuerst eine Schlosserlehre hinter sich und „setzt jetzt den Maurer drauf", um nach seiner Entlassung bessere Chancen auf dem Arbeitsmarkt zu haben.

Von den rund 1800 (im September 1985) einsitzenden nordrhein-westfälischen Jugendlichen – etwa ein Drittel aller Jugendhäftlinge in der gesamten Bundesrepublik – beendeten 1500 eine Lehre.

H. Werra, in: DIE ZEIT, 14. 3. 1986

17 Aus Gesprächen mit jugendlichen Strafgefangenen

V.: Irgendwann tauchte hier in den Gesprächen aber auch mal die Meinung auf, daß man hier drinnen doch mehr zum Nachdenken kommt, sich neu zu orientieren als draußen.
Udo: Das ist aber nur eine Zwangserscheinung, weil man nichts anderes zu tun hat.
Heinz: Das will ich nicht sagen.
Udo: Das einzige ist, daß du hier drinnen mehr Zeit hast zu überlegen.
Jürgen: Das ist doch hier eine richtige Traumfabrik. Die liegen da im Bett und träumen, und das heißt bei denen „überlegen". Nehmen sich was vor, wenn sie rauskommen. Und dann kommen sie raus . . . Scheiße!
Heinz: Das darfst du aber nicht verallgemeinern.
Jürgen: Ja, das ist schon möglich. Damals in Laufen habe ich auch mal gesagt, daß ich nicht wiederkomme. Das werde ich jetzt nicht mehr sagen. Du bist schneller drinnen als draußen. Was ist denn, wenn ich rausgehen werde? Da babbelt mich irgendeiner an, ich bin besoffen, mache ihn nieder, und der zeigt mich an. Dann heißt es: ach, der da, ja der ist vorbestraft . . . zack, rein! Das ist doch ganz normal.
Udo: Das kommt doch ganz drauf an, was sich einer vornimmt.
Heinz: Ich möchte gar nicht raus. Das heißt, raus schon, aber erst möcht' ich meinen Gesellenbrief machen.
Ich bin gerade 19 geworden, wie ich eingesperrt worden bin, und fast 23, wenn ich Halbstrafe habe. Ich weiß viele Straßennamen in München schon nicht mehr. Wenn ich rauskomme, werde ich wahrscheinlich gar nicht mehr durchblicken. Aber ich bin ganz anders geworden.
Ja sicher, für mich bringt der Knast Gutes. In drei Jahren draußen hätte ich keine Prüfung gehabt, ich habe nicht die Möglichkeit gehabt, ich habe nicht den entsprechenden Lebenswandel geführt, echt nicht. Ich hätte es draußen nicht gebraucht. Und hier drinnen mache ich meinen Gesellenbrief nächstes Jahr, gehe raus und habe meinen Beruf und alles und bin auch selber reifer geworden, und denke wesentlich anders als früher. Wenn ich noch genauso wäre wie früher, hätte ich jeden Tag eine Schlägerei.
Ich hätte irgendwie total aus der Clique aussteigen müssen.
C.: Kriegt ihr auch was davon mit, daß das eigentlich ja so ein Erziehungsvollzug sein soll. Erziehung, Resozialisierung und so? Was kriegt ihr davon mit?
Harri: Ich gar nichts.
Georg. Beim S. halt.
Bernd: Da krieg' ich ja nichts, zu was erzieht mich denn der? Da krieg' ich bloß immer meine Wut . . .
Bernd: Der Ton müßte sich bessern.
Harri: Wenn jemand kommt und will mit uns reden, dann ist es bloß ein Strafrapport. Da kommen sie dann zu uns. So ist es doch, oder?
Bernd: In der Frühe sagt er: Guten Morgen, mittags sagt er: Mahlzeit, und abends Gute Nacht.
Georg: Oder er schaut durch den Spion. Mit dem Licht ist es doch dasselbe. Da darfst du das Licht nicht ausmachen, da fehlt es doch irgendwo!
Bernd: Bis um 10 brennt das Licht und um 8 ist Einschluß. Da darfst du nicht einmal früher das Licht ausmachen, wenn du Kopfweh hast.
Harri: Das Fenster kannst du auch nicht aufmachen, weil da erfrierst du sonst.
J.: Das sind doch alles Vorschriften, die nicht von diesen Leuten gemacht worden sind.
Bernd: Ja, freilich, das ist klar. Aber es ist ein totaler Schmarrn.

Nach: J. Kersten, v. Wolffersdorff-Ehlert: Jugendstrafe. Frankfurt a. M. 1980

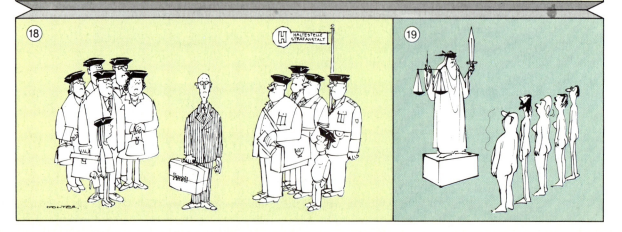

228

Umwelt nützen – Umwelt schützen

① Natur – Lebensraum

② und Abfallbecken

1. Umwelt – Gefährdeter Lebensraum: Denkanstöße

„... daß der Mensch verschwindet wie am Meeresufer ein Gesicht im Sand"
Michel Foucault

Seit Jahrhunderten haben die Menschen geglaubt, durch Wissenschaft, Technik und Industrie ihre Lebensbedingungen verbessern und immer neue Bedürfnisse befriedigen zu können. Sie nutzten dabei die Natur als vermeintlich unerschöpfliche Fundgrube von Rohstoffen aus. In unserer Zeit häufen sich jedoch die Anzeichen, daß der Lebensraum im „Raumschiff Erde" nicht grenzenlos ist. Wenn in gleichem Maße wie bisher unersetzbare Bodenschätze verbraucht, die Natur zerstört und unkontrollierbare Atomkraft weiter freigesetzt werden, bleibt am Ende die Erde als geplünderter und verwüsteter Planet übrig.

Die Bilder, Texte und Fragen auf den Seiten 229–231 sollen euch anregen zu

③ **Der einzelne – zur Ohnmacht verurteilt?**

Großstadt. Autos. Abgase. Fabriken. Schlote. Dichter Qualm. Gift. Grauer Schleier über den Ballungsgebieten. Sommer. Drückende Hitze. Windstille. Smog.
Und wir mittendrin. Jeder hat das Recht auf Leben und körperliche Unversehrtheit. So steht es im Grundgesetz.
Jeder weiß, daß er dagegen etwas unternehmen sollte. Jeder weiß, daß die Schlote weiterrauchen und daß es von Tag zu Tag schlimmer wird. Und jeder benutzt weiterhin sein Auto. Selbst bei einem Nulltarif der öffentlichen Verkehrsmittel würde man nicht auf sein Auto verzichten, ermittelte ein Demoskopie-Institut. Neue Autos werden zugelassen, neue Fabriken werden gebaut. Verlangt man Schutzvorrichtungen, Filter, bleifreies Benzin, dann heißt es: ‚Zu teuer, solche Investitionen kann unsere Firma nicht verkraften.' Gewiß, das Problem ist erkannt, die Gesetzesmaschinerie kommt in Gang, doch viel zu langsam, viel zu schwerfällig. Und für Unternehmer gibt es anscheinend nur eine Alternative: Zurück ins Postkutschenzeitalter, Preisgabe aller technischen Annehmlichkeiten oder weitermachen wie bisher.
Leserbrief eines 19jährigen. Zit. nach: F. Dörge, Qualität des Lebens. Opladen 1973, S. 43

④ **Die chemische Zeitbombe**

a) Mit der Muttermilch nehmen Säuglinge auch eine Reihe gesundheitlich bedenklicher Schadstoffe auf. Die von der Deutschen Forschungsgemeinschaft eingesetzte Kommission zur Prüfung von Rückständen in Lebensmitteln weist in ihrem ... Bericht über „Rückstände in Frauenmilch" darauf hin, daß die Muttermilch in ihrem Fettanteil hohe Konzentrationen chlorierter Kohlenwasserstoffe enthält. Diese werden, etwa als DDT, weltweit in Pflanzenschutzmitteln verwendet. Sie gelangen über die Nahrung in den Organismus der Mutter und werden im Fettgewebe gespeichert.
b) Als „Umweltgift erster Ordnung und von großer Tragweite" haben Wissenschaftler bleihaltiges Benzin bezeichnet.
Eine andere immer größer werdende Gefahr für die menschliche Gesundheit sahen sie überdies in der Verseuchung des Trinkwassers. „Riesige" Müllhalden mit schädlichen Substanzen, die nach Regenfällen in die Erde einsickerten, verseuchen nach jüngsten Forschungsergebnissen die Wasserversorgung der Welt noch „viele Meilen von der Müllablagerung" entfernt.
DFG-Mitteilungen 3/1978, S. 20; H. Ostermeyer: Die Revolution der Vernunft, Frankfurt 1977, S. 144

5 Alle Menschen sind betroffen

Wenn die Umwelt überfordert wird, dann schadet das nicht nur den Staaten, die unmittelbar von der Verschlechterung ihrer Lebensgrundlagen betroffen sind, sondern betrifft über das Ökosystem der Erde alle Länder, beispielsweise im Fall der Abholzung der Wälder. Den Wäldern, die jetzt etwa ein Fünftel der festen Landfläche der Erde bedecken, kommt für die Beschaffenheit des Mutterbodens und für das Überleben zahlloser Tierarten und Millionen von Menschen entscheidende Bedeutung zu. Sie helfen auch, die ungeheuren Mengen von Kohlendioxyd, die bei der Verbrennung fossiler Brennstoffe entstehen – ein Prozeß, der die Atmosphäre zu erwärmen droht und Klimaveränderung mit potentiell katastrophalen Folgen hervorrufen kann – zu absorbieren. Der Bedarf an Brennholz, an Ackerboden und an steigenden Exporten von Holzprodukten in die Industrieländer führt insgesamt zur Abholzung von 11 Mio. Hektar Wald pro Jahr in der Dritten Welt. Das ist eine Fläche von der Größe halb Großbritanniens. Die Waldvernichtung hat auch die Verarmung und Erosion des Bodens zur Folge, es gibt häufigere Überflutungen, und Flüsse, Seen und Häfen versanden.

Bericht der Nord-Süd-Kommission. Köln 1980, S. 145f.

„Im Jahre 2002: UFOS über Winsen an der Luhe"

überlegen, wie die Menschen ihre Umwelt gestalten – d.h. nutzen und verändern – und gleichzeitig auch erhalten können.

1 Ordnet die Bilder der Collage auf S. 229 den drei Bereichen der Umwelt – Lebensraum, Rohstoffquelle und Abfallbecken – im Schaubild 8 zu.

2 In den Bildern auf S. 229 und 230 sowie den Texten 3–5 werden Gefahren für das Leben der Menschen beschrieben. Faßt diese kurz zusammen.

3 Kennt ihr noch weitere Probleme und Gefahren als die hier genannten? Seht ihr die Umwelt ähnlich wie der Jugendliche, der Text 3 verfaßt hat?

4 Wie kann der einzelne mithelfen, daß die geschilderten Belastungen und Gefährdungen nicht eintreten oder geringer werden?

5 Nennt Beispiele des Fortschritts, bei denen doch staatliche Kontrollen notwendig sind. Wer soll solche Entscheidungen fällen (Text 7)?

7 Technik – Segen und Fluch des Menschen

Wenn ein Mensch mit prophetischen Gaben vor hundert Jahren seine Mitwelt vor dem soeben erfundenen Automobil gewarnt und eine Vielzahl von Opfern beschworen hätte – wäre das so abwegig gewesen? Die Motorisierung hat seither Millionen Menschen das Leben gekostet, Unzähligen zumindest vorübergehend die Gesundheit beeinträchtigt und gewaltige Sachschäden angerichtet. Trotzdem leben wir nun schon ein Jahrhundert mit diesem gefährlichen Gegenstand, und er ist weiter verbreitet denn je zuvor. Warum ist das so? Weil das Auto trotz der Risiken, die es birgt, auch unverzichtbaren Nutzen spendet ... Gibt es also „guten" und „bösen" Fortschritt? Und wie sortiert man hier ins eine oder ins andere Kästchen? Ist ein Überschall-Verkehrsflugzeug noch gut oder schon böse? Was ist mit einem schnellen Motorrad, einem Pflanzenschutzmittel, einem dank Chemie (immer noch) weißen Papier? Jeder kann sich da seine eigenen Kategorien schaffen ...
In einer Demokratie und einer marktwirtschaftlichen Ordnung gibt es keine Instanz und kann es keine geben, die den technischen Fortschritt lenkt. Eine solche Instanz müßte mit einer geradezu überirdischen vorausschauenden Intelligenz gesegnet sein, die kein Mensch aufbringen könnte und schon gar nicht eine Behörde.

G. Lignau, in: Frankfurter Allgemeine Zeitung, 30. 5. 1986

8 Die Bedeutung der Umwelt für den Menschen

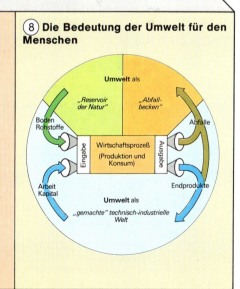

2. Energie und Rohstoffe – notwendig zum Überleben

2.1 Steigende Produktion – begrenzte Rohstoffe

In der Vergangenheit wurden die Rohstoffe der Erde mit immer größerer Geschwindigkeit und in immer größeren Mengen ausgebeutet. So wurde beispielsweise in einem Jahr (1929) etwa doppelt soviel Kupfer produziert wie im ganzen 19. Jahrhundert. Seit Ende des Zweiten Weltkrieges wurde weit mehr Energie in unterschiedlichen Formen (Kohle, Erdöl, Erdgas) verbraucht als in den vielen hunderttausend Jahren der gesamten menschlichen Geschichte vorher.

Seit der industriellen Revolution im 19. Jahrhundert hat der Mensch die Natur immer rascher und tiefer ausgebeutet. In der industriellen Produktionsweise ersetzten immer mehr Maschinen die menschliche Arbeitskraft; mit Hilfe neuer technischer Verfahren konnten immer mehr Güter zu immer geringeren Preisen hergestellt werden. Die Nachfrage nach Gütern und Dienstleistungen, die das Leben müheloser, abwechslungsreicher und sorgenfreier machten, stieg. Dadurch wurde und wird das Leben der Menschen tiefgreifend verändert: Das zeigt sich heute vor allem in den Möglichkeiten, die moderne Verkehrs- und Kommunikationsmittel (z. B. Auto, Flugzeug, Raumfahrt, Telefon, Fernsehen, Computer usw.) den Menschen bieten. Der stetig steigende Massenkonsum in den Industrieländern wie auch in den Entwicklungsländern verbraucht nicht nur die Bodenschätze, sondern belastet auch die Umwelt durch Müll, Abgase, chemisch verseuchte und aufgeheizte Abwässer der Fabriken ...

1 Welche Ursachen macht der Verfasser des Textes 1 für den hemmungslosen Rohstoffabbau verantwortlich?

2 Welche anderen Elemente der Natur außer den Bodenschätzen werden ebenfalls als unerschöpflich und fast kostenlos angesehen?

3 Erkundigt euch bei eurer örtlichen Elektrizitätsversorgungsstelle, welche Strompreise für die verschiedenen Abnehmergruppen gelten.

4 Die Vorräte an Rohstoffen sind begrenzt. Nennt Beispiele für die Verwendung einiger Rohstoffe (Tabelle 4). Wie lassen sich die unterschiedlichen Angaben für die Reichweite der Vorräte erklären? Wodurch könnte der Verbrauch dieser Rohstoffe gedämpft und somit die Vorräte gestreckt werden? Wie ist es zu erklären, daß bei steigenden Preisen für Rohstoffe auch meist die Mengen der verfügbaren Reserven zunehmen?

---

① **Rohstoffabbau – immer mehr und immer schneller**

Daß ... Rohstoffe als freie Güter angesehen wurden, hielt jedermann für richtig; denn sie waren ja von der Natur ‚geschenkt' ... So ergab es sich, daß der Eigentümer des jeweiligen Grund und Bodens nur ein kleines Entgelt für die Schürfrechte bekam, das in der Höhe etwa dem Ertrag der benötigten Fläche bei ihrer landwirtschaftlichen Nutzung entsprach, also sehr niedrig war ... Der Preis eines Rohstoffes ergibt sich damit im wesentlichen aus dem Aufwand für Exploration (Erkundung von Fundstellen), Abbau und Transport. Sind die Einrichtungen dafür erst einmal vorhanden, dann kann der Rohstoff um so billiger geliefert werden, je größer die Abnahmemengen sind. Der Bezieher großer Mengen bekommt meist einen Preisvorteil eingeräumt. Dies gilt auch für die Energiepreise, wo z. B. der Strompreis mit der Steigerung der abgenommenen Menge sinkt ... Von der Preisbildung geht demnach ein Anreiz zum größeren Verbrauch aus.

H. Gruhl: Ein Planet wird geplündert. Frankfurt/M. 1978, S. 71–73

② Stichwort „Energie"

Unter *Primärenergie* versteht man die Energieträger (Holz, Kohle, Gas, Öl usw.), aus denen durch verschiedene Verfahren (Verbrennung, Wasserturbinen, Verkokung usw.) *Nutzenergie* in Form von Wärme, Elektrizität, mechanischer Beschleunigung (z. B. Benzinmotor) freigesetzt und genutzt wird. In der Bundesrepublik werden von der insgesamt eingesetzten Primärenergie weniger als die Hälfte, nämlich 45,2%, als Nutzenergie gewonnen. Den geringsten Nutzungsgrad weist die für den Verkehr aufgewandte Primärenergie auf – nur etwa 17%. Der Rest verpufft.
Als Maßeinheit für Energie wird der Energiewert von Steinkohle in Tonnen zugrunde gelegt (SKE).

③ Energie-Verbrauch der Welt (1950–1985) Mrd. t SKE

	insgesamt	Öl	Kohle	Gas	Wasser	Atomkraft
1950	2657	705	1473	243	236	–
1960	4273	1420	1981	593	277	2
1970	7492	3309	2370	1345	440	28
1975	8638	3951	2477	1573	512	125
1980	10013	4348	2903	1897	620	245
1985	10751	4074	3303	2163	722	489
	Anteile in %					
1985	100	37,9	30,7	20,1	6,7	4,6

V. Hauff: Energie-Wende. München 1986, S. 117

2.2. Energie – das Schlüsselproblem

Die Weltbevölkerung wächst ständig weiter; die armen Regionen in der Welt müssen von Armut und Hunger befreit werden; die Menschen in den reichen Industrieländern wollen ihren Lebensstandard erhalten – dies wird den Verbrauch an Nahrungsmitteln, Rohstoffen und Industriegütern ständig weitertreiben: Um den Lebensstandard zu halten, die Vergiftung unserer Umwelt zu verhindern sowie weitere Nahrungsquellen zu erschließen, werden technische Verfahren und Anlagen notwendig, die wahrscheinlich sehr viel Energie benötigen. Deshalb ist die Sicherung der Energieversorgung zu einem der wichtigsten Probleme sowohl der internationalen Politik als auch der Wirtschafts- und Innenpolitik der einzelnen Staaten geworden.

5 Wie läßt sich der starke Anstieg des Anteils von Erdöl als Energieträger (Tabelle 3 und Abb. 5) erklären? Denkt dabei an folgende Gesichtspunkte:

④ Wie lange reichen die Vorräte?

Reichweite bekannter und bei heutiger Technik wirtschaftlich abbaubarer Metallvorkommen in Jahren

Schätzung aus der Sicht des Jahres:	1972	1981	1985
Aluminium	31	253	
Kupfer	21	70	75
Blei	21	43	70
Zinn	15	41	120
Zink	18	39	
Eisen	93	184	240
Chrom	95	364	350
Nickel	53	110	160
Quecksilber	13	28	35
Kobalt	60	112	
Wolfram	28	49	

DIE ZEIT, 17. 8. 1984; Fischer Weltalmanach 1987, Sp. 852

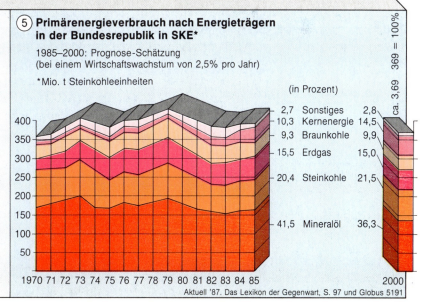

⑤ Primärenergieverbrauch nach Energieträgern in der Bundesrepublik in SKE*

1985–2000: Prognose-Schätzung (bei einem Wirtschaftswachstum von 2,5% pro Jahr)

*Mio. t Steinkohleeinheiten

(in Prozent) — 369 = 100% — ca. 3,69

1985	2000
2,7 Sonstiges	2,8
10,3 Kernenergie	14,5
9,3 Braunkohle	9,9
15,5 Erdgas	15,0
20,4 Steinkohle	21,5
41,5 Mineralöl	36,3

Aktuell '87. Das Lexikon der Gegenwart, S. 97 und Globus 5191

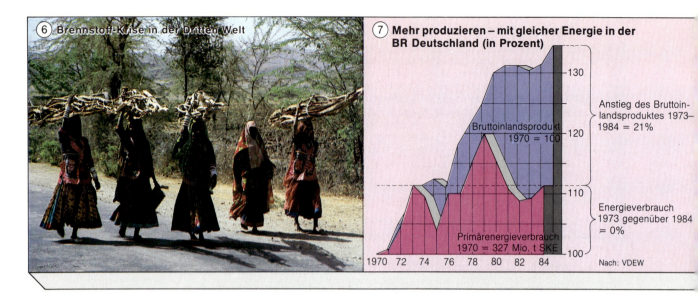

⑥ Brennstoff-Krise in der Dritten Welt

⑦ Mehr produzieren – mit gleicher Energie in der BR Deutschland (in Prozent)

Bruttoinlandsprodukt 1970 = 100
Primärenergieverbrauch 1970 = 327 Mio. t SKE

Anstieg des Bruttoinlandsproduktes 1973–1984 = 21%
Energieverbrauch 1973 gegenüber 1984 = 0%

Nach: VDEW

technische Erfindungen, die den Einsatz von Öl ermöglicht haben; Vorteile dieses Rohstoffs bei Abbau, Lagerung, Transport etc. Wie hat der Einsatz dieses Energieträgers das Leben der Menschen verändert?

⑥ Erdöl ist nicht nur Energieträger. Wozu kann man es noch verwenden?

⑦ Welche Ursachen gibt es für den steigenden Energiebedarf in der Welt? Sucht Gründe für die regionalen Unterschiede (vgl. Abb. 8a, Tab. 8b).

⑧ Wie läßt sich erreichen, daß mit gleichem Energieeinsatz ein höherer Güterwert produziert wird (Abb. 7)? Wie ist die Tatsache zu erklären, daß der Stromverbrauch zugenommen hat?

„Ölschock" und Wirtschaftskrise

In den Jahren 1973/74 hatte die von den arabischen Förderländern beherrschte „Organization of the Petroleum Exporting Countries" (OPEC) den Preis für

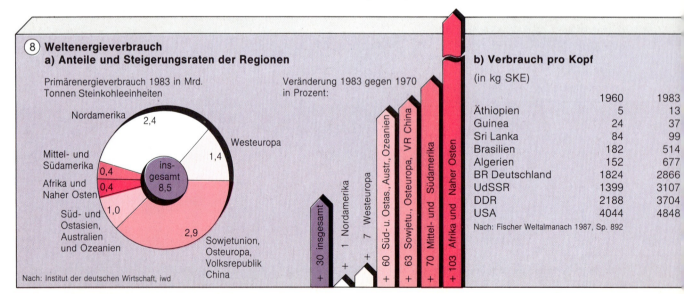

⑧ Weltenergieverbrauch
a) Anteile und Steigerungsraten der Regionen

Primärenergieverbrauch 1983 in Mrd. Tonnen Steinkohleeinheiten

Nordamerika 2,4
Westeuropa 1,4
insgesamt 8,5
Mittel- und Südamerika 0,4
Afrika und Naher Osten 0,4
Süd- und Ostasien, Australien und Ozeanien 1,0
Sowjetunion, Osteuropa, Volksrepublik China 2,9

Veränderung 1983 gegen 1970 in Prozent:
+ 30 insgesamt
+ 1 Nordamerika
+ 7 Westeuropa
+ 60 Süd- u. Ostas., Austr., Ozeanien
+ 63 Sowjetu., Osteuropa, VR China
+ 70 Mittel- und Südamerika
+ 103 Afrika und Naher Osten

Nach: Institut der deutschen Wirtschaft, iwd

b) Verbrauch pro Kopf
(in kg SKE)

	1960	1983
Äthiopien	5	13
Guinea	24	37
Sri Lanka	84	99
Brasilien	182	514
Algerien	152	677
BR Deutschland	1824	2866
UdSSR	1399	3107
DDR	2188	3704
USA	4044	4848

Nach: Fischer Weltalmanach 1987, Sp. 892

Rohöl drastisch heraufgesetzt. Dieser sogenannte „Ölschock" zeigte blitzartig, wie stark die Wirtschaft und die Industrie der entwickelten und reichen Staaten von der Versorgung mit (billigen) Rohstoffen und Energie abhängig sind. Die westlichen Industrieländer wurden von der schärfsten Wirtschaftskrise seit dem Zweiten Weltkrieg erfaßt: Das Wirtschaftswachstum ging zurück, die Zahl der Arbeitslosen stieg, und ein großer Teil des Volkseinkommens mußte für die Ölimporte aufgewandt werden. Als die OPEC 1979/80 erneut die Preise erhöhte, führte dies wiederum zu einer Wirtschaftskrise.

In den letzten Jahren fielen die Preise für Erdöl, weil die Nachfrage auf dem Weltmarkt zurückgegangen ist, die meisten Förderländer aber weiterhin viel Öl anbieten, denn sie sind auf die Erlöse angewiesen.

9 Berechnet in Schaubild 8a den Anteil der einzelnen Ländergruppen am Gesamtverbrauch. Wie lassen sich die niedrigen Steigerungsraten der westlichen Industrieländer erklären?

10 Vergleicht den Energieverbrauch pro Kopf in Tabelle 8b mit den Merkmalen der Unterentwicklung, wie sie in UE 10, S. 296ff. angegeben sind. Wie läßt sich der Zusammenhang von Energieverbrauch und Entwicklungsstand beschreiben und erklären?

11 Vergleicht Karte 9 mit Abb. 8 und überlegt, welche Konsequenzen sich daraus für die Verteilung des Energieaufkommens in der Welt zukünftig ergeben können.

12 Wie läßt sich der Rückgang in der Nachfrage nach Erdöl auf dem Weltmarkt erklären? Denkt dabei an Gesichtspunkte wie: Wirtschaftskrise in den Industrieländern, Verschuldung der Entwicklungsländer, Energieeinsparungen durch Verbraucher usw.

13 Viele Menschen in den Industrieländern freuen sich über die zur Zeit niedrigen Ölpreise. Aber darin liegt auch eine Gefahr. Welche?

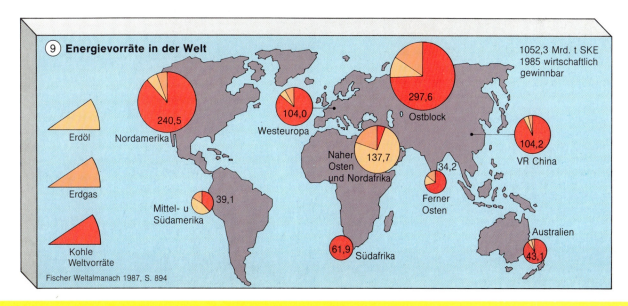

9 Energievorräte in der Welt

Fischer Weltalmanach 1987, S. 894

2.3 Energie- und Rohstoffpolitik: Sicherung der Lebensbedingungen

*„Grenzen des Wachstums":
Bewahren, nicht plündern!*

Die verschiedenen „Ölschocks", zahlreiche Hungerkatastrophen in der Dritten Welt, menschenunwürdige Lebensbedingungen in den Slums der Millionenstädte Asiens, Afrikas und Lateinamerikas, Wassermangel und die Verseuchung von Seen und Wäldern durch „sauren Regen" – dies sind einige Anzeichen, daß „in einer endlichen Welt kein unendliches Wachstum möglich ist". So lautet der Kernsatz einer amerikanischen Studie über die „Grenzen des Wachstums" (die 1972, vor dem ersten „Ölschock" erschien). Regierungen, Produzenten und Verbraucher (vor allem in den reichen Industrieländern) stehen vor der Aufgabe, mit immer knapper werdenden Rohstoffen und Energievorräten sparsam umzugehen.

Wissenschaftler, Techniker und Wirtschaftsunternehmen versuchen deshalb, neue Werkstoffe zu erfinden und Produktionsverfahren zu entwickeln, die weniger Rohstoffe und Energie benötigen und die Umwelt nicht so stark belasten. Auch gelingt es zunehmend, den Abfall nicht bloß zu beseitigen,

Recycling

sondern durch gezielte Wiederverwertung (Recycling) knappe und wertvolle Rohstoffe wieder zurückzugewinnen (vgl. Tab. 11).

Energie zu sparen ist offensichtlich auch möglich: Zwischen 1970 und 1985 konnte die Industrie in der Bundesrepublik ihren Energieverbrauch um

Energiesparen

knapp 14% senken, obwohl die Produktionsleistung im gleichen Zeitraum um 41% stieg. Von 1974 bis 1984 sparten die privaten Haushalte 6%, obwohl die Zahl der Haushalte zugenommen hat. Einige Forscher halten es für möglich, allein durch Energiesparen den Verbrauch um bis zu 50% zu verringern.

⑩ Rohstoffe – vorhanden, aber teuer

Eine Studie über die Versorgung mit nicht ersetzbaren Rohstoffen (z. B. Mineralien oder Öl), die vom Wissenschaftlichen Dienst des Deutschen Bundestages erarbeitet wurde, kam zu folgendem Ergebnis:
„Die Problematik der Versorgung mit mineralischen und Energierohstoffen besteht nicht darin, daß man in absehbarer Zeit im absoluten Sinne ein Zurneigegehen befürchten müßte. Zwar gibt es einige Stoffe, wie etwa Wolfram oder Mineralöl, die dann praktisch nicht mehr zur Verfügung stehen; sie können aber im Prinzip durch andere, sehr viel häufiger vorkommende Stoffe, wie Titan oder Öl aus Kohle bzw. Schieferöl ersetzt werden. Schwierigkeiten ergeben sich insofern, als ... die realen Kosten für die Rohstoffgewinnung ... im Gegensatz zur Vergangenheit zunehmen werden, denn: Man muß auf teurere Verfahren umstellen; die Rohstoffe sind in noch nicht ausgebeuteten Vorkommen nur in geringer Konzentration vorhanden; das erfordert mehr Energie und Kapital und steigert die Umweltbelastung. Optimistisch betrachtet lassen sich diese Lasten durch menschliche Schaffens- und Erfindungskraft zumindest ausgleichen; pessimistisch gesehen gilt dies nur bedingt, wovon vor allem die heute schon Armen betroffen sein würden."

M. Jaeger: Problematik der Versorgung mit nicht erneuerbaren Rohstoffen. Deutscher Bundestag, Wissenschaftliche Dienste, WF VIII – 135/79, Bonn 1980, S. 34

⑪ Höhepunkt überschritten?

a) Metallbedarf in der westlichen Welt (in 1000 Tonnen pro Jahr)

Jahr	1973	1979	1983
Aluminium	11 187	**12 587**	11 760
Kupfer	6927	**7536**	6765
Zink	**4822***	4682	4317
Blei	4052	**4197**	3795
Nickel	514	**584**	472
Zinn	**204**	179	154

* Bisheriger Höchstverbrauch jeweils im Fettdruck

nach: Metallgesellschaft, Metal Statistics, in: DIE ZEIT, 17. 8. 1984

b) Schätze im Müll
Wieviel gebrauchte Rohstoffe kann man wiederverwenden:

Kupfer 75–80%	z. Z. über 40%
Zinn rd. 66%	z. Z. über 50%
Papier 60%	z. Z. fast 50%
Blei 55–60%	z. Z. über 50%
Aluminium über 50%	z. Z. rd. 33%
Nickel, Eisen, Stahl je 45–50%	z. Z. knapp 40%
Glas 45–50%	z. Z. knapp ⅓
Zink 35–40%	z. Z. rd. 30%

14 Welche Auswege aus der Energie- und Rohstoffknappheit werden in Text 10 vorgezeichnet?

15 Weshalb kann es sein, daß die heute schon armen Länder der Dritten Welt in geringerem Maße in der Lage sein werden, die Rohstoff- und Energieprobleme der Zukunft zu meistern?

16 Nennt Beispiele für eine Wiederverwendung von Abfallstoffen. Welche weiteren Gründe für das Recycling gibt es neben der Rückgewinnung knapper Rohstoffe? Weshalb ist es sinnvoller, Mehrwegflaschen zu benützen, statt Altglas wieder aufzubereiten?

17 Wie läßt sich die Tatsache erklären, daß in der Industrie die Versuche, Energie einzusparen, wirkungsvoller sind als z.B. im Haushalt oder im Verkehr? Denkt dabei an folgende Gesichtspunkte: benötigtes Kapital, technisches Wissen, Zahl derjenigen, die jeweils die Entscheidungen treffen ...

18 Welche Gründe lassen sich dafür nennen, daß die Bundesregierung eine sehr hohe Mineralölsteuer festgesetzt hat?

Um die Abhängigkeit vom Erdöl zu verringern, den Abbau fossiler Brennstoffe zu verlangsamen und die bei der Verbrennung entstehenden Umweltbelastungen zu vermeiden, wird auch versucht, sogenannte „alternative" Energiequellen zu nutzen. Darunter versteht man in erster Linie Energiequellen, die sich immer wieder erneuern lassen (regenerative Energien). Dies sind vor allem die Sonne, die Windkraft, die Wasserkraft (Stauseen, Flüsse), die Wellen- und Gezeitenenergie des Meeres sowie die in Pflanzen gespeicherte Bio-Energie. Solarhäuser, Gezeitenkraftwerke, Windrotoren und Biogas-

Alternative Energiequellen

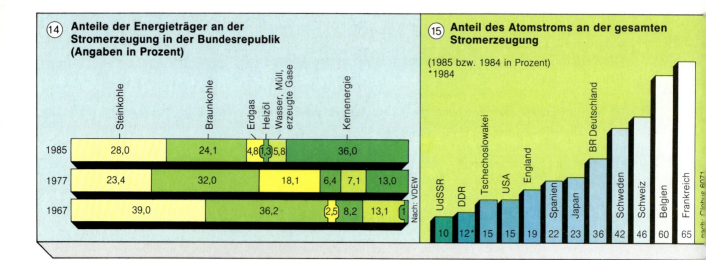

Motoren sind nur einige der neuartigen technischen Formen, um diese Energiequellen zu erschließen und zu verwerten.

Ob und wie diese riesigen und letztlich unerschöpflichen Energievorräte auch wirklich genutzt werden können, ist umstritten. Schätzungen sehen vor, daß der Anteil alternativer Energiequellen an der Gesamtversorgung bis zum Jahre 2000 kaum gesteigert werden könne.

Die Befürworter der alternativen Energie kritisieren, daß deren Erforschung und technische Entwicklung vom Staat nicht so gefördert worden sei, wie etwa die Nutzung der Steinkohle oder der Kernenergie: 1986 standen für die Erforschung erneuerbarer Energien 300 Mio. DM zur Verfügung, die Kernenergie (die jahrzehntelang schon gefördert worden war) wurde dagegen mit einer Milliarde DM unterstützt. Als ein wichtiger Grund für die Schwierigkeiten, diese Energiequellen zu nutzen, wird häufig die „mangelnde Wirtschaftlichkeit" genannt; um diese Energiequellen zu erschließen und zu nutzen, sind viel Kapital, Material, technisches Wissen und auch andere Energieformen (z. B. Elektrizität) nötig.

Würde der Staat die Entwicklung und Anwendung alternativer Energie stärker finanziell unterstützen, könnten billigere Apparate und Verfahren entwickelt werden. Auch erhöht sich die Wirtschaftlichkeit dieser Energieformen, wenn die Preise für die anderen Energieträger steigen.

19 Versucht – vielleicht mit Hilfe eurer Physik- und Biologielehrer – die technischen Probleme bei der Nutzung regenerativer Energiequellen herauszufinden. Untersucht dabei auch folgende Probleme: Abhängigkeit vom Klima, Transport und Speicherung der gewonnenen Energie, Möglichkeit vieler kleinerer Gewinnungsanlagen etc.

Atomenergie

In den letzten 20 Jahren, besonders nach dem „Ölschock" von 1973/74 wurde in allen Industrieländern die Nutzung der Kernenergie ausgebaut. So soll nach dem Energieprogramm der Bundesregierung der Einsatz der Atom-

16 Nach Tschernobyl: Angst und Unsicherheit

Mit einem Geigerzähler prüft eine Frau, ob die Lebensmittel radioaktiv verseucht sind.

energie von gegenwärtig (1986) 5,9% auf 14 bis 15% im Jahre 2000 gesteigert werden. Viele Bürger widersetzen sich diesem Plan, weil die Gefährdung der lebenden und zukünftigen Generationen zu groß sei. Bürgerinitiativen wenden sich gegen den Bau von Atomkraftwerken, Wiederaufbereitungsanlagen und Endlagern für den radioaktiven Abfall.

Im Frühjahr 1979 konnte bei einem Reaktorunfall in Harrisburg (USA) eine größere Katastrophe noch in letzter Minute verhindert werden. Am 26. April 1986 explodierte bei Tschernobyl in der Sowjetunion ein Atomreaktor. Einige Menschen starben unmittelbar bei dem Unfall; wieviele der Bewohner

Die Katastrophe von Tschernobyl

17 Soll die Atomenergie weiter genutzt werden? – Antworten der Parteien

a) Die CDU/CSU: weiter nutzen

Die friedliche Nutzung der Kernenergie kann unsere Umwelt entlasten und begrenzte Energievorräte schonen. Friedliche Nutzung bei Kernenergie kann national Arbeitsplätze sichern.

Eine friedliche Nutzung der Kerntechniken setzt außerordentlich strenge Maßstäbe zur Sicherheit, Entsorgung und zum Umweltschutz voraus. Nur unter diesen Voraussetzungen haben die großen Parteien der Bundesrepublik Deutschland Entwicklung und Aufbau der Kernenergie gefördert und verantwortet.

Als Industrienation können wir in einer begrenzten Welt nicht erfolgreich überleben, wenn wir aus Techniken aussteigen, die uns begrenzte Energievorräte und Rohstoffe durch Arbeit, technische Intelligenz und Kapital erweitern; wir müssen diese Techniken vielmehr verantwortlich gestalten.

Bundesforschungsminister H. Riesenhuber, in: DIE ZEIT, 9. 5. 1986

b) Die SPD: aussteigen

Ganz abgesehen davon, daß auch ... deutsche Experten, den Reaktor von Tschernobyl als sicher beurteilt haben, wissen wir natürlich, daß unsere Sicherheitsstandards strenger sind als die anderer Länder. Sie sind es übrigens nicht zuletzt deshalb, weil der Protest und der Widerstand vieler Bürger diese schärferen Sicherheitsbestimmungen erzwungen haben...

Erstens. Wir lehnen den Einstieg in die Plutoniumwirtschaft und folglich die Wiederaufarbeitung ab. Wir fordern für die Wiederaufbereitungsanlage in Wackersdorf einen Baustopp.

Zweitens. Wir lehnen den weiteren Ausbau der Kernenergie ab.

Drittens. Die Nutzung der vorhandenen Kernkraftwerke ist nur noch für eine Übergangszeit zu verantworten

Oppositionsführer H. J. Vogel, in: Das Parlament, 31. 5. 1986

c) Die Grünen: sofort abschalten

Was kann nun konkret getan werden? Tschernobyl hat niemanden unberührt gelassen. Die am eigenen Leibe erlebte Angst vor der strahlenden Wolke und dem radioaktiven Regen ist längst zu einem tiefgreifenden politischen und gesellschaftlichen Faktor geworden. Millionen, die sich bisher für die Problematik kaum interessiert haben, ist es wie Schuppen von den Augen gefallen: Atomenergie kann nicht beherrscht werden. Deshalb fordern wir, alle Atomanlagen abzuschalten, jetzt und sofort!

Hannegret Hönes, in: Das Parlament, 31. 5. 1986

2.4 Überleben – um welchen Preis?

der Gegend um Tschernobyl auf längere Sicht den Folgen der Strahlung zum Opfer fallen werden, ist ungewiß. Große Mengen radioaktiver Strahlung gingen über ganz Europa nieder. In Skandinavien mußten Tausende von verseuchten Rentieren, Schafen und Rindern getötet werden.

Die Katastrophe von Tschernobyl rief bei Millionen von Menschen in ganz Europa Angst und Hilflosigkeit hervor. Behörden und Wissenschaftler gaben widersprüchliche Anweisungen und Ratschläge. Eine heftige öffentliche Diskussion entbrannte – und dauert noch an –, ob die friedliche Nutzung der Atomenergie übehaupt notwendig sei und verantwortet werden könne.

20 Faßt die wichtigsten Aussagen der Texte 17 a–c zusammen. Welche Gründe werden für und wider die Kernenergie vorgebracht? Bildet Gruppen, die jeweils einen der verschiedenen Standpunkte darlegen sollen.

Keine einfachen Lösungen

21 Was könnte der Verzicht auf Kernenergie für das alltägliche Leben in unserer Gesellschaft bedeuten?

22 Wie beurteilt ihr das Argument, ein „Ausstieg aus der Kernenergie" durch die Bundesrepublik würde wenig bewirken, da die Nachbarstaaten weiterhin diese Energieform nutzten (vgl. Schaubild 15 und Text 17 a)?

23 Welche Folgen ergeben sich aus den Argumenten in den Texten 18 und 20 für die parlamentarische Demokratie?

Der Kritik an der Atomenergie wird entgegengehalten, daß auch andere Formen der Energiegewinnung schädlich und gefährlich sind. Denn die Kraftwerke, die mit Kohle, Öl oder Gas betrieben werden, schädigen die Umwelt. Sie setzen Kohlendioxyd (CO_2) frei, ein Gas, das Wärmeenergie speichert. Wenn der Anteil von CO_2 in der Erdatmosphäre weiter zunimmt, erwärmen sich die unteren Luftschichten und lassen die von der Erde abstrahlende Wärme nicht durch. Dieser „Treibhauseffekt" kann das Klima auf der ganzen Erde verändern.

---

⑱ Demokratische Kontrolle ist nötig

Jene Atomphysiker und Techniker, die nach wie vor an die nationale – sagen wir getrost: provinzielle – Beherrschbarkeit der Atomspaltung glauben und lediglich bessere Sicherheitsvorkehrungen hier und dort, vor allem in der Sowjetunion verlangen, denken merkwürdig kühl und kurzsichtig. Jede chemische, biologische oder kernphysikalische Tat, die letzten Endes die ganze Welt bedroht, muß schließlich auch von der ganzen Welt kontrolliert werden können. Sie fällt auch nicht allein in die Zuständigkeit der Experten aus aller Welt. Wir Nichtexperten, die wir im Ernstfall mitsterben müssen, möchten vorher wenigstens ein Sterbenswörtchen mitreden dürfen – ist das unbescheiden?

M. Schreiber, in: Frankfurter Allgemeine Zeitung: 7. 5. 1986

⑲ Protest in vielen Formen

⑳ Verantwortung vor den Nachkommen

Wissenschaft und Technik stehen vor der Aufgabe, Ausschau nach neuen, weniger gefährlichen, umweltfreundlichen Energien zu halten. Das gilt auch für den Fall, daß zerstörerische Auswirkungen der Kernenergie – soweit es Menschen möglich ist – verhütet werden können. Hier wirkt sich menschliches Versagen besonders verheerend aus. ...
Genetische und sonstige Schädigungen der jetzt lebenden Menschen und späterer Generationen dürfen nicht aus noch so dringlichen Nützlichkeitserwägungen in Kauf genommen werden.

Pressedienst der Deutschen Bischofskonferenz. Bonn 15. 9. 1986, S. 10

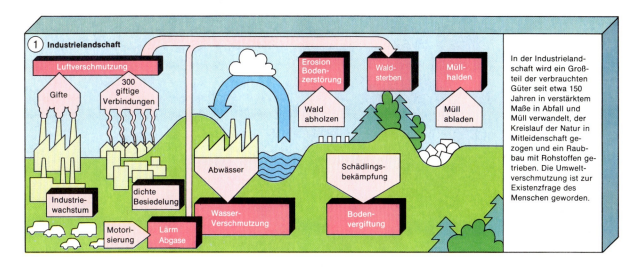

In der Industrielandschaft wird ein Großteil der verbrauchten Güter seit etwa 150 Jahren in verstärktem Maße in Abfall und Müll verwandelt, der Kreislauf der Natur in Mitleidenschaft gezogen und ein Raubbau mit Rohstoffen getrieben. Die Umweltverschmutzung ist zur Existenzfrage des Menschen geworden.

3. Die Umwelt – nicht grenzlos belastbar

1979 legten 400 Wissenschaftler und Beamte dem amerikanischen Präsidenten Carter einen umfangreichen Bericht über die Lebensbedingungen der Menschen im Jahre 2000 vor. In dieser Untersuchung „Global 2000" schildern die Experten mögliche Gefahren, die dem Drehbuch eines Katastrophenfilms entnommen zu sein scheinen:

– Jährlich wird auf der Welt ein Waldgebiet so groß wie die Bundesrepublik verbrannt oder zubetoniert. In 20 Jahren wird fast die Hälfte der Wälder vernichtet sein, da die Nachfrage nach Holzprodukten und Brennholz zunimmt.

– Pro Jahr schrumpft die landwirtschaftliche Nutzfläche der Welt um die Größe Bayerns: Verlust von hochwertigem Ackerland auf Grund der Stadtausdehnung, Bodenerosion, Versalzung der Böden, Wüstenbildung.

– Bis zu 2 Mio. Pflanzen- und Tierarten sterben aus, wenn ihre Lebensräume (z. B. durch Abholzen der tropischen Wälder) weiter zerstört werden.

– Die Konzentration von Kohlendioxyd und ozonabbauenden Chemikalien werde in der Atmosphäre in einem solchen Maß zunehmen, daß sich das Klima auf der Erde erwärmen, das Polareis abschmelzen und dadurch riesige Küstenregionen überflutet werden.

– In den Massenquartieren riesiger Millionen-Städte könnten die Menschen kaum noch mit dem Nötigsten versorgt werden.

– Der Wasserbedarf wird sich in einigen Regionen allein schon wegen des Bevölkerungswachstums verdoppeln; wahrscheinlich werden Kriege um immer knapper werdendes Trinkwasser geführt werden.

– „Saurer Regen", der durch die gesteigerte Verwendung fossiler Brennstoffe (vor allem Kohle) entsteht, bedroht immer stärker Seen, Böden und Ernten auch der weit abgelegenen und nicht industrialisierten Landschaften.

– Durch die zunehmende Nutzung der Atomenergie wächst die Gefahr einer radioaktiven Verseuchung der Umwelt infolge von Kernreaktorunfällen.

3. 1. Alarmsignale: Können wir so weitermachen?

„Global 2000": düstere Aussichten

② Trinkwasser aus Tankwagen am Rhein

③ Zu viele Zeitbomben?
„... und danke Dir, daß heute wieder nur so wenig passiert ist!"

Großchemie gefährdet die Umwelt

Aus diesen Beobachtungen und Vorhersagen folgern viele Menschen, daß tiefgreifende wirtschaftliche und politische Änderungen notwendig sind, damit die befürchteten Entwicklungen nicht eintreffen.

Immer wieder wird bei großen Chemie-Unfällen deutlich, wie sehr Menschen und Umwelt tagtäglich gefährdet sind:

– Im Juli 1976 mußten die Menschen der oberitalienischen Stadt Seveso vor einer riesigen Giftgaswolke fliehen; Tiere verendeten; Teile der Stadt durften für Monate nicht betreten werden; Menschen starben oder trugen schwere gesundheitliche Schäden davon.

– Im Dezember 1984 ereignete sich bei der indischen Stadt Bhopal in der Fabrik eines amerikanischen Konzerns die bisher größte Giftgaskatastrophe: über 2500 Menschen starben, Tausende wurden verletzt; 200000 Menschen verließen die Stadt.

– Anfang November 1986 brach in einer Lagerhalle des Schweizer Chemie-Unternehmens Sandoz in Basel ein Großbrand aus. Eine giftige Wolke zog über die Region am Hochrhein. Giftiges Löschwasser floß ungehindert in den Fluß, weil keine Auffangbecken oder andere Sicherheitsvorkehrungen eingebaut waren. Bis zu seiner Mündung in die Nordsee wurden der Fluß und alle Lebewesen in ihm vergiftet. Später stellte sich heraus, daß während des Brandes eine andere Firma auch noch schnell giftige Stoffe in den Fluß eingeleitet hatte.

In den folgenden Wochen wurde fast täglich von neuen „Störfällen" in nahezu allen größeren deutschen Chemiefirmen berichtet, bei denen giftige Stoffe in die Umwelt gelangt waren. Wieder mußten die Trinkwasserbrunnen am Rhein abgeschaltet werden. Bürger und Politiker waren empört, weil die

④ Chemie im Kreuzfeuer

Ohne Chemie wäre unser Leben vermutlich kürzer und auf jeden Fall mühsamer. Chemische Arzneimittel helfen unsere Krankheiten zu bekämpfen, Kunstdünger läßt die Ernten steigern, und wir können uns unser alltägliches Leben kaum ohne Gegenstände aus Kunststoffen vorstellen. Geschickt versucht deshalb auch die chemische Industrie, sich in ihrer Werbung als lebenspendende Kraft darzustellen.

In einer bisher unveröffentlichten Studie des Bundesumweltministeriums wird aber gewarnt, daß wegen der enormen Chemieproduktion und der dichten Besiedlung der Bundesrepublik die Gefährdung besonders groß sei. Den Unternehmen wird vorgeworfen, sie wollten die sicherheitstechnischen Regelungen weitgehend selbst festlegen und weiterhin fast nur Selbstüberwachung zulassen. Umweltpolitiker – vor allem der SPD und der GRÜNEN – halten die Vorschriften für den Umgang mit gefährlichen Stoffen für nicht ausreichend. Sie wollen diese für den Schutz von Pflanzen, Flüssen und Grundwasser zu Lasten der Verursacher verschärfen sowie die Mitbestimmungsrechte der Gewerkschaften und Betriebsräte in Fragen des Umweltschutzes verstärken. Ob das etwas nützen wird?

Firmenleitungen mehrfach versuchten, die Unfälle entweder zu verharmlosen oder ganz zu verschweigen. Der Ruf nach einer schärferen Kontrolle der umweltgefährdenden Industrien wurde laut. Während einige Parteien (so vor allem die CDU und die Bundesregierung) meinen, die Unternehmen zu freiwilligen Umweltschutzmaßnahmen überzeugen zu können, vertreten andere (so die SPD und DIE GRÜNEN) die Auffassung, daß solche Umweltgefährdungen nur durch strengere staatliche Gesetze verhindert werden könnten, da die Firmen sich ausschließlich von ihren Gewinninteressen leiten ließen, die häufig nicht in Einklang mit den Erfordernissen des Umweltschutzes stünden.

❶ Sammelt Anzeigen, in denen Chemiefirmen ihre Produkte und Leistungen darstellen. Wie wird dort die Frage der Umweltgefahren behandelt?

❷ Was kritisiert der Autor in Text 4? Wie würdet ihr auf seine Schlußfrage antworten?

❸ Die Belastung der Umwelt geschieht nicht nur durch die industrielle Produktion. Jeder einzelne von uns nutzt und belastet die Umwelt. Stellt mit Hilfe des Schaubildes 6, S. 244 eine Liste von Maßnahmen und Verhaltensweisen zusammen, und zwar getrennt für die Industrie und für den einzelnen Bürger, die dazu beitragen: – die Luft sauber zu halten – das Wasser rein zu halten – den Abfallberg zu verringern – den Boden zu schützen – den Lärm einzuschränken.

❹ In vielen Orten gibt es von Zeit zu Zeit Aktionen, mit denen Gruppen versuchen, die Landschaft vom Müll, den andere hinterlassen haben, zu säubern. Was haltet ihr davon? Sollten ähnliche Aktionen auch bei euch organisiert werden?

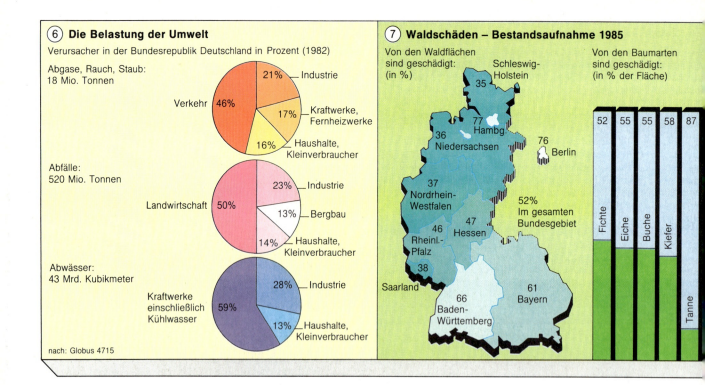

5 Sammelt Nachrichten aus der Presse, dem Radio und Fernsehen, in denen über Ausmaß und Ursachen des Waldsterbens berichtet wird. (Vgl. Abb. 7). Welche Maßnahmen werden zur Rettung vorgeschlagen?

6 Häufig werden die Schädigung oder Zerstörung der Umwelt als „Kavaliersdelikte" verharmlost. Versucht, einige Beispiele dafür zu sammeln, etwa zu den Stichworten: giftige Industrieabfälle, Batterien, Arzneimittel, Ölwechsel, Motor vor geschlossener Bahnschranke ...

7 Wie läßt sich erklären, daß trotz steigender Produktion die Schadstoffbelastung in der Luft abgenommen hat?

8 Viele Schadstoffe lagern sich über die Jahre hinweg im Boden ab, zerstören die Humusschicht und werden teilweise von Mensch und Tier mit der Nahrung aufgenommen. Wie könnten diese Auswirkungen verringert werden?

3.2 Konsum und Umwelt: Das Müllproblem

Überall werden heute Geräte und Waren angeboten, die viele Arbeiten vereinfachen. Wir kaufen Dinge, die meist aufwendig verpackt sind; zahlreiche Gegenstände werden aus Kunststoffen hergestellt; immer mehr Erzeugnisse werden so produziert, daß sie nur kurze Zeit verwendet werden; Reparaturen sind oft teurer als der Preis für neue Güter ...

9 Text 10 will euch anregen, über die Folgen dieser veränderten Lebensgewohnheiten nachzudenken und darüber zu sprechen.

10 Die westlichen Industrieländer werden häufig als „Wegwerfgesellschaft" kritisiert. Was könnte mit diesem Begriff gemeint sein? Sucht Beispiele.

⑧ Interessengegensätze in der Umweltpolitik

BONN, 6. November. Jetzt wird ein neuer Versuch gemacht, die Abfallmengen und die Gefahren für Mensch und Umwelt durch vergifteten Müll einzudämmen. Bundesregierung und Koalition versprechen sich das vom neuen Abfallgesetz, welches jetzt wirksam wird. Das bedeutet neue Regelungen im Kampf gegen den giftigen und überbordenden Müll. Das Abfallgesetz unterscheidet sich von dem bisher geltenden Regelwerk in drei Punkten: 1. Der Wirtschaft wird zur Aufgabe gemacht, Müll zu vermeiden und zu verwerten. Vermeidung und Verwertung – nicht die Beseitigung – bilden den Schwerpunkt des Gesetzes. 2. Der Staat greift härter ein, aber abgestuft. Staatliche Vorsorge zielt zuallererst darauf, daß nicht Abfälle und Deponien wie bisher mit giftigen Schadstoffen verseucht werden. Der Staat erhält aber auch Eingriffsmöglichkeiten, um die Müllmenge einzuschränken. 3. Für den Fall, daß die Wirtschaft nicht von sich aus die Voraussetzungen für weniger Hausmüll schafft, können ihr Auflagen für die Verpackung gemacht werden, daß auch Wegwerfpackungen nur noch gegen Pfand abgegeben werden dürfen und daß der Handel nicht nur mehrfach verwendbare Flaschen zurücknehmen muß, sondern auch Einwegpackungen.

Die Opposition hat großes Mißtrauen, ob die Wirtschaft von sich aus genug unternimmt, die Müllmenge aufzuhalten. Die Beseitigung von Müll ist so schwierig geworden, weil überall dort, wo neue Deponien angelegt oder Verbrennungsanlagen gebaut werden sollen, von den Anrainern harter Widerstand dagegen geleistet wird. Aus dieser Sackgasse kann man, wie die Opposition sagt, nur herauskommen, wenn der Staat schärfer gegen das Risiko giftigen Mülls vorgeht und den Verpackungsmarkt reguliert. Die Opposition will die Verbraucher dazu anhalten, weniger Müll zu „produzieren". Das soll vor allem durch Strafsteuern auf Wegwerfpackungen geschehen.

Frankfurter Allgemeine Zeitung, 11. 11. 1986

⑨ Wegwerfgesellschaft

📖 Erkundigt euch, ob die im Text 8 genannten staatlichen Maßnahmen und Vorschriften inzwischen tatsächlich erlassen worden sind. Überlegt, wie oft im Laufe eines einzigen Tages ihr selbst Wegwerfpackungen benutzt. Was haltet ihr davon, „Strafsteuern auf Wegwerfpackungen" zu erheben?

Bei der Entwicklung, Herstellung und Anwendung vieler Produkte werden oft die gefährlichen Nebenwirkungen auf Boden, Luft und Wasser außer acht gelassen. Oft wird auch nicht berücksichtigt, daß viele kleine Belastungen sich im Laufe der Zeit zu großen Schäden addieren und gegenseitig verstärken. Wie vielfältig die Ausnutzung und Belastung der Umwelt durch die verschiedenen Dinge des täglichen Bedarfs ist, zeigt die Abb. 12, S. 246.

⑩ Die Stadt der Zukunft?

In dem Füllhornhausen, das mir vorschwebt, sind alle Gebäude aus einer besonderen Papiermasse, so daß sie jedes Frühjahr und jeden Herbst zur Zeit des großen Hausputzes abgerissen und neugebaut werden können. Die Autos in Füllhornhausen sind aus leichtem Kunststoff, der nach 6000 Fahrtkilometern Ermüdungserscheinungen zeigt und weich wird. Autobesitzer, die ihre alten Wagen an den festen Rückgabetagen … gegen neue in Zahlung geben, erhalten für jedes abgelieferte Kraftfahrzeug eine 100-Dollar-Schuldverschreibung der ‚US-Wohlstand-durch-Wachstum-Anleihe'.
Familien, die vier oder mehr Autos abliefern können, erhalten zusätzlich eine besondere Schuldverschreibung …

Hören wir uns ein bißchen in dieser Zukunftsstadt Füllhornhausen um, erfahren wir die große und wahrhaft herzerfrischende Neuigkeit der Woche: Die ‚Zunft der Haushaltsgeräteinstandsetzungskünstler' hat eine Entschließung gefaßt, wonach jedes Mitglied der Zunft, das auch nur einen Blick in das Innere eines defekten Gerätes wirft, das mehr als zwei Jahre alt ist, sich damit eines vaterlandsfeindlichen Verhaltens schuldig macht …
An geeigneten Stellen findet man überall auf dem Markt Behälter, in die die Füllhornhausener die veralteten Sachen werfen, die sie bei einem der letzten Einkaufsbummel erworben hatten. In der Schmuckwaren-Abteilung mahnt z. B. ein launiges Schild an einem der Abfallbehälter: ‚Werfen Sie Ihre alten Uhren hier hinein!'

Vance Packard: Die große Verschwendung. Frankfurt 1960

⑪ Die gefährliche Dose

Aus weltweit sechs Milliarden Sprühdosen entweicht derzeit nicht nur duftiges Wohlbehagen. Vielmehr steigt eine Milliarde Tonnen Treibgas in Form von Fluorkohlenwasserstoff ... in die Stratosphäre und reißt dort Löcher in die Ozonschicht. Wissenschaftler ergreift Unbehagen, denn gerade diese Schicht schützt die Erde vor zuviel ultravioletten Strahlen. Folge: Mehr Sonnenbrände, auch eine Zunahme von Hautkrebs, ... vielleicht auch Klimakatastrophen.

Wirtschaftswoche, 18. 3. 1977

In den USA, Kanada und Schweden ist der Verkauf dieser Dosen verboten – in der Bundesrepublik noch nicht.

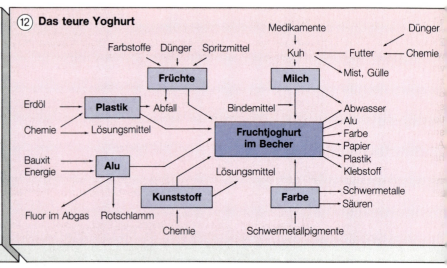

⑫ Das teure Yoghurt

⑫ Stellt einmal zusammen, welche Produkte in den Geschäften eures Wohnortes in Spray-Dosen verkauft werden. Prüft dabei, ob dasselbe Produkt auch in anderer Form angeboten wird und vergleicht die Preise.

⑬ Welche unterschiedlichen Interessen bestehen bei den Herstellern und den Verbrauchern von Spray-Dosen? Inwieweit sind diejenigen, die das Produkt nicht kaufen oder die Gesellschaft insgesamt auch betroffen?

⑭ Die Natur wird nicht nur durch die industrielle Produktion gefährdet. Lest den Text 13 und überlegt, welche Vorteile die veränderte Anbauweise nicht nur für den Landwirt, sondern auch für die Gesellschaft brachte. Sucht weitere Beispiele für einen „organisch-biologischen" Garten- oder Landbau.

⑬ Umweltschutz und Gefährdung in der Landwirtschaft

a) Kartoffeln – chemisch erzeugt

Siebenmal zwischen Saat und Ernte sehe ich denselben Bauern so über den Kartoffelacker sprühen: dreimal vorsorglich ... gegen mögliche Pilzkrankheiten, denn der Sommer war naß; einmal ... gegen den vereinzelt erblickten Kartoffelkäfer; dann ... gegen andere Insekten; zweimal ... wider winzige Unkräuter; das Finale ist zwecks Vorbereitung einer vollmechanisierten Ernte die chemische Abtötung des Kartoffelkrautes ... siebenmal Chemie, was will das schon heißen, verglichen mit den bis zu zwei Dutzend jährlichen Giftspritzungen unserer Obst-, Wein- oder gar Hopfenerzeuger?

Bauern, mit schrundigen Händen um eine gesegnete Ernte flehend – die werden uns noch immer gezeigt in nach wie vor geschätzten ... Bildern. Das wahre Bild ist der Bauer, der seinen garantierten Erntesegen aus Büchsen mit Totenkopf bezieht.

b) Es kann auch anders gehen

Der Bauer S. K. strich den Kunstdünger und den chemischen Pflanzenschutz. Nach dem in Frankreich und der Schweiz befolgten Rezept des organisch-biologischen Landbaus düngt er nur noch mit Mist und einer durch Sauerstoff angereicherten Jauche. Erste Folge: Enormer Rückgang an Futterwachstum ...

Futter, auch das gepreßte von der Industrie, hatte der Abtrünnige noch jahrelang zuzukaufen; eine einst mit viel Fremdkapital gebaute Käfig-Anlage zur Haltung von 1000 Legehennen ... muß er ... unter ökonomischem Zwang weiterbetreiben.

Heuer, nach acht Jahren, zog K. erneut Bilanz: Das Wachstum auf seinem Grünland (und der Ertrag) ,haben sich in einer Art erholt, wie ich es nie für möglich gehalten habe.' K.s 60 Kühe geben heute so viel Milch, wie die vor seiner Umkehr, durchschnittlich 5155 Liter im Jahr; einen Tierarzt braucht er kaum noch. K.s Gewinn liegt über dem Durchschnitt des Kreises.

Die Umkehr erst hat ihn gelehrt, über die eigene Buchführung hinauszublicken. Zum Verständnis ... bietet er seine Energie-Berechnung an: 180 000 Kilowattstunden Strom wären vonnöten, die von ihm einst jährlich verbrauchte (nach jetzigen Maßstäben viel zu geringe) Menge künstlichen Stickstoffdüngers industriell herzustellen. Mit so viel Strom kann er seinen Hof samt allen Maschinen sechs Jahre lang voll versorgen.

Der Spiegel, 30. 10. 1978

① Umweltschutz und Arbeitsplätze

Zwar haben die staatlichen und privaten Ausgaben für den Umweltschutz in den vergangenen Jahren stetig zugenommen. 1985 waren es rd. 25 Mrd. DM, das sind 1,5% des gesamten Bruttosozialproduktes bzw. 4 bis 5% der jährlichen Gesamtinvestition in der Bundesrepublik; in den USA und Japan werden für Umweltschutz 3% des Bruttosozialproduktes aufgewandt. Diese Investitionen helfen nicht nur, die Umwelt zu schützen und zu erhalten, sondern schaffen auch Arbeitsplätze: etwa 180 000. Die Zahl der Arbeitsplätze, die insgesamt mit dem Umweltschutz zusammenhängen werden auf etwa 410 000 geschätzt.

② Teure Umwelt-Sünden

Jährliche Umweltschäden: (Mindestwerte) 103,5 Mrd. DM

Bodenzerstörung	5,2 Mrd. DM	Radioaktivität, Deponien, Schwermetalle
Gewässerverschmutzung	17,6	Flüsse und Seen, Nord- und Ostsee, Grundwasser
Lärm	32,7	Wohnwertverluste, Produktivitätseinbußen, Lärmkrankheiten
Luftverschmutzung	48,0	Gesundheit, Wald und Vegetation, Material und Gebäude

nach: Globus 6282

4. Umweltschutz – Eine politische Aufgabe

Die Rohstoffknappheit, Energiekrisen und Umweltkatastrophen haben deutlich gemacht, daß auch in der Wirtschaft allgemein verbindliche, staatliche Rahmenregelungen das „freie Spiel der Kräfte" steuern sollten; sonst besteht die Gefahr, daß Produzenten wie Konsumenten keine Rücksicht auf die Lebenschancen zukünftiger Generationen nehmen. Seit einigen Jahren fordern Bürgerinitiativen und Parteien in der Bundesrepublik, daß die natürliche Umwelt des Menschen als wichtigste Voraussetzung zu einem menschenwürdigen Leben erhalten werden müsse. Drei Viertel der Bundesbürger halten den Umweltschutz für eine vorrangige politische Aufgabe.

Der Deutsche Bundestag hat dazu bisher folgende Gesetze verabschiedet:
– Bundesimmissionsgesetz (das den Ausstoß von Schadstoffen bei Industrieanlagen und privaten Feuerungen regelt und Höchstwerte vorschreibt);
– Bundesnaturschutzgesetz, Abwasserabgabengesetz, Chemikaliengesetz;
– Benzinbleigesetz, Fluglärmgesetz, Verkehrslärmschutzgesetz;
– Gesetz zur Bekämpfung der Umweltkriminalität.

Daneben werden auch in vielen anderen Bundes- und Ländergesetzen Maßnahmen für den Umweltschutz angeordnet. Es gibt ein Umweltbundesamt, das die gesetzlichen Vorschriften überwachen, die Öffentlichkeit informieren, den Gesetzgeber beraten und neue Wege des Umweltschutzes erforschen soll.

Umweltpolitik durchzusetzen ist sehr schwierig. Parteien, Parlamente und Behörden können der technischen Entwicklung und den wirtschaftlichen Entscheidungen der Firmen praktisch nur immer „hinterherhinken". Das gilt vor allem für die sogenannten „Altlasten", die bei der industriellen Produktion in der Vergangenheit angefallen sind, bevor es gesetzliche Regelungen gab. Täglich werden auf der Welt fast 1000 neue Chemikalien produziert. Es dauert aber z. Z. über drei Jahre, um die möglicherweise giftige Schadenswirkung eines einzigen Stoffes nachzuweisen. Bis dann gesetzliche Regelungen getroffen werden, vergeht noch einmal viel Zeit; und dann entscheidet jeder Staat meist nur für sich allein. Die Industrieunternehmen verfügen über

③ Sind Eingriffe in die Wirtschaft notwendig?

a) Die Mängel und Grenzen des Reparaturbetriebes, der sich Umweltschutz nennt, sind offenkundig geworden. Die Umweltschutzpolitik mit fragwürdigen Grenzwerten und Schadensbegrenzungsstrategien hinkt in wachsendem Abstand der Umweltzerstörung hinterher. Die getrennte Betrachtung z. B. von Luft oder Wasser hilft nicht weiter, wir brauchen ein umfassendes Verständnis für die Sicherung der ökologischen Regelkreisläufe, von denen nicht zuletzt die Existenzbedingungen der Menschen abhängig sind.

Wir stehen heute vor grundlegenden Weichenstellungen über die Zukunft der Industriegesellschaft. Weder die Fortsetzung des bisherigen Wachstumsmodells noch Ausstieg oder Widerstand gegen das Industriesystem sind tragfähige Pfade für die weitere Entwicklung unserer Gesellschaft.

Auf Dauer sind die Sicherung der natürlichen Lebensgrundlagen, die Lösung der Beschäftigungsproblematik, die Bewahrung der sozialen Sicherung und die menschengerechte Steuerung der Technikentwicklung nur mit einer Gesellschaftspolitik möglich, die in die ökonomische Entwicklung eingreift und soziale und ökologische Korrekturen am Industriesystem vornimmt.

V. Hauff/M. Müller (Hrsg.): Umweltpolitik am Scheideweg. München 1985, S. 11f.

b) Wirksamer Umweltschutz erfordert ein faires Zusammenwirken aller. Angestrebt werden möglichst einvernehmliche Lösungen. Dies entbindet selbstverständlich nicht den Staat von seiner Verantwortung, notwendige umweltpolitische Entscheidungen zu treffen.

Partner in diesem Sinne sind Staat und Kommunen, alle gesellschaftlichen Gruppen und jeder einzelne Bürger. Im Grunde genommen ein einfaches und selbstverständliches Prinzip, zumal alle dem gleichen Ziel verbunden sind:
Die Umwelt zu schützen und zu erhalten.

Das Umweltbewußtsein der Bürger ist erfreulich hoch. Gerade dem Bürger bieten sich daher in seinem häuslichen Bereich vielfältige Möglichkeiten, praktischen Umweltschutz zu betreiben.

Bundesministerium des Innern (Hrsg.): Wir und unsere Umwelt, Bonn 1985, S. 5

weitaus mehr Informationen, Finanzen und Personal als die staatlichen Organe, die so von deren Entscheidungen abhängig bleiben.

Die Bürger der westlichen Industriestaaten sehen den Umweltschutz als ein wichtiges politisches Ziel an. Sie fordern Parteien, Parlamente und Behörden zu harten Entscheidungen auf. Sonst besteht die Gefahr, daß die Glaubwürdigkeit der parlamentarischen Demokratie in der Bevölkerung schwindet.

1 Vergleicht die Texte 3a und 3b. Wo wird ein stärkeres Eingreifen des Staates verlangt? Welche Gründe lassen sich dafür und dagegen anführen?

2 Mit welchen Widerständen und Schwierigkeiten muß die Umweltpolitik eines Staates rechnen? Denkt dabei auch an folgende Probleme: Argumente der Unternehmer, Verhalten der Verbraucher, Einstellung der Nachbarstaaten.

3 Welche Umweltgefahren sollen durch die Gesetze verhindert werden?

4 Wo können eurer Meinung nach die Schwierigkeiten liegen, das „Verursacherprinzip" in die Tat umzusetzen?

5 Welche Beispiele für eine „umweltfreundliche" Technik kennt ihr?

6 „Die Zukunft hat keine Lobby." Sprecht über diesen Satz.

④ Mut machen, sich zu wehren

Zwei Vertreter der Organisation GREENPEACE meinen: „Verstoßt Ihr beim Verfolgen Eurer Ziele nicht gegen bestehende Gesetze?" fragen uns manchmal Kritiker. Wer so fragt, sollte einmal überlegen, ob wohlmeinende Gesetzgeber dem Volk freiwillig das allgemeine Wahlrecht, das Frauenstimmrecht, die Pressefreiheit, das Streikrecht zugestanden hätten. Was wäre passiert, wenn nicht immer wieder Frauen und Männer diese uns heute so selbstverständlich erscheinenden Rechte angemahnt und sie ergriffen hätten, ehe sie kodifiziert waren. Wieviel Zivilcourage, wieviel Mut, wieviel Einsatz, welche Opfer waren nötig, damit selbstverständlich wurde, was einst als revolutionär galt. Wir setzen uns heute für ein Anliegen ein, dem unsere Gesetze noch lange nicht gerecht werden:
– dem Recht der Menschen auf eine ökologisch intakte Erde
– das Recht der Natur auf ein Leben in ihrem Rhythmus und nach ihrer inneren Gesetzmäßigkeit.

Ein so verstandenes „Naturrecht" zu einem Bürgerrecht zu machen, ist ein wichtiges Ziel. Dafür setzen wir uns ein.

M. Griefahn/G. Leipold, in: DAS PARLAMENT, 24. 8. 1985

Frieden halten und sichern

1. Gewalt im Alltag – Probleme im Umgang mit anderen

Gewalt hat viele Gesichter und tritt an vielen Orten in Erscheinung. Dabei sind es nicht immer nur die großen Ereignisse, die internationalen Konflikte und militärischen Auseinandersetzungen, in denen Menschen Gewalt gegen andere ausüben. Auch der „kleine Alltag" hat seine gewaltsamen Bilder und Szenen: Was als gedankenloser Scherz, als Streich, als Mutprobe oder Demonstration von Kraft, Stärke und Entschlossenheit erscheinen mag, zeigt sich oft in Wirklichkeit als ein Verhalten, das andere beleidigt und bedroht, gefährdet oder gar verletzt.

Nehmen wir *zum Beispiel* die Schule: Hausmeister und Lehrer klagen über Sachbeschädigungen und Zerstörungen. Die Gemeinden müssen Jahr für Jahr mit hohen Ausgaben für solche „Mutproben" rechnen. In Schulbussen werden Sitzpolster aufgerissen, Aschenbecher abmontiert, Papierkörbe an den Wartestellen demoliert ...

Oder im Sport: Fußball-Fanclubs müssen von der Polizei mit großem Aufgebot voreinander geschützt werden. Trotzdem bleiben gewaltsame Konflikte an kaum einem Wochenende aus. Einzelne Gruppen treten dabei immer aggressiver auf. Begegnungen zwischen einigen Vereinen und ihren Fans werden nicht selten zum „Sicherheitsrisiko".

Über die Frage, warum Schüler ihre Mitschüler bedrohen, quälen oder mißhandeln, warum Einrichtungen in der Schule zerstört werden, kann man keine allgemeingültigen Aussagen machen. Oft ist den Tätern selber nicht klar, warum sie so handeln. Will man wissen, welche Gründe einen Menschen veranlaßt haben, gewaltsam gegenüber Sachen oder Personen zu verfahren, muß man den einzelnen, den ganz bestimmten Fall genau untersuchen. Eine Liste von Ursachen, wie sie in Text 1 der folgenden Seite zusammengestellt ist, kann dazu einige Anhaltspunkte geben.

Die Schule und der Sport sind nur zwei Beispiele, in denen Menschen Gewalt anwenden. Dabei handelt es sich nicht immer um einen direkten Angriff auf das Eigentum, die Gesundheit und das Leben eines anderen: Gewalt drückt sich in unterschiedlichen und vielen Formen aus – als Tritt des Fußballspielers gegen das Schienbein des Gegners; als Kraftmeierei und Rauferei im Wirtshaus; als Gerücht über den Arbeitskollegen/die Arbeitskollegin, das absichtlich und zum Schaden des/der Betroffenen ausgestreut wird; als Schimpfwort, mit dem wir unsere Vorurteile über ausländische Mitbürger weitergeben; aber auch als die Armut, in der viele Menschen in der Dritten Welt leben müssen; als Terror und Folter, mit denen politisch Andersdenkende in Diktaturen verfolgt und gequält werden ...

1 Beurteilt die Aussagen, mit denen Schüler erklären, warum es an ihrer Schule öfters zu Konflikten und Sachbeschädigungen kommt: Welche Argumente bringen sie vor? Welche Umstände und welche Verhaltensweisen führen sie als Gründe an?

2 Welche eigenen Erklärungen und Überlegungen könnt ihr zu diesem

> **① Gewalt in der Schule – warum?**
>
> Schüler einer zehnten Klasse, in deren Schule es immer wieder zu größeren Konflikten und Sachbeschädigungen kam, suchten gemeinsam nach möglichen Gründen. Hier einige Aussagen:
> – „Oft ist es Gedankenlosigkeit, wenn mal was in die Brüche geht."
> – „Kahle Betonwände fordern geradezu auf, sie mit Farbe und anderem zu ‚gestalten'."
> – „Viele Schüler fühlen sich in großen Schulen alleingelassen, sie haben keine Kontakte und sind orientierungslos."
> – „Der eine oder andere will vielleicht mal zeigen, daß er sich durchsetzen kann, daß er Erfolg hat – notfalls eben auch mit der Faust."
> – „Ein Schultag ist ziemlich lang – und manchmal auch ganz schön langweilig. Da kann es schon sein, daß einer mal aus der Haut fährt."
> – „Einmal richtig ‚hinlangen', kann Spaß machen. Das kommt ja auch jeden Tag außerhalb der Schule vor."
> – „Wenn etwas kaputt geht, ist das nicht so schlimm. Die Schüler selber haben davon meist keinen Schaden. Die Versicherung kommt dafür auf."

Thema beisteuern? Berücksichtigt dabei auch die Aussage der Abbildung rechts.

3 Ohne Gewalt leben – was kann das in unserem Beispiel heißen? Was müßte getan, welche Schritte müßten unternommen werden, damit es in Schulen zu keinen mutwilligen Zerstörungen kommt? – Auf diese Fragen gibt es sicher mehr als eine Antwort. Deshalb ein Vorschlag: Entwerft in Gruppen – nachdem ihr die Fragen untereinander besprochen habt – verschiedene Lösungsmöglichkeiten. Stellt die unterschiedlichen Wege anschließend in der Klasse vor.

4 Beschreibt Situationen, in denen ihr selber Gewalt erfahren oder erlebt habt. Worum ging es dabei? Was wurde von euch erwartet und wie habt ihr reagiert?

5 „Gewalt bei uns und anderswo" – dazu könnt ihr, während ihr euch in den folgenden Stunden mit den anschließenden Kapiteln dieser Einheit beschäftigt, ein kleines zusätzliches Projekt organisieren: Sammelt über drei bis vier Wochen hinweg Berichte aus Zeitungen, Nachrichtenmagazinen und Illustrierten. Untersucht diese Berichte und ordnet sie nach Gruppen, z. B. auf einer Wandzeitung. Gebt dabei jeder Gruppe eine eigene Überschrift, aus der hervorgeht, warum eurer Meinung nach diese Berichte zusammengehören. Dabei könnt ihr euch an Gesichtspunkten wie den folgenden orientieren:
– Von welchen Konflikten handeln die Berichte? Wie ist es zu ihnen gekommen? Welche Probleme drücken sie aus?
– Wo finden diese Konflikte statt? Welche Personen oder welche Gruppen sind daran beteiligt und welche Ziele verfolgen sie? Wer übt Gewalt aus?
Ihr könnt die Ergebnisse anschließend gemeinsam diskutieren, etwa unter folgenden Fragen:
– Was bedeutet diese Gewalt für die Menschen, die davon direkt oder indirekt betroffen sind?
– Gibt es Möglichkeiten, die Konflikte friedlich und ohne Gewalt zu lösen? Welche Initiativen müssen dazu ergriffen werden? Wer kann, wer sollte sie ergreifen?

2. Gewalt und Kriege – zwei Beispiele von vielen

Für diesen Abschnitt haben wir aus der Vielzahl der internationalen Konflikte zwei Beispiele ausgewählt, in denen politische Ziele mit Gewalt durchgesetzt werden: der Krieg in *Vietnam* und seine Ausbreitung in Indochina nach dem Zweiten Weltkrieg, der Konflikt zwischen *Israel* und den *arabischen Staaten* im Nahen Osten.

In beiden Fällen ist es sinnvoll, auch die aktuelle Berichterstattung in der Presse auszuwerten, etwa unter folgenden Fragen: Wurden die Konflikte in der Zwischenzeit gelöst? – Bestehen nach wie vor Spannungen? – Sind neue Spannungen oder Konflikte in diesen Gebieten dazugekommen? – Welche Staaten oder Gruppen sind an der Auseinandersetzung unmittelbar oder mittelbar beteiligt? – Haben diese Konflikte auch Auswirkungen auf andere Gebiete, z. B. auf Europa und die Bundesrepublik Deutschland?

2.1 Seit mehr als 40 Jahren: Kriege in Indochina

Große Teile Indochinas wurden im 19. Jahrhundert französische Kolonie: die alten Königreiche Kambodscha, Vietnam und Laos (vgl. Abb. 4). Nur Thailand gelang es, seine Selbständigkeit zu wahren. Im Zweiten Weltkrieg eroberte Japan Indochina und verdrängte damit die Franzosen. Schon 1941 hatten sich einheimische Widerstandsgruppen gebildet mit dem Ziel, die Besatzungsmacht Japan zu schlagen und eigene, selbständige Staaten zu gründen. Nachdem amerikanische Flugzeuge im August 1945 zwei Atombomben über den japanischen Städten Hiroshima und Nagasaki abgeworfen hatten, kapitulierten die japanischen Streitkräfte im gesamten asiatischen

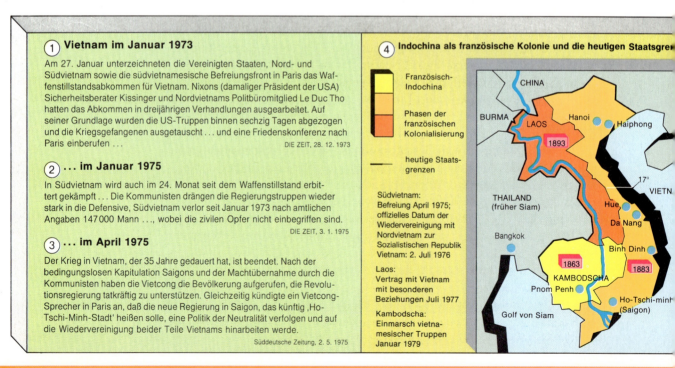

① Vietnam im Januar 1973

Am 27. Januar unterzeichneten die Vereinigten Staaten, Nord- und Südvietnam sowie die südvietnamesische Befreiungsfront in Paris das Waffenstillstandsabkommen für Vietnam. Nixons (damaliger Präsident der USA) Sicherheitsberater Kissinger und Nordvietnams Politbüromitglied Le Duc Tho hatten das Abkommen in dreijährigen Verhandlungen ausgearbeitet. Auf seiner Grundlage wurden die US-Truppen binnen sechzig Tagen abgezogen und die Kriegsgefangenen ausgetauscht ... und eine Friedenskonferenz nach Paris einberufen ...
DIE ZEIT, 28. 12. 1973

② ... im Januar 1975

In Südvietnam wird auch im 24. Monat seit dem Waffenstillstand erbittert gekämpft ... Die Kommunisten drängen die Regierungstruppen wieder stark in die Defensive. Südvietnam verlor seit Januar 1973 nach amtlichen Angaben 147 000 Mann ..., wobei die zivilen Opfer nicht einbegriffen sind.
DIE ZEIT, 3. 1. 1975

③ ... im April 1975

Der Krieg in Vietnam, der 35 Jahre gedauert hat, ist beendet. Nach der bedingungslosen Kapitulation Saigons und der Machtübernahme durch die Kommunisten haben die Vietcong die Bevölkerung aufgerufen, die Revolutionsregierung tatkräftig zu unterstützen. Gleichzeitig kündigte ein Vietcong-Sprecher in Paris an, daß die neue Regierung in Saigon, das künftig ‚Ho-Tschi-Minh-Stadt' heißen solle, eine Politik der Neutralität verfolgen und auf die Wiedervereinigung beider Teile Vietnams hinarbeiten werde.
Süddeutsche Zeitung, 2. 5. 1975

④ Indochina als französische Kolonie und die heutigen Staatsgrenzen

Französisch-Indochina
Phasen der französischen Kolonialisierung
heutige Staatsgrenzen

Südvietnam: Befreiung April 1975; offizielles Datum der Wiedervereinigung mit Nordvietnam zur Sozialistischen Republik Vietnam: 2. Juli 1976

Laos: Vertrag mit Vietnam mit besonderen Beziehungen Juli 1977

Kambodscha: Einmarsch vietnamesischer Truppen Januar 1979

⑤ Mit wechselnden Herren leben

Cao Giao, ein Vietnamese, der 1985 sein Land verlassen konnte und heute in Frankreich lebt, berichtet, wie er die jüngste Geschichte Vietnams am eigenen Leibe erfahren hat:
„Seit meiner Kindheit hatte ich das Gefühl, gegen das französische Kolonialregime kämpfen zu müssen. ...
Ich war 14 Jahre alt, als die Franzosen mich erstmals verhafteten. Damals besuchte ich das Gymnasium des französischen Protektorats (Schutzgebiet, offizielle Bezeichnung für die französische Kolonialherrschaft) in Hanoi. Wir waren als Schüler sehr nationalistisch und ertrugen es nicht, französische Geschichte lernen zu müssen, die stets mit der berühmten Einleitung beginnt: ‚Unsere Vorfahren, die Gallier ...'
Zusammen mit Freunden machte ich eine französische Untergrundzeitung ... Jemand aus der Druckerei hat mich ... denunziert (verraten) ...
Als die Japaner 1941 in Vietnam einmarschierten, erkannte ich sofort, daß sie uns gegen die Franzosen helfen könnten, unsere Freiheit zurückzugewinnen ... Sie redeten über die Unabhängigkeit vom weißen Kolonialismus, was uns als junge Menschen natürlich begeisterte ...
Als die Franzosen im Dezember 1946 nach Hanoi zurückkehrten ..., verhafteten auch sie mich sofort wieder ..."

Ein neuer Anfang im Süden?

1958 wird Cao Giao in Südvietnam verhaftet:
„Diem war Katholik und sehr antikommunistisch ... Er ... verfolgte eine Politik, welche die ... Teilung des Landes auf Dauer festgeschrieben hätte: im Norden die Kommunisten, im Süden die Antikommunisten. Ich dagegen wollte die Wiedervereinigung Vietnams um jeden Preis ... Für Diem jedoch war ‚Wiedervereinigung' eine kommunistische Parole."
Nach sieben Monaten wurde Giao wieder entlassen. Nach der Eroberung Saigons durch die kommunistischen Truppen (1975) arbeitete er zunächst als Journalist. 1978 wurde er wiederum verhaftet; die Regierung des wiedervereinigten Vietnams warf ihm vor, für den japanischen und den amerikanischen Geheimdienst gearbeitet zu haben.
Giao konnte Anfang 1985 Vietnam verlassen. Er lebt jetzt in Frankreich als Flüchtling.

Zusammengestellt nach: DER SPIEGEL, 13. 5. 1985, S. 190ff.

Raum. Japan verlor dabei auch die Gebiete in Indochina.
Der Versuch Frankreichs, nach dem Abzug der Japaner im Oktober 1945 in Vietnam wieder Fuß zu fassen, führte zu einem blutigen Krieg gegen die *Vietnamesische Volksbefreiungsarmee* (erster Indochinakrieg). Dieser gelang es im Frühjahr 1954, große Teile der französischen Armee in der Festung Dien Bien Phu einzukesseln und am 7. Mai 1954 zur Kapitulation zu zwingen.
Auf einer Konferenz in Genf wurde beschlossen:
– Kambodscha und Laos werden unabhängige und neutrale Staaten;
– Vietnam soll vorläufig aufgeteilt werden (Trennungslinie 17. Breitengrad);
– im Juli 1956 soll in ganz Vietnam durch allgemeine Wahlen über die weitere politische Entwicklung (Wiedervereinigung) entschieden werden.
Die *Volksrepublik Vietnam* (Hanoi) errichtete unter der Führung der kommunistischen Partei und ihres Vorsitzenden *Ho Tschi Minh* in der Nordhälfte eine kommunistische Staats- und Gesellschaftsordnung. Die Sowjetunion und die Volksrepublik China unterstützten sie dabei wirtschaftlich und militärisch.
Die Vereinigten Staaten dagegen förderten die Regierung der *Republik Südvietnam* (Saigon). Als deren Staatspräsident *Ngo Dinh Diem* 1956 allgemeine Wahlen in ganz Vietnam ablehnte, kam es in den darauffolgenden Jahren zu immer stärkeren Angriffen des *Vietcong*, der kommunistischen *Nationalen Befreiungsfront*, die sich im Süden Vietnams als Opposition gebildet hatte. Diese Angriffe steigerten sich 1960 zum offenen Aufstand und damit zum Beginn des zweiten Indochinakrieges nach 1945. Angesichts zunehmender militärischer und politischer Erfolge des Vietcong wurde Diem 1963 in einem von den USA gelenkten Putsch gestürzt.

Vietnam – geteilt in zwei Staaten

Die USA im Vietnam-Krieg

Die USA unterstützten Südvietnam in dieser Auseinandersetzung, indem sie seit 1962 Militärberater zur Verfügung stellten. Im Laufe der Jahre engagierten sie sich aber immer mehr mit eigenen Soldaten: Ende der sechziger Jahre waren es rund eine halbe Million. Die Regierung in Washington begründete diese Politik damit, Indochina müsse vor einer weiteren Ausdehnung des kommunistischen Machtbereichs geschützt werden.

Den militärischen Auseinandersetzungen fielen von Jahr zu Jahr mehr Menschen zum Opfer. Dabei litt besonders die Zivilbevölkerung im Süden und im Norden unter diesem Krieg. In den Vereinigten Staaten und in Europa entstanden unter diesem Eindruck politische Bewegungen, die ein Ende der gewaltsamen Kämpfe forderten. Auch in der Bundesrepublik formierte sich der Widerstand, besonders ab 1966 in der *außerparlamentarischen Opposition*. In großen Kundgebungen und Demonstrationen wurde der Rückzug der amerikanischen Truppen aus den umkämpften Gebieten Indochinas verlangt. Die Gegner des Vietnam-Krieges fragten, welchen Sinn es haben könne, eine kommunistische Machtübernahme zu verhindern – um den Preis der Vernichtung von Millionen Menschen und der Zerstörung eines ganzen Landes, zum vermeintlichen „Schutz der Freiheit" in Südvietnam.

1 Die weitere Entwicklung in Indochina könnt ihr mit Hilfe der Materialien 1–4, S. 252, selbst erarbeiten. Beschreibt dabei folgende Stationen:
– den Waffenstillstand zwischen USA und Nordvietnam 1973;
– die weiteren Ereignisse bis zum April 1975.

2 Im Leben des Vietnamesen Cao Giao spiegelt sich die jüngste Geschichte seines Landes (Text 5, S. 253). Zeichnet die Stationen nach, die er durchlaufen mußte. Welchen unterschiedlichen Einflüssen war Vietnam in diesen Phasen jeweils ausgesetzt?

6 Boat-people – Folgen des Krieges

7 Die Bilanz des amerikanischen Vietnam-Krieges

Massive amerikanische Bombeneinsätze (500 Kilogramm Sprengstoff pro Einwohner in Vietnam), die Verwendung von Entlaubungsgiften und einzelne Vorfälle, wie die Ermordung von 102 vietnamesischen Bauern im Dorf My Lai durch US-Soldaten am 16. März 1968 trugen dazu bei, daß der Vietnam-Krieg in den USA und in Europa seit der Mitte der sechziger Jahre heftig kritisiert wurde. 58 721 amerikanische Soldaten starben; insgesamt waren 3,3 Mio. Amerikaner eingesetzt.

Die Kriegskosten für die USA werden auf 165 Mrd. Dollar beziffert; 3 Mio. Vietnamesen starben, davon die Hälfte Zivilisten; 10 Mio. wurden vertrieben. Heute noch gelingt es einigen, das Land auf kleinen Booten zu verlassen – in der Hoffnung, auf See von größeren Schiffen aufgegriffen und gerettet zu werden. Auch in der Bundesrepublik leben inzwischen zahlreiche Flüchtlinge aus Indochina.

Mit dem Abzug der amerikanischen Truppen aus Vietnam (1973) verloren die USA in Indochina auch politisch an Einfluß. Dagegen entwickelte sich das vereinigte Vietnam, unterstützt von der UdSSR, zur Führungsmacht in dieser Region.

Daten nach: DIE ZEIT, 12. 9. 1986, S. 34

⑧ Wurzeln der vietnamesischen Expansion in Indochina

1. Kambodscha ist ein fruchtbares Reisland (Mekong); der Tonlé Sap (Süßwasser-See) ist äußerst fischreich (Protein-Bedarf).
2. Die französische Kolonialherrschaft (1863–1954) förderte die Ansiedlung von Vietnamesen in Kambodscha; diese kamen bevorzugt in gehobene Berufe und Positionen.
3. Die Expansion nach 1975 sollte zugleich den Einfluß Chinas in Indochina zurückdrängen. Dies lag auch im Interesse der UdSSR.

Nach P. Schier, in: Aus Politik und Zeitgeschichte B 37, 1983

⑨ Kambodscha unter der Kontrolle Vietnams

Langsam verschwindet alles, was traditionell kambodschanisch ist. In den Andenkenläden von Pnom Penh stehen ... Gipsbüsten von Marx, Engels und Lenin zum Verkauf ... Das Lesebuch der Schulanfänger erwähnt nichts von der alten Geschichte der Khmer (Kambodschaner). Dafür heißt es schon im dritten Kapitel auf die Frage ‚Wer ist Lenin?': ‚Lenin ist der Führer aller Nationen' ...

An den Wänden jedes Klassenzimmers in Kambodscha hängt heute nicht das Porträt eines berühmten Khmer, sondern eines berühmten Vietnamesen: Ho Tschi-Minh (Gründer der Kommunistischen Partei Vietnams) ...

Je tiefer sich die Vietnamesen in Kambodscha festsetzen, um so stärker provozieren sie die alten Vietnam-feindlichen Gefühle der Khmer, um so mehr Anklang finden die Widerstandsgruppen, die das Land von der Besatzung der ‚Yuon' (Schimpfwort für Vietnamesen) befreien wollen ...

‚Sie haben uns neu auf die Welt gebracht, aber nun lassen sie uns nicht leben', sagen viele mit Blick auf die wachsende Zahl von Vietnamesen, die nach Kambodscha kommen, um zu bleiben.

DER SPIEGEL, 24. 6. 1985, S. 126 ff.

Der Konflikt um Kambodscha – ein dritter Krieg in Indochina?

Nach der Wiedervereinigung konnte Vietnam die Regierungen seiner beiden Nachbarn Laos und Kambodscha unter direkten Einfluß bringen. In Laos gelang dies am 18. Juli 1977 ohne Gewaltanwendung durch den Abschluß eines „Vertrages über Frieden, Freundschaft und Zusammenarbeit", Kambodscha dagegen wurde um die Jahreswende 1978/79 von 120000 vietnamesischen Soldaten besetzt. Offiziell begründete die Regierung in Hanoi ihr Vorgehen damit, daß die kambodschanische Regierung der Roten Khmer (= kambodschanische Kommunisten) eine Terrorherrschaft errichtet und zwei Millionen Menschen ermordet habe. Eigentliches Motiv für die vietnamesische Expansion war jedoch das schon Jahrhunderte alte Streben Vietnams, die indochinesische Halbinsel unter seine Kontrolle zu bringen. So wurde das heutige Südvietnam mit dem fruchtbaren Mekong-Delta im Laufe des 17. und 18. Jahrhunderts Kambodscha entrissen, 1831 weitere Teile Kambodschas besetzt.

Für sein Vorgehen erhielt Vietnam Rückendeckung von der Sowjetunion. Damit konnte zugleich der Einfluß Chinas, das die Regierung der Roten Khmer unterstützt hatte, in Südostasien zurückgedrängt werden. Die UdSSR hat diese Entwicklung auch militärisch genutzt: Sie baute ihre Stützpunkte – Flugplätze und Häfen – in Vietnam aus.

3 In Kambodscha kämpfen heute (1987) Widerstandsgruppen gegen die von Vietnam eingesetzte Regierung. Beschreibt mit Hilfe von aktuellen Materialien (Zeitungen, Zeitschriften) die gegenwärtige Lage. Wie hat sich der Konflikt weiter entwickelt?

4 Auch Kambodscha ist in Gefahr, seine Eigenständigkeit zu verlieren. Beschreibt diese Gefahr. Vergleicht die Aussagen des Textes 9 mit dem Bericht 5, S. 253 aus Vietnam.

5 Faßt zusammen: Welche Stationen hat Indochina seit 1945 durchgemacht? Welche Rolle spielten dabei jeweils auswärtige Staaten, vor allem die Großmächte Frankreich, USA, UdSSR und die Volksrepublik China?

10 Jerusalem als Zentrum verschiedener Religionen

2.2 Kriege im Nahen Osten: Israel und die arabischen Nachbarn

Der Nahe Osten ist eine Region, die bis heute wechselnden und unterschiedlichen Herrschaftsansprüchen unterworfen ist. So gab es dort bereits im ersten Jahrtausend vor Christus jüdische Staaten. Zur Zeit der Geburt Christi war die Gegend um Jerusalem Teil der römischen Provinz Syrien. Während der Herrschaft der Römer zerstörten diese Jerusalem und den Tempel der Juden (70 n. Chr.). Einem letzten Versuch, sich gegen die Fremdherrschaft zu erheben, folgte 135 n. Chr. die Niederlage der Juden und ihre endgültige Vertreibung aus diesem Gebiet.

Palästina – so wurde die Region nach dem Wegzug der Juden genannt – ist jedoch auch altes Siedlungsgebiet der Araber. Im Jahre 638 n. Chr. eroberten sie Jerusalem; sie erlaubten 70 jüdischen Familien die Rückkehr in diese Stadt. Auf dem ehemals jüdischen Tempelberg errichteten sie die Al Aqsa-Moschee. Diese zählt heute, neben Mekka und Medina im heutigen Saudi-Arabien, zu den heiligen Stätten des Islam.

Die Rückkehr nach Jerusalem, in das „Land der Väter", blieb für viele Juden das große Ziel. Seinen Ausdruck fand dies in der *Zionistischen Bewegung* (Zion: Berg bei Jerusalem) und in der Schrift „Der Judenstaat", die der jüdische Journalist Theodor Herzl 1896 veröffentlichte (vgl. Text 11).

Als Herzl seine Forderungen formulierte, gehörte Palästina zum Osmanischen Reich des türkischen Sultans. Im Ersten Weltkrieg (1914–1918) war die Türkei mit dem Deutschen Reich verbündet. Um die Türkei zu schwächen, überredeten britische Politiker arabische Stammesführer zu Aufständen gegen die türkische Herrschaft. Als Gegenleistung sagte Großbritannien seine Unterstützung beim Aufbau eines unabhängigen arabischen Staates, dessen Zentrum im heutigen Syrien liegen sollte, zu.

Nach dem Ersten Weltkrieg wurde der größte Teil des Nahen Ostens der Verwaltung, dem „Mandat" durch Großbritannien und Frankreich unterstellt. Palästina zählte zum britischen Mandat. In einigen Gebieten entstanden bald arabische Staaten – so 1922 Ägypten, 1926 Saudi-Arabien, 1932 der Irak; Palästina blieb aber bis Mai 1948 unter der Kontrolle Großbritanniens.

11 Theodor Herzl (1860–1904): Der Judenstaat (1896)

Palästina ist unsere unvergeßliche historische Heimat. Dieser Name allein wäre ein gewaltig ergreifender Sammelruf für unser Volk. Wenn seine Majestät der Sultan (der Türkei) uns Palästina gäbe, könnten wir uns dafür anheischig machen, die Finanzen der Türkei gänzlich zu regeln ... Für die heiligen Stätten der Christenheit ließe sich eine völkerrechtliche Form der Exterritorialisierung (ein Gebiet schaffen, das zu keinem einzelnen Staat gehört), finden ...

Theodor Herzl: Der Judenstaat. 12. Aufl. Jerusalem 1970, S. 2ff.

Wir sind ein Volk, ein Volk. Wir haben überall ehrlich versucht, in der uns umgebenden Volksgemeinschaft unterzugehen und nur den Glauben unserer Väter zu bewahren. Man läßt es nicht zu ... Wir sind ein Volk – der Feind macht uns ohne unseren Willen dazu ... Ja, wir haben die Kraft, einen Staat, und zwar einen Musterstaat zu bilden ... Die Kraft, die wir brauchen, wird uns vom Antisemitismus geliefert.

Theodor Herzl: Gesammelte Zionistische Werke. 3. Aufl. Berlin 1934, S. 523ff. (zuerst 1895/96).

12 Die Balfour-Deklaration von 1917 (Auszug)

Im Jahre 1917 versicherte der britische Außenminister Lord Balfour in einem Schreiben an den jüdischen Bankier Rothschild, seine Regierung betrachte „die Schaffung einer nationalen Heimstätte in Palästina für das jüdische Volk mit Wohlwollen." Sie werde bemüht sein, „die Erreichung dieses Zieles zu erleichtern, wobei klar verstanden wird, daß nichts getan werden soll, was die bürgerlichen und religiösen Rechte bestehender nichtjüdischer Gemeinschaften in Palästina ... beeinträchtigen könnte."

Zurück nach Palästina: jüdische Einwanderungen

In den 80er Jahren des 19. Jahrhunderts hatte die erste große Einwanderung von Juden nach Palästina begonnen. Die meisten von ihnen kamen aus Rußland und Polen, wo es seit 1882 zu großen Ausschreitungen (Pogromen) gegen die jüdische Bevölkerung gekommen war. Dabei waren mehr als 100000 Menschen umgekommen.

1919 lebten in Palästina etwa 515000 arabische Moslems, 65000 Juden und 62000 Christen. Die Einwanderungen nahmen besonders nach der nationalsozialistischen Machtübernahme (1933) in Deutschland zu. Die Nationalsozialisten hatten den *Antisemitismus*, d.h. die Feindschaft gegenüber Juden zu ihrem politischen Ziel erklärt. Diesen Antisemitismus steigerten sie bis zur systematischen Verfolgung und Vernichtung von 6 Millionen Juden in den Konzentrationslagern in Deutschland und in den seit 1939 besetzten Gebieten in Europa.

Die jüdischen Einwanderer kauften in Palästina in der Regel das Land von arabischen Großgrundbesitzern, auf dem sie dann wohnten und das sie bebauten. Meistens waren sie der arabischen Bevölkerung nach Ausbildung und Besitz überlegen. Viele kündigten, nachdem sie Grund und Boden erworben hatten, den arabischen Pächtern und bearbeiteten das Land selber oder in Gemeinschaft mit anderen jüdischen Einwanderern.

Die Spannungen zwischen Juden und Arabern nahmen in den dreißiger Jahren zu. So kam es 1936 zu einem langen und blutigen Aufstand einiger arabischer Gruppen.

6 Wie begründet Theodor Herzl (Text 11) die Forderung der Juden, einen eigenen Staat in Palästina zu gründen?

7 Der Nahost-Konflikt zwischen Juden und Arabern hat Wurzeln, die in den Anfang unseres Jahrhunderts zurückreichen. Um die Ausgangslage des Konflikts zu beschreiben, solltet ihr zusammenfassen: Was verspricht die britische Regierung beiden Seiten während des Ersten Weltkrieges? Welche Einschränkungen gegenüber den Juden sind in der Balfour-Deklaration (Text 12) enthalten?

Die Gründung des Staates Israel 1948

Während in den dreißiger Jahren die Konflikte in Palästina zunahmen, wurden in Großbritannien Pläne ausgearbeitet, das Land unter Arabern und Juden zu teilen. Durch den Ausbruch des Zweiten Weltkrieges wurde ihre Verwirklichung jedoch verzögert. Erst am 1. September 1947 beschloß die Vollversammlung der *Vereinten Nationen* (UNO, vgl. s. 291), die sich auf Antrag Großbritanniens nun mit der Palästina-Frage beschäftigen mußte, die Teilung des Landes (vgl. Karte 13). Diesem Plan stimmte die Vertretung der jüdischen Bevölkerung zu; von der Mehrzahl der Araber wurde er jedoch abgelehnt.

Der Konflikt steigerte sich zum offenen, ersten Nahost-Krieg, als die Juden am 14. Mai 1948 – einen Tag vor Abzug der britischen Truppen – die *Gründung des Staates Israel* verkündeten. Damit wollten sie einem arabischen Angriff zuvorkommen. Zahlreiche Palästinenser flohen in die anliegenden arabischen Gebiete. Dort leben heute noch viele von ihnen – und inzwischen auch ihre Kinder – zu Tausenden in großen Flüchtlingslagern.

❽ Welche politischen Forderungen formulierten die Palästinenser 1968 in ihrer „National-Charta" (Text 15)? Wie begründen sie diese? Wie beschreiben sie darin ihr Verhältnis zu den Juden in Palästina und zum israelischen Staat?

❾ Vergleicht die Grenzen, die der israelische Staat nach dem Teilungsplan der UNO 1948 (Karte 13) haben sollte, mit den tatsächlichen Grenzen Israels heute (Karte 14). Wo weichen diese von dem UNO-Plan ab?

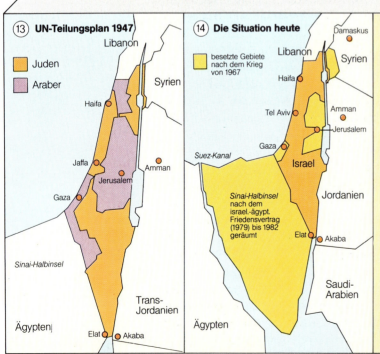

⑬ UN-Teilungsplan 1947
- Juden
- Araber

⑭ Die Situation heute
- besetzte Gebiete nach dem Krieg von 1967
- Sinai-Halbinsel nach dem israel.-ägypt. Friedensvertrag (1979) bis 1982 geräumt

⑮ Die Palästinensische National-Charta, Juli 1968

1. Palästina ist das Heimatland des Arabischen Palästinensischen Volkes...

2. Palästina mit den Grenzen während der britischen Mandatsherrschaft, ist eine unteilbare territoriale (gebietsmäßige) Einheit.

3. Das Palästinensische Arabische Volk hat einen legitimen (rechtmäßigen) Anspruch auf sein Heimatland...

6. Die Juden, die ganz normal bis zum Beginn der Zionistischen Invasion in Palästina wohnten, werden als Palästinenser angesehen...

9. Der bewaffnete Kampf ist der einzige Weg zur Befreiung Palästinas... Das Palästinensische Arabische Volk bekräftigt seine unnachgiebige Entschlossenheit, den bewaffneten Kampf fortzusetzen und für eine, das ganze Volk erfassende bewaffnete Revolution zu arbeiten, um die Befreiung seines Landes und seine Rückkehr dahin herbeizuführen.

19. Die Teilung Palästinas im Jahr 1947 und die Errichtung des Staates Israel sind völlig illegal, ganz gleichgültig, wieviel Zeit vergeht...

20. ... Ansprüche auf historische oder religiöse Bindungen von Juden mit Palästina sind unvereinbar mit historischen Tatsachen... Der Judaismus ist eine Religion und nicht eine unabhängige Nationalität. Die Juden... sind Bürger derjenigen Staaten, denen sie angehören.

a) Die Palästina-Flüchtlinge

Aus dem Gebiet des ursprünglichen Palästina flohen nach dem Krieg von 1948/49 etwa 1,2 Millionen Palästinenser – vor den Israeli und gelegentlich, wie in Haifa, auch auf Druck der Araber, die sich ein politisches Faustpfand schaffen wollten. Baldige Rückkehr hatten ihnen die arabischen Regierungen damals versprochen, doch die blieb ein Traum. Es war der UNO überlassen, für die Flüchtlinge zu sorgen ...

Heute sind noch 1,9 Millionen Flüchtlinge registriert. Sie leben im Libanon, im Gaza-Streifen, in Syrien, in Jordanien und auf dem von Israel besetzten Westjordanufer. Von diesen Flüchtlingen leben rund 700 000 in besonderen Lagern.

Nach: Süddeutsche Zeitung, 14. 1. 1986 (ergänzt)

b) Palästinenser-Lager

Der Nahost-Konflikt spielt sich heute auf *drei unterschiedlichen Ebenen* ab:
– Seit der Gründung Israels haben zahlreiche Palästinenser ihre Heimat verlassen (vgl. Text 16). Aus ihren Reihen, aber auch bei den in Israel lebenden Palästinensern, bildeten sich militärische Gruppen, die mit Angriffen auf Einrichtungen und Menschen in und außerhalb Israels ihre Forderung nach einem palästinensischen Staat (Text 15) durchsetzen wollen. Seit 1964 sind diese Gruppen in der *Palästinensischen Befreiungsorganisation* (engl. Palestine Liberation Organization = PLO) zusammengeschlossen.

– Seit dem ersten Nahost-Krieg (1948–49) waren von den *arabischen Staaten* Ägypten, Jordanien, Syrien und der Libanon direkt in Kriege mit Israel verwickelt. Andere Staaten, wie Saudi-Arabien und Libyen, beteiligten sich indirekt am Nahost-Konflikt, vor allem durch politische und finanzielle Hilfen für die PLO und die kriegführenden Staaten.

Die Haltung der arabischen Staaten zur PLO ist jedoch nicht einheitlich. So ist vor allem Jordanien bemüht, den Einfluß der PLO auf die arabische Bevölkerung in dem von den Israelis besetzten Westjordanland zurückzudrängen. Der jordanische König Hussein lehnt die Forderung der PLO nach einem palästinensischen Staat in diesem Gebiet ab. Er betrachtet es vielmehr – dem Teilungsbeschluß der UNO von 1947 folgend – als Teil des jordanischen Staates. Zur Durchsetzung seiner Interessen arbeitet Hussein vereinzelt auch mit Israel zusammen (Text 18).

– Auf einer dritten Ebene sind die beiden Großmächte USA und UdSSR in den Nahost-Konflikt einbezogen. So fordert die UdSSR mit der PLO und den arabischen Staaten den Rückzug Israels aus den besetzten Gebieten; sie unterstützt darüber hinaus das Ziel der PLO, einen eigenen Staat gründen zu wollen. Außerdem hat sie in den Regierungen des Irak, in Syrien und in Libyen aktive Verbündete im Nahen Osten.

Die USA haben dagegen Israel seit der Gründung des Staates politisch, wirtschaftlich und finanziell in besonderem Maße gefördert. In den letzten Jahren haben sie Israel gedrängt, mit Ägypten und Jordanien Kontakte aufzunehmen.

Wer ist am Konflikt beteiligt?

⑰ 1967 zerstörte Allenby-Brücke bei Jericho

⑱ **Jordanien und Israel – gegen die PLO?**

Als das jordanische Fernsehen im September (1986) damit begann, am Ende seiner Nachrichtensendungen den Wetterbericht für das besetzte Westufer-Gebiet zu liefern – mit Photos von Hebron, Jerusalem, Nablus und Jericho –, müssen sich Hunderttausende von Zuschauern diesseits und jenseits des Jordan-Flusses gefragt haben: Warum? Es war das erste öffentliche Signal, daß das (jordanische) Haschemiten-Reich ins 1967 verlorene Westjordanland „zurückzukehren" gedenkt. Noch überraschender: Die israelische Regierung hat König Husseins Plänen ihren Segen gegeben...
Ursprung des Einvernehmens ist die gemeinsame Erkenntnis, daß ein Durchbruch zu einem wirklichen Friedensprozeß in naher Zukunft unwahrscheinlich ist, daß die besetzten Gebiete nach wirtschaftlicher Entwicklung lechzen und daß Jordanien und Israel ein überragendes Interesse miteinander teilen, den Einfluß der PLO in den besetzten Gebieten zu verringern...
Die ersten Taten zur Durchführung des Plans, der auch amerikanische Unterstützung genießt, folgten diesen Herbst mit der Ernennung dreier arabischer Bürgermeister für die Westufer-Städte Ramallah, El-Bireh und Hebron, die den Jordaniern genehm sind und die israelischen Administratoren ersetzten. Der neue Fünf-Jahres-Plan in Amman zeigt zum erstenmal jordanische Absichten für die Entwicklung der besetzten Gebiete, überdies will er 300 Millionen Dollar jährlich für das Westjordanland und den Gaza-Streifen flüssig machen.
Außerdem: Um zu beweisen, daß er es mit seiner „Scheidung" von Yassir Arafats PLO (die im Januar dieses Jahres vollzogen wurde) ernst meint, strich König Hussein Arafats Sympathisanten im Westjordanland das Gehalt, das jordanische Regierungsbeamte bis heute aus Amman erhalten. Westufer-Persönlichkeiten, die aus ihrer Unterstützung der PLO kein Hehl machten, wurden bei Reisen nach Jordanien festgenommen und verhört.

Süddeutsche Zeitung, 15./16. 11. 1986

Beide Großmächte wollen die Entwicklung im Nahen Osten in ihrem eigenen Interesse beeinflussen – dies nicht zuletzt deshalb, weil hier bedeutende Erdölvorkommen liegen.

Offene Fragen

Im *israelisch-ägyptischen Friedensvertrag* von 1979, der durch Vermittlung des amerikanischen Präsidenten Carter und durch die Friedensbereitschaft des ägyptischen Präsidenten Anwar el-Sadat (1981 von radikalen Moslems ermordet) zustande kam, stimmte Israel dem Rückzug aus der Sinai-Halbinsel zu. Wichtige Streitpunkte blieben jedoch ungelöst, so die Behandlung der Palästinenser in den besetzten Gebieten und die Zukunft des Ostteils von Jerusalem.

Die Frage, welche Rechte die arabische Bevölkerung in den besetzten Gebieten haben soll, ist in Israel selbst umstritten. Während Politiker der Arbeiter-Partei wie Shimon Peres (bis Oktober 1986 Ministerpräsident) den Arabern in der Verwaltung der Gebiete mehr Selbständigkeit (Autonomie) geben wollen (durch die Ernennung arabischer Bürgermeister anstelle israelischer Verwaltungsoffiziere, durch wirtschaftliche Förderung der Gebiete), unterstützen konservative Politiker wie der seit Oktober 1986 regierende Ministerpräsident Shamir die Ansiedlung jüdischer Bevölkerung im Gaza-Streifen und im Westjordanland. Die Palästinenser befürchten, dadurch allmählich von ihrem Land verdrängt zu werden.

Die offizielle Eingliederung Ost-Jerusalems in das israelische Staatsgebiet (1980) ist in Israel dagegen nicht umstritten. Auf diese Weise soll der Zugang der Juden zu ihren heiligen Stätten (z. B. der Klagemauer) auf Dauer gesichert werden. Die arabischen Staaten lehnen diesen Schritt allerdings geschlossen ab. Sie sehen die Gefahr, daß dadurch die moslemischen Gläubigen in und außerhalb des Nahen Ostens ihrerseits gehindert werden, die Al Agsa-Moschee als eines der drei islamischen Heiligtümer zu besuchen.

10 Im israelisch-ägyptischen Friedensvertrag von 1979 (vgl. Karte 14) wurde die Rückgabe des Sinai bis 1982 beschlossen und dann auch vollzogen. Welche Gebiete hält Israel seit dem Sechs-Tage-Krieg von 1967 heute noch besetzt?

11 Die Politik des Staates Israel zielt seit seiner Gründung besonders darauf ab, seinen Bürgern ein Leben in Sicherheit zu ermöglichen. Welche besondere historische Erfahrung der Juden drückt sich in diesem Ziel aus?

12 Die israelische Regierung verhandelte bislang (1987) nicht direkt mit der PLO, da diese den Staat Israel nicht anerkennt, sondern bekämpft. Sie versucht, Palästinenser außerhalb der PLO für die Zusammenarbeit zu gewinnen. Welche Gründe könnten eurer Meinung nach für dieses Vorgehen ausschlaggebend sein? Informationen hierzu findet ihr auch im Text 18.

13 Zur Diskussion: Im Westjordanland, im Gaza-Streifen und vereinzelt auch auf den ehemals syrischen Golan-Höhen siedeln seit 1967 immer mehr Israelis. Sie gründen Gemeinden und Städte und bewirtschaften das Land. Sie betonen, dieses Gebiet sei schon vor Jahrtausenden von ihren jüdischen Vorfahren besiedelt gewesen. Dieses Thema könnt ihr in einer Pro- und Contra-Diskussion behandeln. Zur Vorbereitung solltet ihr die Argumente der jüdischen Siedler wie auch die Befürchtungen der arabischen Bevölkerung sammeln und dann anschließend in die Diskussion einbringen.

14 Verfolgt über einen längeren Zeitraum hinweg die Berichte in den Medien über den Nahen Osten. Stellt diese Berichte in einer Wandzeitung zusammen und beschreibt, welche Beziehungen zwischen den arabischen Staaten untereinander und zur PLO bestehen. Welche Haltung nehmen dabei die beiden Großmächte USA und UdSSR ein?

19 PLO-Lager, immer wieder Ziel arabischer Angriffe

1976, zu Beginn des libanesischen Bürgerkrieges, töteten libanesische Christen im Lager Tel al-Zaatar in Ostbeirut an einem Tag 1500 Menschen, unter ihnen Frauen, Kinder, Babys und alte Menschen. Tel al-Zaatar ist heute dem Erdboden gleich, die Überlebenden flohen ... in die Lager nach Sabra und Shatila ... Sabra und Shatila sind jene Lager im Süden Westbeiruts, in denen Söldner christlicher Libanesen vom 16. bis 18. September 1982 unter dem Schutz der ... israelischen Streitkräfte wahllos Frauen, Kinder und Männer – palästinensische Guerillas ebenso wie Nichtkombattanten (Nichtkämpfende) – hinschlachteten ...
Drei Jahre nach den Massakern von 1982 starben im Sommer 1985 in Sabra und Shatila erneut Menschen. Diesmal schossen nicht Christen auf Muslime, sondern Schiiten auf Sunniten. Im ‚Kampf der Lager' versuchte die (schiitische) Amal-Miliz ..., bewaffnete PLO-Männer Arafats und dessen bewaffnete palästinensische Gegner auszuschalten und die Kontrolle über die Lager selbst zu übernehmen.

Süddeutsche Zeitung, 14. 1. 86

Zur Information: Schiiten und Sunniten sind zwei sich oft bekämpfende Gruppen innerhalb der Religion des Islam. Die Schiiten werden vor allem durch die Regierung im Iran unterstützt. Dort stürzte 1979 der religiöse Führer Khomeiny den Schah von Persien und rief eine „Islamische Republik Iran" mit der schiitischen Lehre als Staatsreligion aus.

Der Libanon – ein zweiter Konfliktherd

Im Libanon leben Araber unterschiedlicher Religionen (vgl. Schaubild 20). Die politischen und militärischen Auseinandersetzungen, von denen das Land in den letzten Jahren immer stärker gekennzeichnet wurde, sind Ausdruck eines Kampfes um Macht und Einfluß im Staat, in der Regierung und in der Armee, den die 17 konfessionellen Gruppen mit ihren Privatarmeen führen. Traditionell stellen die Christen den Staatspräsidenten und die Sunniten den Ministerpräsidenten. Die Schiiten haben in den letzten Jahren jedoch zahlenmäßig zugenommen, außerdem stieg ihr Einfluß in den islamischen Ländern seit der Gründung der schiitischen Islamischen Republik Iran (1979) stark an. Der Einmarsch der Israelis in den Libanon 1982 verstärkte die Krise, in der sich dieser Staat befindet. Zu den ideologischen und religiösen Konflikten kommt verschärfend hinzu, daß einflußreiche und vermögende Familien und Sippen um die Macht im Lande streiten. Jede dieser Gruppierungen und ihre führenden Familien versuchen zudem, ausländische Staaten zu ihrer Unterstützung heranzuziehen. Damit hat sich nicht nur der Nahost-Konflikt zwischen Israel, den Palästinensern und den Arabern auf den nördlichen Nachbarn Libanon ausgedehnt. Hinzu kommt noch der schon lange andauernde Konflikt zwischen den Schiiten und den Sunniten innerhalb des Islam, aber auch die Rivalität zwischen unterschiedlichen Interessen auswärtiger Mächte, vor allem Syriens und des Iran, aber auch der Großmächte USA und UdSSR. Bemühungen, die verfeindeten Gruppen im Libanon zu einer Beendigung des Bürgerkrieges zu bringen, blieben bislang erfolglos. Waffenstillstandsabkommen, „Versöhnungskonferenzen" und ausländische UNO-Truppen konnten nicht verhindern, daß die Gewalt, vor allem in der Hauptstadt Beirut, anhält.

15 Die staatliche Zentralgewalt – Regierung, Parlament, Polizei und Armee – können sich im Libanon nicht mehr durchsetzen. Faßt hierzu die Aussagen der Übersicht 20 und des Textes dieses Abschnittes zusammen: Welche religiösen und politischen Gruppierungen stehen sich gegenüber? Welche

20 Religionsgruppen, ihre politische und militärische Rolle im Libanon

1932: 800 000		1986: 2,7 Mio.		militärische Gruppen
Maroniten	29%	Maroniten	23%	Lebanese Forces = Libanesische Streitkräfte als Armee der Christen insgesamt im Libanon
übrige Christen	19%	übrige Christen	19%	
Sunniten	22%	Sunniten	18%	Mourabitoun = sunnitische Stadtguerilla in Westbeirut
Schiiten	19%	Schiiten	33%	Amal = Hoffnung; entschiedener Gegner der PLO
Drusen	7%	Drusen	6%	Drusen – Milizen unter Walid Dschumblatt
Übrige	4%	Übrige	3%	

Maroniten 29% → Staatspräsident
Sunniten 22% → Ministerpräsident
Schiiten 19% → Parlamentspräsident

Zur Ergänzung: Neben den militärischen Verbänden der religiösen Gruppen gibt es im Libanon noch folgende bewaffnete Einheiten: die reguläre, aber einflußlose Libanesische Armee, die syrischen Truppen im Nordosten, von Israel unterstützte und abhängige Truppen christlicher Libanesen im Süden sowie Kampfgruppen der PLO.

Stern, 22. 2. 1984, S. 144, ergänzt und aktualisiert.

Interessen behindern einen inneren Frieden? Welche ausländischen Staaten unterstützen die rivalisierenden Gruppen?

16 Wie sieht die aktuelle Lage im Libanon aus? Sammelt Berichte aus den Medien und untersucht, welche politischen Kräfte im Libanon heute eine Rolle spielen.

17 Der Nahost-Konflikt ist nicht nur ein regional begrenzter Krieg. Welche Auswirkungen können von ihm auf die übrige Welt ausgehen? Welche Rolle sollte eurer Meinung nach Europa, welche die Bundesrepublik in diesem Konflikt und bei den Bemühungen, ihn zu lösen, spielen? Hierzu ein paar Hinweise als Anregungen zur Diskussion:

– Als 1973 der vierte Nahost-Krieg ausbrach, folgte in Europa und der westlichen Welt eine „Öl-Krise": Die arabischen Staaten stellten die Öllieferungen vorübergehend ein und forderten dann in den folgenden Jahren erheblich höhere Preise.

– Saudi-Arabien will seit 1981 von der Bundesrepublik Panzer kaufen. Die Meinungen hierzu sind geteilt. Befürworter des Handels wollen die Araber nicht vor den Kopf stoßen, weil diese über Erdölvorräte verfügen; die Gegner erklären, die deutsche Vergangenheit während der Hitlerzeit lasse nicht zu, die Gegner Israels aufzurüsten.

– Im Frühjahr 1986 explodierte in einer Berliner Discothek, die auch von amerikanischen Soldaten besucht wurde, eine Bombe, die arabische Terroristen gelegt hatten. Zwei Menschen, darunter ein amerikanischer Soldat, starben; mehr als 200 Personen wurden z. T. schwer verletzt. Die Regierung der USA warf dem libyschen Staatschef Gadhafi vor, seit Jahren arabische Terroristen bei ihren Anschlägen zu unterstützen. Als Reaktion darauf bombardierten am 15. April 1986 amerikanische Flugzeuge die libyschen Städte Tripolis und Bengasi.

21) Der Libanon – aufgeteilt in unterschiedliche Einflußzonen

Fast jeder dritte Libanese ist Schiit, jedes zweite Neugeborene ebenfalls. Seit 1975 kämpft diese große Bevölkerungsgruppe gegen ihre Unterprivilegierung an – mit der „Bewegung der Entrechteten" und der Kampforganisation „Amal" (Hoffnung). Als größter Fehler der Christen stellt sich nun heraus, daß sie nie eine nationale Identität (Zusammengehörigkeit) gefördert haben. Die Loyalität (besondere Achtung) der Libanesen gehört der Familie, der Dorfgemeinschaft, der Sekte – vom Staat hielten und erwarteten sie nie viel.

Der Libanon ist aufgeteilt in Feudalgebiete: In den Bergen im Norden herrscht der Ex-Präsident Suleiman Frandschieh, ein Christ; die Sunniten von Tripoli vertritt der ehemalige Regierungschef Raschid Karame; das Gebiet um Kesrouan steht zum Falangisten-Führer Pierre Gemayel; für die Sunniten von Beirut spricht Saeb Salam; die Drusen im Schuf-Gebirge führt Walid Dschumblat.

Ausländische Staaten mischen mit:
Alle Hoffnungen, diese Zersplitterung zu überwinden, verringerten sich in dem Maße, in dem der Libanon zum Hauptschauplatz des Nahost-Konflikts wurde. Mächtige Nachbarn und auch die Supermächte mischten sich ein und rüsteten die verfeindeten Brüder mit Waffen aus: Israel die Falangisten, die USA die Regierungsarmee, Syrien die Drusen, Saudi-Arabien die Sunniten, der Iran die Schiiten. Die UdSSR unterstützt insbesondere Syrien und seine Interventionsarmee im Libanon mit Waffen.

stern, 23. 2. 1984, S. 146

22) „Wir haben genug!" – Werben für den Frieden

Eine junge Frau aus Beirut, Imam Kalif, versucht seit 1984, eine Bewegung für den Frieden zu organisieren:

„Wir, die friedliebenden Libanesen, sind die Mehrheit, ... nicht die Politiker und ihre Milizen. Diese schweigende, leidende, noch ohnmächtige Mehrheit ist sich einig in dem einen Bekenntnis, das einem jahrelangen, blutigen Bürgerkrieg entwachsen ist: ‚Wir haben genug!'"

3. Sicherheit und Frieden in Europa nach 1945

3.1 Spannungen und Konflikte zwischen Ost und West: der Kalte Krieg

Mitteleuropa ist die Region in der Welt, in der die meisten Waffen lagern und die meisten Soldaten stationiert sind. Zwischen den Führungsmächten der militärischen Blöcke, den USA und der UdSSR, kam es seit 1945 zwar nicht zu einem offenen militärischen Konflikt, aber immer wieder zu gefährlichen Krisen. So zum Beispiel:

– Vom Juni 1948 bis zum Mai 1949 blockierte die UdSSR den freien Zugang nach Berlin durch das Gebiet ihrer Besatzungszone, der heutigen DDR. Die Westmächte, vor allem die USA, richteten daraufhin zur Versorgung der Bevölkerung des westlichen Stadtteils eine „Luftbrücke" ein.

– In Korea kämpften im Auftrag der UNO seit 1950 amerikanische, britische und südkoreanische Truppen, um ein Vordringen des von der UdSSR und der Volksrepublik China gestützten kommunistischen Nordkorea nach Süden aufzuhalten. Der Korea-Krieg endete 1953 mit einem Waffenstillstand; das Land blieb geteilt.

– Im August 1961 riegelte die DDR-Regierung den westlichen Teil Berlins durch den Bau einer Mauer vom Ostteil der Stadt und von der DDR ab. Die Situation hatte sich seit 1958 zugespitzt, nachdem die UdSSR von den drei Westmächten Verhandlungen mit dem Ziel forderte, den Westen der Stadt in eine „entmilitarisierte Freie Stadt" umzuwandeln.

– Die Rivalität der militärischen Blöcke führte 1962 zur Kuba-Krise: Die UdSSR hatte dort, in unmittelbarer Nähe zu den USA, mit dem Aufbau von Raketenstellungen begonnen. Der amerikanische Präsident drohte mit dem Einsatz von – auch atomaren – Waffen und zwang die UdSSR, die Raketen wieder abzuziehen.

– Im Indochina- bzw. Vietnamkrieg standen sich die USA und die UdSSR

① Auf dem Höhepunkt der Kubakrise
"OK, MR. PRESIDENT, LET'S TALK"

② **Ein „Eiserner Vorhang" – der sowjetische Einflußbereich aus westlicher Sicht**

Aus einer Rede des ehemaligen britischen Premierministers Winston S. Churchill vom 5. März 1946: „Von Stettin an der Ostsee bis nach Triest an der Adria hat sich ein eiserner Vorhang über den Kontinent gesenkt. Dahinter liegen die Hauptstädte der vormaligen Staaten Zentral- und Osteuropas: Warschau, Berlin, Prag, Wien, Budapest, Belgrad, Bukarest und Sofia. Alle diese berühmten Städte und die umwohnende Bevölkerung befinden sich in der Sowjetsphäre, wie ich sie nennen muß, und sind in der einen oder anderen Form nicht nur dem sowjetischen Einfluß ausgesetzt, sondern unterstehen in hohem und in vielen Fällen in steigendem Maße der Kontrolle Moskaus ...
Wenn die Sowjetunion jetzt versucht, durch eigenmächtiges Vorgehen ein prokommunistisches Deutschland in ihren Gebieten zu errichten, wird das neue, ernsthafte Schwierigkeiten in der britischen und amerikanischen Zone hervorrufen und den geschlagenen Deutschen die Macht geben, sich zwischen den Sowjets und westliche Demokratien an den Meistbietenden zu verkaufen."
Winston S. Churchill: Der Zweite Weltkrieg. Bern und Stuttgart 1954, S. 863f.

zwar nicht direkt gegenüber, die UdSSR war aber indirekt durch politische, wirtschaftliche und militärische Hilfe und durch ihre Berater in die Auseinandersetzungen einbezogen.

Daneben gilt aber auch: Europa blieb seit dem Ende des Zweiten Weltkrieges im Mai 1945 von offenen kriegerischen Auseinandersetzungen zwischen den Staaten verschont. Ist Europa demnach eine – zumindest relative – Oase des Friedens? Haben sich die Krisen und Konflikte zwischen West und Ost nur deshalb nicht zum offenen Krieg entwickelt, weil sich beide Lager gegenseitig mit ihren Waffenarsenalen und Armeen in Schach halten und vor militärischer Gewalt als Mittel ihrer Politik aus Angst vor den unübersehbaren Folgen zurückschrecken? Was bedeutet es, wenn wir vom Ost-West-Konflikt sprechen? Wie hat sich dieser Konflikt bis heute entwickelt?

Um diese Fragen untersuchen zu können, wird es auch notwendig sein, in die Geschichte der internationalen Politik seit 1945 zurückzugehen. Wichtige Informationen hierzu lassen sich im Geschichtsbuch, im Geschichtsatlas und in historischen Quellensammlungen finden.

Ihr könnt euch zunächst über wichtige zeitgeschichtliche Zusammenhänge zur Entstehung des Ost-West-Konflikts informieren, etwa zu folgenden Stichworten:

– Was beschließen die gegen das nationalsozialistische Deutschland verbündeten Mächte Großbritannien, UdSSR und USA auf den Konferenzen in Jalta (4.–11. 2. 1945) und in Potsdam (17. 7.–2. 8. 1945)? Wie soll Deutschland künftig von den Siegern politisch und wirtschaftlich behandelt werden? Welche Rolle wollen die Siegermächte in Deutschland selbst spielen?

– Wie entwickeln sich die Beziehungen zwischen den Siegermächten, vor allem zwischen den drei Westmächten und der Sowjetunion nach der Kapitulation der deutschen Wehrmacht am 8. Mai 1945?

③ Zwei Lager in der Welt – die sowjetische Sicht

Der sowjetische Politiker Shdanow erklärte in einer Rede im September 1947, die Welt werde allmählich in zwei gegnerische Lager aufgeteilt, das „imperialistische und antidemokratische Lager" unter der Führung der USA und das „antiimperialistische und antifaschistische Lager" unter der Führung der UdSSR.

Zur Erklärung: Imperialismus: Politik von Staaten, die bestrebt sind, ihren militärischen und wirtschaftlichen Einfluß auszudehnen.

„Die als Folge des Krieges eingetretenen und grundlegenden Änderungen in der internationalen Lage und in der Lage der einzelnen Länder haben das gesamte politische Bild der Welt umgestaltet. Je größer die Periode ist, die uns vom Kriegsende trennt, desto krasser treten zwei Hauptrichtungen in der internationalen Nachkriegspolitik hervor . . . :
Das imperialistische und antidemokratische Lager einerseits und das antiimperialistische und demokratische Lager andererseits. Die schürende Hauptkraft des imperialistischen Lagers stellen die USA dar. Im Bunde mit den USA befinden sich England und Frankreich . . .
Die antiimperialistischen und antifaschistischen Kräfte stellen das andere Lager dar. Die Grundlage dieses Lagers bilden die UdSSR und die Länder der neuen Demokratie. Ihm gehören ferner solche Länder an, wie Rumänien, Ungarn und Finnland, die mit dem Imperialismus gebrochen und fest den Weg der demokratischen Entwicklung beschritten haben . . . Das antiimperialistische Lager stützt sich auf die Arbeiterbewegung und auf die demokratische Bewegung in allen Ländern, auf die brüderlichen kommunistischen Parteien in allen Ländern, auf die Kämpfer der nationalen Befreiungsbewegung in den kolonial- und in den abhängigen Ländern sowie auf die Hilfe aller fortschrittlichen demokratischen Kräfte, die in jedem Lande vorhanden sind."

Klaus von Schubert (Hrsg.): Sicherheitspolitik der Bundesrepublik Deutschland. Teil I, Bonn 1977, S. 641.

④ Wirtschaftliche und politische Unterstützung europäischer Staaten durch die USA

Aus einer Rede des amerikanischen Präsidenten Harry S. Truman vom 12. März 1947:
„Im gegenwärtigen Augenblick der Weltgeschichte muß fast jede Nation zwischen zwei verschiedenen Lebensarten wählen. Zu oft ist die Wahl keine freie. Die eine Art zu leben gründet sich auf den Willen der Mehrheit und zeichnet sich durch freie Institutionen, repräsentative Regierungen, freie Wahlen, Garantien, Freiheit der Rede und der Religion und Freiheit von politischer Unterdrückung aus. Die zweite Lebensart hat als Grundlagen den Willen einer Minderheit, die mit Gewalt der Mehrheit gegenüber geltend gemacht wird . . . Ich bin der Ansicht, daß wir den freien Völkern beistehen müssen, ihr eigenes Geschick auf ihre Weise zu bestimmen. Ich glaube, daß unser Beistand in erster Linie in Form von wirtschaftlicher und finanzieller Hilfe gewährt werden sollte, eine Hilfe, die wesentlich ist für die wirtschaftliche Stabilität und ordnungsgemäße politische Entwicklung."
Klaus von Schubert (Hrsg.): A. a. O. S. 63.

Zur Information: Die USA verwirklichten diese wirtschaftliche Unterstützung mit dem „Marshall-Plan" (genannt nach dem damaligen amerikanischen Außenminister George Marshall). Insgesamt flossen 12,4 Mrd. Dollar nach Europa, davon in die westlichen Zonen Deutschlands und später in die Bundesrepublik 1,7 Mrd Dollar. Daneben bekam die Bundesrepublik im Laufe der ersten Jahre weitere 3,4 Mrd. Dollar an amerikanischen Hilfsgeldern.

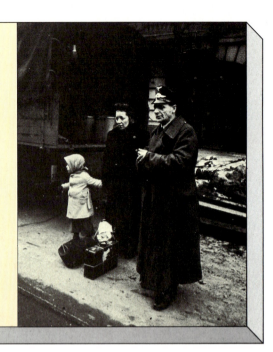

– Welche politischen Parteien entstehen in den drei Westzonen und in der sowjetisch besetzten Zone? Wie stellen sie sich die künftige politische Ordnung in Deutschland vor?
– Wie kommt es zur Bizone und Trizone und wie reagiert die Sowjetunion darauf?

❷ Die beiden Texte S. 264 und 265 beschreiben die Beziehungen zwischen Ost und West aus gegensätzlicher Sicht. Worin sehen die beiden Politiker jeweils die Ursachen der Rivalität? Erklärt dabei die Begriffe „Eiserner Vorhang", „imperialistisches und antidemokratisches Lager".

❸ Die sowjetische „Zwei-Lager-Theorie" wurde in einer Zeit formuliert, als die UdSSR ihr Einflußgebiet in Europa immer stärker abgrenzte. Welche Staaten und Gebiete kamen im Gefolge des Zweiten Weltkrieges und danach unter sowjetischen Einfluß (vgl. den Geschichtsatlas, geschichtliche Datensammlungen und Übersichten)?

❹ Auch der amerikanische Präsident Truman formulierte 1947 eine „Zwei-Lager-Theorie" (vgl. Text 4), die auch als „Truman-Doktrin" bezeichnet wird. Welche Folgerungen zog der amerikanische Präsident aus der Erfahrung, daß die frühere Allianz gegen das nationalsozialistische Deutschland in zwei rivalisierende Lager zerfallen war?

Der Zerfall der Kriegsallianz

Die Allianz der Großmächte USA, Großbritannien und UdSSR beruhte bis zur Kapitulation Deutschlands am 8. Mai 1945 nicht auf übereinstimmenden politischen Grundüberzeugungen, sondern auf dem Willen, das faschistische Deutsche Reich und seine Verbündeten zu besiegen. Mit dem Ende des Krieges war dieses Ziel erreicht, damit war aber auch zugleich das Ende der

5) Die Gründung der Bundesrepublik Deutschland – ein Überblick

Die Oberbefehlshaber der drei westlichen Besatzungsmächte beauftragten in den „Frankfurter Dokumenten" vom 1. Juli 1948 die Ministerpräsidenten der westdeutschen Länder mit der Einberufung einer Verfassunggebenden Versammlung: „Die Militärgouverneure (bevollmächtigen) die Ministerpräsidenten der Länder ..., eine Verfassunggebende Versammlung einzuberufen (bis) 1. September 1948 ... (Sie) wird eine demokratische Verfassung (und) eine Regierungsform des föderalistischen Typs (schaffen) ... Sobald die Verfassung von zwei Dritteln der Länder ratifiziert ist, tritt sie in Kraft."

Hohlfeld (Hrsg.): Dokumente der Deutschen Politik und Geschichte von 1848 bis zur Gegenwart, Band 6, Berlin o. J. S. 320f.

Einige wichtige Daten zur Gründung der Bundesrepublik Deutschland und der Deutschen Demokratischen Republik:

20. Juni 1948: Währungsreform in den Westzonen, Einführung der Deutschen Mark (DM);
1. September 1948: Zusammentritt des Parlamentarischen Rates in Bonn zur Beratung einer Verfassung für den westdeutschen Staat. Seine 65 Mitglieder wurden von den Landtagen gewählt.
22.–24. Oktober 1948: Die fünfte Tagung des Deutschen Volksrates verabschiedet den Verfassungsentwurf für das Gebiet der sowjetischen Besatzungszone;
23. Mai 1949: Der Parlamentarische Rat verkündet das „Grundgesetz für die Bundesrepublik Deutschland". Mit diesem Tag ist die Bundesrepublik Deutschland als Staat gegründet;
30. Mai 1949: Der dritte Deutsche Volkskongreß, der in Berlin tagt, nimmt die Verfassung der Deutschen Demokratischen Republik an;
14. August 1949: Wahlen zum ersten Bundestag der Bundesrepublik Deutschland;
12. September 1949: Professor Theodor Heuss (FDP) wird zum Bundespräsidenten gewählt;
15. September 1949: Der Bundestag wählt Konrad Adenauer (CDU) zum Bundeskanzler der Bundesrepublik Deutschland;
7. Oktober 1949: Die Provisorische Volkskammer bildet eine Regierung der Deutschen Demokratischen Republik.

Das erste Kabinett der Bundesregierung unter K. Adenauer, 1949 aus einer Koalition von CDU/CSU, FDP und DP.

Gemeinsamkeiten in der internationalen Politik eingeläutet. Bereits in den letzten Kriegsmonaten gingen die Siegermächte, vor allem die USA und die UdSSR, daran, neben der Aufteilung des Deutschen Reiches auch Europa insgesamt in unterschiedliche Einflußgebiete aufzuteilen.

Das Verhältnis zwischen den Westmächten und den Staaten des östlichen Lagers wird seit der zweiten Hälfte der 40er Jahre als *Kalter Krieg* bezeichnet. In einem „heißen Krieg" tragen die Gegner ihre Konflikte mit Waffen aus. Der Kalte Krieg ist dagegen eine Zeit der Spannung, der Konflikte, ohne direkte militärische Gewalt, aber unter ständiger Androhung solcher Gewalt. Diese Phase der internationalen Beziehungen wurde erst Mitte der sechziger Jahre durch die Politik der *Entspannung* abgelöst.

Spätestens seit 1946 wurde deutlich, daß Deutschland Teil der neuen weltpolitischen Auseinandersetzungen zwischen West und Ost geworden war. In den westlichen Besatzungszonen wurde, beginnend bei den Gemeinden, den Kreisen und dann auch den Ländern, eine politische Ordnung nach dem Muster der liberalen Demokratien der Westmächte und unter deren direkter Kontrolle errichtet. In der sowjetischen Besatzungszone wurde begonnen, eine kommunistische Gesellschafts- und Staatsordnung aufzubauen, unter Beteiligung deutscher und sowjetischer Kommunisten. Mit der Zuspitzung der Gegensätze zwischen Ost und West wurde der Weg zur Gründung zweier deutscher Staaten, damit aber auch zur Teilung Deutschlands, beschritten. Die Beziehungen zwischen beiden deutschen Staaten waren also von Anfang an eng verknüpft mit den Beziehungen zwischen der Sowjetunion und den Vereinigten Staaten von Amerika.

... und der Beginn des Kalten Krieges

Zwei deutsche Staaten

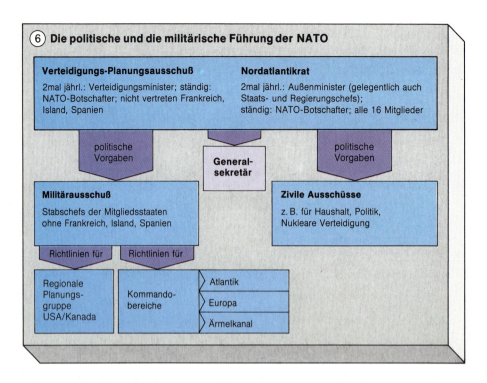

6 Die politische und die militärische Führung der NATO

3.2 Militärische Blöcke: die NATO und der Warschauer Pakt

Unmittelbar nach dem Ende des Zweiten Weltkrieges begannen die beiden mächtigsten und politisch führenden Staaten der Welt, die USA und die UdSSR, ihre Einflußgebiete enger zusammenzuschließen und abzusichern. Die Bildung kommunistisch geführter Regierungen in den osteuropäischen Staaten (vgl. oben, Abschnitt 3.1), kommunistische Umsturzversuche in Griechenland und der Türkei nach 1945, die Blockade der Verkehrsverbindungen Berlins mit den westlichen Besatzungszonen (Berliner Blockade, Juni 1948 bis Mai 1949) durch die Sowjetunion beschleunigten auch die *militärische Zusammenarbeit* der westlichen Staaten.

Vor allem amerikanische Politiker sahen es als Ziel der Politik des Westens an, ein weiteres sowjetisches Vordringen über die einmal erreichten Grenzen hinaus zu verhindern: Durch den Aufbau eines Netzes militärischer Stützpunkte und durch die Gründung militärischer Bündnissysteme (Beistandspakte) sollte der sowjetische Herrschaftsbereich „eingedämmt" werden. Einige Politiker gingen weiter; so John Foster Dulles, von 1953 bis 1959 Außenminister der USA. Er forderte, den Herrschaftsbereich der Sowjetunion, wie er in der Folge des Zweiten Weltkrieges entstanden war, wieder „zurückzudrängen". Mit dieser Forderung wollten Dulles und die Regierung der Vereinigten Staaten nicht zu einem neuen Krieg aufrufen. Sie beabsichtigten vielmehr, die westeuropäischen Staaten und deren Bevölkerung zu überzeugen, daß neue und verstärkte gemeinsame Rüstungsanstrengungen erforderlich seien.

NATO

Die Bündnispolitik der USA fand in Europa ihren Ausdruck in der Gründung der *Nordatlantischen Verteidigungsgemeinschaft* (NATO = North Atlantic Treaty Organization). Dies entsprach auch den Interessen der westeuropäischen Staaten, die die Anwesenheit amerikanischer Truppen zum militärischen Schutz Westeuropas forderten. Am 4. April 1949 unterzeichneten die Regierungen von Belgien, Dänemark, Frankreich, Großbritannien, Island, Italien, Kanada, Luxemburg, der Niederlande, Norwegen, Portugal und der USA ein Abkommen, in dem sie gegenseitig versicherten, „... daß ein bewaffneter Angriff gegen eine(n) oder mehrere von ihnen in Europa oder Nordamerika als ein Angriff gegen sie alle angesehen wird ..." Sie vereinbarten daher, „daß im Falle eines solchen bewaffneten Angriffs jede(r) von ihnen ... Beistand leistet ... einschließlich der Anwendung von Waffengewalt." (Art. 5, Nato-Vertrag 1949)

1952 traten Griechenland und die Türkei der NATO bei. Die Bundesrepublik verpflichtete sich bei ihrem Beitritt 1955, alle Truppen dem gemeinsamen Kommando der NATO zu unterstellen. Spanien ist seit 1982 Mitglied; es beteiligt sich allerdings – wie Frankreich – nicht an den militärischen Planungen und Übungen.

Warschauer Pakt

Bereits Ende 1943 begann die UdSSR, mit Staaten Osteuropas bzw., sofern sie damals von deutschen Truppen besetzt waren, mit deren Exilregierungen zweiseitige Verträge abzuschließen. Sie wurden am 14. Mai 1955 ergänzt durch den *Warschauer Vertrag über Freundschaft, Zusammenarbeit und gegenseitigen Beistand*, dessen wichtigste Vereinbarung die Gründung des *Warschauer Pakts*, der militärischen Organisation des Ostblocks, ist. Zu den Gründern gehörten Albanien, Bulgarien, die Deutsche Demokratische Republik, Polen, Rumänien, die Sowjetunion, die Tschechoslowakei und Ungarn.

Es wurde vereinbart:

„Im Falle eines bewaffneten Überfalls in Europa auf einen oder mehrere Teilnehmerstaaten des Vertrages seitens irgendeines Staates oder einer Gruppe von Staaten wird jeder Teilnehmer des Vertrages ... sofortigen Beistand ... mit allen Mitteln ... einschließlich militärischer Gewalt erweisen. "(Art. 4, Warschauer Pakt 1955). Albanien trat 1968 aus Protest gegen den Einmarsch von Truppen des Warschauer Pakts in die Tschechoslowakei aus dem Pakt aus. (Durch den Einmarsch wurden die liberalen Reformen der Regierung Dubček rückgängig gemacht, Dubček selbst zum Rücktritt gezwungen). Die Mongolische Volksrepublik, die Koreanische Volksdemokratische Republik und die Volksrepublik Vietnam arbeiten heute eng mit dem Warschauer Pakt zusammen (sogenannter Beobachterstatus).

5 Ermittelt im Atlas die einzelnen Mitgliedsstaaten der NATO und des Warschauer Pakts. Welche Folgerungen lassen sich aus der geographischen Lage der beiden Führungsmächte USA und UdSSR ziehen?

6 In demokratischen Staaten soll die militärische Führung der politischen Führung untergeordnet sein. Beschreibt diesen Grundsatz am Beispiel der Organisation der NATO (Abb. 6).

3.3 Die militärische Strategie der NATO und der Auftrag der Bundeswehr

Bei ihrem Beitritt zur NATO hat die Bundesrepublik 1955 zugesichert, Streitkräfte bis zu einer Höhe von rund 500000 Soldaten in die gemeinsame Verteidigungsorganisation einzubringen. Der Auftrag der Bundeswehr wurde im Grundgesetz formuliert:
– In der Präambel verpflichtet sich die Bundesrepublik, durch ihre Politik zum Frieden beizutragen.
– Folgerichtig verbietet Art. 26 alle „Handlungen, die geeignet sind und in der Absicht unternommen werden, das friedliche Zusammenleben der Völker zu stören, insbesondere die Führung eines Angriffskrieges vorzubereiten". Die Streitkräfte der Bundesrepublik dürfen somit nur der *Verteidigung* und nicht einem Angriff nach außen dienen.

Die militärische Planung der NATO und damit auch der Bundesrepublik zielt darauf ab, einen möglichen Gegner schon in Friedenszeiten von einem Angriff abzuschrecken; ein Angreifer muß mit einer gemeinsamen militärischen Vergeltung durch die Vertragspartner rechnen.

Abschreckung

Die Strategie *der Abschreckung* droht dabei einem möglichen Gegner eine abgestufte, *flexible Reaktion* mit unterschiedlichen militärischen Mitteln an:
– In der „*direkten Verteidigung*" soll versucht werden, den Angreifer mit den gleichen Waffen aufzuhalten und zu verhindern, daß sich der Konflikt ausdehnt. Dadurch soll Zeit gewonnen werden, um durch politische Verhandlungen zu einer Lösung, d. h. zur Einstellung der Kämpfe zu kommen.
– Führt dieser Weg nicht zum Erfolg, so kann der Einsatz von Waffen *gesteigert* (z. B. durch begrenzt eingesetzte Atomwaffen) oder der Konflikt auf weitere Räume *ausgedehnt* werden („*vorbedachte Eskalation*").
– Die letzte Stufe sieht die „*allgemeine nukleare Reaktion*" vor. Dabei sollen vor allem über große Entfernungen wirksame atomare Waffen (interkontinentale Raketen) eingesetzt werden.

7 Militärische Verteidigung und politische Entspannung – die beiden Aufgaben der NATO

Auf der Sitzung des NATO-Rates (vgl. Abb. 6, S. 268) beschlossen die Außenminister im Dezember 1967 den vom belgischen Außenminister Harmel ausgearbeiteten Plan über die Aufgaben der NATO (Harmel-Plan):
Die Mitgliedsstaaten werden „zur Schaffung des Gleichgewichts der Streitkräfte das erforderliche militärische Potential (Mittel) aufrechterhalten und dadurch ein Klima der Stabilität, der Sicherheit und des Vertrauens schaffen.
In diesem Klima kann die Allianz ihre zweite Funktion erfüllen: die weitere Suche nach Fortschritten in Richtung auf dauerhafte Beziehungen, mit deren Hilfe die grundlegenden politischen Fragen gelöst werden können. Militärische Sicherheit und eine Politik der Entspannung stellen keinen Widerspruch, sondern eine gegenseitige Ergänzung dar." Harmel-Bericht. Bulletin des Presse- und Informationsamtes der Bundesregierung, 16. 12. 1967

8 Vorneverteidigung im Verbund mit den Alliierten

Territorialkommando Schleswig-Holstein
Territorialkommando Nord
Das Territorialheer sichert vor allem die Operationsfreiheit der NATO-Streitkräfte

TKSH, DK, D, USA, NL, TKN, D, GB, B, D, TKS, USA, CDN, USA, D, F

Verteidigungsräume der deutschen Landstreitkräfte
Territorialkommando Süd

Nach: Der Bundesminister der Verteidigung; Hrsg., Kräftevergleich NATO – Warschauer Pakt, Bonn 1982

Bei all diesen Maßnahmen soll ein Angriff möglichst vorne, an der unmittelbaren Front, abgefangen werden (*Vorneverteidigung* der NATO, vgl. Abb. 8 und Text 9). Im Rahmen dieser Strategie strebt die NATO ein militärisches Gleichgewicht mit den Staaten des Warschauer Paktes an; die Abschreckung setzt voraus, daß keine Seite der anderen überlegen ist.

Durch die Entwicklung neuer Waffen und Informationstechniken ist es möglich, den Gegner „in der Tiefe seines Raumes", d.h. hinter der ersten Frontlinie zu kontrollieren und zu treffen. Die *räumliche Ausdehnung* des Gefechtsfeldes halten Kritiker zum einen für gefährlich, da sie gleichbedeutend sei mit einem Übergang zum unbegrenzten Atomkrieg. Zum anderen sehen sie darin die Tendenz, vom Verteidigungskrieg – als flexibler Reaktion auf einen vorausgegangenen Angriff – zur offensiven, auf Raumgewinn ausgerichteten Kriegführung überzugehen. Dies widerspreche dem Grundgesetz. Sie fordern den Verzicht auf solche Waffen, die zum Angriff befähigen und verlangen die Beschränkung der Bundeswehr auf ausschließliche Verteidigungsaufgaben. Hierzu könnten letztlich, so das Argument, konventionelle Waffen ausreichen.

7 Die Aufgaben der Bundeswehr, ihre Führung (Kommandogewalt) und die politische Kontrolle darüber sind in ihren Grundzügen im Grundgesetz für die Bundesrepublik Deutschland bestimmt. Informiert euch zu diesen drei Gesichtspunkten in den Art. 26, 45 a, 45 b, 65 a, 87 a und 115 b und stellt die Ergebnisse in einer Übersicht zusammen. Beachtet dabei: Das Grundgesetz unterscheidet zwischen Aufgaben im Verteidigungs- und Spannungsfall einerseits und zur „Abwehr einer drohenden Gefahr" im Innern der Bundesrepublik andererseits. Worin unterscheiden sich die Aufgaben in den beiden Situationen?

8 Beschreibt die Strategie der Vorneverteidigung: Welche Aktionsräume

---

9 Die Vorneverteidigung

Vorneverteidigung umfaßt neben der grenznahen Abwehr von Angriffen auch Operationen, um besetztes Territorium zurückzugewinnen, Verteidigung im eigenen rückwärtigen Gebiet, Sicherung des Luftraumes im NATO-Vertragsgebiet, die Kontrolle entscheidender Seegebiete zur Sicherstellung der Verstärkungs- und Versorgungstransporte nach Europa und die Bekämpfung des gegnerischen Potentials in der Tiefe.

Bundesminister der Verteidigung: Weißbuch 1985. Zur Lage und Entwicklung der Bundeswehr. Bonn 1985, S. 78

Militärische Überlegungen gehen von der Notwendigkeit aus, die Gesamtheit der eigenen Fähigkeiten gegen einen Angreifer einzusetzen. Dazu sind weitreichende Sensoren und Waffen zur Erfassung, Identifizierung und Bekämpfung feindlicher Truppen und Einrichtungen erforderlich. Die Bekämpfung des Gegners in der Tiefe seines Raumes und am vorderen Rand der eigenen Verteidigung sind nicht zu trennen.

Informationsdienst Sicherheitspolitik 2 (1984) H. 2, S. 3

10 Vorneverteidigung, aber nicht grenzüberschreitend – die Position der SPD

Die Struktur (d. h. hier die Organisation und Bewaffnung) der Streitkräfte müssen zur Vorneverteidigung glaubhaft befähigen; das heißt, die Streitkräfte müssen jeden potentiellen (möglichen) Angreifer mit einem untragbaren Risiko belasten.

Sie dürfen auf keinen Fall zu einem grenzüberschreitenden, raumgreifenden Angriff operativ (durch eigene militärische Handlungen) geeignet sein. Strukturen und Bewaffnungen, die sich auf eine wirksame Verteidigung beschränken, bedeuten kein Entgegenkommen an die Warschauer Vertrags-Organisation (offizielle Bezeichnung des Warschauer Pakts), sondern Selbstschutz unseres Landes.

SPD-Parteitag 25.–29. 8. 1986, Beschluß zur Friedens- und Sicherheitspolitik

⑪

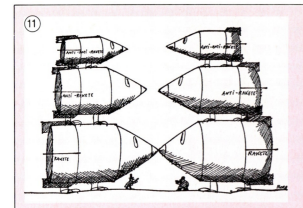

„der Ausbildung her) unfähig ist ... Dazu würde u.a. gehören, Panzerverbände allmählich durch kleinere Einheiten mit Präzisionslenkwaffen zur Panzerbekämpfung zu ersetzen; eine solche Umrüstung und die mit ihr verbundene Strategie ist gewiß nicht einfach identisch (in Übereinklang) mit den gegenwärtigen Interessen anderer NATO-Staaten; für die Bundesrepublik ist sie aber lebensnotwendig und muß darum im Bündnis vereinbart werden."

Nach: Hans Günter Brauch: Perspektiven einer Europäische Friedensordnung. Berlin 1983, S. 76

⑬ **Die Argumentation der Bundesregierung (CDU/CSU und FDP)**

Die Forderung nach einer Streitkräftestruktur der NATO, die jede Fähigkeit zum Angriff ausschließt, verkennt die Notwendigkeit der Verteidigung. Der Angreifer könnte seine Raumgewinne, die auch bei nachhaltiger Verteidigung nicht auszuschließen sind, ungestört behalten und weiter nutzen. Sein Risiko würde erheblich gemindert, da er nicht mit Gegenschlägen zu rechnen hätte ...
Der Verzicht auf Nuklearwaffen würde einen Aggressor von der Unkalkulierbarkeit des Risikos befreien und ihm die Möglichkeit geben, seine konventionelle Überlegenheit voll auszuspielen.

Weißbuch 1985, S. 81

⑫ **Eine strategische Alternative: die Bundeswehr als reine Verteidigungsarmee**

Die ökumenische Arbeitsgruppe „Schritte zur Abrüstung" tritt ein „für eine Umrüstung der Bundeswehr zu einer Streitmacht, die unser Territorium so wirksam wie möglich schützt, aber zu einem Angriff über unsere Grenzen hinaus strukturell (d. h. von der Ausstattung und

gehören in der Sicht des Bundesverteidigungsministers (Text 9) zu dieser Strategie? Wie versteht die SPD diese Strategie (Text 10)?

❾ Welche Folgerungen zieht die Arbeitsgruppe „Schritte zur Abrüstung" aus der Eingrenzung der Bundeswehr im Grundgesetz auf Verteidigungsaufgaben (Text 12)? Vergleicht euer Ergebnis mit den Argumenten der Bundesregierung (Text 13).

3.4 Abschreckung – auf dem Weg zu immer neuen Waffen?

Die Strategie der Abschreckung kann nur dann wirksam sein, wenn ein möglicher Gegner davon überzeugt ist, daß die andere Seite ihm nicht unterlegen, sondern zumindest gleichwertig ist. Mit anderen Worten: Es muß zwischen den gegnerischen Lagern ein *militärisches Gleichgewicht* herrschen. Wann aber ist ein solches Gleichgewicht erreicht? Wie kann es festgestellt werden und wer stellt es fest?

Die Praxis der Rüstungspolitik hat gezeigt, daß ein militärisches Gleichgewicht nicht von Dauer ist. Die Rüstungsanstrengungen der Staaten und der militärischen Blöcke sind vielmehr ständig in Bewegung, befinden sich seit eh und je im Wettbewerb miteinander. Dazu tragen unterschiedliche Ursachen bei. Die Befürchtung, gegenüber der anderen Seite zurückzufallen, führt zum einen zur ständigen Weiterentwicklung der militärischen Forschung. Technische Neuerungen versprechen zum andern – wenn auch kurzfristig – neue, vorteilhaftere Waffen. Die Rüstungsindustrie erblickt darin zugleich die Möglichkeit, neue Produkte absetzen zu können. Und nicht zuletzt sind die Militärs selber daran interessiert, ihren einmal erreichten Stand der Ausrüstung nicht einzufrieren, sondern ihn den jeweils neuesten technischen Möglichkeiten anzupassen.

Statt eines festen, auf Dauer stabilen Gleichgewichts der militärischen Kräfte entwickelte sich deshalb in Wirklichkeit in den letzten Jahrzehnten eine *Spirale des Wettrüstens*. Es blieb dann jeweils strittig, wer letztlich den ersten Schritt zur neuen Rüstung getan hat – und wer nachgerüstet hat.

In der politischen Auseinandersetzung über die Frage, welche Seite stärker gerüstet sei, werden meistens die Ausrüstung der NATO und des Warschauer Pakts mit den verschiedenen Waffen sowie die Stärke der Armeen *zahlenmäßig* miteinander verglichen. Diese mengenmäßigen Vergleiche sind in mehrfacher Hinsicht umstritten. Zum einen beruhen sie in wichtigen Teilen auf Schätzungen, da weite Bereiche der Verteidigung und der Rüstung geheim gehalten werden; zum andern verändern sich diese Zahlen sehr schnell, weil beide Seiten ihre Ausrüstungen laufend modernisieren.

Militärische Stärke – mehr als nur eine Frage der Waffen

Entscheidend ist jedoch, daß allein ein zahlenmäßiger Vergleich der Rüstungen (Waffen und Soldaten) noch nicht sagt, wie leistungsfähig eine Armee ist, wie der Stand ihrer technischen Ausbildung mit oft komplizierten Waffensystemen ist, welchen wirtschaftlichen Rückhalt die Armee im eigenen Land, bei der Bevölkerung hat und welchen politischen Zielen sie unterstellt ist (vgl. Text 14).

10 Daß militärische Vergleiche von mehreren Gesichtspunkten abhängen, wird in Text 14 deutlich. Faßt diese Aspekte kurz zusammen. Welche sind eurer Meinung nach für die NATO und den Warschauer Pakt besonders wichtig?

11 Mit einem Raketenabwehrsystem im Weltall (Strategic Defense Initiative – SDI) soll die Sicherheit der USA nicht mehr durch die Abschreckung des Gegners (indem man ihm im Falle eines Angriffs mit einem vernichtenden Zweitschlag antwortet), sondern durch einen undurchdringbaren Schutzschild erreicht werden (vgl. Text 15). Stellt die Argumente aus den Reden

---

(14) Wovon das militärische Gleichgewicht auch abhängt

In einem Vergleich der militärischen Stärke der NATO und des Warschauer Paktes sollten auch geographische, technische und wirtschaftliche, soziale und politische Gesichtspunkte einbezogen werden. Das heißt, der mengenmäßige, quantitative Vergleich muß durch den qualitativen Vergleich ergänzt werden. Einige Stichworte:

– *Geographische Bedingungen:* Wie sind die Verbindungen und die Entfernungen der Verbündeten untereinander? Über welche Rohstoffe verfügen sie? Welche Rolle spielt das Klima? Wie sehen die Verkehrsverbindungen und -einrichtungen in den einzelnen Gebieten aus?

– *Industrielle und wirtschaftliche Bedingungen:* Über welche wirtschaftliche Kraft verfügen die Pakte und ihre Mitglieder? Besitzen sie wirtschaftliche Reserven, die sie einen Konflikt über längere Zeit durchstehen lassen (z.B. Rohstoffe, eine ausreichende landwirtschaftliche Produktion zur Versorgung der Bevölkerung)? Welche technischen Einrichtungen sind vorhanden? Wie leistungsfähig und auf welchem technischen Stand ist die Wirtschaft des Bündnisses bzw. seiner Mitgliedsländer? Aber auch: Wie werden ökonomische Entscheidungen getroffen? Wie schnell können sie getroffen werden? Wie leistungsfähig ist das Informations- und Kommunikationswesen? Wie überlebensfähig ist es in einem Konflikt?

– *Soziale und politische Bedingungen:* Welche politischen Ziele verfolgen die Bündnisse? Wie stabil ist das Verhältnis zwischen den Mitgliedern des militärischen Bündnisses? Wie stehen sie zu der jeweiligen Führungsmacht? Bestehen offene oder verdeckte Interessengegensätze? Wie stabil ist die innenpolitische Situation in den einzelnen Mitgliedsstaaten? Bestehen gesellschaftliche Spannungen und Gegensätze?

Reagans und Gorbatschows gegenüber. Formuliert jeweils eine Kritik der Argumente.

12 Das SDI-Projekt wird unterschiedlich bewertet. Die einen sehen darin eine Chance, dauerhaften Schutz aufzubauen, andere befürchten, daß damit eine neue Stufe in der Entwicklung des Wettrüstens beschritten wird – wodurch letztlich weniger Sicherheit erreicht werde. Hierzu könnt ihr ein Streitgespräch durchführen, ausgehend etwa von den Argumenten in Text 15. Dabei könnt ihr die Argumente und Gegenargumente jeweils begründen und aus eurer Sicht Schritte skizzieren, mit denen der Friede in Zukunft gesichert werden sollte.

13 Worin liegt der Sinn für eine freiwillige Begrenzung der Raketenabwehrsysteme, die die USA und die UdSSR 1972 im „Vertrag über die Begrenzung von Systemen zur Abwehr ballistischer Raketen" (amer. Anti-Ballistic-Missiles: ABM-Vertrag) vereinbart haben? Beachtet dabei den Grundgedanken, auf dem die Strategie der gegenseitigen Abschreckung beruht, wie er S. 270f. dargestellt wurde.

14 Diese Politik der Abschreckung wird von ihren Kritikern auch als ein „Gleichgewicht des Schreckens" bezeichnet. Nehmt dazu Stellung.

15 Raketen im Weltall abfangen – das Ende aller Atomwaffen oder neue Gefahren?

In den USA laufen Forschungsarbeiten, die die Entwicklung eines komplizierten Systems zur Abwehr von Raketen im Weltall zum Ziel haben. 1972 hatten die Supermächte vereinbart, daß jede Seite zur Abwehr gegnerischer, interkontinentaler Raketen 100 Raketen aufstellen kann (ABM-Vertrag). Diese freiwillige Begrenzung der Raketenabwehr sei, so argumentierte 1983 der amerikanische Präsident Reagan, durch die Sowjetunion in den letzten Jahren verletzt worden. Diese habe weitere Anlagen zur Raketenabwehr entwickelt:

16 Die Großen – immer größer?

Präsident Ronald Reagan (USA), am 23. März 1983:
Was wäre, wenn freie Menschen in dem Bewußtsein leben könnten, daß ihre Sicherheit nicht von der Drohung eines umgehenden amerikanischen Vergeltungsschlags zur Abschreckung eines sowjetischen Angriffs abhängt, daß wir Interkontinentalraketen abfangen oder vernichten können, noch ehe sie unser Gebiet oder das unserer Verbündeten erreicht haben? ... Ich erteile den Auftrag, in umfassenden und intensiven Anstrengungen ein langfristiges Forschungs- und Entwicklungsprogramm mit dem Fernziel zu erstellen, daß die von den Atomraketen ausgehende Bedrohung beseitigt wird. Das könnte den Weg zu Rüstungskontrollmaßnahmen mit dem Ziel ebnen, die Waffen selbst zu beseitigen.
Zitiert nach: Aus Politik und Zeitgeschichte B 48/84 vom 1. 12. 1984, S. 31

Michail S. Gorbatschow, Generalsekretär der KPdSU (UdSSR), am 7. April 1985:
Da Menschen intuitiv spüren, wie gefährlich die Pläne von Kriegen der Sterne sind, möchten die Urheber dieser Pläne die Menschen glauben machen, es handle sich um harmlose wissenschaftliche Forschungen, die dazu noch technologischen Nutzen bringen sollen ... Man behauptet sogar, über die Schaffung kosmischer Waffen könne man zur Abschaffung der Atomwaffen übergehen. Das ist ein Betrug!
Die Schaffung der Nuklearwaffen hat die herkömmlichen Rüstungen nicht beseitigt, sondern hat nur ein forciertes (übersteigertes) Wettrüsten sowohl mit nuklearen als auch mit konventionellen Waffen bewirkt. Genauso würde die Schaffung von Weltraumwaffen nur eines bringen: der Rüstungswettlauf wird noch intensiver werden und neue Bereiche erfassen.
Zitiert nach: Stichworte zur Sicherheitspolitik. Bonn 1985, S. 41

4. Den Frieden durch Verhandlungen sichern

4.1 Von der Konfrontation zur Entspannung: Abrüsten, damit der Friede sicherer wird?

Die Erfahrung, daß mit den atomaren Waffenarsenalen des Westens und des Ostens letztlich keine Seite der anderen überlegen, aber jede Seite gleichermaßen bedrohlich ist, macht eine neue Regelung der Beziehungen zwischen den Blöcken notwendig. Nach der gefährlichen Kuba-Krise 1962 (vgl. S. 264), die die beiden Großmächte USA und UdSSR an den Rand eines neuen Weltkrieges geführt hatte, setzte ein *Entspannungsprozeß* ein. Mit einem Atomteststopabkommen (1963: Verbot von Atomwaffentests in und außerhalb der Atmosphäre und im Weltraum, nicht jedoch unter der Erde), der Errichtung eines „heißen Drahtes", einer unmittelbaren Telefonverbindung zwischen Washington und Moskau (1963), und dem Atomwaffensperrvertrag (1968: Verbot der Weitergabe von Kernwaffen an Staaten, die keine Kernwaffen haben) wurden erste Erfolge in diesem Prozeß erzielt.

Die NATO-Staaten verabschiedeten im November 1967 auf der Tagung des NATO-Rates einen Plan, wonach die Sicherheit des Westens nicht mehr ausschließlich durch die abschreckende Wirkung der Waffen, sondern in ebensolchem Maße durch Verhandlungen erreicht werden müsse. Die Bereitschaft zu militärischer *Verteidigung* und eine Politik der *Entspannung* seien *gleichermaßen* erforderlich, um Sicherheit auf Dauer zu gewährleisten (vgl. S. 270, Text 7).

Wesentlicher Bestandteil der Entspannungspolitik sind heute die Verhandlungen zur *Rüstungskontrolle* und *Abrüstung:* Die Politik der Abschreckung und Gewaltandrohung soll auf diese Weise durch Verhandlungen ergänzt, wenn auch nicht ersetzt werden. Das Nebeneinander von Abschreckung und Entspannung, das wesentlich das Verhältnis zwischen West und Ost kennzeichnet, schließt nicht aus, daß es unterhalb dieser Beziehungen eine Fülle begrenzter Konflikte gibt, in denen nach wie vor Gewalt angewendet wird, in die auch die USA und die UdSSR einbezogen sind (z. B. die USA in Mittelamerika; die UdSSR in Afghanistan).

Rüstungskontrolle und Abrüstung

Die Politik der Abschreckung trifft heute in der Gesellschaft der Bundesrepublik und in den westlichen Demokratien – vereinzelt auch in östlichen Staaten – auf eine stärker werdende politische Ablehnung (vgl. unten Abschn. 6). Immer mehr Menschen erwarten, daß internationale Konflikte angesichts der Möglichkeit globaler Vernichtung nur noch gewaltfrei gelöst werden. Darin kann eine weitere Bewegkraft und zugleich eine *demokratische Rechtfertigung* für eine Politik der gewaltfreien Konfliktregelung gesehen werden.

Die Bemühungen, Spannungen zwischen Ost und West, vor allem zwischen den Führungsstaaten UdSSR und USA, zu verringern, können nicht darüber hinwegtäuschen, daß der Rüstungswettlauf zwischen den beiden Blöcken – vor allem im nuklearen Bereich – nach wie vor zur Ausweitung der Rüstung durch neue Techniken führt. Darüber hinaus findet in zunehmendem Maße eine

① **Abrüstungsverhandlungen – ein Überblick (Stand Anfang 1987)**

Bezeichnung	Verhandlungspartner, Ort	Ziele / Absichten	Ergebnis / Stand der Verhandlungen
SALT I: Strategic Arms Limitation Talks	USA und UdSSR, in Helsinki und Moskau	Zahl der interkontinentalen Raketen mit atomaren Sprengköpfen begrenzen	1972 abgeschlossen, mit Begrenzung der Abfangraketen
SALT II:	USA und UdSSR, in Genf, Wladiwostok, Washington	Zahl der interkontinentalen Raketen und Flugzeuge als atomare Trägerwaffen verringern und atomare Sprengköpfe pro Rakete auf 10 begrenzen	1979 abgeschlossen, aber durch den Einmarsch sowjetischer Truppen in Afghanistan (Ende 1979) vom Parlament der USA nicht bestätigt; trotzdem weitgehend eingehalten, von den USA im Dez. 1986 aufgekündigt
START: Strategic Arms Reduction Talks	USA und UdSSR, in Genf	Weiterführung von SALT II: Verringerung der strategischen Atomwaffen	1982 begonnen, 6. Verhandlungsrunde Sept. 1986
INF: Intermediate Nuclear Forces	USA und UdSSR, in Genf	Verringerung bzw. Abbau der nuklearen Waffen im Mittelstreckenbereich (bis ca. 5000 km Reichweite)	Frühjahr 1982 begonnen nach Stationierung der amerikanischen Mittelstreckenraketen (Pershing II) und Marschflugkörper (Cruise Missile). Ziel 1987: Abbau aller Mittelstreckenwaffen
MBFR: Mutual Balanced Force Reduction	12 Mitgliedsstaaten der NATO und 7 des Warschauer Pakts, in Wien	beiderseitige und ausgewogene Verminderung der Truppenstärken in Europa	1973 begonnen, mehrere sowjetische und westliche Vorschläge, bislang keine endgültige Einigung
KSZE: Konferenz für Sicherheit und Zusammenarbeit in Europa	33 europäische Staaten (einschl. der UdSSR), die USA und Kanada, zuletzt in Wien	vertrauensbildende Maßnahmen, die der Sicherheit und der Zusammenarbeit in Europa dienen: Gleichberechtigung und Souveränität aller Staaten, Gewaltverzicht	Schlußdokument: Schlußakte von Helsinki, 1975 unterzeichnet; mehrere Folgekonferenzen zur Überprüfung und Weiterentwicklung der Ergebnisse
KVAE: Konferenz für Vertrauensbildende Maßnahmen und Abrüstung in Europa	in gleicher Runde in Stockholm	Anerkennung der bestehenden Grenzen, Menschenrechte, Austausch von Informationen und Meinungen	seit 1984 weitergeführt, Übereinkommen Sept. 1986: gegenseitige Beobachtung bei größeren Manövern
CD: Conference on Disarmament – Genfer Abrüstungskonferenz	44 Staaten, darunter die Atommächte USA, UdSSR, Frankreich, Großbritannien, China; BR Deutschland, auch neutrale Staaten und Staaten der Dritten Welt in Verbindung mit der UNO, in Genf	Abrüstung der Atomwaffen, Verhandlungen über chemische und andere Massenvernichtungswaffen seit 1962	Einzelne Abkommen, z. B. Nichtverbreitungsvertrag von Atomwaffen, Verbot eines Umweltkrieges, Übereinkommen über das Verbot von biologischen Waffen; Bemühungen um ein Verbot der chemischen Waffen

Zusammengestellt nach: Der Bundesminister des Auswärtigen, Bericht zur Rüstungskontrolle und Abrüstung 1985, Bonn 1985; Sipri-Rüstungsjahrbuch 6, Reinbek 1986, S. 173 ff. aktualisiert.

Aufrüstung in der Dritten Welt statt. Daran sind westliche und östliche Industriestaaten in direkter Weise beteiligt.

1 Unter „Abrüstungspolitik" im weiteren Sinne versteht man Vereinbarungen zur Rüstungskontrolle, mit denen die Zahl und die Zerstörungskraft von Waffen *begrenzt* werden, Vereinbarungen zur *Verminderung* oder gar zum *Abbau* von Waffen und Truppen sowie das *Verbot* bestimmter Waffen und Kriegshandlungen. Stellt mit Hilfe der Beispiele in Übersicht 1 zusammen, welche Ziele diese Verhandlungen und Abkommen verfolgen, welche Staaten bzw. Organisationen daran beteiligt waren oder sind und welche Ergebnisse vorliegen. Ordnet sie anschließend den drei genannten Bedeutungen von „Abrüstungspolitik" zu.

2 Die internationalen Bemühungen beziehen sich nicht nur auf Abrüstung. Worum ging es in den KSZE- und KVAE-Verhandlungen? Wer war beteiligt und welche Ergebnisse wurden bislang erzielt?

3 Nach der Einteilung der Übersicht 1 könnt ihr zu diesem Themenkreis aktuelle Informationen beschaffen. Beobachtet dazu über einige Wochen hinweg die Berichterstattung in den Medien und ordnet eure Ergebnisse wie in den beiden ersten Aufgaben.

4 Wie kann sich der vom ehemaligen amerikanischen Präsidenten Eisenhower beschriebene „militärisch-industrielle Komplex" (Text 5) auf eine Politik der Abrüstung auswirken? Was bleibt den Bürgern dabei noch zu tun übrig? Vor den Großen und Einflußreichen resignieren oder ...?

5 Auf welche Weise wollen die Verfechter der verschiedenen strategischen Alternativen (Übersicht 4) den Frieden sichern bzw. in Konflikten wieder herstellen? Welche Rolle und welches Gewicht spielen dabei militärische Mittel? Welche anderen Mittel und Wege werden vorgeschlagen?

6 Ergänzt die Angaben in Übersicht 4, indem ihr euch dazu weitere Informationen beschafft, z. B. aus Broschüren der Friedensbewegung, von politischen Parteien, dem Bundesministerium für Verteidigung, der Landeszentrale und der Bundeszentrale für politische Bildung.

7 Über diese Konzepte muß man kontrovers diskutieren. Versucht dabei, die einzelnen Positionen durch ein kurzes Schlagwort zu kennzeichnen.

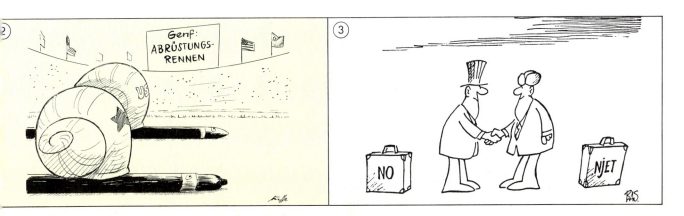

④ Alternativen in der Abrüstungspolitik – eine Übersicht

In der aktuellen Diskussion werden Vorschläge vorgelegt, die über die laufenden Bemühungen der Regierungen (Übersicht 1) hinausgehen. Gemeinsam ist ihnen die Überzeugung, daß die Abschreckung als Sicherheitsstrategie versagen könnte. Sie zweifeln zudem an der Wirksamkeit einer Politik der Entspannung solange die großen Waffenlager vorhanden sind.

Alternative	Wichtigste Merkmale
Kontrollierter, schrittweiser und gegenseitiger Abbau aller Waffen	Verringerung der Rüstungslager im atomaren und konventionellen Bereich bis zum völligen Abbau durch Verhandlungen, in denen beide Seiten eine schrittweise und Grad um Grad, d.h. gegenseitig ausgewogene Vereinbarung zur Abrüstung treffen (Strategie des Gradualismus).
Strategie der defensiven Abhaltung des Gegners mit konventionellen Waffen in Deutschland	Umbau der Bundeswehr in eine Armee mit kleinen Kommandos aus je 20 bis 36 Mann (mit modernen technischen Abwehrmitteln), jedes Kommando deckt ein Netz von rd. 20 qkm ab. Daneben: Seegestützte strategische Kernwaffen der USA sollen den Gegner vor einem Einsatz von Atomwaffen abhalten. Ziel: Angreifer wird in viele kleine Gefechte verwickelt.
Atomwaffenfreie Zone in Europa – konventionelle Verteidigung	Schrittweise atomare Entwaffnung der Armeen in Europa; Verbot weiterer Entwicklung, Produktion und Stationierung von A-Waffen; konventionelle, d.h. auf nicht-atomaren Waffen aufbauende Stabilität auf möglichst niedrigem Niveau. Damit in Verbindung: chemiewaffenfreie Zone in Europa, Verbot der biologischen Waffen.
Soziale Verteidigung – Verzicht auf militärische Mittel	Gegner soll wissen, daß er im Lande selber auf passiven Widerstand trifft. Dadurch: kein Gewinn auf Dauer für Besatzungsmacht, eher „hohe Aufenthaltskosten". Folge: der Gegner verzichtet auf Einmarsch bzw. zieht sich wieder zurück. Historische Beispiele: gewaltloser Widerstand Gandhis gegen Briten in Indien (Unabhängigkeit), Norwegen und Dänemark während deutscher Besatzung im Zweiten Weltkrieg, Ruhrkampf 1923 gegen französische Besatzung.
Einseitige Abrüstung bis zum Verzicht auf Waffen	Politische Initiativen zur Vertrauensbildung; dadurch soll auf der Gegenseite ein „Erwiderungsdruck" erzeugt werden, der auch dort Abrüstung zur Folge hat. Die eigenen Maßnahmen durchbrechen als „Vorleistungen" die Spirale des Wettrüstens.

⑤ Hindernisse auf dem Weg zur Abrüstung – die Erwartungen der Militärs und die Rolle der Rüstungsindustrie

Der ehemalige amerikanische Präsident Dwight D. Eisenhower (1953–1961) äußerte zur Frage, welche Hindernisse einer wirkungsvollen Abrüstungspolitik im eigenen Land im Wege stehen: „Zahlreiche Gruppen betrachten ständig steigende Verteidigungsausgaben als für sich selbst von großem Wert. Die Streitkräfte, die traditionsgemäß eine hundertprozentige Sicherheit anstreben, sind selten zufriedengestellt mit den Summen, die ihnen aus einem noch so großzügigen Budget zugeteilt werden ... Jede Gemeinde, in der sich eine Fabrik oder ein militärisches Objekt befindet, profitiert von dem ausgegebenen Geld und von den in ihrem Gebiet geschaffenen Arbeitsplätzen. Natürlich übt auch diese Tatsache einen ständigen Druck auf die politischen Vertreter aus – auf die Kongreßmitglieder, Senatoren und andere –, die Anlage auf Höchststärke zu halten ...
Die Verbindung eines riesigen Militärapparats mit einer großen Rüstungsindustrie ist eine für Amerika neue Erfahrung. Der Gesamteinfluß – in wirtschaftlicher, politischer, ja sogar in geistiger Hinsicht – macht sich in jeder Stadt, in jedem Bundesstaat und in jedem Amt der Bundesregierung bemerkbar. Wir erkennen die zwingende Notwendigkeit dieser Entwicklung. Aber wir dürfen nicht verabsäumen, ihre schwerwiegenden Folgen zu erfassen ...
In den Regierungsstellen müssen wir vor unerwünschtem Einfluß seitens des militärisch-industriellen Blocks auf der Hut sein. Die Möglichkeit eines katastrophalen Anwachsens von Macht am falschen Platz besteht und wird es immer geben.
Wir dürfen niemals zulassen, daß das Gewicht dieser Verbindung unsere Freiheiten und demokratischen Einrichtungen gefährdet. Wir sollten nichts für selbstverständlich halten. Nur eine wachsame und kenntnisreiche Bürgerschaft kann eine richtige Verbindung der riesigen industriellen und militärischen Verteidigungsmaschinerie mit unseren friedlichen Methoden und Zielen erzwingen, damit Sicherheit und Freiheit zusammen blühen und gedeihen können."

Dwight D. Eisenhower: Wagnis für den Frieden. 1956–1961. Düsseldorf 1966, S. 518

4.2 Die Deutschland- und Ostpolitik als Teil der Entspannungspolitik

Die Entspannung in den Beziehungen zwischen Ost und West fand auch Eingang in die Politik der Bundesregierungen. So schlug Bundeskanzler Ludwig Erhard (CDU) in einer *Friedensnote* am 25. März 1966 allen osteuropäischen Staaten Verhandlungen vor, deren Ziel sein sollte, die Rüstung in Europa zu begrenzen, die Kernwaffen zu kontrollieren und auf Gewalt zwischen den Staaten zu verzichten. Lange Zeit wurden solche Vorschläge jedoch mit der Forderung beantwortet, die Bundesrepublik müsse zuvor die Deutsche Demokratische Republik als unabhängigen Staat anerkennen.

Die Regierung der sozialliberalen Koalition unter Willy Brandt (SPD) begann im Januar 1970 Verhandlungen mit der UdSSR und im Oktober mit Polen. Im deutsch-sowjetischen Vertrag vom 12. August 1970 und im deutsch-polnischen Abkommen vom 7. Dezember 1970 wurde vereinbart, künftig keine Gebietsforderungen an die andere Seite zu stellen, die gegenwärtigen Grenzen anzuerkennen und Streitfragen nur mit friedlichen Mitteln zu lösen.

Im Dezember 1972 wurde der „Vertrag über die Grundlagen der Beziehungen zwischen der Bundesrepublik Deutschland und der Deutschen Demokratischen Republik" unterzeichnet (vgl. Text 6). In zusätzlichen Abkommen wurden einzelne Probleme geregelt. So einigten sich die beiden Staaten, daß Bewohner der Grenzgebiete künftig ihre Verwandten in grenznahen Gebieten der DDR besuchen können. Dies war seit Beginn der 50er Jahre nicht mehr möglich gewesen. Im Jahre 1986 schlossen beide Regierungen ein

---

⑥ Vertrag über die Grundlagen der Beziehungen zwischen der Bundesrepublik Deutschland und der Deutschen Demokratischen Republik – 21. 12. 1972

Die Hohen Vertragschließenden Seiten
eingedenk ihrer Verantwortung für die Erhaltung des Friedens, ...
ausgehend von den historischen Gegebenheiten und unbeschadet der unterschiedlichen Auffassungen der Bundesrepublik Deutschland und der Deutschen Demokratischen Republik zu grundsätzlichen Fragen ...
sind wie folgt übereingekommen:

Artikel 1 Die Bundesrepublik Deutschland und die Deutsche Demokratische Republik entwickeln normale gutnachbarliche Beziehungen zueinander auf der Grundlage der Gleichberechtigung.

Artikel 3 Entsprechend der Charta der Vereinten Nationen werden die Bundesrepublik Deutschland und die Deutsche Demokratische Republik ihre Streitfragen ausschließlich mit friedlichen Mitteln lösen und sich der Drohung mit Gewalt oder der Anwendung von Gewalt enthalten. Sie bekräftigen die Unverletzlichkeit der zwischen ihnen liegenden Grenze jetzt und in der Zukunft und verpflichten sich zur uneingeschränkten Achtung ihrer territorialen Integrität (Unverletzbarkeit des Staatsgebiets).

Artikel 6 Die Bundesrepublik Deutschland und die Deutsche Demokratische Republik gehen von dem Grundsatz aus, daß die Hoheitsgewalt jedes der beiden Staaten sich auf sein Staatsgebiet beschränkt. Sie respektieren die Unabhängigkeit und Selbständigkeit jedes der beiden Staaten in seinen inneren und äußeren Angelegenheiten.

Artikel 7 Die Bundesrepublik Deutschland und die Deutsche Demokratische Republik erklären ihre Bereitschaft, im Zuge der Normalisierung ihrer Beziehungen praktische und humanitäre Fragen zu regeln. Sie werden Abkommen schließen, um auf der Grundlage dieses Vertrages und zum beiderseitigen Vorteil die Zusammenarbeit auf dem Gebiet der Wirtschaft, der Wissenschaft und Technik, des Verkehrs, des Rechtsverkehrs, des Post- und Fernmeldewesens, des Gesundheitswesens, der Kultur, des Sports, des Umweltschutzes und auf anderen Gebieten zu entwickeln und zu fördern ...

Artikel 8 Die Bundesrepublik Deutschland und die Deutsche Demokratische Republik werden ständige Vertretungen austauschen ...

Nach: Presse- und Informationsamt der Bundesregierung (Hrsg.): Verträge, Abkommen und Vereinbarungen, Bonn 1973, S. 17ff.

> **7 Aus dem Urteil des Bundesverfassungsgerichts zum Grundlagenvertrag – Juli 1973**
>
> **Wiedervereinigungsgebot:** Aus dem Wiedervereinigungsgebot folgt zunächst: Kein Verfassungsorgan der Bundesrepublik Deutschland darf die Wiederherstellung der staatlichen Einheit als politisches Ziel aufgeben, alle Verfassungsorgane sind verpflichtet, in ihrer Politik auf die Erreichung dieses Zieles hinzuwirken – das schließt die Forderung ein, den Wiedervereinigungsanspruch im Innern wachzuhalten und nach außen beharrlich zu vertreten – und alles zu unterlassen, was die Wiedervereinigung vereiteln würde ...
>
> **Konsequenzen für das politische Handeln:** Die Wiedervereinigung ist ein verfassungsrechtliches Gebot. Es muß jedoch den zu politischem Handeln berufenen Organen der Bundesrepublik überlassen bleiben zu entscheiden, welche Wege sie zur Herbeiführung der Wiedervereinigung als politisch richtig und zweckmäßig ansehen ...
>
> Nach: Bundesministerium für innerdeutsche Beziehungen (Hrsg.): Die Entwicklung zwischen der Bundesrepublik Deutschland und der DDR. 1969–1976. Bonn 1977, S. 190ff.

Befürworter und Gegner

Abkommen zum Austausch kultureller Veranstaltungen (Kulturabkommen). Die Deutschland- und Ostpolitik der sozialliberalen Koalition unter Willy Brandt und Walter Scheel war in der politischen Auseinandersetzung der Bundesrepublik stark umstritten:

– Bundestagsabgeordnete der FDP verließen ihre Partei, einige traten in die damaligen Oppositionsparteien CDU und CSU ein;

– ein konstruktives Mißtrauensvotum (vgl. dazu Art. 67 Grundgesetz), mit dem die CDU/CSU Willy Brandt stürzen und Rainer Barzel zum Kanzler wählen wollte, schlug 1972 fehl;

– die Regierung Brandt-Scheel lief Gefahr, ihre Mehrheit zu verlieren. Nach ihrem Rücktritt 1972 wurden Neuwahlen zum Bundestag abgehalten, in denen SPD und FDP eine neue, größere Mehrheit bekamen.

Die Opposition der CDU und CSU hielt der Regierung entgegen, sie mache vorschnell zu große Zugeständnisse an die UdSSR, an Polen und an die DDR: Mit den Verträgen mit der UdSSR und Polen werde einem künftigen Friedensvertrag, der nur mit allen vier Siegermächten auszuhandeln sei, vorgegriffen. Der „Grundlagenvertrag" komme außerdem einer völkerrechtlichen Anerkennung der Teilung Deutschlands in zwei Staaten und einer Aufwertung der DDR gleich.

8 Faßt zusammen: Welche Vereinbarungen treffen die beiden Regierungen im „Grundlagenvertrag"? Untersucht dazu Text 6.

In dieser Kontroverse rief die Bayerische Staatsregierung (CSU) das Bundesverfassungsgericht an, das 1973 ein Urteil verkündete, das für die Deutschland- und Ostpolitik grundlegend ist (Text 7).

9 Widersprechen sich eurer Meinung nach das Wiedervereinigungsgebot der Präambel des Grundgesetzes und die Aussagen des „Grundlagenvertrages" zur staatlichen Anerkennung der DDR? Zieht hierzu auch Text 7 heran.

10 Stellt fest, ob das Bundesverfassungsgericht in Text 7 konkrete Vorschriften für eine Deutschland- und Wiedervereinigungspolitik macht. Wo ist die Bundesregierung gebunden, wo ist sie frei in ihrem deutschlandpolitischen Handeln? Dazu solltet ihr nochmals die Präambel des Grundgesetzes heranziehen.

5. Friedensdienst mit oder ohne Waffen?

5.1 Wehrpflicht und Kriegsdienstverweigerung

Als das Grundgesetz 1949 verkündet wurde, lag der Zweite Weltkrieg erst vier Jahre zurück. Die Folgen des Krieges: mehr als 50 Millionen Tote, zahllose Kriegsgefangene und Flüchtlinge, zerstörte Städte und Dörfer... Aus dieser Erfahrung heraus entschieden die Politiker, die das Grundgesetz schufen, daß in der Bundesrepublik künftig niemand gegen sein Gewissen gezwungen werden dürfe, als Soldat in einer Armee dienen zu müssen und an Waffen ausgebildet zu werden. Diese Bestimmung nahmen sie als Grundrecht (Art. 4 GG) in das Grundgesetz auf.

Mit der Verschärfung der politischen Gegensätze zwischen den westlichen und östlichen Staaten nach 1945, besonders seit Beginn der 50er Jahre, wurde auch die Bundesrepublik Deutschland in diese Auseinandersetzungen einbezogen. Und da die Bundesrepublik 1955 mit dem Aufbau der Bundeswehr und dem Eintritt in die NATO wieder die allgemeine Wehrpflicht einführte, mußte eine Regelung gefunden werden, die im Einklang mit dem Grundrecht auf Kriegsdienstverweigerung stand. Diese Regelung sieht vor, daß derjenige, der aus Gewissensgründen keinen Militärdienst leisten kann, dafür Ersatzdienst in zivilen Bereichen, z. B. beim Roten Kreuz, in Krankenhäusern oder in Altenheimen, leisten muß.

① **Allgemeine Wehrpflicht und ziviler Ersatzdienst – rechtliche Regelungen**

a) Bestimmungen des Grundgesetzes
Art. 4 GG: (3) Niemand darf gegen sein Gewissen zum Kriegsdienst mit der Waffe gezwungen werden.
Art. 12a GG: (1) Männer können vom vollendeten 18. Lebensjahr an zum Dienst in den Streitkräften, im Bundesgrenzschutz oder in einem Zivilschutzverband verpflichtet werden.
Art. 12a GG: (2) Wer aus Gewissensgründen den Kriegsdienst mit der Waffe verweigert, kann zu einem Ersatzdienst verpflichtet werden...

b) Aus der Entscheidung des Bundesverfassungsgerichtes – 13. April 1978
Ablehnung der freien Entscheidung zwischen Wehr- und Ersatzdienst.
Das Grundgesetz (Art. 12a Abs. 1 GG) sieht... die Pflicht zum Dienst in den Streitkräften, im Bundesgrenzschutz oder in einem Zivilschutzverband vor. Der Ersatzdienst nach Art. 12a Abs. 2 GG ist auf Kriegsdienstverweigerer aus Gewissensgründen beschränkt. Er soll, wie sich schon aus der Wortwahl (Ersatzdienst, Ersatzdienstpflicht) ergibt, nur an die Stelle des im Einzelfall rechtmäßig verweigerten Wehrdienstes treten... Eine Umdeutung der Ersatzdienstpflicht in eine... neben der Verpflichtung zur Ableistung des Wehrdienstes stehende Alternativpflicht ist nicht möglich...
Verweigert ein Wehrpflichtiger unter Berufung auf sein Gewissen den Wehrdienst und damit die Erfüllung einer gemeinschaftsbezogenen Pflicht hohen Ranges, so muß... erkennbar werden, daß die Verweigerung auf einer Gewissensentscheidung beruht.
Die Wehrgerechtigkeit fordert... daß nur solche Wehrpflichtige als Kriegsdienstverweigerer anerkannt werden, bei denen mit hinreichender Sicherheit angenommen werden kann, daß in ihrer Person die Voraussetzungen des Art. 4 Abs. 3 Satz 1 GG erfüllt sind.

c) Regelung seit 1. Januar 1984
Wehrpflichtige, die den Dienst mit der Waffe verweigern wollen, müssen ihre Entscheidung schriftlich begründen. Kann der Prüfungsausschuß aufgrund dieser schriftlichen Begründung dem Antrag nicht zustimmen, kommt es dann zu einer mündlichen Anhörung. Der Zivildienst wird auf 20 Monate – gegenüber 15 Monaten Wehrdienst – verlängert. Dadurch soll verhindert werden, daß der Zivildienst „attraktiver" ist als der Wehrdienst.
Ab 1989 wird der Wehrdienst auf 18 und der Ersatzdienst auf 24 Monate verlängert. Dadurch soll die Sollstärke der Bundeswehr (495 000 Mann in Friedenszeiten) auch dann gewährleistet sein, wenn die geburtenschwachen Jahrgänge wehrpflichtig werden.

Gewissensgründe – wer entscheidet darüber?

Über die Anerkennung als Ersatzdienstleistender entschied bis Mitte 1977 ein Prüfungsausschuß, der dem jeweiligen Kreiswehrersatzamt angegliedert war. Diese Überprüfung der Gewissensentscheidung durch einen Ausschuß wurde im Juli 1977 durch eine Änderung des Wehrpflichtgesetzes ausgesetzt: Jeder Wehrpflichtige sollte von der Begründung seiner Gewissensentscheidung freigestellt sein und selber entscheiden können, ob er Militärdienst oder Zivildienst leisten will. Diese Regelung sollte gelten, solange sich genügend Wehrpflichtige für den Wehrdienst entscheiden.

Im April 1978 entschied das Bundesverfassungsgericht auf Antrag der damaligen CDU/CSU-Opposition und einiger Bundesländer, daß die Überprüfung der Gewissensentscheidung durch einen Prüfungsausschuß weiterhin notwendig sei (vgl. Text 1b). Die Gesetzesänderung von 1977 war nach diesem Urteil verfassungswidrig.

Nachdem die FDP im Herbst 1982 die sozialliberale Koalition verlassen und mit der CDU/CSU eine neue Bundesregierung gebildet hatte, kam es 1983 zu einer neuen Regelung, die am 1. Januar 1984 in Kraft trat (vgl. Text 1c).

1 Vergleicht die drei unterschiedlichen Regelungen des Anerkennungsverfahrens für Kriegsdienstverweigerer vor 1977, von 1977 bis 1978 und seit 1984. Sprecht über das Für und Wider der Regelung, wonach der Wehrpflichtige zusätzlich zu seiner schriftlichen Begründung vor einen Ausschuß geladen werden kann.

2 Faßt die Gründe zusammen, die das Bundesverfassungsgericht in seinem Urteil vom 13. April 1978 zum Anerkennungsverfahren anführt. Welche Bedeutung mißt das Gericht der allgemeinen Wehrpflicht, welche der individuellen Gewissensentscheidung bei?

3 Zivildienstleistende sind in vielen Bereichen eingesetzt: In Krankenhäusern, Alten- und Pflegeheimen, bei Behinderten ... Wie beurteilt ihr die Regelung seit 1984, wonach der Zivildienst länger dauert als der Militärdienst? Führt dazu ein Pro- und Contra-Gespräch in eurer Klasse durch.

4 Um den Personalbestand in der Bundeswehr in den neunziger Jahren zu sichern, wird vorgeschlagen, auch Frauen in die Bundeswehr aufzunehmen. – Ein Schritt in Richtung Gleichberechtigung oder ein bedenklicher Weg, um Personalprobleme der Bundeswehr zu lösen?

---

② Die Arbeit der Zivildienstleistenden

Bis Ende 1986 sollen 80 000 Einsatzplätze zur Verfügung stehen, mehr als die Hälfte davon in der Pflegehilfe und Betreuung. Aber auch handwerkliche Tätigkeiten sind darunter. Neuerdings sammeln Zivildienstleistende auch Müll im Wald und klären über Umweltschutz auf. Die meisten suchen sich ihren Einsatzplatz selbst. Viele finden ihre Stelle durch Mund-zu-Mund-Propaganda. Unattraktiv sind vor allem Plätze mit Gemeinschaftsunterkunft. Die Wohlfahrtsverbände der Bundesrepublik könnten ihre Arbeit ohne Zivildienstleistende heute kaum noch bewältigen. Auf jeden Fall müßten sie ihre Angebote stark einschränken. Sie beschreiben die Zivildienstleistenden, die sich der Altenbetreuung widmen oder im Pflege- und Transportdienst arbeiten, als überdurchschnittlich motiviert. Viele der jungen Leute ändern während des Zivildienstes auch ihren Berufswunsch und gehen später in den sozialen Bereich.

Rhein-Zeitung, 2. 4. 1986

3 Christen in der Friedensbewegung

a) Die katholische Pax-Christi-Bewegung

Die Weiterentwicklung von Waffensystemen läßt Kriege, ausgelöst durch Angst oder Fehleinschätzungen, immer wahrscheinlicher werden. Gerade dieses Risiko zeigt, daß eine ... Abrüstung immer dringlicher wird und nicht auf unbestimmte Zeit vertagt werden darf ... Eine Welt ohne Waffen setzt weitreichende Veränderungen der wirtschaftlichen, sozialen und politischen Strukturen innerhalb der Gesellschaftssysteme wie auch im internationalen System voraus, die zur Zeit kaum absehbar sind ...
Abrüstung ist deshalb nur in einem langwierigen Prozeß in Richtung auf eine Weltgesellschaft bei gleichzeitiger Verminderung von Gewalt und Zunahme von sozialer Gerechtigkeit möglich.

Zitiert nach: Badische Zeitung Nr. 145, 26. 6. 1980

b) Ohne Rüstung leben – eine Initiative evangelischer Christen

An alle Christen!
Wir haben uns daran gewöhnt zu sagen: Rüstung hilft den Frieden zu erhalten,
– aber bedroht sie nicht das Leben aller Menschen?
Rüstung schafft Arbeitsplätze,
– aber entzieht sie nicht Millionen von Hungernden das Brot?
Rüstung hilft Gewalt eindämmen,
– aber ruft sie nicht Kriege und Terror auf den Plan?
Wir haben bisher unsere Hoffnung auf die Abrüstung gesetzt,
– aber werden nicht immer perfektere Waffensysteme entwickelt?
Wir sagen bis heute: DM 2,80 von DM 10,– der an den Bund abgeführten Steuern ist uns die Sicherheit wert,
– aber erhöht nicht unser Beitrag ständig die Kriegsgefahr?
In dieser Situation forderte die V. Vollversammlung des Ökumenischen Rates der Kirchen 1975 in Nairobi die 271 Mitgliedskirchen auf:
Die Kirche sollte ihre Bereitschaft betonen, ohne den Schutz von Waffen zu leben, und bedeutsame Initiativen ergreifen, um auf eine wirksame Abrüstung zu drängen.
In Aufnahme und Weiterführung dieser Forderungen erklären wir: Ich bin bereit, ohne den Schutz militärischer Rüstung zu leben. Ich will in unserem Staat dafür eintreten, daß Frieden ohne Waffen politisch entwickelt wird.

Zitiert nach: Die Zeit Nr. 23, 29. 5. 1981

5.2 Auf Gewalt verzichten – die Friedensbewegungen

In der Friedensdiskussion, die vor allem seit Ende der siebziger Jahre mit Nachdruck bei uns und in den anderen Ländern des westlichen Bündnisses, aber auch in der DDR geführt wird, hört man unter anderem den Vorschlag, einem Angreifer von außen solle mit „gewaltlosem Widerstand" begegnet werden (vgl. Übersicht 4, S. 278). Damit könne man verhindern, daß der Angreifer ein Land längere Zeit besetze. Nur so sei es ihm unmöglich, seine Ziele durchzusetzen. Außerdem würden – anders als bei einer atomaren Verteidigung – Menschen gerettet und furchtbare Zerstörungen vermieden.
Friedensbewegungen haben eine lange Geschichte. Ihre Anfänge gehen in Deutschland zurück bis in das vorige Jahrhundert. So forderten die Teilnehmer eines „Internationalen Friedenskongresses" in Frankfurt a. M. im August 1850 die Regierungen Europas zu einer umfassenden Abrüstung auf. Sie stellten fest, „daß die Unterhaltung der stehenden Heere, mit denen die Regierungen Europas sich gegenseitig bedrohen, den Völkern fast unerträgliche Lasten auferlegt und unzählige sonstige Übel im Gefolge hat".
Im Jahre 1882 gründeten Baronin Bertha von Suttner und Alfred H. Fried die *Deutsche Friedensgesellschaft*. Zwei Jahre zuvor hatte von Suttner die Öffentlichkeit mit ihrem Roman „Die Waffen nieder" von der Notwendigkeit überzeugen wollen, durch eine entschiedene Politik der Abrüstung den Frieden zu sichern.
Nach dem Zweiten Weltkrieg setzte sich die Friedensbewegung in der Bundesrepublik gegen eine *Wiederbewaffnung* in Deutschland und, insbesondere Ende der fünfziger Jahre, gegen eine *atomare Ausrüstung* der Bundeswehr ein. Damals organisierten sich in den „Ostermärschen" diejenigen

4 Eine neue Friedens- und Sicherheitspolitik?

Alfred Mechtersheimer, ehemaliger Bundeswehr-Offizier und bekanntes Mitglied der Friedensbewegung, faßt seine Vorschläge für eine neue Friedens- und Sicherheitspolitik zusammen:

1. Die amerikanischen Mittelstreckenwaffen Pershing II und Cruise Missile müssen wieder abgebaut werden.
2. Sämtliche Atomminen, die in der Bundesrepublik gelagert sind, werden beseitigt.
3. Alle chemischen Waffen werden abgezogen.
4. Die Militärausgaben der Bundesrepublik werden zugunsten der Bekämpfung von Armut, Hunger und Arbeitslosigkeit schrittweise gekürzt. Die Bundesrepublik beteiligt sich nicht an der Entwicklung von Weltraumwaffen.
5. Die Stärke der Bundeswehr wird schrittweise abgebaut. Der Grundwehrdienst wird auf 15 Monate begrenzt.
6. Der Export von Waffen wird drastisch eingeschränkt.
7. Alle offensiven, zum Angriff fähigen Waffen werden beseitigt. Die Friedfertigkeit der Bundesrepublik muß nach innen und außen verdeutlicht werden.
8. Die Bundesregierung bemüht sich, möglichst viele Länder für eine gemeinsame Erklärung zum Verzicht auf den Ersteinsatz von Atomwaffen zu gewinnen.
9. Militärische Angelegenheiten werden nicht mehr geheim, sondern offen behandelt, damit die Bevölkerung jederzeit informiert ist.
10. Der Zivildienst wird auf 15 Monate reduziert.
11. Die Bundesregierung errichtet ein Ministerium für Frieden und Aussöhnung, in dem alle friedens- und abrüstungspolitischen Maßnahmen zusammengefaßt werden.

Zusammengestellt nach: Mediatus (hrsg. von A. Mechtersheimer). Sonderdruck: Friedensplattform '87

Gruppen in der Gesellschaft, die in der Ausrüstung der Bundeswehr mit Atomwaffen nicht mehr Sicherheit, sondern einen weiteren Schritt in der Rüstungsspirale zwischen den militärischen Blöcken sahen.

Die *Friedensbewegung in der DDR*, die in den letzten Jahren an die Öffentlichkeit getreten ist, entstand vor allem im Umfeld kirchlicher Gruppen. Unter dem Motto „Schwerter zu Pflugscharen" treten ihre Mitglieder für eine wirkungsvolle Abrüstung und eine Ächtung atomarer Massenvernichtungswaffen in Ost und West ein. Sie kritisieren mit ihren Aktionen und Veranstaltungen sowohl die offizielle Politik der eigenen Regierung wie auch die der NATO. Deshalb sind sie in einem Staat, der offiziell keine Opposition kennt, besonderen Repressionen ausgesetzt.

5 Kritik am Wettrüsten ist in vielen gesellschaftlichen Gruppen anzutreffen. Welche Forderungen erheben die beiden kirchlichen Gruppen in Text 3? Welche Voraussetzungen müssen eures Erachtens erfüllt sein, damit diese Forderungen realisiert werden können?

6 Ergänzt und aktualisiert diese Informationen. Dazu könnt ihr auch ein Gespräch oder eine Diskussion mit Friedensgruppen in eurer Umgebung organisieren.

7 Wie stehen die verschiedenen Parteien zu den Forderungen der Friedensbewegung (vgl. Text 4)? Beschafft euch dazu Materialien von den Kreisgeschäftsstellen der Parteien. In welchen Punkten könnt ihr Übereinstimmung, wo Gegensätze feststellen?

8 Zur Diskussion: Sitzblockaden vor amerikanischen Militäreinrichtungen – handelt es sich dabei um die Ausübung des Grundrechts auf Demonstration oder um gewaltsamen Protest, mit dem andere, z. B. amerikanische Streitkräfte in ihrer Freiheit behindert und eingeschränkt werden? Das Bundesverfassungsgericht entschied am 11. November 1986, daß solche Blockaden strafbar sein können. Wie sollte der Staat, wie sollten die Polizei und die Gerichte eurer Meinung nach darauf reagieren?

6. Zusammenarbeit in Europa in Wirtschaft und Politik

Europa – dies zeigt ein Blick auf die Karte – besteht nach wie vor aus einzelnen selbständigen und unabhängigen Staaten. Diese Staaten sind jedoch unterschiedlichen Gruppen zugeordnet (vgl. Schaubild 1). Neben den Ländern, die in der *Europäischen Gemeinschaft* (EG) zusammengeschlossen sind, ist eine Gruppe zu erkennen, die Staaten mit kommunistischen Gesellschaftsordnungen umfaßt. In diesem *Rat für gegenseitige Wirtschaftshilfe* (COMECON, 1949 gegründet) stimmen Bulgarien, die Deutsche Demokratische Republik, Polen, die Tschechoslowakei, Rumänien und Ungarn ihre Wirtschaft eng mit der Sowjetunion und untereinander ab. Und schließlich besteht in der *Europäischen Freihandelszone* (EFTA) ein loser Zusammenschluß europäischer Länder mit dem Ziel, Schranken im wirtschaftlichen Verkehr untereinander abzubauen.

Unterschiedliche Staatengruppen in Europa

Unter *europäischer Einigung* oder *europäischer Integration* (integrieren: zusammenfügen) versteht man den Zusammenschluß europäischer Länder zu einem einheitlichen wirtschaftlichen Gebiet. Damit wurde schon immer der Gedanke verbunden, daß mit der Überwindung der wirtschaftlichen Schranken (z. B. durch den Abbau der Zölle, die die Staaten an ihren Grenzen bei der Einfuhr von Waren erheben; oder durch das Recht, auch im Ausland arbeiten zu können) allmählich auch die politischen Schranken fallen würden. Am Ende einer solchen Entwicklung sollte, so hoffte man vor allem Ende der 40er und Anfang der 50er Jahre, ein vereinigtes Europa mit europäischen politischen Organen (z. B. einer Regierung und einem Parlament und allgemeinen Wahlen) stehen.

Die europäische Einigung

Ein wesentliches Motiv für die europäische Einigung war das Bemühen, die immer wieder aufbrechenden Gegensätze und die Rivalität zwischen den Staaten durch politische und wirtschaftliche Zusammenarbeit zu überwinden. Auf diese Weise sollte eine sichere und dauerhafte Friedensordnung in Europa geschaffen werden.

So gründeten am 5. Mai 1949 zehn europäische Länder den *Europarat,* eine beratende Versammlung von Parlamentsabgeordneten der Mitgliedsländer, die regelmäßig in Straßburg tagt (heute gehören dazu 21 Staaten). Die Entscheidungs- und Durchführungsbefugnisse liegen jedoch bei den Regierungen und Parlamenten der Mitgliedsländer, nicht bei der Versammlung der Parlamentarier. Deren Beschlüsse sind deshalb für die einzelnen Staaten nicht bindend. Sie stellen Empfehlungen dar, denen sich die nationalen Regierungen anschließen können.

Der Europarat

Trotzdem gelang es dem Europarat, wichtige Übereinkünfte (Konventionen) zu treffen, denen sich viele Staaten anschlossen. So wurde im November 1950 die „Konvention zum Schutze der Menschenrechte und Grundfreiheiten" beschlossen, in der sich die Staaten verpflichten, ihren Bürgern wichtige Rechte und Freiheiten zu sichern (z. B. das Recht auf freie Meinungsäußerung, die Versammlungs- und Vereinigungsfreiheit).

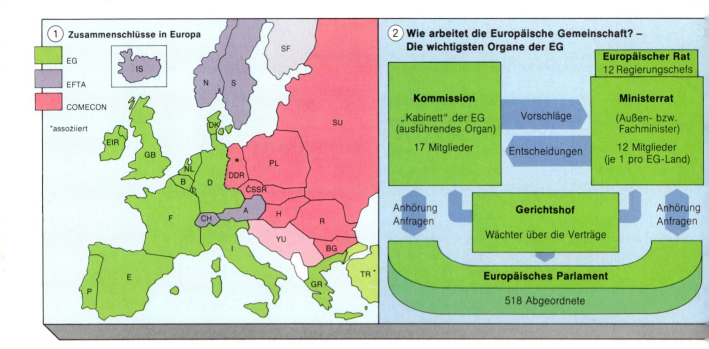

Die Montanunion	1950 schlug der französische Außenminister Robert Schuman vor, die Kohle- und Stahlproduktion der europäischen Länder gemeinsam zu planen und zu organisieren. Die sich anschließenden Verhandlungen zwischen Belgien, der Bundesrepublik Deutschland, Frankreich, den Niederlanden, Italien und Luxemburg führten 1951 zum Abschluß des Vertrages über die *Europäische Gemeinschaft für Kohle und Stahl* (EGKS), auch *Montanunion* genannt. Durch diesen Vertrag wurden die Zölle und die Beschränkung der Einfuhrmengen für Kohle und Stahl, wie sie bislang zwischen den sechs Staaten bestanden hatten, schrittweise aufgehoben. Für den Handel mit anderen Staaten wurde ein gemeinsamer Außenzoll vereinbart. Damit gaben die Mitgliedsstaaten erstmals eigene Rechte auf (z. B. Zölle erheben, Einfuhrverbote und -beschränkungen erlassen) und übertrugen sie der Montanunion. Diese wurde so zu einer *überstaatlichen Organisation*.
Die Europäische Wirtschaftsgemeinschaft	Die Vorteile dieser ersten Schritte einer wirtschaftlichen Einigung zeigten sich rasch. Sie führten zu weiteren Vereinbarungen über eine Zusammenarbeit in den übrigen Wirtschaftsbereichen. Dies war das Ziel der Verhandlungen, zu denen sich die Mitgliedsstaaten der EGKS im Juni 1955 in Messina (Italien) trafen. Sie einigten sich, eine *Europäische Wirtschaftsgemeinschaft* (EWG) für den gesamten wirtschaftlichen Bereich zu gründen. Der Vertrag wurde im März 1957 in Rom unterzeichnet und trat 1958 in Kraft. Er sah vor: – einen schrittweisen Abbau der Zölle und der Bestimmungen, mit denen die sechs Staaten die Einfuhr von ausländischen Waren gegenseitig einschränkten, – einen Außenzoll gegenüber Ländern, die nicht Mitglieder sind,

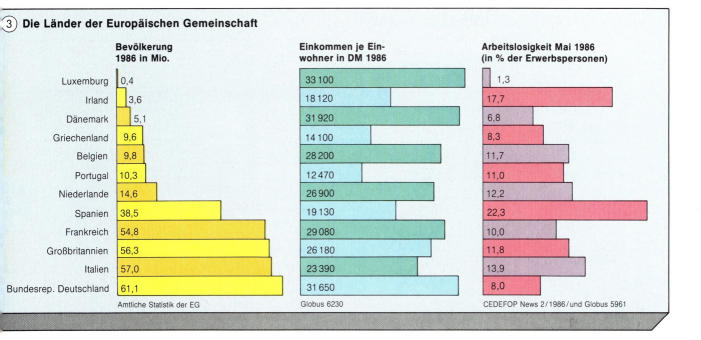

– das Recht auf freie Wahl des Arbeitsplatzes in den sechs Mitgliedsstaaten,
– das Recht, Unternehmen in den sechs Ländern zu gründen,
– eine gemeinsame Landwirtschaftspolitik,
– Zusammenarbeit im Bereich der Sozialpolitik.

Nach dem Ende einer Übergangszeit sollen die Staaten der EWG eine Wirtschafts- und Währungsunion bilden, d. h.
– sie betreiben dann eine gemeinsame Wirtschaftspolitik,
– sie erlauben untereinander den zollfreien Handel aller Waren,
– sie führen eine gemeinsame europäische Währung ein.

Gleichzeitig mit der EWG wurde die *Europäische Atomgemeinschaft* (EURATOM) gegründet. Ihr Ziel ist es, die Atomforschung und den Bau von Atomkraftwerken gemeinsam zu planen und durchzuführen.

Im Juli 1967 schlossen sich die drei Gemeinschaften (EGKS, EWG, EURATOM) zu einer Organisation zusammen. Seither besteht auch eine gemeinsame politische Leitung und Verwaltung durch *Kommission* und *Ministerrat* (vgl. Schaubild 2, S. 286). Sie hat ihren Sitz in Brüssel. Mit diesem Zusammenschluß hat sich auch der Name geändert. Die Bezeichnung *Europäische Gemeinschaft* (EG) will zum Ausdruck bringen, daß das Ziel der europäischen Einigung nicht nur der *wirtschaftliche Zusammenschluß* dieser Länder, sondern die *politische Union* in einem vereinigten Europa ist.

Die Europäische Gemeinschaft

❶ Die Europäische Gemeinschaft besteht seit 1. Januar 1986 aus zwölf Staaten. Stellt in Schaubild 3, S. 287 fest, welche wirtschaftlichen Unterschiede zwischen den zwölf Staaten bestehen.

❷ Betrachtet im Atlas eine Wirtschaftskarte Europas: Wo liegen die „Pro-

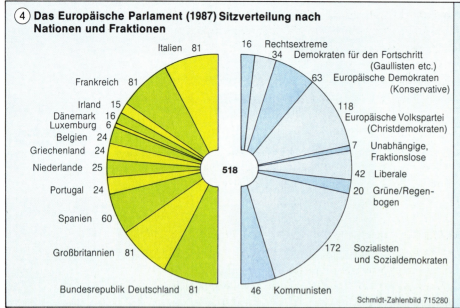

④ **Das Europäische Parlament (1987) Sitzverteilung nach Nationen und Fraktionen**

Italien 81
Frankreich 81
Irland 15
Dänemark 16
Luxemburg 6
Belgien 24
Griechenland 24
Niederlande 25
Portugal 24
Spanien 60
Großbritannien 81
Bundesrepublik Deutschland 81

518

16 Rechtsextreme
34 Demokraten für den Fortschritt (Gaullisten etc.)
63 Europäische Demokraten (Konservative)
118 Europäische Volkspartei (Christdemokraten)
7 Unabhängige, Fraktionslose
42 Liberale
20 Grüne/Regenbogen
172 Sozialisten und Sozialdemokraten
46 Kommunisten

Schmidt-Zahlenbild 715280

⑤ **Der Butter-Berg wird immer teurer**

Die Intervention der Europäischen Gemeinschaft auf dem Buttersektor hat die Steuerzahler in der EG im Jahr 1985 rund 5,23 Mrd. DM gekostet. 1984 waren es – einschließlich der Kosten von Lagerung und Verbilligungsmaßnahmen sowie der Ausfuhrerstattung „nur" knapp 4 Mrd. DM gewesen ...
Bezogen auf ein Kilogramm Butterproduktion betrugen damit die Kosten der Intervention 2,55 DM gegenüber 1,87 DM im Jahr 1984 und 1,42 DM für 1983. Vom gesamten Butterabsatz der Europäischen Gemeinschaft konnten 1985 rund 45% nur mit Erstattungen exportiert oder verbilligt auf dem Inlandsmarkt verkauft werden.
Zur Information: Intervention = Eingreifen der EG-Vorratsstellen, wenn Überschuß an Butter produziert wird. Der Überschuß wird aufgekauft und gelagert.

EGmagazin Nr. 8, 1. 11. 1986, S. 4

---

blemgebiete" Europas? Was wißt ihr über die Schwierigkeiten dieser Regionen?

Das Europäische Parlament

Im Juni 1979 wurden die Abgeordneten des *Europäischen Parlaments* erstmals direkt von der Bevölkerung gewählt. Die Mitglieder dieses Parlaments haben noch nicht die vollen Rechte wie die nationalen Parlamente. So können sie keine europäische Regierung wählen; sie entscheiden jedoch mit bei der Verabschiedung des Haushaltsplanes der EG, der von der Kommission ausgearbeitet und vorgelegt wird. Von diesem Recht hat das Parlament in den zurückliegenden Jahren schon mehrfach Gebrauch gemacht, indem es Änderungen bei einzelnen Haushaltsposten durchsetzte. Ferner kann das Parlament die Kommission zum Rücktritt zwingen, indem es den Mitgliedern in einer Abstimmung das Vertrauen entzieht.

Die schwierige Integration

Das Ziel der EG, einen einheitlichen Markt und einheitliche Lebens- und Arbeitsbedingungen zu schaffen, stellt die Gemeinschaft vor bislang nur schwer zu lösende Aufgaben:

– Zwar sichert der EG-Vertrag allen Arbeitnehmern das Recht zu, ihren Arbeitsplatz in der ganzen EG frei zu wählen. Unterschiedliche Vorschriften über die Schul- und Berufsausbildung erschweren aber diese Freizügigkeit nach wie vor.

– Der einheitliche Markt soll den freien Verkauf von Gütern aus den Mitgliedsländern ermöglichen. Zahlreiche nationale Bestimmungen, z. B. über Qualitätskontrollen und Sicherheitsvorschriften, behindern dies.

– Die Agrarpolitik der EG hat zum Ziel, die Bevölkerung mit Lebensmitteln zu versorgen und den Bauern ein sicheres Einkommen zu ermöglichen. Um auf dem meist billigeren Weltmarkt für Agrarprodukte konkurrenzfähig zu sein, verbilligt die EG die Ausfuhren landwirtschaftlicher Produkte in Länder außerhalb der Gemeinschaft, indem sie den Bauern den Unterschied zwischen den billigeren Weltmarkt- und den höheren EG-Preisen erstattet. Umgekehrt schützt sie den EG-Markt vor billigeren landwirtschaftlichen Produkten aus solchen Ländern, indem sie diese bei der Einfuhr durch einen Zuschlag verteuert. Schließlich hat sie auch innerhalb der EG für einige Produkte wie Milch, Getreide und Zucker Mindestpreise für den Verkauf festgesetzt.

Eine Folge dieser Politik ist, daß die Landwirte in den letzten Jahren immer mehr produziert haben, da sie damit rechnen können, daß ihnen diese Produkte, notfalls durch den *Aufkauf* und die *Lagerung der Überschüsse* in den Lagerhäusern der Gemeinschaft, abgekauft werden.

Trotz dieser Preisgarantien reichen die *Einkommen* vor allem der kleineren und mittleren landwirtschaftlichen Betriebe in der Bundesrepublik Deutschland nicht aus. Großbetriebe können dagegen durch die stärkere Auslastung der Maschinen und eine wirkungsvollere Rationalisierung billiger produzieren. Sie haben deshalb auch bislang am meisten von dieser Landwirtschaftspolitik profitiert.

3 Um die großen Unterschiede zwischen entwickelten und rückständigen Regionen innerhalb der Europäischen Gemeinschaft auszugleichen, bekommen diese Regionen Gelder aus dem „Europäischen Fonds für regionale Entwicklung". Ein Teil der Gelder wird aus Zahlungen genommen, die die Mitgliedsländer selber leisten. Zu den größten Zahlern gehören die Bundesrepublik, Großbritannien und Frankreich. Diese Zahlungen sind bei Politikern wie auch in der Bevölkerung umstritten. Wie beurteilt ihr diese Regelung? Worin können ihre Vorteile, worin die Nachteile liegen? Bei der Diskussion dieser Frage solltet ihr berücksichtigen,
– daß die Bundesrepublik ein Export-Land ist, das viele Waren, die im eigenen Land hergestellt werden, im Ausland verkaufen muß und deshalb auf die Kaufkraft der europäischen Nachbarn angewiesen ist;
– daß sich die Mitgliedsstaaten der Europäischen Gemeinschaft verpflichtet haben, sich für eine Angleichung der Lebensbedingungen in den Regionen und Staaten einzusetzen.

4 Zur Diskussion: Steuermilliarden zur Lagerung der überschüssigen Produktion aus der Landwirtschaft. – Sind das immer neue Anreize für die Bauern, mehr zu produzieren? Oder ist dies notwendig, damit die Einkommen der Bauern gesichert sind? – Sollte das Problem gelöst werden, indem die Regierungen die Menge der Lebensmittel, die die Betriebe erzeugen, begrenzt und dafür zum Ausgleich die Preise erhöht? – Oder durch den „freien Markt", auf dem sich die Preise nach der angebotenen Menge und der Nachfrage bilden? – Welche Auswirkungen hätten die Lösungen eurer Meinung nach für die Verbraucher, aber auch für die Landwirte, vor allem für die kleinen und mittleren Betriebe?

7. Die Vereinten Nationen

Friede und Sicherheit – weltweit?

Noch während des Zweiten Weltkrieges, am 14. August 1941, faßten der amerikanische Präsident Franklin D. Roosevelt und der britische Premierminister Winston S. Churchill den Plan, nach dem Ende des Krieges eine neue Organisation zu schaffen, deren Ziel es sein sollte, den *Frieden* weltweit zu sichern. Am 26. Juni 1945 unterzeichneten in San Francisco die Vertreter von 51 Staaten die *Charta der Vereinten Nationen* (UN-Charta). Sie vereinbarten,
– den Frieden durch internationale Zusammenarbeit zu fördern,
– Streitigkeiten unter den Mitgliedern durch ein Gericht beizulegen,
– die kulturelle Zusammenarbeit zwischen den Staaten auszubauen,
– die Menschenrechte weltweit zu schützen,
– gewaltsame Konflikte durch gemeinsame Maßnahmen beizulegen,
– rassische und religiöse Benachteiligungen zu beseitigen.
Die Vertreter der Mitgliedsstaaten treffen sich mindestens einmal im Jahr in der *Vollversammlung*, dem obersten Organ der UN in New York. Einzelne Unterorganisationen haben ihre Büros auch in europäischen Städten, z. B. in Genf und Wien.

Das politisch wichtigste Organ ist der *Weltsicherheitsrat*. Ihm gehören insge-

---

① Auszüge aus der Charta der Vereinten Nationen vom 26. Juni 1945

Wir, die Völker der Vereinten Nationen, sind fest entschlossen,
– künftige Geschlechter vor der Geißel des Krieges zu bewahren ...
– unseren Glauben an die Grundrechte des Menschen, Würde und Wert der menschlichen Persönlichkeit, an die Gleichberechtigung von Mann und Frau sowie von allen Nationen, ob groß oder klein, erneut zu bekräftigen,
– Bedingungen zu schaffen, unter denen Gerechtigkeit und die Achtung vor den Verpflichtungen aus Verträgen und anderen Quellen des Völkerrechts gewahrt werden können,
– den sozialen Fortschritt und einen besseren Lebensstandard in größerer Freiheit zu fördern, ...
– in unserem Bemühen um die Erreichung dieser Ziele zusammenzuwirken ...

Artikel 1
Die Vereinten Nationen setzen sich folgende Ziele:
1. Den Weltfrieden und die internationale Sicherheit zu wahren und zu diesem Zweck wirksame Kollektivmaßnahmen zu treffen, um Bedrohungen des Friedens zu verhindern und zu beseitigen, Angriffshandlungen und andere Friedensbrüche zu unterdrücken und internationale Streitigkeiten oder Situationen, die zu einem Friedensbruch führen könnten, durch friedliche Mittel nach den Grundsätzen der Gerechtigkeit und des Völkerrechts zu bereinigen oder beizulegen;
2. freundschaftliche, auf der Achtung vor dem Grundsatz der Gleichberechtigung und Selbstbestimmung der Völker beruhenden Beziehungen zwischen den Nationen zu entwickeln ...;
3. eine internationale Zusammenarbeit herbeizuführen, um internationale Probleme wirtschaftlicher, sozialer, kultureller und humanitärer Art zu lösen und die Achtung vor den Menschenrechten und Grundfreiheiten für alle ohne Unterschied der Rasse, des Geschlechts, der Sprache oder der Religion zu fördern und zu festigen;
4. ein Mittelpunkt zu sein, in dem Bemühungen der Nationen zur Verwirklichung dieser gemeinsamen Ziele aufeinander abgestimmt werden.

Artikel 2
Die Organisation und ihre Mitglieder handeln ... nach folgenden Grundsätzen: ...
– Alle Mitglieder legen ihre internationalen Streitigkeiten durch friedliche Mittel so bei, daß der Weltfriede, die internationale Sicherheit und die Gerechtigkeit nicht gefährdet werden.
– Alle Mitglieder unterlassen in ihren internationalen Beziehungen jede gegen die territoriale Unversehrtheit oder die politische Unabhängigkeit eines Staates gerichtete ... Androhung oder Anwendung von Gewalt.

Zur Information: „Territoriale Unversehrtheit" bedeutet: Das Gebiet eines Staates darf nicht von einem anderen Staat angegriffen oder besetzt werden.
„Kollektivmaßnahmen" sind gemeinsam von der UN beschlossene und in ihrem Auftrag durchgeführte Maßnahmen.

samt 15 Staaten an. Fünf davon (China, Frankreich, Großbritannien, die Sowjetunion und die Vereinigten Staaten von Amerika) sind ständig vertreten, die übrigen zehn Mitglieder werden für jeweils zwei Jahre von der Vollversammlung gewählt. Der Weltsicherheitsrat ist in erster Linie für die Sicherung des Weltfriedens zuständig. Er kann dazu von den Mitgliedern der UN Streitkräfte oder andere Hilfsleistungen anfordern.

An der Spitze der Verwaltung der UN steht das Sekretariat mit dem *Generalsekretär*. Er wird von der Vollversammlung auf Empfehlung des Sicherheitsrates der UN jeweils für fünf Jahre gewählt.

Ihrer traditionellen Aufgabe, drohende Konflikte zu verhindern und bestehende zu schlichten, sollen die Vereinten Nationen z. B. im Nahen Osten nachkommen (vgl. Abschnitt 2.2): Die UN-Truppen – von einzelnen Mitgliedsstaaten gestellt – überwachen die Einhaltung der Waffenstillstandsvereinbarungen. Sie trennen die gegnerischen Lager. Über ihre Kontrollfunktion hinaus können die Soldaten der UN allerdings weitgehend nur eine symbolische Funktion ausüben. Durch ihre Anwesenheit sind sie in der Lage, Verletzungen der Vereinbarungen aufzudecken und deren Urheber der Öffentlichkeit bekanntzugeben. Sie können aber den Konflikt selbst nicht lösen.

Aufgaben der UN

② **Die Vereinten Nationen – Organisationen und Mitglieder**

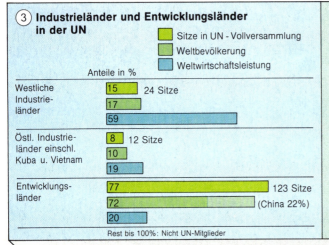

4 Die Welthandelskonferenz (UNCTAD)

Die UNCTAD (United Nations Conference on Trade and Development – Welthandelskonferenz) wurde im Dezember 1964 als Organ der Vollversammlung eingerichtet:

Ziel: Die internationalen Wirtschaftsbeziehungen sollen fortentwickelt und so gestaltet werden, daß die Entwicklungsländer gleichberechtigt und gleichgewichtig neben den Industrieländern in West und Ost in der Weltwirtschaft aktiv sein können.

Tagungen: 1964 – Genf/Schweiz; 1968 – New Delhi/Indien; 1972 – Santiago/Chile; 1976 – Nairobi/Kenia; 1979 – Manila/Philippinen; 1983 – Belgrad/Jugoslawien.

Mitglieder (1986): 159 Staaten.
Hauptaufgabe (seit der Konferenz von Nairobi 1976): Schaffung eines „integrierten Rohstoffprogramms".

Seit Gründung der UN haben sich die Schwerpunkte in der Politik der Weltorganisation verschoben. Am Beginn der Arbeit standen Willensbekundungen, mit denen Ziele der UN-Charta von 1945 für einzelne Bereiche der Politik formuliert wurden. Beabsichtigt war, diesen Zielen in den Mitgliedsstaaten und in den übrigen Ländern Geltung zu verschaffen. So verabschiedete die Vollversammlung am 10. Dezember 1948 die *„Allgemeine Erklärung der Menschenrechte der Vereinten Nationen"*.

In den fünfziger Jahren ging es dann überwiegend um Fragen der Kriegsverhütung innerhalb des sich verschärfenden Ost-West-Konflikts. Seit Mitte der fünfziger Jahre standen Probleme der *Entkolonialisierung*, d. h. die Befreiung der Kolonien von den europäischen Kolonialmächten und der Gründung souveräner Staaten in Afrika und Asien im Mittelpunkt der UN-Arbeit. In der ersten Hälfte der sechziger Jahre entwickelte sich ein neuer Schwerpunkt: die Lösung vor allem *sozialer und wirtschaftlicher Probleme* in den Entwicklungsländern. Hierzu gehören auch die Fragen, die das Verhältnis der Industrieländer zur Dritten und Vierten Welt betreffen (vgl. Text 4.)

1 Stellt mit Hilfe der Informationen dieses Abschnitts und der Angaben in Text 1 und Abb. 2 eine Übersicht über die verschiedenen Aufgabengebiete zusammen, denen sich die UN schwerpunktmäßig zuwenden.

2 Beschreibt anschließend, von welchen politischen Zielen sich die UN bei dieser Arbeit leiten lassen wollte (vgl. vor allem Text 1 und Text 4).

3 Die Kriegsallianz der Siegermächte zerbrach bald nach 1945 (vgl. Abschn. 3.1). Welche Auswirkungen hatte die machtpolitische Teilung der Welt in unterschiedliche Blöcke auf die Arbeit der UN?

4 Weitere Aufgabengebiete der UN könnt ihr feststellen, wenn ihr die aktuelle Berichterstattung in den Medien eine Zeitlang verfolgt. Wo und in welchen Bereichen sind die Vereinten Nationen jeweils aktiv? Welche Organisationen der UN (vgl. Abb. 2) sind daran beteiligt?

Die eine Welt – geteilt in arm und reich

1. Armut und Reichtum in der Welt – der Nord-Süd-Konflikt

Armut und Reichtum sind zwischen den Staaten der Erde ungleich verteilt: Millionen von Menschen leiden täglich Hunger, während in den sogenannten entwickelten Ländern, das sind die Industrieländer, viele im Überfluß leben. Am Rande der großen Städte, die es auch in den armen Ländern gibt, hausen Hunderttausende in Hütten …

Vier „Welten"

Wir haben uns angewöhnt, diese Länder aus unserem Blickwinkel, aus der Sicht der industrialisierten Staaten, mit den Begriffen *Entwicklungsländer* und *Dritte Welt* zusammenzufassen. Dabei verstehen wir als „erste Welt" die Industrieländer Westeuropas und Nordamerikas sowie Japan und Australien; in der „zweiten Welt" werden die Länder mit sozialistischer Zentralverwaltungswirtschaft einschließlich der Sowjetunion zusammengefaßt. Trotz der gemeinsamen Bezeichnung sollte nicht übersehen werden, daß zwischen den rund 160 Entwicklungsländern große Unterschiede bestehen. Zu diesen Staaten gehören sowohl die reichen Erdölproduzenten Saudi-Arabien und Kuweit als auch Äthiopien und Mali, die zu den „Ärmsten der Armen" gerechnet werden. Während Mitte der achtziger Jahre in Kuweit durch den Export von Erdöl das Einkommen pro Kopf der Bevölkerung, also im Durchschnitt aller Einwohner, 16 720 US-Dollar beträgt, werden in Äthiopien, in dem seit Jahren ein Bürgerkrieg herrscht und das kaum Rohstoffe besitzt, gerade 110 US-Dollar erwirtschaftet. Die Spanne reicht von jenen Ländern, die an der *Schwelle zur Industriegesellschaft* stehen, bis hin zu denen, die ohne fremde Hilfe immer mehr *verarmen* werden. Man unterscheidet deshalb von der *Dritten Welt* noch die *Vierte Welt* und faßt damit rund 55 Länder zusammen, in denen etwa 40 Prozent der Weltbevölkerung wohnen.

Aus unserer Sicht sind die Entwicklungsländer nahezu alle in südlicheren Breiten angesiedelt. Die Bezeichnung Nord-Süd-Konflikt will ausdrücken, daß es zwischen den armen und den reichen Ländern einen Interessengegensatz gibt, daß die armen Länder – obwohl inzwischen politisch selbständige Staaten – wirtschaftlich und technisch weiterhin von den Industrieländern abhängig sind.

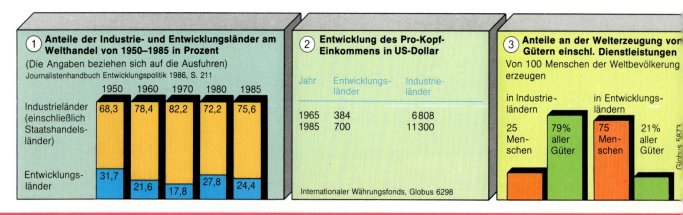

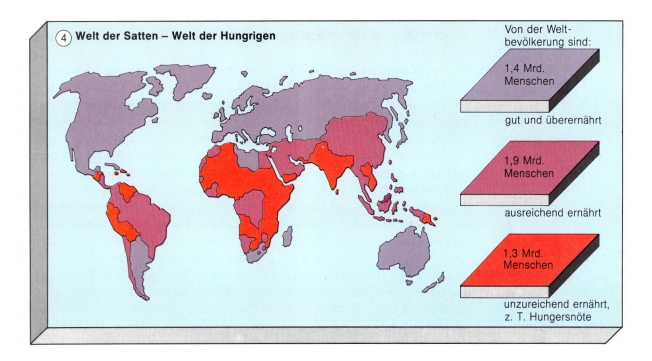

④ **Welt der Satten – Welt der Hungrigen**

Von der Weltbevölkerung sind:
1,4 Mrd. Menschen gut und überernährt
1,9 Mrd. Menschen ausreichend ernährt
1,3 Mrd. Menschen unzureichend ernährt, z. T. Hungersnöte

Eine *erste Orientierung* über unser Thema könnt ihr mit folgenden Fragen erarbeiten:

1 Wie hat sich der Anteil der Entwicklungsländer am Welthandel in der Zeit von 1950 bis 1985 „entwickelt"?

2 Berechnet in Abb. 2 das Verhältnis von Spalte 1 zu Spalte 2: Um wieviel Prozent ist das Pro-Kopf-Einkommen in den Entwicklungsländern und in den Industrieländern zwischen 1965 und 1985 jeweils angestiegen? Welche Folgerungen können aus diesen Prozentzahlen für die Zukunft der Entwicklungsländer gezogen werden?

3 Wie lassen sich mit euren Worten die knappen Aussagen der Weltkarte oben veranschaulichen?

4 Versucht anschließend zu beschreiben, worin der Nord-Süd-Konflikt besteht: Welche Ursachen kann eurer Meinung nach dieser Konflikt haben? Worin können die gegensätzlichen Interessen bestehen? Kann es darüber hinaus auch gemeinsame Ziele geben? Auf welchem Wege und mit welchen Mitteln sollten diese Ziele verwirklicht werden? Hierzu könnt ihr auch die Collage auf Seite 293 betrachten.

Die Antworten auf diese Fragen sollen an dieser Stelle nur vorläufig sein. Auf den folgenden Seiten untersuchen wir dann mit Hilfe der Materialien,
– warum zahlreiche Länder der Erde arm sind (Abschn. 2);
– welche Möglichkeiten gesehen werden, die Lage der Menschen in diesen Ländern zu verändern (Abschn. 3);
– welche Rolle dabei die Industrieländer, vor allem die Bundesrepublik, spielen können (Abschn. 4).

2. Armut und Unterentwicklung – Merkmale und Folgen

Welche Staaten zu den Entwicklungsländern gehören, kann nicht durch ein einziges Merkmal bestimmt werden. Die Lage der Menschen ist, wie wir schon gesehen haben, in diesen Ländern sehr unterschiedlich. Trotzdem: Es gibt eine Reihe von Problemen, die wir in den meisten dieser Länder antreffen und die dazu beitragen, daß viele ihrer Bewohner in Armut leben müssen. Dies gilt selbst für die „Schwellenländer", die dabei sind, sich Lebensbedingungen zu schaffen, welche wir mit denen der Industriestaaten vergleichen können. Denn auch dort läuft die Entwicklung nicht gleichmäßig; neben wohlhabenderen Regionen gibt es immer auch Gebiete, in denen tiefste Armut herrscht. So sind z. B. in Brasilien in der Region von São Paulo große Industrien angesiedelt, die Güter erzeugen, die auch auf den nordamerikanischen und europäischen Märkten verkauft werden. Im gleichen Land, im nicht erschlossenen Nordosten, beträgt jedoch das durchschnittliche Pro-Kopf-Einkommen im Jahr nur einen geringen Teil dessen, was in São Paulo verdient wird.

2.1 Hunger, Unterernährung und unzureichende medizinische Versorgung

Die Verteilung des Hungers macht die Aufteilung der Erde in einen reichen Norden und in einen armen Süden besonders deutlich. Nach einer Schätzung der Ernährungs- und Landwirtschaftsorganisation der Vereinten Nationen (FAO: Food and Agriculture Organization) sind in Asien 30%, in Afrika 25%, im Nahen Osten 18% und in Lateinamerika 13% der Bevölkerung

---

① Unterernährung – selbst in fruchtbaren Gebieten

Zwei Beispiele zeigen, daß auch in fruchtbaren Gebieten Hunger herrschen kann. Die Anfänge dieses Problems reichen oft weit zurück in die Geschichte. Die Wirtschaft dieser Regionen produziert vor allem solche Güter, die mit Gewinn ins Ausland verkauft werden:

a) Die Teeinsel Ceylon – heute Sri Lanka

Das britische Kolonialreich wies der Insel Ceylon die Rolle des Teelieferanten zu. Reis, das Hauptnahrungsmittel, wurde aus Burma herangeschafft und gratis unter die Bevölkerung verteilt. Die Teeplantagen mit ihren unmenschlichen Arbeitsbedingungen wurden zum Symbol der wirtschaftlichen Abhängigkeit und Ausbeutung, für Hunger und Armut. Als Radikalkur forderte 1970/71 die rebellierende junge Generation, die Teestauden müßten ausgerissen und an ihrer Stelle für den eigenen Bedarf angebaut werden. So einleuchtend das Rezept erscheint – wo sollten die Devisen herkommen, die ... der Tee-Export verschafft? Und woraus die Lebensmittel gekauft werden, für deren Import fast die Hälfte der gesamten Exporteinnahmen ausgegeben werden müssen? ... Der Aufstand wurde blutig niedergeschlagen. Er widersprach offensichtlich den Interessen der dünnen Oberschicht.

Anne-Marie Holenstein, Jonathan Power: Hunger. Welternährung zwischen Hoffnung und Skandal. Frankfurt 1976, S. 14

b) Zuckerplantagen im Nordosten Brasiliens – Monokulturen

Ein Wissenschaftler hat das Armutsgebiet Brasiliens, den Nordosten, untersucht. Dort sind sehr viele Menschen, vor allem Kinder, unterernährt, obwohl er zu den fruchtbaren Regionen des Landes gehört. Er kommt zu dem Ergebnis, daß der Hunger auch dadurch verursacht wird, weil das Land vorwiegend solche Güter anbaut, die für die ausländischen Märkte bestimmt sind: Kautschuk, Kaffee, Zucker. Durch diese Monokulturen (die Wirtschaft eines Gebietes konzentriert sich überwiegend auf ein Produkt) wird der Boden ausgebeutet; andere Möglichkeiten, die vor allem die Eigenversorgung der Bevölkerung sichern würden, werden nicht genutzt:

„Die Zuckermonokultur im Nordosten Brasiliens ist eines der besten Beispiele dafür. Dort liegt eines der wenigen tropischen Gebiete mit wirklich fruchtbarem Boden und für die Landwirtschaft günstigem Klima. Ursprünglich war es mit besonders obstbaumreichem Wald bedeckt. Heute ist es eines der Hungergebiete des Kontinents. Die ... Zuckerindustrie hat alle verfügbaren Ländereien mit Zuckerrohr bepflanzt und damit die völlige Aufgabe der Obst- und Gemüsekultur und der Viehzucht .. bewirkt ..."

Josúa de Castro: Geopolitik des Hungers. Frankfurt/M. 1973, S. 125

2 Medizinische Versorgung in Entwicklungsländern und in Industrieländern

Land	durchschnittl. Lebenserwartung[1]	Säuglingssterblichkeit pro 1000 Geburten[2]	Einwohner je Arzt
Äthiopien	43	172	88 120
Brasilien	62	68	1 200
Türkei	61	86	1 500
Sowjetunion	65	30[3]	260
DDR	68	11	490
BR Deutschland	72	10	420
Schweiz	73	8	390

[1] Lebenserwartung der Männer
[2] bezogen auf das erste Lebensjahr
[3] Angaben für 1965, neuere Zahlen liegen nicht vor
Weltentwicklungsbericht 1986, S. 258–261

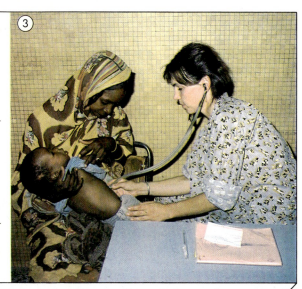

unterernährt. Nimmt man die gesamte Nahrungsmittelproduktion, vor allem die Getreideproduktion, der Welt zusammen, würden diese Mengen ausreichen, die Ernährung der Weltbevölkerung zu sichern. Doch diese Produktion ist ungleich verteilt. In Europa, in den USA, in Australien und Neuseeland, aber auch in der UdSSR hat die Erzeugung von Nahrungsmitteln in den vergangenen Jahren ständig zugenommen. Oft werden Mengen erzeugt, die keinen Abnehmer finden. Und damit die Preise für diese Güter nicht sinken, werden sie eingelagert („Butterberg") oder gar wieder vernichtet (z. B. Obst).

Armut findet ihren Ausdruck nicht nur in mangelnder Ernährung oder geringem Einkommen. Sie zeigt sich auch darin, daß einer Bevölkerung nicht genügend Personen, Einrichtungen und Mittel zur Verfügung stehen, die für eine ausreichende medizinische Betreuung notwendig wären. Krankheiten, die unter unseren Lebensbedingungen kein Problem mehr darstellen, können in armen Ländern zu einer lebensbedrohenden Gefahr werden.

1 Stellt mit Hilfe der Karte S. 295 fest, in welchen Gebieten Unterernährung anzutreffen ist.

2 In den Texten 1a und 1b, S. 296, wird dargestellt, warum selbst in fruchtbaren Gebieten ein Teil der Bewohner unterernährt ist. Faßt die dort genannten Gründe mit euren eigenen Worten zusammen.

3 Die Folgen der Unterernährung betreffen nicht nur einzelne Menschen, sondern auch die wirtschaftliche Leistungsfähigkeit dieser Länder. Stellt solche Auswirkungen in einem kurzen Bericht zusammen. Einige Stichworte hierzu: durchschnittliche Lebenserwartung, Kindersterblichkeit, Häufigkeit bestimmter Krankheiten, Arbeitskraft und Leistungsfähigkeit, Versorgung der Familien, Produktivität der Arbeitskraft und der Wirtschaft ...

④ Die Entwicklung der Bevölkerung

a) Die Verdoppelung der Weltbevölkerung
(in Milliarden)

Jahr	Industrie-länder	Entwicklungs-länder	zusam.
1800	0,2	0,6	0,8
1900	0,6	1,0	1,6
1965	1,0	2,2	3,2
1985	1,2	3,4	4,6
2000	1,5	5,1	6,6

Zusammenstellung aus versch. Weltwirtschaftsberichten

b) Die Entwicklung der Geburten und der durchschnittlichen Lebenserwartung in einigen Entwicklungsländern

Ländergruppe und Länder	Geburten auf 1000 Einwohner		durchschnittliche Lebenserwartung[1]	
	1965	1984	1965	1984
Länder mit niedrigem Pro-Kopf-Einkommen				
Kenia	51	53	43	52
Guinea	46	47	34	38
Sudan	47	45	39	46
Sri Lanka	33	26	63	68
Pakistan	48	42	46	52
Länder mit höherem Pro-Kopf-Einkommen				
Brasilien	39	30	55	62
Venezuela	43	32	60	66
Algerien	50	42	49	59
Zum Vergleich				
BR Deutschland	18	10	67	72

[1] Lebenserwartung der Männer

Weltentwicklungsbericht 1986, S. 256–258

2.2 Die „Bevölkerungsexplosion"

Die Entwicklung der Bevölkerung verläuft in den einzelnen Teilen der Erde unterschiedlich. Während sich die Bevölkerung Europas im vergangenen Jahrhundert rasch vermehrte, stellen wir heute in einigen Ländern, wie z. B. in der Bundesrepublik Deutschland, einen leichten Bevölkerungsrückgang fest. Anders in den armen Ländern: Die Bevölkerung dieser Gebiete vermehrt sich stärker als die der Industrieländer. Die Weltbevölkerung wird bis zum Jahr 2000 um insgesamt zwei Milliarden Menschen zunehmen. Neun Zehntel dieses Zuwachses werden auf die Entwicklungsländer entfallen. In den meisten dieser Länder steigt die Zahl der Bevölkerung schneller als die wirtschaftliche Leistungsfähigkeit: Der wirtschaftliche Erfolg muß so unter immer mehr Menschen verteilt werden.

Diese rasche Zunahme wird meist mit dem Hinweis auf hohe *Geburtenraten*, also der Zahl der Geburten auf 1000 Einwohner, erklärt. Übersehen wird dabei, daß diese Zahlen gar nicht mehr überall steigen (vgl. Tab. 4b). Vielmehr wächst die Bevölkerung in der Dritten und Vierten Welt nicht zuletzt deshalb mit besonderer Geschwindigkeit, weil die *Säuglings- und Kindersterblichkeit* zurückgeht und die *Lebenserwartung* in diesen Ländern zunimmt. Hier wirken sich Erfolge in der medizinischen Versorgung, vor allem in der Seuchenbekämpfung und im Aufbau einer besseren Umwelthygiene (z. B. beim Trinkwasser) aus.

4 In welchen Abständen hat sich die Erdbevölkerung seit 1800 verdoppelt und wie haben sich diese Zeitabstände verändert (Tab. 4a)?

5 Ein Entwicklungsexperte prägte die Formel „Entwicklung ist das beste Verhütungsmittel." Vergleicht diese Aussage mit den Informationen in der Tabelle 4b und in Text 5. Welche Zusammenhänge zwischen dem Entwicklungsstand eines Landes – in Tab. 4b durch den Hinweis auf das Pro-Kopf-Einkommen verdeutlicht – und der Zahl der Geburten (auf 1000 Einwohner) könnt ihr erkennen? Welche Folgerungen können daraus gezogen werden?

6 Auf eine besondere Folge der raschen Bevölkerungsentwicklung in der Dritten Welt weist Text 6 hin. Stellt zusammen:
– Wie werden sich die Städte nach diesem Bericht entwickeln?
– Welche Schwierigkeiten kommen auf diese Länder zu?

2.3 Zu wenig Schulen, zu wenig Arbeit

Die Organisation der Vereinten Nationen für Erziehung, Wissenschaft und Kultur (UNESCO) schätzt, daß gegenwärtig etwa 860 Millionen Menschen in den Ländern der Dritten und Vierten Welt nicht schreiben und lesen können, also Analphabeten sind. Das entspricht ungefähr der Hälfte der erwachsenen Bevölkerung in den Entwicklungsländern. Dazu einige Beispiele:

– In Afrika (südlich der Sahara) erhält nur jedes zweite Kind eine Schulbildung; ebenso verhält es sich in Asien und in den arabischen Staaten.
– Frauen sind auch in den Entwicklungsländern gegenüber den Männern in der Ausbildung benachteiligt: Von den 860 Millionen Analphabeten sind weit mehr als die Hälfte weiblich.
– Mädchen brechen die Schulausbildung häufiger ab als Jungen; sie haben weniger Chancen, einen Beruf zu erlernen.
– erhalten gegenwärtig mindestens 100 Millionen Kinder keine Schulbildung.

---

5 Immer mehr Kinder: Warum?

Es gibt viele Gründe, warum die Familien in der Dritten Welt so viel mehr Kinder haben als die Familien bei uns. In den Entwicklungsländern gibt es keine Krankenversicherung und keine Rente. Die Kinder müssen, wenn sie älter geworden sind, für ihre Eltern sorgen. Je mehr Kinder sie haben, desto besser ist ihre Versorgung im Alter oder bei Krankheit gesichert.
Ein anderer Grund: Bei uns wissen die Eltern, daß ihre Kinder normalerweise ebenso alt werden wie sie selbst. In der Dritten Welt dagegen sterben viele Kinder schon in den ersten Lebensjahren. Schlechtere Ernährung macht sie anfällig für Krankheiten, Arzneimittel und Ärzte fehlen oft. Heute sterben zwar schon viel weniger Kinder als noch vor 20 oder 30 Jahren. Aber die Eltern wollen noch immer lieber viele Kinder. Sie können schließlich nicht sicher sein, ob sie einen Arzt finden, wenn ihr Kind krank wird und ob sie Geld für Medikamente haben werden. Manche Religionen verbieten den Menschen, Verhütungsmittel anzuwenden; viele Kinder gelten als ein Zeichen für Gottes Segen. Aber selbst wenn solche religiösen Vorschriften fehlen: wirksame Verhütungsmittel, wie zum Beispiel die Pille, sind sehr teuer – unerschwinglich für die meisten Menschen in der Dritten Welt.
Entwicklungspolitik, Begleitheft von Hans-Peter Schiff. Bonn o. J., S. 26.

6 Immer mehr und immer größere Städte

Noch stärker als die Weltbevölkerung im ganzen schreitet die Verstädterung fort, vor allem in der Dritten Welt:
– Im Jahr 2000 wird es dort 21 Städte geben, 15 davon in Asien, mit mehr als zehn Millionen Einwohnern: Mexico City 31, Sao Paulo 26, Schanghai 24, Peking 21, Rio 19, Bombay, Kalkutta und Djakarta je 17, Seoul 14, Kairo und Madras je 13, Buenos Aires 12; ... Tokio/Yokohama mit 24, New York 22, Groß-Los-Angeles 14 Millionen.
– In zwanzig Jahren wird die Hälfte aller Amerikaner in Städten mit über einer Million Einwohnern leben, überall in der Welt dauert der Zustrom in die größen Städte an.
W. Brandt: Der organisierte Wahnsinn. Köln 1985, S. 54

Fragt man nach den Gründen, so hört man oft, die Bevölkerung dieser Länder sei in ihrer Mehrzahl schon immer ohne Schreiben und Lesen ausgekommen. Dies trifft nur für einen kleinen Teil der Entwicklungsländer zu. In vielen von ihnen, z. B. in Lateinamerika, existierten aber bis zum Eindringen der Europäer hochentwickelte Kulturen, die nicht selten von den europäischen Eroberern mit Gewalt zerstört wurden.

Mit der mangelnden Ausbildung hängt ein weiteres Problem zusammen: In den Entwicklungsländern fehlen *Arbeitsplätze*. Die Zahl der Arbeitslosen ist hoch. Die Mehrzahl dieser Länder verfügt nur über landwirtschaftliche Produkte und über Rohstoffe, die jedoch erst in den Industrieländern weiterverarbeitet und dann als hochwertige, gewinnbringende Fertigwaren verkauft werden können. Genauer: Rund 80% der aus den Entwicklungsländern kommenden Waren sind Rohstoffe; nur 20% dagegen sind Fertigwaren; von diesen wiederum wird nur etwa die Hälfte in der Industrie erzeugt. Die Entwicklungsländer sind also zu wenig an der Nutzung und Weiterverarbeitung ihrer Rohstoffe beteiligt. Aber umgekehrt bestehen die Exporte der Industrieländer in die Entwicklungsländer zu 90% aus Fertigwaren und lediglich zu 10% aus Rohstoffen.

7 In den Bildungssystemen der Entwicklungsländer zeigen sich auch heute noch Auswirkungen der kolonialen Zeit. Faßt diese mit euren eigenen Worten zusammen (vgl. Text 7).

7 Auswirkungen der Kolonialzeit auf das Bildungssystem in Entwicklungsländern

Die Kolonialmächte regierten über Generationen hinweg die von ihnen beherrschten Völker nach dem Grundsatz: Die Unwissenheit der Beherrschten ist die Macht der Herrscher. Deshalb brauchte, ja durfte nur eine kleine Schicht der einheimischen Bevölkerung ausgebildet und zu einem wirksamen Gehilfen der Macht herangezogen werden. Durch diese Erfahrung ihrer kolonialen Geschichte erkannten die unabhängig gewordenen Länder sehr bald: Wissen ist Macht. Es ist der Schlüssel zu politischer, wirtschaftlicher und sozialer Macht. Jede Gesellschaft, die ihre Zukunft selbst gestalten wollte, mußte deshalb die kolonialen Bildungsmonopole (das Vorrecht weniger auf eine gute Schulbildung) brechen. Mit ungeheuren Anstrengungen gaben die Länder Afrikas, Asiens und Lateinamerikas dem Ausbau des Bildungssystems Vorrang. Aber es war ein Wettlauf mit der ständig wachsenden Bevölkerungszahl. Dazu kam noch erschwerend, daß das Bildungswesen in der Dritten Welt lange Zeit einer Fehlentwicklung gefolgt war ... Da in der Kolonialadministration (Verwaltung während der Kolonialherrschaft) in führenden Positionen Juristen arbeiteten, wurden solche Studien (und Berufe) als Schlüssel zum Aufstieg angesehen, statt der viel notwendigeren Fächer Landwirtschaft, Natur- und Ingenieurwissenschaften.

Zahlreiche Entwicklungsländer gehen zunehmend dazu über, die Bildung für weite Kreise der bereits erwachsenen Bevölkerung auf den Erwerb von Fertigkeiten und Kenntnissen auszurichten, die zur Sicherung der eigenen Existenz und des sozialen Fortschritts eingesetzt werden können. Die Lösung der Bildungsfrage behält einen entscheidenden Stellenwert bei der Entwicklung der Dritten Welt. Es fehlt deshalb auch heute noch an einheimischen Führungskräften, die in der Lage sind, die qualifizierten Arbeitskräfte den Bedürfnissen ihres Landes entsprechend einzusetzen.

BMZ: Politik der Partner. 3. Aufl. Bonn 1978, S. 26

8 Schulen – vor allem in den Städten

Schulen und andere Einrichtungen für die Ausbildung der Kinder und Jugendlichen gibt es in den Entwicklungsländern vor allem in den Städten. Kinder, die auf dem Land aufwachsen, haben dagegen oft keine Gelegenheit, eine Schule zu besuchen. Insbesondere befinden sich weiterführende Schulen wie z. B. die Gymnasien überwiegend in den größeren Städten. Die Zahl der Menschen, die nicht lesen und schreiben können, ist auf dem Land besonders groß.

„Gunnar Myrdal (ein schwedischer Sozialwissenschaftler) behauptet, daß es sich hier um eine bewußte Politik der oberen Klassen handelt, ... grundsätzlich empfindet die dominierende obere Klasse, die ‚gebildet' ist, ein unabdingbares Interesse, die Kluft zwischen den ‚Gebildeten' und den Massen aufrechtzuerhalten.' ‚Das Monopol der Bildung', fährt Myrdal fort, ‚ist zusammen mit dem Landbesitz die fundamentalste Basis der Ungleichheit und es behauptet seinen Halt am stärksten in den armen Ländern' ..."

Nach: G. Adler-Karlsson: Der Kampf gegen die absolute Armut. Frankfurt 1978, S. 64

8 Versucht, die folgende Aussage im Hinblick auf die Entwicklungsländer zu erklären: „Wissen ist Macht. Es ist der Schlüssel zu politischer, wirtschaftlicher und sozialer Macht."

9 Die Landbevölkerung ist noch stärker benachteiligt als die in den Städten, was zu einem sozialen Gegensatz in diesen Ländern führen kann. Wie wird dieser Gegensatz in Text 8 begründet?

10 Wie verteilen sich in den Entwicklungsländern die Arbeitsplätze auf die drei Wirtschaftsbereiche (Text 9)? Wie viele Menschen sind dort arbeitslos? Wie viele Arbeitsplätze werden bis zum Jahr 2000 benötigt? Wie begründet der Autor, daß die „moderne Industrie" allein die Arbeitslosigkeit nicht beseitigen kann?

2.4 Durch Schulden in neue Abhängigkeit

Wenn wir von den Schulden eines Entwicklungslandes sprechen, so meinen wir die Kredite, die die jeweilige Regierung und die wirtschaftlichen Unternehmen im Ausland aufgenommen haben, um damit z. B. Investitionen im eigenen Land und die Einfuhr (Import) von Gütern (z. B. Rohstoffe wie Erdöl, Maschinen als Produktionsgüter, Nahrungsmittel als Konsumgüter) zu bezahlen. Entwickelte Industrieländer finanzieren ihre Importe durch die Einnahmen, die sie beim Export eigener Güter erzielen. Die Exporterlöse der Entwicklungsländer reichen jedoch hierzu nicht aus. Sie sind deshalb darauf angewiesen, bei ausländischen Banken und Staaten Kredite aufzunehmen. Für diese Kredite müssen sie Zinsen und jährliche Tilgungsraten bezahlen.

⑨ Arbeitsplätze und Arbeitslose – wie kann es weitergehen?

a) Neue Arbeitsplätze bis ins Jahr 2000
Bis ins Jahr 2000 müssen (aufgrund der Bevölkerungsentwicklung) in den Entwicklungsländern (ohne China) 767 Millionen Arbeitsplätze geschaffen werden, um den neu ins erwerbsfähige Alter eintretenden Menschen eine Beschäftigung zu sichern. Gegenwärtig sind 200 bis 300 Millionen Menschen in der Dritten Welt arbeitslos oder unterbeschäftigt. Insgesamt werden in zwei Jahrzehnten also eine Milliarde neuer Arbeitsplätze benötigt. Dies sind mehr als dreimal soviel Arbeitsplätze, wie heute Europa und Nordamerika zusammen aufweisen ...
Durchschnittlich 59% der Arbeitsplätze waren 1980 in der Landwirtschaft, 20% in der Industrie und 21% im Dienstleistungssektor der Entwicklungsländer angesiedelt ... Sämtliche Tochtergesellschaften aller multinationalen Konzerne haben 1980 in allen Entwicklungsländern zusammen etwa 4 Millionen Arbeitsplätze angeboten. Dies entspricht nur 0,6% aller Arbeitsplätze in der Dritten Welt. Wie wichtig die Konzerne auch für das Wachstum in den Entwicklungsländern sein mögen, für die Arbeitsbeschaffung in diesen Ländern ist ihre Bedeutung gering. Das Problem der Arbeitslosigkeit ist mit der modernen Industrie auch in Zukunft nicht lösbar. Die multinationalen Konzerne wenden (mit den neuen Produktionsanlagen) in den Entwicklungsländern ungefähr die gleiche Technologie an wie in den Industrieländern.
R. H. Strahm: Warum sie so arm sind. Wuppertal 1986, S. 141

b) Arbeitsplätze – nicht nur in der Industrie
Viele Untersuchungen gehen davon aus, daß die Arbeitsplätze, die die Entwicklungsländer brauchen, vor allem in der Industrie geschaffen werden müssen. Dabei orientieren sie sich aber vorrangig an den Erfahrungen aus der Ersten Welt, genauer: an der Entwicklung der Industrieländer in Europa, Nordamerika und in Asien seit der industriellen Revolution. Dieses „Entwicklungsmuster" kann jedoch nicht einfach auf die Dritte und Vierte Welt übertragen werden. Vielmehr müssen wir davon ausgehen, daß die Arbeit, die in Zukunft notwendig ist, um die Bedürfnisse der Menschen in diesen Ländern zu befriedigen, auch in der Landwirtschaft, im Handel und im Handwerk gefunden werden müssen.

c) Beim Straßenbau – Arbeit für viele Menschen?

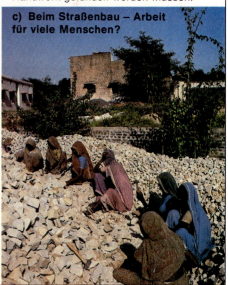

⑩ Marktstraße in Südamerika

⑪ **Peru nicht mehr kreditwürdig**
Währungsfonds entzieht dem Andenstaat Bezugsberechtigung

Lima (dpa) – Peru will trotz der Entscheidung des Internationalen Währungsfonds (IWF), das Andenland wegen ausstehender Schuldenzahlungen für „kreditunwürdig" zu erklären, an seiner Finanzpolitik festhalten und nur 10% seiner Exporteinnahmen für den Schuldendienst aufwenden. Das erklärte der peruanische Präsident Alan Garcia, nachdem der IWF auf einer Sitzung in Washington Peru auf die Liste der Staaten gesetzt hatte, die keine Kredite mehr bekommen. Bisher waren nur Vietnam, Guyana, Liberia und der Sudan für „kreditunwürdig" erklärt worden ...

Peru hatte eine im vergangenen Mai gestellte Frist nicht eingehalten, bis zum Freitag 186 Mill. $ an ausstehenden Zinsen und Tilgungen an den IWF zu zahlen. Das mit 14 Mrd. $ (28,9 Mrd. DM) im Ausland verschuldete Andenland leistete unmittelbar vor Auslaufen der Frist nur eine Teilzahlung von 35 Mill. $. . .

Vor allem die Erdöl- und Metallexporte (Perus) sind stark zurückgegangen. Andererseits haben sich die Lebensmittelimporte in den vergangenen Monaten laufend erhöht. Die peruanische Regierung hatte deshalb bereits am 28. Juli für zwei Jahre Gewinnüberweisungen von Firmen ins Ausland untersagt und eine allgemeine Devisenbewirtschaftung eingeführt.

Süddeutsche Zeitung, 18. 8. 1986

Alle Zinsen und Tilgungsraten zusammen machen den *Schuldendienst* aus, den ein Land innerhalb eines Jahres aufbringen muß.

Die Aufnahme von Krediten ist wirtschaftlich sinnvoll, wenn dadurch die Leistung einer Volkswirtschaft nachdrücklich verbessert wird. In vielen Entwicklungsländern beobachten wir jedoch, daß der Schuldendienst *schneller* wächst als die Wirtschaftsleistung. Wenn eine solche Entwicklung anhält, verschulden diese Länder immer mehr. Im Jahre 1986 betrugen die Schulden aller Entwicklungsländer rund 800 Mrd. US-Dollar; gleichzeitig leisteten alle westlichen Industrieländer (einschl. Japan, Australien und Neuseeland) und die erdölexportierenden Staaten (OPEC) zusammen Entwicklungshilfe in Höhe von rund 34 Mrd. US-Dollar (Weltentwicklungsbericht 1986).

🟥 Peru ist nur ein Beispiel von vielen, an dem die Auswirkungen der Verschuldung deutlich wird (Text 11). Wie begründen peruanische Politiker

⑫ **Der Internationale Währungsfonds**

Der Internationale Währungsfonds (IWF) ist eine Sonderorganisation der Vereinten Nationen. In ihm arbeiten rund 150 Staaten zusammen. Seine Hauptaufgabe ist es heute, zusammen mit der Weltbank die Entwicklung armer Länder durch langfristige Kredite zu fördern. In der Organisation des IWF wie auch der Weltbank haben die westlichen Industrieländer einschließlich Japans ein deutliches Übergewicht, da sich die Stimmrechte der Mitgliedsstaaten nach der Höhe des von ihnen in die Bank eingebrachten Kapitals richten. IWF und Weltbank legen vor allem die Bedingungen fest, nach denen ein Land, das die Zinsen und Tilgungsraten nicht mehr aufbringen kann, seine Schulden gestundet bekommt. Hierzu erhält das Land Zahlungsaufschub, zugleich wird ein Plan zur späteren Rückzahlung der Schulden festgelegt. Dabei machen IWF und Weltbank die Zahlung weiterer Kredite meist von bestimmten Auflagen im Innern des Landes abhängig, mit denen sichergestellt werden soll, daß wirtschaftliche Fehler vermieden werden. Diese Auflagen – wie z. B. die Kürzung der Lebensmittelsubventionen, mit denen Grundnahrungsmittel verbilligt werden – führen aber nicht selten zu neuen sozialen Problemen.

ihre Weigerung, den vollen Umfang ihres Schuldendienstes zu begleichen?

12 Welche Ursachen werden in Text 11 für die zunehmende Verschuldung genannt? Welcher Kreislauf von Ursachen und Auswirkungen ergibt sich aus der Verschuldungskrise für die betroffenen Länder?

13 Die sozialen Probleme der Verschuldungskrise können durch die Auflagen, die der Internationale Währungsfonds (Text 12) zur Ankurbelung der Wirtschaft macht, zumindest vorübergehend noch verschärft werden (Text 13a). Welche politischen Auswirkungen können damit nach Meinung des Präsidenten Kolumbiens (Text 13b) verbunden sein?

14 Zur Diskussion: Der Schuldendienst der lateinamerikanischen Länder beträgt (Mitte der achtziger Jahre) jährlich ca. 60 Mrd. US-Dollar. Kritiker dieser Situation haben diesen Vorgang mit einer Bluttransfusion verglichen, bei der die Kranken den Gesunden Blut spenden. Wer ist mit den Kranken, wer mit den Gesunden gemeint? Wodurch kann dieser Vergleich begründet, vielleicht sogar berechtigt sein?

2.5 Soziale Ungleichheit im Inneren – ungleiche Verteilung von Einkommen und Vermögen

Eine Untersuchung, die die Weltbank in 83 Entwicklungsländern durchgeführt hat, ergab, daß dort rund 80% des gesamten Ackerlandes im Besitz von lediglich 3% aller Landbesitzer ist. Mit anderen Worten: Grund und Boden sind in den Ländern der Dritten und Vierten Welt, vor allem in Lateinamerika und in Asien, extrem ungleich verteilt. Eine zweite Form der Ungleichheit drückt sich in den großen Unterschieden zwischen den niedrigen Einkommen der Massen und den hohen Einkommen der kleinen Oberschicht aus. Niedrige (oder ganz fehlende) Schul- und Berufsausbildung, schlechte oder mangelhafte Ernährung und Gesundheit bewirken, daß die Leistungsfähigkeit bei der Arbeit (Produktivität der Arbeitskraft) und daraus folgend auch die Löhne der großen Mehrzahl niedrig bleiben. Für die meisten von

13) Soziale und politische Auswirkungen der Verschuldung
a) Es trifft zuerst die Ärmsten

In der peruanischen Hafenstadt Chimbote unterstützt terre des hommes einen medizinischen Notdienst für unterernährte und an Durchfall erkrankte Kinder. Die beabsichtigte ... eigenständige Fortführung des Projektes durch den (peruanischen) Partner selbst ist nicht absehbar. Warum?
Die Lebensbedingungen der Familien, deren Kinder den Notdienst in Anspruch nehmen, haben sich in den letzten Jahren rapide verschlechtert: Chimbote ist eine Stadt der Eisenverhüttung und des Fischfangs. Die Eisen- und Fischkonservenfabriken produzieren für den Weltmarkt. Wegen des Rückgangs der Nachfrage in den Industrienationen (seit Mitte der siebziger Jahre) mußte die Eisenverhüttung eingestellt werden. Von den 25 Fischkonservenfabriken in Chimbote produzieren noch vier. Die Arbeitslosigkeit ist verheerend, soziale Sicherungen fehlen weitgehend.
Der Wirtschaftsminister Perus versucht darüber hinaus, die Forderungen des Internationalen Währungsfonds durchzusetzen – zum Beispiel den Abbau von Subventionen, was eine enorme Verteuerung der Lebensmittel zur Folge hat. Hunger und Unterernährung gehen um. Dennoch wird in Chimbote Fisch zu Katzenfutter-Konserven verarbeitet und ins Ausland geschickt. Die Beschaffung von Devisen zur Abtragung des hohen Schuldenberges ist den verantwortlichen Politikern und den Managern des Internationalen Währungsfonds (IWF) wichtiger als eine ausreichende Versorgung der Bevölkerung mit Nahrungsmitteln.
terre des hommes Nr. 3/1984, S. 23

b) Gefahren für die Demokratie
Die südliche Hälfte Amerikas droht unter ihrer Schuldenlast ... zusammenzubrechen – nicht nur ökonomisch. Verarmende Massen, nach jahrelanger Wirtschaftsrezession zunehmend ins Verbrechen und in den Aufruhr getrieben, gefährden den neuen Anlauf zur Demokratie in Brasilien, Argentinien, Peru und Bolivien. „Der Glaube an die Tugenden der Demokratie stirbt", warnte kürzlich Kolumbiens Präsident Belisario Betancur. „Von ferne hören wir die Trommel der Gewalt donnern."
stern 2. 8. 1984, S. 36

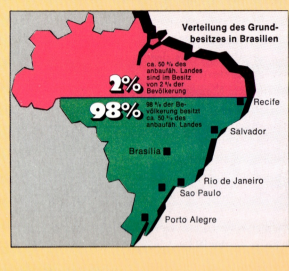

14 Ungleiche Entwicklung – z. B. Brasilien

Verteilung des Grundbesitzes in Brasilien

2% ca. 50 % des anbaufäh. Landes sind im Besitz von 2 % der Bevölkerung

98% 98 % der Bevölkerung besitzt ca. 50 % des anbaufäh. Landes

15 Die beiden Nationen im gleichen Land

„Wem kommt die wirtschaftliche Entwicklung in den Schwellenländern zugute? Gewinner sind alle, die es geschafft haben, einen Fuß in die Tür zum modernen, verwestlichten Sektor zu setzen, gleich ob beim Staat oder einer Privatfirma. Staatsangestellte bis hinunter auf die unterste Ebene mit ihren viel zu hohen Gehältern, ihrer durch nichts zu erschütternden Arbeitsplatzsicherheit, ihren Nebenverdiensten. Die Eigentümer, Manager und Gehaltsempfänger der modernen Unternehmen, gleich ob national oder multinational ... Auf dem Land sind es die Großgrundbesitzer und auf etwas niedrigerer Ebene diejenigen, die genügend Land besitzen, um eine erhebliche Menge für den Verkauf produzieren zu können ... Und dann gibt es noch die Verlierer ... Der größere Teil von ihnen lebt auf dem Land. Da sind zunächst die minifundistas, Besitzer so kleiner Stücke Land, daß sie davon nicht ihre Familie ernähren können und auf anderweitige Arbeit angewiesen sind. Trockenlandbauern können sich selbst mit großen Landstücken auf der Seite der Benachteiligten wiederfinden, weil ihr Land nur eine geringe Produktivität hat ...
Außerhalb der Landwirtschaft sind die Arbeiter der todgeweihten traditionellen Industrien, die kleinen Selbständigen oder unsicher Beschäftigten ... und die Arbeitslosen die Verlierer."

Paul Harrison: Hunger und Armut. Reinbek 1986, S. 345f.

Kleine Oberschicht – große Unterschicht

ihnen ist es unmöglich, auch nur einen kleinen Teil des Einkommens zu sparen und so allmählich Vermögen zu bilden.
Vergleicht man die Gesellschaften industrialisierter Länder mit denen der armen Länder, so lassen sich Unterschiede feststellen: In Entwicklungsländern zählen nur wenige Menschen zur mittleren Schicht (Facharbeiter, selbständige Handwerker, mittlere Unternehmer, höhere Angestellte, Ärzte, freie Berufe; Brasilien 8%, Bundesrepublik ca. 50%). Einer kleinen Oberschicht von Unternehmern, Großgrundbesitzern und hohen Militärs steht die Unterschicht der ungelernten und angelernten Arbeiter und kleinen Angestellten, aber auch der zahlreichen Arbeitslosen gegenüber.
Die sozialen Gegensätze sind selbst in einigen Schwellenländern sehr groß, obwohl ihre Wirtschaft relativ weit entwickelt ist. So finden wir z. B. in Brasilien und Mexiko Gebiete, in denen die Industrialisierung weit vorangeschritten ist. In den Großstädten und Ballungsgebieten haben sich die großen Unternehmen angesiedelt. Zu ihnen gehören auch Tochtergesellschaften deutscher Konzerne, wie die Automobilhersteller Volkswagen und Daimler-Benz oder der Elektrokonzern Siemens.
In diesen industriellen Ballungsgebieten wird nicht nur der größte Teil der einheimischen Produktion erzeugt; auch die Löhne der Industriearbeiter sind hier höher als in den wenig industrialisierten Gebieten. Daneben entsteht in

diesen entwickelten Regionen allmählich eine kleine Mittelschicht von Selbständigen, z. B. von mittleren und kleineren Unternehmern, Ärzten, Handwerkern und Facharbeitern. Trotzdem sind die industriellen Ballungsgebiete zugleich die Elendsgebiete für Millionen, denn sie ziehen immer mehr Menschen an, die in der Hoffnung, hier Arbeit zu finden, das Land und die weniger entwickelten Regionen verlassen.

15 Stellt mit Hilfe einer Wirtschaftskarte fest, über welche Rohstoffe Brasilien verfügt und welche Güter in den industriellen Ballungsgebieten produziert werden (vgl. Abb. 14).

16 Warum bestehen in den Schwellenländern, in denen gerade der Aufbau der Industrie Fortschritte macht, große soziale Gegensätze? Welche Ursachen können hierfür ausschlaggebend sein (vgl. Text 15)?

17 In Text 16 wird beschrieben, wie die Verteilung der Einkommen in einem Land dargestellt werden kann. Lest zunächst den Text und untersucht dann die Tabelle:
– Vergleicht die oberste mit der untersten Einkommensgruppe eines jeden Landes. Beschreibt dann, in welchem Land der Unterschied am größten, in welchem er am geringsten ist.
– Welche Aussagen erlauben eure Ergebnisse unter dem Gesichtspunkt „soziale Ungleichheit" bzw. „soziale Gleichheit"?

Der Kreislauf der Armut hat viele Ausdrucksformen. Für diejenigen, die sich darin befinden, sieht es so aus, als gäbe es keine Möglichkeit, daraus zu entrinnen. Und in der Wirklichkeit ist es für die meisten Menschen auch so: Die eigenen Mittel und noch so große Anstrengungen reichen nicht aus, um den Mindestbedarf einer Familie an Ernährung, Wohnung und Kleidung, Versorgung mit Trinkwasser, Verkehrsmittel, Gesundheits- und Bildungseinrichtungen zu sichern. Denn Armut hat in der Dritten Welt Ursachen, die zu

2.6 Im Kreislauf der Armut: Ein Problem kommt zum anderen

⑯ Die Einkommen der Reichen und die der Armen in Entwicklungsländern

Um zu untersuchen, wie die Einkommen in einem Land verteilt sind, kann man alle privaten Haushalte dieses Landes in fünf gleich große Gruppen einteilen. Jede Gruppe umfaßt 20% aller Haushalte. Zur ersten Gruppe gehören die Haushalte mit dem geringsten Einkommen; zur fünften diejenigen, die am meisten verdienen. Man fragt dann, wie groß der Anteil einer jeden Gruppe am gesamten Einkommen aller Haushalte des Landes ist. Vollkommene Gleichheit würde bestehen, wenn jede Gruppe einen gleich großen Teil des gesamten Einkommens im Lande, also jeweils 20%, hätte. Diese vollkommene Gleichheit besteht in keinem Staat; eine extreme Abweichung von dieser Modellvorstellung weist jedoch darauf hin, daß hinsichtlich der Einkommen und den damit verbundenen Lebensbedingungen eine große Ungleichheit herrscht. Dazu einige Beispiele:

Gruppen der Haushalte	Anteil am Einkommen aller Haushalte (in %) in...		
	Mexiko	Indonesien	BR Deutschland
1. Gruppe = unterste Einkommensgruppe	2,9	6,6	7,9
2. Gruppe	7,0	7,8	12,5
3. Gruppe	12,0	12,6	17,0
4. Gruppe	20,4	23,6	23,1
5. Gruppe = oberste Einkommensgruppe	57,7	49,4	39,5

Weltentwicklungsbericht 1986, S. 252f.

Selbsthilfegruppen in Westafrika – Probleme gemeinsam mit anderen lösen

In Westafrika ging die ursprüngliche Initiative zur Gründung solcher Gruppen oftmals von einer einzelnen oder von nur wenigen Personen aus ... Sie verfügen über Schulbildung, haben sich in Erwachsenenfortbildung intensiver mit den Problemen ihrer Dörfer auseinandergesetzt. Statt in die Administrationen (Verwaltungsbehörden) der Haupt- und Regionalstädte abzuwandern – bevorzugtes Arbeitsfeld der in Europa und Amerika ausgebildeten Eliten – identifizieren sie sich ... weiterhin mit den Problemen der Basis. Sie reden nicht von der Basis, sie reden auch nicht auf die Basis ein, sondern reden und leben mit der Basis.

Die Haupttätigkeitsfelder der Basisgruppen sind in Westafrika Ausbildung, ... Gemüseanbau, Tierzucht, Gesundheit, verbesserter Zugang zu Wasser. Ursachen der Zusammenschlüsse waren beispielsweise im Senegal Arbeitslosigkeit von Jugendlichen, die zum Teil in den Städten herumsaßen und Gefahr liefen, straffällig zu werden, weitere Gründe waren, das Dorf für Jugendliche überhaupt attraktiver zu machen um einer möglichen Abwanderung vorzubeugen, oder verbesserte Eigenversorgung und Kampf gegen Dürre ...

All diese Aktivitäten haben sich in den vergangenen drei Jahren mit einem Minimum an Hilfe aus den Industrieländern entwickelt. Diese Aktivierung der dörflichen Gemeinschaft aus sich selbst heraus und nicht durch von „oben" verordnete Regierungsprogramme hat eher Grundlagen für eine langfristig ausgewogene Entwicklung in der ländlichen Gebieten gelegt, als zwar gutgemeinte, aber isolierte Projekthilfe es kann

Entwicklung und Zusammenarbeit 5/1985, S. 12f.

überwinden die Kraft der Armen selbst oft übersteigt. Besonders schwierig ist die Lage für die Entwicklungsländer, die über wenig Rohstoffe und Energiequellen verfügen und z. B. Erdöl einführen müssen.

Aber auch diejenigen Länder, die eigene Rohstoffe besitzen und diese exportieren können, bleiben von der Entwicklung der *Weltmarktpreise* abhängig. Diese haben sich jedoch seit Anfang der achtziger Jahre für die meisten Rohstoffe stark zum Nachteil der Entwicklungsländer verändert; bei einigen Rohstoffen wie dem Kupfer und Zinn kann man sogar von einem Verfall der Erzeugerpreise sprechen. Damit gingen aber auch die Erlöse dieser Länder zurück.

18 Die Vorstellung vom Kreislauf kann den Eindruck hervorrufen, als handle es sich dabei um ein unabänderliches Schicksal. Stellt gemeinsam einige Vorschläge zusammen, die eurer Meinung nach geeignet sind, den Kreislauf der Armut zu durchbrechen. Welche Maßnahmen und Mittel wären dazu erforderlich?

19 Die meisten Erfolge haben Gruppen, in denen die Betroffenen selber lernen, ihre Probleme durch eigene Anstrengungen anzugehen. Dabei gelingt es auch am besten, die Hilfe von außen wirkungsvoll einzusetzen. Welche Probleme greifen die Gruppen in unserem Beispiel (Text 18) aus Westafrika auf? Wie gehen sie vor? Was bewirken sie mit ihrer Arbeit?

20 Zum Nachdenken und Diskutieren: – Der frühere Präsident der Weltbank, R. McNamara, hat die Armut als „Beleidigung der Menschenwürde" bezeichnet. Welche Gründe gibt es für dieses Urteil? – A. Tévoédjrè, ein afrikanischer Wissenschaftler, hat geschrieben, Armut sei in Wirklichkeit der „Reichtum der Völker". Hinter dem Reichtum in den Industrieländern zeige sich in Wirklichkeit ein immer größeres Elend.

3. Entwicklung – wie und wodurch?

Die Probleme der Entwicklungsländer können nicht ohne Mitwirkung der industriell entwickelten Länder bewältigt werden. Viel zu lange wurde die Dritte und Vierte Welt durch die Kolonialstaaten ausgebeutet.

Eine Lösung dieser Probleme liegt auch im Interesse der Industrieländer, denn hinter dem Elend der armen Länder verbergen sich Gefahren, die auch uns treffen können:

– Die großen Hungergebiete der Erde sind oft auch Regionen, in denen politische Krisen und gewaltsame Unruhen an der Tagesordnung sind.

– Die Probleme bleiben nicht auf diese Gebiete begrenzt. Von den Krisenherden gehen Gefahren auch für den Frieden in anderen Regionen aus.

– Die Wirtschaft der Industrieländer braucht Rohstoffe; diese kommen in vielen Fällen aus den Entwicklungsländern (vgl. Tab. 1).

– Viele Menschen in den Industrieländern arbeiten bereits heute in Unternehmen, die Waren für Entwicklungsländer erzeugen.

Die Entwicklungsländer fordern, daß sie in den wirtschaftlichen Beziehungen mit den Industriestaaten als politisch und wirtschaftlich souveräne Staaten behandelt werden. In ihrem Verständnis ist eine *neue Weltwirtschaftsordnung* aus zwei Gründen notwendig:

– Gerechte Wirtschaftsbeziehungen (z. B. durch den Abbau von Handels-

3.1 Eine neue Ordnung der Weltwirtschaft – von der Abhängigkeit zur Gleichberechtigung?

① Rohstoffeinfuhren (Importe) der Bundesrepublik Deutschland aus Entwicklungsländern (EL)

Rohstoff	Anteil der EL am Import (%)	Wichtigste Lieferländer
Kupfererze	78	Papua-Neuguinea, Mexiko, Polen
Rohzinn	92	Malaysia, Thailand, Indonesien
Eisenerze	64	Brasilien, Kanada, Australien
Wolfram	66	China, Kanada
Bauxit	72	Guinea, Australien, Sierra Leone
Naturkautschuk	99	Malaysia, Indonesien
Jute	100	Bangladesch, China
Baumwolle	67	USA, Argentinien
Kaffee	100	Kolumbien, Brasilien
Kakao	100	Elfenbeinküste, Kamerun
Tee	92	Indien, Sri-Lanka, China
Bananen	100	Panama, Costa-Rica, Honduras, Ecuador
Erdöl	62	Großbritannien, Nigeria, Libyen

Statistisches Bundesamt, Fachserie 7 Reihe 2 (1986)

② Ungleiche Handelschancen für Entwicklungsländer

Besondere Handelshemmnisse für soviel Prozent der Einfuhren (ohne Zölle)

Handelshürden der EG gegenüber: 22% Entwicklungsländern | 11% Industrieländern

Handelshürden der USA gegenüber: 16% Entwicklungsländern | 9% Industriel.

Handelshürden Japans gegenüber: 15% Entwicklungsländern | 12% Industrieländern

Zur Information: „Nichttarifäre Handelshemmnisse" heißen die Schranken, die den freien Welthandel behindern. Gemeint sind damit die Hürden für den freien Warenaustausch, die nicht aus herkömmlichen Zöllen bestehen, sondern aus mengenmäßigen Einfuhrbeschränkungen, Export-Selbstbeschränkungsabkommen und ähnlichem (1986).

Weltentwicklungsbericht 1986, S. 25

③ Eine neue Weltwirtschaftsordnung – wichtige Forderungen der Entwicklungsländer

Rohstoffpolitik:
– Aufbau gemeinsamer Rohstofflager (Rohstoff-Fonds)
– langfristige Stabilisierung der Preise

Wirtschaftliche Souveränität:
– Recht, über eigene Rohstoffe zu verfügen
– Recht, ausländischen Besitz zu verstaatlichen
– Kontrolle der multinationalen Konzerne

Verschuldungskrise:
– Schuldenerlaß für die ärmsten Entwicklungsländer
– Umschuldung bei den übrigen Ländern zu finanzierbaren Bedingungen

Internationale Handelsbeziehungen:
– Öffnung der Märkte der Industrieländer, weniger Handelsschranken
– Gewährung von Vorzugszöllen

NEUE WELTWIRTSCHAFTSORDNUNG

Öffentliche Entwicklungshilfe:
Erhöhung der öffentlichen Zahlungen der Industriestaaten auf mindestens 0,7% ihres Bruttosozialprodukts

Technologie und Forschung:
– offener Zugang zu neuen Technologien und Forschungen
– Einfluß auf Forschung und Entwicklung bei den multinationalen Konzernen

Internationale Organisationen:
Mehr Mitbestimmung, z. B. im Internationalen Währungsfonds und in der Weltbank

Internationaler Zahlungsverkehr:
– stabile Wechselkurse
– zinsgünstige internationale Kredite

---

hemmnissen – vgl. Abb. 2) sollen dazu beitragen, daß die Schäden, die durch die Ausbeutung der früheren Kolonien entstanden sind, beseitigt werden.
– Darüber hinaus sollen die reichen Länder den armen die für eine nachhaltige Entwicklung notwendigen *Mittel,* z. B. Finanzhilfen, technologisches Wissen und Forschungsergebnisse, zur Verfügung stellen.

In internationalen Verhandlungen haben die Entwicklungsländer versucht, ihre Forderungen durchzusetzen, um damit die bisherige, noch aus der Kolonialzeit stammende *Arbeitsteilung* in der Weltwirtschaft aufzuheben: Die Entwicklungsländer wollen nicht mehr nur Rohstofflieferanten sein, während die Industrieländer weiterhin die Produzenten von Fertigwaren sind (vgl. Übersicht 3). Dabei wurden besonders die Vereinten Nationen, ihre Unterorganisation UNCTAD, d. h. die *UN-Konferenz für Handel und Entwicklung,* seit 1964 zum wichtigen Forum (vgl. UE 9, S. 292).

1 In der Tabelle 1 sind wichtige Rohstoffe, auf die unsere Industrie angewiesen ist, zusammengestellt. Welche Lieferländer werden besonders häufig genannt? Stellt mit Hilfe einer Weltkarte fest, wo diese Länder liegen.

2 Welche Forderungen stellen die Entwicklungsländer an die Industrieländer (Übersicht 3)? Faßt diese mit eigenen Worten zusammen. Haltet ihr solche Forderungen für berechtigt?

3 Was soll mit der geplanten Einrichtung gemeinsamer Rohstofflager erreicht werden (Text 4)? Worin können die Vorteile für die Entwicklungsländer, worin für die Industrieländer liegen?

4 Die Industrieländer, allen voran die USA und die UdSSR, zeigten bislang wenig Interesse. Welche Gründe können für sie ausschlaggebend sein?

3.2 Entwicklung durch Industrialisierung?

In den meisten Entwicklungsländern fehlen zahlreiche Arbeitsplätze (siehe Abschnitt 2.3). Große Teile der Bevölkerung müssen von dem wenigen leben, das sie auf einem kleinen Stück Land erwirtschaften oder durch Zufallsarbeit verdienen. Es liegt nahe, diesen Zustand durch den Aufbau von Fabriken, die neue Arbeitsplätze schaffen, verändern zu wollen. Hierzu ist aber Kapital erforderlich, das in den meisten Entwicklungsländern nicht in ausreichender Menge vorhanden ist. Deshalb begrüßen es die Regierungen vieler Länder, wenn kapitalkräftige ausländische Unternehmen bereit sind, neue Produktionsanlagen zu errichten. Ausländische Unternehmen produzieren in den Entwicklungsländern aus unterschiedlichen Gründen, etwa:
– um neue Absatzmärkte für ihre Produkte zu erschließen,
– weil sie hohe Zollschranken durch die Produktion im Lande selbst umgehen wollen,
– um mit billigeren Arbeitskräften preisgünstiger produzieren zu können,
– um schärferen Umweltvorschriften in den Industrieländern auszuweichen.

Mit der Produktion im eigenen Lande wollen die Entwicklungsländer erreichen, daß sie weniger Industrieprodukte vom Ausland einführen müssen. Darüber hinaus sind sie daran interessiert, selbst Industrieprodukte auf den Märkten im Ausland zu verkaufen, um dadurch ihre Einnahmen in ausländischer Währung, d. h. ihre Deviseneinnahmen, zu erhöhen.

„Entwicklung durch Industrialisierung" – mit dieser Strategie wurde vor allem in den sechziger Jahren versucht, die Armut in der Dritten und Vierten Welt zu bekämpfen und den Nord-Süd-Konflikt zu entschärfen. Durch ein verstärktes Wachstum der industriellen Produktion sollten die gesellschaftlichen und wirtschaftlichen Probleme dieser Länder insgesamt gelöst werden.

Der Aufbau der Industrie in den Entwicklungsländern drückt sich auch in der Verschiebung zwischen den drei Sektoren der Volkswirtschaft aus (Tab. 7): Der Anteil der Industrieproduktion am Bruttosozialprodukt der Entwicklungsländer steigt, während der der Landwirtschaft zurückgeht. Allerdings ist damit nicht zwangsläufig ein gleich starker Anstieg der Arbeitsplätze in der Industrie verbunden, denn durch moderne Produktionsanlagen (Rationalisierung und Automatisierung) können auch in den Entwicklungsländern mehr

Weniger produzieren mehr – auch in den Entwicklungsländern

④ **Der Handel mit Rohstoffen – neu geordnet? Gemeinsame Rohstofflager – ein Plan mit Zukunft?**
Im März 1979 einigten sich die Vertreter von 110 Entwicklungs- und Industrieländern, für 18 Rohstoffe (z. B. Kupfer, Zinn, Kautschuk, Zucker) gemeinsam verwaltete Lager einzurichten („Integrierte Rohstofflager"). Ziel der Konferenz war es, Vereinbarungen zu finden, um den Handel mit diesen Rohstoffen zu lenken und die Preise stabil halten zu können. Zur gemeinsamen Finanzierung des Lagers wären 400 Mio. Dollar erforderlich, die von den beteiligten Ländern aufgebracht werden müßten. Weitere 350 Mio. Dollar sind nötig, um die Verarbeitung und den Verkauf einzelner Rohstoffe vor allem in den ärmsten Ländern zu fördern, die bislang nicht in der Lage sind, eine eigene leistungsfähige Industrie aufzubauen. Die Rohstofflager sollen von einem Verwaltungsrat verwaltet werden. In ihm sollen die vier Staatengruppen unterschiedliche große Stimmenzahl haben: die Entwicklungsländer 47%, die westlichen Industrieländer 42%, die sozialistischen Länder 8% und die VR China 3%. Die Vereinbarung ist noch nicht in Kraft getreten (Anfang 1987), da bislang noch die Zustimmung der meisten nationalen Parlamente fehlt. Der Deutsche Bundestag stimmte 1984 dem Abkommen zu.

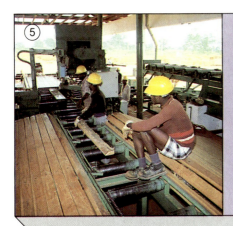

⑤

⑥ **Wo investieren deutsche Unternehmen im Ausland?** (in Mio. DM)

Jahr	Gesamt	in EL
1975	5 227	1 481
1980	8 160	1 109
1985	13 643	358

Nach Regionen verteilen sich die deutschen Investitionen wie folgt: Europa 41,8%; Nordamerika: 37,4%; Mittel- und Südamerika 8,2% Asien 6,2% Afrika 5,1% Australien, Neuseeland, Ozeanien 1,3%.

Journalistenhandbuch Entwicklungspolitik 1986, S. 203

⑦ **Was wird wo erzeugt?**
Vom gesamten Bruttosozialprodukt entfielen auf die drei Sektoren (in %):

	Entwicklungsländer		Industrieländer mit Marktwirtschaft	
	1965	1984	1965	1984
Landwirtschaft	31	21	5	3
Industrie	29	37	40	37
Dienstleistungen	40	42	55	60
	100	100	100	100

Güter durch weniger Arbeitskräfte erzeugt werden. (Zur Einteilung der Wirtschaft eines Landes in Sektoren, d. h. Teilbereiche, könnt ihr euch in UE 4, Abschnitt 1.3 informieren.)

Zwar konnte die industrielle Produktion in vielen Entwicklungsländern bis Ende der siebziger Jahre erheblich gesteigert werden, jedoch wurde die Landwirtschaft dabei häufig vernachlässigt. Dies trifft vor allem für Afrika und Südasien zu; hier finden wir auch die großen Hungergebiete. Daneben bewirkte das rasche Wachstum der Bevölkerung, daß das Mehr an Produktion auch von mehr Menschen in Anspruch genommen wurde. Daß die Entwicklung nicht allein von der Industrie ausgehen kann, wurde in den Ländern deutlich, die gleichzeitig auch die Landwirtschaft in ihre Entwicklungspolitik einbezogen haben (etwa durch eine Bodenreform und die Förderung der eigenen Produktion, z. B. in Südkorea und Taiwan): Eine Zunahme der landwirtschaftlichen Produktion sichert sowohl die Ernährung der Bevölkerung als auch die landwirtschaftlichen Arbeitsplätze und wirkt der Wanderung in die Städte entgegen.

5 Faßt zusammen: Welche Gründe können Unternehmen aus Industrieländern veranlassen, in Entwicklungsländern Kapital zu investieren und neue Produktionsstätten zu schaffen?

6 Vergleicht die Angaben in der Tabelle 6: Wieviel Kapital legten 1985 deutsche Unternehmen im Ausland an? Berechnet, wieviel Prozent dieses Kapitals in Entwicklungsländer gingen. Versucht das Ergebnis zu erklären.

7 Welche Regionen werden von deutschen Unternehmen bei ihren Auslandsinvestitionen bevorzugt? Welche Gründe können für die Unternehmen dabei maßgebend sein?

8 Der Anteil der Industrieproduktion am gesamten Bruttosozialprodukt steigt in Entwicklungsländern, geht aber in Industrieländern zurück (Tab. 7). Wie lassen sich diese unterschiedlichen Entwicklungen erklären?

9 Durch Industrialisierung können in den Entwicklungsländern Arbeitsplätze geschaffen und zudem Güter für den Export produziert werden. Warum verbessern sich in den meisten Entwicklungsländern allein auf diese Weise noch nicht die Lebensbedingungen für die gesamte Bevölkerung? Lest dazu auch den Bericht aus Kenia (Text 8).

🔟 Mexiko ist nach Brasilien der zweitgrößte Schuldner (1986 rund 100 Mrd. US-Dollar). Durch den Zerfall des Ölpreises Mitte der achtziger Jahre haben sich die Exporteinnahmen drastisch verringert. Gleichzeitig legen aber viele Unternehmen und Privatpersonen der Entwicklungsländer ihre Gewinne im Ausland an. So wanderten in den Jahren 1976 bis 1982 rund 53 Mrd. US-Dollar über die Grenzen. Welche Auswirkungen können diese „Fluchtgelder" auf die wirtschaftliche Entwicklung in der Dritten und Vierten Welt haben?

⑧ **Wohnen in Slums – Mathare Valley in Kenia**

„Der Weg nach Mathare Valley führt über Muthaiga. Hier bist du in der feinsten Gegend Nairobis. Villenviertel . . . Von Muthaiga nach Mathare Valley sind es nur noch zwei Minuten . . . ein endlos sich hinziehender Flickenteppich, grau in grau, dicht bei dicht. Du erkennst keinen Anfang und kein Ende, keine Struktur, die auf Straßen oder Plätze schließen lassen würde – du siehst nur diesen Bandwurm aus Blechdächern, der sich ins Tal gepreßt hat . . .
Du findest Wege, eine Straße, Kanalisation, Häuser, Brücken, Geschäfte, Schulen – du mußt nur lernen, daß die Begriffe hier etwas ganz anderes beschreiben als das, was du bisher mit ihnen verbunden hast. Ein Hotel in Mathare Valley beispielsweise, das besteht aus einem Holzverschlag, einem Wellblechdach, ein paar Holztischen und Bänken, einer winzigen, durch Bretter abgetrennten Küche, zwei offenen Feuerstellen . . .
Die Häuser . . . sind meist ein oder ein paar Stufen drunter. Aus Lehm oder ebenfalls aus Holz, umschließen die oft fensterlosen Wände düstere und niedrige Räume mit Dächern aus Blech – aber das sind schon wieder die etwas höheren Kategorien. Meist ist das, was sich Dach nennt, ein mit Steinen beschwertes Sammelsurium von Gegenständen, die wenigstens halbwegs Schutz vor Regen versprechen: Plastikfetzen, Kartonteile, flachgehämmerte Dosen. Das Wohnrecht in diesen Quartieren ohne Wasser- und Stromanschluß ist teuer und kostet einen ungelernten Arbeiter wenigstens ein Drittel seines Monatsverdienstes: Für einen Raum von etwa zwölf Quadratmetern sind 120 bis 150 Schilling (30 bis 40 Mark) zu bezahlen . . . Oft leben darin sechs, acht Personen, manchmal noch mehr. Die Mieten kassieren Geschäftsleute, die sich auf die schäbige Kunst verstehen, aus Elend noch Gewinn zu ziehen . . .
Vor einer Hütte hockt eine Frau und kratzt Hühnerfüße sauber, die sie anschließend kochen will. Danach wird sie versuchen, die Suppe tassenweise zu verkaufen. Nebenan hockt ein Elektriker, der es fertiggebracht hat, von seinem kleinen Zimmerchen . . . mit Hilfe von Kartonteilen noch eine winzige Zeile abzutrennen. Darin repariert er Radios. Sind die Mittel und Möglichkeiten auch noch so bescheiden, fast jeder versucht mit irgend etwas Geld zu machen – mit ein paar Früchten, mit Fischen, mit Holzkohle . . ."

Stefan Klein: Die teuflischen Tränen des Löwen. In: Süddeutsche Zeitung, 4./5. 7. 1981, S. 3.

Nairobi – Mathare Valley

Nairobi – Geschäftszentrum

⑨ Frauen verändern ihren Alltag – aus der Arbeit einer Selbsthilfe-Gruppe auf den Philippinen

„Wenn wir uns nicht organisieren, dann haben wir überhaupt keine Chance zu überleben." Maria sagt das mit der Nüchternheit, die sie der Kampf in Magsaysay lehrte – jener Stadtteil im Hafengebiet von Manila, der zum Armutsgürtel namens Tondo gehört ... Die Frau berichtet in knappen Worten davon, und sie erzählt von ihren Mitstreitern an der sozialen Front in Magsaysay.
Sie alle sind beteiligt an einer auf den Alltag bezogenen Organisation von Nachbarschaftshilfe ...
Im Lauf der Jahre fanden sich auf nachbarlicher Gegenseitigkeit 20 Organisationen zusammen, die sich mit der „Barrio Magsaysay Federation of People's Organization" eine Art Dachverband geschaffen haben. Das Entwicklungs- und Ernährungsprogramm für Kinder gehört zu den aktivsten Bereichen der Selbsthilfe. Aus dem Etat der katholischen Kirche kam ebenso finanzielle Unterstützung wie von Terre des Hommes Deutschland.
Drei Kindertagesstätten in den drei Bezirken des Barrios sind mit dieser Starthilfe bereits entstanden. In angemieteten kleinen Häusern findet das statt, was „Investition in die Zukunft" genannt werden kann: die Unterrichtung von Kindern, der Zusammenschluß von Kindergruppen, die sich sonst allein überlassen wären ...
Was da in den drei Tagesstätten geschieht, ist Selbsthilfe; was Terre des Hommes finanziell dazu beiträgt, ist die Hilfe zur Selbsthilfe ...
Die Menschen brauchen die pekuniäre (finanzielle) Initialzündung; aber sie wollen nicht abhängig sein, wollen nicht immer wieder von neuem nach Geldgebern für diese Kindertagesstätten Ausschau halten müssen. Deshalb haben sie eine Schneiderei eingerichtet, haben damit begonnen, Kleider zu nähen und zu verkaufen.
Die Kindertagesstätten sind längst mehr als bloße Unterrichtsräume. Dort treffen sich die Eltern, dort wird über das diskutiert, was alle bewegt. „Unsere Probleme sind nicht isoliert von denen der Arbeiter, der Studenten, der vielen anderen in diesem Lande zu sehen, denen die Regierung verbietet, ihre Rechte zu beanspruchen", so wird mir erklärt, „es geht darum, daß die Armen sich zusammenschließen – es geht um unsere Kinder." Das sind Worte, die geeignet sind, ihre Urheber mit der Staatsgewalt in Konflikt zu bringen. Viele meiner Gesprächspartner in Magsaysay waren bereits Verhören unterworfen, waren im Gefängnis. „Wir kämpfen nicht mit Gewehren", so höre ich, „aber wir wollen mit unseren Problemen verstanden werden. Natürlich sind wir nicht gegen den Fortschritt, aber wir sind dagegen, daß die Entscheidungen über unsere Köpfe hinweg gefällt werden."
Entwicklung und Zusammenarbeit 27/1986 Nr. 3, S. 10f.

Zur Information: Der Bericht spielt auf die politischen Verhältnisse unter der Diktatur des Präsidenten Marcos an. Dieser wurde im Februar 1986 durch die oppositionelle Bewegung unter Corazon Aquino gestürzt, einer Opposition die vor allem, von den unteren Schichten der Bevölkerung getragen wurde.

3.3 Entwicklung von unten – die Strategie der Grundbedürfnisse

In Ländern, die die Industrialisierung mit besonderem Nachdruck vorangetrieben haben (z. B. Mexiko, Brasilien, Venezuela, Nigeria), traten eine Reihe neuer Schwierigkeiten auf, zum Beispiel:
– Industrielle Produktionsanlagen arbeiten meist mit modernen Technologien, für deren Kauf viel Kapital erforderlich ist. Dieses wird weitgehend über Auslandskredite finanziert, wodurch die Verschuldung ansteigt.
– Die Industrialisierung verläuft nicht gleichmäßig. Sie begünstigt – zumindest in einer Übergangsphase – die Entstehung neuer Gegensätze, z. B. zwischen entwickelten und armen Regionen (Landflucht, Verstädterung, Slumbildung), aber auch zwischen einer gutverdienenden Arbeiterelite und den nichts oder nur wenig Verdienenden.
– Die Industrieproduktion richtet sich vorrangig nach den Absatzmöglichkeiten im Ausland, weniger nach dem Bedarf im eigenen Land.
– Eine rasche Industrialisierung ist oft mit starken Belastungen der Umwelt verbunden. Aktive Umweltpolitik wird mit dem Hinweis abgelehnt, diese Länder könnten sich den Schutz der Umwelt „noch nicht leisten".
Seit der zweiten Hälfte der siebziger Jahre gewinnt eine alternative Strategie Bedeutung, die sich zum Ziel setzt,
– die *wichtigsten Lebensbedürfnisse* der Menschen zu befriedigen;
– die betroffenen Menschen *selber* in die Entwicklungsarbeit einzubeziehen,

10 Veränderungen in indischen Dörfern

Seva Mandir ist eine indische Entwicklungsorganisation, die Selbsthilfe-Gruppen betreut. Aswani, einer ihrer Mitarbeiter, hielt in einem Tagebuch seine Erfahrungen fest:

Montag: Treffen der Dorfsprecher aus Aswanis Gebiet im kleinen Büro, um über die Teilnahme am staatlichen landwirtschaftlichen Förderungsprogramm zu beraten. Ein Regierungs-Experte ist anwesend. Am Abend Monatstreffen im Dorf Kolar. Sehr stabile und funktionsfähige Gruppe. Nach Musik und Tanz ... abschließende Diskussion des Problems dieser Bauern: Mensch und Vieh benutzen den gleichen Brunnen; aus hygienischen Gründen wird eine Trennung gewünscht. Die Dorfgemeinschaft hat ihre Lösung gefunden: das erforderliche zusätzliche Becken wird von den Bauern in Eigenarbeit gebaut, die Elektropumpe wird durch ein staatliches Förderungsprogramm beantragt, den Strom stellt der in diesem Dorf kooperative Großbauer für alle zur Verfügung. Aswani schreibt den Antrag, alle unterzeichnen, einige mit Daumendruck. Eine Kopie bleibt beim Dorfsprecher, eine Kopie geht an Seva Mandir. So erlernt man den Umgang mit Behörden.

Dienstag: Gespräche mit Bauern in der Umgebung von Kolar: Bewässerungsprobleme ...

Abends Versammlung in Rayana, (einem) Dorf in völliger Abhängigkeit vom Landlord, der den gesetzlich vorgeschriebenen Mindestlohn nicht bezahlen will. Die Dorfgemeinschaft ist noch nicht stark genug für eine offene Auseinandersetzung. Ausführliche Diskussion alternativer Einkommensquellen und der Möglichkeiten des Widerstands, Beispiele erfolgreichen solidarischen Handelns in anderen Dörfern ...

Donnerstag: Ganztägig in Borokura gemeinsam mit der Expertin vom Seva-Mandir-Frauen-Team. Sehr gute Gruppenarbeit. Die Frauengruppe besteht seit 1983, gründete einen Kindergarten, der von einer Frau aus dem Dorf geleitet wird. Wissensvermittlung über Hygiene und gesunde Ernährung an alle Frauen. Die Männergruppe besteht seit 1981, ...

11 Wasserversorgung in Indien

Bau eines Gemeindezentrums: Eigenmittel 6000,– Rupies (1500,– DM), Eigenleistung im Wert von 11 000,– Rupies, Zuschuß von Seva Mandir 3000,– Rupies. Allgemeiner Erfahrungsaustausch."

terre des hommes 2/1986, S. 23f.

also *Entwicklung von unten* anzuregen und zu organisieren;
– mit der gemeinsamen Arbeit im *unmittelbaren Umfeld* der Menschen zu beginnen (z. B. durch den Bau eines Brunnens, der hygienisch einwandfreies Wasser liefert);
– durch gemeinsame Arbeit auch das soziale Verhalten und das *politische Bewußtsein* (z. B. beim Kampf um Menschenrechte) zu verändern.

Auf diese Weise soll die Bevölkerung in die Lage versetzt werden, ihre *Grundbedürfnisse* unabhängig und ausreichend zu befriedigen. Darunter versteht man, daß der Mindestbedarf eines einzelnen und seiner Familie, die notwendigsten Mittel für die Ernährung, für die Unterkunft und für die Kleidung gesichert sein müssen. Darüber hinaus sollen wichtige öffentliche Einrichtungen, wie medizinische Stationen, die Wasserversorgung, eine Schule usw. von allen benutzt werden können.

Diese Einrichtungen dürfen in den Dörfern und Städten aber nicht einfach von fremden Fachleuten erstellt und betrieben werden; die Bevölkerung wird vielmehr von Anfang an bei der Planung und beim Betrieb beteiligt. Denn neben der Versorgung ist ein zweites Ziel dieser Entwicklungspolitik wichtig: Die Menschen der armen Länder sollen Erfahrungen sammeln können im Umgang mit den neuen Einrichtungen und lernen, daß sie selbst ihre Verhältnisse verändern können.

11 Der Bericht von den Philippinen (Text 9) beschreibt die Arbeit einer Frauengruppe in einem Barrio, einer Siedlung am Rande Manilas. Welche Ziele verfolgt die Gruppe? Was will sie verändern? Wie geht sie bei ihrer Arbeit vor?

12 Mit welchen Maßnahmen gelingt es, die Lebens- und Arbeitsbedingungen in den indischen Dörfern zu verändern (Text 10)? Welche Gruppen sind daran beteiligt?

13 Welche Rolle spielen in beiden Beispielen Hilfsorganisationen und Helfer, die von außen kommen?

14 Faßt zusammen: Welche Merkmale der oben beschriebenen „Strategie der Grundbedürfnisse" kommen in unseren beiden Beispielen zum Ausdruck? Worin unterscheidet sich ein solches Vorgehen mit seinen Auswirkungen auf das Leben der Menschen von einzelnen großen Entwicklungsprojekten, z. B. dem Bau eines Staudamms oder einer Fabrik?

Von der einzelnen Gruppe zum „Selbsthilfenetz"

Die Arbeit der einzelnen Gruppen kann die Lebensbedingungen „vor Ort" verändern. Um ihre Wirkung auf ein ganzes Land oder eine ganze Entwicklungsregion auszudehnen, treten die Gruppen miteinander in Kontakt, tauschen Erfahrungen aus und stimmen sich gegenseitig ab. Dadurch soll ein *Netz von Basisgruppen* entstehen, das die Erfolge im Kleinen weiterträgt und auf Dauer absichert. Aus der einzelnen Initiative kann auf diese Weise eine Bewegung werden, mit deren Hilfe die Entwicklung in der Dritten und Vierten Welt nicht mehr über isolierte und zeitlich begrenzte Projekte, sondern auf dem Wege der schrittweisen, gegenseitig abgestimmten und dauerhaften Veränderung der Lebensbedingungen erfolgen soll.

Der Aufbau eines „Netzwerks der Initiativen" kann nur erfolgreich sein, wenn auch die Regierungen diese Arbeit aufgreifen und weiterführen oder zumindest dulden. In vielen Ländern geraten die Basisgruppen jedoch in Konflikt mit dem Staat und den in ihm herrschenden Gruppen. Aus der Initiative zur Selbsthilfe entsteht so oft eine politische Opposition (vgl. Text 9), die letztlich die sozialen und politischen Verhältnisse im Lande insgesamt verändern will.

Der Zusammenarbeit einzelner Selbsthilfegruppen entspricht auf internationaler Ebene die Kooperation einzelner Entwicklungsländer. So haben 1986 sieben Staaten in Südasien, nämlich Indien, Pakistan, Sri Lanka, Bangladesch, die Malediven, Nepal und Bhutan eine „Vereinigung für regionale Kooperation" (vgl. Text 13) gegründet mit dem Ziel, ihre Entwicklungspolitik miteinander abzustimmen, gemeinsame Projekte durchzuführen und den Handel zwischen ihren Ländern zu verstärken.

Solche Zusammenarbeit zwischen den Staaten des Südens treffen wir auch in anderen Regionen, z. B. in Lateinamerika, an. Sie bildet neben der Neuordnung der Beziehungen zwischen den reichen Staaten des Nordens und den armen des Südens (z. B. im Rahmen der Neuordnung des Welthandels; vgl. Abschn. 3.1) eine weitere notwendige Ebene der internationalen Entwicklungspolitik.

15 Durch die Zusammenarbeit der Basisgruppen entsteht ein „Netz zur Selbsthilfe". Erklärt diesen Begriff, indem ihr beschreibt, welche Ziele mit dieser Zusammenarbeit verfolgt werden und wie sie die Ziele der einzelnen Gruppen weiterführen.

16 Entwicklung ist nicht nur wirtschaftliches Wachstum, sie macht auch soziale Reformen und die Verwirklichung der Menschenrechte notwendig. Beschreibt diesen Zusammenhang mit Hilfe der beiden Beispiele von den Philippinen und aus Indien (Texte 9 und 10).

17 Die „Vereinigung für regionale Kooperation" ist ein Beispiel der Zusammenarbeit zwischen Staaten der Dritten und Vierten Welt (Text 13). Wer ist daran beteiligt? Auf welchen Gebieten wollen die Staaten zusammenarbeiten? Welche Schwierigkeiten müssen dabei überwunden werden?

18 Zur Diskussion: In einem brasilianischen Lied heißt es: „Wenn man alleine träumt, ist es nur ein Traum. Aber wenn man gemeinsam träumt, ist es der Anbruch der Wirklichkeit." – Was bedeutet diese Aussage für eine Politik, die umfassende Veränderungen in der Dritten und Vierten Welt bewirken will? Wer kann dies bewirken? Mit welchen Methoden? Ihr könnt hierzu auch die Information dieses Abschnittes und die Beispiele aus Ländern der Dritten und Vierten Welt heranziehen.

---

⑫ Erfahrungsaustausch Süd – Süd – drei Beispiele

1982 fuhren zwölf Sahel-Bauern nach Indien und Sri Lanka, wo sie mit Vertretern der „Sarvodaya Movement" zusammentrafen. Die Sahel-Bauern kehrten mit über 100 kg Samen, Setzlingen des Ephil-Ephil-Baums ... und mit Werkzeugen zurück. Die Bäume wachsen jetzt entlang dem Senegal-Fluß und in der Yatenga Region in Burkina Faso und sollen als Viehfutter und Brennholz verwertet werden.

Ruandische Handwerker, ausgewählt von ihren Kooperativen, fuhren nach Kamerun, um an Kursen zur Herstellung von Schiefertafeln teilzunehmen.

EineDelegation einer malischen Frauen-Selbsthilfegruppe fuhr zur Weiterbildung in den Herstellungsmethoden für Seife in die Elfenbeinküste. Die Frauen besuchten die Seifenhersteller in den kleineren Städten und Dörfern und absolvierten einen fünftägigen Lehrkurs, bevor sie nach Mali zurückkehrten. Nach etwa einem Monat des Experimentierens waren die Frauen nach eigenen Aussagen in der Lage, eine qualitätsmäßig bessere Seife herzustellen. In Lehrkursen der Frauenkooperative wird dieses Wissen mittlerweile weitergegeben.

Entwicklung und Zusammenarbeit 26 (1985) Nr. 5, S. 12

⑬ Kooperation gegen die Armut

In Dacca, der Hauptstadt Bangladeschs, hoben die Staats- und Regierungschefs sieben südasiatischer Staaten eine „Vereinigung für regionale Kooperation" aus der Taufe, kurz SAARC (South Asian Association for Regional Cooperation) genannt. Mitglieder sind Indien, Pakistan, Sri Lanka, Bangladesch, Malediven, Nepal und Bhutan.

Nach dem Beispiel des regionalen Zusammenschlusses ihrer Nachbarn ... Thailand, Philippinen, Singapur, Indonesien, Malaysia und Brunei, wollen sich die SAARC-Staaten um engere Kooperation in ihrer Region bemühen ...

das hauptsächliche Ziel: wirtschaftliche Fortschritte in einer der ärmsten Regionen der Welt. Eine einheitliche Strategie zur ländlichen Entwicklung, Zusammenarbeit im Gesundheitswesen und in der Bevölkerungspolitik, Ausbau der Verkehrs- und Postverbindungen – dies sind nur einige der ehrgeizigen Ziele zukünftiger gemeinsamer Anstrengungen. Auch gegen zunehmenden Drogenschmuggel und Terroranschläge will man vorgehen sowie Möglichkeiten für einen verstärkten Kulturaustausch schaffen.

„Club der Armen"

Als „Club der Armen" bereits spöttisch bezeichnet, umfaßt der neugeschaffene Regionalverbund rund ein Fünftel der Weltbevölkerung, die zu den Ärmsten der Armen gehören. „Nirgendwo anders auf der Welt als in Südasien gibt es mehr Armut und größeres menschliches Elend", nennt General Ershad, Präsident Bangladeschs und Gastgeber der Gipfelkonferenz, die Probleme beim Namen.

Eine Bewältigung dieser Mißstände setzt allerdings voraus, daß zunächst untereinander Mißtrauen, Furcht und Neid abgebaut werden. In der Vergangenheit war stets von Konflikten und Krisen die Rede, geriet der Subkontinent in die Schlagzeilen der Weltpresse. Drei Kriege zwischen Indien und Pakistan – den beiden wichtigsten Mitgliedsstaaten – und eine Fülle von bilateralen (zweiseitigen) Streitigkeiten haben ein Klima geschaffen, wo viel guter Wille und Vertrauen vonnöten sein dürften, um die angestrebten Fortschritte zu erreichen.

Das Parlament, 7. 6. 1986, S. 10

> **① Nahrungshilfe – auf die Dauer der falsche Weg?**
>
> Lebensmittelimporte sind in Afrika zu einer typischen Erscheinung geworden. Allein im vergangenen Jahrzehnt haben sich die Einfuhren von Nahrungsmittel verdreifacht. ...
> Der Europäischen Gemeinschaft oder den USA ist das nur recht, denn auf diese Weise kann man den Überschuß loswerden und gleichzeitig noch politische Abhängigkeiten begründen. Für die betroffenen afrikanischen Staaten freilich ergeben sich verhängnisvolle Folgen. So wird durch Nahrungsmittel aus anderen Kulturkreisen zwangsläufig der Trend zu veränderten Eßgewohnheiten gefördert, mit der Folge, daß zum Beispiel in Senegal die städtische Bevölkerung nur mehr Reis und Weizen essen will und den traditionellerweise Hirse produzierenden Bauern die Absatzmärkte verlorengehen.
> Warum sollte unter solchen Umständen ein Hirsebauer mehr anpflanzen, als er zum Leben braucht? Besonders fatal wird es da, wo die Lebensmittelhilfe gratis gewährt und das Getreide wie Almosen verteilt wird. Solche Geschenke machen den lokalen Bauern logischerweise die Preise kaputt, wenn sie denn überhaupt noch produzieren und nicht schon resigniert aufgegeben haben. Wenn zum Beispiel ein Land wie Somalia die Hälfte seines jährlichen Getreidebedarfs, 325 000 Tonnen, als „milde Gaben" geschenkt bekommt, haben die Bauern in diesem Land wahrlich allen Grund, die Hacke wegzuwerfen ...
> Diese düstere Zukunftsperspektive ließe sich nur dann etwas aufhellen, wenn es gelänge, die Welle der Hilfsbereitschaft in vernünftige Bahnen zu lenken und mit ganz konkreten Zielvorgaben und Bedingungen zu verknüpfen. Soll man ruhig die augenblickliche Notlage der Afrikaner ausnutzen und die Hilfe beispielsweise davon abhängig machen, daß sinnvolle und praktikable landwirtschaftliche Vermarktungs-Systeme aufgebaut werden? Dieses Maß an Bevormundung ist für die Betroffenen gewiß erträglicher als die unendliche Abhängigkeit von ausländischer Nahrungsmittel-Hilfe.
>
> Süddeutsche Zeitung, 26. 7. 1985

4. Entwicklungshilfe und Entwicklungspolitik

4.1 Entwicklungshilfe – „tödliche Hilfe" oder „letzte Rettung"?

Die UNESCO, die Organisation der Vereinten Nationen für Erziehung, Wissenschaft und Kultur (vgl. UE 9), fragte 13- bis 16jährige schweizerische Schüler, welche Probleme ihrer Meinung nach heute besonders dringend gelöst werden müssen: Rund 70% der Befragten nannten an erster Stelle den Hunger in der Dritten und Vierten Welt, 51% sahen die Zerstörung der Umwelt und 42% die steigende Rüstung und die zunehmende Zahl der Kriege als größte Gefahr an. Drei von vier der Befragten zogen daraus den Schluß, daß im eigenen Land alles Mögliche unternommen werden sollte, den Hungernden zu helfen. Die Mehrzahl von ihnen erklärte sich bereit, ihr Taschengeld zugunsten der Entwicklungsländer einige Monate abzutreten.

In den vergangenen beiden Jahrzehnten erreichten uns immer wieder Nachrichten über Hungerkatastrophen, insbesondere in der Sahel-Zone in Afrika (vgl. Abb. 3). In diesem Gebiet, das von der afrikanischen Westküste südlich der Sahara bis zum Sudan reicht, kam es in den Jahren 1968 bis 1973 und 1977/78 bis 1984/85 zu langanhaltenden Dürreperioden. Deren Ursachen waren nur zum Teil klima- und witterungsbedingt. Schwerwiegender wirkten sich hier die Veränderungen in der Natur aus, die eine Folge der besonderen wirtschaftlichen Nutzung dieser Region seit der Kolonialzeit sind. Während zuvor nur ein geringer Teil des Bodens – maximal ein Fünftel – für den Ackerbau und die Viehzucht benutzt wurde, um den eigenen Bedarf zu decken, wurden die Bauern durch die Einführung von Steuern während der Kolonialzeit gezwungen, ihre Produktion (vor allem Erdnüsse, daneben auch Fleisch) auszuweiten und die Produkte auf dem Markt zu verkaufen. Der

Anstieg der Bevölkerung beschleunigte noch die Nachfrage nach Nahrungsmitteln, wodurch mehr Weideland in Ackerland umbrochen wurde und die Zeiten, in denen das Ackerland zur Erholung brach liegen blieb, weiter verkürzt wurden. Die größer werdenden Viehherden nutzten das Weideland immer intensiver aus, was zu einer Überweidung des Grünlandes und zur weiteren Austrocknung des Bodens führte. Um Brennmaterial zu gewinnen, wurde zudem die Gegend immer mehr abgeholzt. Dies beschleunigte die Erosion des Bodens, weil der Wind nun immer größere freie Angriffsflächen hatte. Die auch in früheren Zeiten regelmäßig wiederkehrenden Dürrephasen hatten unter diesen Bedingungen katastrophale Auswirkungen: Die Herden fanden nicht genug Nahrung und Wasser, dem Viehsterben folgten ausgedehnte Hungerkatastrophen. Viele Menschen verließen ihre Heimat auf der Suche nach Hilfe.

Berichte aus diesen Katastrophengebieten haben private und kirchliche Organisationen immer wieder veranlaßt, zu Spendenaktionen aufzurufen. So brachte 1985 der „Tag für Afrika" mehr als 100 Mio. DM zusammen.

Die Auswirkungen der Hilfsaktionen, vor allem die der kostenlosen Nahrungsmittelhilfe, werden jedoch unterschiedlich bewertet. Unstrittig ist, daß den Menschen, die von Katastrophen getroffen sind, schnell geholfen werden muß. Daneben bleibt allerdings die Frage, wie solche Hilfsaktionen ihre Lebensweise beeinflussen.

❚ Welche negativen Auswirkungen der Nahrungsmittelhilfe für die einheimische Wirtschaft werden im Text 1 beschrieben? Welche Interessen verfolgen

② Rettung in letzter Minute

Deutsche Entwicklungshelfer vom „Komitee Cap Anamur" kamen im Frühjahr 1985 in ein Hungergebiet im Sudan und organisierten erste Hilfe:

Damals war es viel schlimmer als heute. Vier bis fünf Kinder starben täglich. Jetzt steht die Organisation: Aus Khartum fliegt die Bundeswehr mit zwei Transall-Maschinen regelmäßig Milchpulver, Sorghum (Hirse), Weizen, Sojabohnen, Medikamente, Utensilien etwa für den Brunnenbau und überhaupt alles Nötige nach El Geneina ein. Die Pick-up-Trucks kutschieren das lebenswichtige Gut heraus nach Assarnie.

Hungers stirbt seitdem hier niemand mehr. Schlimm sind allerdings die Infektionskrankheiten, die sich die Menschen holen, weil sie aus von Eselskadavern verseuchten Tümpeln getrunken haben: Amöbenruhr, Malaria, Typhus. Immer wieder fallen auch kleine Kinder in die offenen Holzkohlefeuer, die alle Zeit vor den ärmlichen Hütten glimmen und deren beißender Rauch den Europäern fast den Atem nimmt. Hundert Patienten müssen täglich versorgt werden. Glücklicherweise ist der Vorrat an Medikamenten und Infusionen inzwischen riesig ...

Die Elendsgestalten mit aufgedunsenen Bäuchen und Hungerödemen an Armen und Beinen versammeln sich nebenan im ‚Feeding Center'. Die meisten sind nach langem Marsch über zweihundert Kilometer aus dem Tschad, von der Hitze ausgebrannt und versengt, in Assarnie eingetroffen. Kaum Männer sind darunter; viele sind unterwegs von ... Soldaten umgebracht worden. Zuletzt mußten die größeren Geschwister die kleinen huckepack weiterschleppen ...

Ohne die vielen Millionen Spenden aus der ganzen Welt, ohne die Samariter von den großen und den kleinen Organisationen, ohne die Transportflugzeuge wären im Westsudan gewiß Zehntausende, vielleicht Hunderttausende in den letzten Monaten gestorben ...

Assarnie ist ein Musterbeispiel für ein vorerst geglücktes Katastrophenprojekt. Die Menschen sind leidlich genährt und gesund. Jetzt müssen sie dazu animiert (angeregt) werden, zurück in ihre Dörfer zu gehen. Ihnen wird gesagt, sie könnten jederzeit von den Deutschen Hilfe bekommen. Grundsätzlich müssen sie jedoch auf eigenen Füßen stehen. Sie erhielten vor der Regenzeit Saatgut, das die Amerikaner auf ländlichen Märkten im Sudan aufgekauft haben.

DIE ZEIT, 4. 10. 1985

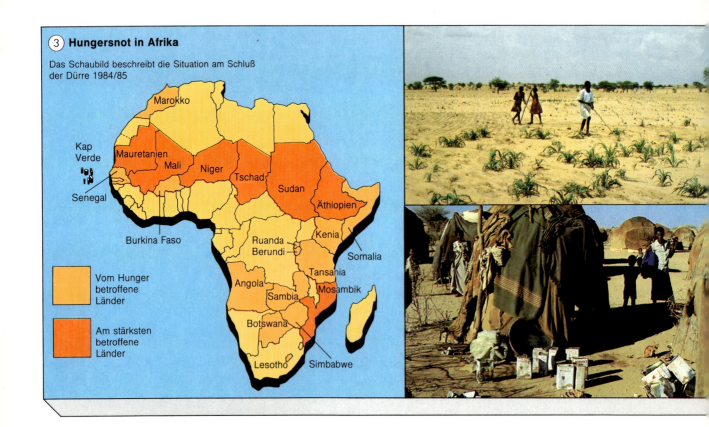

③ **Hungersnot in Afrika**

Das Schaubild beschreibt die Situation am Schluß der Dürre 1984/85

□ Vom Hunger betroffene Länder
■ Am stärksten betroffene Länder

damit nach Meinung des Autors die Geberländer, z. B. die Europäische Gemeinschaft und die USA?

❷ Mit welchen Maßnahmen organisieren die deutschen Entwicklungshelfer in unserem zweiten Bericht ihre Rettungsaktion? Welche Rolle spielen Spenden aus dem Ausland? Wie versuchen sie, die Menschen langfristig unabhängig von fremder Hilfe zu machen?

❸ Diskutiert die Frage, die wir zu Beginn dieses Abschnittes formuliert haben. Auch die Beispiele in Abschnitt 3.3 zeigen, wie versucht wird, das Absinken in dauernde Armut zu stoppen. Wie kann erreicht werden, daß die Hilfe von außen nicht nur „letzte Rettung", sondern eine wirkungsvolle „Investition in die Zukunft" ist?

4.2 Entwicklungspolitik der Bundesrepublik Deutschland

Die Bundesrepublik Deutschland beteiligt sich an der Zusammenarbeit mit Entwicklungsländern auf drei Ebenen:
– Die Bundesregierung und die Bundesländer führen entwicklungspolitische Vorhaben in der Dritten und Vierten Welt durch. So leistet die Bundesrepublik finanzielle Hilfe (Kredite, Zuschüsse) und technische Zusammenarbeit, mit der sie einzelne Projekte, z. B. den Aufbau eines Telefonsystems in Pakistan, unterstützt. Die Bundesländer fördern daneben vor allem die Aus- und Fortbildung von Hochschülern und von Fachkräften für die Wirtschaft.
– Auch im Rahmen der Europäischen Gemeinschaft (siehe UE 9) betreibt

die Bundesrepublik Entwicklungspolitik: Die Staaten der Europäischen Gemeinschaft haben 1984 mit 66 Staaten Afrikas, der Karibischen See und des Pazifischen Ozeans (AKP-Staaten) im dritten Lomé-Abkommen (benannt nach der Hauptstadt Togos) vereinbart, daß die meisten Produkte dieser Entwicklungsländer ohne besondere Zölle in die Europäische Gemeinschaft eingeführt und dort verkauft werden können. Darüber hinaus soll die wirtschaftliche und technische Zusammenarbeit verstärkt werden, indem z. B. Industrieunternehmen finanziell unterstützt oder mit Hilfe europäischer Fachleute aufgebaut und betrieben werden.

– Die Bundesrepublik beteiligt sich an entwicklungspolitischen Maßnahmen, die durch die Vereinten Nationen gemeinsam von mehreren Staaten durchgeführt werden. Die UNO stellt Geld und Berater zur Verfügung, wenn sie z. B. landwirtschaftliche Betriebe ausbaut, mit denen die Versorgung der Bevölkerung mit Nahrungsmitteln verbessert werden soll.

Neben staatlichen Stellen organisieren und finanzieren auch kirchliche und gesellschaftliche Organisationen Entwicklungsvorhaben. Hierzu gehören die Organisationen *Misereor* (katholische Kirche), *Brot für die Welt* (evangelische Kirche), die *Deutsche Welthungerhilfe* (eine deutsche Unterorganisation der Vereinten Nationen) und *terre des hommes* Deutschland. Die politischen Parteien der Bundesrepublik fördern in den Entwicklungsländern außerdem z. B. mit ihren Mitarbeitern Selbsthilfeeinrichtungen auf dem Lande; sie sind in der Schul- und Berufsausbildung tätig und unterhalten Stationen zur medizinischen Betreuung der Bevölkerung.

Die Vereinten Nationen haben die reichen Länder aufgefordert, für die Dritte und Vierte Welt zumindest 0,7% ihres Bruttosozialproduktes zur Verfügung zu stellen. Diesem Vorschlag sind bislang nur wenige Staaten (z. B. Schweden und die Niederlande) nachgekommen. Die Bundesrepublik Deutschland

Entwicklungshilfe – auch im Interesse der eigenen Wirtschaft?

---

④ Grundsätze der Entwicklungspolitik der Bundesregierung (CDU/CSU und FDP)

Das Bundeskabinett hat am 19. März 1986 neue „Grundlinien der Entwicklungspolitik der Bundesregierung" beschlossen. Sie sind Ergebnis und Ausdruck der entwicklungspolitischen Neuorientierung in den letzten Jahren.
Diese Neuorientierung war notwendig und möglich, weil sich das entwicklungspolitische Umfeld in der ersten Hälfte der 80er Jahre verändert hat ...
Kern der Neuorientierung ist erstens die Klarstellung: Die Bundesregierung leistet Entwicklungshilfe aus moralischer Verantwortung wie aus politischer und wirtschaftlicher Weitsicht, nicht aber als „Tributpflicht". Entwicklungspolitik ist keine Politik des schlechten Gewissens.
Die Ziele der Entwicklung und des damit verbundenen kulturellen Wandels können nicht von außen vorgegeben werden. Entwicklung kann nur durch die Entfaltung der schöpferischen Kräfte der Menschen in den Entwicklungsländern erfolgen. Entwicklungshilfe ist deshalb Hilfe zur Selbsthilfe. Diese Hilfe wird auf drei Feldern geleistet:
– Bei der Sicherung der elementaren Lebensvoraussetzungen, also Kampf gegen Hunger und Armut; diese Hilfe geht an die ärmsten Bevölkerungsschichten;
– beim Aufbau leistungsfähiger Wirtschaften und gesellschaftlicher Vielfalt als Voraussetzung für eine Entwicklung aus eigener Kraft;
– bei der regionalen Zusammenarbeit von Entwicklungsländern und bei ihrer Integration in die Weltwirtschaft.
Derartige Hilfe kann nur wirksam werden, wenn die Entwicklungsländer als Rahmenbedingungen Wirtschafts- und Gesellschaftsordnungen schaffen, die den Menschen die Möglichkeit geben, ihre Fähigkeiten zu entfalten. Die Erfahrung zeigt, daß Voraussetzungen dafür am ehesten in einer stabilen rechtlichen und institutionellen Ordnung mit marktwirtschaftlichen Elementen und Leistungsanreizen gegeben sind.

Journalistenhandbuch Entwicklungspolitik 1986, S. 9f.

> **⑤ Internationale Solidarität statt nationalen Egoismus – die Aufgaben der Entwicklungspolitik aus der Sicht der SPD**
>
> Hans Koschnik, Vorsitzender der Kommission für Internationale Beziehungen und Entwicklungspolitik der SPD, kritisiert die „Grundsätze der Entwicklungspolitik" der Bundesregierung und beschreibt die politischen Vorstellungen der SPD:
> „Kaum vergeht ein Monat, ohne daß den Medien Appelle von Jürgen Warnke (CSU, von 1982–87 Minister für wirtschaftliche Zusammenarbeit) zu entnehmen wären, in denen er für eine Dritte-Welt-Politik ohne „schlechtes Gewissen" und gegen eine sogenannte „Tributpflicht" zu Felde zieht. Er ... fordert „Entkrampfung" und meint, „daß wir keinen Grund haben, uns als Ausbeuter zu fühlen".
> Nun haben Sozialdemokraten Leistungen der Entwicklungshilfe weder als Tributpflicht verstanden noch als Motiv ein schlechtes Gewissen zugrundegelegt, sondern Eigeninteressen an weltweiter Friedenssicherung und Solidarität herausgestellt ...
> Kein Politiker, gleich welcher Couleur, wird bestreiten können, daß finanzielle Leistungen im Rahmen der staatlichen Entwicklungshilfe schwieriger werden, wenn die Probleme im eigenen Haus wachsen. Keinem ist jedoch geholfen, wenn so getan wird, als könne die Entwicklungshilfe die Arbeitslosenprobleme in den Industrieländern auch nur teilweise lösen ...
> In einer Zeit, in der Nord und Süd immer mehr zu einer Welt zusammenwachsen, können aber die Interessen der einen nicht länger auf Kosten der anderen durchgesetzt werden, ohne die eigene Zukunft zu gefährden. Die Frage ist deshalb nicht: Eigeninteresse oder Solidarität? Vielmehr müssen die gemeinsamen Interessen an einer stabilen, leistungsfähigen und gerechten Weltwirtschaft zum Nutzen aller in den Vordergrund gerückt werden ...
> Ich wende mich deshalb dagegen, daß unter Ausnutzung der Furcht bundesdeutscher Arbeitnehmer um ihre Arbeitsplätze langfristige entwicklungspolitische Interessen vernachlässigt werden und damit den vorhandenen weltwirtschaftlichen Verzerrungen weiter Vorschub geleistet wird. Nicht kurzfristige Auftragsmanipulation, sondern die dauerhafte Stärkung der Kaufkraft breiter Bevölkerungsschichten der Entwicklungsländer dient zugleich den Interessen der Arbeitnehmer in den Industrienationen."
>
> H. Koschnik in: Die neue Gesellschaft – Frankfurter Hefte 7/1986, S. 630 ff.

leistete 1985 staatliche Entwicklungshilfe in Höhe von 8,6 Mrd. DM, das entsprach 0,47 % des Bruttosozialprodukts.

In der Diskussion um die staatliche Entwicklungspolitik geht es auch um die Frage, welche Bedeutung wirtschaftliche Überlegungen für die Bundesregierung bei ihren entwicklungspolitischen Maßnahmen haben sollen. So achtet die Bundesregierung (CDU/CSU und FDP) seit 1982 verstärkt darauf, daß ein Teil von Mitteln wieder in Form von Aufträgen in die Bundesrepublik zurückfließt. Sie betont, Entwicklungspolitik habe auch bei uns „beschäftigungswirksam" zu sein, also Arbeit für die eigene Wirtschaft zu erbringen. So flossen 1985 Aufträge im Wert von 2,7 Mrd. DM wieder aus den Entwicklungsländern in die Bundesrepublik zurück, das entspricht etwa zwei Fünfteln der gesamten Leistungen der Bundesregierung (1985: 6,6 Mrd. DM).

Gegen diese wirtschaftspolitische Orientierung der Bundesregierung wendet sich die Opposition. So kritisiert die SPD, daß durch solche Lieferbindungen die Entwicklungsländer weiterhin von den reichen Ländern abhängig bleiben und sich noch mehr verschulden. Sie tritt für eine stärkere Hilfe für die ärmsten Länder ein, denen mehr Zuschüsse zur Verfügung gestellt werden sollen, die sie nicht zurückzahlen müssen. Die Grünen betonen, daß die Entwicklungspolitik der Bundesregierung vor allem die Ausfuhr moderner, Arbeit einsparender Technologien begünstige, die in den Entwicklungsländern keine oder nur wenige Arbeitsplätze schaffe.

✤ Welche Ziele verfolgt die Bundesregierung mit ihrer Entwicklungspolitik (Text 4)? Wie begründet sie diese Ziele?

5 Welche „Rahmenbedingungen" sind nach Meinung der Bundesregierung für eine wirkungsvolle Entwicklungspolitik notwendig? Welche Länder können damit gefördert werden? Welche werden ausgeschlossen?

6 Stellt den „Entwicklungspolitischen Grundsätzen der Bundesregierung" (Text 4) die Kritik Hans Koschniks von der SPD gegenüber (Text 5): Welche Aussagen der Regierung lehnt er ab? Wie beantwortet er die Frage „Eigeninteresse oder Solidarität"? Welche Entwicklungspolitik ist nach Meinung Koschniks auf Dauer auch im Interesse der deutschen Arbeitnehmer?

7 In welche Regionen und in welche Länder flossen die meisten Gelder aus der deutschen Entwicklungshilfe (Tab. 6)? Beschreibt die geographische Lage dieser Länder.

8 Zur Diskussion: Entwicklungspolitik – „ohne schlechtes Gewissen" und nicht aus „Tributpflicht": Worauf spielt die Bundesregierung mit diesen beiden Stichworten an? – Hierzu könnt ihr ein Streitgespräch führen, in dem eine Seite die Argumentation der Bundesregierung, die andere Seite die Rolle eines Politikers aus einem Entwicklungsland übernimmt. Zur Vorbereitung ist es sinnvoll, nochmals die wesentlichen Forderungen der Entwicklungsländer an die Industriestaaten (vgl. z.B. Abschnitt 3.1) zusammenzustellen.

9 Ein Vorschlag zum Weiterarbeiten: In nahezu jeder Stadt, oft auch in kleineren Gemeinden, gibt es „Dritte-Welt-Gruppen", die in ihrem Rahmen und mit ihren Mitteln Entwicklungsarbeit unterstützen oder selber machen. Informiert euch über deren Arbeit: Wie gehen sie vor? Welche Vorhaben wollen sie fördern? Wie beziehen sie die Öffentlichkeit und die Bevölkerung ein? Welche Mittel stehen ihnen zur Verfügung und woher bekommen sie diese? – Eure Ergebnisse könnt ihr in einem Bericht und mit Hilfe von Übersichten zusammenstellen. Vielleicht ergibt sich dabei, daß ihr in ähnlicher Weise selbst oder zusammen mit anderen praktische Entwicklungsarbeit machen könnt. Zusätzliche Informationen über Entwicklungsländer und Entwicklungshilfe könnt ihr euch über die angeführten Adressen beschaffen.

Bundesministerium
für wirtschaftliche Zusammenarbeit
Postfach 120322, Bonn 11

Deutsche Welthungerhilfe
Adenauerallee 134
5300 Bonn 1

Brot für die Welt
Stafflenbergstraße 76
7000 Stuttgart 1

Bischöfliches Hilfswerk
Misereor e.V.
Mozartstraße 9
5100 Aachen

terre des hommes
Deutschland
Postfach 4126
4500 Osnabrück

6 Schwerpunkte der Entwicklungshilfe der Bundesrepublik 1950–1985 (in Mrd. DM)

Europa	9,7	Lateinamerika	10,9
Türkei	5,4	Brasilien	2,1
Portugal	1,2	Peru	1,6
Jugoslawien	1,1	Chile	0,9
Afrika	**32,2**	**Asien**	**37,6**
Ägypten	4,3	Indien	9,4
Sudan	1,9	Indonesien	3,4
Tunesien	1,8	Pakistan	3,3
Marokko	1,7	Israel	3,1
Tansania	1,6	Bangladesch	2,7

Nach: Journalistenhandbuch Entwicklungspolitik 1986

Stichwortverzeichnis

Abgeordneter 164, 179f., 183f.
Abhängigkeit 67, 294ff.
Abrüstung 275ff.
– sverhandlungen 276ff.
Abschreckung, militärische 272ff.
Adoption 26
Aktiengesellschaft 96f., 100
Anpassung 21
Antisemitismus 257
Araber 256ff.
Arbeit 77ff.
– selbständige u. Lohn- 80f.
– geberverbände 89
– serfahrungen 78
– sförderungsgesetz 92
– skampf 91 (s. a. Aussperrung, Streik)
– slosenquote 113
– slosenversicherung 16
– slosigkeit 72, 81, 112ff., 301 Ursachen der – 114
– –, konjunkturelle, saisonale, strukturelle 114
– smarkt 116
– splatz 81, 95, 101, 115, 301
– sproduktivität 84
– steilung 84f., 308
– szeiten 64f., 95
– szeitverkürzung 95f.
Arbeiter, Angestellte, Beamte 80
ARD 139
Armut 305f.
– u. Reichtum 294ff.
Atomenergie 174, 238f.
– kraftwerke 7, 146, 239
– waffen 274, 276, 278
Ausbildung 18, 51ff. (s. a. Bildung, Schule)
– in Entwicklungsländern 299f.
– sabbrecher 62
– svertrag 60f.
Ausgaben öffentlicher Haushalte 157
Ausgleich, sozialer 156f.
Ausländer (s. a. Gastarbeiter) 120, 208
Außenseiter 17, 34
Aussperrung 91f.
Auszubildender 57
Automatisierung 54, 84f.

BAFöG 62, 156
Bedürfnis(se) 5ff., 10f., 28, 38f.
– befriedigung 6f.
– – über Arbeit 79
– – u. Gesellschaft 13
– – u. Gruppe 12
– – u. Güter 79
– – u. Lernen 39
– –, eigene u. anderer 12

– erkennen, ausdrücken, vergleichen 6f.
– u. Politik 13
– wirtschaftliche 79
Behinderte 34f., 120
Beruf 52ff.
– sausbildung 58f.
– sausbildungsgesetz 60f.
– sschule 46
– swahl 53, 56ff.
– u. Arbeit 56f.
Berufung 217
Besatzungszonen 159
Beteiligung, politische 13, 149f., 161ff.
– – in der DDR 189ff.
Betrieb 88
– srat 88, 96f.
– sverfassungsgesetz 88, 96
Bevölkerungsentwicklung 298f.
Bezugsperson 23
Bildung 45ff.
–, berufliche 52f.
– schancen 50
– sreformen 50
– ssystem in der Bundesrepublik 45ff.
– – in den Entwicklungsländern 299f.
– sunterschiede 18f.
Blöcke, militärische 268ff.
Bruttosozialprodukt 106ff., 310
–, reales und nominales 107
Bürgerinitiative 146, 173f.
Bürgerliches Gesetzbuch (BGB) 25, 48, 210, 219
Bund 159ff.
 Verwaltung des -es 160f.
– esbank 111
– eskanzler 181, 185f.
– eskartellamt 101
– esländer 159f.
– espräsident 180
– esrat 160
– esregierung 181f., 185f., 272
– esversammlung 152
Bundesrepublik 151ff.
–, Gebiet u. Bevölkerung 267
Bundesstaat 159f.
Bundestag 164ff., 177, 180ff., 247
– stagswahlen 162
 Ergebnisse der – 166
Bundesverband der Deutschen Industrie (BDI) 176
Bundesvereinigung Deutscher Arbeitgeberverbände (BDA) 176
Bundesverfassungsgericht 137, 154, 280
Bundeswehr 270ff., 281f.

Chancengleichheit 25, 45, 50, 62, 156
Chemie-Unfälle 242f.
COMECON 285
Computer 54, 86, 123, 125

Daten 124ff.
– banken 124
– mißbrauch 124
– schutz 125f.
– – gesetz 125
– verarbeitung 85
Demokratie 13, 151ff.
–, direkte 151
–, repräsentative 151f.
–, sozialistische 189ff.
– in der Wirtschaft 96
– u. Freiheit der Information 144
– u. Schule 49
Deutsche Demokratische Republik 159, 168, 187ff.
Dienstleistung 56, 81, 85, 87
Diktatur 127, 151
Dritte Welt 294ff.

Eigentum 12, 153, 209
– sformen in der DDR 189f.
 Sozialpflichtigkeit des -s 156
Einfuhr 30f.
Einigung, europäische 285ff.
Einkommen 71, 82f., 93
 Arbeits-, Besitz-, Kapital- 83, 94
– pro Kopf 294f.
– sgruppen 71
– steuer 25, 150
– sverteilung in der Dritten Welt 303ff.
Einzelner und Gruppe 15ff.
Elternrecht 25
Energie 232ff.
–, alternative 237f.
– politik 236
– verbrauch 233f.
Enteignung 207
Entfaltung der Persönlichkeit 13
Entspannungspolitik 267f., 275ff.
Entwicklung 307ff.
– shilfe 316ff.
– organisation 319, 321
– sländer 294ff., 316ff.
– spolitik 318ff.
– – der Industriestaaten 316ff.
– – der Bundesrepublik 318ff.
Erbrecht 209
Erfahrung 40
Ersatzdienst 281f.
Erwartungen (u. Verhalten) 29, 42f.
Erwerbsarbeit 78

Erziehung 18, 48
– durch Befehl, Strafe, Erklärung 19f.
–, geschlechtsspezifische 18f.
– sberatung 25
– sformen, unterschiedliche 19
– sgeld 25
– shilfen, staatliche 25
– ssituationen 19
– sstil 19
– surlaub 25
– sziele 20, 31
– – des Staates gegenüber seinen Bürgern 31
Euratom 287
Europa 264ff., 285ff.
Europäische Gemeinschaft, Europäische Wirtschaftsgemeinschaft 285ff.
Europäisches Parlament 288
Europarat 285
Export 300

Familie 18ff.
– als Erwerbsgemeinschaft 21
– als politisches Thema 18f.
– im Wandel 21f.
– npolitik 25
– u. Gesellschaft 21
Fernschreiber 132
Fernsehen 136ff.
Feuilleton 130
Fließband 85
Flüchtlinge 254, 259
Fortschritt, technischer 87
Fraktion(en) 181
Frauen 27, 312
–, berufstätige 27, 59
Freiheit 67
Freizeit 64ff.
– ausgaben 65
– bedürfnisse 65f.
– beschäftigungen 64
– gestaltung 64
– im Vergleich zur Arbeit 64f., 68f.
– industrie 70
– u. Politik 70f.
Frieden 202, 264ff., 275ff., 290
– sbewegung 283f.
Fusion 102

Gastarbeiter 12, 32, 35, 120
Gebrauchsgüter 70f.
Gehorchen 19
Geldwirtschaft 82f.
Genossenschaft 99
Gerechtigkeit 170
Gerichte, Aufbau u. Instanzen 217f.

322

Gerichtsurteil 217
Gesamtschule 50
Gesetz 155
– gebung 155, 179f.
– gegen Wettbewerbsbeschränkungen 102
– u. Recht 202ff.
Gewalt 175, 250ff.
– im Alltag 250
– in den Medien 141
– in der Schule 250f.
Gewaltenteilung 154f.
Gewerkschaften 86, 88ff., 98, 104
Gewinn 101f.
Gewissensfreiheit 281f.
Gewissensprüfung 281
Gleichberechtigung 13, 45
Gleichheit 13
– vor dem Gesetz 203
Großfamilie 21
Grundbedürfnisse 6
– in der Dritten Welt 312
Grundgesetz (GG) 13, 17, 25, 48, 125, 151, 154, 161, 167, 203ff.
Grundlagenvertrag 279
Grundordnung, freiheitlich-demokratische 144, 151ff.
Grundpflichten (DDR) 193
Grundrechte 153, 193, 204f.
Gruppen 15f., 31
– konflikte 29
–, Leben in 15f.
– u. Vorurteil 32
– ziele 17
– zugehörigkeit 16
Güter 79
– produktion 79f.
Gymnasium 49f.

Handeln, politisches 13
Handlungsfreiheit 15
Hauptschule 49f.
Haushalte 82
Haushaltseinkommen 83, 94
Heimarbeit 86
Heimkind 23, 26
Humanisierung der Arbeit 87f.

Import 301
Individuum 16
Indochina 252ff.
Industrialisierung 85, 309
Industrieländer 294ff.
Inflation 108f.
Information 129
– sfreiheit 144
– skontrolle 127f.
Instinkt 38
Interessen 29, 97
– gegensätze 7, 245, 294
–, individuelle u. gesellschaftliche 15
– von Gruppen 29
Investitionen 80, 110
Isolierung 22
Israel 256ff.

Juden 256f.
Jugendarbeitslosigkeit 53
– arbeitsschutzgesetz 212ff.
– gerichtsbarkeit 224
– häuser 67
Jugendliche 28, 45, 52, 66, 148, 167, 179, 188, 211ff.
– (DDR) 199f.
Jugendstrafrecht 224ff.
– werkstätten 118

Kabelfernsehen 123, 137
Kalter Krieg 264
Kapital 91
– gesellschaften 98
Kaufkraft 110
Kernfamilie 21
Kinder 12, 23, 28
– geld 25, 157
– heime 23
Kleinfamilie 21
Koalitionsfreiheit 89
Kommunikation 120ff.
– sablauf 128
– skontrolle 127
– smittel 121ff., 129f.
– sstruktur 128f.
Kommunismus 189, 253f.
Konflikt 7, 29, 252
– e, internationale 252ff.
–, Nord-Süd 294ff.
–, Ost-West 264f.
Konjunktur 106, 109
Konsum 71
– freiheit 73
– güter 79
– u. Umwelt 244
Kontrolle, demokratische 240
Konzentration in der Wirtschaft 99f.
Krankenversicherung 157
Krankenversorgung 297
Kreislauf, wirtschaftlicher 82
Krieg 252ff.
– sdienstverweigerung 155, 281f.
Kritikfähigkeit 20
KSZE 276
Kuba-Krise 264

Länderverwaltung 159ff.
Landwirtschaft 82, 246
Lebenserwartung 297
Lebensformen, familiäre 21f.
Lebensstandard 72
Lebenswelt 6f.
Lebensziele 18
Leistungsangst 44f.
Leistungsbewertung 83
Leistungsprinzip 49
Leitbild 28
Lehrer 42f., 47
Lernen 38ff.
– in der Schule 41ff.
–, politisches 45f.
– von Rollen 16

Libanonkonflikt 262f.
Lohn 83, 93f.
– arbeit u. selbständige Arbeit 80f.
– steigerung 93
– steuer 156ff.
Luftverschmutzung 241f.

Macht
– durch Informations- u. Kommunikationskontrolle 127f.
–, wirtschaftliche 100f.
Manipulation 74
Markt, 79, 100ff.
– wirtschaft 103
– –, freie 103
– –, soziale 103f., 170
Massengesellschaft 22
Massenmedien 136
MBFR 276
Medien, Wirkung der 141f.
–, Neue 140
– nutzung 139
Meinung 133
– saustausch 6
– sbeeinflussung 133f.
– sfreiheit 134, 144, 194
Menschenrechte 204ff.
Menschenwürde 204
Militär als innenpolitischer Machtfaktor 203
Ministerrat (DDR) 197
Mißtrauensvotum, konstruktives 185
Mitbestimmung 97f., 104
–, politische 161
– sgesetz 97
Mitwirkung 97f.
Monopolkommission 102
Montanindustrie 98
Montanunion 286
Müllproblem 237
Multinationale Konzerne 101f.
Mutterschutz 25

Nachfrage 103
Nachrichtenagentur 131
Nahostkonflikt 256ff.
Nationale Front 191
NATO 268ff.
Normen 16
   Rechts- 202ff.

OPEC 235, 302
Opposition 182, 254
Ordnung
–, demokratische 151
– u. Recht 202f.
Ostpolitik der Bundesrepublik 279

Palästinakonflikt 256ff.
Parlament 162ff., 178, 180ff.
Parlamentarisches System 181
Parteien 49, 117, 158, 161, 167ff., 239

– (DDR) 191f., 196f.
Pluralismus 178
Politbüro 190, 196
Politik 6, 10, 101, 148ff.
Politische Beteiligung 161ff.
Preise 108f.
Pressefreiheit 134
– u. Inserenten 135
Pressekonzentration 134
Produktion 80ff., 232
– sfaktoren 80f.
– sweise (DDR) 197f.
Produktivität 84ff.

Randgruppen 34f., 72
Rangunterschiede 17
Rationalisierung 84ff.
Rauchen 28, 73
Realschule 49f.
Recht 202ff.
– e des Kindes 25
– in der Bundesrepublik 203
– sfähigkeit 209
– sgleichheit 203
– snorm 202f.
– sprechung 214ff.
– – (DDR) 193f.
–, Organe der 217
– sstaat 153ff.
– u. Gesetz 203
– u. Macht 203
– u. Ordnung 202
– u. Staat 202ff.
Regierungsbildung 181f.
Regierungssystem, parlamentarisches 181f.
Reichtum in der Dritten Welt 305
Renten 157
– versicherung 157
Ressourcen 232ff., 308f.
Revision 217
Revolution, industrielle 21, 232
–, technische 54
Rohstoffe 232ff., 308f.
Rohstoffeinfuhren in die Bundesrepublik 307
Rolle 16f.
–, soziale 16
– der Frau 27
– nkonflikt u. Bedürfnisse 29
– nspiel 200
– nzwang 17
Rüstungskontrolle 275ff.
– politik 272f., 316
Rundfunk 136ff.

SALT 276
Sanktionen, negative u. positive 16
Satelliten 123
– fernsehen 123
Schöffe 217
Schülervertretung 48
Schulabschluß 18f.
Schulangst 44

323

Schule 41 ff.
- u. Arbeitswelt 52
- u. Demokratie 49
- u. Politik 45 f.
- u. Staat 45 f.
Schulklasse 41
Schulpflicht 46
Schulsystem 49
Schwellenländer 304
SED 189 ff.
Selbständige Erwerbstätige 80
Selbständigkeit 40
- u. Unselbständigkeit 20
Selbstbestimmung, informationelle 125
- u. Vorbild 28
Selbsteinschätzung 17
Selbstentfaltung 17
Selbstverwirklichung 6
Selbstwertgefühl 17
Sendeanstalten 138
Sicherheit
-, soziale 156 f.
Sicherheitspolitik 264 f.
- rat 291
SOS-Kinderdorf 23
Sozialisation 16, 20
Sozialismus 187 ff.
-, demokratischer 169
Sozialpolitik 158
- staat 156 ff.
Sozialversicherung 157
Sport 250
Sprache 120
Staat 31, 105, 248
- sorgane der Bundesrepublik 152

- - der DDR
- srat (DDR) 197
- u. Gesellschaft 13
Stabilitäts- und Wachstumsgesetz 105
Strafe 215
Strafgerichtsbarkeit, Aufbau der 217
Strafgesetzbuch 212 ff., 224
Strafprozeß 215
Strafrecht 214 f.
Straftäter 221 ff.
Strafvollzug 226 f.
Streik 91 f.
- geld 92

Tarif
- autonomie 89
- löhne 90
- parteien 89 ff.
- verhandlungen 89 ff.
- verträge 88 f.

UdSSR 255 f., 261, 264, 274 ff., 297
Umsatz 102
Umwelt 10, 230 ff.
- als Lebensraum 230
- gefährdung 230
- natürliche u. gestaltete 7
- schutz 243, 247 f.
- verschmutzung 230
Unabhängigkeit 6
UNCTAD 292, 308
UNESCO 291, 316
Ungleichheit 49
-, soziale 20, 49, 156, 303

UNO 204, 258 f., 290 ff., 319
Unterentwicklung 296 ff.
Unterernährung 296 f.
Unternehmen 79 f., 310
- skonzentration 99 ff.
Unterrichtsstile 43
Urteil 217
USA 254 f., 259 ff., 264 ff., 297

Verbände 176 f.
Verbraucherorganisationen 75 f.
Verfassung 150
-, Bundesrepublik s. Grundgesetz
-, DDR 189 ff.
- u. Schule 45
Verhalten
-, demokratisches 20
-, individuelles 15 f.
-, politisches 31
- sregeln 16
- ssteuerung 20
- durch Erziehung 18 ff.
Vermittlungsausschuß 155
Vermögen 83
Verschuldungskrise 303
Verständigung 120 ff.
Verteidigung, militärische 270 f.
Verträge 210
Vietnam 252 ff.
Volkseinkommen 82 f.
Volkskammer (DDR) 191 f., 196
Volksvertretung s. Bundestag
Volljährigkeit 209
Vorbild 28
Vorurteil(e) 17, 27, 32 ff.

Wachstum 105 ff.
Währungsfonds, internationaler 302
Wahl(en) 161 ff.
-, (DDR) 191 f.
- kampf 163
- recht 165
- verfahren 162, 164
Warschauer Pakt 268 ff.
Wehrpflicht 281 f.
Welthandel 295, 307 f.
Weltwirtschaftsordnung 307 f.
Werbung 29, 74, 138
Wettbewerb 101 f.
Willensbildung, politische 161 ff.
Organisation der - in der DDR 189 ff.
Wirtschaft 81 ff., 96 ff., 248
- sbereiche 81
- sbeziehungen 307
- skreislauf 82
- splanung, Zentrale (DDR) 197 f.
- spolitik in der Bundesrepublik 103 f.
- swachstum 106 ff., 235 f.
Wohlstand 107
Wohngemeinschaften 22
Wohnung als Lebensraum 12, 24

ZDF 139
Zeitungen, Zeitschriften 130 f.
Zensur 135
Zentralismus, demokratischer 196 f.
Zentralverwaltungswirtschaft (DDR) 198 f.
Zusammenschlüsse in Europa 285 ff.